आलोचना और विचारधारा

आलोचना और विचारधारा

नामवर सिंह

सम्पादक

आशीष त्रिपाठी

राजकमल प्रकाशन

ISBN : 978-81-267-2253-2

मूल्य : ₹895

पहला संस्करण : 2012
दूसरा संस्करण : 2014
पहली आवृत्ति : 2022

प्रकाशक : राजकमल प्रकाशन प्रा.लि.
1-बी, नेताजी सुभाष मार्ग, दरियागंज
नई दिल्ली-110 002

शाखाएँ : अशोक राजपथ, साइंस कॉलेज के सामने, पटना-800 006
पहली मंजिल, दरबारी बिल्डिंग, महात्मा गांधी मार्ग, प्रयागराज-211 001
1, अनमोल सोराबजी संतुक लेन, धोबी तलाव, मरीन लाइंस, मुम्बई-400 002

वेबसाइट : www.rajkamalprakashan.com
ई-मेल : info@rajkamalprakashan.com

मुद्रक : राजकमल प्रकाशन प्रा. लि.
नई दिल्ली-110 002

ALOCHANA AUR VICHARDHARA
by Namwar Singh
Edited by Ashish Tripathi

आलोचना और विचारधारा

नामवर सिंह संवादी आलोचक हैं। आलोचना में 'सहयोगी प्रयास' के पक्षधर। वाद विवाद संवाद को अनिवार्य मानते हुए संवाद के प्रत्येक रूप के लिए प्रस्तुत। साहित्य-समाज में छिड़ी चर्चाओं में अपनी मान्यताओं और तर्कों के साथ उपस्थित होकर उसमें अपने ढंग से हस्तक्षेप करना उन्हें ज़रूरी लगता है। रुचिकर भी। इसमें वे रमते हैं। 'छायावाद' जैसी आलोचना-कृति में ज़रूर वे अपनी ओर से गैर विवादी मुद्रा में दीखते हैं, परन्तु 'कविता के नये प्रतिमान' और 'दूसरी परम्परा की खोज' के साथ ही 'इतिहास और आलोचना' से लेकर 'वाद विवाद संवाद' तक के निबन्ध ज़रूर किसी न किसी तात्कालिक बहस में हिस्सा लेते हुए लिखे गए हैं। सम्भवतः इसीलिए इन पुस्तकों और निबन्धों को पढ़ते हुए हम उन्हें संवाद करते हुए अनुभव करते हैं। उनकी आलोचना का 'लिखित शब्द' मूलतः 'संवादी शब्द' मालूम पड़ता है।

नामवर जी की रचना-प्रक्रिया के लिए वैचारिक उत्तेजना अनिवार्य रही है। उनके निबन्धों को पढ़ते हुए पाठक किसी भव्यता और दिव्यता से साक्षात्कार नहीं करता। शीतधर्मी रस-ग्राह्यता या ज्ञान-मीमांसा से भी उसका सामना नहीं होता। इन निबन्धों में प्रवेश करते ही वह बहस में उतरता है और स्वयं भी एक वैचारिक-ऊर्जा अनुभव करता है। रचना में तन्मय होने की अद्‌भुत योग्यता के बावजूद अपवादों को छोड़कर नामवर जी तन्मय करने वाले लेखन की ओर प्रवृत्त नहीं होते। अकारण नहीं है कि आचार्य रामचन्द्र शुक्ल, आचार्य हजारी प्रसाद द्विवेदी और डॉ. रामविलास शर्मा के प्रशंसक होने और उनसे शिष्यवत सीखने के बावजूद रचनाकार केन्द्रित आलोचना लिखने में उनका मन नहीं रमा है। 'दूसरी परम्परा की खोज' और परवर्ती समय में नागार्जुन, त्रिलोचन, शमशेर, राहुल सांकृत्यायन पर कुछ फुटकर आलेख अपवाद हैं। वाद-विवाद की वैचारिक उत्तेजना से मुक्त लेखन का प्रायः उनमें अभाव है। इस मायने में वे मुक्तिबोध के हमराही हैं। सगोतिया। वैचारिक आधारों से लेकर संरचना तक। यह कम महत्वपूर्ण नहीं है कि नामवर जी के प्रारम्भिक लेखन के दौर में, जब सीखें 'स्वभाव' का हिस्सा बनती हैं मुक्तिबोध हरिशंकर परसाई के सम्पादन में छपने वाली पत्रिका 'वसुधा' में 'स्तम्भ' के रूप में 'एक साहित्यिक की डायरी' के निबन्ध लिख रहे थे। ये निबन्ध

आलोचना में एक बिल्कुल नये शिल्प की खोज कर रहे थे। इनमें वाद-विवाद की गहन आत्मिक उत्तेजना और सघन तीव्रता थी। उपनिषदों, संगीतियों, सत्संगों तथा हितोपदेश, बैताल-पचीसी और सिंहासन बत्तीसी के देश में यह सहज सम्भव था। ये निबन्ध नामवर जी ने रुचि और ध्यान से पढ़े थे। इसका अन्दाजा इसी बात से लगाया जा सकता है कि 1964 में इन निबन्धों के पुस्तक रूप में प्रकाशन के तुरन्त बाद उन्होंने तत्परता से इसकी समीक्षा लिखी और बाद में विनम्र गर्व के साथ कहा–''मेरी जानकारी में, 'एक साहित्यिक की डायरी' पर यह पहली समीक्षा है''। याद करना ज़रूरी लगता है कि आलोचक नामवर सिंह ने पुस्तक समीक्षायें प्रायः नहीं लिखी हैं। उनके साठ वर्ष से अधिक के आलोचना-जीवन में किसी आलोचना-पुस्तक के प्रकाशित होते ही उसकी समीक्षा के लिए तत्पर होने का कोई दूसरा उदाहरण मिलना कठिन है। सीधा आशय यह है कि ऐसी वैचारिक उत्तेजना उन्हें किसी अन्य पुस्तक से प्राप्त नहीं हुई। यह देखना भी दिलचस्प है कि समीक्षा लिखते हुए पुराने पढ़े हुए निबन्धों की याद अभी इतनी ताजा थी कि वे सहज ही उनके बदलावों को अनुभव कर सके–'प्रस्तुत रूप में प्रकाशित करते समय डायरी के खंडों में यादृच्छिक ढंग से क्रम विपर्यय कर दिया गया है और कुछ अंश छूट भी गए हैं।'

वैचारिकता से सहमत होना ही इस आकर्षण का एक मात्र कारण नहीं हो सकता। नामवर जी इन निबन्धों की साझीदार बना लेने वाली आत्मिक संवादधर्मिता के प्रति एक हद तक मुग्ध हैं–''प्लेटो के 'डायलाग्स' को छोड़कर, मुझे याद नहीं कि मैंने इस तरह कहीं हिस्सा लेने की विवशता का सुखद अनुभव किया हो।'' यह संवाद इसलिए अधिक प्रभावशाली है कि यह निष्क्रिय सिरे पर, प्रेष्य छोर पर मौजूद लोगों को भी संवाद में शामिल कर लेता है। यह गुण सिर्फ बाहरी पक्षों से वाद-विवाद करने से पैदा नहीं होता। खुद से बहस करना इसका अनिवार्य हिस्सा है। इस बहस के सिरे अन्तर्जगत से बहिर्जगत तक फैले हैं–'कुछ लोग दुनिया में बहस करते हैं तो कुछ सिर्फ अपने से, किन्तु कुछ थोड़े-से लोग ऐसे भी होते हैं जो दुनिया से बहस करने की प्रक्रिया में अपने-आप से भी बहस चालू रखते हैं। मुक्तिबोध ऐसे ही थोड़े-से लोगों में थे और उनकी 'एक साहित्यिक की डायरी' ऐसी ही जीवन्त बहस का सर्जनात्मक दस्तावेज़ है जिसमें भाग लेने का लोभ संवरण करना कठिन है। अपने-आपसे या किसी दूसरे से बात करते हुए मुक्तिबोध पाठक को कुछ इस प्रकार उस वार्तालाप का साझीदार बना लेते हैं कि निःसंग रहना कठिन हो जाता है। यह अपनापा संक्रामक है; स्वयं से अस्वयं होना है।" निज की सामाजिक और सांस्कृतिक सीमाबद्धता से मुक्त होने की प्रक्रिया का शुरू होना, इस संवाद का स्वाभाविक परिणाम है। इसके लिए स्वयं की सीमाओं पर प्रहार करना अनिवार्य है। परन्तु इस प्रहार में भी गहन आत्मीयता है–"लगातार प्रहार करते हुए आत्मीयता का वैसा ही सम्मोहन और वैसा ही दुर्निवार निमन्त्रण विचार-प्रक्रिया में स्वतः

भाग लेने का। दूसरे से प्रश्न करने के साथ-साथ अपने-आप पर भी उस प्रश्न का वैसा ही वार। और इस प्रकार विचार की गति के साथ अपने-आपको स्तर-स्तर खोलते जाना। न कहीं कोई छिपाव, न कोई दुराव। सतत आत्म-सजगता के बीच आत्म-विडम्बना का निरन्तर निर्मम बोध।" इसके लिए पारदर्शी ईमानदारी और सच्चाई अनिवार्य है–"यह पारदर्शी ईमानदारी ही है जो मुक्तिबोध की 'एक साहित्यिक की डायरी' को अनूठा आकर्षण प्रदान करती है, जिसे लेखक ने 'सुकुमार ज्वालाग्रही जादुई शक्ति' कहा है। मस्तिष्क की हर हरकत हम साफ देखते हैं जैसे शीशे के अन्दर पारे की लकीर हो! ईमानदारी इस हद तक कि युक्तियों में स्वयं पकड़ लिए जाने को भी सहर्ष प्रस्तुत और फिर निरस्त्र कर देने वाला खुलापन। ऐसा खुलापन जिसमें खोने के लिए कुछ भी न हो, सिवा किसी कमी के और पाने के लिए सब कुछ हो, जैसे आत्म-प्रत्यय। और फिर ईमानदारी ही जैसे काफी न हो, इसलिए उसके साथ-साथ मस्तिष्क की वस्तुनिष्ठता और तथ्यपरकता, जिसे अक्सर सचाई कहा जाता है। साथ ही एक प्रकार की प्रतिश्रुति-धर्मी 'गम्भीरता' भी, जो साहित्य में दिलचस्पी-भर लेने से कहीं गहरी हो। 'यह ईमानदारी एक वैज्ञानिक की सी है–"जैसे एक शिक्षक अपने शिष्यों को अथवा सारे संसार को विद्यार्थी समझकर कहता है। किन्तु 'एक साहित्यिक की डायरी' में लगता है जैसे मुक्तिबोध अपने किसी समानधर्मा से विचार-विनिमय कर रहे हैं–"एक सत्यान्वेषी की तरह हर सम्भव तथ्य को परखने के लिए रुकते हुए और प्रत्येक मान्यता को प्रस्तुत करने के साथ ही उसे जाँचते हुए।''

'एक साहित्यिक की डायरी' का संवाद वस्तुतः जीवन-प्रक्रिया का हिस्सा होने की वजह से सम्भव हुआ है–''दरअसल, इसके पीछे एक पूरी जीवन प्रक्रिया है। जो सदैव निरी आत्माभिव्यक्ति के लिए बेचैन रहते हैं उनके लिए यह कदापि सम्भव नहीं है। जो व्यक्ति एक साधारण आदमी की तरह अपने आसपास के सामाजिक परिवेश में हिस्सा लेता है और हर परिचित-अपरिचित को सहचर की तरह स्वीकार करते हुए हमेशा उन्मुक्त विचार-विनिमय के लिए प्रस्तुत रहता है उसी के लेखन में भी सम्प्रेषण और सम्भाषण का यह गुण आता है। और साफ दिखाई पड़ता है कि–"एक साहित्यिक की डायरी' ऐसी ही सामाजिक जीवन-प्रक्रिया की उपज है।'' यह आकर्षण तार्किक वैचारिक पक्षधरता से उपजा है, परन्तु उससे ज़्यादा रुचि की समानता से। नामवर सिंह अपनी आलोचना के लिए जिस शिल्प की तलाश कर रहे थे, वह उन्हें 'वसुधा' में प्रकाशित इन निबन्धों में मिला। उन्होंने इस शिल्प की प्रतिकृति विकसित नहीं की, परन्तु उसे अपनी ज़रूरतों के अनुसार विन्यस्त किया। 'एक साहित्यिक की डायरी' के संवादी शिल्प की नाटकीयता को उन्होंने प्रायः छोड़ दिया, परन्तु संवाद की मूल भंगिमाओं को स्वीकार किया। उनकी आलोचना में संवाद के उन सभी गुणों को पाने की कोशिश साफ़ देखी जा सकती है, जिनका कि ऊपर उल्लेख हुआ–सहभागी बनाना, आत्मालोचन के लिए

उकसाना, अपनापा, आत्म प्रहार, खुलापन, आत्म सजगता, पारदर्शी ईमानदारी, वस्तुनिष्ठता, तथ्यपरकता, शिक्षक-भाव, सत्यान्वेषण और जीवन प्रक्रिया से सघन जुड़ाव।

मुक्तिबोध सही अर्थों में नामवर जी के अग्रज और साथी आलोचक हैं। नामवर जी अपनी आलोचना में उनके सहधर्मा बनने की ईमानदार और सच्ची कोशिश करते हैं। इसका एक बड़ा कारण तो यही है कि मुक्तिबोध प्रगतिशील साहित्य समाज के इकलौते आलोचक थे जो भीतरी और बाहरी, प्रगतिशील और प्रगतिशील विरोधी दोनों ही शिविरों के अतिवादों और हठधर्मी मतवादों से गम्भीर संघर्ष कर रहे थे। वे रचना की 'आन्तरिकता' और 'बाहरी सम्बद्धता' दोनों को ठीक से समझने पर बल देते थे और दोनों की द्वन्द्वात्मकता को उसके 'आन्तरिक तर्कों' से समझना चाहते थे। वे आलोचना को 'मैत्री-दर्शन' मानते थे। प्रगतिवादी शिविर में प्रभावी हो रहे सरलीकरणों की तानाशाही से संघर्ष करना उन्हें ज़रूरी लगता था। नामवर सिंह की आलोचना यहीं कहीं पर अपना केन्द्र रचती है। नयी कविता के दौर में ये दोनों आलोचक एक साथ संघर्ष करते हैं। मुक्तिबोध के असामयिक निधन के बाद भी नामवर सिंह प्रायः इसी रास्ते पर आगे चलते रहे हैं। वाद विवाद संवाद के प्रति तीव्र आकर्षण ने दोनों आलोचकों की 'आत्मा के भूगोल' को गहराई से प्रभावित किया।

मुक्तिबोध और नामवर सिंह की आलोचना में उभरने वाला 'संवाद' वस्तुतः तत्कालीन समाजिक परिदृश्य का हिस्सा था। पाँचवें और छठें दशक का भारत वाद-विवाद-संवाद से गुजर रहा था। राजनीति और अर्थनीति से लेकर संस्कृति और साहित्य के क्षेत्रों में तीव्र वैचारिक उथल-पुथल थी। भारत के नवनिर्माण की परिकल्पना को लेकर तो बहस थी ही, आज़ादी की प्रक्रिया को लेकर भी मतभेद थे। स्वतन्त्रता संघर्ष के दौरान प्रभावी हो रहे शासक वर्गों का वर्ग चरित्र आजादी प्राप्त होने के बाद ज़्यादा साफ़ होकर उभरा। आज़ादी वास्तविक है या आभासी—यह एक कठिन सवाल था, जिसमें मतान्तर स्पष्ट थे। आजाद भारत में नव निर्माण के प्रयोगों में 'नव गति, नव लय, ताल छन्द नव' रचने के नाम पर 'पुरातनता' और 'अभिजनी पूँजीवादोन्मुख आधुनिकता' को विन्यस्त करने की कोशिशें जारी थीं। लोकतन्त्र को जीवन्त सामाजिक-प्रक्रियाओं से स्थायी रूप से अलगाने या जोड़ने के भिन्न विचार रखने वाली शक्तियाँ अपने तरीकों से कार्य कर रही थीं। राष्ट्रीय आन्दोलन के जनवादी उभार को ठिकाने लगाने के लिए शासक वर्ग जनता को 'समाजवाद' और 'लोकतन्त्र' के नारों में उलझाने और भरमाने की नीति पर काम कर रहा था। 'लोकतन्त्र' की प्रकट 'सहभागिता' में 'संवाद' करने का हक सबको हासिल हुआ। बावजूद इसके 'कुछ' 'सब' की ओर से बोल रहे थे। यह संवाद का आभास था।

आजादी के बाद के पहले दशक में लोकतन्त्र को संवादी बनाने के लिए संघर्ष करना ज़रूरी था। संवाद सिर्फ़ भाषा की प्रवृत्ति नहीं होते। अपने वृहत्तर अर्थ में ये वस्तुतः

भिन्न सामाजिक समुदायों, वर्गों और समूहों की अन्तर्क्रिया के द्वारा रूपायित होते हैं। भारत जैसे समाजों में, जहाँ सामाजिक संरचना भेद पर आधारित है, भिन्न सामाजिक समूहों की परस्परतायें और विरोध–इन अन्तर्क्रियाओं पर निर्भर करते हैं। 'परस्परता' का सन्तुलन वस्तुतः शोषण सहते जाने और अन्याय का प्रतिकार न करने की वंचित वर्गों की क्षमता और इसके लिए ज़रूरी बाध्यता पर टिका होता है। शोषण, अन्याय और दमन के प्रति यह 'चुप्पी' सामाजिक गतिशीलता में मौजूद 'संवाद' में ताकतवर वर्गों के वर्चस्व का ही परिणाम है। स्पष्ट है कि समाज की शक्ति-संरचना संवाद को निर्धारित और नियंत्रित करती है। भारतीय स्वतन्त्रता संघर्ष की 'स्वातन्त्रय परियोजना' ने एक सीमा तक 'संवाद' के रास्ते में बाधक सामाजिक व्यवस्था के दबाव को ढीला बनाया था। आजादी के बाद इसे वास्तविक संवाद बनाने की ज़रूरत थी। परन्तु शासक वर्ग इसके लिए प्रस्तुत न थे, क्योंकि इससे हजारों सालों में बनी सामाजिक संरचना की 'परस्परता' और 'अन्तर्बन्ध' के नाजुक सन्तुलन के टूट जाने का का स्पष्ट खतरा मौजूद था। संवाद विकसित करने के लिए जनतान्त्रिकता का विकास अनिवार्य था।

भारतीय लोकतन्त्र की विभिन्न संस्थाओं में जनतान्त्रिकता के विकास के बगैर आजादी के महास्वप्नों को वास्तविक जमीन पर उतारने की कार्यवाही नहीं की जा सकती थी। लोकतन्त्र की आन्तरिक संरचना पर कब्जा जमाने की कोशिश में लगी पुनरूत्थानवादी और यथास्थितिवादी शक्तियों से लोहा लेकर ही जनवादी शक्तियों के लिए जगह बनायी जा सकती थी। स्पष्ट है कि इस प्रक्रिया में तेजी लाने के लिए विभिन्न सामाजिक समूहों के मध्य संवाद विकसित करना आवश्यक था। अनेक सदियों से चुप और संवाद के अधिकार से वंचित सामाजिक समूहों में संवाद के लिए आवश्यक साहस और समझ का विकास करना था। इसके लिए अनिवार्य परिस्थितियाँ कठिन संघर्ष से ही पैदा की जा सकती थीं। स्वतन्त्रता संघर्ष में अपनी सीमाओं में यह कार्य-प्रारम्भ हो चुका था। आजाद भारत में इसे तेज करने के लिए भारतीय सामाजिक संरचना में मौजूद अन्तर्विरोधों पर खुलकर बात करना ज़रूरी था। शासक वर्ग स्वतन्त्रता संघर्ष के दौरान इन्हें बार-बार ग़ैरज़रूरी बताकर स्थगित करने पर जोर देता रहा था। स्वतन्त्रता के बाद इस वर्ग का प्रभाव बढ़ा था। सत्ता-संरचना इस वर्ग के अधीन थी। स्पष्ट था कि भारत में सदियों से मौजूद असमानता, अन्याय और पराधीनता से जुड़े सवालों को टालते रहना उनकी वर्गीय रणनीति का हिस्सा था। आन्तरिक सामाजिक संघर्ष का भय दिखाकर संवाद को भी रोके रखने की कोशिश की गई। राजनैतिक और बौद्धिक क्षेत्रों के तत्कालीन वाद-विवाद में इसकी झलक स्पष्ट रूप से देखी जा सकती है। साहित्य के क्षेत्र में होने वाली बहसें इसी व्यापक परिप्रेक्ष्य में देखी जानी चाहिये।

वामपक्षी राजनीति भी इस वाद-विवाद से गहराई से प्रभावित हुई। स्वतन्त्रता संघर्ष और लोकतन्त्र में उभरे 'संवाद' के 'आभास' को तोड़ने एवं उसे वास्तविक रूप से

जनतांत्रिक बनाने की जिम्मेदारी जिस प्रगतिशील शिविर पर थी, वहाँ भी 'अन्यों' के साथ सुलूक जनतान्त्रिक न था। इस शिविर में एक शक्ति संरचना काम कर रही थी, जो जाने-अनजाने 'तीस के दशक के मार्क्सवाद' और खासतौर पर स्टालिन के विचारों से प्रभावित थी। स्वाभाविक है कि ऐसे में सच्चे प्रतिबद्ध प्रगतिशील बुद्धिजीवी को शासक वर्गों के 'संवादाभास' को भी तोड़ना था और प्रगतिशील शिविर में सिद्धान्तों के नाम पर व्यक्तिगत मतों की तानाशाही को भी चुनौती देनी थी। इस दौर में इस शिविर के आन्तरिक विवाद अत्यन्त उग्र और आक्रामक हो गए। जनतान्त्रिकता के अभाव में वैचारिक मतान्तर मताग्रहों के रूप में थिर हो गए और जनपक्षी वामपंथी राजनीति अनेक हिस्सों में बँट गई। एक तरफ वैश्विक स्तर पर हो रही बहसों और परिवर्तनों से इसका सम्बन्ध था तो दूसरी ओर तत्कालीन भारतीय परिस्थितियों के साथ सामंजस्य न बिठा पाने में विफलता से भी। इस विफलता के अनेक कारणों में प्रमुख है निरन्तर होने वाली वैचारिक बहसों में सच्ची जनतान्त्रिकता का अभाव। भारतीय कम्युनिस्ट पार्टी ऊपरी स्तर पर अपने नेताओं के बीच चल रहे विवादों को जमीन स्तर पर काम कर रहे जनता से सीधे जुड़े कार्यकर्ताओं के बीच ले जाकर उनकी भावनायें और विचार जानने में अक्षम रही। परिणामस्वरूप किसानों और श्रमिकों की भावना उसके निर्णयों में भागीदार नहीं हो पायी। पार्टी के भीतर एक व्यापक जनतान्त्रिक बहस नहीं बन पायी। पार्टी में दरार बढ़ती गई।

ऐसे परिदृश्य में हम सहज ही लक्षित कर सकते हैं कि प्रगतिशील साहित्यिकों ने इस जनतान्त्रिक संवादशीलता के लिए जगह बनाये रखी। प्रगतिशील लेखक संगठन के बिखर जाने के बाद भी यह संवाद जारी रहा। विविध वैचारिक पृष्ठभूमि से आए लेखक इस संवाद में शामिल होते रहे। परन्तु मार्क्सवाद से प्रतिबद्धता का प्रश्न उठाकर पक्ष-विपक्ष का स्पष्ट विभाजन करने और दूसरों पर हमला करने वाले बौद्धिक यहाँ भी मौजूद थे। 'सबसे अधिक प्रतिबद्ध कौन' का सवाल उठाकर दूसरों को विपथित और विचलित साबित करने वालों में एक योद्धा का सा जुनून भी दीख पड़ता था। आए दिन महत्वपूर्ण मार्क्सवादी लेखकों को पथच्युत सिद्ध किया जा रहा था। मार्क्सवादी शुद्धतावाद अपने चरम रूप में दीख पड़ता था। जब अपने शिविर के लेखक ही 'प्रतिबद्धता के डंडे' से बचने में नाकाम हो रहे थे तो अन्य विचारों के लेखकों से संवाद कायम रखना और एक व्यापक जनवादी मोर्चा कायम रखना कठिन था। ऐसे में भी यह संवाद जारी रह सका तो निश्चित ही उसमें संवाद के लिए संघर्ष करने वाले लेखकों की भूमिका महत्वपूर्ण है। मुक्तिबोध और नामवर सिंह की आलोचना का महत्व इस संवाद को जारी रखने और संवाद में अपनी वैचारिकता को पूरे आग्रह के साथ रखने और वाद-विवाद करने से पीछे न हटने तथा भिन्न दृष्टि के लेखकों के प्रति संवाद के लिए अनिवार्य न्यूनतम आत्मीयता और सम्मान बनाये रखने में है। यह कार्य एक गहरी प्रतिबद्धता,

नैतिकता, ईमानदारी और सच्चाई से ही सम्भव था। अकारण नहीं कि हिन्दी में इस कार्य का बीड़ा मुक्तिबोध जैसे कवि और आलोचक ने उठाया और जल्दी ही उन्हें इस कार्य में एक साथी मिल गया—नामवर सिंह। संवाद को बनाये रखने की ज़िद इनका सबसे बड़ा गुण था। प्रतिबद्धता का पैमाना।

नामवर सिंह की पहली तीन महत्वपूर्ण आलोचना पुस्तकों में से दो सीधी तौर पर 'संवादों' के बीच लिखी गईं। 'इतिहास' और आलोचना' के 1978 संस्करण की विज्ञप्ति में इसे स्वीकार करते हुये उन्होंने लिखा—'यह पुस्तक छठे दशक के वैचारिक संघर्ष का एक विवादमूलक दस्तावेज है।' इस विवाद का प्रतिपक्ष प्रगतिविरोधी शिविर था—'इस वैचारिक संघर्ष में प्रगतिविरोधी विचारों का जवाब देने में इन निबन्धों ने एक भूमिका अदा की थी।' जवाब देने की यह कार्यवाही प्रगतिशील शिविर में उस समय के शीर्ष विचारक डॉ. रामविलास शर्मा और मुक्तिबोध भी अपने-अपने तरीकों से कर रहे थे। जाहिर है कि अनेक आलेख सिर्फ लिखित संवाद न रहे होंगे, बल्कि सीधे संवादों अर्थात संगोष्ठियों में पढ़े गए होंगे। सम्भव है अनेक आलेख वाचिक वार्तालाप में भागीदार होने के बाद 'लिखित रूप' प्राप्त कर सके हों। 'आधुनिक साहित्य की प्रवृत्तियाँ' के निबन्ध इसी प्रक्रिया में लिखे गए थे। जून 1962 में लिखी गई भूमिका में नामवर जी लिखते हैं—'मूल रूप में ये निबन्ध कई जगहों पर एकाधिक बार व्याख्यान के रूप में प्रस्तुत हुए थे। मित्रों के आग्रह पर इन्हें आगे चलकर स्वतन्त्र निबन्धों के रूप में व्यवस्थित करने की कोशिश की गई।' छठे दशक में प्रारम्भ यह प्रक्रिया आगे भी चलती रही। 'वाद विवाद संवाद' के अनेक निबन्ध मूलतः संवादों में सहभागी के रूप में किए गए वाचिक व्याख्यान हैं, जिन्हें संशोधन-परिवर्धन के साथ 'पुनर्लिखित रूप' दिया गया। कहने की ज़रूरत नहीं कि यह उनकी आलोचना-प्रक्रिया का अनिवार्य हिस्सा है।

संवाद और वाचिकता में गहरा सम्बन्ध है। संवाद शुद्धतः लिखित रूपों में भी चलते रह सकते हैं, परन्तु परिस्थितियाँ कभी-कभी उन्हें वाचिक रूपों की ओर भी ले जाती हैं। सभा-संगोष्ठियाँ इसके अवसर उपलब्ध कराती हैं। नामवर सिंह के संवादी रूप को वाचिक से जोड़ने में इनकी महत्वपूर्ण भूमिका है। प्रगतिशील लेखक संघ और परिमल के बीच विवादों को विकसित करने में संगोष्ठियों की भूमिका निर्णायक रही है। नामवर सिंह इसके स्वाभाविक अंग थे। नामवर जी के संवादी रूप को उभारने और वाचिकोन्मुख बनाने में इन संगोष्ठियों के अतिरिक्त सबसे महत्वपूर्ण भूमिका है अध्यापन की।

प्रारम्भिक दौर से ही वे अपनी संस्थाओं में लोकप्रिय अध्यापक रहे हैं। अध्यापन उनके संवादी आलोचक को गतिशील बनाता था। क्रियाशील भी। वह उन्हें आनन्द भी देता था और सचेत भी बनाता था। इस दुनिया में जाकर ही उन्हें एहसास हुआ कि चली आ रही जड़ प्रविधियों को छोड़ना और तोड़ना होगा। अध्यापन को संवादी, आधुनिक और मार्क्सवादी बनाने की चुनौती सामने थी। पुरातन 'शास्त्र' और आधुनिक

पश्चिमी 'तत्ववाद'—जड़ रूप में सामने थी। 'आधुनिक साहित्य की प्रवृत्तियाँ' 'छायावाद' और 'कहानी नयी कहानी' जैसी पुस्तकों में मौजूद प्रतिपक्ष सिर्फ तत्कालीन आलोचना ही नहीं हैं, जड़ अध्यापन-प्रविधियाँ भी हैं। इसी दौर में उन्होंने अध्यापन के संवाद के उस ढाँचे को बदला जो एकपक्षी और हमारी सामाजिक संरचना का ही एक प्रतिरूप था। यहाँ अध्यापक 'सर्वशक्तिमान ऊपरी श्रेणी' की तरह व्यवहार करता था और छात्र 'मूक निचली श्रेणी' की तरह। नामवर सिंह ने उसे द्विपक्षीय अन्तर्क्रिया के रूप में विकसित किया। हम जानते हैं कि अध्यापन मूलतः संवाद है। कृति और पाठक (विद्यार्थी) के बीच। कृतिकार के युग, उसकी सामाजिकता और उसकी सौंदर्य दृष्टि तथा विद्यार्थियों के बीच। अध्यापक यहाँ मूलतः एक मध्यस्थ है, जिसके माध्यम से संवाद की यह प्रक्रिया रूपायित होती है। इसके लिए अध्यापक को अपना जीवन-विवेक, रचना-विवेक और आलोचना-विवेक विकसित करना होता है। एक जागरूक आलोचक की तरह। इसके लिए उसे इतिहास दर्शन, समाजशास्त्र, राजनीतिविज्ञान और मनोविज्ञान की विकसित संवेदना से अपनी विवेचन-प्रक्रिया रचनी होती है। इस प्रक्रिया मे उसे अपनी वर्ग-दृष्टि से मुक्त होकर विद्यार्थियों को वर्ग दृष्टि से मुक्त कराना होता है। यह इसीलिए भी आवश्यक है कि अध्यापक का उत्तरदायित्व सिर्फ साहित्य का आस्वाद पैदा कराना नहीं है। पुरानी कृतियों के माध्यम से परम्परा और समकालीन का संवाद रचना भी। ज्ञानात्मक संवेदना और संवेदनात्मक ज्ञान का विकास भी। छात्रों को जागरूक,संवेदनशील, उदार और परिवर्तनकामी नागरिक बनाना भी है।

अपने प्रारम्भिक दिनों में ही नामवर सिंह ने एक अध्यापक के रूप में इन जवाबदेहियों को स्वीकार कर लिया था। उनके भीतर के अध्यापक ने उनके आलोचक के विकास में योग दिया और उनके आलोचक ने उन्हें बेहतर और जवाबदेह अध्यापक बनाने में प्रभावी भूमिका अदा की। 'संवाद' के विविध रूपों के प्रति उनकी उत्सुकता का एक बड़ा कारण उनका अध्यापक होना भी है। नामवर जी के आलोचनाकर्म से गुजरते हुए हम पाते हैं कि आलोचक एक संवदिया है जो एक ही समय में अनेक पक्षों से एक साथ संवाद करता हैं। वह एक तरह से देहरी पर खड़ा सचेत रचनात्मक विचारक और दृष्टा है जिसके एक ओर रचना में मौजूद 'जगत' है तो दूसरी ओर वास्तविक भौतिक-जगत। एक ओर रचना है तो दूसरी ओर शास्त्र। एक ओर समकाल है तो दूसरी ओर इतिहास, परम्परा और स्मृति। एक आलोचक इस तरह अनेक के मध्य और अनेक के साथ मौजूद होता है। एक ओर उसे 'रचना में डूबकर उसका 'आस्वाद' करना है, तो दूसरी ओर उससे बाहर आकर, उसके प्रति तटस्थ रहकर इन विविध लोकों के बीच एक साथ मौजूद रहने से बनी अपनी विशिष्ट अन्तर्चेतना से उसका परीक्षण करना है। प्रायः ब्रेख्तीय पद्धति से निरन्तर सचेत और तर्क प्रवण। एक आलोचक उपस्थित मौजूद अनेक लोकों में से किसी एक में डूब नहीं सकता। नामवर जी की सम्पूर्ण आलोचना

से गुजरते हुए, प्रायः इसीलिए हम उन्हें 'गद्गद्', 'मगन' और 'अति प्रसन्न' मुद्रा में 'वाह! वाह!' करते बेहद कम देखते हैं। सच कहा जाए तो एक आलोचक के रूप में वे प्रायः अपने अध्यापक की ही तरह तैराक नजर आते हैं। शरीर तो रचना में डूबा, परन्तु मुख रचना के जल से बाहर मुक्त।

बीसवीं सदी के छठवें दशक की बहसें सातवें दशक के उत्तरार्द्ध में, विशेष रूप से नक्सलबाड़ी के जबर्दस्त धक्के से अप्रासंगिक सी होने लगी थीं। 'कविता के नये प्रतिमान' का प्रकाशन एक तरह से इन बहसों के अन्त की सूचना थी। यह पुस्तक बहस के दोनों पक्षों का एक संश्लेष भी करती थी और इस तरह पटाक्षेप भी। पुस्तक से उभरने वाली मुक्तिबोध की केन्द्रीयता एक तरह से नयी कविता के 'सुरुचि' समर्थक घराने के प्रगति-विरोधी तर्कों को अवैध बनाती थी। नक्सलबाड़ी आन्दोलन की पृष्ठभूमि से उठे सवाल एक तरह से मुक्तिबोध की वैचारिकता को स्वतः प्रमाणित करते थे। नक्सलबाड़ी की पृष्ठभूमि से तत्काल उभरे कवियों और अपेक्षाकृत बाद में उभरे कवियों द्वारा मुक्तिबोध की वैचारिक विरासत की व्यापक स्वीकार्यता ने भी छठे दशक की बहसों के प्रगतिविरोधी पक्षों को अप्रासंगिक बना दिया। समाजवादी लोकतान्त्रिकों और मार्क्सवादी कवियों के स्वर एक स्तर पर मिलते हुए से दिखायी पड़ने लगे। आजादी के अधूरेपन, पूँजीवादी विकास की अमानवीयता और लोकतन्त्र के आभासीपन को उद्घाटित करने वाली कविता अनेक वैचारिक पृष्ठभूमियों से उभरी। मुक्तिबोध, नागार्जुन, केदारनाथ अग्रवाल, त्रिलोचन–एक साथ ज़रूरी लगने लगे। मध्यवर्गीय सीमाबद्धता और नागर सुरुचि प्रश्नांकित होने लगी। लोक का प्रश्न अनिवार्य लगने लगा। प्रगतिशील लेखक पुनः संगठित हुए। लघुपत्रिकाओं के एक बड़े समूह ने आन्दोलन का रूप ले लिया। साहित्य की सारी बहसों में प्रगतिविरोधी खेमा प्रायः बाहर था। सारी बहसें मोटे तौर पर तीन समूहों में बँटे मार्क्सवादियों–प्रगतिशीलों, जनवादियों और नववाम–के मध्य हो रही थीं। ज्ञानपीठ से पुरस्कृत-सम्मानित होने के बावजूद अज्ञेय बहसें चलाने में नाकामयाब हो रहे थे। वत्सलनिधि तथा अन्य संस्थानों से सक्रिय रहने के बाद भी। 'चौथा सप्तक' बिना चर्चा लुप्त हो गया था। नयी परिस्थितियों में उभरी नयी बहसों के मुद्दे भिन्न थे। टोन भी। कहना न होगा कि संवाद के प्रति आलोचक नामवर सिंह की बुनियादी उत्सुकता ने उन्हें नयी बहसों में भाग लेने के लिए आमन्त्रित किया। उन्होंने 1967 से 'आलोचना' के सम्पादक के रूप में इन बहसों में हिस्सेदारी की। इस दौर में 'आलोचना' में प्रकाशित उनके अधिकांश निबन्ध और सम्पादकीय इन नयी बहसों की पृष्ठभूमि में लिखे गए हैं।

प्रगतिशील लेखक संघ और जनवादी लेखक संघ के साथ ही नक्सलबाड़ी की पृष्ठभूमि में अनेक छोटे-छोटे समूह वामपंथी साहित्य आन्दोलन को जमीनी स्तर पर ले जाने में महत्वपूर्ण भूमिका निभा रहे थे। छोटे शहरों, कस्बों और गाँवों तक इन गतिविधियों का

विस्तार हो रहा था। ऐसी स्थिति में प्रगतिशील आन्दोलन को अनेक महत्वपूर्ण कवियों, कथाकारों और विशेष रूप से आलोचकों की आवश्यकता थी जो प्रगतिशील मूल्यों और चेतना से सहानुभूति रखने वाले साधारण जनों, कामगारों, किसानों और शिक्षित जनों को परिपक्व मार्क्सवादी वैचारिक आधार दे सकें। रामविलास जी ने प्रेमचन्द को जनता का शिक्षक कहा था। प्रगतिशील आन्दोलनों को जनता के शिक्षकों की आवश्यकता थी। कहना न होगा कि सैकड़ों की मात्रा में प्रगतिशील साहित्यकार इस उत्तरदायित्व के निर्वहन के लिए आगे आए। देखते-देखते प्रगतिशील आन्दोलन ताकतवर रूप में उभरने लगा। नागार्जुन और नामवर सिंह इस लोकव्यापीकरण के असन्दिग्ध नायक थे। इसका एक बड़ा कारण उनकी संवादी वाचिकता थी। नागार्जुन 'बोलती हुई कविता' लिखते थे और नामवर सिंह 'बोलती हुई आलोचना।' इसी दौर में नामवर जी के व्याख्यानों की संख्या तेजी से बढ़ी। विकेन्द्रीकरण और लोकव्यापीकरण का यह अनिवार्य परिणाम था।

विकेन्द्रीकरण सत्तर के दशक में एक प्रमुख प्रवृत्ति बनकर उभरा। राजनीति से लेकर पत्रकारिता और साहित्य—सभी क्षेत्रों में आधुनिक विकास और लोकतान्त्रीकरण की प्रक्रिया में उभरे पूर्ववर्ती केन्द्रों के समानान्तर नये केन्द्रों का उभार हुआ। नक्सलबाड़ी से लेकर सम्पूर्ण क्रान्ति—सभी आन्दोलनों में ताकतवर केन्द्रों को चुनौती देने और उनकी शक्ति-सम्पन्नता को प्रश्नांकित करने की भावना मौजूद थी। लोकतन्त्र के लोकव्यापीकरण का यह अनिवार्य परिणाम था। प्रगतिशील आन्दोलन के पुनर्उभार ने साहित्य की दुनिया में इसे विकसित करने में अपनी महत्वपूर्ण भूमिका निभायी। हिन्दी क्षेत्र में कस्बों और छोटे शहरों तक गतिविधियों का विस्तार हुआ। महाविद्यालयों और विश्वविद्यालयों में अकादमिक हलचलें आकार लेने लगीं। राज्य सरकारों की साहित्यिक अकादमियाँ साहित्य के क्षेत्र में सहभागिता के लिए प्रस्तुत हुईं। इसी दौर में अशोक वाजपेयी के नेतृत्व में मध्यप्रदेश कला परिषद् और भारत भवन सक्रिय इकाई बनकर उभरे।

मध्यप्रदेश कला परिषद् और भारत भवन की पत्रिकाओं 'पूर्वग्रह' और 'कलावार्ता' ने वाचिक को प्रमुखता से छापा। भारत भवन ने उस दौर में विभिन्न विषयों पर दीर्घ परिसंवाद आयोजित किए। हिन्दी के प्रमुख रचनाकारों और बुद्धिजीवियों ने इन परिसंवादों में भागीदारी की। परिसंवाद में व्यक्त विचार 'पूर्वग्रह' में छापे। भारत भवन ने आठवें और नवें दशक में इनके माध्यम से एक वैचारिक उद्वेलन पैदा किया। मध्य प्रदेश में प्रगतिशील लेखक संघ और भारत भवन की वैचारिकी और नीतियों में उभर रहे विरोधों ने साहित्य में एक नयी वैचारिक उत्तेजना पैदा की। नवें दशक के पूर्वार्द्ध में साहित्य की केन्द्रीय बहसें भारत भवन और प्रगतिशील लेखक संघ के मध्य उभरे मतान्तर से बनती रहीं। प्रगतिशील लेखक संघ से सीधी तौर पर जुड़े होने के बावजूद नामवर जी भारत भवन से लोकतान्त्रिक नाता बनाये रहे। भारत भवन को वैध और प्रासंगिक संस्था बनाने में नामवर जी की भागेदारी की महत्वपूर्ण भूमिका है। इस दौर में वे 'अति वामपंथी

प्रवृत्ति की आलोचना की ओर विशेष ध्यान' दे रहे थे और 'रूपवाद या कलावाद के विरोध की उपेक्षा' कर रहे थे। परन्तु इस दौर में भी उन्हें स्पष्ट आभास था कि रूपवाद का विरोध नये सिरे से करना पड़ेगा। मई-अगस्त 1981 में 'पूर्वग्रह' में प्रकाशित एक साक्षात्कार में वे कहते हैं–'अब इधर महसूस कर रहा हूँ कि पिटा हुआ कलावाद हिन्दी में फिर सिर उठा रहा है और नये तेवर के साथ सामने आ रहा है। निश्चय ही देर-सबेर इससे निपटना होगा।' इस आभास के बावजूद भारत भवन में उनका जाना जारी रहा। जनवरी 1987 में आयोजित ''आलोचना समवाय'' से यह सम्बन्ध टूटा। अन्ततः भारत भवन की 'राजनीति' ही इसका कारण बनी । नामवर सिंह के भारत भवन से सम्बन्धों पर समय-समय पर सवाल उठते रहे हैं। सारिका के दिसंबर 1988 में उदय प्रकाश और सुधीश पचौरी के साथ एक विस्तृत बातचीत में इस सम्बन्ध में नामवर जी ने अपना पक्ष स्पष्ट किया–"भारत भवन की स्थापना से पहले मध्य प्रदेश कला परिषद् के तत्त्वावधान में जो सांस्कृतिक कार्यक्रम चल रहे थे उनकी प्रकृति काफी भिन्न थी। सम्प्रदायवादी शक्तियाँ सस्ते गीतकारों के साथ मिलकर 'कला परिषद', 'पूर्वग्रह' और अशोक वाजपेयी पर उन दिनों जिस तरह हमले कर रही थीं, उससे 'पूर्वग्रह' की साहित्यिक-सांस्कृतिक दृष्टि का अन्दाजा सहज ही लगाया जा सकता है। वह समय था जब 'पूर्वग्रह' मुक्तिबोध का झंडा उठाये फिरता था और धर्मवीर भारती के 'धर्मयुग' का कोपभाजन था। अज्ञेय की ओर न उसने रुख किया, न अज्ञेय ने उसकी ओर। हरिशंकर परसाई, ज्ञानरंजन तथा मध्य प्रदेश के अन्य प्रगतिशील लेखक इस दौर में कुछ मुद्दों पर मतभेद के बावजूद सामान्य रूप से अशोक वाजपेयी के उस सांस्कृतिक अभियान में सहयोग कर रहे थे। स्वभावतः इस दौर के अन्य प्रगतिशील और जनवादी लेखकों की तरह हमने भी अपना सहयोग दिया और इसके लिए हमें आज कोई पछतावा भी नहीं है। आगे चलकर जब पूर्वग्रह की दृष्टि बदली तो हमें भी स्वभावतः अपना रुख बदलना पड़ा। स्पष्ट हो गया कि अब संवाद सम्भव नहीं। संवाद तब सम्भव था क्योंकि असहमति के साथ सहमति का भी एक आधार था।" संवाद टूटने के पूर्व तक की गतिविधियों पर नजर डालें तो यह स्पष्ट हो जाता है कि नामवर जी की वाचिक आलोचना को प्रतिष्ठित करने में 'भारत भवन' और 'पूर्वग्रह' की महत्वपूर्ण भूमिका है। यह ध्यान में रखा जाना ज़रूरी है कि इसके बावजूद आठवें और नवें दशक की नामवर जी की आलोचना का प्रतिवाद बिंदु मुख्यतः अतिवाम की वैचारिकी और भारत भवन का पिटा हुआ कलावाद है। व्याख्यानों और लिखित निबन्धों दोनों में यह प्रतिवाद स्पष्ट विवादी भंगिमाओं के साथ व्यक्त हुआ है।

इन दोनों संस्थाओं ने भी नामवर जी को वाचिक आलोचक के रूप में ही ज्यादा आमन्त्रित किया। विविध विषयों पर उनके व्याख्यान और साक्षात्कार इन संस्थाओं की पत्रिकाओं 'कलावार्ता' और 'पूर्वग्रह' में नियमित रूप से प्रकाशित हुए। यह कहने में

संकोच नहीं होना चाहिए कि व्याख्यानों के प्रकाशित रूप भी सुन्दर व्यवस्थित निबन्ध जैसा काम कर सकते हैं। यह बात इन व्याख्यानों के प्रकाशन से ही स्पष्ट हुई। व्याख्यान को 'लिखित रूप' देने में एक पेशेवर दक्षता और प्रतिबद्धता आवश्यक होती है। इन प्रकाशनों में ये गुण साफ देखे जा सकते हैं। यह कम महत्वपूर्ण नहीं है कि उस दौर के बेहद महत्वपूर्ण व्याख्यान, जो अन्य केन्द्रों पर दिए गए—आयोजकीय लापरवाही के कारण न तो सुरक्षित रखे जा सके और न ही लिखित रूप में प्रस्तुत हो सके। दस्तावेजीकरण में दिलचस्पी न लेना ही इसका एकमात्र कारण नहीं हो सकता। 'लिखित' के मुकाबले 'वाचिक' को कम महत्वपूर्ण मानने की हजारों साल पुरानी गाँठ भी इसके लिए जवाबदेह है। संवाद की अनिवार्यता के चलते भले ही 'मौखिक' का सहारा लेना पड़े परन्तु लिखित ही मूल्यवान है, यह धारणा अन्तर्विरोध के रूप में निरन्तर बनी हुई है। जन-शिक्षण को ज़रूरी मानने वाले प्रतिबद्ध जनों तक के मन में यह भावना ताकतवर ढंग से बैठी हुई है। 'वाचिक आलोचना और विचारशीलता' की अवमानना इसका ही प्रकटन है।

इसी दौर में हिन्दी पत्रकरिता में समाजवादी और मार्क्सवादी रुझान रखने वाले पत्रकारों का बड़ी संख्या में आगमन हुआ। सातवें और आठवें दशक के सामाजिक राजनीतिक आन्दोलनों ने बुद्धिजीवियों, लेखकों और पत्रकारों के बीच आन्तरिक संवाद विकसित करने का अवसर दिया। ये पत्रकार सामाजिक, राजनीतिक और आर्थिक मुद्दों पर हिन्दी के लेखकों के विचारों को प्रमुखता से छापने में दिलचस्पी ले रहे थे। ऐसे में विभिन्न केन्द्रों की गतिविधियों में भाग लेने वाले लेखकों के लिए सामाजिक और राजनीतिक प्रश्नों पर राय प्रकट करना अनिवार्य हो गया। 'हिन्दी के आलोचक' नामवर सिंह इस प्रक्रिया में 'हिन्दी के शीर्ष बुद्धिजीवी-कार्यकर्ता' होकर उभरे। प्रगतिशील लेखकों के समूह, भारत-भवन और विश्वविद्यालय जैसे संस्थान उन्हें जिन विषयों पर विचार के लिए आमन्त्रित कर रहे थे, पत्रकार उनसे भिन्न विषयों पर उनके विचार जानना चाहते थे। ये विषय ज्यादातर साहित्येतर थे। राजनीति, अर्थ-व्यवस्था, समाज, आन्दोलन और ऐसे ही हजारों विषय चर्चा-परिचर्चा में आए। इन विषयों पर मूलतः पत्रकारों द्वारा लिए गए नामवर जी के साक्षात्कार स्थानीय से लेकर राष्ट्रीय पत्र-पत्रिकाओं में छपने लगे। विविध सामाजिक प्रश्नों पर मत के लिए साहित्यकारों की ओर से नामवर जी पत्रकारों की पहली पसन्द बनकर उभरे। नामवर जी की पुस्तकों 'कहना न होगा,' 'बात बात में बात' और 'सम्मुख' में पत्रकारों के इस हस्तक्षेप को स्पष्ट रूप से पहचाना जा सकता है। 'राष्ट्रीय सहारा' के 'हस्तक्षेप' का संयोजन करने वाले अरूण पाण्डेय का अनुभव इस मायने में महत्पूर्ण है। 'सहारा समय' में आते हुए उनके मन में था कि कुछ ऐसा हो ताकि अंग्रेजी वालों के सामने सिर उठाकर बात की जा सके। वे लिखते हैं—"सोच के मुताबिक काम मिला और पिछले करीब ग्यारह वर्षों में एक टीम के साथ

हमने हर सप्ताह एक ही विषय पर भरी-पूरी सामग्री के साथ 'हस्तक्षेप' के लगभग 600 अंक निकाले हैं। कुछेक अपवादों को छोड़ दिया जाय तो आम तौर पर 'हस्तक्षेप' के इन अंकों को प्रशंसा ही मिली। ये चीजें सिर्फ बताने के लिए नहीं लिख रहा बल्कि इसका नामवर जी के होने से सीधा सम्बन्ध है। इसको कहने में हमें तनिक संकोच नहीं है कि इसको सफलतापूर्वक अंजाम देने में हिन्दी के जिन चन्द लोगों की उपस्थिति निर्णायक थी उनमें से एक नामवर जी भी हैं।...यह काम आसान हुआ तो इसलिए कि साहित्येतर विमर्श के दायरे से बाहर हिन्दी में नामवर जी जैसे कुछ पुरोधा थे।...अंग्रेजी के दिग्गजों के बीच हमने नामवर सिंह को चौड़े से छापा। उनका कहा हुआ किसी के लिखे हुए से हल्का नहीं होता था। नामवर जी से एक-दो घंटे बात करने के बाद बड़ी से बड़ी वैचारिक उलझनों की गुत्थी सुलझाने में मदद मिलती थी।"

ऐसे माहौल में नामवर सिंह की संवादधर्मिता को खिलने के हजारों अवसर सामने थे। इसी दौर में लिखित की तुलना में वाचिक संवाद बढ़ गया। 'वाचिक संवाद' 'लिखित रूप' में आने से वंचित रहने लगा। ऐसा अक्सर होने लगा। धीरे-धीरे आदत का हिस्सा हो गया। यह उनके मन के अनुकूल ही था। परन्तु इसी बीच अपनी संवाद-प्रवीणता के कारण वे हिन्दी के सार्वजनिक व्यक्तित्व बन कर उभरे।

संवादी नामवर सिंह आठवें और नवें दशक में अपने वाचिक रुझानों के बावजूद निरन्तर लिखते रहे। 'वाद विवाद संवाद', 'कविता की जमीन और जमीन की कविता' तथा 'हिन्दी का गद्य पर्व' के निबन्ध इस बात का प्रमाण हैं। इनमें से अनेक निबन्ध संगोष्ठियों में उभरे विवादों का प्रत्युत्तर देने के लिए लिखे गए। व्याख्यानों के पुनर्लिखित रूप भी इन पुस्तकों में शामिल हैं। नवें दशक के अन्तिम वर्षों में नामवर जी का लेखन अचानक कम हो जाता है। इसके अनेक कारण हो सकते हैं। एक प्रमुख कारण तो 'आलोचना' पत्रिका का बन्द होना है। 'आलोचना' के सम्पादक के रूप में वे निरन्तर लिखते रहे हैं। तत्कालीन वाद-विवाद के सन्दर्भ में साहित्यिक परिदृश्य में हस्तक्षेप करते हुए उनके निबन्ध नियमित रूप से प्रकाशित होते रहे। 'आलोचना' के प्रकाशक के स्थगन ने इस क्रम को तोड़ा। प्रगतिशील आन्दोलन के लोकव्यापीकरण के इस दौर में बेहद सक्रिय रहने और उसके शिक्षक की भूमिका निभाने के बावजूद वे प्रगतिशील और जनवादी लेखकों की पत्रिकाओं में लिखने की ओर उत्सुक नहीं हुए। पहल, वसुधा, समकालीन सृजन, कथन, उत्तरार्द्ध, साम्य, सापेक्ष, ओर, नया पथ और हंस जैसी महत्वपूर्ण पत्रिकाओं में उनके लेख प्रायः नहीं छपे। इस पूरे दौर में 'आलोचना' में ही उनका अधिकांश लेखन प्रकाशित होता रहा। 'आलोचना' की उस कड़ी का आखिरी अंक अप्रैल-जून 1990 में प्रकाशित हुआ। ठीक एक दशक बाद अप्रैल-जून 2000 में नये दौर की 'सहस्राब्दी आलोचना' का पहला अंक प्रकाशित हुआ। इस अंक से ही नामवर जी के नये निबन्ध प्रकाशित होने शुरु हुए। इनकी संख्या अत्यन्त कम है। परतु उनके लिखित का प्रकाशन

यहीं हुआ। स्पष्ट है कि 'आलोचना' ही फिर उन्हें लेखन की ओर ले गई। यह विचित्र विडम्बना है कि जब तक मार्क्सवाद विरोधी खेमों से संघर्ष करना था, नामवर जी लगातार और ताकतवर ढंग से लिखते रहे। सामना करते रहे। मुठभेड़ करते रहे। स्वयं मार्क्सवादी खेमे की अतिवादी आलोचना से भी टकराते रहे। प्रतिशील आन्दोलन के पुनर्उभार और जनता से बने जीवन्त सम्पर्क के दौर में नामवर जी का लिखना कम होता गया। बीसवीं सदी के अन्तिम दशक में प्रकाशित उनके निबन्धों की संख्या बेहद कम है। यहाँ यह भी सहज ही ध्यान में आता है कि इन्हीं वर्षों में 'प्रतिवादी' भारत भवन की सक्रियता कम होती है और नामवर जी का उससे सम्बन्ध टूटता है। 'संवाद' में 'विवाद' का अभाव भी इसका एक कारण है। आन्दोलन के विस्तार और विवादी बिन्दुओं के अभाव ने लेखन का दबाव कम कर दिया।

इन्हीं वर्षों में 'हंस' ने दलित और स्त्री के प्रश्न को मजबूती से उठाया। 'वर्ग और वर्ण' तथा 'वर्ग और जेण्डर' के सवाल मार्क्सवाद की अब तक की समझ को चुनौती दे रहे थे। प्रारम्भिक स्वीकार के बाद भी नामवर जी इन दोनों के प्रति तटस्थ बने रहे। इन दोनों सवालों के सैद्धान्तिक आधारों पर तो कभी-कभी उन्होंने अपनी आपत्तियाँ दर्ज कीं परन्तु रचनात्मक साहित्य से उनका कोई संवाद विकसित न हो सका। हिन्दी के मार्क्सवादियों में आम तौर पर इन सवालों पर एक असमंजस दिखायी देता है। यह देखना दिलचस्प है कि आजादी के पहले दशक में विभिन्न वंचित सामाजिक समूहों के मध्य प्रारम्भ संवाद की इस विकसित अवस्था के प्रति संवादोन्मुख विचारकों के रवैये में भी एक हिचक साफ देखी जा सकती है। अनेक विचारक स्वीकार और अस्वीकार, सहमत और असहमत के विरुद्ध युगल से बाहर किसी तीसरे कोण की खोज भी करते रहे। हिन्दी के परिदृश्य में उभरे ये नये विवादी स्वर नामवर जी को बहस के लिए उकसाने में नाकाम रहे। इसी दौर में भारतीय समाज भूमंडलीकरण और फासीवाद के आक्रमण के सम्मुख खड़ा था। ये चुनौतियाँ उनके मार्क्सवादी मन के ज्यादा अनुकूल थीं। इसकी समझ विकसित करने में पूँजीवाद, साम्राज्यवाद, सामन्तवाद और फासीवाद जैसी स्वीकृत अवधारणायें काम आती थीं। इससे संघर्ष करने में पुरानी मार्क्सवादी प्रतिबद्धता की झलक देखी जा सकती थी। नामवर जी अपने व्याख्यानों में इन्हें ही केन्द्रीय चिन्ता माना। विस्तृत हिन्दी क्षेत्र में इन प्रश्नों पर सही समझ विकसित करने में उनकी भूमिका असन्दिग्ध है। 'जमाने से दो दो हाथ' में संकलित उनके व्याख्यान इसका प्रमाण हैं। स्पष्ट है कि नामवर जी की चिन्ताएँ 'साहित्य' की सीमा से बाहर जा रही थीं और वे 'आलोचक' की सीमा से बाहर एक विचारक और चिन्तक के रूप में, नये नवजागरण के अगुआ के रूप में उभर रहे थे। न लिखने का एक स्पष्ट कारण यह भी है। नवजागरण के लिए, भारत जैसे समाज में, लिखित की तुलना में वाचिक उपकरणों का उपयोग अनिवार्य था।

नामवर जी के धीरे-धीरे कम होते गए लेखन के पीछे आलोचना के रूप को लेकर उनके अवचेतन में मौजूद अवधारणाओं और रुचि की भी भूमिका हो सकती है। वे 'प्रगीत' की तरह की संचरना के पक्षधर मालूम होते हैं। प्रगीत के एक भाव-केन्द्र की ही तरह आलोचना में एक विचार-केन्द्र के आग्रही। 'सखि बसंत आया' और 'तुमुल कोलाहल कलह में मैं हृदय की बात रे मन' जैसे प्रगीत से काम न चलने पर आलोचना में 'राम की शक्ति पूजा' की तरह का दीर्घ-प्रगीत या 'कामायानी' की तरह प्रगीत-शृंखला रचने की इच्छा उनके अवचेतन में प्रभावी रूप से मौजूद रही है। 'छायावाद' इसका स्पष्ट उदाहरण है। 'आधुनिक साहित्य की प्रवृत्तियाँ', 'कविता के नये प्रतिमान' और 'दूसरी परम्परा की खोज' भी इस संरचना के अत्यन्त निकट हैं। यहाँ वे 'गजल' की संरचना की खोज करते देखे जा सकते हैं। फुटकर लिखे गए निबन्धों का संग्रह बनाते समय भी वे अपने इस 'आदर्श' के करीब रहने की कोशिश करते हैं। जब उन्हें अपने फुटकर निबन्धों में ग़ज़ल के अशआर सी तारम्यता नहीं मिलती तो वे कबीर आदि निर्गुणी कवियों की संग्रथन-शैली की ओर बढ़ते हैं। निर्गुणी कवियों की साखियों को जोड़ने की शैली अंग के रूप में विकसित हुई—गुरू कौ अंग, विरह कौ अंग, सूरा कौ अंग। नामवर जी 'इतिहास और आलोचना', 'कहानी नयी कहानी' तथा 'वाद विवाद संवाद' में इसी ग्रंथन-शैली का उपयोग करते हैं। 'अंग शैली' में अलग-अलग समय में लिखी या कही गई रचनाओं को एक भाव या विचार के केन्द्र के इर्द-गिर्द गँठियाया जाता है। अलग-अलग प्रगीतों को एक साथ रखने की यह ग्रंथनकला अद्वितीय है। कहना न होगा कि नामवर जी की पुस्तकें और निबन्ध-संकलन प्रगीतात्मक संरचना के अत्यन्त निकट हैं।

वे पुस्तकों ही नहीं निबन्धों के लेखन में 'एक केन्द्र' की तलाश करते दीख पड़ते हैं। यह मूलतः 'प्रगीतात्मकता' के प्रति उनके शुरुआती लगाव का स्वाभाविक परिणाम है। वे प्रगीत की ही तरह बँधी हुई, कसी हुई, नुक्तों और संकेतों पर गहराई से टिकी हुई आलोचना लिखना चाहते हैं। इसका गहरा परिणाम नामवर जी के निबन्ध लेखन, उनकी कला, यहाँ तक कि पैराग्राफ रचना और वाक्य रचना पर भी पड़ा है। छोटे-छोटे वाक्य। संकेतक की तरह। नुकीले। सपाट और एकरेखीय नहीं। इस संरचना का एक बेहतर उदाहरण 'शमशेर की शमशेरियत' शीर्षक निबन्ध है। यहाँ वे आलोचना में प्रगीत की कला का उच्चतम आदर्श प्रस्तुत करते हैं—

- यह पवित्रता किसी मन्दिर की नहीं है। यह कोई और भवन नहीं, आत्मा की अभिव्यक्ति का भवन है। कवि की कार्यशाला। अपना घर। बड़े जतन से बनाया हुआ। अपनी हड्डियाँ गलाकर। अपना ख़ून जलाकर। 'ओ मेरे घर' शीर्षक कविता का घर। जिसने 'इंसान के अँखौटे में डालकर मुझे/सबकुछ तो दे दिया/जब मुझे मेरे कवि का बीज दिया कटु-तिक्त।' कितना अलग है यह घर शमशेर का! सबसे।

- यह कोई चिर-परिचित गीत नहीं। गद्य है। बोलचाल की लय का गद्य। रुक-रुक कर आगे बढ़ता हुआ। विलंबित। विपर्यस्त। फिर भी कविता। 'टूटी हुई बिखरी हुई' नहीं, जैसा कि कुछ लोग समझ बैठे हैं। अत्यधिक सुगठित। हर तरह के झोल को हटाकर, फालतू शब्दों को निकालकर जतन से रचा हुआ। साबित करते हुए कि कविता को गद्य की तरह ही सुलिखित होना चाहिए। एकदम ठोस। लेकिन ठस नहीं। कहीं-कहीं शोखी भी। शमशेरियत लिए हुए। स्वर में दर्द है। निस्सन्देह। आह-ओह भी कम नहीं। लेकिन मैथिलीशरण गुप्त की 'हाय-हाय' नहीं। अजीब है यह दर्द । प्रेम की पीड़ा, लेकिन वही नहीं। अकेलेपन का अवसाद, लेकिन कुछ और भी। जीवन की विडम्बना। जगत की विषमता। और भी बहुत कुछ। रोमांटिक विषाद से अलग। रुलाता नहीं, सोच में डाल देता है। 'सोच लें और उदास हो जाएँ।'...अब गिरा अब गिरा वह अटका हुआ आँसू/ सांध्य तारक-सा/अतल में।' खास बात यही है कि वह आँसू अन्त तक अटका ही रहता है। 'पतझड़ का जरा अटका हुआ पत्ता। 'जब आँसू छलक न जाकर/ आकाश का फूल बन गया हो।' आर्षवाणी में कहें तो 'शोक' श्लोक बन गया हो। वस्तुतः यह करुणा है-मानवीय करुणा। जीवन का गहरा 'ट्रैजिक' बोध।

प्रगीतात्मक संरचना के प्रति इस गहरे आकर्षण के कारण ही नामवर जी अपने फुटकर निबन्धों को संकलित करने के प्रति उत्सुक नहीं हुए। सम्भवतः।

प्रगीतात्मक लेखन के लिए एक तात्कालिक रचनात्मक उत्तेजना पर्याप्त होती है। भावनात्मक और वैचारिक आवेश इस ओर ढकेलता है। ऐसा लेखन एक साँस में होता है। नामवर सिंह अपने लेखन में प्रायः इसी के अभ्यस्त रहे हैं–"मैनें जितनी भी किताबें लिखी हैं, एक हफ्ते या दस दिन में लिखी हैं।...'छायावाद' पुस्तक मैंने कुल दस दिन में लिखी। 'कविता के नए प्रतिमान' इक्कीस दिन में लिखी हुई किताब है। 'दूसरी परम्परा की खोज' दस दिन में लिखी हुई किताब है।...मैं इसी तरह एक साँस में लिखता हूँ।" इस प्रविधि से दीर्घाकार और विस्तृत परियोजना वाला लेखन नहीं लिखा जा सकता। उसके लिए बड़ी बैठकी चाहिए। तात्कालिक परिस्थितियाँ इसे तोड़ दें, तब भी अन्तराल के बाद काम पुनः शुरू करने की आन्तरिक इच्छा और विशृंखलित को शृंखलाबद्ध बना सकने का रचनात्मक साहस। पहाड़ी नदी की तरह नहीं, मैदानी नदी सा शान्त अन्तर्प्रवाह। चौड़ा और फैला हुआ पाट। दूसरी छोटी नदियों को समो लेने का धैर्य। विस्तार अपार। स्वाभाविक है कि नामवर सिंह लेखन के लिए जिस तरह की बाहरी और भीतरी पारिस्थितिकी को अनिवार्य मानते हैं, वह प्रगीतात्मक संरचना के लिए ही उपयुक्त है।

नामवर जी जब बोलते हैं तो वक्तव्य की पूर्व तैयारी का भी ड्राफ्ट भी बुनियादी रूप से प्रगीत-मुखी आर्कीटेक्चर पर टिका होता है। जहाँ बोलते हुए वे इसे साध लेते हैं वहाँ भाषण इसी तरह से होता है–बँधा हुआ। प्रगीत की तरह। परन्तु जहाँ बोलते-बोलते

वे तत्कालीन प्रश्नों अर्थात उस गोष्ठी में उठे सन्दर्भों से संवाद करते हैं, इस संरचना में एक शिथिलता आती है और भाषण ज्यादा फैल जाता है। विस्तृत। विषम। अनेक केन्द्रों या बिना केन्द्र वाला। व्याख्यान कर्ता के रूप में नामवर सिंह अनेक प्रविधियों का प्रयोग करते रहे हैं। उनके व्याख्यानों की संरचना पर्याप्त भिन्नता लिए हुए होती है। अल्प शिक्षितों, सुशिक्षितों, छात्रों, अध्यापकों, विद्वानों, रचनाकारों, पत्रकारों, अधिकारियों और कार्यकर्ताओं की भिन्न श्रेणियों को सम्बोधित करते हुए उनके व्याख्यान की संरचना ज़रूरत के अनुसार बदलती रहती है। एकान्त में लिखते हुए अनुपस्थित पाठक की एक अमूर्त उपस्थिति आलोचक की आन्तरिकता में एक सीमा से ज्यादा प्रभाव नहीं डाल पाती, परन्तु सम्मुख मौजूद श्रोताओं की पृष्ठभूमि और तात्कालिक प्रतिक्रिया व्याख्यान की संरचना को निर्धारित करने में प्रभावी भूमिका निभाते हैं। ऐसे में किसी भी व्याख्यानकर्ता का 'शुद्ध आलोचक' बने रह जाना सम्भव नहीं रहता। सम्भवतः इसी कारण नामवर जी इस क्षेत्र में अपने 'शिक्षक' की मदद लेते हैं। यह अकारण नहीं है कि नामवर जी के व्याख्यानों की संरचना में अध्यापन की प्रविधियों का व्यापक प्रयोग दिखायी देता है। यह समझना ज़रूरी है कि सामान्य रचनाकार, आलोचक या विचारक के लिए सिर्फ बात कहना ही महत्वपूर्ण है, जबकि एक अध्यापक के लिए कहने के साथ-साथ उसे समझाना भी ज़रूरी होता है।

साहित्य के शिक्षण की रचनात्मकता और उसकी रचना-प्रक्रिया के बारे में हिन्दी में अब तक प्रायः बात नहीं हुई है। साहित्य का प्रकृति, जीवन और समाज से जो धनीभूत सम्बन्ध है, अध्यापन के क्रम में हम उसे जीते हैं और प्रकृति, परिवेश और समाज की उन वस्तुओं और प्रक्रियाओं में प्रवेश करते है। एक अध्यापक ऐसा करते हुए असम्भव और कुछ-कुछ चमत्कारिक लगने वाली विधि से जीवन का साक्षात्कार करता है। सार्थक अध्यापन वह है जो विद्यार्थियों को इस यात्रा में बराबर का भागीदार और सहयोगी बना ले।

अध्यापन की प्रक्रिया एक हद तक ऐसी है, जैसे कि किसी गायक की गायन-प्रक्रिया या किसी अभिनेता की अभिनय प्रक्रिया। कुछ-कुछ अव्याख्यायित सी। अभिनय-प्रक्रिया और संगीत-सृजन-प्रक्रिया की ही तरह यह एक गम्भीर रचनात्मक प्रक्रिया है। कलाओं की ही तरह अध्यापन दो छोरों के नाजुक सन्तुलन पर टिका है, जिसे सामान्यतः प्रेषक-छोर (शिक्षक का छोर) और प्रेष्य-छोर (विद्यार्थियों का छोर) कहा जा सकता है। कहना न होगा कि प्रेष्य-छोर यहाँ एक निर्णायक शक्ति है। यह ही प्रेषक-छोर की सृजनात्मकता का रूप एक हद तक निर्धारित करता है। यह सही है कि अध्यापन संगीत की तरह मुक्त और प्रेषक-छोर को सृजनात्मक स्पेश देने वाली प्रक्रिया नहीं है, बल्कि वह दोनों छोरों के बीच एक तरह की द्वन्द्वात्मक प्रक्रिया से निर्धारित होता है, परन्तु इतने मात्र से ही वह पूरी तरह एक तकनीकी प्रक्रिया नहीं हो जाती। अध्यापक एक हद तक इस तकनीक और पद्धति से स्वतन्त्र होकर अपनी ऊँचाई तक पहुँचते हैं।

साहित्य के अध्यापन को कलाओं के अध्यापन के क्रम में देखना होगा, जहाँ कृति के कलात्मक आस्वाद की रक्षा किए बिना उसके सामाजिक प्रभाव को ठीक से समझा नहीं जा सकता। कलात्मक आस्वाद तक पहुँचने और पहुँचाने के लिए अन्ततः अध्यापक प्रत्येक कृति के लिए एक अलग रास्ता रचता है। यह वह रास्ता है, जिसे उसे उसी कृति में दुबारा प्रवेश के लिए दुबारा रचना पड़ता है। एक शास्त्रीय गायक की तरह। इसलिए वह उसे चाहकर भी ठीक वैसा का वैसा बना नहीं सकता। इस विशिष्टता या विलक्षणता के चलते साहित्य का अध्यापन रचनात्मकता के लिए प्रत्येक बार संघर्ष करता है और नयी रचनात्मकता सम्भव होती है। काशीनाथ सिंह ने नामवर सिंह की अध्यापन शैली और वक्तृत्व कला पर लिखते हुए काशी की आधुनिक आचार्य परम्परा से उभरी दो समानान्तर अध्यापन-प्रविधियों की चर्चा बड़े रचनात्मक रूप से की है। विश्वनाथ प्रसाद मिश्र की रीतिकाव्य मर्मज्ञता का जिक्र करने के बाद वे लिखते हैं–'वे एक कुशल गोताखोर की तरह छन्द में डुबकी लगाते थे और एक एक शब्द का मरम और अनर्थ का भरम भेदते हुए रस, अलंकार, लक्षणा, व्यंजना को लिए दिए बाहर निकल आते थे। यही परम्परागत शैली थी अध्यापन की, लाला भगवानदीन के जमाने से।' अध्यापन की इस शैली को उन्होंने गोताखोर शैली कहा है। 'दूसरे थे द्विवेदी जी, द्विवेदी जी गोताखोर नहीं, उड़ाका थे। उड़ानें और उड़ान भरने वाले। टेक्स्ट पर केवल विश्राम के लिए उतरते थे, फिर क्षण भर ठहरकर उड़ान पर निकल जाते थे साहित्य के अनन्त आकाश में, जहाँ अनदेखी दुनिया का विस्तार था। टेक्स्ट में अँट नहीं पाते थे वे। वे परीक्षार्थियों के नहीं विद्यार्थियों के काम के थे। जिनकी साहित्य में रुचि थी, उन्हें द्विवेदी जी को सुन कर एहसास होता था कि जैसे उनके भी डैने उग आए हैं, कि जैसे वे भी अपनी आँखें फड़फड़ा सकते हैं, कि जैसे वे भी आकाश में उड़ सकते हैं...लेकिन कभी-कभी ऐसा भी होता था कि द्विवेदी जी आकाश में। उड़ते हुए, अन्तरिक्ष और फिर अन्तरिक्ष से शून्य में चले जाते थे और अन्त में रह जाता था–अनहद नाद। और वही अमूर्त अनहदनाद गूंजता रह जाता था सुनने वालों के भीतर एक श्रद्धेय आनन्द की अनुभूति के साथ।' हजारीप्रसाद द्विवेदी की अध्यापन शैली की रचनात्मक ऊँचाई और उसके भटकावों के प्रति यह गम्भीर टीप है। नामवर सिंह ने इन दोनों अध्यापकों के अत्यन्त प्रशंसक होते हुए भी उनसे भिन्न अध्यापन-मार्ग अपनाया। काशीनाथ सिंह लिखते हैं, 'नामवर न डूबते थे, न उड़ते थे। उन्होंने पानी को चीरते हुए तैरने का एक ऐसा रास्ता निकाला, जिसमें सिर आकाश में रहे और धड़ पानी में। वे बीच-बीच में लहरों से खेलते भी थे और छपाके के साथ किल्लोल भी करते थे।' रचनात्मक भाषा में यह हिन्दी के तीन महान अध्यापकों की अध्यापन शैली की विशिष्टता का प्रतिपादन है। नामवर जी अपने व्याख्यानों में टेक्स्ट को खोलने के लिए इसी शैली का प्रयोग करते हैं। पर ज़रूरतों के अनुसार वे अन्य प्रविधियों का भी आविष्कार करते हैं। कभी वे विषय में अन्तर्व्याप्त

जटिलता को नारियल के गुँझने की तरह छीलते नजर आते हैं, कभी विषय के मूल तक पहुँचने के लिए मौजूद फ्रेम को नारियल के खोल की तरह ताकत लगाकर कठोरता से तोड़ते हैं। झटके से। कभी वे रचना को नदी की तरह बरतते उसके प्रवाह, व्यापक गतिशीलता और दीर्घ यात्रा को स्पष्ट करने के लिए, उसके साथ-साथ चलते बस उसकी एक झाँकी देते जाते हैं। इस झाँकी में वे कभी क्लोज़ अप का प्रयोग करते हैं, कभी मिड शॉट का, कभी लांग शॉट का। समकालीन साहित्यिक परिदृश्य के बारे में बात करने के लिए वे भीड़ में किसी विशिष्ट तक पहुँचने की तकनीक का प्रयोग करते हैं। भीड़ को चीरते हुए वे धीरे-धीरे लगभग पैदल चलते हुए हमें उस तक पहुँचाते हैं, तो हम सहसा चकित होते हैं। कभी वे रचना को सिक्के की तरह बजाकर दिखाते हैं। बस। उनके पास समय हो तो वे एक कुम्हार की तरह माटी तैयार करते, चाक चलाते, बर्तन गढ़ते नज़र आते हैं। रागदारी से।

अपने व्याख्यानों में वे ज़्यादातर एक गम्भीर अध्यापक की ही तरह गरिमामय नज़र आते हैं। दूसरों को ध्यान से सुनते। उत्सुक। बोलते वक्त गम्भीर को इस तरह साधते कि वह बोझिल न हो। बेहद विशिष्ट और जटिल को भी प्रायः सहजता से प्रस्तुत करने की कोशिश करते। अपने व्यापक सहजबोध का एक रचनात्मक उपयोग करते। कुशल बढ़ई की तरह अनावश्यक को छीलते। 'अवांछित अतिरिक्त' के प्रति सतर्क। ज़रूरी होने पर कुम्हार की तरह 'अन्दर हाथ सहार दै बाहर मारत चोट।' सचेत। 'अंधै अंधा ठेलिया दोनों कूप परंत'—के खतरे से बाखबर। दूसरे वक्ताओं या आयोजकों द्वारा रचे गए घटाटोप और अतिरिक्त माहात्म्य को तोड़ने में अपने ख़ास बनारसी काट के लहजे और व्यंग्य का प्रभावी इस्तेमाल करते। इसमें आवेश प्रायः नहीं होता। होती है शान्त चुभती हुई लापरवाही। उपेक्षा भरी। आक्रामक विप्लवी भाषिक गड़गड़ाहट और गढ़ी गई नकली भव्यता को इसी तरह चुटकियों में भेदती। किसानी गँवई पृष्ठभूमि की भाषिक भंगिमाओं से औजारों की तरह काम लेते। संस्कृत के कथनों, उर्दू के अशआर, देशी मुहावरों को ज़रूरी स्थलों पर लकड़ी की कील की तरह इस्तेमाल करते। वाग्मिता के ऊपर सदैव कथ्य को तरजीह देते। लोकप्रिय लटकों-झटकों, भाषाई फुँदनों, मदारियों की मजमेबाजी से प्रायः दूर। कबीर की तरह सटीक और सीधा कहने की कोशिश करते।

नामवर जी का आलोचक समाज में बातचीत करते हुए, वाद-विवाद-संवाद करते, प्रश्न-प्रतिप्रश्न करते सक्रिय रहता है और विचार, तर्क और संवाद की उस प्रक्रिया से गुजरता है जो आलोचना की बुनियादी भूमि है। आलोचना लिखित हो या वाचिक-उसके पीछे बुनियादी प्रक्रिया है—पढ़ना, विवेचना, विचारना। तर्क और संवाद। नामवर जी के व्याख्यानों और उनकी वाचिक टिप्पणियों में इसका व्यापक समावेश है। नामवर जी के व्याख्यानों से गुजरते हुए हम महसूस करते हैं कि वह किसी रचना को हमेशा नई और अपनी तरह से पढ़ने की कोशिश करते हैं और इस तरह 'पढ़ते' हुए वे लगातार

नई तरह से 'सोचते' और 'विचारते' हुए सामने आते हैं। उनकी वाचिक आलोचना मूल्यांकन की ऊपरी सीढ़ी तक पहुँचती है। निकष बनाती है। प्रतिमानों पर बहस करती है। उसमें 'लिखित' की तरह की 'कौंध' मौजूद होती है। नहीं होता तो बस पूरापन।

'आलोचना और विचारधारा' व्याख्यानों का संग्रह है। इन व्याख्यानों के केन्द्र में 'आलोचना' है। संकलित 22 व्याख्यान किसी निश्चित परियोजना के तहत नहीं दिए गए हैं। इसीलिए इनमे कोई पूर्व निश्चित सिलसिला नहीं है। इन व्याख्यानों का समय भी दो दशक से अधिक तक फैला हुआ है। बावजूद इसके इनमें एक आन्तरिक एकता और सुसम्बद्धता है। इनमें विचारों और मान्यताओं में विस्तार और बदलाव के उदाहरण भले ही मिलें, विचलनों और अवसरवादी अवसर-बात के प्रायः नहीं।

नामवर जी के व्याख्यानों की यह दूसरी पुस्तक है। एक केन्द्र होने के कारण यह पुस्तक विशेष महत्व रखती है। ये व्याख्यान नामवर जी के उत्तरवर्ती समय की वैचारिकता की स्पष्ट झलक देते हैं। पूर्ववर्ती लेखन में वैचारिक संघर्ष के क्रम में समय-समय पर वे 'आलोचना' के बारे में अपनी राय रखते रहे हैं, परन्तु आलोचना में स्वीकृत अवधारणाओं की विस्तृत समीक्षा करने और हिन्दी आलोचना की पूरी परम्परा पर एक साथ विचार करने के अवसर कम आए हैं। इन व्याख्यानों में व्यक्त विचार वस्तुतः नामवर जी के सम्पूर्ण रचनात्मक जीवन के सार की तरह देखे जा सकते हैं। यह एक तरह से 'मधु कोष' है।

पुस्तक चार खंडों में बँटी हुई है। पहले खंड संकलित दोनों व्याख्यान 'नामवर के निमित्त' के कार्यक्रमों में दिए गए थे। इधर के वर्षों में एक आलोचक के रूप में उनकी सभी प्रमुख चिन्तायें यहाँ एक साथ मौजूद हैं। पिछले वर्षों में अपने काम पर उठे सवालों के जवाब भी उन्होंने दिए हैं। 'आलोचक का पक्ष' प्रायः अपने पूरेपन से इनमें स्पष्ट हो सका है। इसीलिए इन्हें पुस्तक के प्रारम्भ में जगह दी गई है। नामवर जी की भूमिका के स्थान पर।

दूसरे खंड के व्याख्यान नामवर जी की आलोचना की मूल दृष्टि को स्पष्ट करने में मदद करते हैं। इनका परिप्रेक्ष्य स्पष्टतः वैचारिक और अवधारणात्मक है। नामवर सिंह हिन्दी के शीर्षस्थ आलोचक हैं। हिन्दी आलोचना को संस्कृत की शास्त्रीय परम्परा के प्रभुत्व से बचाये रखने और जड़ शास्त्र के दबाव के समानान्तर अधिकाधिक लोकपरक, जीवन्त और रचनात्मक बनाए रखने में उनकी भूमिका आचार्य रामचन्द्र शुक्ल, आचार्य हजारी प्रसाद द्विवेदी, मुक्तिबोध और डॉ. रामविलास शर्मा की ही तरह असन्दिग्ध है। यह भी महत्वपूर्ण है कि जहाँ एक ओर संस्कृत काव्यशास्त्र से भली-भाँति परिचित होने के बावजूद उन्होंने उसे नई रचनात्मकता के लिए प्रायः अक्षम और अपर्याप्त पाया है, वही दूसरी ओर ज़रूरत पड़ने पर प्रासंगिक विचारों को उठाया और उनकी पुनर्व्याख्या की है। कहना न होगा इस प्रक्रिया में वे 'शास्त्र' को हमारे समय में जीवित करते रहे हैं। जब वे अभिनव गुप्त, मम्मट या पंडितराज जगन्नाथ की समीक्षा करते हैं तो प्रायः

एक स्वतन्त्र प्रतिभा की तरह उन्हें हमारे लिए नई तरह से उपलब्ध करते हैं। इस सिलसिले में वे आचार्य शुक्ल के उत्तराधिकारी नजर आते हैं, जो परम्परा के रूप में मौजूद 'शास्त्र' को पुनर्नवा करते हैं, उसके वर्चस्व के सम्मुख सर नहीं झुकाते।

तीसरे खंड के व्याख्यानों का सम्बन्ध हिन्दी की आलोचना विशेषतः उसके समकालीन परिदृश्य से है। आलोचना के समक्ष मौजूद संकटों को पहचानने की कोशिश करते ये व्याख्यान ज़रूरी विवादों के परिप्रेक्ष्य में अपना पक्ष मजबूती से रखते हैं। चौथे खंड में आचार्य हजारी प्रसाद द्विवेदी, डॉ. रामविलास शर्मा और राहुल सांकृत्यायन पर केन्द्रित व्याख्यान हैं। आचार्य द्विवेदी पर एक शृंखला में दिए गए तीन व्याख्यानों में पहली बार उनकी रचनात्मकता की विशिष्टता का प्रकटन होता है। साथ ही उनकी रचनात्मकता के विविध पक्षों में मौजूद अन्तःसूत्रों की एक खोज इनमें मिलती है। ये व्याख्यान 'दूसरी परम्परा की खोज' लिखने के पूर्व दिए गए थे। पुस्तक के साथ उन्हें मिलाने पर देखा जा सकता है कि दोनों के बीच एक क्रमिक सम्बन्ध है, परन्तु 'दूसरी परम्परा की खोज' प्रायः एक पृथक अभिकल्पन में आकार लेती है, जो उन व्याख्यानों की अन्तर्रचना के बिन्दुओं से प्रायः स्वतन्त्र हैं। कुछ बिन्दुओं और अनुच्छेदों को छोड़कर प्रायः पुस्तक में इन व्याख्यानों का उपयोग नहीं किया गया है। द्विवेदी जी पर केन्द्रित इन व्याख्यानों में भी एक क्रमिक सम्बद्धता है, परन्तु 'दूसरी परम्परा की खोज' की संरचना के बुनियादी बिन्दु पर्याप्त भिन्न हैं। स्पष्ट है कि इन व्याख्यानों को यदि पुस्तक का आधार बनाया गया होता तो पुस्तक के विचार भले ही यही रहते, परन्तु उसकी संरचना और तज्जनित सघनता और तर्क-वितर्की आवेग का रूप दूसरा ही रहा होता। रामविलास शर्मा पर केन्द्रित व्याख्यान 'हिन्दी के हित का दान वह अभिमान वह' को रामविलास जी पर नामवर जी के पूरे लेखन और वक्तव्यों के साथ ही पढ़ा जाना चाहिये।

यह सवाल किया जा सकता है कि पुस्तक के आलोचना केन्द्रित होने के बावजूद राहुल जी पर दो व्याख्यान क्यों संकलित हैं, जबकि वे वृहत्तर और उदार अर्थों में भी आलोचक नहीं माने जाते हैं। इसका जवाब यही हो सकता है कि मार्क्स, आचार्य शुक्ल, आचार्य द्विवेदी, एफ.आर. लिविस, बाल्टर बेंजामिन, ब्रेख्त, मुक्तिबोध और रामविलास शर्मा के साथ और इनके होते हुए भी राहुल जी नामवर जी के परवर्ती विचारों में केन्द्र के निकट निरन्तर मौजूद रहे हैं। वे राहुल जी के विचार निरन्तर बहसों में उद्धृत करते रहे हैं। विचार की ब्राह्मण परम्परा के समानान्तर बौद्ध परम्परा को स्थापित करने और उसे मार्क्सवाद के साथ बिठाकर देखने के कारण राहुल जी हिन्दी के विचारकों में प्रायः अपनी एक स्वतन्त्र धारा का निर्माण करते हैं। नामवर जी की परवर्ती आलोचना में राहुल सांकृत्यायन के विचारों की एक अनुगूँज सुनी जा सकती है। इसी आधार पर इन दो निबन्धों को पुस्तक में शामिल किया गया है। डॉ. रामविलास शर्मा से संस्कृति सम्बन्धी विवादों का एक सिरा यहाँ तक भी जाता हुआ, स्पष्टतः देखा जा सकता है।

नामवर जी के बारे में यह मान्यता रही है कि वे इतना सुगठित ओर सुनियोजित वक्तव्य देते हैं कि उसे ज्यों का त्यों लिख देने से एक निबन्ध की तरह पढ़ा जा सकता है। यह बात एक हद तक ही ठीक है। उनके वक्तव्य की मूल अभिकल्पना (डिजाइन) में एक निबन्ध सी सुसम्बद्धता होती है। वह काफी हद तक सुगठित भी होता है। परन्तु विचार निरूपण के क्रम में तात्कालिक दबाव मनः स्थिति और आवेग की मात्रा के अन्तर से भाषा टूटती-दरकती रहती है। खासतौर पर वाक्य रचना में यह टूटन-दरकन स्पष्ट देखी जा सकती है। आधे अधूरे वाक्य कई बार इस तरह विन्यस्त होते हैं कि उन्हें साफ कर पूरे वाक्यों में बदलना या ज़रूरी न होने पर छोड़ देना ज़रूरी हो जाता है। ऐसे अधूरे वाक्यों से निपटने के लिए एक स्पष्ट दृष्टि सतर्कता और साहस की ज़रूरत पड़ती है। इसलिए बोले गए के प्रति निष्ठा रखते हुए भी उसमें ज़रूरी काट-छाँट अनिवार्य होती है। कहना न होगा कि प्रस्तुत व्याख्यानों में यह अधिकार प्रयोग में लाया गया हैं। यह प्रक्रिया बड़ी उबाऊ और धीरज की माँग करने वाली रही है। इसके बावजूद प्राप्त सभी व्याख्यानों को कम से कम तीन बार समय अन्तरालों के बाद पुनः पुनः सम्पादित किया गया है। अन्तिम प्रकाशन के पहले तक यह कार्य जारी रहा है। नामवर जी के उपलब्ध व्याख्यानों को एक पुस्तक की परिकल्पित करने के बाद भी लगातार मेरे मन में एक ऊहा-पोह बनी रही है। इसलिए अन्तिम प्रकाशन के पूर्व तक व्याख्यान जुड़ते या निकलते रहे हैं। साथ ही उनके क्रमों में बदलाव होता रहा है। राजकमल प्रकाशन समूह से जुड़े साथियों ने इस पूरी प्रक्रिया में पूरा साथ दिया है और धीरज बनाये रखा है, इसके लिए उनके प्रति सम्मान व्यक्त करना मात्र पेशेवर औपचारिकता नही हैं।

पुस्तक में संकलित सभी व्याख्यान पूर्व प्रकाशित हैं। हमने अपनी दृष्टि से उन्हें पुनः पुनः सम्पादित कर के ही और पुस्तक में विन्यस्त किया है। व्याख्यानों के आयोजकों और तिथियों के साथ ही प्रथम प्रकाशन की, जहाँ तक सम्भव हो सका है, जानकारी प्रत्येक व्याख्यान के अन्त में दी गई है। अनेक व्याख्यानों के प्रथम प्रकाशन में प्रस्तोता द्वारा दिए गए शीर्षक भी बदल दिए गए हैं। व्याख्यानों के प्रथम प्रकाशित प्रारूपों में मौजूद असम्बद्धताओं को सम्भव सीमा तक दूर करने की कोशिश की गई है। व्याख्यान में आधे-अधूरे वाक्यों और एक वाक्य में गुँथे अनेक अधूरे उपवाक्यों से पैदा होने वाली प्रवाह-बाधा को खत्म किया गया है। प्रसंग के अनुसार नए पैराग्राफ बनाए गए हैं। भाषा को कसकर व्याख्यानों को प्रायः निबन्ध के नजदीक ले जाने की कोशिश की गई है। इस पूरी प्रक्रिया मे नामवर जी के वाक्यों और उनके क्रम को प्रायः ज्यों का त्यों रखने की कोशिश रही है। हमारी कोशिश सिर्फ सुसम्बद्ध-सुसंगठित व्याख्यान को उसके मूल रचना रूप में प्रस्तुत करने की रही है, ताकि पढ़ते समय एक प्रवाह में उसे पढ़ा जा सके। इन व्याख्यानों के टेप अनुपलब्ध हैं। पुस्तक में व्याख्यानों के प्रथम प्रकाशित

प्रारूपों के प्रस्तोता और सम्पादक ही इनकी प्रामाणिकता के लिए उत्तरदायी हैं। पुस्तक में प्रकाशित इनके प्रारूपों में भी नामवर सिंह का कोई लिखित अवदान नहीं है।

यह पुस्तक नामवर जी की आठ पुस्तकों की शृंखला में प्रकाशित है। इन पुस्तकों में प्रकाशित हो रही सामग्री पिछले 60 वर्षों की दीर्घ अवधि में लिखित एवं प्रकाशित परन्तु असंकलित रही है। खोज का यह काम 2005 में प्रारम्भ हआ। निरन्तर पत्र-पत्रिकाओं-पुस्तकों, पुस्तकालयों, इंटरनेट एवं खासतौर पर निजी संग्रहों को खंगालने पर यह सामग्री प्राप्त हुई–लगभग 2000 पृष्ठ। उसमें नामवर जी के आलेख, व्याख्यानों के लिप्यंतरित पाठ, वाचिक टिप्पणियाँ, व्यक्तिगत साक्षात्कार एवं सामूहिक परिसंवाद शामिल हैं। इसके बावजूद अभी अनेक आलेख और व्याख्यानों के मुद्रित पाठ खोजे जाने बाकी हैं। नामवर जी ने जब स्वयं यह संग्रह देखा तो उन्हें आश्चर्य हुआ। अनेक आलेख और व्याख्यान उनकी स्मृति में नहीं थे। इस सामग्री को पुस्तकों में बाँटने की प्रमुखतः दो योजनाएँ विकल्प के रूप में सामने थीं–विषयवार पुस्तकें और लिखित-वाचिक की अलग-अलग पुस्तकें। हमने बीच का रास्ता अपनाया। सामयिक विषयों पर एक स्वतन्त्र पुस्तक 'जमाने से दो दो हाथ' के साथ प्रेमचन्द पर केन्द्रित पुस्तक 'प्रेमचन्द और भारतीय समाज' में-आलेख, भाषण एवं वाचिक टिप्पणियाँ एक साथ मौजूद हैं। इसके अतिरिक्त वाचिक की दो पुस्तकें 'आलोचना और विचारधारा' तथा 'साहित्य की पहचान', लिखित की दो पुस्तकें 'कविता की ज़मीन और ज़मीन की कविता' तथा 'हिन्दी का गद्य पर्व' और साक्षात्कार-संवाद की दो पुस्तकें 'साथ साथ' तथा 'सम्मुख'। यह पुस्तकें आपके सामने हैं। इन पुस्तकों से गुजरते हुए आप नामवर जी की प्रतिभा के विविध आयामों से संवाद कर सकेंगे।

सम्पूर्ण खोज-यात्रा में प्रो. कमला प्रसाद जी के साथ ही हिन्दी के वरिष्ठ कथाकार प्रो. काशीनाथ सिंह का प्रोत्साहन मेरी शक्ति रहा है। अनेक आदरणीय वरिष्ठों एवं मित्रों ने इस कार्य में निरन्तर दिलचस्पी ली है और बहुविध सहयोग किया है। गोमती प्रसाद विकल, कुमार पंकज, विजय बहादुर सिंह, रवि श्रीवास्तव, रमाकांत शर्मा, सदानंद शाही, विनोद दास, विवेक मिश्र, विनोद तिवारी, क्षितिज विवेक, प्रवेश तिवारी, पल्लव, संज्ञा उपाध्याय, सूर्यनारायण, व्योमेश शुक्ल, तेजभान राम और नीलेश कुमार ने सामग्री संग्रह के कार्य में उत्साहपूर्वक सहयोग किया है। युवा साथियों चन्द्रशेखर सिंह, वीरेन्द्र गौतम और विशाल विक्रम सिंह ने अन्य कार्यों में मेरा हाथ बँटाया है। सभी के प्रति आभार व्यक्त करना सिर्फ औपचारिकता नहीं है।

इस सम्पूर्ण यात्रा में एक बात मैं निरन्तर महसूस करता रहा कि इसके संग्रहण एवं प्रकाशन के प्रति नामवर जी में गहरी असम्पृक्ति रही है। सम्भवतः यही कारण है कि इतनी ढेर सारी सामग्री अब तक पुस्तक रूप मे संकलित-प्रकाशित नहीं हो सकी है। अनेक व्याख्यान तो उन्होंने प्रकाशित रूप में देखे भी न थे। आज के समय में, जबकि

लोग आत्म प्रदर्शन की प्रवृत्ति के शिकार हैं, नामवर जी में एक किसान का-सा संकोच है। अपने लिखे और बोले हुए के प्रति नामवर जी की यह असम्पृक्ति और उसके व्यवस्थित प्रस्तुतिकरण के प्रति उनका यह संकोच, मुझे अनेक तरह से अपरिग्रह के पुराने मूल्य का ही एक नया रूपान्तर लगता रहा है। उनके समकालीनों, हमउम्रों और उन्हें ज्यादा जानने का दावा करने वाले लोगों के विचारों के समानान्तर मुझे नामवर जी में एक 'सूफियाना विराग' मिलता है। एक बार मेरे पूछने पर उन्होंने स्पष्ट रूप से कहा था कि 'चाहे निबन्ध हों या पुस्तक, मुझे उसका प्रकाशन तभी ज़रूरी लगता रहा है, जबकि वह मौजूदा परिदृश्य में हस्तक्षेप करे, उसके ठहराव को तोड़े और वाद-विवाद-संवाद की प्रक्रिया को आगे बढ़ाए। मेरी ज्यादातर पुस्तकें अपने समय की बहसों में भागीदार होकर लिखी गई हैं। इसीलिए संग्रह के लिए संग्रह निकालना मेरी प्राथमिकता नहीं रहा है।' इसी विचार के कारण पर्याप्त सामग्री के बावजूद उनके संग्रह सामने नहीं आ सके। मैंने देखा था कि 'वाद विवाद संवाद' के साथ ही आलोचना में उनकी एक अन्य पुस्तक का विज्ञापन छपा था–'जब हिन्दी नई चाल में ढली'। वह पुस्तक नहीं आ सकी। शुरूआती दिनों में मैंने भी उनके आलोचनात्मक निबन्धों के पुस्तक रूप में प्रकाशन की जब भी बात की, उन्होंने ज्यादा रुचि नहीं ली। प्रकाशकों और मित्रों के आग्रह के बावजूद उनकी पुस्तक 'बकलम खुद' का दूसरा संस्करण प्रकाशित नहीं हो सका। कविताओं का तो पहला ही संग्रह अब तक नहीं निकल सका है।

इसके बावजूद यदि इन पुस्तकों का प्रकाशन हो रहा है, तो इसका आशय यह नहीं है कि नामवर जी का विचार बदला है। वस्तुतः अनेक मित्रों के निरन्तर दबाव और निरन्तर आग्रह के कारण उन्होंने इनके प्रकाशन की अनुमति दी है। संकोच के साथ। मैं इसके लिए उनका आभारी हूँ। उम्मीद है कि इनके प्रकाशन से गत साठ वर्षों से अधिक में फैली उनकी के रचनात्मकता अपने ज्यादा आयामों में उभर सकेगी। छः दशकों में प्रगतिशील आलोचना की प्रभावशाली एवं निर्णायक भूमिका का खुलासा भी उनसे हो सकेगा तथा नामवर जी की अपनी वैचारिक स्थिति अधिक स्पष्ट हो सकेगी।

इन पुस्तकों के संकलन-संपादन के पीछे प्रो. कमला प्रसाद की प्रेरणा रही है। इस शृंखला की पहली चार पुस्तकें देखकर वे खुश हुए थे। दूसरी चार पुस्तकों का यह सेट आने के पूर्व ही वे हमें छोड़कर चले गए हैं। उनकी अनुपस्थिति में उनकी उपस्थिति का महत्व ज़्यादा खुलकर प्रकट हुआ है। उनके साथ सक्रिय गतिशीलता का जो समय मैंने गुज़ारा है, वह मेरे भीतर सदैव जीवित रखेगा। इस अवसर पर उन्हें याद करना, ऐसे ही है जैसे अपने भीतर झाँकना। बाहर वे नहीं हैं। भीतर एक स्मृति–फ़िल्म में वे मौजूद हैं–बोलते,चलते और कुछ करने के लिए उकसाते, आलस करने पर नाराज़गी जताते। इस अवसर पर उन्हें याद करता हूँ। नये काम में जुटता हूँ।

–आशीष त्रिपाठी

अनुक्रम

खंड-1

खंड-2

खंड-3

खंड-4

खंड-1

आज की चुनौतियाँ और साहित्य

मेरे बारे में बात करते समय हर कोई एक शब्द का प्रयोग जरूर करता है, वह है–'विवादास्पद'। जब मैं कुछ लिखता हूँ तो विवाद, जब मैं कुछ बोलता हूँ तो विवाद और यहाँ तक कि जब मैं खामोश रहता हूँ तब भी विवाद होता रहता है।

पिछले डेढ़ महीने से 'नामवर के निमित्त' को लेकर विवाद उठाया जा रहा है। 'जनसत्ता' में इस बीच काफी कुछ छपा है, जिसमें 25 साल पहले भोपाल में मेरे दिए गए भाषण की 'नई दुनिया' में छपी रिपोर्टिंग के हवाले से कहा गया है कि मैंने तब आपातकाल का समर्थन किया था। अखबारों में मेरे बारे में बहुत-कुछ गलत भी छपता रहता है। मैंने कभी कोई सफाई नहीं दी। मैं जिस शहर बनारस से आता हूँ वहाँ के कई दिग्गज साहित्यकारों भारतेन्दु हरिश्चन्द्र, प्रेमचन्द, जयशंकर प्रसाद, आचार्य रामचन्द्र शुक्ल, आचार्य हजारी प्रसाद द्विवेदी आदि के बारे में भी कुछ कम नहीं छपा; पर किसी ने कोई सफाई नहीं दी। इसे आप ठेठ बनारसी रंग भी कह सकते हैं। मैं साहित्य का सफाई कर्मचारी नहीं हूँ। सफाई देने से कूड़ा और बढ़ता है। कहा भी गया है–'यूँ शीशा मेरे मुँह न लगा, मैं नशे में हूँ।'

'नामवर के निमित्त' में राजनेताओं की उपस्थिति पर विवाद हो रहा है। 1936 में प्रगतिशील लेखक संघ के पहले अधिवेशन में अध्यक्षीय वक्तव्य में प्रेमचन्द ने कहा था–'साहित्य राजनीति के आगे चलने वाली मशाल है।' इससे हमारी परम्परा का पता चलता है, जिसमें साहित्य और राजनीति में गहरा सम्बन्ध माना गया है। राजनीति से सबसे दूर माने जाने वाले कवि सूरदास ने भी इसे स्वीकार किया है। एक जगह गोपियाँ उद्धव से कहती हैं–'प्रभु राजनीति पढ़ि आए।' हम इसे हिन्दी कविता में राजनीति का सबसे पुराना प्रयोग कह सकते हैं। तुलसीदास और कबीर में भी यह बात है। भारतेन्दु हरिश्चन्द्र ने हिन्दी भाषा पर जो दोहे लिखे हैं, उनमें एक पंक्ति है–'राजनीति समझे सकल।' जयशंकर प्रसाद में भी यह है। जब साहित्य और राजनीति में ही इतना गहरा सम्बन्ध है तो राजनेता और साहित्यकारों में भी सम्बन्ध होगा ही।

महात्मा गांधी के आश्रमों में मैथिलीशरण गुप्त की रचना 'भारत-भारती' गाई जाती थी। जवाहरलाल नेहरू का रामधारी सिंह दिनकर से गहरा सम्बन्ध था।

स्वाधीनता आन्दोलन के दौरान कई लेखक जेल गए। महात्मा गांधी हिन्दी साहित्य सम्मेलन के दो बार अध्यक्ष चुने गए। इलाहाबाद में प्रगतिशील लेखक संघ के अधिवेशन का उद्घाटन जवाहरलाल नेहरू ने किया था। यही नहीं, राजनीतिक पार्टियों के अधिवेशन में भी साहित्यकारों की भागीदारी होती ही है। यह दुखद है कि वामपन्थी पार्टियों को छोड़कर अब किसी पार्टी का लेखकों से सम्बन्ध नहीं रहा। भारतीय जनता पार्टी और हिन्दुत्व के समर्थक लेखक बहुत कम हैं। एक बार विष्णुकान्त शास्त्री ने ऐसे लेखकों की एक सूची तैयार की थी, जो 'पांचजन्य' में छपी थी। इस सूची में बड़ी मुश्किल से कुल बारह नाम गिनाए गए थे। इस सूची के साथ हिन्दुत्व से सहानुभूति रखने वाले लेखकों में नरेश मेहता, शैलेश मटियानी और निर्मल वर्मा के नाम थे।

जब लक्ष्य एक हो और चुनौती बड़ी तो साहित्यकारों और राजनेताओं को कन्धे-से-कन्धा मिलाकर लड़ना पड़ता है। दुनिया के कई देशों में ऐसा हुआ है। भारतीय जीवन में भी साहित्य, संस्कृति और राजनीति ऐसे गुँथे हुए हैं कि इन्हें अलग नहीं किया जा सकता। इस समय युद्ध का दौर शुरू होने वाला है। अमेरिका ने घोषणा कर दी है। इस युद्ध का साइड इफेक्ट हम पर भी पड़ेगा। सरकार को आपात-काल की घोषणा करने का मौका मिलेगा। भारत और पाकिस्तान की सरकारों में अमेरिका के लिए लाल कालीन बिछाने की होड़ लगी हुई है। दूसरी ओर भारत में लोग गरीबी, भुखमरी और बेरोजगारी के कारण आत्महत्याएँ कर रहे हैं। ऐसे में केवल साहित्यकारों से काम नहीं चलेगा। इस विमर्श में समाज के सभी तबकों को शामिल करना होगा।

जब हजारी प्रसाद द्विवेदी साठ साल के हुए थे तो मैंने जवाहरलाल नेहरू विश्वविद्यालय में उनका व्याख्यान कराया था। मैंने सोचा था कि जब वे 75 वर्ष के होंगे तो ऐसा भव्य कार्यक्रम करूँगा कि दुनिया देखेगी। पर मुझे इसका अवसर नहीं मिला। वे 75 साल पूरा होने से पहले ही चले गए।

मेरे लिए हिन्दी केवल भाषा नहीं है। मेरे लिए हिन्दी वतन है जिसमें उर्दू भी शामिल है। जैसा कि इकबाल ने कहा था–'हिन्दी हैं हम, वतन है हिन्दोस्ताँ हमारा।' यह सच है कि यदि देश का कोई महत्वपूर्ण हिस्सा पिछड़ा रह जाए तो देश का विकास नहीं हो सकता।

डॉ. रामविलास शर्मा ने अपनी पुस्तक में हिन्दी क्षेत्र के गौरवशाली अतीत का बखान किया है और यह दिखाने की कोशिश की है कि हमारे पिछड़ेपन का सारा दोष अंग्रेजों का है। इस तरह के सारे प्रयास वैसे ही हैं जैसे 'मेरे परदादा ने घी खाया था, आप मेरा हाथ सूँघ लीजिए।' इस पिछड़ेपन के कारणों का पता लगाने के लिए हमें अपने गिरेबान में झाँकना होगा, आत्म-समीक्षा करनी होगी। यदि हम अब भी ऐसा

नहीं करेंगे तो हमारा भगवान ही मालिक है। डॉ. रामविलास शर्मा इस पिछड़ेपन का सारा दोष अंग्रेजी शासन को देते हैं। इससे मेरी असहमति है।

आचार्य हजारीप्रसाद द्विवेदी ने 'कंजरवेटिव' शब्द का हिन्दी अनुवाद 'रक्षणशील' किया था। वे कहते थे–यह मध्यदेश विचार के मामले में तो पूरी छूट देता है पर आचरण के मामले में रक्षणशील है। इसलिए नवजागरण के दौरान महाराष्ट्र, बंगाल और दक्षिण भारत में बड़े सामाजिक बदलाव और सुधार हुए, पर हिन्दी क्षेत्र में आज भी जात-पाँत कायम है। इसलिए यह आत्मालोचन का क्षण है–अपने अन्दर झाँक कर तो देखें। क्या वजह है कि आज ज्ञान का साहित्य हिन्दी में नहीं आ रहा है जबकि 1947 से पहले यह बात नहीं थी। 1946 में क्षय रोग से ग्रस्त गढ़वाल के एक कवि चन्द्र कुँअर बर्तवाल ने अमेरिका द्वारा जापान पर परमाणु बम गिराने के विरोध में 'हिरोशिमा' शीर्षक से एक कविता लिखी थी, जिसकी कुछ पंक्तियाँ इस प्रकार हैं–

'एक दिन न्यूयॉर्क भी मेरी तरह हो जाएगा
जिसने मिटाया है हमें, वह भी मिटाया जाएगा
आज ढाई लाख में कोई नहीं, जीवित रहा
एक दिन न्यूयॉर्क में भी कोई नहीं रह जाएगा।'

सन्तोष की बात केवल इतनी है कि सामाजिक, आर्थिक और राजनीतिक दृष्टि से हिन्दी क्षेत्र चाहे जितना पिछड़ा हो, बौद्धिक और साहित्यिक दृष्टि से हम आगे हैं। साहित्य आज भी मार्ग प्रशस्त कर रहा है। शब्दों के द्वारा हम आगे-आगे रास्ता बना रहे हैं। यह राजनीति की जिम्मेदारी है कि वह इस रास्ते पर चलती है या नहीं।

मुझे याद आता है कि 15 साल पहले जब मैं 60 साल का हुआ था तो मुझ पर मेरे मित्र शानी ने साहित्य अकादेमी की पत्रिका 'समकालीन भारतीय साहित्य' का एक अंक निकाला था, जिसमें विश्वनाथ त्रिपाठी ने एक लेख लिखा था : 'हक अदा न हुआ।' मुझे मुक्तिबोध भी याद आ रहे हैं और आत्म-समीक्षा का गहरा एहसास हो रहा है–'दिया क्या तुमने?' अब तक केवल दूसरों से लेता ही रहा। 75 साल के इस बूढ़े की क्या जवाबदेही हो सकती है, इसके सिवा कि बच्चों को बुलाकर कहानियाँ सुनाऊँ? रघुवीर सहाय के शब्दों में कहूँ तो 'लोग भूल गए हैं।' हिन्दी क्षेत्र में इतनी तेजी से स्मृति लोप हो रहा है कि इसका फायदा वे लोग उठा रहे हैं, जो सचमुच चाहते हैं कि लोग सही चीज भूल जाएँ और केवल वही याद रखें, जो वे आज बता रहे हैं। ऐसे में कई चीजों को याद दिलाना आलोचक की जवाबदेही है।

इस क्रम में आलोक राय की किताब 'हिन्दी नेशनलिज़्म' की चर्चा जरूरी है। वह इलाका अवध जहाँ 1918 में किसान आन्दोलन हुआ, 1925 में पहली ट्रेड यूनियन कानपुर में बनी, 1942 में 'भारत छोड़ो आन्दोलन' हुआ, उसी क्षेत्र में हिन्दू साम्प्रदायिकता

आज इतनी मजबूत हो गई है। ऐसा क्यों हुआ और इसमें हिन्दी का कितना हाथ है? जिस इलाहाबाद से 'सरस्वती' पत्रिका निकली, उसमें 20 साल तक लगातार विज्ञान पर छपा, वहीं के मुरली मनोहर जोशी वैदिक ज्योतिष ला रहे हैं। जिस बनारस में प्रेमचन्द ने इतना लिखा, जहाँ वामपन्थ की लम्बी परम्परा रही, वहीं आज साम्प्रदायिक पार्टियाँ जीत रही हैं। यह सब कैसे हुआ?

कोई दावा नहीं कर सकता था कि हिन्दू धर्म में परम्परा यही है। यहाँ एक नहीं अनेक परम्पराएँ हैं। अलीगढ़ मुस्लिम विश्वविद्यालय से सारे प्रगतिशील शायर निकले और काशी हिन्दू विश्वविद्यालय में आन्ध्र प्रदेश के अधिकतर कम्युनिस्ट नेताओं ने शिक्षा पाई। बंगाल में एक से एक बुद्धिजीवी हुए मगर हमारे उत्तर भारत के भाग्य में स्वामी दयानन्द सरस्वती ही दिखाई पड़े। यह जाँच का विषय है कि आर्यसमाज का असर हिन्दी क्षेत्र में कितना है। अशोक सिंघल ने दावा किया था कि बाबरी मस्जिद गिराने वालों में अच्छी-खासी संख्या उन कारसेवकों की थी जो आर्यसमाजी रहे थे।

इसी हिन्दी में उन्नीसवीं सदी में वैष्णव भारतेन्दु हरिश्चन्द्र ने 'रसा' नाम से उर्दू में कविताएँ लिखीं, विज्ञान की किताब छपवाई। बीसवीं सदी में महावीर प्रसाद द्विवेदी ने 'मैं नास्तिक क्यों हूँ?' पर बहस चलाई। हमें संस्कृत के विद्वानों के बारे में अकसर भ्रम रहता है कि वे पोंगापन्थी होते हैं। काशी में ही पंडित रामावतार शास्त्री ने अन्ध-विश्वास का मजाक उड़ाया और पंडित चन्द्रधर शर्मा 'गुलेरी' ने 'कछुआ धर्म' लेख लिखा। उत्तर प्रदेश में माध्यमिक कक्षाओं में उर्दू पढ़ाई जाती थी। 1947 के बाद सम्पूर्णानन्द ने इसे बन्द करवा दिया तभी से गलत हिन्दी लिखने वाले पैदा होने लगे। मुझे याद है कि जयन्त विष्णु नार्लिकर के पिता पर आध्यात्मिक प्रभाव कुछ ज़्यादा ही था और राष्ट्रीय स्वयंसेवक संघ की शाखाओं में जाने वाले सबसे अधिक शिक्षक विज्ञान एवं प्रौद्योगिकी के थे। गरज यह कि हिन्दी क्षेत्रों में पिछले पचास सालों में कुछ ऐसा जरूर हुआ है, जिससे साम्प्रदायिकता इतनी बढ़ गई।

साहित्य को गम्भीरता से पहली बार समाजवादी देशों की सरकारों ने लिया था। 1934 में मैक्सिम गोर्की के नेतृत्व में लेखकों की विश्व कॉन्फ्रेंस हुई थी। पर राज्य के दखल से लेखकीय आजादी पर खतरे भी पैदा होते रहे हैं, जिसके बारे में 1964 में रामविलास शर्मा ने लेख लिखा था और निर्मल वर्मा भी लिखते रहे हैं। सोवियत संघ में लेनिन के जमाने में 'फीते से नापकर विचारों का मूल्यांकन किया जाता था।' जो लेखक इस फ्रेम में ठीक-ठीक फिट नहीं बैठते थे उन्हें लेबर कैंप में भेज दिया गया। पास्तरनाक को 'नोबेल पुरस्कार' लेने नहीं दिया गया। अमेरिका में भी लेखकीय आजादी पर हमले हुए। दक्षिण अफ्रीका और एशिया में तो इसके उदाहरण भरे पड़े हैं। कई बार सरकार सीधे दखल नहीं देती जैसा भारत में अरुन्धती राय के साथ हो रहा है।

मुझ पर अकसर यह आरोप लगाया जाता है कि आलोचना में मैं रणनीति अपनाता हूँ। यह भी कहा जाता है कि यदि मैं किसी लेखक का नाम ले लूँ या उसके बारे में कुछ कह दूँ तो वह मुख्यधारा में स्थापित हो जाता है। जिसे छोड़ देता हूँ, वह यूँ ही पड़ा रहता है। दरअसल राजनीति में तो हाशिए पर चले जाने से नुकसान होता है पर साहित्य में हाशिया बहुत महत्वपूर्ण होता है। हमने देखा है कि हिन्दी ही नहीं, उर्दू और प्रायः सभी भाषाओं में जो लेखक हाशिए पर रहे थे, आज महत्वपूर्ण लेखक हैं। त्रिलोचन, नागार्जुन, शमशेर बहादुर सिंह की बात छोड़ भी दें तो निराला और गालिब के साथ यही हुआ। प्रसिद्ध अंग्रेजी कवि मिल्टन ने तो लिखा भी है–'दे आल्सो सर्व हू स्टैंड एंड वेट'।

साहित्य में मुख्यधारा जैसी कोई चीज नहीं होती, धाराएँ होती हैं। काशी में मिश्र बन्धुओं ने नवरत्नों में कबीर को शामिल नहीं किया था तो क्या हो गया। जिस समय साहित्य में जिस सौन्दर्यशास्त्र और आलोचना-सिद्धान्त का वर्चस्व होता है, वह अपने से अलग साहित्य को हाशिए पर डाल देता है। इसीलिए बीसवीं सदी के शुरुआती दशकों या मध्य तक सामाजिक सरोकारों वाला साहित्य हाशिए पर पड़ा रहा। सूर, तुलसी, कबीर के बारे में तो एम.ए. में प्रश्न आता था कि वे भक्त थे या कवि। उन्हें कवि माना ही नहीं जाता था। साहित्य में भी बाजार भाव के कारण लेखकों के शेयरों में उछाल और गिरावट होती रहती है।

पर कभी-कभी बड़े आलोचक भी आत्मरति के शिकार हो जाते हैं और उनके भी कई अन्धबिन्दु होते हैं। डॉ. रामविलास शर्मा ने सुमित्रानन्दन पन्त पर जो लिखा, वह 'आत्मरति' ही था। इसी प्रकार कार्ल मार्क्स के लिए 'वर्ग संघर्ष' एक ऐसा अंधबिन्दु है, जिससे परे वे कुछ और देख ही नहीं सके। दुर्भाग्यवश भारत में कई मार्क्सवादियों ने भी उनके 'अन्धबिन्दु' को ज्यों का त्यों उठा लिया। वे मजदूर के शोर में किसान को और वर्ग के शोर में जाति और वर्ण को भूल गए।

पिछले कुछ वर्षों से यह पूरी कोशिश हुई है कि 'सेक्युलर' शब्द को अर्थहीन बना दिया जाए। कुछ बुद्धिजीवी भी इस शब्द का प्रयोग न करने की बात कर रहे हैं। यह तर्क भी दिया जा रहा है कि हम सेक्युलर इसलिए हैं क्योंकि हम हिन्दू हैं। जो लोग साम्प्रदायिक हैं, वे खुद को सेक्युलर और वामपन्थियों को छद्म सेक्युलर कहने लगे हैं। मेरा मानना है कि 'सेक्युलर' शब्द का सही अनुवाद धर्मनिरपेक्षता नहीं है। इस शब्द का सही अनुवाद हो ही नहीं सकता क्योंकि बहुलतावाद सेक्युलर होने की गारंटी नहीं है। इस बहुलतावाद में जातियों और सम्प्रदायों का पदानुक्रम था तथा हर युग में विशेषाधिकार-सम्पन्न एक धर्म और समुदाय का वर्चस्व था। समानता और न्याय के बिना सेक्युलरिज़्म सम्भव ही नहीं है। इसी तरह सहिष्णुतावाद सेक्युलरिज़्म नहीं है।

सेक्युलरिज़्म एक आधुनिक अवधारणा है, जो पश्चिम से आई है। यह आधुनिक लोकतन्त्र और अर्थव्यवस्था से निकली है। यही कारण है कि एक धर्म वाले देश में भी सेक्युलरिज़्म पर सवाल उठते रहे हैं। अकबर और अशोक के जमाने में सहिष्णुतावाद था, सेक्युलरिज़्म नहीं था। यह अवधारणा उन्नीसवीं सदी में नई औद्योगिक-आर्थिक सभ्यता के साथ विकसित हुई। हिन्दी-उर्दू के कई लेखकों ने उन्नीसवीं सदी में अंग्रेजों की तारीफ इसलिए की है कि उन्होंने कोर्ट-कचहरियाँ खोलकर पहली बार यह एहसास दिलाया कि न्याय के सामने सब बराबर हैं। औपनिवेशिक काल में यही सेक्युलरिज़्म की शुरुआत थी—फिर प्रेस आया और सिविल अस्पताल खुले। यह बात भी है कि सेक्युलरिज़्म के दो अर्थ होते हैं—यूनिवर्सल और लोकल। विशेष भारतीय परिस्थिति में सेक्युलरिज़्म को 'वर्क आउट' करना अभी बाकी है।

'सेक्युलरिज़्म' की लड़ाई केवल राजनीतिक लड़ाई नहीं है, न ही संवैधानिक और कानूनी दाँव-पेच और कचहरियों में पटवारियों जैसी बहस करके यह लड़ाई जीती जा सकती है। कारण कि केवल राज्य के सेक्युलर होने से हमारा काम नहीं चल सकता, समाज को सेक्युलर होना पड़ेगा। कांग्रेसी भी अपने को सेक्युलर कहते हैं पर सबसे ज़्यादा साम्प्रदायिक घटनाएँ उन्हीं के शासन में घटीं। बड़ा खतरा यह है कि कांग्रेसी या वामपन्थी दल या अन्य दल, जो अपने को सेक्युलर कहते हैं, वे व्यावहारिक तर्क से यानी उपयोगिता के कारण खुद को सेक्युलर कहते हैं। ये पार्टियाँ सैद्धान्तिक रूप से सेक्युलर नहीं हैं, न ही इनके लिए सेक्युलरिज़्म कोई ऐसा मूल्य है, जिसकी रक्षा के लिए वे नुकसान उठाने को भी तैयार रहें। अब तो हालत यह है कि ईसाईयों, पारसियों और आदिवासी समुदायों में भी साम्प्रदायिकता की हवा फैल रही है। हिटलर और मुसोलिनी के फासीवाद का खतरा कम था क्योंकि वहाँ सिर्फ राज्य फासीवादी हुआ था। आज तो पूरे समाज को साम्प्रदायिक बनाने का प्रयास हो रहा है। यह ठीक है कि साहित्य में सेक्युलरिज़्म बचा हुआ है पर समाज में सेक्युलरिज़्म होना चाहिए। इसलिए आधुनिकता का प्रोजेक्ट अभी अधूरा है।

आज साहित्य में एक और कोशिश हो रही है, जैसी कि रामस्वरूप चतुर्वेदी ने निराला की कविता 'तुलसीदास' की व्याख्या करके और सुधीश पचौरी ने रामचन्द्र शुक्ल को कट्टर हिन्दू आलोचक कहकर की। कई उर्दू साहित्यकारों में हिन्दू परम्परा की खोज की जा रही है। यह हमारी साहित्यिक परम्परा को हिन्दुत्व द्वारा एप्रोप्रियेट करने की कोशिश है।

अमेरिका में न्यूयॉर्क और वाशिंगटन पर हुए आतंकवादी हमले ने दुनिया भर में अमेरिकी साम्राज्यवादी वर्चस्व को मजबूत करने का मौका दे दिया है। इसलिए यह आतंकवाद राजनीतिक रूप से भी खतरनाक है। महात्मा गांधी ने क्रान्तिकारियों की देशभक्ति को स्वीकार करते हुए भी सशस्त्र संघर्ष को राजनीतिक रूप से गलत माना

था क्योंकि इससे ब्रिटिश सरकार को दबाव का मौका मिलता था। इस आतंकवाद को अमेरिका ने ही पैदा किया था, जो अब भस्मासुर बन गया है। इस भस्मासुर को नष्ट करने की प्रक्रिया में एशिया-अफ्रीका में और भी बहुत-कुछ नष्ट हो जाएगा। इस घटना के कारण दुनिया भर में अमेरिकी साम्राज्यवाद के विरुद्ध जो हवा बनी थी, वह कमजोर हुई है।

[(भोपाल में सम्पन्न 'नामवर के निमित्त' शृंखला के दूसरे आयोजन में व्यक्त विचार, जनसत्ता, नई दिल्ली में 07-10-2001 को 'जब लक्ष्य हो और चुनौती बड़ी तब साहित्यकारों और राजनेताओं को कन्धे से कन्धा मिलाकर चलना पड़ता है' शीर्षक से प्रकाशित।)
प्रस्तुति : अजित राय]

हिन्दी समाज की विरासत और हम

कलकत्ते के बारे में बचपन से ही एक लोकगीत सुनता रहा हूँ। सन् '47 के आसपास और उससे भी पहले पूर्वी उत्तर प्रदेश और पश्चिमी बिहार के भोजपुरी इलाके में यह गीत प्रचलित था–'लागा झुलनी का धाका बलम कलकत्ता पहुँच गए।' किस्सा यह होता कि जब किसी नौजवान की शादी होती थी तो सुहाग रात को पत्नी 'झुलनी' बनवाने की माँग करती थी। वह बेचारा बेरोजगार युवक कहाँ से झुलनी बनवाता? दूसरी सुबह वह पैसा कमाने के लिए कलकत्ते की ट्रेन पकड़ लेता था। एक लम्बे अरसे तक पूरबियों के लिए रोजगार का सबसे बड़ा केन्द्र कलकत्ता हुआ करता था। लोग रुपए के आकर्षण में कलकत्ता आते थे। व्यापार के लिए यहाँ राजस्थानी भी आए और एक मारवाड़ी समाज बना। पर मेरे मन में कलकत्ता के प्रति अतिरिक्त आकर्षण किताबों के कारण था। सन् 50 और 60 के दशक में मैं नई-नई और कुछ पुरानी किताबें खरीदने के लिए कलकत्ता आया करता था और चौरंगी इलाके में ज्योति सिनेमा के पास फुटपाथों से किताबें खरीदा करता था। हमारे इलाके से लगभग 150 साल पूर्व मंगल पांडे यहाँ आए थे और ब्रिटिश फौज में भर्ती हुए थे। आगे का किस्सा आप सब जानते हैं। पिछले डेढ़ सौ सालों में यहाँ जो हिन्दी समाज बना, वह कई समुदायों और स्तरों वाला रहा। उस हिन्दी समाज की विरासत का लम्बा इतिहास है। आज हम हिन्दी समाज की विरासत को कुछ ठग लूट लेना चाहते हैं। हमारे यहाँ गाया भी जाता है–'कौने ठगवा नगरिया लूटल हो।'

हिन्दी समाज की इस विरासत को तय करने से पहले यह तय करना होगा कि इसका वारिस कौन है। 'आउटलुक' पत्रिका ने अपने एक अंक में एक रिपोर्ट छापी है। विद्याभारती शिक्षा संस्थान के मालिक दीनानाथ बत्रा ने केन्द्रीय मानव संसाधन मन्त्री मुरली मनोहर जोशी को जो 42 संशोधन सुझाएँ हैं, उनमें से जोशीजी ने अभी कुल चार को ही लागू किया है, तो देश भर में तहलका मचा हुआ है। कल्पना कीजिए कि शेष 38 संशोधनों को भी लागू कर दिया जाए तो क्या हाल होगा। दीनानाथ बत्रा के 40 कॉलेजों और 19 हजार स्कूलों में 24 लाख विद्यार्थी पढ़ रहे हैं। वे इनको लेकर एक 'लिटिल आर्मी' बनाना चाहते हैं, जो 'सच्चे देशभक्त' होंगे। डॉ. मुरली मनोहर

जोशी द्वारा बुलाई गई एक बैठक में 32 विश्वविद्यालयों के कुलपतियों ने भाग लिया। वे चाहते हैं कि देश भर में प्रचार हो कि विज्ञान के सारे आविष्कार विदेशों में नहीं, उससे पहले ही भारत में हो चुके थे जिनका वर्णन वेदों में है। एक जमाने में स्वामी दयानन्द सरस्वती ने भी यही कहा था।

राष्ट्रीय स्वयंसेवक संघ कह रहा है कि जो हिन्दू हैं वही हिन्दी समाज की विरासत के वारिस हैं। एक जमाने में काशी हिन्दू विश्वविद्यालय में अरबी-फारसी के प्रख्यात विद्वान मौलवी महेश प्रसाद ने जब यह तय किया कि उनकी बेटी कल्याणी वेद पढ़ेंगी तो हंगामा हो गया था। 'आज' अखबार में लम्बी बहस चली थी। वे कहते हैं कि स्त्री और शूद्र वेद नहीं पढ़ सकते। जयशंकर प्रसाद की 'कामायनी' में भी अधिकार और अधिकारी पर बहस हुई है। संघ सम्प्रदाय के अनुसार केवल एक वर्ण ब्राह्मण ही वेद पढ़ने का अधिकारी है। बाबा तुलसीदास ने भी लिखा कि यह वेद की महिमा है कि इसकी आलोचना करने के कारण अवतार माने गए गौतम बुद्ध भी लोक में निन्दित हुए। आचार्य रामचन्द्र शुक्ल ने जैन साहित्य को साम्प्रदायिक मानकर खारिज कर दिया। विरासत में मान लिया गया कि हिन्दू काल ही स्वर्ण युग था और सारा मध्य युग पतन का काल था। तो क्या भारतीय संस्कृति के एक बड़े हिस्से को खारिज कर दिया जाए, जैसा संघ परिवार चाहता है। उन लोगों ने महात्मा गांधी, विवेकानन्द और महर्षि अरविन्द को अपना लिया है। चार साल में देश को अमेरिका के हाथों गिरवी रख दिया है। देश की आजादी की लड़ाई में उनका कोई योगदान नहीं है।

हमारी विरासत 'पूँजी' है। कोई चीज 'पूँजी' तब बनती है जब वह उत्पादन के काम में लगे। 'पूँजी' उपभोग की चीज नहीं है। हिन्दी समाज की विरासत और सांस्कृतिक परम्परा में संघ परिवार का कोई योगदान नहीं है। वे हमारी विरासत का केवल उपभोग करना चाहते हैं, जिसे हमारे पूर्वजों ने अपने खून-पसीने से बनाया है। इसलाम, बौद्ध, जैन और सिख परम्परा को इस विरासत से काटना सम्भव नहीं है। तो फिर ताजमहल का क्या होगा? आज ताजमहल को मन्दिर साबित करने वाली किताब लिखी गई है। वे लोग भूल रहे हैं कि गुजरात और राजस्थान के कई भव्य मन्दिरों के कारीगर मुसलमान थे।

मैं किसी राजनीतिक पार्टी का सदस्य नहीं हूँ। एक नागरिक और एक हिन्दू होने के नाते मेरे दिल में एक दर्द है कि मैं बोल रहा हूँ। इस देश की राजनीतिक पार्टियाँ अपनी हदों तक पहुँचकर रुक गई हैं। दूसरे छोर पर अराजकतावादी समूहों का बढ़ता वर्चस्व 'बेहद' हो चुका है। इन दोनों से अलग एक ढीला-ढाला कॉमनसेंस इस देश की असली ताकत है। हमें एक शिक्षित मध्यवर्ग मिला हुआ है, जो हमारे लोकतन्त्र की बड़ी ताकत है। हमारा सबसे बड़ा काम उस शिक्षित मध्यवर्ग की नब्ज को पहचानना है। बुद्ध के बाद केवल गांधी ने देश की नब्ज को पहचाना था। उनसे बड़ा

कम्युनिकेटर अभी पैदा नहीं हुआ। मैं मार्क्सवादी हूँ, पर कई प्रश्नों पर बार-बार सोचता हूँ। आज बदले हुए दौर में ऐसे कई प्रश्न हैं, जिनका जवाब मुझे मार्क्सवाद से नहीं मिलता। पिछले कई वर्षों से मैं देश भर में जा-जाकर संवाद कर रहा हूँ। जब मैं बोलता हूँ तो मेरे मुख से केवल मैं नहीं, हमारे समय की बौद्धिक उपस्थिति बोलती है, जिसमें आप सब शामिल हैं—जो सुनते हैं, जो पढ़ते हैं। वे धन्य हैं जो अमर होने के लिए लिखते हैं, पर मैं मर-मर के बोलना चाहता हूँ।

डॉ. रामविलास शर्मा पर 'आलोचना' में प्रकाशित मेरे लेख 'इतिहास की शव साधना' पर हर जगह मुझसे सवाल किए जा रहे हैं। मैं कई बार कह चुका हूँ कि वह लेख मैंने डॉ. रामविलास शर्मा को ध्वस्त करने के लिए नहीं लिखा। जो लोग स्वयं को मार्क्सवादी और वामपन्थी समझते हैं, उनके बीच तीन दिन की चर्चा हो तो पता चलेगा कि कौन सही है। मुख्य मुद्दा यह है कि वामपन्थी आज की स्थिति को किस रूप में देख रहे हैं। साम्राज्यवाद की कोख से हिटलर का फासिज़्म निकला था, जैसे आज अमेरिकी साम्राज्यवाद से तालिबान पैदा हुआ है। तब और अब की स्थितियों में बहुत बड़ा फर्क आ गया है। अब फासिज़्म उसी रूप में नहीं आएगा। द्वितीय महायुद्ध के समय और आज की स्थिति में सबसे बड़ा फर्क यह है कि तब समाजवाद था, अब नहीं है। इस दौर में डॉ. रामविलास शर्मा जिस रूप में हिन्दी जाति के इतिहास और भारतीय संस्कृति को देख रहे हैं, ठीक उसी रूप में राष्ट्रीय स्वयंसेवक संघ भी देख रहा है। इससे फासीवाद को एक बड़े मार्क्सवादी चिन्तक की वैचारिक सहमति मिल जाती है। संघ की पत्रिका 'पांचजन्य' में उनका साक्षात्कार छपता है। उन पर लेख लिखे जाते हैं। हमारे समाज के सामने फासीवाद के संकट की इस घड़ी में डॉ. रामविलास शर्मा पूरी भारतीय परम्परा को सतत सनातन धारा के रूप में देखते हैं। विजयी लोगों का ही इतिहास 'सतत सनातन' होता है जबकि दलित-शोषित लोगों का इतिहास 'फ्रैक्चर्ड' होता है। आज उस 'सतत सनातन' परम्परा को तोड़ने की जरूरत है। रामविलासजी की किताब 'भारत में अंग्रेजी राज और मार्क्सवाद' पर 'कलम' में बहुत पहले अयोध्या सिंह लेख लिख चुके हैं। उर्दू वाले भी हिन्दी जाति की उनकी अवधारणा को फासिस्ट मानते हैं। यह अवधारणा हिन्दी को एक क्षेत्रीय भाषा के रूप में देखती है। सोवियत संघ में समाजवादी मॉडल जिस तरह लागू किया गया और टूट गया, उसी तरह जिस दिन भारत के सभी हिन्दी प्रदेशों को एक कर दिया गया, देश टूट जाएगा। क्या वजह है कि दलित और पिछड़े भी हिन्दी प्रदेश की अवधारणा का समर्थन नहीं करते। आखिर क्यों बिहार, उत्तर प्रदेश और मध्य प्रदेश में विभाजन का विरोध वहाँ की जनता ने नहीं किया? हमारी सांस्कृतिक परम्परा में 'जम्बूद्वीपे भारत खंडे' कहा गया है। संघ सम्प्रदाय आदिवासियों को वनवासी कहता है, क्योंकि वह इन्हें मूल निवासी नहीं मानता। इस मुद्दे पर रामविलास शर्मा चुप हैं।

संघ परिवार आर्यों के वर्चस्व के नाम पर जो सांस्कृतिक राष्ट्रवाद लाना चाहता है, वही रामविलास शर्मा भी मानते हैं। आचार्य हजारी प्रसाद द्विवेदी और राहुल सांस्कृत्यायन की संस्कृति सम्बन्धी अवधारणाएँ रामविलास शर्मा से अलग हैं। रामविलास शर्मा की अवधारणाएँ संघ सम्प्रदाय के साथ एक 'आइडियोलॉजीकल कोलेबरेशन' (वैचारिक गठजोड़) हैं। मैंने पूरी सावधानी और गम्भीरता से रामविलास शर्मा को पढ़ा, निष्कर्ष निकाला और लिखा। यदि आप मेरी बातों से सहमत न हों तो हम मिल-बैठकर फिर से विचार कर सकते हैं। मेरा मानना है कि आज हमें ऐसा कुछ भी नहीं लिखना चाहिए, जिससे फासीवाद को मदद मिले।

हिन्दी भाषा और साहित्य की पूरी परम्परा के उलट आज हिन्दी की जो छवि बनाई जा रही है, उस पर भी विचार करने की जरूरत है। सवाल यह है कि सन् 1947 के पहले जिन गैर-हिन्दी भाषाओं के विद्वानों ने हिन्दी की हिमायत की, उन्हीं भाषाओं के लोग आज हिन्दी के विरोधी क्यों हो गए। पहले जो लड़ाई अंग्रेजी भाषा के साम्राज्यवाद के खिलाफ थी, वह अब हिन्दी साम्राज्यवाद के खिलाफ क्यों हो गई? उर्दू के प्रसिद्ध शायर और मेरे मित्र निदा फ़ाजली का एक शेर सारी बातें कह देता है–

सब मेरे चाहने वाले हैं मेरा कोई नहीं।
मैं भी इस देश में उर्दू की तरह रहता हूँ।

जब हिन्दी प्रदेश की भाषा उर्दू के साथ हिन्दी वालों का व्यवहार उनके मन में भय, आतंक और आशंका पैदा करता है तो शेष भाषाओं की हालत समझी जा सकती है। राजनीति में धीरे-धीरे एक ऐसी नस्ल पैदा हो गई है, जो अंग्रेजी पढ़कर राजनीति नहीं करती। यदि लोकसभा की कार्यवाही देखें तो पता चलेगा कि हिन्दी में बोलने वालों की संख्या बढ़ रही है। अब हिन्दी के बिना बाजार का काम नहीं चल सकता। दूसरी बात यह कि आज केवल हिन्दी में ही आत्मालोचना का माद्दा बचा हुआ है। दूसरी भारतीय भाषाओं (खासकर बांग्ला) को यदि अपनी श्रेष्ठता पर अहंकार है तो उन्हें याद रखना चाहिए कि जो फ्रेंच प्रथम विश्व युद्ध की समाप्ति (1919-20) तक विश्वभाषा थी, आज वह कहाँ है और क्यों है? आज विश्वभाषा अंग्रेजी है। इसकी कल्पना तो तब शेक्सपियर ने भी नहीं की होगी। बांग्ला वालों को गुमान है कि वे जो बात पहले सोचते हैं, सारा देश वही बात बाद में सोचता है। पर जो दशा विश्व में आज फ्रेंच की हो गई है, वही दशा भारत में बांग्ला की हो गई है। बड़ी तेजी से आम जनता के बल पर हिन्दी राष्ट्रीय हो गई है। भाषा की असली ताकत उसकी भद्रता, शिष्टता और महानता का अहंकार नहीं बल्कि उसे बोलने वाली जनता होती है।

जब 1960 के आसपास रामधारी सिंह दिनकर ने 'संस्कृति के चार अध्याय' पुस्तक में भारतीय परम्परा में इसलाम और ईसाइयत के योगदान पर लिखा था तो

भारत में हिन्दुत्व चुनौती नहीं था। नेहरू युग के बाद हिन्दुत्व कब और कैसे चुनौती बना, इस पर पाँचवाँ अध्याय लिखा जाना चाहिए। आपातकाल में पहली बार जेपी आन्दोलन की उँगली पकड़कर हिन्दुत्ववादी ताकतें 1977 की जनता पार्टी में केन्द्र सरकार का अंग बनीं। देश के इतिहास में पहली बार एक घोर साम्प्रदायिक पार्टी को समर्थन मिला। वही ताकतें आज फिर सत्ता में हैं। उन्हें उन लोगों से भी पुरजोर समर्थन मिल रहा है, जो पहले हिन्दुत्व के विरोधी थे। आज ऐसी हवा बह रही है कि हिन्दू पहले से ज़्यादा हिन्दू और मुसलमान पहले से ज़्यादा मुसलमान बन रहे हैं। सरकार देश को हिन्दू राष्ट्र बनाने में लगी है। आज हिन्दी समाज के सामने सबसे बड़ी चुनौती है कि भारत एक राज्य के रूप में सेक्युलर रह पाएगा या नहीं।

अमेरिका इस बात का उदाहरण है कि वहाँ राज्य सेक्युलर है पर समाज सेक्युलर नहीं है, जबकि इंग्लैंड का समाज सेक्युलर है पर राज्य सेक्युलर नहीं है। भारत में हिन्दुत्ववादियों की कोशिश है कि न तो राज्य सेक्युलर रह पाए, न समाज। धीरे-धीरे हिन्दुत्व के लिए मीडिया और बुद्धिजीवी अनुकूल वातावरण बना रहे हैं। इंग्लैंड और अमेरिका में शुद्ध साहित्य के कई आलोचक ईसाई धर्मग्रन्थ बाइबिल को 'लिटरेरी टेक्स्ट' मानते हुए इस पर आलोचना की किताबें लिख रहे हैं। वे विद्वान अस्मिता की खोज और जड़ों तक पहुँचने में धर्म तक पहुँच रहे हैं। राष्ट्रपिता को एक हिन्दू ने मारा था पर राष्ट्र को हिन्दुत्व मार रहा है। हम राष्ट्रपिता को तो नहीं बचा सके पर राष्ट्र को बचाने की चुनौती हमारे सामने है। हिन्दुत्व की चुनौती सबसे अधिक हमारे भीतर के दुश्मनों की है, जिनसे हम शताब्दियों से लड़ते आए हैं। हिन्दुत्व से सबसे बड़ा खतरा हमारे नागरिकता के अधिकार को है। हम अभी तक भारत में केवल एक नागरिक होने का एहसास नहीं पैदा कर सके। मुसलमानों को हम भारत का नागरिक ही नहीं मानते, उन्हें विदेशी मानते हैं। उम्मीद की बात यह है कि इन चुनौतियों और खतरों का सामना किया जा सकता है बशर्ते हिन्दी समाज एक बार फिर जाग जाए जैसे 1942 और 1974 में जागा था।

[(कोलकाता में 'नामवर के निमित्त' में दिया गया भाषण, जनसत्ता, नई दिल्ली में 10-02-02 को 'भाषा की ताक़त जनता होती है' शीर्षक से प्रकाशित।)
प्रस्तुति : अजित राय]

खंड-2

साहित्य और विचारधारा

जयशंकर प्रसाद 'कामायनी' में कहते हैं :

कहते हैं सब खोलो-खोलो
देखूँगा छवि जीवन-धन की
आवरण स्वयं बनते जाते
है भीड़ लग रही दर्शन की

'जीवन-धन' यानी भगवान मंदिर में कपाट के पीछे हैं। उसकी छवि देखने के लिए इनके खुलने की प्रतीक्षा है। लोग प्रतीक्षा में इकट्ठे हो गए हैं।

सभी कह रहे हैं कि जीवन-धन की छवि देखने के लिए मन्दिरों के दरवाजे खोलो। जब कपाट खुलते हैं, लोग घुसते हैं जो कहने वाले हैं तो स्वयं कपाट बन जाते हैं। इतनी भीड़ लगती है कि भगवान के दर्शन नहीं होते केवल भीड़ के दर्शन होते हैं भीड़ लगाने वाले कौन हैं? दर्शनार्थी हैं। और दर्शनार्थी ही दर्शन हैं। प्रसाद कहते हैं– 'आवरण स्वयं बनते जाते हैं, भीड़ लग रही दर्शन की' 'दर्शन' शब्द में श्लेष है। सारे दर्शन परम सत्य को देखने और दिखाने के लिए हैं और ये स्वयं आवरण बन जाते हैं। भ्रम पैदा करते हैं और पूर्ण सत्य को देखने के रास्ते में बाधा बन जाते हैं। दिलचस्पी इसमें है कि कोई आदमी अद्वैतवादी है या विशिष्टाद्वैतवादी है। आप सांख्य को मानते हैं या योग को मानते हैं। दुनिया भर के सारे दर्शनों की पूछ होती है, लेकिन दर्शन स्वयं आवरण होते हैं, ये हमारे यहाँ मान्यता है।

अगर मैं भूलता नहीं तो हिन्दी साहित्य में 'विचारधारा' शब्द बहुत पुराना नहीं है। बीसवीं शताब्दी में अंग्रेजी के 'आइडियोलॉजी' शब्द के अनुवाद के रूप में 'विचारधारा' शब्द का चलन लगभग तीस और चालीस के दशक के आसपास हुआ था। इससे पहले फिलॉसफी में 'जीवन दर्शन' शब्द इस्तेमाल किया गया है। इस देश में मार्क्सवाद के साथ 'विचारधारा' शब्द आया हो, मेरी जानकारी में नहीं है। हम लोगों ने पारिभाषिक शब्दों का कोई कोश नहीं बनाया है और उसका इतिहास भी नहीं लिखा है। अंग्रेजी में 'की-वर्ड्स' नाम की किताब प्रकाशित है और 'की-वर्ड्स' का संशोधित संस्करण भी निकला है। उसमें ऐसे जितने बीज शब्द हैं, उन बीज शब्दों का

इतिहास भी लिखा है कि पहले कब इस्तेमाल हुआ, इतिहास कब बदला और अब किस रूप में चलता है। हमारे यहाँ बीज शब्दों के लिए इस तरह की हिस्टोरिकल डिक्शनरी तो है ही नहीं, उनका कोई ऐतिहासिक कोश भी नहीं है।

मुझे पहली बार 1955 में मालूम हुआ कि पूना में भंडारकर ओरिएंटल रिसर्च इन्स्टीट्यूट में जो पुरानी संस्कृत डिक्शनरी है, उसका हिस्टोरिकल डिक्शनरी के रूप में सम्पादन हो रहा है। उसके कई खंड प्रकाशित हुए, अभी तक सम्पूर्ण प्रकाशित नहीं हुआ है। यह काम 1955 से चल रहा है। पुणे में भंडारकर ओरिएंटल रिसर्च इन्स्टीट्यूट में हम लोग तमाम पंडितों का ये पूरा प्रयास देखने गए थे, जहाँ वे संस्कृत शब्दकोश के इतिहास पर पहली बार काम कर रहे थे। कब कौन-सा बीज शब्द इस्तेमाल हुआ, उसके बाद क्या बदला, क्या बना, ये रिकॉर्ड किया जा रहा है। हिन्दी में ऐसा कोई शब्दकोश आज तक नहीं बना। हम नहीं जानते कि कौन-सा शब्द कब इस्तेमाल हुआ, बाद में उसका क्या अर्थ बदल गया। ये बड़ा काम था। लेकिन, कुछ पारिभाषिक शब्दों का कोश तो हम तैयार कर ही सकते हैं। इससे इतिहास का पता चलेगा।

मेरी जानकारी में मार्क्सवाद के आने के बाद आइडियोलॉजी के बारे में पूछा जाने लगा, मुक्तिबोध सवाल करते थे कि पार्टनर तुम्हारी पॉलिटिक्स क्या है? लोग कहते थे कि आपकी विचारधारा क्या है? 'विचारधारा' शब्द सामने आया और लोगों ने सुना कि मार्क्सवाद एक आइडियोलॉजी है।

मार्क्स ने बराबर कहा कि 'मैं मार्क्सवादी नहीं हूँ।' दूसरा, उसने ये कहा कि मेरा ये जो विचार है, वो 'साइंस एंड जर्मन आइडियोलॉजी' नाम की किताब से आया है। अंग्रेजी नाम है, जर्मन नाम कुछ और होगा। आइडियाज अर्थात् मिथ्या चेतना। मिथ्या चेतना का मतलब त्रिकुटी दिखाई पड़ती, सिर के बल खड़ी है। उसकी समझ से जर्मन आइडियोलॉजी का अर्थ चरम बिन्दु पर पहुँचाता है हीगेल। और उसने ये भी तो कहा था–हीगेल ने दर्शन को सिर के बल खड़ा किया था, हमने उसको पैरों पर खड़ा कर दिया है। जर्मन आइडियोलॉजी का एक और अर्थ भी है, जिसे हम लोग भूल जाते हैं। पश्चिमी चिन्तन परम्परा के मूल में केन्द्र है आइडिया। कहते हैं–ये तो आइडिया से चलेगा, ये तो आइडिया है। आइडिया, आइडियालिज़्म, आइडियोलॉजी–ये पश्चिमी चिन्तन परम्परा है। हमारी चिन्तन परम्परा में 'दर्शन' शब्द है। फिलॉसफी का अर्थ और दर्शनशास्त्र का अर्थ, दोनों का अर्थ बिलकुल भिन्न है। हम लोग दिमाग पर जोर नहीं देते, हम लोग आँख पर ज़ोर देते हैं–देखना, दृष्टि। इसलिए 'विचारधारा' शब्द के जो खतरे हैं, वो सारे खतरे पश्चिमी चिन्तन परम्परा का अनुवाद करने के कारण हमारे यहाँ उपस्थित हैं। हमारे यहाँ जिसको बाद में कहा जाता था दर्शन तो लोगों को भ्रम में डालता है, उसका एक सूत्र उन्होंने कहा कि–'लुक, डोंट थिंक'–देखो, सोचो मत और उसमें एक सूत्र मन्त्र के रूप में प्राप्त हुआ। सोचना तो आँख बन्द करके

भी हो सकता है, वो दिमाग की चीज है, लेकिन असल चीज है और साहित्यकार के लिए बहुत बढ़िया सूत्र है–आँखें खोलकर देखो, क्या है सोचो मत। सोचोगे तो उलझन में पड़ जाओगे। देखना बहुत सरल काम नहीं है। इसलिए हमारे यहाँ आत्म और आत्मवाद का विकास हुआ और उनके यहाँ आइडिया का। 'आइडिया' और 'आत्म' दोनों भिन्न हैं। इसलिए विचारधारा पर बात करते समय आपका ध्यान इस ओर आकर्षित करना चाहता हूँ कि विचारधारा की इस मिथ्या चेतना से त्रस्त होकर हम दूसरी परम्परा के हाथों, पश्चिम के हाथों, बहुत मारे गए। लेकिन पश्चिमी चिन्तन के हाथों हम शहीद हों–ये ठीक नहीं है–मरें तो अपनी ही तलवार से, अपने ही खड्ग से, अपनी ही जगह, अपने नन्दन में।

इसलिए मैं साहित्य पर विचार करने के लिए दर्शन पर नहीं, बल्कि 'दृष्टि' शब्द की ओर आपका ध्यान दिलाना चाहता हूँ। हमारी परम्परा केवल संस्कृत और हिन्दी की नहीं, उर्दू की भी परम्परा है। आपको गालिब का शेर याद होगा–

वा कर दिए हैं शौक ने बन्दे निक़ाबे हुस्न,
गैर अज़ निगाह, अब कोई हाइल नहीं रहा।

माशूक पर्दे में है, छुपा हुआ है। नीले आसमान के नीचे है, पर्दे के पीछे है। लेकिन मेरे शौक की गरमी इतनी है कि उसने उसको जला डाला है, मन खोल दिया। हुस्न पर जो नक़ाब था, बन्द पड़ा हुआ था, खोल नहीं सकता था। अब मैं हूँ और वो है, लेकिन बीच में दीवार अभी बाकी है। अब तो मेरी आँखें हैं, वो ही दीवार बन गई हैं। वो बराबर खुली रहें, मैं देखता रहूँ, यह नहीं हो पाता, झपक-झपक जाती हैं, बल्कि उस हुस्न में चमक है और बिजली कौंधती है तो झपक से खट से आँख बन्द होती है। हुस्न का जो खिताब है, उसको देखने के लिए आँखों में ताकत नहीं है, झपक जाती हैं।

मैंने कहा कि दृष्टि की भी सीमा हमारे यहाँ है, परम्परा में है। 'दृष्टि' शब्द को मैं खोजने लगा कि इसके बारे में कहीं कुछ मिले। और तब मुझे मिले गौतम बुद्ध, राहुलजी को पढ़ते हुए। राहुलजी को लोग न जाने क्या-क्या कहते थे, जबकि वे मुक्त भारतीय परम्परा के पंडित थे। 'प्रभा' नाम की एक कहानी बड़ी मशहूर थी, बहुत ही बढ़िया। निर्विवाद रूप से कह सकते हैं कि उनकी जो सर्वश्रेष्ठ कहानी मानी गई थी, वो 'प्रभा' थी। 'प्रभा' में एक प्रसंग है। अश्वघोष ने दर्शन की बात छेड़ी, धर्मरक्षित ने कहा कि ब्राह्मणवादी दर्शन को भी बौद्धों ने धर्म का बन्धन और भारी बन्धन कहा है। शब्द दिया है–'दृष्टि संयोजन बन्ध' और उसे भारी बन्धन कहा गया है। प्रश्न है तो क्या बुद्ध के धर्म में दर्शन का स्थान नहीं है? स्थान क्यों नहीं, बुद्ध का धर्म ही ये दर्शन है। किन्तु, बुद्ध उसे बेड़े की भाँति पार करने के लिए बतलाते हैं, सिर पर ढोने के लिए नहीं। उन्होंने कहा कि 'देखो! कुली लोगों को देखो।' धर्म को मैं एक छोटी-सी

नैया के समान मान रहा हूँ, पार कर जाओगे और पार करने के बाद फिर ये नहीं कि फिर नाव उठाओ और सिर पर लादकर चलते रहो। यह सिर पर ढोने के लिए नहीं है, सिर्फ पार करने के लिए साधन है, छोड़ सकते हो। और यह बात इसलिए कि दृष्टि का तो संयोजन है। यह संयोजन दोनों आँखों को मिलाता है। जैसे ही आप सिस्टम बिल्डिंग करने लगते हैं, वो बन्धन करते हैं। फिर मैंने देखा कि राहुल सांकृत्यायन कहते हैं कि स्वयं बुद्ध की नजर में जो दृष्टि थी, वह भी बन्धन है। बुद्ध स्वयं कहते हैं। ये राहुलजी ने कहा है। फिर मेरा ध्यान गया कि महाभारत की कथा पढ़ने के लिए नहीं थी, जो टिप्पणियाँ करते हैं बीच-बीच में, वो बहुत ही महत्वपूर्ण-विद्वत्तापूर्ण की गई टिप्पणियाँ हैं, उसमें भारत-सावित्री के खंड दो में 'दृष्टि' शब्द पर जोर दिया है। राहुलजी इतिहास के, पुरातत्व के, संस्कृत के विद्वान पंडित थे, उन्होंने इसके बारे में लिखा है। प्राचीन भारत के राष्ट्रीय मतवादों को पाणिनि ने 'मति', बौद्ध लोगों ने 'वृत्ति' कहा है। 'कामायनी' में 'मति' शब्द का विशेष अर्थ चिन्ता में दिया है, क्योंकि हमारे यहाँ प्रत्येक शब्द का एक-एक इतिहास है, पूरी संस्कृति है।

दृष्टि का अभिप्राय एक-एक आचार्य के दृष्टिकोण से है। जब उनका व्यवस्थित संग्रह हुआ तब वैदिक दर्शन में पाणिनि ने मतों को तीन भागों में विभक्त किया है–एक आस्तिक, दूसरा नास्तिक और तीसरा दैष्टिक। ये दैष्टिक जो है, दृष्टि से बना हुआ है। और दृष्टि-से भाग्य। वे भाग्यवादी थे, नियतिवादी थे जैसे विदुर नीति। धृतराष्ट्र दृष्टिवादी थे, दैष्टिक। ययाति दैष्टिक थे। विदुर और कृष्ण भी। हमारे यहाँ इस दृष्टि के बरक्स शब्द रखा गया है–'प्रज्ञावाद'। प्रज्ञावादी यानी रेशनल, यदि गीता को देखें आप, तो वहाँ प्रज्ञावाद की भी सीमा बताई गई थी। जब दूसरे अध्याय में अर्जुन बहस करने लगा तो कृष्ण ने कहा ज़्यादा ही प्रज्ञावादी बन रहे हो। बहस करते हो। जो सारे झूठ को सच साबित कर दे, सच को झूठ साबित कर दे वो पंडित है। बहुत गहरे में न जा करके मैं कहना चाहता हूँ कि दृष्टि के साथ एक और शब्द जुड़ा हुआ है दृष्टिकोण। जिस कोण से आप देख रहे हैं, उस पर आप क्या देख रहे हैं, ये महत्वपूर्ण है। आपकी आँख का कौन-सा कोण देख रहा है। आप एक आँख से देखते हैं निशाना लगाने के लिए, दोनों आँख से कोई नहीं देखता। दृष्टिकोण को कैमरामैन बेहतर जानता है। किस एंगिल से, किस दृष्टिकोण से, कहाँ से एक चीज को देखते हैं चीज दूसरी दिखाई पड़ती है। दूसरे कोण से वही चीज बिलकुल दूसरी दिखाई पड़ती है।

विचारधारा की सारी की सारी बहस दृष्टिकोण से जुड़ती है। जीवन और जगत को हम अलग-अलग कोणों से देखते हैं और बहस करते हैं कि सच यही है। इसलिए एक ही सच है। कोण एक से अलग-अलग होता है, कोण में नोंक होती है और ये नोंक है–दिखाई पड़ना। बहुत पहले मैं युवा विद्यार्थी था। 1952 में इलाहाबाद में एक प्रसंग में अखिल भारतीय बहस हुई थी। वहाँ पहली बार मुझे बोलने का मौका मिला।

वहाँ सरदार जाफरी साहब बोलने आए थे, वो आइडियोलॉजी पर बड़ा जोर दे रहे थे। हम लोगों को अपनी विचारधारा और दृष्टिकोण पर ध्यान देना चाहिए। तो मैंने कहा कि भाई! हम तो साहित्य में हैं। दृष्टिकोण में कोण के बजाय मैं दृष्टि पर जोर देता हूँ। दृष्टि में आँसू भी आ गए, आँखें लाल होती हैं। साहित्य की क्षमता ही यही है, वो देखने का ही काम नहीं करती बल्कि आँख जिससे नम भी होती है। क्योंकि अनुभव को हृदय से सराहा जाता है। भाव-अनुभूति, इन्द्रियबोध से साहित्य का संयोजन बनता है। बहुत दिनों बाद डॉ. रामविलास शर्मा की हिम्मत थी कि उन्होंने एक किताब में कहा। पहली बार दम-खम के साथ उन्होंने कहा कि साहित्य केवल विचार नहीं है, बल्कि वह भावबोध भी है और इन्द्रियबोध भी। विचार पुराने पड़ जाते हैं, युग के अनुसार सीमित हो जाते हैं, लेकिन इन्द्रियबोध सबसे टिकाऊ होता है और मुझे वो चीज ढूँढ़नी है कि मनुष्य यह दावा नहीं कर सकता कि हम जीवन में इन्द्रियों से प्रभावित हैं। कुछ पशुओं में कुछ इन्द्रियाँ मनुष्य से भी ज़्यादा जागरूक होती हैं। उदाहरण के लिए आँधी आने वाली है, चींटियों को पहले पता चल जाता है, कुत्ते भौंकने लगते हैं, गिद्ध न जाने कहाँ छुप जाते हैं। कहते हैं सियार जंगल में दूर से सूँघ लेता है। पाँचों इन्द्रियाँ इकट्ठा हैं मनुष्य में। पशु में किसी की एक इन्द्रिय प्रबल होती है, किसी की दूसरी इन्द्रिय। जैसे गिद्ध दूर तक देख सकता है, लेकिन गिद्ध सूँघने के मामले में उतना तेज नहीं होता जितना बाघ। किसी को कोई दूर की भी आवाज सुनाई पड़ती है। सुनामी आया था तो उसके बारे में पशुओं को पहले ही पता चल गया था।

इसलिए साहित्य केवल इन्द्रियबोध है। सुन्दर को, असुन्दर को देखने-दिखाने की शक्ति ही उसमें नहीं होती है। सौन्दर्य केवल आँख की चीज है। बल्कि सौन्दर्य, 'सेन्सुअसनेस' अंग्रेजी शब्द का गम्भीरता से प्रदान अर्थ है। कुछ लोगों में स्पर्श की इन्द्रिय बहुत अधिक प्रबल होती है। जैसे–छोटे बच्चों में। छोटे बच्चों को सीधे गोद में उठाते हैं, माँ उठाती है, छूती है। हम किसी से मिलते हैं, बहुत प्यार करते हैं तो उसे सीने से लगाना अच्छा लगता है। छूकर देखना चाहते हैं। वैदिक दर्शन को आप पढ़ें। वहाँ शायद इसीलिए 'सौ वर्ष तक देखें, सौ वर्ष तक सुनें'–इस तरह से इन्द्रियों को याद किया जाता है। देखें, सुनें, सूँघें। उसकी बुनियाद में सौन्दर्यबोध है। सुबह अब भी होती है, लेकिन पहली बार वैदिक ऋचाओं में जिस तरह से सुबह को देखा गया है, कहते हैं उस प्रकाश का जो अनुभव उन लोगों ने किया है, हम लोग तो सिर्फ सोच सकते हैं, लेकिन वो अनुभव हममें नहीं है।

प्रसंगवश एक चीज याद आई। जोश मलीहाबादी का एक शेर है। वे रोज सुबह घूमने जाया करते थे। उन्होंने एक शेर कहा कि–

हम ऐसे अहले नजर को सबूते हक के लिए,
अगर रसूल न होते तो सुबह काफी थी।

सबूत-ए-हक के लिए, खुदा है इसके लिए, सुबह काफी है, लेकिन मुल्ला नाराज न हों, इसके लिए उन्होंने जोड़ दिया अगर रसूल न होते। डर था कि कुफ्र न हो। लेकिन वैदिक ऋचाओं में तो ऋषियों के कुल को प्रज्वलित किया है, वो स्वयं सच हैं, ब्रह्मा हैं। गायत्री मन्त्र यही कहता है। देखिए! कोई कुफ्र नहीं। पैगम्बर का कोई दखल नहीं। हम लोगों के लिए कोई बन्धन नहीं।

दृष्टि, इन्द्रियबोध और सौन्दर्यबोध के बाद भावबोध है। हिन्दी का शब्द 'भावबोध' बड़ा विलक्षण शब्द है। हम लोगों ने बनाया है। अंग्रेजी में इसके लिए दो शब्द हैं। अंग्रेजी में 'सेन्स' होता है और 'सेंसिटिविटी' होता है। हमारे यहाँ 'भावबोध' शब्द है जबकि उनके यहाँ 'सेन्स' और 'सेंसिटिविटी'। हम लोग भावबोध कहते हैं और भूल जाते हैं। यह भावचक्र में भी भावबोध नहीं होता है। जितने भाव मनुष्यों में होते हैं, स्थायी संचारियों की संख्या आप देखें। इसलिए साहित्य में विचार और दृष्टिकोण को मिलाकर सबके साथ एक भावचक्र बनता है। कभी-कभी हम किसी बड़े साहित्यकार के विचारों से असहमत हो जाते हैं तो कहते हैं–इन विचारों के बावजूद हमको वो अच्छे लगते हैं। और कभी-कभी कहते हैं कि इन्हीं विचारों के कारण वे अच्छे लगते हैं।

हिन्दी में हमारे सबसे बड़े कवि तुलसीदास से बढ़कर विचारधारा से प्रतिबद्ध दूसरा आदमी नहीं है। कोई प्रसंग आ जाए, बाबा निर्गुण का खंडन करता है और सगुण का समर्थन करता है और इसके लिए कबीर को भी दो हाथ लगाए जाएँ। पूरा 'रामचरितमानस' वाद-विवाद से भरा हुआ है। बालकांड में तो दर्शन का पाठ ही आरम्भ होता है। तो मानवीय विचारधारा से साहित्य नहीं होगा। सीपी की उपमा दी है, जब तक श्रेष्ठ विचार का बादल नहीं बरसेगा, तब तक सीपी में मोती नहीं होगा। कवित्व मुक्तामणि के समान है और मुक्तामणि तभी होगा जब विचार के पानी की वर्षा होगी, जो स्वाति के समान है। स्वाति की बूँद जब जाकर सीपी में पड़ेगी तब मोती होगी। पूरा उत्तरकांड उनका ज्ञान भक्ति पर, चिन्तामणि के विरोध पर खारिज कर दिया है। विचार के विषय से सबसे गरिष्ठ उत्तरकांड में वे राम के ऊपर गम्भीर चर्चा कर रहे थे। राम को भरत से राजगद्दी मिल गई तो गद्दी पर बैठकर अयोध्यावासियों को बहुत बोर करते थे। तुलसीदास वहाँ उनसे व्याख्यान दिलवाते थे। हर द्वार पर बैठ जाते थे और चालू हो गए कई पीरियड के लिए। ऐसे दो प्रसंग हैं। अगर तुलसीदास, आपके शब्दों में सबसे ज़्यादा आइडियोलॉजिकल हैं, बावजूद इसके दो राय नहीं, उनसे बड़ा कोई कवि नहीं है। उनकी सौन्दर्य पर दृष्टि थी। सारे भावबोध, सारे रस वहाँ आए हुए हैं। इसलिए सुन्दरता भी देखिए, विचार भी। रसों में वे पारंगत हैं, मैं आपके सामने व्याख्यायित नहीं करूँगा। लक्ष्मण को शक्ति लगने पर राम विलाप करते हैं, तब देखें। इसलिए कहा गया था तुलसीदास से सहमत हों,

न हों, व्यक्ति ईसाई हों, चाहे वो इसलाम के मानने वाले हों, चाहे वो निर्गुणवादी हों, सगुणवादी हों, अब व्यक्ति कहेगा कि भई! इन तमाम चीजों के बावजूद तुलसीदास बड़े कवि हैं। इसलिए बड़ा साहित्य विचारधारा के बावजूद बड़ा होता है। इसका मतलब है कि साहित्य को बड़ा बनाने के लिए विचारधारा जरूरी नहीं है।

यही हमारी परम्परा में था और सूर इस मामले में बाबा की अपेक्षा विचारधारा का उतना आग्रह करने वाले नहीं थे। 'निर्गुण कौन देस को वासी' कहकर उद्धव को गोपियों द्वारा खरी-खोटी कहलवाते हैं। अशिक्षित, बेपढ़ी-लिखी, सीधी-सादी, गँवार गोपियों से ब्रह्म ज्ञान उद्धव को दिलवाया। मजा आता है कि गाँव की भोली-सीधी गोपियाँ, जो प्रेम को मानने वाली हैं, उनसे उद्धव की वो दुर्गति कराई है। यह नहीं है कि उसे पढ़कर हम निर्गुण के विरुद्ध हो जाते हैं और सगुण को मानने लग जाते हैं। लेकिन उस पूरे संवाद में उद्धव की स्थिति ऐसी है जैसे दर्शन का कोई बहुत बड़ा प्रोफेसर गाँव में पहुँच जाए और गाँव के आदमी उसकी वो धज्जियाँ उड़ा दें कि सिट्टी-पिट्टी भूल जाए, तो मजा आता है उसमें। उद्धव की बहस अगर किसी दार्शनिक से हुई होती तो मजा नहीं आता। वाक्य बदल गए हैं इसलिए उसे रस आने लगा है। बाबा यह गड़बड़ी करते हैं कि विद्वानों की, ऋषियों की, मुनियों की बहस करवाते हैं; सीधे-सादे आदमियों और दार्शनिक की बात नहीं करवाते हैं। शास्त्रार्थ में उनके सामने बनारस के पंडित बैठे हैं। तुलसीदास के सामने चुनौती बनारस के पंडितों की थी। सूरदास के लिए ऐसी कोई चुनौती नहीं थी। इसलिए सूरदास में आप देखेंगे तो वे उतने आइडियालॉजिकल नहीं थे। विचार के साथ वो कमिटमेंट था, इसलिए कुछ लोगों की सोच में सूरदास तुलसीदास से ज़्यादा बड़े कवि मालूम होते हैं। हैं या नहीं, यह अलग बात है। आप देखें ऐसे भी कवि हुए। विचारधारा एकदम न होने के कारण केवल शाब्दिक अलंकार और चमत्कार होने के कारण पूरा रीतिकाल लांछित है। कुछ लोग तो एकदम विचारशून्य हैं। यह भी एक बात है, जिससे साहित्य का सृजन होता है।

इसके बाद विचारधारा और साहित्य पर, गैर-पारिभाषिक शब्दावली में अनुभव के आधार पर, एक सधे पाठक के आधार पर आप विचार करें और देखें कि विचारधारा के बिना भी साहित्य श्रेष्ठ साहित्य बन सकता है और विचारधारा के साथ भी। विचारधारा के आधार के बावजूद हो सकता है। वह अनिवार्य नहीं है। पर जीवन-जगत और अपने आपको देखने के लिए भी एक दृष्टि चाहिए। और हम तो यह मानते हैं कि किसी दिन आँखों को भी देखना चाहिए—ज्यों आँखन ने सब देख लिया तो आँख न देखी जाए—हम इन आँखों से, अपनी दृष्टि से दुनिया को देखते हैं, लेकिन मनुष्य की विडम्बना यह है कि हम खुद अपनी आँखों को नहीं देख सकते। साहित्यकार ऐसा है, जो अपनी आँख को भी देख सकता है, कम-से-कम देखने की कोशिश करता है

और यह दायित्व सबसे ज़्यादा आलोचक के ऊपर है। आचार्य अभिनवपादाचार्य ने ठीक लिखा है, तो आलोक को देखने के लिए लोचन चाहिए। और वह लोचन उसके प्रति आत्मबोध ('सेल्फ कॉन्शसनेस') है कि हम देखें लेकिन आँखों को भी हम शक की नजर से देखें। अब वो तीसरी आँख कौन-सी होती है, क्योंकि हमारे यहाँ तीसरी आँख की बात कही गई है और वो तीसरी आँख जो सामने दिखाई पड़ रहा है वही नहीं, बल्कि जो बीत चुका है, उस अदृश्य को और अदृष्ट को देख सके, उस बीते हुए अतीत को जो अदृष्ट है और उस आने वाले भविष्य को जो दूर-दूर तक अभी प्रत्यक्ष नहीं हुआ है, उस अप्रत्यक्ष को भी देखने की क्षमता रखता हो। आलोचक सही अर्थों में वो ही आलोचक है, जिसके पास ऐसा लोचन है। वह लोचन किसी दृष्टि से और साहित्य से ही प्राप्त होता है, रचना से प्राप्त होता है–किसी दर्शन से प्राप्त हो, सम्भव नहीं है।

[गोरखपुर विश्वविद्यालय के हिन्दी विभाग द्वारा आयोजित पुनश्चर्या पाठ्यक्रम के अवसर पर उद्घाटन भाषण, प्रगतिशील वसुधा-65 में प्रकाशित]

सहज-बोध के विरुद्ध संघर्ष

आज के विषय 'मैं, मेरा समय और रचना-प्रक्रिया' में 'मैं-मैं, मेरी-मेरी' बहुत है। आज के जमाने में व्यक्ति का महत्व कम हो गया है। कितना कम हो गया है, इस विषय से ही अन्दाजा लगाया जा सकता है। जब जीवन में अस्मिता नहीं रह जाती है तो वाणी में प्रकट हुआ करती है। आज के जमाने में संस्थाएँ प्रधान हो गई हैं, चाहे वह राज्य की संस्था हो, चाहे सामाजिक संस्थाएँ हों, आर्थिक संस्थाएँ हों। उन संस्थाओं के नियम, कायदे-कानून इतने प्रबल हो चले हैं कि उसके बीच व्यक्ति अपने मन को समझाता है कि वह तोप है और तीसमारखाँ है। कुछ लोग अपने को कभी-कभी इतिहासनियन्ता मान लेते हैं, कभी-कभी अपने को इतिहास का पर्याय समझ लेते हैं, और समझते हैं कि दुनिया उन्हीं के चलाए दुनिया चल रही है। वे इतिहास बनाएँगे। भाग्यशाली हैं वे लोग और उनसे ईर्ष्या करनी चाहिए। शायद 1920 और 1930 के दौरान यह 'मैं' साहित्य में ज़्यादा अर्थ के साथ गूँजता सुनाई पड़ता था। जब निराला ने 'तुम और मैं' कविता लिखी थी तो 'तुम' तो खैर रहा ही होगा, लेकिन 'मैं' जितने गर्व के साथ और गर्वीले स्वर में बोलता था, उसका अन्दाजा आज भी आप उस कविता को पढ़कर लगा सकते हैं। हमारे राष्ट्रीय आन्दोलन के दौरान एक विशेष प्रकार की कविता लिखी गई थी और वह बड़ी 'मैं प्रधान' कविता हुआ करती थी, जिसे राजनीतिक चिन्तन के लोग व्यक्तिवाद का दौर कह सकते हैं। साहित्य में एक जमाने में 'मैं' की बहुत प्रधानता थी और उसमें सार था, उसमें तत्व था। व्यक्ति अपनी अस्मिता को पहली बार इस रूप में महसूस कर रहा था कि वह उसे व्यक्त कर सके। धीरे-धीरे असलियत का पता चला और मालूम हुआ कि 'मैं' उतना बड़ा विराट हिमालय के समान नहीं है। उसके पीछे जो शक्ति थी—राष्ट्रीय शक्ति थी, सामाजिक शक्ति थी—जो कविता में ध्वनित होती थी, धीरे-धीरे कम होने लगी। बावजूद स्वाधीनता प्राप्ति के नई कविता में भी 'मैं' कुछ ज़्यादा सुनाई पड़ता था। लेकिन छायावादी कवियों के 'मैं' के सामने यह 'मैं' लगभग 'मैं-मैं' है। मिमियाने का स्वर ज़्यादा है, सुरक्षात्मक ज़्यादा है। इस विकास में, इस वातावरण में, उस गर्व के साथ, विश्वास के साथ मैं और मेरा समय और मेरी रचना-प्रक्रिया का उतने विस्तार से तो

क्या कहिए, संक्षेप में भी मैं जिक्र न करूँ तो समझिए कि 'मैं' समय अनुरूप है, गति के अनुरूप है। उसमें यह विश्वास निहित है कि इतिहास की नियामक शक्तियाँ और इतिहास के विकास के नियम दूसरे होते हैं। सामाजिक शक्तियाँ इतिहास को बनाती हैं, बिगाड़ती हैं, बदलती हैं, कभी पीछे ले जाती हैं या आगे ले जाती हैं, व्यक्ति उसमें निमित्त हो जाया करता है। आज के जमाने में तो व्यक्ति कुछ ज़्यादा ही निमित्त हो गया है। इस गहरे एहसास के साथ यदि मैं अपने बारे में चर्चा न करूँ और जिस समय की चर्चा करूँ, वह मेरा ही न हो, सबका हो और प्रसंगवश रचना-प्रक्रिया के बारे में एक-दो बातें करूँ तो आप उसे अनुपयुक्त न समझेंगे।

रचनाकार को यह सुविधा है कि वह रचना-प्रक्रिया की चर्चा करे और चर्चा करते हुए कुछ किस्से-कहानी सुना डाले क्योंकि रचना-प्रक्रिया की कहानी सुनने की उम्मीद किसी कवि से, कहानीकार से, उपन्यासकार से, नाटककार से की जाती है। यह तो बड़ी भारी विडम्बना है कि किसी आलोचक से उसकी रचना-प्रक्रिया के बारे में पूछा जाए। वह दूसरों की रचना-प्रक्रिया के बारे में बताता है। अपने बारे में नहीं बताता। समझा जाता है कि आलोचकों से तो उनके मानदंड पूछे जाते हैं कि आपके पास कौन-सा गज है, जिससे मापते हैं। आपकी आलोचना के मापदंड क्या हैं? प्रतिमान क्या हैं? कसौटी क्या है? प्रिंसिपल्स, थियरी पूछी जाती है। जाँचने-परखने की कोई प्रक्रिया होती है, यह आमतौर पर हमारे यहाँ आलोचक से नहीं पूछते। यह समझा जाता है कि वह जिस किसी रचनाकार को जानता है या जानना चाहता है, उसे पढ़कर आलोचक अपने अनुभव बताता है। आलोचकों में वह आदमी बहुत ही गुस्ताख समझा जाता है जो किसी कृति के मूल्यांकन की बात करे। 'मूल्यांकन' भारी-भरकम डरावना शब्द है। लोग किसी रचना से साक्षात्कार करते हैं। प्रमाणस्वरूप 'साक्षात्कार' नाम की पत्रिका है। लोगों का खयाल है कि रचना कोई गल्ला या अनाज, कोई पदार्थ नहीं है कि आप तराजू लेकर उसे जाँचें-परखें और नापें-जोखें। कुछ लोगों का खयाल है कि जाँचना-परखना-तौलना यह आलोचना का काम नहीं है। यह बड़ा ही गैर-साहित्यिक काम है। इसलिए रचना से या रचनाकार से आलोचक साक्षात्कार करता है, कभी-कभी मुठभेड़ (Confrontation) करता है अथवा उसका प्रतिभिज्ञान करता है। ये सब नई शब्दावली आप देखते होंगे कि आलोचना में चली है जिसमें मूल्यांकन, प्रतिमान आदि नहीं चलते, साक्षात्कार चलता है। हम लोग पहचानने का काम करते हैं, प्रतिभिज्ञान करते हैं। कुछ और लोग हैं। वे रचनाकार को या किसी कृति को देख करके अनुभव करते हैं और उस अनुभव को आप लोगों को सुनाते हैं। जो बड़े ही शिष्ट-सभ्य जन हैं, वे किसी कृति को पढ़ने के बाद, अगर आप उनसे पूछें तो नए ढंग से बताएँगे कि किसी उपन्यास को पढ़ना अपने आपमें एक अनुभव है, और कहकर आँखें बन्द करेंगे। नाटक को देखना एक अनुभव है, कलादीर्घा में जाना एक अनुभव है। किसी

उस्ताद का संगीत सुनना एक अनुभव है। इसलिए साहित्यिक कृति अनुभव की वस्तु है। बड़ा सौभाग्यशाली वह पाठक होगा, पाठक समुदाय होगा, जिसको वे रसज्ञ सज्जन अपना अनुभव पहुँचा देने की कृपा करें। जो अनुभव किसी कृति का उन्हें हुआ था, आपको बतला सकें, तो आप भाग्यशाली हैं। अब आप बताइए कि जिस माहौल में किसी आलोचक का धन्धा यह हो गया हो कि कृतियों का अनुभव किया करे, ऐसे में कोई आलोचक अपनी आलोचना-प्रक्रिया की चर्चा कैसे करे।

मुझे बहुत पहले की पुरानी बात याद आ रही है। मेरे गुरुदेव आचार्य हजारी प्रसाद द्विवेदी जब शान्तिनिकेतन से काशी हिन्दू विश्वविद्यालय आए थे तो उनके मुख से एक कहानी और उसके साथ एक श्लोक सुना था। वह आज भी याद है। कहते हैं कि महाप्रभु चैतन्यदेव के पास एक योगिराज पहुँचे और उन्होंने कहा कि सुना है प्रभु, आपने तो स्वयं उस परमसत्ता का साक्षात्कार कर लिया है। मैं भी प्रयत्न कर रहा हूँ तो आपसे उन अनुभवों का आदान-प्रदान करना चाहता हूँ। चैतन्यदेव भावविह्वल भक्तशिरोमणि थे। उन्होंने देखा कि योगिराज मुझसे पूछने के बजाय कुछ कहना ही चाहते हैं, तो कहा कि आप बताइए कि कैसा अनुभव हुआ। योगी ने कहा कि पहले चक्र में ऐसा अनुभव हुआ, फिर दूसरे में ऐसा अनुभव हुआ, तीसरे में ऐसा हुआ। प्रत्येक चक्र का अनुभव विस्तार से उन्होंने बताया और बताने के बाद चैतन्यदेव से पूछा कि अब आप अपना बताइए। महाप्रभु ने एक बहुत ही 'सेक्युलर' ढंग का श्लोक पढ़ा। यह पंडितजी का ही शब्द है–'सेक्युलर'–वो अनेक अर्थों में इसका प्रयोग करते थे। उसका हिन्दू-मुस्लिम से कोई ताल्लुक नहीं था। वह श्लोक 'काव्यप्रकाश' में चतुर्थ उल्लास में उद्धृत है। चैतन्यदेव ने श्लोक में यह कहा–

"धन्याऽसि या कथयसि प्रियसंगमेऽपि
विस्रब्धचाटुकशतानि रतान्तरेषु।
नीवीं प्रति प्रणिहिते तू करे प्रियेण
सख्यः! शपामि यदि किंचिदपि स्मरामि॥"

रात के बाद दो सखियाँ स्नान करने जा रही थीं। इस श्लोक में उन सखियों की बातचीत है। पहली जब बता गई कि रात में क्या-क्या हुआ तो दूसरी ने कहा कि हे सखि, तुम धन्य हो जो प्रिय-संगम के समय, जो कुछ हुआ, प्रिय जब तुमसे मिले उस समय जो-जो तुम्हें अनुभव हुआ और रति की दशा में जो-जो उन्होंने किया और जैसा-जैसा तुम्हें लगा, उस समय जो बोल उसने तुमसे कहे या तुमने कहे, वह सब तुम्हें याद है, तुम धन्य हो! मैं तो अभागी, प्रिय ने जैसे ही नीवीबंध पर हाथ रखा, हे सखि, मैं शपथ खा करके कहती हूँ कि मुझे कुछ भी याद नहीं रह गया। आलोचना प्रसंग में जब भी मैं सोचता हूँ यह श्लोक याद आता है। यदि कोई आलोचक अपनी पूरी रचना-प्रक्रिया बता जाए तो उससे वह अनुभववादी आलोचक यह कहेगा कि हे आलोचक शिरोमणि!

आप धन्य हैं कि किसी कृति को पढ़ते समय आपको एक-एक चीज, सब बारीकी से याद है। आपको कैसा लगा, फिर कैसा लगा–सबका रेखांकन आपने प्रस्तुत कर दिया है। मैं शपथ खाकर कहता हूँ कि कृति पढ़ी और मैं तो उसमें डूब गया। उस श्लोक में धन्य वो नहीं है जिसे सब याद है, धन्य वो है जो अपने को भूल गया। उसी तरह से आलोचना के क्षेत्र में भी लोग ये कहेंगे कि धन्य वो है जिसे वो भूल गया। वह अधन्य है जिसको एक-एक चीज बारीकी से याद है। यह कहने वाले केवल मेरे मित्र रमेशचन्द्र शाह ही नहीं हैं, बल्कि इस प्रकार के आस्वादक, भावक और भावुक समीक्षक बहुत से हैं। ऐसे समीक्षकों की एक लम्बी परम्परा है, जिन्हें आचार्य रामचन्द्र शुक्ल ने बड़े अच्छे नाम से याद किया था–उन्हें प्रभावाभिव्यंजक आलोचक (Inpresinistic critic) कहा था–और उसमें शान्तिप्रिय द्विवेदी वगैरह का नाम लिया था कि कविता की आलोचना करते समय वे एक दूसरी कविता लिख देते हैं। आलोचना के दौरान किसी कृति से जो अनुभव प्राप्त हुआ है, अब आप जानते हैं कि वह अनुभव तो बीहड़ चीज है। वह अनुभव राग के धरातल पर होता है। आमतौर पर ऐसा समझा जाता है कि अनुभव बुद्धि के धरातल पर पहुँचता ही नहीं। इसलिए ऐसे भावक और भावुक साहित्य-पाठ के समय, कृतियों के पाठ के समय जिस प्रकार का अनुभव होता है, स्वभावतः वैसा ही रचनात्मक भाषा में उसका अंकन करेंगे। 'साक्षात्कार' के नहीं तो 'पूर्वग्रह' के अंक ऐसी समीक्षाओं से भरे पड़े होंगे। मैंने कहा कि यह अकेली घटना नहीं है या कहिए कि अकेली दुर्घटना नहीं है। बहुत पहले छायावादी दौर में और रोमैंटिक कविता के दौर में इस तरह की समीक्षाएँ लिखी गई थीं। फर्क यह है कि पहले वाली आलोचनाएँ कुछ समझ में आ जाती थीं, इधर वाली जरा कम समझ में आती हैं। अगर आप दूर तक जाएँ तो इस तरह की आलोचना के पीछे एक लम्बी पृष्ठभूमि है। इसकी परम्परा रोमैंटिक काल बल्कि संस्कृत तक जाती है। पूरा 'काव्यशास्त्र' जो हमारे यहाँ मध्ययुग में रीतिकाल तक आया है, वो इसी प्रकार का आस्वादवादी था। अर्थात् रचना स्वाद लेने की वस्तु है। साहित्य नहीं हुआ, भोजन हुआ। पुराने जमाने के पंडितों को, हो सकता है, भोजन में इतनी गहरी रुचि रही हो कि साहित्य समीक्षा की जितनी इमेजेज हैं, उपमाएँ (Similes) हैं, वे सारी की सारी, आस्वादपरक हैं, खाने-पीने के स्वाद से जुड़ी हैं। रस स्वयं भरतमुनि के अनुसार, 'आस्वाद परक इति मूलतः' इसी शब्द का प्रयोग उन्होंने किया था। रसना से इसका ताल्लुक है और रसना के दोनों गुण होते हैं, हम रसना से बोलने का भी काम करते हैं और रसना से आस्वाद लेने का भी काम करते हैं। इसलिए जो साहित्य रसना से निकलता हो, वाणी का विलास हो, वो वाणी का विलास वाणी में स्वाद की भी वस्तु बन सकता है। इसलिए एक लम्बी परम्परा है कि साहित्य एक प्रकार के अनुभव की चीज है। संस्कृत की अधिकांश समीक्षा, खासतौर से नौवीं शताब्दी के आसपास से, आस्वादपरक है। आनन्दवर्धन पहले आचार्य थे, जहाँ से

संस्कृत-समीक्षा रचनाकार केन्द्रित न होकर सहृदयकेन्द्रित हो गई। इसका कारण भी आनन्दवर्धन ने बताया है। चूँकि अब वाल्मीकि या कालिदास जैसे कवियों का युग नहीं रहा, इसलिए हम लोगों का काम यही है कि महान कृतियों की सुरक्षा का इन्तजाम किया जाए। वो महान कृतियाँ साधारण लोगों तक पहुँच सकें, लोग उसका स्वाद ले सकें। कविता तो अपने वश की रही नहीं, इसलिए कविता का स्वाद लेना अपने वश की चीज है। नौवीं शताब्दी से सत्रहवीं शताब्दी तक लगभग आठ-नौ सौ साल संस्कृत काव्यशास्त्र केवल इस पर विचार करता रहा कि किसी कृति का आस्वाद कैसे लिया जाए, रस-ग्रहण कैसे किया जाए। रसिक कैसा हो। सहृदय कैसा हो। आस्वाद में कौन से विघ्न होते हैं, कौन-सी बाधाएँ होती हैं। इस प्रकार सारा का सारा साहित्यिक विचार प्रायः आस्वादपरक हो गया और लोग सहृदयों की तैयारी या ट्रेनिंग देने का काम करने लगे। जिस तरह आजकल हिन्दी में एम.ए. करके हम लोग समझते हैं कि एम.ए. करने वाला आदमी साहित्य का बड़ा भारी रसज्ञ, सहृदय हो जाएगा, उसी तरह से उन दिनों लोग सोचते थे कि हमारा काव्यशास्त्र ग्रन्थ पढ़कर के कुछ सहृदय, रसिक, मर्मज्ञ पैदा होंगे और महान कवियों के गूढ़ अर्थों को समझेंगे और उनके रस का स्वयं आस्वाद करेंगे और इस आस्वाद की प्रक्रिया में ये सीधे ब्रह्मानन्द को नहीं प्राप्त करेंगे लेकिन उसके सहोदर को जरूर प्राप्त कर लेंगे। आज के राजनीतिक युग में हम लोग अन्दाजा लगा सकते हैं कि कभी-कभी ब्रह्मानन्द से—कुरसी पर बैठे ब्रह्मानन्द से—ज़्यादा कारगर उनके सहोदर हुआ करते हैं, क्योंकि जो काम सहोदर कर देते हैं वो ब्रह्मानन्द भी कभी-कभी नहीं कर पाते। इसलिए आचार्यों ने समझा और आश्वासन लोगों को दिया कि तुम्हें क्या जरूरत है कि ब्रह्मानन्द को प्राप्त करने के लिए छह साल-बारह साल नाक दबाओ, शरीर को तपाओ और तप-योग के कष्ट के बाद ब्रह्मानन्द को प्राप्त करो। यहाँ स्थिति यह है कि 'मेघदूत' का एक श्लोक पढ़ो, रस लो। जब तुम डूबोगे रस-दशा को पहुँचोगे तो रस-दशा आनन्द की वह दशा होगी जो लगभग ब्रह्मानन्द के सहोदर वाली होगी। बिलकुल 'तुरन्ता ब्रह्मानन्द' तैयार है। संस्कृत के आचार्य काव्य के द्वारा तुरन्ता ब्रह्मानन्द का वितरण कर रहे थे तो कोई योग की ओर क्यों जाएगा। ये काव्य विक्रय-प्रणाली (सेल्समैनशिप) थी। इसलिए आज वाले अनुभववादी दोषी नहीं हैं। उनके पहले की परम्परा छायावाद में है कि साहित्य अनुभव की वस्तु है। उनसे पहले रीतिकाल में है। जब भी साहित्य आता था, एक ऐसे तरल पदार्थ का चित्र उन लोगों के सामने रहा करता था जो शर्बत हो, रस हो, नदी हो, ताल हो, झील हो। बराबर एक तरल द्रव पदार्थ, चाहे पात्र में हो, चाहे बहता हुआ हो, आमतौर पर रहा करता था। बिहारी ने कहा था—

तन्त्रीनाद कवित्त रस, सरस रास रति रंग।
अनबूड़े बूड़े तरे जे बूड़े सब अंग!

बूड़ने की बात कहते ही स्वभावतः हमारे सामने नदी न सही तो ताल या पोखर आता है जिसमें डुबकी लगाएँ और डुबकी लगा करके जो बुड़े वो तो तरे। जाहिर है जो डूबकर मर जाएगा वह तरेगा ही, जो अनबूड़े वे सचमुच बूड़े। इसलिए पूरा साहित्य एक ख़ास तरह का बहुत तरल-तरल प्रवहमान, सरल, मधुर, कटु, तिक्त आदि इस प्रकार के रस का बना हुआ था और इसका अनुभव या आस्वाद ही आलोचना का काम हुआ करता था। मैंने अपने एक लेख में लिखा था कि साहित्य के प्रति इस प्रकार का जो दृष्टिकोण है, चाहे पुराने लोगों का रहा हो, चाहे मध्ययुग वालों का रहा हो, चाहे आधुनिक काल के छायावादियों का या नितान्त आधुनिकतावादी समकालीनों का हो, इसके लिए बड़ा सुन्दर शब्द पहले रखा गया हो लेकिन दरअसल यह कंज्यूमर्स अप्रोच है, साहित्य के प्रति उपभोक्तावादी दृष्टिकोण है। साहित्य उपभोग की वस्तु है और पाठक कंज्यूमर है और आलोचक अथवा आलोचकों की मंडली एक कंज्यूमर सोसाइटी है या कंज्यूमर एसोसिएशन है, जो सामूहिक रूप से अथवा व्यक्तिगत रूप से साहित्य की यह जो Commodity है इसमें उत्तम, मद्धिम, अधम प्रकार का श्रेणीकरण करके उसे बेचने के लिए विज्ञापन करते हैं। समीक्षाएँ एक तरह का विज्ञापन (Advertisements) हैं। यह Salesmanship है। जिस रूप में इसके परिणाम होते हैं, बाकी चीजें और ब्योरे में, आप स्वयं अपनी कल्पनाशक्ति से जोड़ लेंगे। दरअसल यह कंज्यूमर एसोसिएशन या कंज्यूमर सोसाइटी साहित्य के बारे में क्या रुख अपनाती है, क्यों ऐसा रुख अपनाती है। कुछ साहित्यिक कृतियाँ साहित्यिक कृति के रूप में पैदा होती हैं, कुछ साहित्यिकता अर्जित करती हैं, और कुछ पर साहित्यिकता थोपी जाती है। कुछ साहित्यिक कृतियाँ तो जन्मना साहित्यिक होती हैं। 'रघुवंश' जन्मना (Breeded) साहित्यिक है। काल-क्रम के दौरान कुछ साहित्यिक हस्तियाँ ऐसी हुई हैं, जिन्होंने अर्जित कर ली है। स्वयं अपने प्रयास से अर्जित नहीं की है, बल्कि आलोचकों की कृपा से अर्जित की है। कुछ उद्धरण दिया उसका, उसकी महानता बखानी, गुणगान किया और हो गया काम। कुछ ऐसी भी कृतियाँ मिलेंगी आलोचक जिन पर साहित्यिकता आरोपित कर देते हैं, उस भार को झेल लेने की शक्ति उनमें नहीं रहा करती। यह सारा का सारा काम साहित्य को उपभोग की वस्तु और उपभोग का माल मानकर चलने पर होता है। नतीजा यह हुआ है कि यदि साहित्य को आप अनुभव की वस्तु मानेंगे तो उसका अनिवार्य नतीजा होगा कि आलोचना उपभोक्ता के लिए सहायक वस्तु होगी। जो आलोचना उपभोक्ता के लिए सहायक वस्तु होगी, उस आलोचना का अपना कोई अस्तित्व नहीं होगा। वो आलोचना एक तरह से परोपजीवी (Parasite) होगी। रचनाकारों के बीच आपने अकसर बहस सुनी होगी कि आलोचक बीच का आदमी है। यह तीसरा आदमी है। एक ओर कवि, दूसरी ओर पाठक, यह मध्यस्थ कहाँ से बीच में आ गया? यह दलाली करने वाला कहाँ से आ

गया? यह अजीब बात है कि रचनाकार को इन दलालों की बहुत जरूरत पड़ती है। उस ब्योरे में मैं नहीं जाना चाहूँगा। वाणिज्य और व्यापार के क्षेत्र में एजेंसियों की आपसी होड़ और सिनेमा में डिस्ट्रीब्यूटर्स की आपस की होड़ प्रायः जैसी दिखाई पड़ेगी, साहित्य की दुनिया में भी जैसे ही साहित्य को अनुभव-आस्वाद की वस्तु आप मानेंगे और आलोचना उस कंज्यूमर की आवश्यकता की पूर्ति बनेगी वैसे-वैसे साहित्य विक्रेता एजेंसियों में भी होड़ दिखायी देगी। वैसे-वैसे आलोचना एक परोपजीवी (Parasite) के रूप में रहेगी। परोपजीवी के रूप में रहने वाली यह आलोचना स्वतन्त्र अस्तित्व के अभाव में साहित्य के लिए हमेशा गैर-जरूरी रहेगी। ऐसी दलाली रहेगी, जो कभी-कभी अनावश्यक भी हो सकती है। ऐसी आलोचनाओं में आमतौर से दैनिक, साप्ताहिक, मासिक, त्रैमासिक पत्रिकाओं में प्रकाशित पुस्तक समीक्षाओं को आप देखते ही होंगे। उनको समकालीन होने के नाते आप अवर कोटि का मान सकते हैं। लेकिन पुराने जमाने की टीका सम्प्रदाय वाली चीजें भी यही हैं। ये टीकाएँ आमतौर से भले ही व्याख्या करती हों, कठिन स्थलों को खोजती हों, समझाती हों; लेकिन कुल मिलाकर इनका भी स्वतन्त्र अस्तित्व नहीं रह जाता। ये भी एक तरह से कृति-रचना पर निर्भर हैं, परोपजीवी हैं।

मित्रो, आलोचना को अनुभव की वस्तु, आस्वाद की वस्तु और पाठक को कंज्यूमर मान करके आलोचना के इस परोपजीवी रूप की कल्पना हम करते हैं। आलोचना के बारे में यह सहज ज्ञान (कॉमनसेंस) है, और यह सहज ज्ञान इतना बद्धमूल हो चला है कि आलोचना व्याख्या है, भाष्य है, कवि के सौन्दर्य का उद्‌घाटन है, पाठक और रचना के बीच जो बाधा है, उसे दूर करने वाली है। रचनाकार के दिल से चलकर पाठक के दिल तक जो सीधी पक्की सड़क जा रही है, उसमें कहीं-कहीं कुछ पत्थर, कुछ रोड़े-तोड़े रख दिए गए हैं। हृदय से हृदय तक सीधी जाने वाली कार कहीं रुके नहीं इसलिए आलोचक बीच में झाड़ू-बुहारू देकर, पत्थर-वत्थर हटाने का काम करता है–कहीं कोई प्रसंग समझ नहीं आए, सन्दर्भ समझ में नहीं आए, रचना के अदृश्य तार-सूत्र को ज्यों का त्यों रहने दें–यही आलोचना का सबसे बड़ा काम है। आप समझेंगे कि बात को मैंने इस रूप में क्यों रखा है। इसको विद्वान लोगों ने और आज के अच्छे आलोचकों ने बड़ी शास्त्रीय शब्दावली में, बड़ी रोचक शब्दावली में कहा है। मेरे मित्र विजयदेव नारायण साही अच्छे आलोचक हैं, मैं उनकी बड़ी कद्र करता हूँ। उन्होंने आलोचना का कार्य ये बताया है कि आलोचक तो ट्रांजिस्टर या रेडियो ट्यून करने वाला है। एक निश्चित लहर-मान पर वह रेडियो को ट्यून कर देता है, इसके बाद वहाँ से, रेडियो स्टेशन से गाना सीधे आता है और आप उसे सुन लेते हैं। उन्होंने लिखा कि हम केवल आपके हृदय के लहर-मान को उस लहर-मान तक लगा देते हैं कि फिर गाना और आप। बीच में हम कहीं नहीं हैं। आप हैं और गाना

है। उन्होंने कहा कि अब यदि रेडियो स्टेशन से गाना ही न आ रहा हो तो हम ट्रांजिस्टर के पीछे मुँह लगाकर गाने नहीं जाएँगे। अगर उस रचना में ही वह अनुभूति न हो, कोई सन्देश न हो तो आलोचक उसकी जगह रचनाकार की ओर से गाने लग जाए, इससे प्रभावाभिव्यंजक आलोचना पैदा होती है। यह हास्यास्पद है। बावजूद इसके यह कॉमनसेंस बन गया है कि रचनाकार और पाठक इन दोनों के बीच आलोचक भाष्यकार है, व्याख्या करता है या बीच के विघ्नों को, बाधाओं को हटाता है। दोनों को सहृदय बनाता है, समान हृदय बना देता है। यही कार्य आलोचना का है और मित्रो, जहाँ यह काम हो उसकी प्रक्रिया के बारे में क्या कहा जा सकता है। यह गूँगे का गुड़ है। उस प्रक्रिया के बारे में ज़्यादा कहने की गुंजाइश नहीं हो सकती है, प्रक्रिया तब शुरू होती है जब एहसास हो जाए कि यह कॉमनसेंस साहित्य के लिए कितना बाधक हुआ करता है। यहाँ उस रचना का अर्थ-अभिप्राय एकमात्र रचनाकार जानता है। इसीलिए पूछते हैं न 'कामायनी' में प्रसादजी ने क्या कहना चाहा है। अब आलोचक महोदय प्रसादजी के दिल में सेंध मार के घुसें और घुसकर बताएँ कि प्रसादजी यह कहना चाह रहे थे। 'कामायनी' में उन्होंने ये कहा है। इसलिए आज आलोचक महोदय का काम यह हुआ कि रचनाकार के दिल में सेंध लगा के, कमन्द डाल के चढ़ें और उस तहखाने से, गुप्त-गुह्य से अदृश्य रहस्यात्मक विचार ढूँढ़ के ले आएँ और पाठक के सामने कहें कि ये कहना चाहते हैं। इसके पीछे विश्वास निहित होता है कि रचना का केवल एक ही अर्थ होता है, वो अर्थ रचनाकार जानता है और जो रचनाकार को जानता है, वही आदमी उस अर्थ को जान सकेगा। जो नहीं जानता है, वह अर्थ नहीं बता सकेगा। इसलिए रचनाकार का जीवन-चरित्र जानिए, अन्तस्थ जानिए। उन लोगों को बुलाकर रचना-गोष्ठी आयोजित कीजिए, भाषणमाला में उनकी रचना-प्रक्रिया के द्वारा पूछिए। यह भी पता लगाइए कि राजनांदगाँव का वह कौन-सा तालाब था, जिसकी सीढ़ियों को देखते हुए मुक्तिबोध ने 'अँधेरे में' कविता लिखी। यह सहज ज्ञान है कि प्रत्येक रचना का एक ही अर्थ होता है। उस अर्थ की कुंजी रचनाकार के पास होती है, उसके मर्म में होती है। मर गया बुरा हुआ। अब हम लोग जीवनी-डायरी बटोर-बटोर के उसमें से ढूँढ़के, रिसर्च करके निकालेंगे–सारा रिसर्च का महल डॉक्यूमेंटेशन के बल पर खड़ा है और वह पाठक भाग्यशाली है जो उस रचनाकार के निकट का है। यह लगभग धार्मिक धारणा के आधार पर टिकी हुई साहित्यिक धारणा है कि सृष्टि क्या है, विधाता की बनाई हुई है। क्यों बनाई उन्होंने? इस सृष्टि का अर्थ उसी बनाने वाले के पास है और इसकी ताली उसने समुद्र में फेंक दी। तब से सारे दार्शनिक, राजनीतिज्ञ, ज्योतिषी सब उसी में डुबकी लगा करके उस मूल कुंजी को खोज रहे हैं और ताले को खोलने की कोशिश कर रहे हैं। टिपिकल धार्मिक धारणा की तरह, रचना के बारे में वही धारणा है और आलोचक का यह काम

है कि उस कुंजी का पता लगाए। इसलिए हिन्दी में बड़े स्थूल अर्थों में लोग उस कुंजी का निर्माण कर रहे हैं और हम लोगों का, अध्यापकों का कार्य-व्यापार उस कुंजी का व्यापार हो गया है। साहित्य के बारे में उस धारणा का कि उसका एक ही अर्थ होता है, और वह रचनाकार के पास होता है–इस कॉमनसेंस का एक दूसरा पहलू यह है कि साहित्य का आस्वाद प्रत्यक्ष और स्वतःस्फूर्त (Spontaneous) होता है। कविता कवि के मुँह से 'आह' बनकर निकली और आपके हृदय में वही 'वाह' गूँजने लगी। ये आह और वाह का ध्वनि-प्रतिध्वनि सम्बन्ध है। इसमें कॉमनसेंस यह भी है कि कविता कवि के हृदय का उच्छ्‌वास है–

वियोगी होगा पहला कवि
आह से उपजा होगा गान
उमड़कर आँखों से चुपचाप
बही होगी कविता अनजान...

तो कविता की नाली जो है, वह अनजान रूप में बही होगी और जब बही तो आँसू को समझने के लिए किसी फिलॉसफी की जरूरत नहीं होती है। किसी की आँख से आँसू बह रहे हैं तो आपकी आँखें अपने आप गीली हो ही जाएँगी। इसीलिए कविता यदि आँसू है, हँसी है, उल्लास है तो यह सहज अनुभव का विषय है। प्रत्यक्ष अनुभव का विषय है। जब ये धारणा हो, ये कॉमनसेंस हो तो आलोचक कमबख्त की क्या जरूरत है। यह कहाँ से बीच में घुस गया? आलोचना के सारे के सारे सिद्धान्त बेकार हैं, वाहियात हैं, कविता तो सहज अनुभव की चीज है। कविता रस लेने की चीज है! अब इसमें लोल्लट, उद्‌भट, भट्टनायक और अभिनवगुप्त चार-चार प्रकार के रस-सूत्र के व्याख्याकार हैं और उसमें उन्होंने क्या-क्या बारीकियाँ निकाली हैं? आधुनिक युग में पढ़ो तो टी.एस. इलियट यह कहते हैं, आई.ए. रिचर्ड्स यह कहता है, रामचन्द्र शुक्ल यह कहते हैं। 'साधारणीकरण' जैसे अत्यन्त साधारणीकृत शब्द से विद्यार्थी त्रस्त हो जाता है। साधारणीकरण का प्रश्न आमतौर पर बड़ा रोचक व्यवसाय है। वो परीक्षक बड़ा कठोर समझा जाता है जो साधारणीकरण जैसे प्रश्न में आचार्य शुक्ल के मत के बारे में और जयशंकर प्रसाद ने कैसे उसका खंडन किया है, इस पर अपना मत पूछे। यह सहज ज्ञान है कि साहित्य प्रत्यक्ष अनुभव (Direct Experience) की चीज है। इसके लिए सिद्धान्त की जरूरत नहीं है। क्योंकि रचनाकार की रचना को अकेले पढ़ करके हम उसको सीधे जान सकते हैं। हमें किसी आलोचक की, आलोचना की, सिद्धान्त की, फिलॉसफी की जरूरत नहीं। यह एक तरह का अनुभववादी (Empiricist) कॉमनसेंस है। कुछ लोगों का खयाल है कि दुनिया की सारी चीज अनुभव से जानी जा सकती है, सिद्धान्त वगैरह बेकार की चीजें हैं। ये बात कहने वाले बड़े प्रगतिशील क्रान्तिकारी लोग भी हैं और रक्षणशील (Conservatee)

अनुदार भी। कुछ लोगों का खयाल है कि आप मजदूर घर में पैदा हुए, शोषण हुआ, आप खुद किसी फैक्टरी में काम करते हैं–तब आपको 'दास कैपिटल' पढ़ने की क्या जरूरत है। आप सीधे क्रान्ति कर सकते हैं। समाज बदल सकते हैं। इसलिए ये लोग कहते हैं कि ये बुद्धिजीवियों का बुद्धिविलास है, जो कार्ल मार्क्स के 'दास कैपिटल' के बारे में बड़ी लम्बी-चौड़ी चीजें और Revolution की, Strategy और Technique की और नामालूम क्या-क्या चीजें कहते हैं। हिन्दुस्तान इस समय विकास के गैर-पूँजीवादी मार्ग (Noncapitalist path of development) से गुजर रहा है। ये सब बुद्धिविलास है। सहज अनुभववाद के आधार पर आप क्रान्ति कर सकते हैं। अनुभववाद की जय हो। अनुभव परम सत्य है। सिद्धान्त, शास्त्र-ज्ञान आदि बेकार की चीजें हैं, बल्कि ये बाधा पहुँचाती हैं, सहायक नहीं होतीं। यह कॉमनसेंस उस आदमी की तरह खतरनाक है जो अराजनीतिक हो। 'साब देखिए, राजनीति-वाजनीति से हमारा कोई मतलब नहीं' ऐसा अराजनीतिक आदमी खतरनाक होता है। जिसकी पॉलिटिक्स मालूम हो उसका तो पता है कि वो कहाँ है। आप उससे सावधान हो सकते हैं, बहस कर सकते हैं, लड़ सकते हैं। जो अराजनीतिक है, उसका क्या करेंगे? जो खुद नहीं जानता है कि कॉमनसेंस के नाम पर नामालूम कितनी शताब्दियों का कूड़ा-करकट उसके दिमाग में भरा हुआ है। हाँ साब, समाजवाद के बारे में आप दुनिया भर की चीज समझा दीजिए, कॉमनसेंस उसे तोड़ देगा कि कोई चीज बराबर नहीं हो सकती। ये पाँचों उँगलियाँ देख रहे हैं, बराबर हैं? भगवान ने ही बराबर नहीं बनाया है तो बराबर कैसे हो सकती हैं। ये वो कॉमनसेंस है जो शताब्दियों से चला आ रहा है, उनको आप सिखाने चले हैं कि हम लोग बराबर हो सकते हैं। इसीलिए ये जो कॉमनसेंस है ये बहुत अनजाने ही कुछ ऐसी खतरनाक और बाधक मान्यताओं, धारणाओं को लेकर चलता है। अनजाने ही एक खतरनाक विचार-प्रणाली (आइडियोलॉजी) घर कर जाती है। इसकी खोज होनी चाहिए कि कॉमनसेंस की आइडियोलॉजी क्या होती है? कॉमनसेंस की आइडियोलॉजी बड़ी खतरनाक होती है। ऐसा इसलिए है कि उसको मानने वाला आदमी स्वयं उसे नहीं जानता, उसे नेचुरल समझता है, Obvious समझता है, प्रत्यक्ष समझता है, प्राकृतिक समझता है। और जिस चीज को आप प्रत्यक्ष और प्राकृतिक समझें उसको जड़ से मिटाना बहुत कठिन है। मैंने 'कविता के नए प्रतिमान' नाम की एक छोटी-सी पुस्तक लिखी है। ले-दे बहुत हुई। उसके बारे में हमें बहुत बुरा-भला कहा गया। मित्रों ने, शत्रुओं ने, सबने–उस पर कहा। उसमें मैंने और कुछ नहीं किया था, बर्र के छत्ते में हाथ डाला था। एक ढेला बर्र के छत्ते पर फेंक दिया था–कॉमनसेंस के खिलाफ लिखा था। मुझे लगा कि मुक्तिबोध की कविता लोगों तक पहुँचाने के लिए मुझे क्या करना पड़ेगा तो मुझे ऐसा लगा कि कविता के बारे में एक साधारण धारणा लोगों के मन में बैठी हुई है और वह साधारण धारणा यह है कि

कविता अनुभूति की चीज होती है। भावप्रधान होती है। कविता की एक खास तरह की पदावली होती है। आपने भी पढ़ा होगा। मेरे गुरुजी ने हाई स्कूल से लेकर आगे तक यही पढ़ाया था कि गद्य और पद्य में क्या अन्तर है? बाणभट्ट का नाम लेकर कह दिया जाता था कि 'शुष्को वृक्षस्तिष्ठत्यग्रे'–यह हुआ गद्य। 'नीरस तरुरिह विलसति पुरतः'–यह हुआ काव्य। 'टलमल-टलमल कलमल-कलमल' और बड़ी ललित 'लौंग लता' परिशीलन वाली पदावली है तो कविता है। तो मुझे लगा कि मुक्तिबोध ने 'शुष्को वृक्षस्तिष्ठत्यग्रे' वाली कविता लिखी है। यहाँ अगर इसको पाठकों तक पहुँचाना होगा तो मुझे इस सहज-धारणा को तोड़ना पड़ेगा। 'नीरस तरुरिह विलसति पुरतः' ही कविता नहीं है, बल्कि 'शुष्को वृक्षस्तिष्ठत्यग्रे' भी कविता है। दोनों कविताएँ हैं। वृक्ष ऐसा भी होता है ऊबड़-खाबड़ एक बबूल जैसा और किसी अमीर के उद्यान में झूमता हुआ, झूलता हुआ-सा, फूलता हुआ-सा भी। पत्नी या प्रेयसी के समान इस प्रकार खड़ा हुआ भी पेड़ होता है और जंगल का वह भी पेड़ होता है जो रूखा-सूखा काठ-कठैता हो। काव्य के विषय दोनों हो सकते हैं। कविताएँ दोनों हो सकती हैं। मैंने यही किया था। मैंने कहा कि कविता के बारे में, कविता पढ़ने के बारे में और कविता के अनुवाद के बारे में एक कॉमनसेंस है। जब तक इसकी जड़ पर कुठाराघात नहीं करेंगे तब तक कविता की चर्चा आगे नहीं की जा सकती है। यानी मैंने बिना घोषणा किए अपनी उस किताब से आलोचना-प्रक्रिया के उस मूल बिन्दु या सूत्र की ओर इशारा किया, आमतौर से इसलिए आलोचनाएँ मैंने बहुत कम लिखीं। लिखना भी नहीं चाहता। कभी मैंने स्वप्न में भी नहीं सोचा था कि आलोचक बनूँगा। मास्टरी करने का तो इरादा था लेकिन आलोचक होने का नहीं। इस सिलसिले में आदरणीय पंडित स्वर्गीय किशोरदासजी वाजपेयी के संस्मरणों की पुस्तक में उनका लिखा हुआ एक छन्द पढ़ा था, जो मेरे हृदय के बहुत निकट था और जब भी प्रसंग आता है तो मैं वह छन्द जरूर सुनाता हूँ। वाजपेयीजी ने लिखा है–

सोचा मैंने उषःकाल में
माँ के भुवन सजाऊँ
अभिनव अर्थ उपार्जित करके
क्या-क्या कुछ भेंट चढ़ाऊँ
किन्तु भक्तपद प्रक्षेपों से
धूल यहाँ भर आई
रहा बुहार उसी को तब से
यों सब उम्र गँवाई।

बहुतों की तरह मैंने भी किशोरावस्था में सरस्वती के मन्दिर में पूजा करने के लिए थाल में कुछ कविता आदि रख करके सोचा था कि मैं भी यह कुछ करूँ। जब

वहाँ पहुँचा, देखा कि भक्तों ने देवी का मन्दिर बहुत गन्दा कर रखा है। गन्दे, बासी, पुराने, सड़े हुए फूलों के द्वारा भी, पैरों की धूल के द्वारा भी, काफी दुर्गन्ध आ रही है तो मैंने सोचा कि पूजा बाद में करूँगा, थाल अलग रख दिया और झाड़ू उठा लिया। तब से उसी को बुहार रहा हूँ। बत्तीस साल से हाथ में झाड़ू है और मैं बुहारता ही जा रहा हूँ। वह थाली पड़ी हुई है। अभी तक नौबत नहीं आई कि मैं थाली उठाऊँ। दो-चार कविता लेकर पूजा करूँ। तो कोई श्रद्धा हमारी नहीं थी इसलिए बहुत कम लिखा। बहुत जरूरत आ पड़ती है तब ही लिखता हूँ। कॉमनसेंस के रूप में बद्धमूल कुछ ऐसी विचारधाराएँ जो साहित्य के मूल्यांकन में, पहचानने में बाधक होती हैं जब सर उठाती हैं तब लिखना पड़ता है, कलम उठाना पड़ता है। जाहिर है कॉमनसेंस से जो आदमी टकराएगा वो बहस का विषय होगा। व्यक्तिगत रूप से बहस में मुझे कोई सुख भी नहीं मिलता है। लेकिन जाने क्यों उसके केन्द्र में मैं पहुँच जाता हूँ और लोग मुझे बहुत विवादास्पद आलोचक कहते हैं। कह लीजिए अनजाने, अकांक्षित रूप से इसका गुनहगार हूँ। मुझे बड़े-बड़े विद्वानों और आचार्यों की मान्यताओं को खंडित करने में कोई रस, कोई सुख नहीं मिलता, लेकिन मैंने कहा कि सवाल सरस्वती देवी के मन्दिर की सफाई का है। मैं पूजा करना चाहता हूँ। लेकिन जब तक वह साफ न हो, तब तक पूजा कैसे की जाए। आप जानते हैं, कभी-कभी इस तरह के भारतव्याकुल और सनकी लोग होते हैं; जो बहुत ज़्यादा सफाईपसन्द होते हैं। कुछ लोग ऐसे होते हैं जो उसी में पूजा करके चले जाते हैं कि ठीक है सफाई होती रहेगी। कुछ सनकी होते हैं; जो सोचते हैं कि नहीं, साफ-सुथरा रहना चाहिए। कुछ ऐसा अपना भी मन है, स्वभाव है। इस कॉमनसेंस के विरुद्ध मुझे लगता है कि आज भी संघर्ष करने की जरूरत है। समय होता और शक्ति होती तो मैं कुछ और बताता कि कविता के सम्बन्ध में जैसे एक खास तरह की बद्धमूल अनुभूतिवादी, अनुभववादी, भाववादी धारणा बनी हुई है, जो आज भी बाधक है। आप लाख समझा जाइए, लेकिन धर्मवीर भारती की 'कनुप्रिया' लेकर बालिकाएँ झूमती हैं। उनको लाख एम.ए., पी-एच-डी. कराके हम सिर फोड़ें लेकिन वे कनुप्रिया को लेकर झूम रही हैं साहब! क्योंकि एक विशेष प्रकार की भीनी-भीनी, गीली-गीली, सुगन्धित-सुगन्धित-सी, बोझिल-बोझिल-सी इस तरह की धारणा कविता के बारे में बनी हुई है। लाख आधुनिकतावाद आ जाए, लोग कहें कि साइन्स आ गया है, लोग बौद्धिक हो गए हैं, लेकिन एक खास तरह की कविता थाम पाएगी। हिन्दी का वह दुर्भाग्य है, स्याह दिन है, जहाँ अज्ञेय जैसी मद्धिम-मद्धिम, कुछ कृत्रिम, न बहुत ठंडी, न बहुत गरम–इस तरह कविताएँ लिखी जाएँ और पसन्द की जाएँ। सचमुच दुर्भाग्य का दिन है। अब कभी-कभी आश्चर्य होता है कि जिस जाति में तुलसीदास जैसा कठोर कवि हुआ है, वहाँ ऐसी कविताएँ लोकप्रिय हैं–वह भावुक कवि नहीं हैं–'लोचन जल रह लोचन

कोना जैसे परम कुपन कर सोना' वाले कवि हैं, वहाँ आँसुओं की झड़ी नहीं लगती है, बल्कि वहाँ लोचनों के कोनों में आँसू आए और दिखाई नहीं पड़े, वहीं सूख गए। जिस जाति में ऐसे कवि हैं वहाँ ऐसी धारणा सवाल पैदा करती है। शरत्चन्द के देश में यदि लोग कविता की एक खास तरह की धारणा रखें तो बात समझ में आती है। लेकिन प्रेमचन्द और रवीन्द्रनाथ के और यहाँ तक कि कहूँ कालिदास के मध्यदेश की भूमि में, लोग भावुकताप्रधान कविता पसन्द करें तो यह विडम्बना ही कही जाएगी। ऐसे कॉमनसेंस के विरुद्ध मैंने लम्बे संघर्ष की कोशिश की। गलत समझा गया। लोगों ने कहा कि मैं छायावाद मात्र का विरोध करता हूँ। निराला का ही विरोध करता हूँ। प्रसाद का विरोध करता हूँ। अब कौन किसको समझाने जाए कि इनका विरोध नहीं करता हूँ, उस छद्म भावुकता का विरोध करता हूँ, जिसके कारण छायावाद की अच्छी कविताएँ कमजोर हुईं।

इसी कॉमनसेंस का एक दूसरा रूप है–यथार्थवाद (Realism)। कहा गया कि मेरा सम्बन्ध प्रगतिशील आलोचना से है, मार्क्सवादी आलोचना से है। हम लोग यथार्थवादी हैं। यथार्थवाद-यथार्थवाद में फर्क होता है। बम्बइया फिल्म का भी एक यथार्थवाद है। उसकी सबसे अच्छी पहचान है कि जो दुनिया आप जानते हैं, वह अगर उपन्यास में दिखाई पड़ जाए तो बहुत Reassuring होगा। आप तुष्ट हो जाएँ। कहीं धक्का न लगे, जो यथार्थ आपको शॉक न पहुँचाए, Reassure करे, कृति पढ़ी कुछ नहीं बिगड़ा। आपकी गृहस्थी सलामत। जिस उपन्यास को पढ़ने से पति-पत्नी का सम्बन्ध न टूटे, बाल-बच्चे अपनी जगह रहें, प्रेमिका अपनी जगह, पत्नी अपनी जगह, पुत्र अपनी जगह, पुत्री अपनी जगह, बाप-माँ, भाई, दादा सब अपनी जगह–ऐसी बम्बइया फिल्म। ऐसा बम्बइया फिल्मों की तरह का, खास तरह का यथार्थवाद है। यह यथार्थवाद आप हर जगह ढूँढ़ते फिरते हैं। गलतफहमी का खतरा उठा करके भी अपने प्रगतिशील बन्धुओं से मुझे इस तथाकथित यथार्थवाद से लड़ना पड़ा। इस यथार्थवाद में, जो सबसे ज़्यादा Conventional चीज होती है, वो यथार्थवादी बहुत सफल होता है। विमल मित्र हिन्दी में बहुत लोकप्रिय हुए। बड़े यथार्थवादी माने गए। इस यथार्थ को जो तोड़ता है, जो शॉक ट्रीटमेंट करता है, उसके खिलाफ विधानसभा में बहस होती है। मनोहर श्याम जोशी के 'कुरु कुरु स्वाहा' नाम का एक उपन्यास खरीदने की गलती शासन ने कर दी। बड़ा हंगामा मचा क्योंकि वह यथार्थवादी नहीं है। सुर्रियलिज़्म जैसा यथार्थवाद है। इस दुनिया में जैसे एक छोटा-सा उदाहरण मैं लूँ। एक चित्र आप बनाएँ। बैलगाड़ी पर हवाई जहाज रख करके आप ले जाएँ। लोग देखेंगे कि क्या हो रहा है? लेकिन जवाहरलाल नेहरू विश्वविद्यालय में रहते हुए हम रोज देखते हैं–नीचे बैलगाड़ी है, ऊपर हवाई जहाज जा रहा है। इस हिन्दुस्तान में बैलगाड़ी और हवाई जहाज का युग एक साथ चल रहा है। हम-आप रोज देखते हैं। अब यह

एक तरह का सुर्रियलिज़्म है। बैलगाड़ी है, हवाई जहाज है। दोनों को जब चाहें इस्तेमाल कर लीजिए। दोनों अलग-अलग हों। बैलगाड़ी पर एक आंचलिक उपन्यास लिखिए और कहीं नायक उसमें दूर लन्दन से हवाई जहाज से चढ़ करके बम्बई उतरे और उसकी प्रेयसी सहसा उससे मिले–यह भी यथार्थवाद, वह भी यथार्थवाद है। कोई विशेष विरोध नहीं है, कोई कंट्रास्ट नहीं है। अद्भुत है रियलिज़्म है! इसलिए जैसे कविता में एक खास तरह की रोमैंटिक भावुकता के विरुद्ध संघर्ष करने की जरूरत पड़ी थी, आलोचना में इस तथाकथित यथार्थवाद के विरुद्ध संघर्ष करने की जरूरत पड़ी। मैंने कहानी सम्बन्धी लेख लिख करके यही करना चाहा था। गलतफहमी का शिकार हुआ। हमारे आदरणीय मित्र, अग्रज, वरिष्ठ, मेरी बड़ी श्रद्धा है, विष्णु प्रभाकरजी की एक कहानी है–'धरती अब भी घूम रही है।' लोगों ने कहा था कि यथार्थवादी कहानी है। मैंने यही कहा था कि यथार्थवादी कहानी है और यही उसकी कमजोरी है। अपने जमाने में उन्होंने बड़ा तीर मारा था। भ्रष्टाचार पर लिखी हुई कहानी थी–अपने बाप को छुड़ाने के सिलसिले में छोटी बच्ची, जिसकी उम्र मुश्किल से 3-4 साल की रही होगी, जाकर कोर्ट में बयान करती है कि मेरे पिताजी को छोड़ दीजिए। जज साहब! सुना है, आपको औरतें पसन्द हैं, आप मुझे ले लीजिए और मेरे पिताजी को छोड़ दीजिए। नायक का सिर खट से चकरा गया–धरती अब भी घूम रही है! तीन साल की लड़की पचास साल के बूढ़े जज से यह कह रही है कि सुना है कि आप ऐसा करते हैं। मुझे ले लीजिए मेरे पिताजी को छोड़ दीजिए। भ्रष्टाचार की पराकाष्ठा। लेखक ने इतनी बड़ी चुनौती दी है। दिल टूक-टूक हो गया, चाक-चाक हो गया। भ्रष्टाचार के बारे में मित्रो, ऐसी बातें जब कही जाएँ, तो समझिए कि सेंटीमेंटलाइज किया गया है। यह सेंटीमेंटल रियलिज़्म है जो विमल रॉय की फिल्मों में होता है, सत्यजीत रॉय में उतना नहीं होता है, लेकिन सत्यजीत रॉय में जो होता है, ऋत्विक घटक में नहीं होता, हृषीकेश मुखर्जी में हुआ करता है। ये जो रियलिज़्म है Reassure करता है, यह झकझोरता नहीं, जगाता नहीं। मैंने यही दिखाने की कोशिश की थी कि सेंटीमेंटलिज़्म अगर बड़ी चीज होती तो मार्क्स से बहुत पहले हो चुके थे सेंटीमेंटल सोशिलस्ट और उन्होंने क्रान्ति कर दी होती। बिलख-बिलककर रोने वाले ऐसे सन्त-महात्मा सर्वोदयी बहुत से पड़े हुए हैं जो हरिजनों के दुख पर बहुत आँसू बहा रहे हैं। सावधान रहना चाहिए इन आँसू बहाने वालों से। जितना ये आँसू बहाएँगे उतने ये हरिजन उसी तरह से दमित होते रहेंगे। इससे कुछ भी बदलने वाला नहीं है। इस यथार्थवाद की कमजोरी यह होती है कि आदमी इसका अभ्यस्त हो जाता है। अपने अतिपरिचित यथार्थ को, पहचानी दुनिया को साहित्य में आप जैसे ही देखते हैं तो कहते हैं–सत्य है। हम स्वयं रोज देखते हैं। उपन्यास में तो यही लिखा हुआ है। अहा! क्या बढ़िया लिखा है! सच में ये हैं महान लेखक! आलोचना की प्रक्रिया में मैंने

दो काम तय किए थे। कॉमनसेंस का विरोध कविता के धरातल पर एक रूप में, उपन्यास के धरातल पर दूसरे रूप में, जिसे मैं अंग्रेजी में Realist Expressionist Theory of Commonsense (सहज ज्ञान का यथार्थवादी अनुभववादी सिद्धांत) कहता हूँ। एक पहलू और।

यह जो आलोचना में उपभोक्तावाद (Consumerism) है–इसका एक दूसरा काम है, अंग्रेजी में जिसको कहते हैं Appropriation अर्थात् अधिग्रहण समझा जाता है। आलोचक का यह काम है कि साहित्य की जो महान, पुरानी विरासत है, उस विरासत को पाठक की अपनी सम्पत्ति बना दे, यानी आप कालिदास, भवभूति, तुलसीदास आदि को पढ़कर उनके साहित्य की जो निधि, विचार-भाव सम्पदा है, उसे आज के पाठक तक पहुँचा दें। यानी उसे रेलिवेंट बना दें। आपने बड़ी बहस सुनी होगी। आलोचक का काम है अपने क्लासिक्स को, अपने प्राचीन साहित्य को रेलिवेंट बनाना, प्रासंगिक बनाना। इसलिए प्रेमचन्द की प्रासंगिकता पर बहस हो रही है, सूरदास की प्रासंगिकता पर बहस हुई है। इस बीच हिन्दी का हर महान कवि प्रासंगिक बनाया गया है। और कहा गया है कि उनमें और हममें कोई फर्क नहीं है, जो प्रेमचन्द ने लिखा है, वह आज भी सत्य दिखलाई पड़ रहा है। नहीं देखते कि प्रेमचन्द ने 'सद्‌गति' नाम की एक कहानी लिखी थी, आज घर-घर में सद्‌गति हो रही है। इसलिए प्रेमचन्द रेलिवेंट हैं। तुलसीदास भी रेलिवेंट हैं। कबीरदास भी रेलिवेंट हैं। यहाँ मैं कहूँगा कि हमारे प्रगतिशील आलोचकों और मार्क्सवादी आलोचकों ने इधर बहुत सतर्कता बरती है। किसी जमाने में पुराने लेखकों को, सामन्तीकाल के लेखकों को सामन्त वर्ग का चाकर कहकर छोड़ दिया जाता था, बाद में देखा गया कि अरे, यह तो बड़ा गलत है, वे हमारे कितने महान कवि हैं? इस देश के प्रतिक्रियावादी, धार्मिक अन्धविश्वासी, दकियानूसी लोग तुलसी को, सूर को, वाल्मीकि को, कालिदास को अपना बनाए ले रहे हैं, जबकि हमारा काम यह है कि उनमें जो जनवादी तत्व, प्रगतिशील तत्व हैं, उन्हें उभारें। वाल्मीकि, कालिदास, तुलसीदास, कबीर, सूर आदि उन तमाम लोगों के जनवादी तत्वों को उभार करके रखें और कहें कि नहीं उनके बारे में जो प्रतिक्रियावादी लोग बातें कहते हैं, वो ठीक नहीं हैं। वाल्मीकि बहुत प्रगतिशील हैं, कालिदास बहुत प्रगतिशील हैं, तुलसीदास बहुत प्रगतिशील हैं। 'ढोल गँवार सूद्र पसु नारी' आदि क्षेपक हैं। आपने देखा होगा कि इस दिशा में बहुत बड़ा काम डॉक्टर रामविलास शर्मा ने किया है। हिन्दी ही नहीं बल्कि संस्कृत के काव्यों में उन पक्षों को उजागर किया है, जहाँ प्रगतिशील जीवन-दृष्टि उभरकर आती है। उदाहरण के लिए वाल्मीकि की रामायण या आदिकाव्य पर बहुत से ग्रन्थ लिखे गए होंगे। डॉ. रामविलास शर्मा मेरी जानकारी में हिन्दी में पहले आदमी हैं, जिन्होंने कहा कि वाल्मीकि रामायण का मूल कथ्य मानव का जयघोष है, जो गूँजता है। राम

लंका में रावण को हरा करके, मार करके जब सीता को फिर वापस लेते हैं, तो कहते हैं–दैव सम्पादितो दोषो मानुषेण मर्यादितः–दैव ने जो दोष सम्पादित किया था, मनुष्य होकर मैंने उसका निराकरण किया है। ये है दैव पर, भाग्य पर मनुष्य की विजय का प्रतीक। इसलिए आदिकाव्य मानव काव्य है। मानव का घोषणा-पत्र है। मानव का जयघोष है। वहाँ ज़्यादा कठिनाई नहीं थी। कालिदास में थोड़ी कठिनाई हुई, क्योंकि कालिदास दरबारी कवि थे। 'ऋतुसंहार' भी लिखा है उन्होंने। तो कालिदास को लेकर उन्होंने स्थायी मूल्यों की समस्या पर विचार किया। तुलसीदास में बहुत ज़्यादा कठिनाई थी। वर्णाश्रम का समर्थन किया है बाबा ने। रामविलासजी ने कहा है–वह क्षेपक है। लेकिन तुलसीदास अवध की संस्कृति के, अवधी के कवि हैं, और जहाँ अवध और अवधी आ जाए तो रामविलासजी बाकी सारी विचारधारा एक तरफ रख दें और अवध में उतर जाएँगे। इस प्रकार आलोचना का यह एक रूप इधर दिखाई पड़ रहा है कि आलोचक का कार्य है कि प्राचीन कृतियों को रेलिवेंट बनाए। रामविलासजी के लिए मेरे मन में बहुत श्रद्धा है, बहुत-कुछ सीखा है मैंने उनसे, मैं मानता हूँ, लेकिन कुछ दिनों से इस पूरे सवाल पर मैं सोचता रहा हूँ और मुझे लगा और मैं विचार करता रहा कि क्या मार्क्स ने भी ऐसा ही काम अपने पूर्ववर्ती अर्थशास्त्रियों और दार्शनिकों के बारे में किया था? और इसी तरह मार्क्स ने उनको रेलिवेंट बनाया था। तुलसी में से हम कुछ काम की चीजें निकालकर रखें और कहें कि तुलसी बड़े भारी प्रगतिशील हैं और दूसरे लोग तुलसी में से अपने काम की चीजें निकाल करके कुछ कहें, हमारे खिलाफ इस्तेमाल करते चलें और अन्त में फैसला इस पर माना जाए जो जितना ज़्यादा लिख दे या जो जितना ज़्यादा तर्क दे दे, उसी से साबित हो जाए। क्या यह सही रणनीति (Strategy) है, क्या सत्य भी यही है अर्थात् कब तक हम लोग यह काम करेंगे?

अपने युग के अनुरूप धार्मिक मान्यताओं और सामाजिक व्यवस्था के कारण पुराने कवियों में अन्तर्विरोध थे। ये कवि की विशेषता थी कि उसने एक बड़े व्यापक जीवन-दर्शन से लगभग अन्तर्विरोध का शमन करने का प्रयास किया है। लेकिन दोनों पक्ष तो मौजूद हैं। उस युग की पुरानी चीजें भी मौजूद हैं और वो आज के पाठक तक आती हैं; पहुँचती हैं, अखरती हैं। उनकी ओर इशारा न करके हम केवल अच्छी-अच्छी बातों को साबित करें कि नहीं, तुलसीदास के बारे में जो रामचन्द्र शुक्ल कहते थे, वो गलत है। रामविलासजी ने साबित कर दिया है कि यह प्रगतिशील हैं, तो हैं प्रगतिशील! यह तर्क और युक्ति का काम हो गया है–'यत्राधिक कल्पना-कुशलिनः ते तत्र विद्वज्जनाः', यानी साहित्य की चर्चा लगभग-लगभग अदालत बन गई है कि जिस वकील के पास अदायगी और एडवोकेसी है और पूरा केस बिल्ट कर ले गया तो झूठ को सच कर दिया। यानी कि सारी की सारी आलोचना वकालत बन जाएगी, यह तो

केस बनाने वाली बात है भाई, एडवोकेसी है। तुलसीदास को आज प्रगतिशील साबित कर दिया और तालियाँ बज गईं कि वाह-वाह और प्रगतिशील लोग मूँछों पर ताव दिए हुए निकले कि कैसा दिखाया। लेकिन कुल मिला करके सचमुच क्या ऐसा होता है? मैं उदाहरण देना चाहता हूँ और कहना चाहता हूँ कि एक दूसरी परम्परा है जो ज़्यादा सही है, उपयोगी है, कारगर है और जो कॉमनसेंस के विरुद्ध है। यह अन्तिम बात है, जिसे कहके मैं खत्म करना चाहूँगा।

दिल्ली में अभी एक नाटक खेला गया—लोक शाकुंतलम्। शकुन्तला नाटक की कहानी हममें से सभी जानते हैं। महान कवि कालिदास का महान नाटक। कालजयी कृति है शकुन्तला। लेकिन उस शकुन्तला की कहानी में भी अपने युग का अन्तर्विरोध निहित है। यह नाटक महाभारत के शकुन्तला के उपाख्यान से भिन्न है। एक राजा ने आश्रम-कन्या से आकृष्ट होकर के उससे गन्धर्व विवाह किया, उसे गर्भवती छोड़ करके राजधानी में लौट आया और जब वह उसके पास आती है तो वह भूल जाता है। और वह गुस्से में वहाँ से निकल जाती है और धरती फटती है, समा जाती है। कालिदास ने कहानी इस तरह बुनी कि दुष्यन्त पर आँच न आने पाए। शकुन्तला के श्राप की कहानी, मुद्रिका की कहानी जोड़ करके। दुर्वासा ने श्राप दिया था। राजा भूला नहीं। सच पूछिए तो श्राप का प्रभाव है जिसके कारण राजा शकुंतला को भूल गया और ज्यों ही बाद में अँगूठी उसको दिखलाई पड़ी तो उसका जी कचोटने लगा और आखिर में तड़प-तड़पकर राजा 'हाय शकुन्तला! हाय शकुन्तला!' करते हुए फिर बाद में मिला, धिक्कारा। उस युग-विशेष में इस शकुन्तला की कहानी को लेकर कहना चाहें कि स्त्री के विषय में कालिदास के विचार बड़े उत्कृष्ट थे, नारी-स्वाधीनता के पोषक थे तो आप कर सकते हैं। आप यह भी, अगर साबित करना चाहें, बुद्धि आपके पास है, कि कालिदास राजा के समर्थक नहीं थे। चाहें तो साबित कर सकते हैं। यह तो पूरा नाटक गढ़ा ही गया है राजा को निर्दोष साबित करने के लिए। अब इस नाटक को एक प्रगतिशील, मार्क्सवादी, जनवादी जनता के बीच खेलने जाए तो क्या तरीका है? इसको प्रगतिशील रूप में कैसे खेलेगा? किस रूप में खेलेगा? जर्मनी के बहुत अच्छे नाटककार बर्तोल्त ब्रेख्त ने यही काम किया है। उन्होंने पुराने नाटकों का पुनर्लेखन किया है। और पुनर्लेखन करके उनके सारे अन्तर्विरोधों को सीधे स्टेज पर लाकर दिखाया है। अभी नेशनल स्कूल ऑफ ड्रामा में 'लोक शाकुन्तलम्' नाम का जो नाटक खेला था, उसमें यही टेक्नीक अपनाई गई थी। जो विदूषक है—माढव्य, वो साधारण आदमी है और पूरी कहानी को वह इसी रूप में कहता है, उससे अलग तटस्थ होकर, समर्थन नहीं करता है। वह कहता है—देखो, राजा ने गड़बड़ किया है, आश्रम में अभी आएगा, भूल जाएगा, लेकिन भाई, कोई इन्तजाम तो करना ही होगा वरना इसको लोग कहेंगे कि बड़ा भारी लम्पट है। भाई क्या किया जाए तो सिर-विर

खुजलाकर कहता है कि बिना इस समय देवताओं की मदद के काम नहीं हो सकता है। मुनिजी को, दुर्वासा को बुलाया जाए और श्राप दिलवाया जाए। यानी 'लोक शाकुन्तलम्' नाटक मंच पर इस रूप में आता है कि पाठक के भीतर इसका साधारणीकरण न हो। वह डूबे नहीं, मुग्ध न हो, पाठक बराबर नाटक से अपने को अलग रखे। स्वयं दुष्यन्त बनने वाला आदमी स्वयं अपने को दुष्यन्त से अलग रख रहा है। मुझे दुष्यन्त का चरित्र करना है, दुष्यन्त ने तो बहुत गड़बड़ काम किया था, मुझे भी यह काम करना पड़ेगा। यानी दुष्यन्त अलग और दुष्यन्त का पार्ट अदा करने वाला अलग। श्रोता बराबर अपनी सत्ता अलग रखते हैं और नाटक से प्रभावित नहीं होते। इसको ब्रेख्त ने एलियेनेशन इफेक्ट कहा है। कालिदास से दर्शक अपने को बराबर अलग रखे। आलोचनात्मक दृष्टि बराबर रखे। दूरी बनाए रखना है प्राचीन कृतियों से। हम अभिभूत न हो जाएँ, डूब न जाएँ। किसी के प्रति सम्मान व्यक्त करने का यही तरीका नहीं है कि आप उसके हो जाएँ और हाँ में हाँ मिलाए जाएँ। मेरी दृष्टि में किसी के प्रति सम्मान व्यक्त करने का ज़्यादा अच्छा तरीका ये है कि हम उसमें और अपने में बराबर अन्तर समझें। अपना सम्मान इसी में है और दूसरे का भी इसी में है कि दोनों के बीच का अन्तर बराबर बना रहे। पार्थक्य बना रहे। दूरी बनी रहे। इसीलिए आप देखेंगे कि चापलूसों के बीच में सच्ची श्रद्धा नहीं हुआ करती है। जहाँ सच्चा सैद्धान्तिक मतभेद होता है, वहीं सच्चा स्नेह हुआ करता है। कालिदास को किसी तरह खींच-तान करके सामन्तविरोधी साबित करना कालिदास का सम्मान नहीं है। कालिदास के अन्तर्विरोधों को साफ उद्घाटित करना कि कालिदास उस दौर के संस्कार से, स्त्री-पुरुष के सम्बन्ध से, राजाओं के व्यवहार से भली-भाँति परिचित थे, प्रभाव में थे, इसलिए उससे मुक्त होना उनके लिए सम्भव नहीं था, यह ज़्यादा उचित है। यहाँ मैं एक उदाहरण देना चाहूँगा। बर्तोल्त ब्रेख्त ही नहीं, हिन्दी में कम लोगों का ध्यान न गया होगा। मेरे गुरुदेव आचार्य हजारी प्रसाद द्विवेदी ने 'चारुचन्द्र लेख' में गधैया ताल का जिक्र किया है, जो उज्जैन के पास है। मैंने तो देखा नहीं। उस गधैया ताल की लोक कथा और मिथक कथा का जिक्र करते हुए द्विवेदीजी ने 'अभिज्ञान शाकुन्तल' की कहानी की व्याख्या की है। एक मामूली आदमी आकर उसकी कहानी सुनाता है। उसमें वो बताता है कि कैसे राजा ने अडोलिया नाम की भील कन्या से शादी की और शकारि विक्रमादित्य ने शकों को भीलों की मदद से हराया था। उनकी अपनी माँ सरस्वती थीं, इसलिए 'अभिज्ञान शाकुन्तल' में जो भरत वाक्य है—सरस्वती श्रुतिमहती महीयताम्—उसकी संगति द्विवेदी ने दिखाई है, लेकिन संगति दिखाने में भी बराबर यह ध्यान रखा है कि यह एक अपराधबोध जो विक्रमादित्य के मन में था, उसका शमन कालिदास बंधु और सखा होने के नाते 'अभिज्ञान शाकुन्तल' कहानी के माध्यम से करने की कोशिश कर रहे हैं।

मित्रो, मैं कहना चाहता हूँ कि इसलिए आलोचना का जो यह रूप है प्राचीन कृतियों को किसी तरह से खींच-तान करके उन्हें रेलिवेंट बनाने का, उन्हें समकालीन साबित करने का, प्रगतिशील साबित करने का, यह अवैज्ञानिक है, इसका प्रभाव अनुकूल नहीं पड़ता, घातक होता है। प्राचीन कृतियों के जादू में रहते हुए उस जादू से बराबर मुक्त करने की कोशिश ही, मैं समझता हूँ कि, सही आलोचना है। जब आलोचक पाठक होता है, जब वह सेल्समैनशिप नहीं करता है, जब वह कंज्यूमर सोसाइटी की सेक्रेटरीशिप नहीं करता है, तब वो सही मायने में आलोचक होता है। क्योंकि आलोचक के लिए आलोच्य कृति के साथ दूरी बराबर बनाए रखना जरूरी होता है। उस दूरी को बनाए रख करके आलोचक हो सकते हैं, तब आप उस कृति के केवल परोपजीवी नहीं होंगे, तब आप केवल उसके उपभोक्ता नहीं होंगे, बल्कि किसी कृति के अन्तर्विरोधों को देखकर, पहचान करके आप एक तरह से दूसरी कृति सामने लाएँगे। जैसे कि ब्रेख्त ने शेक्सपियर के नाटकों का पुनर्लेखन किया और एक नया नाटक लिखकर शेक्सपियर को लोगों के सामने पेश किया। आलोचक पुरानी कृतियों को अन्तर्विरोधों की पहचान के साथ जब नए रूप में पेश करता है, तब वो आलोचक कंज्यूमर नहीं होता है, बल्कि एक अर्थ में वो प्रोड्यूसर होता है, उत्पादक होता है। इन शब्दों के साथ रचना-प्रक्रिया में मैं उस आलोचक की रचना-प्रक्रिया का जिक्र करना चाहता हूँ जिसका आदर्श है कृति को प्रोड्यूस करना। और प्रोड्यूसर केवल अनुयायी ही नहीं होता है बल्कि उस कृति का सच्चे अर्थ में उत्पादन करता है, एक नई सृष्टि करता है। ऐसे उत्पादक और प्रोड्यूसर का आदर्श रखने वाला जो आलोचक होगा कदाचित् उसकी रचना-प्रक्रिया इसी प्रकार की होगी। और इस रचना-प्रक्रिया के द्वारा वह अपनी समकालीन रचनाओं और अतीत की रचनाओं के माध्यम से, सम्भव है, अपने समय की एक तसवीर भी आलोचना के दौरान पेश कर सके, जिसका जिक्र मैंने जान-बूझकर नहीं किया है। क्योंकि अखबार आज के जमाने के तो पंचांग हैं ही और उससे ज़्यादा मैं क्या कहूँगा आपको। अखबारों और राजनीतिक पार्टियों के घोषणा-पत्रों के अलावा मैं क्या कह सकता हूँ।

[18 अप्रैल, 1982 को जबलपुर में मध्य प्रदेश साहित्य परिषद द्वारा आयोजित व्याख्यानमाला में दिया गया व्याख्यान]

[(साक्षात्कार, अंक सितम्बर-अक्टूबर, 1989 में 'मैं, मेरा समय और रचना-प्रक्रिया' शीर्षक से प्रकाशित।)
लिप्यन्तरण : हरि भटनागर]

परम्परा और मूल्यांकन का मार्क्सवादी पक्ष

सबसे पहला सवाल यह है कि परम्परा के मूल्यांकन का प्रश्न कब उठता है और सामान्यतः किन स्थितियों में उठा है? जब तक कुछ मान्यताएँ, कुछ धारणाएँ या कुछ मूल्य रिवाज के रूप में समाज में अविच्छिन्न रूप से चलते रहते हैं और वे एक जीवन्त समाज में अपने आचरित रूप में मौजूद होते हैं, तब तक कोई कठिनाई नहीं उपस्थित होती। तब तक वह अतीत नहीं बनता है, इतिहास नहीं बनता है। हर आदमी सदियों से चली आई बातों को मानता है, विश्वास करता है और उसके अनुसार आचरण करता है। जिस दिन वह विच्छिन्न होती है, रोक लगती है, वह टूट जाती है और सहसा जीवन में इस प्रकार के परिवर्तन आते हैं कि हम उन बातों को किसी समय की कही हुई, कुछ लोगों के द्वारा मानी हुई बातों के रूप में देखने और जानने लगते हैं, कदाचित् तब वह ठीक-ठीक इतिहास, अतीत या कभी-कभी परम्परा के रूप में गृहीत होती है।

इतिहास के कुछ पन्नों की ओर मेरा इशारा है। हमारे देश में लगभग उन्नीसवीं सदी के आसपास, जिसे हम लोग मोटे तौर पर कभी-कभी पुनर्जागरण कहते हैं, उस नवजागरण में जिस ढंग से हमारे यहाँ के पढ़े-लिखे बुद्धिजीवी अपने अतीत के पुनराविष्कार या संग्रह की ओर प्रवृत्त हुए, उसे देखकर अन्दाजा लगाया जा सकता है कि कोई नई बात घटित हुई है, जो कदाचित् सत्रहवीं सदी में नहीं थी, अठारहवीं सदी में नहीं थी, अंशतः सोलहवीं शताब्दी में भी न रही होगी। यह कहने की आवश्यकता नहीं कि सदियों से अविच्छिन्न रूप से हमारे यहाँ परम्परा जिस प्रवाह के रूप में चली आ रही थी, पहली बार पश्चिम के आधार के कारण और साम्राज्यवादी शक्तियों के कारण उस पर प्रहार हुआ और यहीं के रहने वाले और नई शिक्षा प्राप्त करने वाले लोग स्वयं अपनी ही परम्परा से कट गए और उनको उसे नए सिरे से ढूँढ़ने की जरूरत पड़ी। इसीलिए हम उसे पुनर्जागरण या नवजागरण के रूप में जानते हैं। तब यह आकस्मिक नहीं है कि पुरातत्व विभाग की ओर से पुराने खंडहरों को ढूँढ़ना, ढूँढ़कर निकालना, पुरानी मूर्तियों को संग्रहालय में रखने की प्रवृत्ति बढ़ी। सहसा हम देखेंगे कि पुरानी पुस्तकों की खोज हो रही है, पुरानी पांडुलिपियाँ ढूँढ़ी जा रही हैं, जो

साहित्य मौखिक परम्परा से सामान्य जन-जीवन में जीवित था, वही तुलसी फिर पांडुलिपि के रूप में खोजे जाने लगे, सुरक्षित किए जाने लगे और फिर उन्हें सुसम्पादित करने की जरूरत पड़ी। इसलिए उन्नीसवीं शताब्दी में ग्रन्थागारों का निर्माण या संग्रहालयों का निर्माण बढ़ा। पहले तमाम चीजों को खोजना, खोजकर संग्रहीत करना, संग्रहीत करके उसमें चयन करना और चुन करके फिर उसकी व्याख्या और टीका करके नए सिरे से उपस्थित करने का प्रयत्न होने लगा। ये सारे प्रयत्न इस बात के सूचक हैं कि अतीत की सारी की सारी चीजें ज्यों की त्यों हमारे सामान्य जीवन में, दैनन्दिन जीवन में जीवित नहीं रह गई थीं, वे आचरित रूप में नहीं रह गई थीं, रिवाज के रूप में नहीं रह गई थीं, बल्कि एक पूरी पीढ़ी ऐसी आ गई थी जो उनसे अपने को अलग समझने लगी थी, दूर समझने लगी थी। उस समय, शायद इस 'परम्परा' शब्द का प्रचलन बढ़ा होगा। हिन्दी में कोई ऐतिहासिक शब्दकोश मेरी जानकारी में नहीं बना है। लेकिन सचमुच ही ऐसा ऐतिहासिक शब्दकोश यदि कोई बनेगा तो इन शब्दों के प्रचलन का इतिहास ज्ञात होगा। इस समय मैं ठीक-ठीक नहीं कह सकता कि हिन्दी में 'परम्परा' शब्द का प्रचलन कब हुआ? उसका क्या इतिहास है, मैं नहीं जानता। लेकिन सामान्यतः मोटे तौर पर कहा जा सकता है कि लगभग उन्नीसवीं सदी के उत्तरार्द्ध में किसी समय इस शब्द का बड़े पैमाने पर हिन्दी में उस अर्थ में प्रचलन हुआ होगा, जिस अर्थ में आज हम इस शब्द को समझते हैं।

पुनर्जागरण के काल में उसी के दौरान एक और शब्द चला और वह था—रूढ़ि। रूढ़ि और परम्परा, इन दोनों शब्दों का प्रचलन हम साथ-साथ देखेंगे। मैं नहीं जानता कि किसी जमाने में रूढ़ि अच्छा अर्थ देने वाला भी शब्द रहा होगा, लेकिन इस पुनर्जागरण काल में आकर लगा कि रूढ़ि ऐसी चीज है, जो जड़ है और त्याज्य है, इसके विपरीत परम्परा नाम की चीज ऐसी है, जो ग्रहण करने योग्य है, ग्राह्य है, वांछनीय है और जो रूढ़ि के विपरीत जीवन्त है, जो जड़ नहीं हो गई है। तब हमने अलग-अलग शब्दों से अन्तर करना शुरू किया। जब संग्रह और त्याग का प्रश्न उठा। समूचा इतिहास, जिससे सम्बन्ध टूट गया था; उस इतिहास में चयन का सवाल उठा। अर्थात् सारा का सारा इतिहास परम्परा नहीं है, बल्कि उसमें कुछ है जो ग्रहण करने योग्य है, और कुछ है जो छोड़ देने योग्य है। यह चयन की वृत्ति जब से शुरू हुई, इस चयन के साथ ही इतिहास ने एक नया अर्थ ग्रहण किया और इस नए अर्थ ग्रहण के साथ परम्परा केवल रिवाज नहीं रह गई, क्योंकि स्वयं इतिहास जब मौजूद ही नहीं है, तब वह रिवाज कहाँ रहा? इसलिए अतीत में से चुनते समय कई तरह की पद्धतियाँ अपनाई गईं, कई तरह की दृष्टियाँ अपनाई गईं, जिनमें एक थी कि अतीत में से कुछ कालों को चुन लो, कुछ ग्रंथों को चुनो, कुछ व्यक्तियों को चुनो—व्यक्तियों में से भी, या किसी कवि-विशेष में से भी सब कुछ नहीं बल्कि कुछ चुनो, सारा ग्रन्थ नहीं बल्कि

ग्रन्थ का एक अंश चुनो जो ग्राह्य हो और इस तरह जैसे तमाम बूटियाँ इकट्ठा करके, उनको खरल में कूट-पीस करके और सारे तत्व निकालकर आप कभी भस्म के रूप में या रस के रूप में बनाएँ; सारा इतिहास कपड़-छान करके उनमें से सार तत्व के रूप में निकाला गया। एक तो यह तरीका था, अर्थात् इतिहास का काल का निचोड़, और जो सर्वोत्तम सार-तत्व हो सकता है, वह परम्परा है। और इसमें कुछ कंकड़-पत्थर या गुठली बच जाए तो उसे फेंक दीजिए। इसीलिए इसमें इतिहास के प्रति एक प्रकार का सार-तत्ववादी दृष्टिकोण अपनाया गया और हम लोग देखेंगे कि उन्नीसवीं सदी में ऐसे बहुत सारे रसायनी लोग या तान्त्रिक विचारक पैदा हुए जो परम्परा को निचोड़कर उसमें से कुछ तत्व, कुछ बूंदें टपका लिया करते थे। उसमें से कुछ को केवल अध्यात्म नाम की बूंद मिली कि सारी भारतीय परम्परा का निचोड़ क्या है, बोले–अध्यात्म। ऐसे ही कुछ लोगों ने तत्व निकाला और उस तत्व की बूँदों को अलग-अलग बोतलों में बन्द रखकर नाम दिया और कहा कि ये परम्परा है। और इसके अलावा बाकी चीजें कुछ नहीं, कुछ भौतिकवादी बातें करने वाले दिखाई पड़े, बोले–ये रूढ़ि होगी, गुठली है, छोड़ दिया। लेकिन कुछ और भी लोग थे, जिन्होंने चयनधर्मी दृष्टि अपनाते हुए अतीत का कोई एक लोक, कोई काल, कोई कवि चुन लिया, जिसको उन्होंने स्वर्ण-युग नाम दिया। और उस काल में स्वर्ण-युग की बड़ी चर्चा थी। कोई वेदों में गया और वेदों में ही पालथी मार कर बैठ गया, फिर उससे आगे बढ़ा ही नहीं। कोई उपनिषदों में आया और कहा कि बस उपनिषद् ही है। इतिहास के लोगों में तथाकथित 'गुप्ता-काल, गुप्ता-काल' बहुत चला था, कुछ लोग उस गुप्ता-काल में बैठे और स्वर्ण-युग लेकर उस अतीत के गौरव के नाम पर कि यह परम्परा है। अर्थात् पूरे इतिहास में से किसी एक काल को, एक प्रवृत्ति को चुन लेना–यह दूसरी चयन की दृष्टि थी और इस तरह अतीत में से या तो हम चयन करते रहे या उसका सार-तत्व निकालते रहे और गुठलियों को अलग करके हमने परम्परा को किसी रूप से जीवित रखने की कोशिश नहीं की।

यह जो पूरा का पूरा नवजागरण का या पुनर्जागरण का प्रयत्न है, इस पृष्ठभूमि में हम दो चिन्ताएँ विशेष रूप से देखते हैं, जो कमोबेश परम्परा के मूल्यांकन के साथ आज भी जुड़ी हुई हैं। एक तो यह है कि पहली बार यह अनुभव हुआ कि परम्परा को अर्जित करना पड़ता है। इसके पहले था कि परम्परा स्वतः विरासत में मिलने वाली चीज है। जब परम्परा रिवाज के रूप में थी तो अपने आप मिलती थी। बाबा ने हमारे बाप को दिया और हमारे बाप ने हमें दिया, मानो ये मौरूसी जायदाद के रूप में थी, जो वंशानुक्रम से मिलती चली आ रही थी और सहज रूप से उसे हम प्राप्त समझा करते थे। उन्नीसवीं सदी में जब हमारी इस परम्परा पर पश्चिम की एक साम्राज्यवादी संस्कृति, सभ्यता और एक शक्ति के द्वारा आघात हुआ और हमारी ही परम्परा या

इतिहास से जब हमारा सम्बन्ध टूटा, तब अनुभव हुआ कि नहीं, ये मौरूसी जायदाद–अपने आप नहीं मिला करती है। उस समय लोगों ने देखा कि उस मौरूसी जायदाद के लिए भी मुकदमा लड़ना पड़ता है, कभी-कभी कचहरी में नहीं जाना होता है, बल्कि लाठी डंडा से भी लड़ना पड़ता है। अर्थात् परम्परा स्वतः प्राप्त होने वाली चीज नहीं है, बल्कि परम्परा को अर्जित करना पड़ता है। यह एहसास आधुनिक युग में जब पहली बार हुआ तो यह भी तय हुआ कि अतीत की ज़रूरी चीजें यदि हम अपने हित, अपनी दृष्टि के अनुरूप खींच नहीं लेंगे, उसका अधिग्रहण नहीं कर लेंगे तो सम्भव है कि वे हमेशा-हमेशा के लिए लुप्त हो जाएँ। क्योंकि ऐसी शक्तियाँ मौजूद हैं जो उसको हमेशा-हमेशा के लिए हमसे छीन लें। इसीलिए एक बात तो यह हुई कि परम्परा सहज रूप में अपने आप प्राप्त नहीं होती। बल्कि इसे अर्जित करना पड़ता है, प्रयत्न करना पड़ता है। प्रयत्न करने का अर्थ है कि इसके लिए संघर्ष करना पड़ता है और इस संघर्ष के पीछे एक बहुत बड़ी चिन्ता होती है कि उसमें से जो भी मूल्यवान है, यदि नहीं पा लेंगे तो ऐसी शक्तियाँ मौजूद हैं, हमारे यहाँ से बाहर भी जो उसे हमसे छीन लेंगी और इस कदर छीन लेंगी कि हम फिर उसे प्राप्त नहीं कर सकेंगे।

इतिहास के संघर्ष के दौरान हम भारतीयों ने, हमारे बुद्धिजीवियों ने, एक और बात का अनुभव किया और यह वही थी जो एक मार्क्सवादी विचारक ने बड़ी संकट की घड़ी में अनुभव की थी और कहा था कि दुश्मनों के हाथों अब मृत भी सुरक्षित नहीं हैं और न ही रहेंगे। यह कथन जर्मन मार्क्सवादी विचारक वॉल्टर बेंजामिन का है और यह बात उन्होंने अपनी 'थीसिस ऑन द फिलॉसफी ऑफ हिस्ट्री', जो करीब सन् 38-39 के आसपास के नोट्स थे, उसमें कही थी। जब हिटलर जर्मनी में प्रभुत्वशाली हो गया था, नात्सी शक्तियाँ इतनी प्रबल हो गई थीं कि विश्वयुद्ध का संकट पैदा हो गया था। समूची जर्मन संस्कृति, सभ्यता और कला के लिए यह खतरा पैदा हो गया था। सारे अतीत के साहित्यकारों की इस तरह व्याख्या की जा रही थी कि जो नात्सी दर्शन में फिट बैठते हों। उस समय वॉल्टर बेंजामिन ने कहा था कि अब दुश्मनों के हाथों, जो मृत लोग हैं, वे भी सुरक्षित नहीं हैं और इसीलिए हमें केवल जीवित लोगों के लिए ही नहीं लड़ना है, बल्कि उनके लिए भी लड़ना है जो मर चुके हैं, अतीत के अंग बन चुके हैं, इतिहास के अंग हो चुके हैं। उनकी रक्षा का दायित्व भी हमारे ऊपर आ पड़ा है। कदाचित् मुझे ऐसा लगता है कि इसी कारण उन्नीसवीं सदी के उतरार्द्ध में जिसे पुनर्जागरण और नवजागरण कहते हैं, उस नवजागरण काल में भारत के बुद्धिजीवी, लेखक, विचारक, साहित्यिक तत्परता के साथ अपने अस्तित्व को खोज रहे थे, उसकी व्याख्या कर रहे थे। जब पहला छापाखाना खुला तो देखना चाहिए कि कौन-सी पुस्तकें सबसे पहले छपी हैं, और उसमें तुलसीदास की पुस्तकें सबसे पहली थीं। कलकत्ता में, हमारे मित्र आगरे के ही थे स्वर्गीय कृष्णाचार्यजी, ने

'हिन्दी के आदि मुद्रित ग्रन्थ' नामक पुस्तक प्रकाशित की। उन आदिमुद्रित ग्रन्थों में ध्यान से देख रहा था कि वे कौन-से ग्रन्थ हैं, जो छापाखाना खुलने पर सबसे पहले छपे। उसमें तुलसीदास की कृतियाँ बार-बार छपीं। कभी-कभी 'रामचरितमानस' का एक कांड 'अयोध्या कांड' ही छपा और वही ज़्यादा छपता रहा। 'विनयपत्रिका' छपी। इससे उस काल के लोगों की मानसिक स्थिति का पता चलता है कि किस प्रकार अतीत की हमारी जो मूल्यवान निधि थी, उसके लिए लोगों को खतरा मालूम हो रहा था। याद रखें आप कि भक्तिकाल की रचनाओं की एक विशेष प्रकार की व्याख्या की जा रही थी। 'क्रिस्टोमैथी' नामक ग्रन्थ लिखते हुए चाहे वे भाषा वैज्ञानिक ग्रियर्सन ही रहे हों, जिन्होंने विद्यापति पर भी लिखा, तुलसी पर भी लिखा, जायसी की भी चर्चा की। सन्तों-भक्तों के बारे में बहुत लिखा गया और उन सन्तों-भक्तों की जो व्याख्या की जाती थी, एक ओर उन ग्रन्थों का सम्पादन, अंग्रेजी में अनुवाद और साथ ही उसकी टीका-टिप्पणी करते हुए समस्त सन्त और भक्ति साहित्य को एक तरह की ईसाईयत के प्रभाव से प्रभावित रचना के रूप में दिखाने की कोशिश बराबर की जाती थी। यह उस काल के लोगों के लिए स्वभावतः चिन्ता का विषय था। पुनर्जागरण का एक रंग विद्रोह धर्म का रूप लेकर भी प्रकट हुआ है। उस समय एक यह भी आयाम था। जब मैंने कहा कि दुश्मनों के हाथों अब मृत भी सुरक्षित नहीं हैं, यही नहीं कि सन्त-साहित्य और भक्ति साहित्य आदि चीजें यदि केवल लुप्त होतीं तो एक प्रकार का खतरा था, आविष्कृत होकर उनके युग की दृष्टि में दूषित होकर अथवा विकृत व्याख्याओं के माध्यम से हमारे सामने आ रही थीं, यानी अतीत इस ढंग से उपस्थित किया जा रहा था, जो भारत के लिए बहुत गौरव की चीज नहीं हो सकती थी। हर प्राचीन चीज को दिखाया जाता था कि भारत की अपनी मौलिक मनीषा नहीं है, अपना चिन्तन नहीं है, बल्कि हर चिन्तन, हर उपलब्धि के मूल में दिखाने की कोशिश की जाती थी कि जो महान रोम, ग्रीक सभ्यता है अथवा जो महान ईसाई धर्म है, उसका प्रभाव है। कहीं-न-कहीं कोई विदेशी चीज है, और यही नहीं बल्कि जिन आर्यों को अपने आर्यावर्त कहने पर गर्व था, यह कहा गया कि ये भी बाहर से ही आए। यानी भारत में जो कुछ परम्परा के नाम पर है, यह साबित करने की कोशिश की जाती रही कि सब अपना नहीं, पराया है। जो मूल्यवान है, बाहर का है। जो निकृष्ट है, अधम है—अन्धविश्वास आदि चीजें, भूतों-चुड़ैलों वगैरह की चीजें जो अथर्ववेद में हैं, कहा कि वे यहाँ की चीजें हैं। इसलिए जो कुछ अग्राह्य है, वह यहाँ का है। जहाँ भी कुछ जान दिखाई पड़ती है, वह सब बाहर का है। जहाँ इस प्रकार के प्रयत्न हो रहे थे, स्वभावतः लोगों ने अनुभव किया होगा कि मृत भी अब दुश्मनों के हाथों सुरक्षित नहीं है। इन दो चिन्ताओं के कारण परम्परा की खोज और परम्परा के मूल्यांकन की स्थितियाँ पैदा हुईं।

मैंने इसका उल्लेख किया कि आज भी या किसी भी काल में उन्नीसवीं सदी के बाद, बीसवीं सदी में अपने स्वाधीनता संग्राम के दौरान, स्वाधीनता संग्राम ने जब जनोन्मुख रूप धारण किया और उसमें किसानों, मजदूरों और आम जनता का दबाव बढ़ा, उसके हितों का संघर्ष जब प्रबल हुआ तब फिर परम्परा के बारे में बार-बार सवाल उठता रहा और आज की स्थिति में भी हम देखेंगे कि तब से परम्परा के मूल्यांकन का जो प्रश्न उठा उसका दायरा बराबर यही रहा करता था। अर्थात् परम्परा का प्रश्न एक तरह से संघर्ष का प्रश्न बना–दो विरोधी शक्तियों के बीच। परम्परा जिसे कहिए कि वर्ग संघर्ष का अखाड़ा बन गई, परम्परा एक तरह से राजनीतिक संघर्ष का रूप बन गई। आज यदि कोई कहे कि परम्परा शुद्ध बौद्धिक चिन्तन का प्रश्न है तो उसको उन्नीसवीं सदी की अपनी ही परम्परा याद रखनी चाहिए कि स्वयं उन्नीसवीं सदी में परम्परा का अन्वेषण और परम्परा का मूल्यांकन शुद्ध बुद्धि-विलास था या वह सच्चे अर्थों में राजनीतिक संघर्ष के अंग के रूप में उभरकर आया था, जहाँ सही अर्थ में साम्राज्यवाद विरोधी संघर्ष की नींव पड़ी और साम्राज्यवाद विरोधी ही नहीं, बल्कि एक दूसरे संघर्ष की भी बुनियाद पड़ी थी। सामन्तवाद के खिलाफ संघर्ष की नींव भी पड़ी, उसी उन्नीसवीं शताब्दी में। इसलिए परम्परा के मूल्यांकन का प्रश्न वस्तुतः राजनीतिक संघर्ष का प्रश्न बराबर रहा है, शुरू से रहा है। इसलिए समय-समय पर परम्परा क्या है, किसे हम परम्परा कहें और किसे हम रूढ़ि कहें–यह प्रश्न उठा। आगे चलकर इसके साथ दो और शब्द जुड़े–प्रगति और प्रयोग–अर्थात् परम्परा के मूल्यांकन का ही प्रश्न नहीं था, बल्कि परम्परा के साथ प्रगति का और प्रयोग का प्रश्न भी जुड़ा।

बहुत दिनों तक प्रगति अथवा प्रयोग के उत्साह में ऐसे भी दौर आए हैं, क्षणिक और छोटे दायरे में, जब एक प्रकार का उच्छेदवादी दृष्टिकोण अपनाया गया और सम्पूर्ण अतीत को नकारकर सर्वथा प्रगति की एक नई-नई छलांग लगाने की कोशिश हुई और सर्वथा नया प्रयोग करने का दावा भी किया गया। लेकिन अन्ततः कुछ ही दिनों बाद उस दायरे की भी भूलें मालूम हुईं और लगा कि प्रगति अथवा प्रयोग की दिशा में कोई भी नया कदम उठाने के लिए जरूरी है और उसमें यह निहित है कि नए सिरे से परम्परा का मूल्यांकन किया जाए, जब परम्परा का मूल्यांकन ही प्रगति की दिशा में एक नया कदम होगा और कदाचित् तथाकथित प्रयोग की दिशा में भी एक नया कदम होगा। इसलिए इस दिशा में जितने प्रयत्न हुए, उनमें विचारों की टकराहट और उन पद्धतियों की ओर हम ध्यान दें। जैसा मैंने कहा कि परम्परा के मूल्यांकन के मूर्तिमान रूप डॉक्टर रामविलास शर्मा यहाँ मौजूद हैं। पहले आचार्य महावीर प्रसाद द्विवेदी ने अपनी परम्परा के मूल्यांकन का प्रयास 'सरस्वती' के माध्यम से, अपने लेखों के माध्यम से बराबर किया। उसके बाद समूचा 'हिन्दी साहित्य का

इतिहास' लिखकर आचार्य रामचन्द्र शुक्ल ने किया। आचार्य हजारी प्रसाद द्विवेदी ने 'हिन्दी साहित्य की भूमिका' और अन्य ग्रन्थों के द्वारा किया। इस दिशा में, परम्परा के मूल्यांकन के संघर्ष की इसी कड़ी में, लेकिन प्रगतिशील विचारकों की ओर से इस दृष्टि से किया जाने वाला सबसे सुसंगत प्रयास डॉक्टर रामविलास शर्मा ने किया। यद्यपि 'हिन्दी साहित्य का इतिहास' नाम की कोई पुस्तक डॉक्टर साहब ने नहीं लिखी, लेकिन हम सभी जानते हैं कि अकेले केवल हिन्दी साहित्य ही नहीं बल्कि सम्पूर्ण भारतीय साहित्य की परम्परा के मूल्यांकन की दिशा में किए गए प्रयासों की एक लम्बी कड़ी है, जो डॉक्टर साहब ने पेश की है।

बहुत पहले वाल्मीकि पर 'आदिकाव्य' नाम का निबन्ध डॉक्टर साहब ने लिखा था। शाश्वत् मूल्यों का प्रश्न उठाते हुए दूसरा निबन्ध कालिदास पर लिखा। बाद के दिनों में सन् 70-71 के आस-पास ट्रेजेडी पर विचार करते हुए भवभूति के नाटकों पर लिखा। वाल्मीकि, कालिदास, भवभूति और उसके बाद स्वयं जो ठेठ हिन्दी साहित्य है, उस हिन्दी साहित्य की परम्परा के बारे में एकत्र आप देखना चाहें तो 'आचार्य रामचन्द्र शुक्ल और हिन्दी आलोचना' में शुक्लजी की आलोचना के मूल्यांकन और उसकी व्याख्या के बहाने से लेकर छायावाद तक के समूचे साहित्य पर केवल शुक्लजी के विचार नहीं दिए गए हैं, बल्कि उन विचारों की परीक्षा करते हुए डॉक्टर साहब ने हिन्दी साहित्य की पूरी परम्परा का अपना एक मूल्यांकन प्रस्तुत किया है। इसके अतिरिक्त अकेले तुलसीदास पर डॉक्टर साहब ने जितना लिखा है, उसे संकलित कर दिया जाए तो एक पुस्तक से अधिक ही पड़ेगा। लेकिन इन लेखों और तमाम चीजों के अलावा भारतेन्दु, महावीर प्रसाद द्विवेदी, रामचन्द्र शुक्ल, निराला, प्रेमचन्द जैसे महत्वपूर्ण कृतिकारों को अपने मूल्यांकन के लिए चुनना और चुनकर विस्तार से उनका विवेचन उपस्थित करना समूचे हिन्दी साहित्य की परम्परा का मूल्यांकन नहीं तो और क्या है? डॉक्टर साहब का एक ग्रन्थ जिसके कुछ अंश छप चुके हैं, और स्वतन्त्र पुस्तक के रूप में शीघ्र ही हम लोग देखेंगे, वह 'भारतीय साहित्य का इतिहास' है जो वैदिक काल से लेकर आज तक के उस व्यापक परिप्रेक्ष्य को उपस्थित करेगा, जहाँ हम भारतीय समाज के विकास के क्रम में समूचे भारतीय साहित्य के विकास की मुख्य रेखाओं को देख सकेंगे।

यह जो प्रयत्न है, ऐसा तो नहीं है कि इस प्रयत्न की जानकारी लोगों को हिन्दी में नहीं है। यह दूसरी बात है कि इस मूल्यांकन के रहते हुए भी हमारे यहाँ शिक्षा संस्थाओं में जो पढ़ाया जाता है, और औसत विद्यार्थी को जो कुछ दिया जाता है, वह वही पुराना माल है, जैसे यह सब कुछ प्रयास किया ही न गया हो। परम्परा के मूल्यांकन का यह रूप हमारे हिन्दी विभागों में विद्यार्थियों के सामने सुलभ नहीं है। और यह शिकायत नहीं है, बल्कि मैं कहना चाहूँगा कि यह प्रमाण है इस बात का कि

परम्परा का मूल्यांकन वस्तुतः राजनीतिक संघर्ष का, वैचारिक संघर्ष का प्रश्न हुआ करता है। इसलिए यदि डॉ. शर्मा द्वारा किया हुआ परम्परा के मूल्यांकन का स्वरूप सुलभ नहीं है तो यह अकारण नहीं है, यह आकस्मिक नहीं है। यदि इन प्रयत्नों की ओर अपने अध्यापकों की उपेक्षा के बावजूद बहुत से सचेत विद्यार्थी आकृष्ट होते हैं तो यह भी संघर्ष का ही अंग है। इन सारी चीजों को हम देखें और इससे उठे हुए कुछ प्रश्नों को देखें, तो कुछ उल्लेखनीय बातें दिखाई पड़ेंगी।

आमतौर से शिकायतें आईं और कहा गया है कि डॉ. शर्मा भारतेन्दु को भी कम्युनिस्ट साबित कर रहे हैं और महावीर प्रसाद द्विवेदी को भी साबित कर रहे हैं कि वह भी भौतिकवादी थे, रामचन्द्र शुक्ल को भी साबित कर रहे हैं, निराला के बारे में कहने की हिम्मत जरा कम पड़ती है, क्योंकि निराला क्रान्तिकारी थे। लेकिन वेदान्त वाले निराला को भी खींच कर डॉ. शर्मा कहीं यथार्थवाद के सहारे, कहीं भौतिकवाद के समीप ले आते हैं। प्रेमचन्दजी की जो व्याख्या की, उस पर तो आज तक विवाद हो रहा है कि प्रेमचन्द तो गांधीवादी थे, इन्होंने उनको कम्युनिस्ट और मार्क्सवादी साबित कर दिया है। अर्थात् परम्परा की व्याख्या के इस सन्दर्भ और विवाद में इन लेखकों की नयी प्रतिमायें बनीं। हिन्दी के अनेक कवियों और लेखकों की एक विशेष प्रकार की प्रतिमा रही है। तुलसी की एक विशेष प्रकार की तस्वीर है, भारतेन्दु, महावीर प्रसाद द्विवेदी, रामचन्द्र शुक्ल, प्रेमचन्द, निराला आदि सभी की एक विशेष तस्वीर रही है। इस बनी हुई या स्थापित प्रतिमा को किस प्रकार एक प्रगतिशील आलोचक ने चुनौती दी और उसका खंडन नहीं किया, बल्कि दूसरी प्रतिमा निर्मित की। तुलसीदास के बारे में डॉक्टर साहब ने लिखा। तुलसी चौबीस घंटे छापा लगा कर राम-राम भजने वाले थे। उनमें अपने युग की, अपने समाज की, जनता के दुख-दर्द की, उनके अभावों की, उनकी गरीबी की चेतना भी थी, इस रूप में तुलसी की एक दूसरी प्रतिमा आई, जो हिन्दी में जानी-पहचानी प्रतिमा नहीं थी। उनकी जैसी जयन्तियाँ मनाई जाती थीं और जैसी राम-धुन हुआ करती थी, उसके सम्मुख तुलसी की एक दूसरी प्रतिमा पहली बार सामने आई कि गरीबी के खिलाफ, दरिद्रता के खिलाफ और उसके अनुभव से इतना जूझने वाला कवि कोई नहीं था। यह जीवन तुलसी के काव्य का एक अंग है। इस पर किसी का ध्यान नहीं गया था। आधुनिक हिन्दी के जनक भारतेन्दु हरिश्चन्द्र की तस्वीर हिन्दी में थी कि गद्य का प्रसाद निर्मित किया है। उन्नीसवीं सदी में इस देश की प्रखर राष्ट्रीय चेतना, निश्चय ही उनमें राज-भक्ति भी थी, लेकिन उसके साथ स्वदेशी का प्रचार करने वाले और उसके साथ ही 'अन्धेर नगरी' जैसा नाटक लिखने वाले भारतेन्दु की एक नई प्रतिमा हिन्दी में आई। इससे पहले भारतेन्दु के विशेषज्ञ लक्ष्मीसागर वार्ष्णेय ही हुआ करते थे, जिन्होंने हिन्दी के दुर्भाग्य से उस काल पर कई पुस्तकें लिखीं, फोर्ट विलियम कॉलेज पर लिखा

और लगा कि फोर्ट विलियम कॉलेज न कायम हुआ होता तो जो हिन्दी आप देख-पढ़ रहे हैं, वह हिन्दी आज होती ही नहीं, भला हो अंग्रेज बहादुर का कि उन्होंने फोर्ट विलियम कॉलेज बनाया और जिसके कारण आधुनिक हिन्दी का जन्म हो गया। फोर्ट विलियम कॉलेज की जय-जयकार करने वाले लोग, भारतेन्दु की राज-भक्ति का गुणगान करने वाले लोग और भारतेन्दु को एक आरम्भिक ढंग की खड़ी बोली का गद्य लेखक यही स्थापित करते दिखाई पड़ते थे। भारतेन्दु का आधुनिक हिन्दी के जनक का व्यक्तित्व जितना समाज-चेतन, जनजीवन से जुड़ा हुआ, राष्ट्रीय व्यक्तित्व होना चाहिए, ये भारतेन्दु की तस्वीर थी ही नहीं। संयोग से डॉक्टर साहब ने दिखाया कि यह तस्वीर आचार्य रामचन्द्र शुक्ल ने दिखाई थी। 'समुझि परें नहिं पन्थ, जिमि पाखंड वाद ते लुप्त होंहि सद ग्रन्थ', तो पाखंड-विवाद से, यानी परम्परा के अन्वेषण से हम यह भी देखते हैं कि केवल भारतेन्दु की ही खोज नहीं हुई, भारतेन्दु की खोज करने के क्रम में हमने देखा कि भारतेन्दु बीच में खोजे गए थे, बाद में फिर लुप्त कर दिए गए। इसलिए हम परम्परा के मूल्यांकन के क्रम में परम्परा के मूल्यांकन की परम्परा का भी क्रम देखें। कब-कब नए सिरे से मूल्यांकन हुआ, उन मूल्यांकनों में कब-कब धोखाधड़ी हुई, कब-कब दुश्मनों ने उस पर परदा डाला। यह भी हम देखते हैं कि भारतेन्दु की नई प्रतिमा थी जिसकी स्मृति ताजा थी 1922 तक। भारतेन्दु की वह प्रतिमा तब धूमिल हुई, जब इन विश्वविद्यालयों में नई शिक्षा प्राप्त करके कुछ नए पी-एच.डी. और डी.लिट. निकलने लगे, तो इस नए दौर में, और शिक्षा एक निश्चित राजनीतिक व्यवस्था का, सामाजिक व्यवस्था का अंग-सी रही है, उसमें हिन्दी की ऐसी पढ़ाई हुई कि शुक्लजी द्वारा खोजे गए, प्रतिष्ठित किए गए और शुक्लजी की स्मृति में जीवित भारतेन्दु भी भुला दिए गए, भारतेन्दु की एक नई प्रतिमा हमारे सामने आई। महावीर प्रसाद द्विवेदी के बारे में दशकों से लोगों के सामने एक धारणा रखी जाती थी। केवल भाषा ठीक करने वाले एक हेडमास्टर के समान उनकी प्रतिमा थी, घनी मूँछों वाले, टोपी वाले और डंडा वाले पंडितजी ऐसे दबंग हेडमास्टर थे जो लोगों की भाषा ठीक किया करते थे। द्विवेदीजी इसके अलावा जो कुछ थे, वह लोगों की स्मृति में नहीं था। 20 साल तक 'सरस्वती' में रहकर वे केवल प्रूफ रीडिंग नहीं करते रहे, और वे केवल कामता प्रसाद गुरु की तरह व्याकरण लिखने का तरीका नहीं बताते रहे, बल्कि उन लेखों के द्वारा, अपनी रचनाओं के द्वारा उन बीस वर्षों में महावीर प्रसाद द्विवेदी ने कुछ और काम किया था। आप लोगों ने डॉक्टर साहब का ग्रन्थ देखा होगा, उसका सारांश बताने की मुझे जरूरत नहीं है। उन्होंने इस देश में उस वैज्ञानिक चेतना का, विकासवाद से जुड़ी हुई चेतना का प्रसार किया। उन्होंने भारत की बुद्धिजीवी और विवेकवादी परम्परा की स्थापना की। रीतिकालीन रुचियों और संस्कारों का विरोध कर उन्होंने साहित्य में आधुनिक-बोध की प्रतिष्ठा की। और यही

नहीं, उनकी यह खोज थी कि द्विवेदीजी ने अर्थशास्त्र की 'सम्पत्तिशास्त्र' नाम की पुस्तक लिखी थी, और यह अर्थशास्त्र की कोई ऐसी पुस्तक नहीं थी, जो एक अरसे तक विश्वविद्यालयों के अर्थशास्त्र के अध्यापक लिखा करते थे, बल्कि उसका गहरा सम्बन्ध भारत के औपनिवेशिक शोषण से था। इसमें किसानों की दुर्दशा और उसके कारणों पर प्रकाश डाला गया था। इस खोज से महावीर प्रसाद द्विवेदी की एक दूसरी प्रतिमा हमारे सामने आई और यहाँ वह क्रान्तिकारी खोज थी, जिस प्रतिमा की ओर संयोग से, और शायद अधिक निकट होने के कारण शुक्लजी का ध्यान नहीं गया होगा। महावीर प्रसाद द्विवेदी का यह जो व्यक्तित्व था, इस व्यक्तित्व को हिन्दी में पहली बार प्रतिष्ठित करके भारतेन्दु से चली आती हुई परम्परा की अगली कड़ी को उन्होंने जोड़ा। महावीर प्रसाद द्विवेदी से स्पष्टतः आचार्य रामचन्द्र शुक्ल को जोड़ा। शुक्लजी को बहुत दिनों तक एक विशेष प्रकार के लोक-संग्रहवाद, मर्यादावाद के लिए जाना जाता रहा बल्कि हिन्दी में आचार्य रामचन्द्र शुक्ल को ब्राह्मणवादी मूल्यों के अधिष्ठाता के रूप में समझा जाता था और समझा जाता था कि आचार्य रामचन्द्र शुक्ल लोक-मंगल और लोक-संग्रह के द्वारा विशेष प्रकार के ब्राह्मणवादी मूल्यों की स्थापना करते हैं और यह प्रतिमा कुछ खराब यों भी थी कि उनके साथ यह भी जुड़ा था कि उन्होंने अपने जमाने की जो जीवन्त काव्यधारा थी—छायावाद—उसका उन्होंने विरोध किया था, इसलिए ऐसा प्रतिक्रियावादी आदमी जो अपने समय की जो महत्वपूर्ण साहित्यिक धारा है, उसका विरोध करता हो और लोक-संग्रह के नाम पर प्राचीन ब्राह्मणवादी मूल्यों की हिमायत करता हो, ऐसे आदमी के बारे में स्वभावतः बहुत श्रद्धा नहीं हो सकती थी। डॉक्टर रामविलास शर्मा ने 'रामचन्द्र शुक्ल' नामक पुस्तक के माध्यम से दिखाने की कोशिश की कि कुछ अन्तर्विरोधों, असंगतियों के बावजूद शुक्लजी अपनी उसी गौरवशाली परम्परा के साथ जुड़े हुए थे, जो अधिक जनोन्मुख थी और जो उस समय के राष्ट्रीय स्वाधीनता संग्राम के विकसित मूल्यों के निकट थी। बाद की कृतियों में प्रेमचन्द और निराला के बारे में बहुत कहने की जरूरत नहीं है। निराला को हिन्दी साहित्य में प्रतिष्ठित करने का प्रयत्न कुछ लोगों ने पहले भी किया था। आचार्य नन्ददुलारे वाजपेयी उनके बहुत निकट रहे हैं और उनके प्रयत्न हम लोगों के सामने हैं, वाजपेयीजी ने किन अर्थों में निराला को रखा था, आप सभी जानते हैं। उन पर टिप्पणी करने की आवश्यकता नहीं है। डॉक्टर शर्मा ने निराला को किस रूप में रखा और उसके द्वारा निराला के अन्तर्विरोध, असंगतियाँ और निराला का समूचा साहित्य उभरकर आया। तुलसीदास के बाद तुलसी की परम्परा में आधुनिक युग का ओजस्वी स्वर निराला में सुनाई पड़ा, ऐसा कहकर डॉक्टर साहब ने निराला के माध्यम से आधुनिक युग को ही नहीं बल्कि अतीत, मध्य युग और आधुनिक युग तीनों की परम्परा को एक साथ जोड़ दिया। यह नई प्रतिमा थी।

पहले रूढ़िवादी लोगों ने और परम्परा के मूल्यांकन के संघर्ष में समाज को पीछे ले जाने की इच्छा रखने वाले लोगों ने, जो समाज और साहित्य को रूढ़िवादी मूल्यों में बाँधे रखना चाहते हैं, स्वयं हिन्दी साहित्य की जो व्याख्या की थी, परम्परा की व्याख्या की थी, उसको चुनौती देने वाला जब यह दूसरा मूल्यांकन आया तो इस मूल्यांकन के बारे में यह कहा गया कि यह तो मूल्यांकन नहीं है, बल्कि जबरदस्ती की व्याख्या है अर्थात् मार्क्सवादी आरोप है। यानी वे जो कर रहे थे, वह परम्परा का वस्तुगत मूल्यांकन था और जो प्रगतिशील मूल्यांकन है, वह पूर्वग्रहग्रस्त है, विकृत है, आरोपण है और सबको जबरदस्ती ठेल-ठालकर प्रगतिशील बनाना है। इस प्रसंग में मैं कहना चाहता हूँ और कहने की जरूरत नहीं है कि कायदे से परम्परा का कोई भी मूल्यांकन, किसी भी समय तथाकथित वस्तुगत, वास्तविक, ज्यों का त्यों, परम्परा जैसी थी वैसा ही, न किसी ने रखा है, न कोई रख सकता है। व्याख्या मात्र किसी न किसी पक्ष, किसी न किसी दृष्टि की हुआ करती है, और यह पक्ष या दृष्टि किसी न किसी वर्ग हित की ही हुआ करती है। इसलिए जो परम्परा को तथाकथित वस्तुगत रूप में ज्यों का त्यों रखने वाले लोग थे, वह भी एक व्याख्या है, एक मूल्यांकन है। अर्थात् परम्परा का कोई भी मूल्यांकन, जैसा मैंने कहा कि यह उस व्यापक वर्ग संघर्ष का, या राजनीतिक संघर्ष का अंग है। किसी न किसी समुदाय की दृष्टि, उसके पक्ष, उसके हित से ही यह मूल्यांकन जुड़ा रहता है। कोई भी मूल्यांकन, कोई भी व्याख्या कभी भी इस मामले में बहुत वस्तुगत और तर्कसंगत नहीं हुआ करती। वस्तु के कौन अधिक से अधिक निकट है, आप दावा यह कर सकते हैं। और यह उस व्याख्या पर निर्भर है, जिसमें प्रश्न उठेगा उसकी वैधता का, उसकी प्रामाणिकता का।

परम्परा के मूल्यांकन के बारे में आमतौर से और दो शब्द चलते रहते हैं–एक इस मूल्यांकन के बारे में अंग्रेजी का शब्द है–'रेलिवेंस' या 'प्रासंगिकता'। हर दौर अपने अतीत को अपने लिए 'रेलिवेंट' बनाने की कोशिश करता है और चूँकि हर दौर सर्वसम्मत नहीं हुआ करता, इसलिए वह 'रेलिवेंस' भी सर्वसम्मत नहीं हुआ करती है, अतीत का रूप किसी के लिए एक अर्थ में 'रेलिवेंट है, दूसरे के लिए दूसरे अर्थ में 'रेलिवेंट' है। इसलिए 'प्रासंगिकता' की बात करते समय बहुत ठोस ढंग से बराबर यह सवाल उठाया जाना चाहिए कि किसके लिए 'रेलिवेंट'? प्रगतिशील ढंग से परम्परा की हुई व्याख्या किसके लिए 'रेलिवेंट' है? और दूसरी व्याख्या किसके लिए 'रेलिवेंट' है। क्या लक्ष्य है, क्या सिद्धि होती है? उदाहरण के लिए अतीत जिसके बारे में अज्ञेयजी ने बहुत कम लिखा है, लेकिन किसी काल में संयोग से 'केशव की कविताई' नाम का एक निबन्ध लिखा। सम्पूर्ण अतीत में उन्हें न तुलसी पर लिखने की जरूरत महसूस हुई, न कबीर पर लिखने की जरूरत महसूस हुई। उनको जरूरत महसूस हुई केशव पर लिखने की। 'ए री मेरी गोरी, मेरी गिरा की गुराई है।'–इस

पंक्ति को उद्धृत करते हुए उन्होंने कहा कि केशव में व्यंग्य का बोध (और व्यंग्य उन्होंने 'आयरनी' के अर्थ में कहा है) दिखाई पड़ता है, जो अतीत के कवियों में बहुत कम दिखाई पड़ता है। 'कठिन काव्य के प्रेत' केशव की हिन्दी में दूसरे प्रकार की प्रतिमा रही है और शुक्लजी उसे बनाकर गए थे, जिसे मिटाकर अभी तक कोई ठीक-ठीक दूसरी प्रतिमा तो नहीं बना सका, लेकिन वात्स्यायनजी ने कोशिश की। मैं ठीक नहीं जानता। वे डॉक्टर साहब के समकालीन हैं, इसलिए उनके बारे में और उनकी चिन्तन प्रक्रिया के बारे में डॉक्टर साहब ज़्यादा जानते होंगे। लेकिन मुझे ऐसा लगा कि जैसे अंग्रेजी में जब नई आलोचना चली और आधुनिकतावादी कविता चली, इलियट ने पूरी अंग्रेजी की परम्परा में से उन तथाकथित 'मेटाफिजिकल' कवियों को ढूँढ़ निकाला है, जिस पर नज़र जरा कम ही जाया करती थी और इसलिए शेक्सपियर और मिल्टन को तो खैर उन्होंने ध्वस्त ही किया है। और डॉन हर्बर्ट और मार्वेल को उन्होंने ढूँढ़ा और मार्वेल को तथा मेटाफिजिकल कवियों को लेकर उन्होंने कहा कि ये ही हर दृष्टि से महत्वपूर्ण हैं, क्योंकि इन्हीं में संवेदना का पृथक्करण नहीं हुआ था, और बाकी में शेली, कीट्स, बायरन आदि महत्वपूर्ण हैं, उसके पहले के भी कुछ कवि महत्वपूर्ण हैं। कदाचित् मुझे ऐसा लगता है कि वात्स्यायनजी ने ऐसा सोचा कि इलियट यदि सभी से उपेक्षित मेटाफिजिकल कवियों को और उसमें मार्वेल को सबसे ऊपर रख सकता है, तो मैं भी क्यों नहीं ढूँढ़कर इन कबीर, सूर, तुलसी आदि पर केशवदास को प्रतिष्ठित करूँ। अब अपना-अपना भाग्य है कि इलियट का सिक्का तो कुछ दिनों तक चला, लेकिन हिन्दी वाले इतने पिछड़े हुए हैं कि 'केशव की कविताई' का पुनर्मूल्यांकन दुर्भाग्य से नहीं चल सका। न हिन्दी विभागों की जड़ीभूत प्रणाली में, और न स्वयं तथाकथित प्रयोगवादी काव्य-परम्परा में ही। केशव के पुनर्मूल्यांकन की नौबत नहीं आई। मैंने यह उदाहरण केशव का इसलिए दिया है कि केशव कुछ लोगों को 'रेलिवेंट' लगे हैं।

प्रगतिशील आलोचकों ने जिस परम्परा का मूल्यांकन किया, उसमें स्वयं अपने स्वाधीनता संग्राम के लिए, जनवादी संघर्ष के लिए, सामान्य जनता के हितों के लिए, मूल्यों के लिए और यही नहीं, बल्कि इन तमाम मूल्यों में बाधा डालने वाली, जो देश की पुरानी तथाकथित सामन्ती मूल्य प्रणाली है, उनके विरुद्ध, स्वदेशी विकास के मार्ग में आने वाली पश्चिम की जो पतनशील प्रवृत्तियाँ हैं, उन पतनशील प्रवृत्तियों के विरुद्ध भी आगाह करते हुए इस 'रेलिवेंस' की स्थापना की थी। इसलिए परम्परा के मूल्यांकन के सिलसिले में जब भी 'रेलिवेंस' की बात उठाई जाती है, स्पष्ट है कि प्रगतिशील दृष्टि से परम्परा का किया मूल्यांकन इस मामले में अपनी प्रासंगिकता को अमूर्त, हवाई और अनिश्चित नहीं रखता, बल्कि उस प्रासंगिकता का एक निश्चित लक्ष्य मूल्य के स्तर पर, जन समुदाय के स्तर पर रखता है और स्वयं अपने राष्ट्रीय

जीवन के विकास की दृष्टि से उसकी प्रासंगिकता को रेखांकित करता है। जबकि दूसरे लोग केवल यही कहते हैं कि प्रासंगिक है—किसके लिए, कुछ पता नहीं। इसके बारे में वे चुप हैं। जो आदमी प्रासंगिकता के बारे में चुप रहे, समझना चाहिए कि वह या तो बताना नहीं चाहते हैं, या तो उसे साफ कहने की हिम्मत नहीं है या इतनी शर्म की बात होगी कि कदाचित् वह प्रासंगिकता भी बहुत प्रासंगिक नहीं होगी, बल्कि अप्रासंगिक का दर्जा ही हासिल करेगी।

दूसरी बात, इस पूरे विवेचन में और जहाँ हमारे सामने समस्या उपस्थित होती है; वह यह है कि मुख्य रूप से प्रगतिशील दृष्टि के द्वारा परम्परा का जो मूल्यांकन किया गया है, इसके अन्तर्गत स्वयं कुछ समस्याएँ पैदा होती हैं। चूँकि मार्क्सवादी दृष्टि से जब परम्परा का मूल्यांकन हम करते हैं तो उसके साथ इतिहास की एक मार्क्सवादी दृष्टि भी सामने है। अतीत का जो साहित्य है, उसकी रचना के पीछे कार्य कर रही निश्चित सामाजिक अवस्थाओं के बारे में मार्क्सवाद की अपनी एक दृष्टि है। अतीत का इतिहास वर्ग संघर्ष का इतिहास है। आमतौर पर साहित्य के बारे में यह समझा जाता है कि वह विचार प्रणाली और विचारधारा का अंग है। डॉक्टर साहब ने अपने अनेक ग्रन्थों में कहा है कि साहित्य विचारधारा से प्रभावित होता हो, लेकिन उसे विचारप्रणाली या विचारधारा के अन्तर्गत गिनना सही नहीं है। यानी वह विचारप्रणाली मात्र नहीं है। तुलसीदास का 'रामचरितमानस' या 'विनयपत्रिका' उस युग की जो प्रभावशाली वर्ग की विचारधारा रही होगी, उस विचारधारा से कितनी प्रभावित हुईं? या कितनी प्रभावित नहीं हुईं? उस युग की विचारधारा में अनेक तरह की विचारधाराएँ रही होंगी और उनमें जो प्रभुत्वशाली विचारधारा रही होगी, उसमें असंगतियाँ भी रही होंगी। अर्थात् अतीत के साहित्य में और महान साहित्यिक कृतियों में हमने—आमतौर से मार्क्सवादी आलोचकों ने—अन्तर्विरोध या असंगतियाँ दिखाईं। इन असंगतियों के निरूपण के क्रम में दो बातें दिखाई पड़ती हैं। एक बात गले नहीं उतरती है। डॉक्टर साहब ने तुलसीदास पर लिखते हुए कुछ ऐसी बातें लिखीं हैं, जैसे— 'ढोल गँवार सूद्र पसु नारी' एकदम ही तो नहीं, लेकिन इस प्रकार की कुछ बातें हैं, उन्हें क्षेपक मानना चाहिए। जब असंगति दिखाई पड़ती है, उस असंगति का विवेचन और इसका मूल्यांकन किस प्रकार किया जाए? उन लोगों के लिए यह काम बहुत आसान है कि जो किन्हीं कारणों से अतीत के किसी एक महान लेखक में असंगति नहीं देखते, अन्तर्विरोध नहीं देखते—या तो सर्वथा त्याज्य है या सर्वथा ग्राह्य है, लेकिन जहाँ महान कवियों में और तुलसीदास में ऐसे अन्तर्विरोध दिखाई पड़ें तो क्या किया जाए, स्वयं भारतेन्दु में एक ओर राष्ट्रभक्ति भी है, दूसरी ओर राजभक्ति भी है। स्वयं महावीर प्रसाद द्विवेदी में ऐसी चीजें दिखाई पड़ती हैं, रामचन्द्र शुक्ल में दिखाई पड़ती हैं, निराला में दिखाई पड़ेंगी। अतीत ही नहीं, हम देखते हैं कि वर्तमान का भी कौन-सा

बड़े-से-बड़ा कवि या लेखक है जिसमें अन्तर्विरोध या असंगति नहीं है? बहुत बड़े जिगरे वाला कोई आदमी होगा, जो कहेगा कि मैं सुसंगत हूँ। ठोस हूँ। असंगतियाँ अवश्य होंगी, लेकिन बड़े साहित्यकार और छोटे साहित्यकार की असंगतियों में भी फर्क होता है, असंगतियों में जो संघर्ष होता है, उसकी तीव्रता और गहराई में फर्क होता है, उसके स्वर में फर्क हुआ करता है और उस असंगति और तनाव को दूर करने के लिए जो प्रयत्न करता है, संघर्ष करना होता है, उस प्रयत्न की गम्भीरता में भी अन्तर होता है। अनेक रूप हुआ करते हैं। कहीं यह दूसरा छोर तो नहीं है कि अतीत के साहित्यकारों को साधारण जन-जीवन के लिए उपयोगी प्रमाणित करने की प्रक्रिया में हम आज की आवश्यकता के अनुरूप वे सारी बातें ढूँढ़ लेते हैं और उस ढूँढ़ने के प्रयास में जो असुविधाजनक अवांछनीय तत्व होते हैं, आमतौर से उन्हें या तो हम क्षेपक मान लेना चाहते हैं या हम उनका महत्व कम करके रखना चाहते हैं। उन तत्वों को हम ज़्यादा उभारकर रखना चाहते हैं, जो तत्व हमारे लिए ज़्यादा उपयोगी हैं। कठिनाई इसमें तब होती है, जब अतीत के साहित्यकारों में जो कुछ गिनी-चुनी चीजें हैं, हम सबमें देखने लगते हैं। उस काल-विशेष के जितने मुख्य तत्व हैं अर्थात् जिन खोजा तिन पाइयाँ, जो हम खोजने निकलते हैं, वही-वही पाते हैं और वही लेकर निकलते हैं। नतीजा यह होता है कि तमाम साहित्यकारों की प्रतिमा एक-सी दिखाई पड़ती है। बहुत-कुछ एकरूपता का निर्माण होता है और दूसरी ओर उन असंगतियों या अन्तर्विरोधों का उल्लेख करते समय हम उनको गौण, महत्वहीन, उपेक्षणीय मानकर प्रायः प्रसन्नता की दृष्टि से कि ये ज़्यादा महत्वपूर्ण हैं या मुख्य हैं, इसलिए मुख्यता के आधार पर हम उनकी एक ऐसी प्रतिमा निर्मित करते हैं, जो प्रतिमा हमें ज़्यादा पसन्द होती है या हमारे लिए सुविधाजनक होती है। कदाचित् परम्परा के मूल्यांकन का यह दूसरा छोर है, जो उच्छेदवादी दृष्टि का बिलकुल प्रतिरूप है। एक जो सम्पूर्ण परम्परा को प्रतिक्रियावादी मानता है कि सामन्ती युग का साहित्य सामन्ती है, पूँजीवादी युग का साहित्य पूँजीवादी है। दूसरे सामन्ती युग या पूँजीवादी युग के जितने महान साहित्यकार हैं, चूँकि वे महान हैं, इसलिए प्रगतिशील होना ही चाहिए और चूँकि वे प्रगतिशील हैं; इसलिए उनमें वे सारे मूल्य, जो आज दिखाई पड़ते हैं, वे सब कुछ हों। कभी-कभी ऐसा भी होता है कि वर्तमान में और अतीत में निरन्तरता लागू करने की प्रक्रिया में वह जो अन्तर है, वह मिट जाया करता है। वर्तमान को अतीत से जोड़ने के प्रयास में अतीत पूरा का पूरा वर्तमान हो उठता है और वर्तमान हो जाने की प्रक्रिया में यह तो सही है कि परम्परा की पूरी शक्ति, पूरी निधि, पूरी पूँजी आज के लिए हासिल करते हैं, लेकिन एक खतरा बराबर बना रहता है, क्योंकि अतीत के कवियों में अन्तर्विरोध होने के कारण उनके दूसरे पक्ष भी हैं और उन दूसरे पक्षों का दुश्मन प्रचार-प्रसार करके ज़्यादा उपयोग करते हैं और किया करते हैं। इसलिए

तुलसी, भारतेन्दु, महावीर प्रसाद द्विवेदी, रामचन्द्र शुक्ल की एक प्रगतिशील प्रतिमा निर्मित करने के साथ ही यह चिन्ता होनी चाहिए कि उनकी यह प्रतिमा कितनी देर तक वर्तमान के आलोक में और कायदे से इतिहास के तथ्यों के आलोक में सुरक्षित रह सकेगी। इन प्रतिमाओं में नए अन्तर्विरोध चुनौती के रूप में कब-कब नहीं उभरकर आया करेंगे। आमतौर से यहाँ भी और बाहर भी मार्क्सवादी मूल्यांकन के सामने कई प्रकार के खतरे उपस्थित किए गए हैं। यह केवल किताबी या लेखकों और बुद्धिजीवियों तक बात रहती तब तो ठीक है। संयोग से तुलसी जयन्ती हर साल मनाई जाती है और तुलसीदास पर तरह-तरह के व्याख्यान हुआ करते हैं और हम लाख कहा करें, तुलसीदास को किसानों-मजदूरों तक अपनी दृष्टि से ले जाने के लिए जितनी दूर तक हम प्रयत्न करते हैं, इसके बावजूद दूसरी ओर से भी तुलसीदास का उपयोग करने वाले लोग मौजूद हैं और काफी हैं और उनके नाम पर खास तरह से साधारण लोगों को संगठित भी कर लिया करते हैं और संगठित करके कभी-कभी कार्यवाही भी कर बैठते हैं, जिसके रूप हमारे सार्वजनिक जीवन में दिखाई पड़ते हैं। ऐसी स्थितियों में क्या मूल्यांकन की यह स्ट्रैटजी सही है या हमको इस पर नए सिरे से विचार करने की जरूरत पड़ेगी। इस तरह का विवाद यूरोप में फासिज़्म के जमाने में भी हुआ था। एक ओर जॉर्ज लुकाच उपन्यास की महान परम्परा की व्याख्या करते हुए उन्नीसवीं सदी के महान उपन्यासकारों बाल्जाक, टॉल्स्टाय वगैरह पर लेख लिखकर उन सबको फासिस्ट विरोधी संघर्ष के लिए इस्तेमाल कर रहे थे। उसी समय जर्मनी के दूसरे नाटककार बर्तोल्त ब्रेख्त ने नाटक लिखने के क्रम में परम्परा के मूल्यांकन के बारे में एक दूसरा सूत्र स्थापित किया। उसे विचार के लिए मैं रखना चाहता हूँ। उन्होंने यह विचार एक मार्क्सवादी की हैसियत से रखा और लुकाच के सिद्धान्त के ठीक विपरीत रखा। लुकाच ने बाल्जाक, टॉल्स्टाय के तमाम प्रगतिशील तत्वों को उभारकर सामने रखा। लुकाच के विरुद्ध ब्रेख्त का प्रसिद्ध सिद्धान्त 'एलिएनेशन इफेक्ट' आया कि अतीत को समकालीन बनाकर उपस्थित करना गलत है। यानी शेक्सपियर को समकालीन बनाकर उपस्थित करना शेक्सपियर के साथ तो अन्याय है ही, अपने साथ भी अन्याय है। अतीत को इस रूप में उपस्थित किया जाए कि अतीत और वर्तमान के बीच की दूरी बराबर बनी रहे, उसकी जो 'अदरनेस' है वह बनी रहे। अर्थात् तुलसीदास तुलसीदास ही हैं, वह न निराला हैं, न निराला हो सकते हैं। तुलसीदास का महत्व, उनकी गरिमा और सार्थकता निराला होने में नहीं है, तुलसीदास बने रहने में है—समस्त असंगतियों, अन्तर्विरोधों के साथ। इसलिए उनकी जो अतीतता है, उनके अन्तर्विरोध हैं, उनकी असंगतियाँ, इनका सही-सही वास्तविक ज्ञान हम प्राप्त करें, यानी हम तात्कालिक उपयोग के लिए उनका इस्तेमाल नहीं करना चाहते हैं बल्कि उनको अधिक से अधिक उनके अपने सही ऐतिहासिक सन्दर्भ और उनके समस्त

अन्तर्विरोधों के साथ उपस्थित करके देखें कि वे हमसे दूर हैं, अलग हैं, अपने समय की समस्याएँ उन्होंने हल की हैं। हमारी समस्याएँ उन्होंने हल नहीं कीं, लेकिन ऐसा न करके उन्होंने गलत काम नहीं किया। इस संघर्ष में, उनके अपने संघर्ष में, अपने अन्तर्विरोध में भी इतनी शक्ति है कि आज भी वे हमें बता सकते हैं। इसलिए परम्परा का मूल्यांकन करते समय परम्परा के बारे में एक दृष्टि है—लगातार उसे समकालीन बनाते जाना, वर्तमान के लिए प्रासंगिक बनाते जाने का प्रयत्न, और इस तरह वर्तमान और अतीत के अन्तर को कम करना। दूसरा प्रयत्न है—अतीत की अतीतता को बराबर सुरक्षित रखते हुए वर्तमान और अतीत की, उस दूरी को रेखांकित करना, जिसमें वर्तमान की अपनी अस्मिता, अपनी विशिष्टता, अपनी समस्याएँ पूरी ज्वलन्तता के साथ मौजूद रहें, वे अतीत से अपना बराबर पार्थक्य समझते रहें, अगर ऐसा नहीं होगा तो हम लोग अपने आज के संघर्षों को वस्तुतः अतीत का पुराना संघर्ष मान लेंगे, जो राजनीतिक दृष्टि से भी गलत होगा। इसलिए आज के ज्वलन्त संघर्षों में और अतीत के संघर्षों में जो ऐतिहासिक अन्तर है, उसे स्पष्ट रखना चाहिए; इनमें एक कड़ी है, एक रिश्ता है, एक नैरन्तर्य है, लेकिन एक पार्थक्य भी है, उस पार्थक्य को कायम रखना चाहिए। ब्रेख्त ने लुकाच पर यही आरोप लगाया था कि लुकाच उस दूरी को कम करना महत्वपूर्ण समझते हैं, मैं उस दूरी को कम नहीं करना चाहता, बल्कि जितनी है, ज्यों की त्यों उसे बनाए रखने में विश्वास करता हूँ और उन्होंने कहा कि वह ज़्यादा जरूरी और क्रान्तिकारी काम है।

मुझे डॉक्टर साहब (रामविलास शर्मा) की पुस्तकों को पढ़ते हुए बार-बार यह लगा कि यह दूसरा तत्व डॉक्टर साहब के विवेचन में मौजूद है, किन्तु उतना उभरकर नहीं आता। वे तुलसीदास पर लिखते हुए, रामचन्द्र शुक्ल पर लिखते हुए, महावीर प्रसाद द्विवेदी पर लिखते हुए, उनके अन्तर्विरोधों पर बल देते हैं। कहीं अन्यत्र दूसरे प्रसंग में भी पढ़ा था कि डॉक्टर साहब की हर रचना एक निश्चित वैचारिक संघर्ष के दौर में लिखी गई है। इसलिए कभी-कभी उस सन्तुलन को ठीक करने के लिए ऐसी चीजों पर ज़्यादा बल देना पड़ता है, जिनकी ओर लोगों का ध्यान नहीं जाता है। इसलिए महावीर प्रसाद द्विवेदी पर पुस्तक लिखते हुए कदाचित् महावीर प्रसाद द्विवेदी के ऐसे निषेधात्मक पक्ष थे, जिन पर उतना बल नहीं दिया गया है, क्योंकि दूसरे लोग उनसे ज़्यादा परिचित हैं। जो उपेक्षित पहलू हैं उन पर ज़्यादा बल दिया गया है। किन्तु बराबर मुझे ऐसा लगा कि अपनी सर्वोत्तम समीक्षाओं और मूल्यांकन में डॉक्टर साहब (रामविलास शर्मा) अतीत और वर्तमान की इस पूरी और अन्तर की ओर, खासतौर से आज के राजनीतिक और सामाजिक संघर्षों की विशिष्टता की ओर संकेत करते चलते हैं।

मैं विधिवत् डॉक्टर साहब का शिष्य तो नहीं रहा, किन्तु बहुत-कुछ सीखा है डॉक्टर साहब से, और इसके नाते मैं कह सकता हूँ कि स्वयं जैसे परम्परा के वे अभिन्न

जीवन्त अंग हैं, उनकी रचनाओं की भी जिस प्रकार की व्याख्या की जा रही है, उसमें आमतौर से इनका लेखन एक ऐसे प्रकार के लेखन को प्रोत्साहन देता है जो वर्तमान और अतीत की दूरी को कम करके ज़्यादा से ज़्यादा उसे समकालीन और वर्तमान बनाने को प्रेरित करता है, और दूसरा पक्ष, जो स्वयं इनकी रचनाओं में है, जब दूरी को बनाए रखने की ओर ध्यान कम दिया जाता है। दोनों में कौन सही रास्ता है या इन दोनों के अलावा भी कोई तीसरा रास्ता हो सकता है, मैं जानता हूँ कि डॉक्टर साहब यह बताने में भी समर्थ हैं और उस पर अपने विचार व्यक्त कर सकते हैं।

[(आर.बी.एस. कॉलेज, आगरा की संस्था 'सहचिन्तन' द्वारा आयोजित संगोष्ठी में 21 नवम्बर, 1983 को डॉ. रामविलास शर्मा की उपस्थिति में दिया गया व्याख्यान।
पहल-26 में प्रथम प्रकाशन।)
प्रस्तुति : नन्द भारद्वाज]

साहित्य का समाजशास्त्र : लूसिएँ गोल्डमान

1

जिन विचारकों ने एक निश्चित पद्धति का निर्माण और विकास किया और उसके साथ उतने विस्तार से प्राचीन और आधुनिक साहित्यिक कृतियों का समाजशास्त्रीय अध्ययन किया, उनमें सबसे प्रमुख नाम लूसिएँ गोल्डमान का है। हम लोग लूसिएँ गोल्डमान के साहित्यिक समाजशास्त्र और उनकी साहित्यिक समाजशास्त्रीय अवधारणाओं पर एक दृष्टि डालेंगे। लूसिएँ गोल्डमान पर किताबें और लेख बहुत हैं। उन पर लिखा बहुत गया है और उनकी कुछ क्लासिक अवधारणाएँ या कॉन्सेप्ट हैं, उन अवधारणाओं में थोड़ी जटिलता भी है और कहीं-कहीं अस्पष्टता भी है। इसलिए हम लोग उनको अपेक्षाकृत सरल-सुबोध रूप में समझने और जानने की कोशिश करेंगे।

लूसिएँ गोल्डमान 1923 में पैदा हुए और 1970 में 57 साल की उम्र में उनकी मृत्यु हुई। पैदा हुए थे रोमानियाँ के एक यहूदी परिवार में और अपने वामपन्थी विचारों के कारण कुछ दिनों जेल में रहे। इसी कारण उनको रोमानियाँ छोड़ देना पड़ा। रोमानियाँ से वे पेरिस आ गए थे। उनकी ज़्यादातर शिक्षा पेरिस और वियना में हुई। मशहूर मनोविज्ञानवेत्ता ज्याँ पेजे की लेबोरेटरी में उनके साथ कई दिनों तक काम किया। ज्याँ पेजे के साथ काम करते हुए वे संरचनावाद (स्ट्रक्चरिज़्म) को मानने वाले हो जाते हैं। दूसरे महायुद्ध के दौरान जब देश में नाजियों का राज कायम हो गया, पेरिस छोड़कर भागना पड़ा, इसलिए शिक्षा का सिलसिला खंडित रहा। कुछ शिक्षा फ्रांस में हुई, कुछ शिक्षा जर्मनी में हुई। दूसरा महायुद्ध समाप्त होने के बाद वे फिर पेरिस लौटे। पेरिस नाजियों से मुक्त हुआ 1945 के बाद। उन्होंने फिर अपनी पढ़ाई का सिलसिला जारी किया। 1956 में उन्होंने शोध-कार्य किया था, जिस पर उपाधि मिली थी। यह दूसरी डिग्री थी उनके जीवन की। 'द हिडेन गॉड' नाम की किताब है। 1956 में इसे थीसिस के रूप में जमा किया था। गोल्डमान पेरिस में ही 'साहित्य का समाजशास्त्र' के प्रोफेसर बनाए गए। प्री-यूनिवर्सिटी बसेल्स में उन्होंने एक रिसर्च प्रोजेक्ट शुरू किया, जिसमें वे जीवन जीवनपर्यन्त काम करते रहे। वहाँ उन्होंने

'सोसियोलॉजी ऑफ लिटरेचर' नाम की डिसिप्लिन कायम की। उनकी मुख्य साहित्यिक रचनाएँ हैं–'हिडेन गॉड', जिस पर उन्हें यश प्राप्त हुआ, और 'टुवर्ड्स सोसियोलॉजी ऑफ नॉवेल'। इसके अलावा उन्होंने ज्याँ जेने के नाटकों पर लिखा है। लूसिएँ गोल्डमान का लेखन इस तरह से तीन हिस्सों में बाँटा जा सकता है। उनकी कुछ पुस्तकें सैद्धान्तिक हैं। साहित्य का समाजशास्त्र को वे 'जेनेटिक स्ट्रक्चरलिज़्म' कहते थे यानी 'उत्पत्तिपरक संरचनावाद'। इस सिद्धान्त के बारे में और इसकी पद्धति या प्रणाली के बारे में उन्होंने कई लेख लिखे हैं। पुस्तकें भी लिखी हैं–'कल्चरल क्रिएशन', 'मार्क्सिज़्म एंड ह्यूमन साइंसेज'। दूसरी कोटि के लेख हैं, जहाँ उन्होंने अपनी पद्धति को कुछ दार्शनिकों और विचारकों पर लागू किया है। इस कोटि में कांट, जॉर्ज लुकाच और हाइगेडर सम्बन्धी उनके लम्बे निबन्ध हैं। तीसरी कोटि है उन पुस्तकों की, जहाँ मुख्यतः उन्होंने साहित्यकारों और साहित्यिक कृतियों का जिक्र किया है। इसमें सबसे प्रसिद्ध पुस्तक 'द हिडेन गॉड' है, जिसमें रासीन के दुखान्त नाटकों और पास्कल का जिक्र किया है। पास्कल एक तरह के फ्रांस के रहस्यवादी चिन्तक थे लेकिन उनका महत्व साहित्य में भी माना जाता है। दूसरी पुस्तक 'टुवर्ड्स अ सोसियोलॉजी ऑफ नावेल' है। इसमें मुख्यतः आन्द्रो मालरो के उपन्यासों का अध्ययन है। उसके अलावा कुछ अन्य उपन्यासों के बारे में भी सामान्य समीक्षा की गई है। तीसरी कोटि में ज्याँ जेने के नाटकों पर उन्होंने विस्तार से अध्ययन किया है। इस तरह सैद्धांतिक लेखन, दार्शनिकों का समाजशास्त्रीय अध्ययन और साहित्यिक कृतियों का समाजशास्त्रीय अध्ययन, तीन कोटियों में उनका लेखन दिखाई पड़ता है।

उन पर दो प्रभाव मुख्य रूप से हैं, जिनको उन्होंने स्वीकार किया है। एक तो लुकाच की तीन आरम्भिक कृतियों का है। 'सोल एंड द फॉर्स', 'थियरी ऑफ नॉवेल', और 'हिस्ट्री एंड क्लास-कांशसनेस' हैं। इन तीन पुस्तकों का गहन प्रभाव लूसिएँ गोल्डमान ने स्वीकार किया है। यद्यपि जॉर्ज लुकाच इस बात से बड़े ही अप्रसन्न थे। उन्होंने लूसिएँ गोल्डमान को एक पत्र भी लिखा था। उन्होंने कहा कि बड़ी अजीब बात है, अगर तुम्हारी बात मानी जाए तो मैं 1923 में मर गया। 1923 के बाद मैंने जो कुछ लिखा उसका तुम्हारे लिए कोई महत्व नहीं है। तुम्हारा यह ऋण स्वीकार करना और न करना मेरे लिए बराबर है। तुम्हारे इस प्रभाव का मेरे लिए कोई अर्थ नहीं है। लगभग जॉर्ज लुकाच ने डिस्औन कर दिया। उन्होंने कहा कि जिन कृतियों को मैं अपरिपक्व मानता हूँ, उन्हें तुम महत्वपूर्ण मानते हो और उसके बाद जो मैंने काम किया है, उसका तुम्हारे लिए कोई महत्व नहीं है। चालीस साल मैं घास खोदता रहा हूँ। इसके बाद जॉर्ज लुकाच ने लूसिएँ गोल्डमान से कोई पत्र-व्यवहार नहीं किया। दूसरा प्रभाव उन्होंने स्वीकार किया है ज्याँ पेजे का, जो मशहूर बाल मनोवैज्ञानिक हैं। एक तरह से 'जेनेटिक स्ट्रक्चरलिज़्म' का श्रेय बहुत-कुछ ज्याँ पेजे को है। उनकी

लेबोरेटरी में गोल्डमान ने काम किया है। इस लेबोरेटरी वाले काम का एक बहुत महत्वपूर्ण प्रभाव उन पर रहा है। देखना है कि गोल्डमान ने अपना जो कॉन्सेप्ट बनाया, वह क्या है? ज्याँ पेजे की लेबोरेटरी में काम करने का असर गोल्डमान पर यह हुआ कि उन्होंने एक पद्धति विकसित की। पद्धति ऐसी होती है जो सुनने में बड़ी भारी-भरकम लगे, बहुत महत्वपूर्ण और गम्भीर लगे लेकिन किसी काम की न हो। उसकी 'ऑपरेशनल वैल्यू' नहीं होती। जो सचमुच काम करने वाला आदमी होता है उसके लिए ऑपरेशनल वैल्यू वाली पद्धति ज़्यादा काम की होती है। लूसिएँ गोल्डमान ने केवल थियरी नहीं बनाई है, पद्धति ही नहीं बनाई बल्कि उसे अनेक उपन्यासों तथा दूसरी कृतियों में इस्तेमाल भी किया है। ज्याँ पेजे का अच्छा असर उनके ऊपर था। आगे चल करके जॉर्ज लुकाच ने भी अनेक साहित्यिक कृतियों का खासतौर से 'क्रिटिकल रियलिज़्म' और 'सोशलिस्ट रियलिज़्म' की स्थापना करके व्यावहारिक आलोचना पर काम किया है। सबसे ज़्यादा उपयोगी उनके व्यावहारिक कार्य हैं। लूसिएँ गोल्डमान ने पहले व्यावहारिक कार्य किया, उसके बाद उसको रेशनलाइज करते हुए उसके औचित्य स्थापना के लिए सिद्धान्त का निर्माण किया। पहला काम कांट पर किया और दूसरा 'हिडेन गॉड' में रासीन के दुखान्त नाटकों पर। दोनों पुस्तकों में थोड़ी-सी चर्चा उस मेथडोलॉजी की भी है। सचमुच मेथडोलॉजी पर उन्होंने बहुत बाद में काम किया है। जिसको कोडीफाई करना कहते हैं—सूत्रबद्ध रूप में। दोनों में कभी-कभी अन्तर्विरोध भी दिखाई पड़ता है। उस मेथडोलॉजी को सूत्रबद्ध रूप में दिया हुआ है। पाँच सूत्र गिनाए हैं। पाँच सूत्रों को कहीं भी आप पढ़ सकते हैं।

'आलोचना' में उनके एक लेख का अनुवाद किया गया है, उसमें पाँच सूत्र लिखे गए हैं। जो सूत्रीकरण उन्होंने अपनी पद्धति का किया है, वह एक चीज है और वह पद्धति व्यवहार में, प्रयोग में जिस रूप में इस्तेमाल की गई है, वह 'हिडेन गॉड' में है। लोगों का खयाल है कि 'हिडेन गॉड' में जो प्रच्छन्न या अन्तर्निहित पद्धति है वह ज़्यादा उपयोगी और रचनात्मक है। उसकी अपेक्षा जिस पद्धति को जो उन्होंने पाँच सूत्रों में सूत्रबद्ध किया है, कम उपयोगी है। गोल्डमान ने सिर्फ दो चीजें लिखी हैं। उनकी दोहरी स्थापनाएँ हैं। पहली चीज यह है कि साहित्यिक कृतियाँ प्रकृत्यः सामाजिक होती हैं। दूसरी चीज यह कि साहित्यिक कृतियों की अन्तर्वस्तु का विश्लेषण नहीं करना चाहिए, बल्कि अन्तर्वस्तु के रूप का विश्लेषण करना चाहिए। अंग्रेजी में आप लोग चाहें तो इसे लिख सकते हैं—'कल्चरल प्रोडक्ट्स आर इनहेरेंटली सोशल' एक। और दूसरा है—'एनालिसिस मस्टबीन ऑल केसेस ऑफ द फॉर्म एंड नॉट द कंटेंट इट सेल्फ।' दो सीधे-सादे सूत्र हैं, बड़े ही निरामिष। इनकी व्याख्या बहुत जरूरी है। उस व्याख्या को कि साहित्यिक कृतियाँ प्रकृत्यः सामाजिक होती हैं, इसमें 'इनहेरेंटली सोशल' का क्या मतलब है? दूसरी चीज यह कि साहित्यिक कृतियों का

विश्लेषण उनकी अन्तर्वस्तु या उनके कंटेंट के आधार पर नहीं करना चाहिए बल्कि उनके अन्तर्वस्तु के रूप का करना चाहिए। हम आमतौर से जानते हैं कि साहित्यिक कृतियाँ पंचायती ढंग से नहीं लिखी जातीं। प्रेमचन्द ने 'गोदान' लिखी। कोई कमेटी बनाकर तो प्रेमचन्द ने लिखा नहीं। इसलिए किसी साहित्यिक कृति का लेखक एक व्यक्ति होता है। रहा होगा समाज के इतिहास में या साहित्य के इतिहास में एक युग जब समूह गीत होते थे। महाभारत एक ही व्यास ने लिखा या कई लोगों ने लिखा? 'ओडसी' या वैदिक ऋचाओं के बारे में भी कई लोगों ने यह लिखा है। लेकिन ज्ञात इतिहास की प्रत्येक कृति का लेखक कोई न कोई एक आदमी है। आमतौर से एक प्रश्न होता है कि प्रेमचन्द ने 'गोदान' क्यों लिखा? कैसे लिखा? किन विचारों और भावों की अभिव्यक्ति के लिए लिखा? लूसिएँ गोल्डमान का कहना है कि इसमें हमारी कोई दिलचस्पी नहीं है। किसी साहित्यिक कृति के विश्लेषण में उसका

जो कर्ता है या उसका रचयिता है, उसका व्यक्तिगत जीवन है, आत्मकथा या आत्मचरित और उसकी अपनी रचना-प्रक्रिया है, उसके अध्ययन में मेरी कोई दिलचस्पी नहीं है। यह 'साइको एनालिस्ट' का काम है। यह साहित्य के समाजशास्त्र का काम नहीं है। यह सही है कि लेखक कोई न कोई एक होता है और वह लेखक अपनी व्यक्तिगत बातें भी उसमें कहता है, लेकिन एक साहित्यिक कृति एक व्यक्ति द्वारा लिखी जाती हुई भी इंडीविजुअल नहीं होती, व्यक्तिगत नहीं होती। 'ट्रान्सइंडीविजुअल' होती है। जब वह कहते हैं कि साहित्यिक कृति प्रकृत्यः सामाजिक होती है तो इसका अर्थ है कि भले ही उसे एक व्यक्ति लिखे, वह सामाजिक होती है। इसी बात को कहने के लिए उन्होंने जिस शब्द का प्रयोग किया है वह 'ट्रान्सइंडीविजुअल' है यानी 'अधिवैयक्तिक' होता है। उसकी प्रकृति इंडीविजुअल और सोशल दोनों होती है। जिस शब्द का प्रयोग उन्होंने किया है, उस पर बहस और लोगों ने की है। साहित्यिक कृति को इलियट ने इमपर्सनल कहा है। इन्होंने ट्रान्सइंडीविजुअल कहा है। ठीक है कि रचना एक व्यक्ति करता है लेकिन वह व्यक्ति किसी सामाजिक समूह का प्रवक्ता होता है। इस बात को समझ लीजिए। उदाहरण के लिए रासीन ने नाटक लिखे, इसलिए व्यक्ति रासीन के जीवन का चाहे जितना विश्लेषण किया जाए, उसकी व्यक्तिगत बातों का पता लगाया जाए, उससे उसकी रचना का अर्थ नहीं खुल सकता है। रासीन के जीवन चरित्र का ब्योरा भी उसके नाटक या उसकी दुखान्त ट्रेजेडी में कोई बता सकता है? उसके नाटक को ठीक-ठीक समझा जा सकता है इस बात से कि रासीन किस सामाजिक समूह का सदस्य था। गोल्डमान ने 'सोशल ग्रुप' कहा है, 'वर्ग' नहीं। उन्होंने कहा कि फ्रांस में 'नोबलेस-द-रोब' एक सोशल ग्रुप है जिसका गहरा सम्बन्ध फ्रांस की कोर्ट से है। 'नोबलेस-द-रोब' की विचारधारा रासीन के दुखान्त नाटकों में व्यक्त होती है। इसलिए पहली बात यह कि रासीन के नाटक

प्रकृत्यः सामाजिक हैं। रासीन नाम के एक व्यक्ति की भावनाओं और विचारों की अभिव्यक्ति उसमें नहीं हुई है, बल्कि उस सामाजिक समूह की अभिव्यक्ति है, जिसके सदस्य रासीन थे। किसी लेखक के पीछे जीवन-चरित्र की अपेक्षा यह पता लगाना कि वह कौन-सा ग्रुप है, जिसका वह सदस्य है, बड़ा महत्वपूर्ण है। जिस सोशल ग्रुप की समस्याओं को हल करने के लिए उसने अपनी कृतियाँ लिखीं, उन चीजों के अध्ययन से हम किसी साहित्यिक कृति के बारे में सही जानकारी प्राप्त कर सकते हैं। गोल्डमान ने कहा कि किसी रचना की अंडरस्टैंडिंग और इंटरप्रिटेशन एक काम है और एक्सप्लेनेशन दूसरा। ये शब्द टेक्निकल अर्थ में इस्तेमाल किए गए हैं।

दूसरी बात यहाँ यह है कि किसी कृति की अन्तर्वस्तु का विश्लेषण नहीं करना चाहिए। बल्कि अन्तर्वस्तु के रूप का विश्लेषण करना चाहिए। उदाहरण के लिए गोल्डमान ने कहा है कि कोई आदमी कहे कि डिकेन्स के उपन्यासों से विक्टोरियन इंग्लैंड की गरीबी का या गरीब लोगों का जीवन मालूम होता है–तो यह हुआ डिकेन्स के उपन्यासों के कंटेंट्स का वर्णन। ज़्यादातर गरीबी का, विक्टोरियन इंग्लैंड के गरीब बच्चों का वर्णन है; किस तरह से भयावह गरीबी थी, उसका चित्रण है। लूसिएँ गोल्डमान ने कहा कि यह हमारे लिए इनहेरेंट है। विक्टोरियन इंग्लैंड में गरीबी थी, अगर इसी के लिए हम पढ़ रहे हैं डिकेन्स को तो डिकेन्स को बिना पढ़े भी मालूम कर सकते हैं कि गरीबी थी। हम लोग हिन्दी में प्रेमचन्द को पढ़ें, केवल यह पता लगाने के लिए कि गाँवों में बहुत गरीबी है, किसान बड़े गरीब ढंग से रहते हैं, तो इतनी सी बात का पता लगाने के लिए प्रेमचन्द को पढ़ने की क्या जरूरत है? बिना प्रेमचन्द को पढ़े भी यह बात मालूम हो सकती है। गाँवों में गरीबी तो है। बेगार वसूल की जाती है, लगान में जोर-जबर्दस्ती की जाती है। इसके लिए 'प्रेमाश्रम' क्यों पढ़ें? बिना इन्हें पढ़े भी जानते हैं। गोल्डमान ने कहा कि साहित्यकार से और साहित्यकार की साहित्यिक कृति से कुछ ऐसी बातों का पता लगाइए, जो औसतन आपको और किसी सोच से नहीं मिलतीं। वह चीज क्या है? उन्होंने कहा कि दरअसल इसके लिए 'फॉर्म ऑफ कंटेंट' की 'एनालिसिस' होनी चाहिए। यह 'फॉर्म ऑफ कंटेंट' क्या है? ध्यान रखना होगा कि उन्होंने यह नहीं कहा कि कंटेंट की जगह 'फार्म' की एनालिसिस करनी चाहिए। 'फॉर्म ऑफ द कंटेंट' कहा है, क्योंकि अन्तर्वस्तु एक निश्चित रूपविधान में व्यक्त होती है। फार्म का अर्थ वहाँ है कि प्रत्येक साहित्यिक कृति कुछ मानसिक सारणियों और कोटियों में व्यक्त होती है, जिन्हें 'मेंटल कटेगरीज' कहते हैं। 'मेंटल कटेगरीज' या मानसिक सारणियाँ किसी साहित्यिक कृति के रचना-विधान का निर्माण करती हैं, ऑर्गनाइज करती हैं, उसको संगठित करती हैं। कोई उपन्यास हो या नाटक या कोई प्रबन्ध काव्य हो, तो उस प्रबन्ध काव्य का एक निश्चित आदि, मध्य, अन्त होता है, उसकी बनावट की संरचना होती है। यह 'रचना

विधान' या 'स्ट्रक्चर' है। रचना के निर्माण में कुछ मानसिक सारणियों की भूमिका होती है। एक उदाहरण लें। 'रामचरितमानस' लिखते हुए अपनी बनावट और संरचना के बारे में तुलसीदास बड़े सतर्क थे। उन्होंने 'सप्त प्रबन्ध' और 'सोपानर' का जिक्र किया है। 'रामचरितमानस' पूरा का पूरा एक सरोवर है, जिसमें चार घाट हैं, सात सोपान हैं, सीढ़ियाँ हैं, विस्तार से इसका वर्णन किया है। कांडों का विभाजन, वर्गीकरण करते समय सतर्क वे हैं कि कौन सी घटना कहाँ रहेगी, कैसे रहेगी। यह जो गठन है पूरा का पूरा–देखने का विषय है। प्रत्येक कृति एक समग्र, एक 'राउंडेड होल' होती है, चाहे कोई उपन्यास हो या कोई महाकाव्य। जैसे मैंने कहा कि आदि, मध्य और अन्त होता है। संरचना और बनावट के नियम हैं, का मतलब छन्द-विधान और अलंकार मुख्य नहीं हैं, बल्कि इस बनावट में एक निश्चित जीवन-दृष्टि होती है। जीवन-दृष्टि के अनुसार हम पूरा विधान करते हैं।

इस अमूर्तवाद को एक और मूर्त उदाहरण से स्पष्ट करें। मसलन 'कामायनी' है। 'कामायनी' का पूरा कथानक जयशंकर प्रसाद ने बनाया है। कथा के बारे में विस्तार से लिखा भी है। इड़ा का वर्णन अलग है, श्रद्धा का वर्णन अलग। लेकिन जयशंकर प्रसाद ने पूरी कहानी को एक कहानी के रूप में बुना है। उसका एक प्रतीकार्थ बनाया कि मनु मन है। दो वृत्तियाँ मन की होती हैं–एक को हृदय कहते हैं, दूसरी को बुद्धि कहते हैं। मनु हृदय का परित्याग करके बुद्धि को वरण करता है। बुद्धि तो उसकी एक तरह से कन्या है, पत्नी तो श्रद्धा है। पुत्री के साथ सम्बन्ध करना ही प्राकृतिक नियमों का विरोध है, यह एक तरह का बलात्कार या अत्याचार है। परिणामस्वरूप देवताओं का उस पर आक्रमण होता है। मनु घायल होते हैं और उसकी श्रद्धा फिर मिलती है। कहाँ-कहाँ के सूत्रों को कथा मिलाती है। पूरी कथा जो 'सतपथ ब्राह्मण' में मनु, श्रद्धा और इड़ा के रूप में बिखरी हुई है, उसके तमाम सूत्रों को मिलाकर एक व्यवस्थित ऐसी कथा बनाई, जिससे एक नया अर्थ बहुत स्पष्ट रूप से निकलता है। प्रसाद कहना चाहते हैं कि आज के मनुष्य की अनेक बुराइयों की जड़ बुद्धिवाद है। उसका एक मात्र इलाज श्रद्धावाद है, हृदयवाद है। इसी से मनुष्य का कल्याण हो सकता है। सारा असंतुलन दूर होगा ज्ञान, इच्छा और क्रिया के सामंजस्य में ही। यही पूरी की पूरी चीज है 'फार्म आफ कंटेंट' जिसके कारण एक विन्यास ग्रहण करता है 'कामायनी' नाम का काव्य। आमतौर से जिसे लोग 'फॉर्म' कहते हैं, लूसिएँ गोल्डमान का फार्म और लोगों के फॉर्म से भिन्न है। 'फॉर्म ऑफ द कंटेंट' अर्थात् प्रत्येक अन्तर्वस्तु एक निश्चित रूप में व्यक्त होती है। लूसिएँ गोल्डमान का 'फॉर्म' रूपवादियों का फार्म नहीं है, बल्कि वह अन्तर्वस्तु का एक रूप है, जो एक निश्चित विन्यास में और सरंचना में व्यक्त होती है। उस फार्म का अगर विश्लेषण आप करेंगे तो वह फॉर्म एक प्रकार के 'वर्ल्ड व्यू' को या 'विश्वदृष्टि' को व्यंजित करता है। यह विश्वदृष्टि

किसी एक व्यक्ति या रचनाकार की सृष्टि नहीं हो सकती, बल्कि एक सामाजिक समूह की सृष्टि हुआ करती है।

मेरा खयाल है कि यह बात खुद ही स्पष्ट है। अन्तिम एक और चीज जोड़ सकते हैं। जिसे हमने अभी 'विश्वदृष्टि' कहा वह भी एक तरह का फॉर्म है, उस हिसाब से विश्लेषण करना चाहिए। उन्होंने ज्याँ पेजे से जो सीखा था, वह उपयोगी चीज थी, एक तरह का 'फंक्शनलिज़्म' जिसको कहेंगे। कोई साहित्यिक कृति हो या कोई दर्शन हो, जैसे कांट की फिलॉसफी या रासीन की ट्रेजडी, यदि इनका समाजशास्त्रीय अध्ययन करना हो तो इन चीजों के बारे में एक बात ध्यान में रखना चाहिए कि इनकी सृष्टि या इनकी रचना किसी न किसी आवश्यकता की पूर्ति के लिए हुई है। किसी न किसी आकांक्षा के कारण हुई है, किसी न किसी प्रश्न के उत्तर के लिए हुई है। जिसे कहेंगे कि उनका एक निश्चित फंक्शन होता था। यह प्रश्न पूरे समाज का नहीं होता बल्कि समाज के एक निश्चित समूह अथवा वर्ग का होता है। इसलिए साहित्य के समाजशास्त्री का कर्तव्य है कि इस चीज को लोकेट करे, निश्चित करे, कि कोई साहित्यिक कृति किस आवश्यकता की पूर्ति के लिए रची गई और वह आवश्यकता किस सामाजिक समूह की थी। जब तक आप यह नहीं पता लगाएँगे तब तक उसकी विश्वदृष्टि का विश्लेषण भी नहीं कर सकते हैं। जब इसका पता लगाएँगे तो उसमें यह भी पता चलेगा कि किस आवश्यकता और किस सामाजिक समूह की आवश्यकता के उत्तर या समाधान के लिए उसकी रचना हुई है। आप यह भी देखेंगे कि वह समाधान कितने टूटे हुए सूत्रों को या विच्छिन्न सूत्रों को जोड़कर रिक्त स्थानों को पूरा करके बनाया गया है। किसी सामाजिक समूह या किसी युग की आकांक्षाएँ हमेशा स्पष्ट नहीं होतीं। बच्चा कभी-कभी रोता रहता है और उसे पता नहीं चलता है कि क्या कमी है, क्या तकलीफ है। भाषा तो उसके पास है नहीं। वह यह नहीं बता सकता है कि कहाँ पीड़ा हो रही है। यदि उसकी माँ उसे छोड़कर चली जाए तो उसको कुछ कमी सी मालूम होगी। वह कमी उसके पेट में है, उसके दिमाग में है कि उसके हृदय में है कि कहाँ है? यह वह ठीक लोकेट नहीं कर सकता। बड़ा होने पर भी लोगों को, बहुतों को पता नहीं चलता है कि जब प्रियजन से वे बिछुड़ जाते हैं तो यह पता नहीं चलता है कि बिछुड़ने का जो अभाव है, रिक्तता है, क्या है। वैसे ही किसी युग की आवश्यकताओं के बारे में है। कुछ कमी है, कुछ अभाव है, कुछ गडबड़ है। अस्पष्ट ढंग से जनता भी सोचती रहती है, यहाँ तक कि जनता ही नहीं बल्कि बड़े-बड़े प्रबुद्ध लोग भी सोचते हैं। इस देश में कहाँ कमी है, कहना कठिन है। हजार बातें गिनाएँगे। इसलिए छिन्न-भिन्न, परस्पर अलग-अलग शिकायतों की एक हजार सूची बना दीजिए लेकिन उन एक हजार में कोई सम्बन्ध आपस में है, कोई सूत्र है, यह ठीक-ठीक सबको पता नहीं चलता। कुछ लोग उसी को एक निश्चित

पैटर्न में ढाल देते हैं, बनाते हैं और उसको एक व्यवस्थित रूप देते हैं। इसी तरह से मैंने कहा कि किसी सामाजिक समूह की आवश्यकताएँ असम्बद्ध होती हैं, बिखरी हुई होती हैं, अस्पष्ट होती हैं। लगता है कि कुछ होना चाहिए। कुछ कमी है, लेकिन वह कमी क्या है? और कभी-कभी कमी का तो पता चलता है, लेकिन क्या होना चाहिए, यह नहीं मालूम होता। यह भी तो है। इसलिए अभाव का तो पता होता है लेकिन उस अभाव की पूर्ति किस रूप में हो, इसका पता नहीं होता। इसलिए बड़ा लेखक या विचारक उन रिक्त स्थानों को पूरा करके, टूटे हुए सूत्रों को जोड़कर एक व्यवस्थित ढाँचा खड़ा करता है। और वह व्यवस्थित ढाँचा एक नाटक के रूप में, एक उपन्यास के रूप में, एक प्रबन्ध काव्य के रूप में, एक लम्बी कविता के रूप में व्यक्त किया जाता है। साहित्य का समाजशास्त्र इस मुकम्मल रचना का विश्लेषण करके यह पता लगाने की कोशिश करता है कि कच्चे रूप में आवश्यकताएँ क्या हैं? और यह जो मुकम्मल रूप साहित्यिक कृति के रूप में व्यक्त हुआ है, वह किन-किन रिक्त स्थानों को पूरा करके, आकांक्षाओं को अधिक सुसम्बद्ध रूप में उपस्थित करने का प्रयत्न किया गया है, उन दोनों में सम्बन्ध ढूँढ़ता है और दोनों से फिर निष्कर्ष निकालता है। जैसे गुलामी के जमाने में स्वाधीनता संग्राम जब चल रहा था तो पहले भी अकाल पड़ता था, लोग भूखों मरते थे, अत्याचार होता था, दमन होता था, हर तरह की चीज थी। तो उसमें से ढूँढ़ के लोगों ने निकाला, उसमें से एक सूत्र दिखा कि 'स्वदेशी' नाम की चीज होनी चाहिए। अब यह 'स्वदेशी' सबके मन में थी तो नहीं। कुछ लोगों के मन में थी कि स्वदेशी बड़ी चीज है और स्वदेशी का आन्दोलन चला फिर। गांधीजी ने स्वदेशी को सूत्रबद्ध किया कि नहीं पहनेंगे इंग्लैंड का कपड़ा। अपना खुद कातेंगे और अपना ही कपड़ा बनायेंगे। सूत्रबद्ध करके कहा—चरखा चलाओ। क्योंकि सारी बुराइयों की जड़ यह है कि यहाँ का कच्चा माल वहाँ ले जाकर कपड़ा बनाते हैं और यहाँ वही कपड़ा महँगा बेचते हैं। इससे बचने का एक तरीका यह है कि बायकाट करो। इस रूप में सूत्रबद्ध किया। यानी जनता तो ठीक-ठीक नहीं समझती थी। उसे कुछ लोगों ने सूत्रबद्ध किया। चरखे की शक्ल में यह चीज आई। उस चरखे से दस तरह की चीजें और नई निकलीं। अपने श्रम का मूल्य मालूम होता है। पूरा एक दर्शन चरखे का गढ़ दिया गया। 'चरखा' नाम की किताब लिखी गई। चरखे की बात सीधे-सीधे शुरू हुई थी आर्थिक मसले से और आखिर में जब इसकी राउंडिंग की गई तो चरखा एक दर्शन बन गया था। एक आर्थिक कार्यक्रम ही नहीं बल्कि एक नैतिक कार्यक्रम भी, मनोवैज्ञानिक भी था। दस तरह की चीजें पैदा हुईं। औरतें घर में बैठी रहती हैं, दुनिया भर की शिकायत करती रहती हैं। सास बहुओं की निन्दा करती हैं, बहुएँ सास की निन्दा करती रहती हैं, नतीजा निकला कि चरखा चलाया करेंगी तो यह निन्दा तो नहीं करेंगी। कोई काम-धाम नहीं रहता है, बैठकर सूप पछोड़ती रहती

हैं, दुनिया भर को गाली देती हैं। चरखा चलाएँगी तो कम से कम व्यस्त तो रहेंगी। चरखे का कार्यक्रम व्यापक होता गया है। गांधीजी ने सत्य और अहिंसा के साथ उस चरखे को पूरा का पूरा जोड़ दिया। इसको और आगे चलकर कहा कि कुल मिलाकर 'स्वराज' नाम की चीज है, वह है 'स्वदेशी'। उन्होंने इसे 'स्वराज' में बदल दिया। 'स्वराज' को उन्होंने 'रामराज्य' में बदल दिया। इस तरह पूरा सिस्टम स्वदेशी से स्वराज्य और स्वराज से रामराज का एक राउंड कॉन्सेप्ट पूरा का पूरा बनाया। आपाततः लगा कि यह सारे भारत के लिए इलाज है, लेकिन पता लगाना पड़ेगा कि यह स्वदेशी, स्वराज और रामराज्य किस सामाजिक समूह की आवश्यकता की पूर्ति के लिए बनाई गई व्यवस्था है और उसमें क्या तालमेल है, तब आपको उसमें रामराज्य की फिलॉसफी का पता चलेगा।

आप कहेंगे कि इतनी लम्बी-चौड़ी बात घुमा-फिरा करके कह रहे हैं, सीधे-सीधे क्यों नहीं कह रहे हैं? मार्क्सवादी या आप लोगों में से कई लोग होंगे जो कहेंगे कि क्लास एनालिसिस क्यों नहीं करते हैं? ये भला आदमी दुनिया भर की नाक पकड़ रहा है और कह रहा है कि इसकी क्लास एनालिसिस नहीं करते या इसको 'बेस' और 'सुपर स्ट्रक्चर' के आधार पर नहीं देखते। यही तकलीफ है। लूसिएँ गोल्डमान ने कहीं कुछ नहीं कहा है। उनकी अपनी कटेगरी है कि साहित्यिक कृति प्रकृत्यः सामाजिक होती हैं, एक; और दूसरा यह कि साहित्यिक कृति का विश्लेषण उसके कंटेंट की एनालिसिस नहीं होती बल्कि 'फॉर्म ऑफ द कंटेंट' होती है। मोटे तौर से यही है जो बहुत आसान है। देखने में और कहने में बहुत लम्बी-चौड़ी नहीं है। इसी को पाँच सूत्रों में उन्होंने बाँटा है।

2

गोल्डमान की पहली कृति 'हिडेन गॉड' है, जिसमें उन्होंने सत्रहवीं सदी का अध्ययन किया है, वह क्या है? उसमें क्या काम की चीज हो सकती है? एक बात जो आमतौर से इस पूरी चर्चा में स्वयं गोल्डमान ने नहीं कही, उस सन्दर्भ में हम लोग देखना चाहेंगे। जैसा पहले कहा जा चुका है कि रासीन की ट्रेजिडीज और पास्कल की कृतियों का अध्ययन करते समय रासीन और पास्कल को जिस सामाजिक समुदाय का प्रवक्ता और सदस्य कहा गया है वह सामाजिक समुदाय है—'नोबलेस-द-रोब'। चौदहवें लुई के जमाने में और उसके आसपास जो फ्रेंच कोर्ट था, उस फ्रेंच कोर्ट के इर्द-गिर्द राजा के पैसे पर पलने वाले कुछ लोग थे जिसे आप दरबारी या मनसबदार कहते हैं, इनको नोबलेस-द-रोब कहा जाता था। दरबार से जुड़े हुए लोग थे। दरबार के पैसे पर इनकी आजीविका चलती थी और इनको पहले कुछ राजनीतिक अधिकार

भी मिले थे। आमतौर से जैसे कलेक्टर होते हैं या परगना हाकिम हुआ करते हैं, ये उसी तरह के लोग थे। चौदहवें लुई के जमाने में सत्रहवीं शताब्दी के आसपास इनकी स्थिति में परिवर्तन हुआ और इनके राजनीतिक अधिकार छीन लिये गए। और इनकी जगह ब्यूरोक्रेट्स के रूप में अफसर नियुक्त किए गए जो जिलों में भेज दिए गए। स्वभावतः इससे नोबलेस-द-रोव में असन्तोष हुआ और उन्होंने सौदा भी किया। कठिनाई यह थी कि इस असन्तोष के कारण वे खुलकर राजसत्ता से विद्रोह नहीं कर सकते थे। चूँकि अपनी आर्थिक सुविधाओं के लिए वे सरकार पर निर्भर थे, तो विद्रोह करने में उन्हें भय था कि अगर विद्रोह करेंगे तो जो रही-सही जो आर्थिक सुविधाएँ हैं, वह भी छिन जाएँगी। इसलिए वे राजसत्ता से असंतुष्ट होते हुए भी खुलकर विद्रोह नहीं कर सकते थे। यह जो उनका रिश्ता राजसत्ता से था, एक बड़ी उभयसम्भव था जिसकी अभिव्यक्ति एक प्रकार की जो मानसिक स्थिति या जिसको 'मेंटल स्ट्रक्चर' कहा है, में होती है। इस 'मेंटल स्ट्रक्चर' को लूसिएँ गोल्डमान ने 'ट्रैजिक विज़न' नाम दिया है। क्योंकि राजसत्ता में उन्हें बड़ी दुखद स्थिति में रखा गया था। सारे राजनीतिक अधिकार छिन गए थे। यानी समाज की नजरों में वे समझे जाते थे राजसत्ता के लिए, लेकिन राजसत्ता की नजर में उनकी कोई हैसियत नहीं थी। आप देखते होंगे आजकल कि बहुत से लोग ऐसे हैं जो बड़ी दयनीय स्थिति में हैं। दूसरों की नजर में वे पार्टी के जो प्रधान हैं, उन्हीं के आदमी समझे जाते हैं, लेकिन उनकी नजर में वे शामिल नहीं हैं। और लोगों को छोड़ भी दें। मैं वर्ग का उदाहरण न दे करके व्यक्ति का उदाहरण दे रहा हूँ, उसको स्पष्ट करने के लिए, उसमें वर्ग की स्थिति भी देखी जा सकती है। उदाहरण के लिए मैं कमलापति त्रिपाठी को ले रहा हूँ। अब आप कमलापति त्रिपाठी को कांग्रेस पार्टी का खास व्यक्ति नहीं कह सकते, लेकिन वे निर्भर हैं उसी पर। इसलिए एक ओर वो काँग्रेस पर निर्भर हैं अपनी सारी सुविधाओं के लिए, वे विद्रोह कर नहीं सकते हैं, असन्तुष्ट पूरी तरह से हैं। इधर-उधर के वक्तव्य हैं, उनमें प्रकट होता है। तो नोबलेस-द-रोब की स्थिति भी लगभग यही थी फ्रेंच कोर्ट के बारे में।

जिन लोगों को अब सारे हक दिए जा रहे थे ये ब्यूरोक्रेट्स थे। इनको सिविल सर्वेंट कहते हैं, जिनको अधिकार दिए गए थे। डिटेल में जाने के लिए आप लोग वो 'हिडेन गॉड' किताब पढ़ेंगे तो उसमें गोल्डमान ने बहुत फैक्चुअल इन्फॉर्मेशन देकर बताया है कि कैसे एक फ्यूडल सोसाइटी, कैपिटलिस्ट सोसाइटी में बदल गई थी। इस बदलाव में स्टेट का कैरेक्टर भी बदल रहा था और राजसत्ता में भी परिवर्तन हो रहा था। ऐसा नहीं है कि स्टेट पावर नहीं बदल रहा था। जैसे लुई फोर्टीन्थ के बाद, फिफ्टीन्थ हुआ, सोलहवां लुई इसके बाद रिवोल्यूशन हुआ। तो एकदम ओवरराइट चेंज तो कहीं नहीं होता है कि फ्यूडल ढाँचा एकदम पूँजीवादी ढाँचे में बदल जाए।

कुछ अवशेष बचे रहते हैं फ्यूडल ढाँचे के, कुछ उभरते हुए पूँजीवाद के तत्व उसमें जा मिलते हैं। इसलिए फ्रेंच रूलिज़्म को कहा तो जाता है कि वह डेमोक्रेटिक रूलिज़्म था लेकिन पूरी तरह से वह डेमोक्रेटिक रूलिज़्म नहीं था। क्योंकि उसके बाद नेपोलियन पॉवर में आया। नेपोलियन के बारे में ठीक-ठीक नहीं कहा जा सकता कि कितना फ्यूडल था कितना कैपिटलिस्ट था। आगे चलकर नेपोलियन के बाद लुई बोनापार्ट हुआ जिसको नेपोलियन थर्ड कहते हैं। मार्क्स ने जिसके बारे में किताब लिखी है; तो ये कई कॉम्प्लीकेटेड चीजें हैं क्लास एनालिसिस के बारे में।

खास बात लूसिएँ गोल्डमान की जीनियस देखने की है। पास्कल जो एक तरह के रहस्यवादी चिन्तक या विचारक थे और रासीन भी धार्मिक विचारों से बहुत ज़्यादा प्रभावित थे। ग्रीक कथानकों को लेकर, ग्रीक माथोलॉजी को लेकर उन्होंने नाटक लिखे हैं। तो इन साहित्यिक कृतियों का अध्ययन करते समय गोल्डमान की 'जीनियस' यह है कि वे कहते हैं कि इन साहित्यिक कृतियों में एक ट्रैजिक विज़न है। इस ट्रैजिक विज़न को उन्होंने दो और स्रोतों से जोड़ा। इस ट्रैजिक विज़न का सम्बन्ध कहाँ है! इसको उसने एक दूसरे ट्रैजिक विज़न से जोड़ा। वह ट्रैजिक विज़न एक धार्मिक आन्दोलन में था। यानसिन नाग का विशप था। यह मोटे तौर से अपेक्षाकृत अधिक विद्रोही क्रान्तिकारी, लेकिन कैथोलिक मत का ही एक अंग था। उसने एक आन्दोलन चलाया जिसको 'यानसिनिज़्म' कहते हैं। ये यानसिनिस्ट जो थे, इनकी दृष्टि थी 'विज़न विद स्टेट'। सरकारी वे भी थे और नोबलेस-द-रोब भी थे। इसलिए जो होमोलॉजी ढूँढ़ी गोल्डमान ने, रासीन के नाटक की जो मानसिक सरंचना है, यानसिनिज़्म जैसे धार्मिक आन्दोलन की मानसिक संरचना-मेंटल स्ट्रक्चर है और नोबलेस-द-रोब नाम का जो सामाजिक समुदाय है, उसकी मानसिक संरचना में। तीनों में उनको समानधर्मिता दिखाई पड़ी जिसको 'होमोलॉजी' कहते हैं। और गोल्डमान ने यह दिखाने की कोशिश की कि रासीन और पास्कल जिसमें खासतौर से रासीन...। रासीन और पास्कल दोनों को साथ लेने के बारे में एक बात स्पष्ट होनी चाहिए कि गोल्डमान अपनी मेथडोलॉजी को साहित्य और दर्शन दोनों के लिए समान रूप से लागू करना चाहते थे। रासीन अगर साहित्यकार है तो पास्कल एक दार्शनिक चिन्तक या विचारक है। यद्यपि पास्कल को चिन्तक तो कह सकते हैं लेकिन वह कांट की तरह का दार्शनिक नहीं है। पास्कल की स्थिति कुछ विचित्र है। अंशतः साहित्य की कोटि में भी उसकी रचना आती है और अंशतः उसकी रचना दर्शन की कोटि में भी आती है। गोल्डमान की मेथडोलॉजी एक चिन्तक पर भी लागू होती है और एक साहित्यकार पर भी। इसलिए रासीन और पास्कल दोनों को उन्होंने 'हिडेन गॉड' में रखा है।

यानसिनिज़्म में, किसी भी धार्मिक मत के समान, तीन तत्व हैं–ईश्वर यानी गॉड, क्रिस्टियन गॉड, संसार और मनुष्य। जिसको हम लोग कहते हैं ब्रह्म, जगत और जीव।

किसी भी धर्म, धार्मिक मत या सम्प्रदाय में आमतौर से ईश्वर, मनुष्य और संसार, इन तीनों के आपसी सम्बन्ध क्या होते हैं और उन्हें कैसे परिभाषित किया जाता है, इसी पर उस धर्म का दर्शन खड़ा होता है। इसलाम में इसका एक रूप है, क्रिस्टियनिटी में इसका दूसरा रूप है, बौद्ध धर्म में तीसरा हो सकता है और हिन्दू धर्म में चौथा हो सकता है। गोल्डमान ने दिखाने की कोशिश की है कि यानसिनिज़्म में 'गॉड वर्ल्ड' और 'मैं' की रिलेशनशिप जिस तरह की है, इसमें 'ट्रैजिक विज़न' अनिवार्य है। तुलसीदास की भाषा में इसे समझने की कोशिश करें हम लोग–

'अस प्रभु अछत हृदय अधिकारी
सकल जीव जग होहिं दुखारी'।

धर्म में आमतौर से लोग मानते हैं कि ईश्वर बहुत कृपालु है, प्रेममय है। ऐसे प्रेममय ईश्वर के रहते हुए संसार में कायदे से दुख नहीं होना चाहिए, लेकिन ईश्वर है, फिर भी लोग दुखी हैं। क्यों? इससे दो रास्ते जाते हैं। एक रास्ता जाता है नास्तिकवाद की ओर जैसा कि प्रेमचन्द ने कहा कि संसार में इतना दुख है, इसको देख करके ईश्वर में मेरी आस्था समाप्त हो जाती है। तो एक तरीका तो नास्तिकवाद की ओर जाता है। लेकिन जो बहुत धार्मिक आदमी हैं वो ईश्वर को भी नहीं खो सकते हैं, संसार के दुख से आँखें भी नहीं मूँद सकते हैं। इसलिए वो कहते हैं कि ईश्वर है तो, मर नहीं गया है, लेकिन ईश्वर प्रच्छन्न है–हिडेन गॉड। जैसे सूर्य है, लेकिन बादलों के कारण कभी-कभी दिखाई नहीं पड़ता। प्रच्छन्न है–इसीलिए इतना दुख है। यह यानसिनिज़्म था जो ईश्वर और जगत का सम्बन्ध निर्धारित करते हुए कि ईश्वर है तो जरूर, उसकी मृत्यु नहीं हुई है, लेकिन वह अलक्षित है, वह प्रच्छन्न है, छुपा हुआ है। इसी के कारण इतना दुख है। वे और उसके बन्दे बेचारे इतने कष्ट उठा रहे हैं। अब आप समझें कि उसीके लगभग पैरलल आपको नोबलेस-द-रोब में दिखाई पड़ता है। वहाँ लुई है, मर नहीं गया है। चौदहवाँ लुई है, मर नहीं गया है, और चौदहवाँ लुई बड़ा कृपालु है। अब तक बहुत सारी चीजें उसने हमको दी हैं, लेकिन कुछ ऐसा है, जिसके कारण या तो उसने हाथ खींच लिया है या कुछ लोगों ने उसको कुछ समझा दिया है, जिसके कारण हम लोगों से नाराज हो गया है। इसलिए पूरा का पूरा विद्रोह नहीं कर सकते। जैसे कि धार्मिक आदमी ईश्वर को नकार नहीं सकता है, ईश्वर से विद्रोह नहीं कर सकता है, वैसे ही नोबलेस-द-रोब जैसे दरबारी राजा से भी विद्रोह नहीं कर सकते हैं या कहें कि 'उसी को देखकर जीते हैं जिस कातिल पे दम निकले।' यह स्थिति ट्रैजिक है। एकदम विद्रोह कर देते, चलो छुट्टी हुई। दुख उठाते लेकिन फिर वह ट्रैजेडी नहीं होती। और या कि फिर पूरी तरह सरेंडर कर देते कि माई-बाप आप ही जो कुछ हैं, आप क्यों हमको दुखी कर रहे हैं। आप हमें अपनी शरण में लीजिए। इस पर भी छुट्टी होगी। दोनों ही काम नहीं कर सकते हैं। यह

स्थिति धार्मिक मामले में यानसिनिज़्म में थी, जो कैथोलिक मत के अन्दर एक विद्रोही धर्म था और सामाजिक रूप में नोबलेस-द-रोब की स्थिति भी यह थी। और यही साहित्यिक संरचनाएँ रासीन के नाटकों में भी दिखाई पड़ती हैं। इन तीनों में होमोलॉजी ढूँढ़ना एक चमत्कार था। इसके पहले किसी आदमी ने रासीन की ट्रैजेडी की यह सामाजिक व्याख्या नहीं की है। बल्कि इन तीनों में सम्बन्ध भी नहीं ढूँढ़ सका था कोई कि रासीन और पास्कल यानिसिनिज़्म से जुड़े हुए होंगे। यहाँ एक और बात ज़्यादा महत्वपूर्ण है। 'हिडेन गॉड' के द्वारा लूसिएँ गोल्डमान ने यह दिखाना चाहा है कि कोई सामाजिक समुदाय अपनी विश्वदृष्टि की अभिव्यक्ति अधिकतर तब करता है, जब वह संकट में होता है। ध्यान रखें। सामाजिक समुदाय यदि सत्ता में हो तो उस समय जरूरी नहीं कि अपनी जीवनदृष्टि को साहित्यिक कृतियों में या दर्शन में या कला में अभिव्यक्त करे। आमतौर से कोई सामाजिक समुदाय अपनी विश्वदृष्टि की गूढ़तम अभिव्यक्ति उस ऐतिहासिक क्षण में करता है, जब उसका अस्तित्व संकट में होता है अथवा उसकी सत्ता को चुनौती मिलती है। 'हिडेन गॉड' की मुख्य स्थापना यही है। दूसरी बात यह है कि जो विश्वदृष्टि उस सामाजिक समुदाय की है, वह है—वास्तविक चेतना और सम्भाव्य चेतना। नोबलेस-द-रोब और यानसिनिज़्म की वास्तविक चेतना रासीन में व्यक्त नहीं हुई, बल्कि सम्भाव्य चेतना व्यक्त हुई है। एक्चुअल कांशसनेस, पोटेन्शियल कांशसनेस और पॉसिबिल कांशसनेस। यह उल्लेखनीय है, यह महत्वपूर्ण है। थोड़ा-सा इस बात को समझ लेना चाहिए।

रासीन या उस तरह का कोई भी बड़ा लेखक, वह बड़ा इसलिए है, लार्जेस्ट है, इम्पोर्टेंट है कि सामाजिक समुदाय की जो विचारधारा होती है या उसकी आशाएँ होती हैं, आकांक्षाएँ होती हैं, अभाव होता है, दोष होता है, केवल उतने ही तक को अगर वह वाणी दे तो फिर उसमें या किसी मीडियाकर या दूसरे दर्जे के लेखक में फर्क नहीं रह जाएगा। कभी-कभी एक सामाजिक समुदाय अपनी पूरी चेतना को स्वयं जानता भी नहीं है। इस पर अच्छी-खासी लम्बी बहस है और 'हिस्ट्री एंड क्लास कांशसनेस' में प्रोतिलियन कांशसनेस नाम का एक लम्बा अध्याय या कहना चाहिए लेख लुकाच ने लिखा है। जहाँ उसने यह चर्चा की है कि मजदूर वर्ग की चेतना या सर्वहारा चेतना क्या चीज है, किसको कहते हैं, आप सर्वहारा वर्ग में पैदा हुए क्या इसीलिए माना जाएगा कि आपमें सर्वहारा वर्ग की चेतना है? अगर ऐसा होता तो सर्वहारा वर्ग में पैदा होने वाले लोग क्रान्तिकारी होते। लेकिन ऐसा पाया जाता है कि सर्वहारा वर्ग में पैदा होने वाले लोग मजदूर वर्ग का साथ नहीं देते। वे कभी-कभी मालिकों का साथ देते हैं। अगर ऐसा न होता तो एटक से बड़ी यूनियन इंटक क्यों होती? इसलिए जरूरी नहीं है कि मजदूर वर्ग में आप पैदा हों इसी नाते मजदूर वर्ग की चेतना आप में हो। अगर ऐसा हुआ होता तो मजदूर वर्ग की मुक्ति का दर्शन जिस आदमी के दिमाग में

आया होता वह मजदूर वर्ग में पैदा हुआ होता। लेकिन हम सभी जानते हैं कि मार्क्स नाम का जो आदमी था वह मजदूर वर्ग में पैदा नहीं हुआ था। इसलिए एक्चुअल कांशसनेस और पॉसिबिल कांशसनेस का सवाल यहाँ महत्वपूर्ण है। आगे चलकर लेनिन ने इसको और विस्तार से लिखा है कि सर्वहारा वर्ग में या मजदूर वर्ग में जो चेतना होती है, वह सामान्यतः ट्रेड यूनियन की चेतना होती है। ट्रेड यूनियन की चेतना का मतलब हुआ कि पगार हमारी बढ़ जाए, हम लोगों को कोई ज़्यादा परेशान न करे, रोजमर्रा की जिन्दगी में कुछ सुविधाएँ हमको ज़्यादा से ज़्यादा मिल जाएँ। काम करने के घंटे कम हों। चालों में रहने की जो सुविधा दी गई है, उसमें कम से कम पानी का, बिजली का इन्तजाम हो, सफाई का इन्तजाम हो। ट्रेड यूनियन मजदूर वर्ग में एक्चुअल कांशसनेस यही होती है। लेकिन मजदूर वर्ग की मुक्ति केवल पगार में नहीं है। अपने को मुक्त करें शोषण से और अपने को मुक्त करने के साथ ही पूरे समाज को मुक्त करें, यह जो सच्ची सर्वहारा चेतना है, प्रोतिलियन कांशसनेस है, यह एक्चुअल नहीं, बल्कि पॉसिबिल कांशसनेस है, जो सचमुच होना चाहिए वह चेतना है। लेनिन ने कहा कि मजदूर वर्ग में वैज्ञानिक विचारधारा यानी मार्क्सवाद के द्वारा यह बाहर से आती है। जैसा कि लेनिन स्वयं मजदूर वर्ग के नहीं थे, लेकिन रूसी मजदूरों में यह चेतना लेनिन बाहर से लाए। कम्युनिस्ट पार्टी से लाए। मजदूर संगठन के द्वारा उनमें चेतना नहीं आई। इसलिए पॉसिबिल कांशसनेस और एक्चुअल कांशसनेस ये दो चीजें हैं, जिनमें अन्तर करने की जरूरत है। अपनी सामाजिक स्थिति या ऐतिहासिक स्थिति में जो चेतना होती है, उसको हम वास्तविक चेतना कहते हैं। इसके लिए एक दूसरा शब्द इस्तेमाल किया गया है 'क्लास इन इटसेल्फ'। एक्चुअल कांशसनेस एक तरह की क्लास इन इटसेल्फ है। समभाव चेतना क्लास फॉर इटसेल्फ है। एक पूरे वर्ग के रूप में उस वर्ग की मुक्ति और उसकी समस्याओं पर आप विचार करते हैं तो ये सेल्फ कांशसनेस में उस वर्ग की मुक्ति और उसकी समस्याओं पर आप विचार करते हैं। कांशसनेस वैसे टर्मिनोलॉजी हीगेलियन है। मार्क्स इसको इस्तेमाल नहीं करते। यह सारी ही हीगेलियन टर्मिनोलॉजी है और इस टर्मिनोलॉजी के द्वारा जिस चीज को व्यक्त करने की कोशिश की गई है, उसे मार्क्स ने दूसरे ढंग से व्यक्त किया है।

प्रसंगवश यहाँ एक बात और—लूसिएँ गोल्डमान के लेखन में पुनरावृत्तियाँ हैं। एक ही चीज को वे बार-बार रिपीट करते हैं। थोड़ी सी शब्दावली यूज करते हैं। अंग्रेजी में, कहीं बिलकुल नहीं करते। इसलिए व्यावहारिक को छोड़कर जब भी सिद्धान्तों का, पद्धति का और प्रणाली का जिक्र करते हैं लूसिएँ गोल्डमान और काफी चर्चा उन्होंने की है, तो उसमें पुनरावृत्तियाँ भरी पड़ी हैं। बहुत ज़्यादा हैं। कुल मिलाकर लगता है कि सिद्धान्त तो है बहुत छोटा-सा, मेथडोलॉजी तो कोई बहुत लम्बी-चौड़ी

नहीं है, लेकिन उपमा तरह-तरह से की गई है। इसलिए उस मेथडोलॉजी के बारे में हम लोग थोड़ी सी चर्चा करेंगे। उस मेथडोलॉजी की सीमा क्या-क्या है और क्या उसमें ऐसे उपयोगी तत्व मिल सकते हैं?

समाज और साहित्यिक कृति का सम्बन्ध विषयवस्तुपरक नहीं है। बल्कि दोनों के बीच का जो सम्बन्ध है, वह मानसिक संरचनाओं का है। इस बात को अच्छी तरह समझ लीजिए। एक ओर समाजगत जीवन है और दूसरी ओर एक साहित्यिक कृति है तो समाज और साहित्यिक कृति के बीच का जो सम्बन्ध है, यह दोनों का सम्बन्ध किस दृष्टि से देखा जाएगा? एक तो समाज के कुछ कंटेंट हैं और कुछ साहित्यिक कृति के कंटेंट हैं। विक्टोरियन इंग्लैंड में पॉवरटी जरूरी है। और दूसरी ओर डिकेंस के उपन्यासों में गरीबी का चित्रण है। इसलिए दोनों का सम्बन्ध गरीबी के स्तर पर देखना एक कंटेंट की रिलेशनशिप है। लूसिएँ गोल्डमान कहते हैं कि ये इसेन्शियल रिलेशनशिप नहीं है। किसी समाज और किसी साहित्यिक कृति के कंटेंट में रिलेशनशिप इसेन्शियल रिलेशनशिप नहीं है। यह उनकी पहली धारणा है, जिस पर बार-बार वो जोर देते हैं। कंटेंट की सूची लम्बी बढ़ाई जा सकती है। इनका कहना है कि वह कंटेंट इम्पार्टेंट है। किसी समय समाज की समस्याओं को लेकर आप उन्हें देखना चाहेंगे। विधवा विवाह की समस्या मान लीजिए, कंटेंट के धरातल पर किसी उपन्यास में है। चूँकि समाज में है, इसलिए उसमें भी है। कंटेंट माने किसी उपन्यास की थीम क्या है? उसकी प्राब्लम क्या है? क्या समस्या है, क्या फीलिंग है? और उस थीम के कई छोटे-छोटे टुकड़े कर लें आप तो वह सारी चीजें भी आ जाती हैं उनमें। मान लीजिए कि किसी समय भूकम्प के बारे में, अकाल के बारे में लिख रहा हो। ऐसी चीजें होती हैं। कोई आदमी राजनीतिक भ्रष्टाचार के बारे में लिख रहा हो। ऐसी चीजें होती हैं न। लिख रहे हैं। काहे पर उपन्यास लिख रहे हैं, तो बोले कि साहब हम तो राजनीतिक भ्रष्टाचार के बारे में लिख रहे हैं। 'महाभोज' में जो है और राजनीतिक जीवन में राजनीतिक भ्रष्टाचार है, इन दोनों का सम्बन्ध देखने के लिए किसी सोसियोलॉजिस्ट की जरूरत नहीं है, वह तो है, दिखाई पड़ रहा है। इसमें क्या तीर मारेंगे? आप उसमें फावड़ा-कुदाल लेकर के क्या खोदने जाएँगे जो कि ऊपर ही दिखाई पड़ रही है। उसमें आपकी जरूरत क्या है। इसलिए लिटरेरी सोसियोलॉजी की वहाँ कोई जरूरत नहीं है, क्योंकि दोनों चीजें उस सतह पर तैर रही हैं। यह करीब-करीब ऐसे ही है जैसे आपके घर में क्या सामान रखा हुआ है, इसको देखने के लिए किसी दूरबीन की थोड़ी जरूरत है। मालूम है कि रखा हुआ है। तो उससे कोई फर्क नहीं पड़ता है इसलिए खास चीज है इसेन्शियल रिलेशन। यह रिलेशनशिप कंटेंट के स्तर पर नहीं है। किस स्तर पर होती है? मेंटल स्तर पर होती है। इसीलिए यह स्ट्रक्चरल फर्क है। अपनी पद्धति को वे 'जेनेटिक स्ट्रक्चरलिज़्म' कहते हैं। उसमें

जेनेटिक स्ट्रक्चर का फर्क है इसलिए है कि वह साहित्यिक कृति की संरचना का अध्ययन करते हैं। इसेन्शियल रिलेशनशिप स्ट्रक्चरल होती है। इन दोनों के बीच सम्बन्ध देखना चाहिए। स्ट्रक्चरल रिलेशन को उन्होंने 'फॉर्म ऑफ द कंटेंट' कहा है। अर्थात् किसी समाज का फॉर्म क्या होता है, और उस साहित्यिक कृति का फॉर्म क्या होता है, इन दोनों के बीच सम्बन्ध देखना चाहिए। यह कहके गोल्डमान कोई गैर-मार्क्सवादी काम नहीं कर रहे हैं। मार्क्स के विचारों में यह मिलता है। इतिहास के चार-पाँच बड़े-बड़े युगों को मार्क्स गिनाते हैं। एक शब्द मार्क्स ने इस्तेमाल किया है– 'सोशल फॉर्मेशन'। यह समाज जो है, यानी सामन्ती समाज का जो ढाँचा है और पूँजीवादी समाज का ढाँचा दोनों का एक ही नहीं होता। लोग वही हैं, ज़्यादातर, लेकिन लोगों के आपसी सम्बन्ध, चूँकि सोशल रिलेशनशिप बदल जाती है, इसलिए सोशल रिलेशनशिप बदलने का मतलब यह है कि डिफरेंट सोशल फॉर्मेशन हो जाता है। एक मोटी कटेगरी हम लोग आमतौर से देखते हैं कि एक शोषक है और एक शोषित है। यह शोषक और शोषित सामन्ती व्यवस्था में है और पूँजीवादी व्यवस्था में है। वही आदमी है, पर शोषण का तरीका और साधन बदल जाता है। इसलिए एग्रीकल्चरल लेबरर जब इंडस्ट्री में जाता है तो वेज लेबरर हो जाता है। शोषक जमींदार था वह कैपिटलिस्ट हो जाता है। तो आदमी कहने के लिए वही हो या उसका बेटा हो लेकिन फॉर्मेशन बदल जाता है और दोनों के समाज में जब फार्मेशन बदल गया तो दोनों की रिलेशनशिप बदल जाती है, फिर दोनों के शोषण का तरीका बदल जाता है। इसको कहते हैं डिफरेंट सोशल फॉर्मेशन। फॉर्म डिफरेंट हो जाता है। गोल्डमान इसको कहते हैं कि 'डिफरेंट स्ट्रक्चर' होता है। इसलिए उनका कहना यह है कि साहित्य में देखने की चीज कंटेंट नहीं है, बल्कि देखने की चीज है स्ट्रक्चर। आर्थिक-राजनीतिक स्तर पर गोल्डमान उसको सिर्फ सोशल फॉर्मेशन या पॉलिटिकल फॉर्मेशन या इकोनॉमिक स्ट्रक्चर कहते हैं। बौद्धिक कृतियों में उस स्ट्रक्चर का रूप जो होगा वह मेंटल स्ट्रक्चर का होगा। वह स्ट्रक्चर मेंटल रहेगा। इस मेंटल स्ट्रक्चर को उन्होंने फार्म कहा है। 'फार्म ऑफ द कंटेंट' कहा है। इसी मेंटल स्ट्रचर के लिए आगे चलकर उन्होंने जो शब्द इस्तेमाल किया है, वह शब्द है 'वर्ल्ड विज़न'। यह 'वर्ल्ड विज़न' जो होता है वह अलग-अलग होता है, डिफरेंट होता है। जैसे सत्रहवीं सदी के रासीन और पास्कल के वर्ल्ड विज़न के बारे में उन्होंने कहा कि यह 'ट्रैजिक विज़न' है लेकिन बीसवीं सदी के उपन्यासों का अध्ययन करते हुए उन्होंने यह नहीं कहा कि वर्ल्ड विज़न जो है वह ट्रैजिक विज़न है। इसलिए 'ट्रैजिक विज़न' एक स्ट्रक्चर है। एक निश्चित साहित्यिक कृति में जैसा है, वैसा ही 'मेंटल स्ट्रक्चर' एक सामाजिक समुदाय में दिखाई पड़ता है। और उन्होंने आगे चल करके दोनों का सम्बन्ध क्या होता है, उसको 'होमोलॉजी' कहा है। लेकिन ये दो चीजें ध्यान में रखिए, पहला कि सामाजिक

जीवन और साहित्यिक कृति के बीच जो बुनियादी सम्बन्ध है, वह विषयवस्तु का नहीं है। बल्कि मानसिक संरचना का सम्बन्ध है। अर्थात् साहित्यिक कृति की संरचना मानसिक संरचना में देखनी चाहिए। इस मानसिक संरचना को समझाते हुए कहा है कि इस मानसिक संरचना का क्या महत्व है–'व्हिच शेप द इम्पीरिकल कांशसनेस ऑफ सर्टेन सोशल ग्रुप एंड द इमेजनरी इन अवर क्रिएटेड बाई द हेल्प।' समाज में और साहित्यिक कृति में एक बीच का सम्बन्ध मेंटल स्ट्रक्चर के धरातल पर होता है। इस मानसिक संरचना की भूमिका समाज में क्या होती है और साहित्यिक कृति में क्या होती है? समाज के बारे में उन्होंने कहा कि जो सामाजिक समुदाय है, एक सोशल ग्रुप है, पूरा समाज है, पर उस समाज का एक हिस्सा, जो अपेक्षाकृत आपसी सम्बन्धों में और रिश्तों में ज़्यादा सुगठित है, निकट है, बहुत-सी बातों में ज़्यादा समान है, उस सोशल ग्रुप का उसकी चेतना का वह निर्माण करती है। इम्पीरिकल कांशसनेस का मतलब हुआ अनुभव सम्बन्धी चेतना। उस चेतना से सारा समाज बँधा होता है जो अकसर दिखाई पड़ता है। कभी-कभी साम्प्रदायिक दंगों में प्रकट होता है। इन्दिरा गांधी की हत्या के बाद दिखाई पड़ा, वह कौन-सी चेतना है? सहसा एक ग्रुप एकजुट दिखाई पड़ता है। वह कौन-सी अनुभव सम्बन्धी चेतना है? संकट की घड़ियों में आमतौर से होता यही है कि वह सोशल ग्रुप एकजुट हो जाता है। किस आधार पर होता है? कुछ उसके विश्वास होते हैं, कुछ उसकी आस्था होती है, कुछ मूल्य होते हैं जब सब एक दिखाई देते हैं। एक समय होता था कि इसलाम खतरे में है, नारा दिया गया। स्वाधीनता के पहले और धनी-गरीब, नमाज पढ़ने वाले और न पढ़ने वाले अधिकांश मुसलमान जो हैं वो एकजुट दिखाई दिए। कभी-कभी हिन्दू धर्म खतरे में हो जाता है। आजकल जैसे विश्व हिन्दू परिषद वाले कहते हैं। नेताओं का काम ही है कि किसी को बार-बार खतरे में जब तक नहीं बताए तब तक वह एकजुट नहीं होता। जब विश्वविद्यालय में हड़ताल-वड़ताल होती है, आन्दोलन होते हैं तो छात्र कहने लगते हैं कि छात्र एकता जिन्दाबाद। तो जो कांशसनेस 'छात्र एकता जिन्दाबाद' के रूप में प्रकट हुआ करती है कि विश्वविद्यालय के अधिकारियों के विरुद्ध छात्र जो हैं वो इस कांशसनेस के कारण संकट की घड़ी में एकजुट होते हैं। चाहे वो ए.आई.एस.एफ. के हों, चाहे वो युवा जनता के हों, तब एक हो जाते हैं। सभी लोग अलग-अलग रहते हैं लेकिन प्रेशर इस तरह का होता है कि विरुद्ध नहीं जाते। यह है मेंटल स्ट्रक्चर। इसलिए समाज को जो चेतना जोड़ती है, एकजुट करती है और उनमें सॉलिडरिटी ले आती है, वही मेंटल स्ट्रक्चर है। यह कभी-कभी आर्थिक हितों के आधार पर होता है। जिस तरह की ज़रूरत होगी उस हिसाब से एकता होगी। समुद्र के किनारे रहने वाले मांझी तूफान आ रहा है तो लोग यूनाइट हो गए उस हिसाब से। मरना तो सबको है। तूफान कोई यह तो देखेगा नहीं कि गरीब को मारो

और धनी आदमी को छोड़ दो या स्त्री को मारो और पुरुष को छोड़ दो, तो यह नहीं हो सकता। यदि तूफान आएगा सबके लिए आएगा। इसलिए यूनाइट होते हैं उस हिसाब से। आर्थिक संकट मान लीजिए है, तो सारे सेठजी एक तरफ हो जाते हैं और सारा मजदूर वर्ग एक तरह के विरोध में हो जाता है। इसलिए अलग-अलग स्तर पर, जब संकट आए, चाहे आर्थिक संकट हो या राजनीतिक संकट हो, सामाजिक या धार्मिक हो, भौतिक हो, उस आधार पर चेतना की धारा एकदम, जिसको कहें कि कंडीशन रिफ्लेक्स की तरह से, रिएक्ट करती है कि एक हो जाओ। यह हुआ समाज की धारा का परिचय। उनका कहना ठीक है कि जैसे समाज में एक चेतना मनुष्य को एक सामाजिक समुदाय को एकजुट करती है, उसी तरह की साहित्यिक कृति में भी एक मेंटल स्ट्रक्चर उस साहित्यिक कृति के एक संसार का निर्माण करता है। 'यूनिवर्स' शब्द कहा है इन्होंने : 'द इमेजिनरी यूनिवर्स क्रिएटेड बाई द राइटर्स।' एक काल्पनिक संसार जो लेखक द्वारा निर्मित होता है, उस काल्पनिक संसार का निर्माण जिस चेतना के माध्यम से होता है, उसको वो लोग 'वर्ल्ड विज़न' कहते हैं।

पहले भी मैंने कहा था कि बड़े साहित्यकारों की एक अपनी कल्पसृष्टि भी होती है, उस कल्पसृष्टि का निर्माण एक निश्चित जीवनदृष्टि या सृष्टि के तहत होता है। कुछ ऐसी रचनाएँ हैं जो संसार का निर्माण करती हैं और लगता है कि दृश्यों का, घटनाओं का चित्रण नहीं करता, बल्कि एक पूरी दुनिया रचता है। सांसारिक कवि इस अपार संसार में ब्रह्मा है और उसको जैसा दिखता है वैसा संसार रचता है। तो इस संसार के भीतर एक तो ब्रह्मा हैं जिन्होंने दुनिया बनाई है। हमारे यहाँ पुराणों में जो कथा है विश्वामित्र के बारे में कि कहने लगे कि तुम सृष्टि बनाते हो तो मैं भी बनाऊँगा और विश्वामित्र ने भी एक सृष्टि बना दी। तो तरह-तरह की चीजें बनाई थीं। इसी सिलसिले में उन्होंने नारियल बनाया था, मनुष्य की खोपड़ी की तरह से। उन्होंने कहा था कि हम पेड़ से आदमी पैदा कर देंगे। तो कहते हैं कि उन्होंने नारियल बनाना शुरू किया तो वह नारियल आदमी के सिर जैसा दिखाई पड़ता है, वगैरह-वगैरह। कहने लगे कि तुम्हारी दुनिया है तो हम अपनी दुनिया बनाएँगे। तो कहने का मतलब है कि विश्वामित्र पहला प्रजापति रहा होगा। अल्लामा इकबाल ने पूरी एक नज़्म इस पर लिखी है और जिसमें वो खुदा से बातचीत करते हैं। तो कुल मिलाकर यह है कि कवि जो होता है वह प्रजापति होता है, वह अपने संसार का निर्माण करता है और उसके संसार में लोग सांसारिक नियमों के अनुसार नहीं चलते हैं, न जीते हैं, न मरते हैं; बल्कि उस कवि की सृष्टि हुआ करती है। जैसे परियों की कहानियों में आप देखते हैं कि एक परीलोक होता है। कवि का ही, साहित्यकार का ही मेंटल स्ट्रक्चर है कि 'एलिस इन वंडरलैंड' नाम की पूरी पुस्तक में एक जादुई दुनिया है। या चन्द्रकान्ता संतति में आप देखेंगे कि अय्यारी की एक अलग दुनिया

है। तो एक कल्पलोक की सृष्टि साहित्यकार करता है और उस कल्पलोक की सृष्टि इसलिए होती है कि इमेजिनेरी यूनिवर्स जो क्रिएट होता है, उसका एक अपना मेंटल स्ट्रक्चर होता है, एक वर्ल्ड विज़न होता है। अब एक साहित्यिक कृति में निहित जो मेंटल स्ट्रक्चर है और सामाजिक समुदाय में जो मेंटल स्ट्रचर है, इन दोनों के सम्बन्धों की खोज करना ही दरअसल लूसिएँ गोल्डमान के अनुसार साहित्यिक समाजशास्त्र का असली काम है। और यही रिश्ता सच्चा रिश्ता है। इसेन्शियल रिलेशनशिप यही है। पहला सूत्र उनका यह है, जिसे ध्यान रखना चाहिए और इस दृष्टि से यह स्ट्रक्चरलिस्ट है, यह पॉजिटिस्ट नहीं है।

3

यदि किसी आदमी को पता हो कि मैं तीन महीने, चार महीने, छह महीने जिन्दा रहूँगा, उसके बाद नहीं रहूँगा तो एक जो जीवनी शक्ति होती है, वह अपने को एसर्ट करती है और उस तीन महीने में मैक्सिमम पॉसिबिल को व्यक्त करके, अपने को अमर या स्थायी बनाकर समाज को कुछ अवदान देकर, फिर इस दुनिया से बिदा लेने की इच्छा रखता है। यह बात जैसे व्यक्ति में दिखाई पड़ती है उसी तरह से पूरे सामाजिक समुदाय में दिखाई पड़ती है। जब किसी सामाजिक समुदाय को पता चलता है कि वर्ग के रूप में हम लगभग नष्ट होने जा रहे हैं, उस समय वह अपने को सम्पूर्ण क्षमताओं के साथ व्यक्त करता है। एक्चुअल कांशसनेस उसकी पॉसिबिल कांशसनेस के रूप में व्यक्त होती है। मार्क्सवादी धारणा बहुत-कुछ यह रही है कि जो राइजिंग क्लास है उसका साहित्य बहुत ऊँचा होता है। यह जरूरी नहीं है। होता यह है कि जो डाइंग क्लास है वह कभी-कभी अपनी सर्वोत्कृष्ट कृतियाँ रचता है। रूस का जो महान उपन्यास, जो क्लासिक लिखा गया है, उसके बारे में विचार किया जाना चाहिए कि वह राइजिंग का है कि डाइंग क्लास का है। 'वार एंड पीस', 'अन्ना करेनिना' तुर्गनेव के नॉवेल या दोस्तोयव्स्की के नॉवेल किस क्लास के हैं? वह वर्ग मर रहा है कि जी रहा है? उभरता हुआ है कि डूबता हुआ है? मरता हुआ है। इसलिए कोई नियम नहीं बनाए जा सकते। यह भी हो सकता है कि किसी उभरते हुए वर्ग का साहित्य भी ऊँचा हो। लेकिन कभी-कभी जो नष्टप्रायः हो या जिसकी शक्ति को चुनौती दी गई हो, या जिसके अस्तित्व को खतरा हो, उस खतरे की घड़ी में ही वह अपने को ज़्यादा दक्षता के साथ व्यक्त करता है।

एक अजीब बात है कि यह सिद्धान्त गोल्डमान ने सत्रहवीं सदी के साहित्य पर लागू किया तो दूसरा नतीजा हुआ और इसको जब उपन्यासों के बारे में लागू करने की कोशिश की तो बिलकुल दूसरा, उसके विपरीत नतीजा निकला। अर्थात् मरणासन्न

पूँजीवाद के साहित्य का उसकी नजर में उतना महत्व नहीं है। उसने पूँजीवाद की तीन अवस्थाएँ गिना दीं और तीनों अवस्थाओं के समानान्तर उपन्यास के विकास की तीन अवस्थाएँ हुईं। तीन कैपिटलिज़्म उन्होंने बताए। इसमें स्वभावतः तीसरा मरणासन्न ही होना चाहिए। तो उसने कहा कि पहली अवस्था का उपन्यास बड़ा महान है। उन्नीसवीं सदी का महान उपन्यास है। न्यू नॉवेल फ्रांस का कहलाता है, यह कंज्यूमर कैपिटलिज़्म का है। दूसरे महायुद्ध के बाद का। यह मरणासन्न पूँजीवाद का है। इसलिए एक ओर, उस वर्ग को–जिसको चुनौती दी जा रही है या जिसका अस्तित्व संकट में है, वह सत्रहवीं सदी में है। उसके आधार पर वे दिखाते हैं कि संकटकालीन अस्तित्व वाले सामाजिक समुदाय का साहित्य श्रेष्ठ है। वह उच्चकोटि का है। और दूसरी जगह दिखाते हैं कि यह संकटकालीन जो है, वह निकृष्ट है। इसलिए एक ही मेथडोलॉजी साहित्य में से दो नतीजे निकलते हुए दिखाई पड़ते हैं। दोनों के बारे में विचार किया जाना चाहिए।

लूसिएँ गोल्डमान की पुस्तक 'हिडेन गॉड' का जिक्र किया जा चुका है। दूसरी किताब का कम जिक्र किया गया है 'सोसियोलॉजी ऑफ नॉवेल'। और इस क्रम में अन्तिम दिनों में उन्होंने कुछ नाटकों पर भी लिखा था। खासतौर से ज्याँ जेने के नाटक पर। यद्यपि उपन्यास नाम की विधा के उदयकाल से लेकर के उसकी वर्तमान अवस्था तक, इन सबके बारे में एक ढाँचा उपस्थित किया है गोल्डमान ने। लेकिन इस पूरे ढाँचे में उन्होंने अपना पूरा ध्यान उन्नीसवीं शताब्दी के उपन्यासों पर केन्द्रित नहीं किया है। शायद इसलिए न किया हो कि उन्नीसवीं सदी के उपन्यासों पर जॉर्ज लुकाच बहुत ज़्यादा लिख चुके थे। उन्नीसवीं सदी के उपन्यासों पर बहुत ज़्यादा लिखा गया था। चाहे अंग्रेजी उपन्यास हो, चाहे यूरोपीय उपन्यास हो, इसलिए उन्होंने अपना मुख्य ध्यान केन्द्रित किया है अपनी योजना के अनुसार पूँजीवाद की दूसरी अवस्था या दूसरे दौर पर, और उस दौर के सबसे मुख्य और महत्वपूर्ण उपन्यासकार आन्द्रे मालरो थे। 'टुवड्‌र्स ए सोसियालॉजी ऑफ द नॉवेल' नाम की किताब में सबसे बड़ा अध्याय उनका आन्द्रे मालरो पर ही है। उसके बाद जो उनकी योजना थी, पूँजीवाद के विकास की तीसरी अवस्था से जुड़े हुए उपन्यासों और नाटकों के बारे में लिखने की, विस्तार से नहीं लिख पाए। उसके बारे में उन्होंने कम ही लिखा। एक लेख उन्होंने लिखा है राब ग्रिये पर और दूसरा लेख अंतिम दिनों का लिखा हुआ है ज्याँ जेने पर। इस तरह कहा जा सकता है कि उपन्यास के समाजशास्त्र में सबसे अधिक विस्तार से उन्होंने केवल पूँजीवादी विकास के दूसरे युग के बारे में लिखा है। और तीसरी चीज के बारे में उनका कार्य ही अपूर्ण रह गया था फिर भी चूँकि वह उनके चिन्तन के विकास की अन्तिम अवस्था है इसलिए उस पर भी हम लोगों को ध्यान देना चाहिए। इस सिलसिले में आप लोगों को बताया जा चुका है संरचना के हिसाब से पूँजीवाद के विकास के तीन दौर और उसके समानान्तर उपन्यास का विकास,

इसको 'होमोलॉजी' कहते हैं। जिस तरह पूँजीवाद के विकास के तीन दौर हैं, उसी तरह से उपन्यास के विकास के तीन दौर हैं। पहला दौर जो उन्नीसवीं शताब्दी के पूँजीवाद का है, जो प्रथम महायुद्ध के पहले समाप्त हो जाता है, जिसे मार्केट कैपिटलिज़्म कहते हैं, कभी-कभी इसको लिबरल कैपिटलिज़्म भी कहा जाता है। ये लिबरल कैपिटलिज़्म या मार्केट कैपिटलिज़्म जिसमें आप लोग दूसरे शब्द से ज़्यादा अपरिचित होंगे–फ्री-एण्टरप्राइज से। यह दौर था, युग था, यह एक तरह के लिबरल इंडिविजुअलिज़्म का। आप देखेंगे कि कितने लोग राजनीति में या दर्शन में भी विचारों के धरातल पर इण्डिविजुअलिज़्म के सिद्धान्तों की स्थापना करने वाले आए। इसी अर्थ में लिबरल शब्द को लेना चाहिए। उस उदारतावाद का मतलब दरियादिली नहीं है, लिबरलिज़्म का मतलब है इंडिविजुअलिज़्म। तो यह जो व्यक्तिवाद का दौर था, व्यक्तिवादी पूँजीवाद का दौर था, इस व्यक्तिवादी पूँजीवाद के दौर के समानान्तर बल्कि इसी दौर में उपन्यास जैसी विधा का जन्म हुआ। इसी अर्थ में उपन्यास मध्य वर्ग का 'महाकाव्य' कहा जाता है। यह मध्य वर्ग का उदय है, व्यक्तिवाद का उदय है, व्यक्तिगत पूँजीवाद का उदय है और ठीक इसके समानान्तर उपन्यास में आपको बड़े-बड़े 'प्रॉब्लमैटिक हीरो' दिखाई पड़ेंगे। यह प्रॉब्लमैटिक हीरो वाले उपन्यासों का दौर है। इस काल के उपन्यासों में एक साहसिक, संघर्षशील, दुविधाग्रस्त, और समाज के बीच अपने मूल्यों के लिए बाहर और भीतर संघर्ष करने वाले नायकों की भीड़ आपको दिखाई पड़ेगी। एक तरफ एक भ्रष्ट, मूल्यहीन समाज और दूसरी ओर मूल्यों का अधिष्ठाता, नायक। इसलिए उन्नीसवीं सदी के उपन्यासों में आपको अविस्मरणीय हीरो मिलेगा। कहीं हीरो मिलेगा कहीं हिरोइन मिलेगी। यह भरा हुआ है। इसलिए एक ऐसा परिवेश जहाँ उभरते हुए पूँजीवाद के कारण गलाकाट होड़ है और पहले से जो समाज में मूल्य चले आ रहे हैं उससे नायक संघर्ष करता है और अपने अन्दर भी संघर्ष करता है। आप कहेंगे कि रासीन और काफ्का आदि के विश्लेषण में गोल्डमान ने जो सिद्धान्त इस्तेमाल किया था, उसमें और इसमें क्या सम्बन्ध है? उस क्रम विकास में यह लिखा है कि सत्रहवीं शताब्दी के साहित्य में जो ट्रैजिक विज़न था वह ट्रैजिक हीरो था। उन्नीसवीं सदी में उपन्यासों का यह हीरो ट्रैजिक नहीं था बल्कि यह प्रॉब्लमैटिक था। 'प्रॉब्लमैटिक' शब्द अजीब-सा शब्द है। अंग्रेजी में उसका ठीक-ठीक अर्थ ध्वनित होता नहीं है। यानी समस्यामूलक इसको नहीं कह सकते। अनिवार्यतः जिन उपन्यासों का नायक या नायिका ट्रैजेडी के हीरो के समान ही हो, यह कोई जरूरी नहीं है। उसकी मृत्यु हो, उसका पतन हो, उसका ह्रास हो, ऐसा नहीं है। एक प्रकार के असमंजस की स्थिति में भी वह हो सकता है। इसलिए गोल्डमान ने दोनों में अन्तर करना चाहा है, यह कहकर कि ट्रैजिक हीरो नहीं है बल्कि प्रॉब्लमैटिक हीरो है। और पूरी धारणा उन्होंने जिस आदमी की ली है वह जॉर्ज लुकाच हैं। इसमें

गोल्डमान की कोई मौलिकता नहीं है। और मौलिकता न होने के कारण ही गोल्डमान ने उन्नीसवीं सदी के उपन्यासों पर विस्तार से कोई काम नहीं किया है। प्रॉब्लमैटिक हीरो की अवधारणा भी लुकाच की है और इस अवधारणा के अनुरूप लुकाच ने सबसे ज़्यादा काम भी किया है। इसलिए गोल्डमान ने उन्नीसवीं सदी के उपन्यासों पर काम नहीं किया है। न उसके पूँजीवाद के बारे में कुछ कहा है, न पूँजीवाद के समानान्तर होमोलॉजी के रूप में उन उपन्यासों के बारे में कोई काम किया है। मुख्य ध्यान उन्होंने केन्द्रित किया वह बीसवीं शताब्दी का पूँजीवाद का दूसरा दौर है, जिसे 'मोनोपली कैपिटलिज़्म' कहते हैं। एकाधिकार पूँजीवाद। इजारेदार पूँजीवाद। पहले महायुद्ध में जिसकी अभिव्यक्ति थी। पहले महायुद्ध से ही इजारेदार पूँजीवाद शुरू हो गया था। यह वह दौर है जिसके बारे में लेनिन ने 'साम्राज्यवाद : पूँजीवाद की अंतिम अवस्था' नाम की किताब लिखी। इसलिए दूसरे महायुद्ध के समय स्पष्ट हो गया कि पूँजीवाद अब लिबरल इंडिविजुअलिज़्म का या फ्री-इंटरप्राइज का नहीं है, बल्कि यह मोनोपलाइज करने का है। यह पहले महायुद्ध में स्पष्ट आभास मिल गया और जिसका आगे चलकर विकास दूसरे महायुद्ध तक होता चला गया। इसलिए पहले महायुद्ध से दूसरे महायुद्ध के बीच का जो दौर है, इस दौर का जो यूरोप का सामाजिक समुदाय का ढाँचा है, वह ढाँचा मोनोपली कैपिटलिज़्म का है। इस मोनोपली कैपिटलिज़्म के साथ ही कहीं स्टेट कैपिटलिज़्म भी दिखाई पड़ता है। उन्होंने मोनोपली कैपिटलिज़्म और स्टेट कैपिटलिज़्म दोनों का नाम साथ-साथ लिया है। स्टेट कैपिटलिज़्म का रूप है खुद समाजवाद। यानी रूस में जो न्यू इकोनॉमिक पॉलिसी थी वह सारी की सारी अर्थव्यवस्था पब्लिक सेक्टर में चली आती है। राजसत्ता स्वयं उसका संचालन करती है। इसलिए या तो मोनोपली कैपिटलिज़्म है या स्टेट कैपिटलिज़्म है। जिन देशों में मोनोपली कैपिटलिज़्म है, वहाँ भी किसी न किसी बहाने मोनोपली कैपिटलिस्ट लोग स्टेट पर कब्जा करते हैं और स्टेट मदद करता है आपके विकास में, इसलिए जहाँ मिक्स्ड एकॉनॉमी कही जाती है, वहाँ भी मोनोपली और स्टेट कैपिटलिज़्म में बहुत फर्क नहीं होता। अन्ततः कैपिटलिज़्म है। इसलिए स्टेट कैपिटलिज़्म और मोनोपली कैपिटलिज़्म का जो दूसरा दौर है उसमें व्यक्ति को वह महत्व प्राप्त नहीं है, व्यक्ति की गरिमा उस रूप में सुरक्षित नहीं है। इस दौर के उपन्यासों में आप देखेंगे, और गोल्डमान ने उदाहरण देते हुए कहा है कि इस दौर का एक प्रतीक है—काफ्का। काफ्का में हीरो का व्यक्तित्व इतना शून्य हो गया है कि उसका नाम भी अब नहीं रह गया है। उसका नाम है केवल 'के'। 'जोजेफ के'। काफ्का ने अपने हीरो का नाम जब भी दिया है, उसने 'के' कहा है। आपका नाम सारेल है या उसका नाम कुछ और है, इससे कोई फर्क नहीं पड़ता है। 'के' नॉन-आइडेंटिटी है, इनसिग्नीफिकेंट है। अर्थात् समाज-व्यवस्था ज़्यादा प्रभावशाली है। कलेक्टिव जो एलीमेंट है वह इतना

प्रभुत्वशाली है जिसमें व्यक्ति एक लेटर-मात्र रह गया है। उसका पूरा नाम नहीं लिखा है। इसलिए आप देखेंगे कि जो तथाकथित सोशलिस्ट रियलिज़्म के नाम पर नॉवेल लिखे गए, तो उसमें भी व्यक्ति का तो महत्व है नहीं। समूह का महत्व है, कलेक्टिविटी का महत्व है। चाहे वह मजदूर हीरो हो, चाहे वह किसान हीरो हो, वह माध्यम मात्र है। उसके माध्यम से पूरा एक समूह व्यक्त होता है। इसलिए इस दौर के उपन्यासों में उन्नीसवीं शताब्दी के 'प्रॉब्लमैटिक हीरो' जैसी ही चीज समाप्त नहीं हो गई, बल्कि 'हीरो' का कॉन्सेप्ट ही गायब हो गया, वह इनसिग्नीफिकेंट महत्वहीन हो गया। लूसिएँ गोल्डमान ने इस दृष्टि से आन्द्रे मालरो का अध्ययन विस्तार से किया है। अर्थात् सामाजिक ढाँचे में और उपन्यास के ढाँचे में होमोलॉजी है। वहाँ व्यक्ति गायब है। बीसवीं सदी के दो महायुद्धों के बीच के समाज में और उपन्यास में होमोलॉजी है, समानधर्मिता है। थर्ड स्टेज, जो दूसरे महायुद्ध के बाद का पूँजीवादी दौर है, जिसे अब हम लोग 'मल्टीनेशनल' कहने लगे हैं या कंज्यूमर कैपिटलिज़्म कहने लगे हैं, इस कंज्यूमर कैपिटलिज़्म या मल्टीनेशनलिज़्म में व्यक्तिवाद, जो बीसवीं सदी के मध्य में रहा था वह भी 'के' नाम का हीरो भी गायब हो गया। इसमें जिसकी बहुत पहले मार्क्स ने घोषणा की थी और लुकाच ने इसे पहचाना था, जिसको 'रैकरण' कहते थे, 'री-इफिकेशन' कहते हैं। हर चीज एक मामले में बहुत बड़े पैमाने पर डी-ह्यूमनाइजेशन, अमानवीयकरण का शिकार है। ध्यान रखिए कि अमानवीयकरण की प्रक्रिया तो पूँजीवाद के आरम्भ से ही थी, लेकिन पहली-दूसरी अवस्थाओं में यह मद्धिम थी। तीसरी अवस्था में इनका कहना है कि पूर्णतः अमानवीयकरण हुआ है और उसका स्थान बाजार के माल ने ले लिया। इस अवस्था के उपन्यास में इस तरह का दिखाई पड़ेगा जैसे कि मनुष्य मनुष्य नहीं है, बल्कि जहाँ किसी वस्तुजगत का ज़्यामितिक, वस्तुनिष्ठ वर्णन किया गया है। इसका जिक्र पिछली बार किया जा चुका है। किस तरह समाज के अनुरूप होमोलॉजी उपन्यासों में दिखाई पड़ती है, इस क्रम में जो तीसरा और अंतिम लेख है वह 'बालकनी' में है, जिसकी चर्चा आखिरी दिनों में विस्तार से कुछ जगहों में की गई थी। इस 'बालकनी' नाम के लेख में, जो ज़्याँ जेने के बारे में है, दो-तीन नई चीजें सामने आती हैं। 'बालकनी में' का महत्व इसलिए है कि इस समीक्षा के द्वारा गोल्डमान लुकाच की यथार्थवाद सम्बन्धी परवर्ती धारणाओं के आधार पर लुकाच का खंडन करते हैं, उनके निष्कर्षों का खंडन करते हैं।

आप सभी लोग जानते हैं कि जॉर्ज लुकाच यथार्थवाद के पक्षधर और आधुनिकतावाद के विरोधी थे। इसलिए अपनी यथार्थवादी कसौटी के आधार पर लुकाच इस दौर की अधिकांश रचनाओं को, जो लुकाच की कसौटी में रियलिस्ट नहीं हैं, तिरस्कृत करते हैं। इसी कसौटी के आधार पर गोल्डमान ने दिखाने की कोशिश की है कि जिन रचनाओं को आधुनिकतावादी कहकर लुकाच खारिज करते हैं, ये रचनाएँ भी मूलतः

यथार्थवादी हैं। अर्थात् ये सामाजिक वास्तविकता की जो मूलभूत प्रकृति है, विशेषता है, उसको कथात्मक स्तर पर ये रचनाएँ व्यक्त करती हैं। लुकाच के यहाँ यथार्थवाद की कसौटी यह है कि जो यथार्थ की प्रक्रिया का चित्रण करे। लुकाच कहते थे कि प्रक्रिया में चित्रित करने का मतलब यह है कि लेखक यथार्थ की गतिशीलता, विकासशीलता और उसकी प्रक्रिया पर दृष्टि यदि रखेगा तो लेखक अनिवार्यतः भविष्योन्मुखी दृष्टि अपनाएगा और उसका दृष्टिकोण आशावादी होगा। आधुनिकतावादी लेखकों का दृष्टिकोण निराशावादी है। भविष्य उनके लिए या तो है नहीं या अन्धकारपूर्ण है। इसलिए वे लेखक यथार्थ का स्थिरीकरण करते हैं और यथार्थ को प्रक्रिया में नहीं देखते हैं। यह लुकाच का निष्कर्ष है, जो काफ्का पर लागू होता है। गोल्डमान ने कहा कि ये लेखक निराशावादी हैं, इसका अर्थ यह नहीं है कि ये लेखक यथार्थ को गतिशील रूप में नहीं देखते हैं, यह निष्कर्ष निकालना गलत है। क्योंकि एक 'पर्टिकुलर टाइम' में यदि ये आशावादी होते तो ये यथार्थवादी नहीं होते बल्कि ये झूठ लिखते। यह हो सकता है कि इतिहास के जिस दौर में काफ्का के बारे में कहा जा रहा है, मोनोपली कैपिटलिज़्म के काल में उसमें सच्चाई यह है कि यूरोप में जो आज हम देख रहे हैं कि समाजवाद तो केवल एक देश में कायम हुआ है। उस समय समझा जाता था कि जिस तरह रूस में क्रान्ति हुई और उसी तरह 1917 के बाद उम्मीदें यह थीं कि सेंट्रल यूरोप में होगी, फ्रांस में होगी। और हुआ यह कि यही नहीं कि क्रान्ति नहीं हुई बल्कि काउंटर रिवोल्यूशन हुआ और उल्टे वहाँ नात्शी पार्टी आई और फासीज़्म आया। अब आप बताइए कि उस दौर में काफ्का अगर ये लिखते कि क्रान्ति की लाल सुबह दिखाई पड़ रही है और 'दिल नाउम्मीद तो नहीं, नाकाम ही तो है, लम्बी है ग़म की शाम, मगर शाम ही तो है।' अगर वो यह लिखते रहते तो झूठ लिखते क्योंकि उसके बाद अभी तक तो समाजवाद आया नहीं है। इसलिए काफ्का को यह दोष देना कि रियलिटी को नहीं देखा था, प्रोसेस के रूप में नहीं देख रहा था, वह निराशावादी था, क्योंकि पूरा इतिहास बता रहा है कि वह ज़्यादा रियलिस्ट था और जिनको सुबह दिखाई पड़ रही थी, जिनको लाल सुबह दिखाई पड़ रही थी, वे तमाम लोग झूठ बोल रहे थे। वो एक यूटोपिया में थे या एक इल्यूजन में जी रहे थे। गोल्डमान का कहना है कि काफ्का एक ऐसा लेखक है, जिसको बाद के इतिहास ने भी प्रमाणित किया कि वह ज़्यादा रियलिस्ट था। रियलिटी जो अप्रिय थी, दुखी करने वाली थी, हतोत्साहित करने वाली थी। लेकिन इन तमाम चीजों के बाबजूद वह उस रियलिटी को निर्भीक होकर लिख रहा था और खतरे के प्रति आगाह कर रहा था कि यह है यथार्थ। इसलिए यदि लुकाच का ही सिद्धान्त माना जाय तो रियलिटी को प्रोसेस में देखना चाहिए कि कहाँ से कहाँ जा रही है, उस दिशा की ओर देखना चाहिए तो उससे नतीजा निकलता कि अनिवार्यतः आप्टिमिस्टक लेखन होना चाहिए। उससे

नतीजा निकलता है कि उन आधुनिकतावादी लेखों के बजाय जिनका नाम लिया गया है खासतौर से कि उन लोगों ने यथार्थ को लिखा है तो यह रोमांटिसिज़्म होगा। यदि वास्तविकता को सुनहले स्वप्नलोक में डूबा दें तो यह रियलिज़्म नहीं होगा। यह रोमांटिसिज़्म होगा। रिवोल्यूशनरी रोमांटिसिज़्म उसको आप कह ले जाइए लेकिन वह रियलिज़्म नहीं होगा। इसलिए गोल्डमान ने कहा कि लुकाच के रियलिज़्म के सिद्धान्त को हम भी मानते हैं। सिद्धान्त सही है उनका, कसौटी सही है, उससे लुकाच जो निष्कर्ष निकालते हैं, गलत निकालते हैं। और स्वयं अपने ही सिद्धान्त के विरुद्ध वे उन उपन्यासों से एक तरह के रोमांटिसिज़्म की माँग करते हैं, और न मिलने पर वे उन लेखकों को कहते हैं कि रियलिस्ट नहीं हैं। अमूर्त हैं, अशरीरी हैं, एब्स्ट्रैक्टनेस है। यहाँ गोल्डमान ने कहा कि अमूर्तता यथार्थवाद का निषेध नहीं है, बल्कि यर्थाथवाद का पोषक है। अर्थात् जैसा युग है और जैसा समाज है उस समाज में यथार्थ अमूर्त ही हो सकता था। अब आप पेंटिंग का जरा उदाहरण लीजिए। अगर पोर्ट्रेट पेंटिंग, या फिगरेटिव पेंटिंग जिसको हम लोग कहते हैं, यही आदि से लेकर अनन्त काल तक होती रहे जैसे मुगल मिनिएचर्स मिलती हैं और बाद में विक्टोरियन पोर्ट्रेट पेंटिंग्स मिलती हैं, फिर तो सारा पिकासो जो है वह व्यर्थ है। फिर उन्हीं लोगों को जो खुबसूरत चेहरा बढ़िया-बढ़िया दिखाते रहते हैं, उन्हीं लोगों की पेंटिंग को आप कहेंगे कि पेंटिंग यही है, और एब्स्ट्रैक्शन जो है, वह कोई पेंटिंग नहीं है। जबकि यह मानते हैं कि पेंटिंग में एब्स्ट्रैक्शन में शक्ति है। यही नहीं हाइयेस्ट मैथेटिक्स आमतौर से देखेंगे आप तो एब्स्ट्रैक्शन है। आइंस्टीन का फॉर्मूला जो है, वह तो सूत्र है न। वह कोई लैंगुएज नहीं है। एब्स्ट्रैक्शन है। इसमें कहा गया कि 'पावर लाइज इन एब्स्ट्रैक्शन।' शक्ति जो है वह अमूर्तता में होती है। मूर्तता में नहीं होती, इसलिए पावर लाइज इन एब्स्ट्रैक्शन। बहुत सारी चीजें होती हैं, जो एब्स्ट्रैक्ट होती हैं, अमूर्त होती हैं और ज़्यादा सच होती हैं उसकी अपेक्षा। यानी आप तो यों भी देख सकते हैं, हमें तो उतना ज्ञान नहीं हैं, आप लोगों में से कुछ लोगों को तो जानकारी भी पेंटिंग वगैरह की होगी, तो उससे अंदाजा लगा सकते हैं कि एक आदमी ब्रश लेकर किसी लड़की का नाक-नक्श बड़ी मेहनत करके रचे, दूसरा केवल दो-तीन स्ट्रोक से उसकी पूरी भंगिमा और पूरी उसकी पर्सनैलिटी उतार सकता है। और एक आदमी उसका सारा रंग-रूप उतारकर और उसको देखकर के भी उसकी पर्सनैलिटी को नहीं उतार सकता है। दो-तीन स्ट्रोक से पूरी पर्सनैलिटी सामने आ सकती। एक शेर बनाना हो आपको। एक आदमी शेर जैसा है, बाकायदा उसे एक-एक बाल गिन करके वह रँग दे और वह शेर नहीं लग सकता है, और एक आदमी केवल तीन लाइनों से उस दौड़ते हुए या दहाड़ते हुए शेर की तस्वीर ज़्यादा सही व्यक्त कर सकता है, उसकी अपेक्षा जो उसके पाँव, उसके पुट्ठे और उसकी नसें सब कुछ दिखाता है। सब करने पर भी

शेर शेर नहीं लगता, बिल्ली दिखता है। इसलिए ऐसा नहीं है कि एब्स्ट्रैक्ट कांक्रीट का उलटा हुआ करता है। लोग कहते हैं कि रियलिज़्म का मतलब है कांक्रीट हो, एलाइव हो। कांक्रीटनेस अमूर्तता में भी हो सकती है। किसी आदमी का अस्थि-पंजर दिखाएँ, तो वह सच नहीं है? अस्थि-पंजर झूठ है और पूरा जो भरा-पूरा मांस और पेशियाँ दिखाई जाएँ वही भरा-पूरा यथार्थ है तो बड़ी गलत बात होती है। खयालों में आदमी को किसी चीज की जो झलक आती है, याद आती है, याद तो अमूर्त हुआ करती है। वह अमूर्त रूप में ही आएगी। फिर भी वह उतनी ही रियल होगी जितनी कि दूसरी चीज होती है। कभी-कभी मूर्त चीज उतनी रियल नहीं होती है जितनी कि अमूर्त होती है। इसलिए एब्स्ट्रैक्शन रियलिज़्म का विरोधी नहीं है, जो लुकाच ने समझा। काफ्का अन-रियल नहीं है। और आज के जमाने में फिल्मों में आप तो जानते हैं कि अमूर्त चीज लाई जाती है। उसमें हॉरर क्रिएट किया जाता है, वह किसी चीज को दिखा के नहीं बल्कि न दिखा के क्रिएट किया जाता है। किसी भूत को अगर आप मंच पर दिखा दें तो बिलकुल डर नहीं पैदा करेगा, लेकिन उस भूत को आप न दिखाइए मंच पर और वह एकदम अमूर्त रहे तो वह ज़्यादा हॉरीफाइंग (डरावना) होगा। यह फिल्म वाले बहुत अच्छी तरह जानते हैं, थिएटर वाले बहुत अच्छी तरह जानते हैं। इसलिए बेकेट के यहाँ आप देखते हैं, 'वेटिंग फॉर द गोदो हू डजंट कम।' और वह गोडो ज़्यादा रियल है जो कि आप तक नहीं आता है, जिसका इंतजार दोनों पात्र कर रहे हैं। यहाँ से वहाँ तक लेकर आखिर तक मोमेंटम बिल्ट किया जाता है 'एंड दे आर वेटिंग फॉर द गोडो', और 'गोडो डजंट कम हियर।' ही इज मोर रियल दैन दोज टू कैरेक्टर्स। इसलिए जो आर्टिस्ट हैं वो जानते हैं कि एब्स्ट्रैक्ट जो है वह ज़्यादा रियल होता है। इसलिए यह आश्चर्य होता है कि लुकाच जैसा इतना समझदार आदमी, सौन्दर्यशास्त्र का, कलाओं का साहित्य का जानने वाला आदमी, कैसे इस चक्कर में फँस गया कि एब्स्ट्रैक्टशन को अनरियल समझने लगा और इस कमजोरी को पकड़कर गोल्डमान ने बताया कि पूँजीवाद जिस दौर से गुजर रहा है उस दौर में इस सच्चाई को अमूर्त रूप में ही ज़्यादा व्यक्त किया जा सकता है बजाय मूर्त रूप के। मूर्त रूप में आप कितना डिस्क्राइब कीजिएगा? आप कितनी चीजें डिस्क्राइब करेंगे? इस जमाने में केवल अमूर्त चीजों में, संकेत से आप हजार चीजें बता सकते हैं।

4

जेनिंग रूथ का एक लेख है लूसिएँ गोल्डमान पर। गोल्डमान पर लिखा हुआ, अब तक जितना मैंने देखा है, उसमें चाहे वह पुस्तकें हों या लेख हों, मुझे जेनिंग रूथ का लेख बहुत ही संतुलित लगा। संक्षेप में लगभग सभी आलोचनाओं को स्पष्ट करते हुए साथ

ही बहुत सहानुभूति से लिखा हुआ है। उस सहानुभूति में कहीं कोई पक्षधरता नहीं है, पक्षपात नहीं है। अच्छा लेख है। यह मरणोत्तर लेख है।

यह उल्लेखनीय तथ्य है कि गोल्डमान की जो प्रतिष्ठा पहले थी उनकी मृत्यु के समय लगभग समाप्त हो गई थी। उनकी रचनाओं के और उनके कृतित्व के प्रति पहले जैसा आकर्षण नहीं था। इसके कुछ तो राजनीतिक कारण हैं और कुछ सैद्धांतिक। 1968 के आसपास जो क्रान्तिकारी उभार था। आप लोगों को स्मरण होगा कि उस समय चीन में सांस्कृतिक क्रान्ति का ज़ोर था, और संसार के पैमाने पर छात्रों का आन्दोलन हुआ था। यह वैसा दौर था, जैसा भी समझ लीजिए–चाहे वह छद्म कहा जाए या क्षणजीवी कहा जाए लेकिन एक क्रान्तिकारी उभार सारे संसार में था। उसको देखते हुए गोल्डमान का युगोस्लाविया का पक्ष लेना राजनीतिक दृष्टि से बहुत आकर्षक नहीं था, जिसका स्वागत वामपंथी और मार्क्सवादी पैमाने पर नहीं हो सकता था। एक कारण तो यह है, दूसरा कारण यह कि जिस मार्क्सवाद के समर्थक लूसिएँ गोल्डमान थे, वह एक तरह का हीगेलियन मार्क्सवाद था। आप जानते हैं कि इस मार्क्सवाद के कई रूप यूरोप में चल रहे हैं। दूसरे दशक में या कहिए कि प्रथम महायुद्ध के बाद यूरोप में जो सबसे प्रधान मार्क्सवाद था वह हीगेलियन मार्क्सवाद था। उस मार्क्सवाद के अनुयायियों में से जॉर्ज लुकाच थे। स्वयं ग्रामशी को मार्क्सवादी कहा जाता है। और फ्रैंकफर्ट स्कूल पूरा का पूरा हीगेलियन मार्क्सवादी था। इस हीगेलियन मार्क्सवाद का एक रूप आपको ज्याँ पॉल सार्त्र वगैरह में मिला, जिसे मोटे तौर से डायलेक्टिकल ह्यूनिस्ट कहा जाता है। गोल्डमान इसी मार्क्सवाद की परम्परा में आते थे। वह मार्क्सवाद हीगेलियन था। गोल्डमान की प्रतिष्ठा को जो क्षति पहुँची है उसका एक दूसरा कारण भी था। वह था फ्रांस में गोल्डमान की मृत्यु के समय संरचनावादी मार्क्सवाद का उदय। इस संरचनावादी मार्क्सवाद के आक्रमण से लगभग रहा-सहा अवशिष्ट, हीगेलियन मार्क्सवादी ढाँचा चरमरा रहा था, ढह रहा था। इस दूसरे कारण से भी उनकी प्रतिष्ठा को क्षति पहुँची। इसीलिए एक राजनीतिक कारण है और दूसरा सैद्धांतिक कारण है। तीसरा कारण स्वयं उनकी समीक्षाओं में निहित है। उनकी मान्यताओं में। वे मान्यताएँ आरम्भ में जितनी आकर्षक लगी थीं, अन्त तक आते-आते उनका आकर्षण समाप्त हो चला था। आप लोगों को स्मरण होगा कि गोल्डमान ने कहा था कि महान साहित्यिक कृतियाँ और महान साहित्यकारों की रचनाओं में जिस विश्वदृष्टि की अभिव्यक्ति होती है, वह विश्वदृष्टि लेखक के अनजाने ही या उस साहित्यकार के अनजाने ही व्यक्त होती है। इसके लिए उन्होंने 'नॉन-कांशस' कहा है अर्थात् उसे लेखक या साहित्यकार नहीं जानते। किसी सामाजिक समुदाय को जोड़ने वाली, एकजुट करने वाली जो मानसिक संरचना होती है, या मानसिकता होती है, उसमें और साहित्यिक रचनाओं में जो सम्बन्ध होता है, इस

सम्बन्ध को सामान्य आदमी तो जानता ही नहीं है। यानी जरूरी नहीं कि उसको सामाजिक समुदाय जानता हो। सामाजिक समुदाय के बाहर के लोग भी नहीं जान सकते। स्वयं साहित्यकार भी नहीं जान सकता। दरअसल ये समाजशास्त्री, एक विशेष प्रकार का जो साहित्यिक समाजशास्त्री है, वही इसकी खोज करता है और एक्सप्लानेशन के रूप में इसे प्रस्तुत करता है। इस पर यह टिप्पणी की गई है कि उन्होंने समाजशास्त्री को लगभग एक ईश्वर के समान सर्वज्ञ होने का अधिकार दिया है। यह एक प्रकार का मिथ्याभिमान ही कहलाएगा। इस सामान्य आलोचना के अतिरिक्त दूसरी आपत्ति दोनों संरचनाओं के बीच, सामाजिक संरचना और साहित्यिक कृति में निहित विश्वदृष्टिपरक संरचना को लेकर है। इनके सम्बन्ध को गोल्डमान ने होमोलॉजी या समानधर्मिता का नाम दिया है। समाज और साहित्य के बीच का रिश्ता समानधर्मिता का होता है, होमोलॉजी का होता है। यह सबसे विवादास्पद चीज स्वयं लेवीस्त्रोस जैसे संरचनावादी विचारक ने भी समानधर्मिता के अलावा दो संरचनाओं में अन्य प्रकार के सम्बन्धों की भी ओर संकेत किया है। यानी ऐसा नहीं है कि दो संरचनाओं में केवल एक ही प्रकार का सम्बन्ध हो कि उनमें समानता हो, समानधर्मिता हो। लेवीस्त्रोस ने कहा है कि उसमें अन्तर्विरोध भी होता है, विपरीतता भी होती है। इसलिए समाज और साहित्य के सम्बन्धों को केवल समानधर्मिता के रूप में देखना, उसको बहुत सीमित कर देना है। यहाँ ध्यान देने की बात है कि गोल्डमान बार-बार 'रिजिड होमोलॉजी' शब्द का प्रयोग करते हैं। समानधर्मिता पर इतना आग्रह उस सम्बन्ध को सीमित करता है, संकुचित करता है और यह उनके कट्टर दृष्टिकोण का परिचायक है। अन्य संरचनावादियों ने अनेक प्रकार के सम्बन्धों की बात की है, जो वाजिब है। साहित्य और समाज का रिश्ता बराबर इसी प्रकार का नहीं हुआ करता। ऐसी स्थिति भी आती है जबकि दोनों के बीच तनाव हुआ करता है, विरोध की स्थिति होती है। साहित्य समाज से ठीक उलटा व्यवहार करता है। उसको चुनौती देता है। दूसरी जो बहस की चीज है वह उनकी परवर्ती उपन्यास सम्बन्धी आलोचना के बारे में है। कई प्रकार की आलोचनाएँ हैं, उसमें एक यह है कि गोल्डमान ने अपने पूर्ववर्ती सिद्धान्त को छोड़ दिया। कैसे छोड़ दिया? इसको थोड़ा हम लोग देखें।

एक तो यह कि पहले वो मानते थे कि समाज और साहित्य के बीच जो संरचना दोनों में नियामक हुआ करती है और उसमें विश्वदृष्टि या 'वर्ल्ड-विज़न' का महत्व होता है, उपन्यास सम्बन्धी आलोचना में आते ही विश्वदृष्टि की संकल्पना को गोल्डमान एकदम छोड़ देते हैं। वे आर्थिक आधार और उपन्यास दोनों की समानान्तरता सीधे देखने लगते हैं, जिसको आप कह सकते हैं कि सीधा प्रक्षेपण। आर्थिक स्थिति का प्रत्यक्ष प्रक्षेपण उपन्यासों में दिखाई पड़ता है। इसके बारे में दो आदमियों ने टिप्पणी की है। एक तो टेरी इगल्टन है। इगल्टन ने कहा है कि इनकी परवर्ती

आलोचना को देखकर ऐसा मालूम होता है कि जैसे आधार और अधिरचना के बीच यान्त्रिक सम्बन्ध है। किस तरह से उन्होंने कैपिटलिज़्म के समानान्तर उन्नीसवीं सदी का उपन्यास और फिर मोनोपली कैपिटलिज़्म के समानान्तर काफ्का आदि के उपन्यास और फिर कंज़्यूमर कैपिटलिज़्म या मल्टीनेशनल कैपिटलिज़्म के समानान्तर परवर्ती या उसके बाद के उपन्यासों को देखा। अर्थात् सीधे उन्होंने आर्थिक आधार और साहित्य दोनों को समानान्तरता में देखा। यहाँ पूरे सम्बन्ध दिखाने में विश्वदृष्टि गायब है। यह विश्वदृष्टि की मध्यस्थता इस पूरी चर्चा से लगभग गायब है। इसके लिए गोल्डमान की रचनाओं में एक स्पष्टीकरण भी ढूँढ़ा जा सकता है। देखना चाहिए कि यह स्पष्टीकरण कितनी दूर तक सही है। गोल्डमान का कहना है कि पूँजीवादी विकास के कारण सामूहिक स्तर पर चेतना या सामूहिक चेतना का अस्तित्व समाप्त हो गया है। पूँजीवादी विकास के कारण जिस सामूहिक चेतना का ह्रास हो गया वह धीरे-धीरे डिसएपियर होने लगी और वह इकोनॉमिक या आर्थिक जीवन का प्रत्यक्ष प्रतिबिम्ब बन गई। इसीलिए जब 'वर्ल्ड विज़न' नाम की चीज रही ही नहीं तो उसकी मध्यस्थता करने की जरूरत बची नहीं। यह बात लचर मालूम होती है। क्यों लचर मालूम होती है? उसका कारण है। बाद में ज्याँ जेने पर उन्होंने एक लेख लिखा। उसमें उन्होंने कहा है–"आल दीज थिंग्स एज द लिटरेरी ट्रान्सपोजीशन ऑफ द वर्ल्डविज़न ऑफ ए ग्रुप ऑफ ए स्माल नम्बर ऑफ वर्क्स एंड क्रिएटिव इंटेलेक्चुअल्स एंड ए फेयरिली ए लार्ज नम्बर ऑफ एजूकेटेड प्यूपिल्स हू रिफ्यूज टू माडर्न कैपिटलिज़्म।" आशय यह है कि मालरो के आरम्भिक उपन्यास, रॉबग्रिये के उपन्यास और फिल्में, बैकेट की रचनाएँ, और जेने के नाटक, ये सभी एक छोटे समुदाय की विश्वदृष्टि को प्रतिबिम्बित करती हैं। सवाल यह है कि मालरो की आरम्भिक रचनाएँ तो विश्वदृष्टि को प्रतिबिम्बित करती हैं तो बाद वाली क्यों नहीं करतीं? मतलब कि वह विश्वदृष्टि इसमें से गायब हो गई थी जो आरम्भिक रचनाओं में थी। दूसरी बात है कि ज्याँ जेने के बारे में विश्वदृष्टि लागू होती है और उसी के कंटेम्परेरी समकालीन मालरो के बारे में क्यों नहीं लागू होती है? यानी विश्वदृष्टि की मध्यस्थता ज्याँ जेने के बारे में तो वैध है, उपयोगी है, लेकिन मालरो के परवर्ती लेखन के बारे में विश्वदृष्टि की भूमिका कार्यरत नहीं है, यह बात बहुत संगत दिखाई नहीं पड़ती। दोनों की रचनाएँ समकालीन हैं और समकालीन परिस्थितियों के दौर से गुजर रही हैं। इसके लिए कोई सन्तोषप्रद कारण गोल्डमान ने नहीं बताया है। इस प्रकार समाज और साहित्य के सम्बन्धों के बारे में एक तो समानधर्मिता पर आपत्ति की गई है और दूसरी सबसे बड़ी आपत्ति उनकी उपन्यास सम्बन्धी आलोचना में जो यान्त्रिकता है, उस पर की गई। यहाँ विश्वदृष्टि आरम्भ में दिखाई पड़ती है, बाद में उनका अपने ही सिद्धान्तों को छोड़ देना, ये दोनों ही चीजें उनकी आलोचना का कारण बनीं। तीसरी

या चौथी आलोचना साहित्यकार व्यक्ति के महत्व की अस्वीकृति के बारे में है। आप लोग पाएँगे कि सभी संरचनावादी लेखक के व्यक्तित्व को या उसकी वैयक्तिकता को स्वीकार नहीं करते। रोलॉ बार्थ, जॉक देरिदा, फूको आदि जो संरचनावादी हैं, शुद्ध संरचनावादी, वह तो कहते ही हैं कि आज के जमाने में लेखक की मृत्यु हो चुकी है। 'डेथ ऑफ ऐन ऑथर'। ऑथर नाम की कोई चीज है ही नहीं। उम्मीद की जाती थी कि गोल्डमान उस तरह के संरचनावादी नहीं हैं, बल्कि वो 'जेनेटिक' संरचनावादी हैं। अर्थात् इस समाज का कुछ लगाव मानते हैं। साहित्य का स्रोत समाज में देखते हैं। इसलिए कदाचित् लेखक के व्यक्तित्व को कुछ महत्व देंगे। लेकिन स्वयं वे भी महत्व नहीं देते। उन्होंने कहा है कि जहाँ तक साहित्य सृजन का सवाल है, उसमें लेखक रचना की जननी नहीं है बल्कि वह उसकी आया है। 'मेडवाइफ' आया ही कहेंगे। अर्थात् वह डिलिवरी में सहायक हुई है। विश्वदृष्टि की जो रचना लेखक करता है उसमें रचना जो दिखाई पड़ती है, लेखक उसमें मेडवाइफ की भूमिका अदा करता है, आया का काम करता है, वह जननी नहीं है। अब तक उसे माँ माना जाता था। अब माँ नहीं आया है। आप लोगों को मालूम है, हिन्दी वाले बहुत अच्छी तरह से इससे परिचित होंगे। कृष्ण के रूठने पर यशोदा ने कहा—"हौं तो धाय हितारे सुत की, कृपा करत ही रहियो।" जब कृष्ण चले गए तो ठीक ही किया। हम उनके होते ही कौन हैं? हम उनकी माँ तो हैं नहीं कि हमारे पास वो रहते। आखिर हम तो धाय ही हैं इसलिए जब धाय हैं तो धाय के पास इतने दिनों तक रहे, यही बहुत है। इसलिए यह लेखक का एक तरह से डीवैल्यूएशन हुआ, अवमूल्यन। उसके महत्व का ह्रास हुआ। आप सोचें कि शेली, किट्स, वड्र्सवर्थ वगैरह होते तो गोल्डमान के इस कथन पर उनकी क्या प्रतिक्रिया हुई होती? एक अच्छा-खासा महाभारत हो जाता। रोमेंटिक लोग तो मानते थे कि लेखक जीनियस होता है। वह प्रजापति होता है, वह विधाता होता है, वह ब्रह्मा होता है अपनी रचना का। अपनी प्रतिभा से कोई चीज पैदा करता है। जहाँ इतना बड़ा महत्व था रोमेंटिक पीरियड में लेखक का, गोल्डमान ने उसको मिडवाइफ का दरजा दिया। इस तरह से उसके सम्मान को कम किया, घटाया। यहाँ गोल्डमान की ओर से यह कहा जा सकता है कि सामाजिक समुदाय की जो भी चेतना है और जो विश्वदृष्टि है, उसको सुसंगत और एकान्वित रूप देने का काम इंडिविजुअल करता है। विशेष व्यक्ति करता है। लेखक इक्सेप्शनल होता है। चूँकि महान कृतियाँ एक विशेष व्यक्तित्व से पैदा होती हैं उसकी विशेषता ही यही है कि सामाजिक समुदाय की चेतना जो परस्पर असंगतियों से भी भरी रहती है, अविकसित होती है, अपूर्ण होती है, उन तमाम चीजों को वे सम्भाव्य चेतना के स्तर पर ले जाकर अपने चिन्तन के द्वारा, कला के द्वारा, भाषा की दक्षता के द्वारा उसको एक सुसंगत, समन्वित, व्यवस्थित, राउंडेड रूप देता है। इसलिए गोल्डमान के चिन्तन में जो यह

कहा गया कि वे व्यक्ति को, रचनाकार को महत्व नहीं देते, मिडवाइफ कह देते हैं, कहना गलत है। क्योंकि उसे वे इक्सेप्शनल मानते हैं। कई जगहों पर उन्होंने कहा भी है कि ये व्यक्ति इसलिए विशेष होते हैं कि उसकी स्थिति समाज में एक हद तक स्वतन्त्र होती है और हाशिए पर भी होती है। 'मार्जिनलिटी' और 'इंडिपेंडेंट ऑफ सोसाइटी', दोनों चीजों का उन्होंने प्रयोग किया है।

हम लोग खासतौर से कुछ लोग जो मार्क्सवाद में विश्वास रखते हैं, अकसर, लेखक की स्वतन्त्रता और साधारण आदमी की स्वतन्त्रता, दोनों में कोई फर्क नहीं समझते। दोनों को एक जैसा मानते हैं। साहित्यकार की स्वतन्त्रता अन्य आदमियों की स्वतन्त्रता से थोड़ी भिन्न होती है। आमतौर से देखा जाता है कि लेखक की स्वतन्त्रता ज़्यादा जटिल होती है और यह 'मीडियलाइज्ड' होती है। यह हो सकता है कि कई लोग आर्थिक सम्बन्धों के जिस तन्त्र में बँधे हुए हैं, उससे अलग न सोचें। हम अकसर देखते हैं कि कुछ ऐसे लेखक आपको दिखाई पड़ेंगे जो भौतिक, आर्थिक, राजनीतिक रूप से समृद्ध सत्ता से जुड़े हुए लोगों के विरुद्ध बोल नहीं सकते, कोई स्टेटमेंट नहीं दे सकते। लेकिन उनका लेखन ठीक-ठीक उसी के समानान्तर नहीं होता। इसके ज़्यादा उदाहरण देने की जरूरत नहीं है। शायद लोगों को आश्चर्य हुआ हो, लगता हो, हिपोक्रेशी लगती हो, पर यह सच है। हिन्दी के कवियों में श्रीकान्त वर्मा का एक कविता संग्रह है 'मगध'। श्रीकान्त वर्मा की क्या स्थिति है? उसमें टिप्पणी करने की जरूरत नहीं है। इसमें कई कविताएँ ऐसी हैं। यानी कोई आदमी कहे कि मगध में विचारों की कमी है तो यह मगध आखिर है क्या? यह चन्द्रगुप्त के जमाने का मगध तो नहीं है। जिस मगध की चर्चा की जा रही है, जिस मगध में विचारों की कमी है, जहाँ अव्यवस्था है, अशान्ति है, लोगों का सिर काटा जा रहा है। 'मगध' एक ऐसे आदमी की कृति नहीं हो सकती है जो सत्ता का पूर्णतः समर्थन करता हो। और क्रान्तिकारी विद्रोही नहीं हो, उसको बदलने वाला नहीं हो, जैसा वह कविता में दिखाई पड़ता है।

गोल्डमान ने कहा कि चूँकि सृजन प्रक्रिया में यह अन्तर्निहित है कि वह उपयोग मूल्य के विश्वास पर निर्भर है इसलिए साहित्यकार स्वभावतः विशिष्ट हुआ करेगा और इसी कारण से साहित्यकार आमतौर से मार्जिनल हुआ करता है, हाशिए पर होता है। समाज के मूल्यों से भिन्न मूल्य रखता है। घर-परिवार में भी ये लोग निकम्मे समझे जाते हैं, कविता लिखने वाले उपन्यास लिखने वाले। घर के लोग समझते हैं इससे क्या होगा? बीबी तक समझती है उसको कि बेकार का काम कर रहा है यह। इस तरह मार्जिनल होता है वह, परिवार में और पूरी सोसाइटी वालों में भी। यह मार्जिनलिटी विशिष्टता की सूचक है। इतनी दूर तक तो बात ठीक है। इससे मालूम होता है कि गोल्डमान लेखक की विशिष्टता को स्वीकार करते हैं। गोल्डमान जब कहते हैं कि

लेखक एक सामाजिक समुदाय का सदस्य होने के नाते विश्वदृष्टि आदि-आदि का निर्माण करता है, यह तो ठीक है। लेकिन वह सामाजिक समुदाय का सदस्य है, इसको अगर लागू करें तो? उन्होंने ज्याँ जेने के बारे में कहा कि वह वामपंथी बुद्धिजीवी ज्याँ जेने नहीं है। इंडीविजुअलिटी उसकी कहाँ है, इसकी व्याख्या मार्जिनेलिटी से नहीं होती। वह विशिष्टता कहाँ से आती है सामाजिक समुदाय और उस व्यक्ति में? ठीक है, व्यक्ति विशिष्ट होता है सामाजिक समुदाय की तमाम दृष्टियों को व्यक्त करने के कारण, लेकिन उस विशिष्टता का स्रोत क्या है, क्यों है, कबीरदास के जमाने में खँजरी बजाकर के गाने वाले साधुओं की कमी नहीं रही है। और बहुत से जुलाहे ऐसे रहे होंगे। सारे जुलाहे कबीर नहीं हुए। बहुत सारे ब्राह्मण उस जमाने के बनारस में गोस्वामी-वोस्वामी हो गए हों और वे कुछ भजन-वजन भी करते हों, लेकिन सारे भजनी तुलसीदास नहीं हुए। वह क्या चीज है जो विशिष्ट बनाती है? इसकी व्याख्या गोल्डमान के समाजशास्त्र में नहीं है। प्रेमचन्द भारतीय जीवन का चित्रण करते हैं। अकेले प्रेमचन्द ही नहीं, कायस्थ बहुत से थे। हाई स्कूल पास ही नहीं, बल्कि बी.ए., एम.ए. पास भी बहुत से रहे होंगे, उर्दू जानने वाले भी बहुत से रहे होंगे, किस्सा-किताब भी पढ़ने वाले बहुत से रहे होंगे। असन्तोष भी रहा होगा, गांधीवाद से भी प्रभावित रहे होंगे, वगैरह-वगैरह, उस जमाने में ऐसे बहुत से लोग एक समुदाय में रहे होंगे, लेकिन उनमें प्रेमचन्द ही विशिष्ट क्यों हुए? इसकी कोई व्याख्या किसी समाजशास्त्र में नहीं है। लोगों ने कहा कि आपके पास व्याख्या न हो तो इंडीविजुअलिटी को, वैयक्तिकता को और उस व्यक्ति की विशिष्टता को स्वीकार करें, गोल्डमान के यहाँ जिसकी स्वीकृति नहीं है। गोल्डमान ने बार-बार यह कहा है कि हमारी उसमें दिलचस्पी भी नहीं है। कहते हैं कि साहित्य के समाजशास्त्र का यह काम नहीं है।

साहित्य की यह बुनियादी चिन्ता है। आपने नए कवियों में रघुवीर सहाय को कभी पढ़ा हो या सुना हो, उनके भाषणों से आप कवि की पीड़ा का अंदाजा लगा सकते हैं। रघुवीर सहाय ने एकाधिक प्रसंगों में कहा और लिखा है कि लोग नई कविता की बात करते हैं या नई कविता की सारी विशेषताओं का जिक्र किया करते हैं, पूरा पोथा लिखा हुआ है पर मेरी इसमें कोई दिलचस्पी नहीं है। मैं तो यह जानना चाहता हूँ कि तमाम नई कविताओं में और मेरी नई कविता में ऐसी अपनी क्या विशेषता है, जो दूसरों में नहीं है। जब तक कोई यह नहीं बताता है तब तक अपने लिखने को मैं सार्थक ही नहीं मानता। अगर मैं वैसा ही लिखता हूँ जैसा कि सारे नए कवि लिखते हैं तो मेरा जीवन व्यर्थ है। हम लोग छायावाद की विशेषताओं का जिक्र करते हैं। महत्वपूर्ण यह नहीं है कि पन्त, निराला, प्रसाद और महादेवी में क्या समान है? महत्वपूर्ण यह है कि कौन-सी चीज पन्त को निराला से अलग रखती है और निराला को पन्त से अलग करती है, जहाँ उनकी अपनी क्रिएटिविटी है?...कोई आदमी

अपनी सार्थकता उस विशिष्टता में ढूँढ़ता और देखता है, उस सामान्यता में नहीं, जो उन तमाम चीजों से उसे जोड़ती है। यह बात सृजन के बारे में उतनी ही सही है जितनी आपसी मानवीय सम्बन्धों के बारे में। एक आदमी के जीवन में मान लीजिए कि एक दर्जन लड़कियाँ आती हैं और वह हर लड़की को समान रूप से सुन्दर कहता है, समान रूप से अच्छी कहता है। और जो विशेषण एक के लिए इस्तेमाल करता है, वही दूसरे के लिए, हर बार उन्हीं विशेषणों का इस्तेमाल करता है, तो जाहिर है अगर वे सचमुच स्त्री हैं उनमें अस्मिता है, उसकी नज़र में अगर वे सब एक जैसी हैं तो उनमें से किसी को वह पहचान नहीं पाता, पर निर्भर हैं। रवीन्द्रनाथ ने एक कविता में कहा कि "तुम तो तुम्हीं हो तुम जो तुम हो, और कुछ नहीं हो, या और कोई तुम्हारे जैसा नहीं है,...यही तुम्हारा मेरे ऊपर ऋण है और जिसे मैं चाहता हूँ और उसी की खोज करना चाहता हूँ।" यह यूनीकनेस है। तुलसीदास ने 'रामचरितमानस' लिखा तो बार-बार उनकी चिन्ता रही थी कि रामचरित का गुणगान तो तमाम प्राकृत कवियों ने किया है, न मालूम कितने लोगों ने रामकथा लिखी है। मैं भी लिख रहा हूँ, पर मैं जो लिख रहा हूँ वह वही नहीं हो, जो और लोगों ने लिखी है। अगर मुझे वही लिखना है, जो दूसरों ने लिखा है तो फिर लिखने की क्या जरूरत? यह यूनीकनेस है।

इतनी दूर तक तो गोल्डमान ठीक हैं कि किसी साहित्यिक रचना की विश्वदृष्टि की व्याख्या के लिए सामाजिक समुदाय को ढूँढ़ निकालते हैं, समानान्तरता आ जाती है, लेकिन साहित्य में बल उस समानान्तरता से नहीं होता है, साहित्य में बल तो उस विशिष्टता और अद्वितीयता में होता है। और यही अभाव गोल्डमान के 'सोसियोलॉजी ऑफ लिटरेचर' में है। इसका कोई उत्तर उनके पास नहीं है। सोसियोलॉजी ऑफ लिटरेचर साहित्यिक कृतियों की इस यूनीकनेस की खोज नहीं करता है, जो उसकी सबसे बड़ी सीमा है।

अन्तिम बात इस सिलसिले में। लूसिएँ गोल्डमान के जेनेटिक स्ट्रक्चरिज़्म में उत्पत्ति सम्बन्धी सीमा की बात। और यह सीमा ज़्यादा स्पष्ट होती है सार्त्र और गोल्डमान की जेने सम्बन्धी समीक्षाओं में। ज्याँ जेने पर ज्याँ पॉल सार्त्र ने भी एक पुस्तक लिखी है। आप लोगों ने पढ़ा होगा 'सेंटे जेने', ज्याँ जेने के बारे में कुछ तो जानते ही होंगे आप लोग। ज्याँ जेने एक चोर था। बहुत गरीब। चोरी के लिए उसको सजा हुई थी। बहुत दिनों तक जेल गया। और उस पर गोल्डमान ने भी लिखा और उस पर सार्त्र ने भी लिखा। सार्त्र ने ज्याँ जेने की रचना की खूबियाँ उसके जीवन-चरित्र, पारिवारिक पृष्ठभूमि में देखी। देखा कि यह आदमी किन परिस्थितियों में, किस पृष्ठभूमि के कारण अन्ततः एक तरह का क्रिमिनल हुआ। विस्तार से खोज करके उसके साहित्य की उन खूबियों को उसके पारिवारिक वातावरण से ढूँढ़कर निकाला, उसकी विशिष्टता बताई। दूसरी ओर गोल्डमान की पद्धति में इसके लिए अवकाश

नहीं है। जीवन-चरित्र की खोज वे करते ही नहीं, परिवार के लिए उसमें कोई स्थान नहीं है। उन्होंने तो एक सोशल ग्रुप ढूँढ़ा और वह सोशल ग्रुप ज्याँ जेने का जिससे सम्बन्ध है, मोटे तौर से उन्होंने कहा कि यह एक प्रकार वामपंथी बुद्धिजीवियों का समुदाय है जिसकी वो अभिव्यक्त करते हैं। एक समूह के नाते इस समाज में वह अपने अन्तर्विरोधों से ग्रस्त है और वह जिस रूप में सताया जा रहा है, उसके अनुभव से गुजर रहा है। जबकि ज्याँ पाल सार्त्र इसके लिए 'सोसियोलॉजी ऑफ फैमिली' लाते हैं। कहते हैं कि किसी लेखक के वैशिष्ट्य को केवल उसकी वर्गगत विशेषताओं के आधार पर निरूपित नहीं किया जा सकता है, बल्कि बहुत कुछ उसकी विशिष्टता की जड़ें उसके परिवार में होती हैं। फैमिली में होती हैं। ये ज्याँ पॉल सार्त्र का अपना साहित्यिक समाजशास्त्र है। अन्तिम दिनों में वे बहुत विशाल पुस्तक लिख रहे थे जिसके कुछ ही खंड लिखे गए। वह पूरी नहीं हो सकी, डेढ़ हजार पृष्ठों के बाद भी वह पूरी नहीं हो सकी। फ्लाबेयर पर और जिसको "ईडियट ऑफ फैमिली" उन्होंने शीर्षक दिया है। परिवार का वह ईडियट था। इस तुलना से गोल्डमान के समाजशास्त्र की सीमाएँ अधिक स्पष्टता के साथ सामने आती हैं।

गोल्डमान ने साहित्यिक रचनाओं में जिस चीज पर बहुत बल दिया है वह है– कोहेरेंस और यूनिटी। एकान्विति और उनकी अन्तःसंगति। लेकिन इसके लिए कोई युक्ति उन्होंने नहीं लिखी। यानी कोई युक्ति न देकर उसे बार-बार उन्होंने दोहराया है। अपने आपमें सुसंगत होना रचना का गुण क्यों हैं? हम लोग रूपवादी रचना की आलोचना के दौरान देख चुके हैं कि दो प्रकार के सिद्धान्त रखे गए थे। एक संवादिता का सत्य है और दूसरा अन्तःसंगति का सच है। रूपवादी लोग मानते रहें कि कोई रचना अपने आपमें पूर्ण हो, समग्र हो, सुसंगत हो, इसमें उसकी महानता व्यक्त नहीं होती है। अपने आपमें सुसंगत हो लेकिन वह वास्तविकता के मेल में भी हो। आप अपने आपमें सुसंगत झूठ बोल सकते हैं। कहा ही जाता है कि बहुत सुसंगत हो। कहीं कंट्राडिक्शन न हो, वरना बहस में वकील कचहरी में बुला लेगा आपको। इसलिए अपने आपमें सुसंगत होना, यह झूठ की खूबी है। यह सत्य की भी खूबी है। सत्य को अपने आपमें सुसंगत होना चाहिए। यह तो सही है। लेकिन झूठ को भी अपने आपमें सुसंगत होना चाहिए। ऐसी बहुत-सी कृतियाँ हैं जो आपस में बहुत सुसंगत हो सकती हैं। लेकिन सुसंगत होने के बावजूद उसमें रिचनेस न हो, काम्प्लेक्सिटी न हो। आमतौर से देखते हैं कि किसी दर्शन, सिद्धान्त या मान्यता को लेकर रचनाओं में आदि, अन्त और मध्य बड़ा सुसंगत, सुगठित और सुनियमित हुआ करता है। बावजूद इसके उसमें जीवन का अनुभव कुछ नहीं होता है। ऐसी भी रचनाएँ श्रेष्ठ हुई हैं जिनमें अन्तर्विरोध हैं, वह रचना कभी-कभी, बल्कि उस जगह वह रचना ज़्यादा आकर्षक होती है, ऊँचाइयों को छूती है जहाँ वह अपने ही जीवन, अपनी ही विश्वदृष्टि के

विरुद्ध कुछ कह जाती है। जितने बड़े लेखक हैं वे अपनी रचना में अपनी ही निहित जीवनदृष्टि और मान्यता के विरुद्ध चित्रण कर जाते हैं। इसी आधार पर मार्क्स ने और लेनिन ने टॉल्स्टाय और बालज़ाक के बारे में लिखा है। इसलिए सराहनीय चीज वह यूनिटी नहीं होती है, संगति नहीं होती है। किसी रचना की महानता उसके जीवनानुभव सम्बन्धी समृद्धि में होती है। कभी-कभी उसकी चुनौतियों में होती है। उसके प्रतिवाद में होती है, उसकी आलोचनात्मक क्षमता में होती है। इसका कुछ संकेत गोल्डमान के अन्तिम लेख, अन्तिम दिनों में लिखे हुए एक लेख में मिलता है। 'डायलेक्टिक्स ऑफ लिबरेशन' नाम की किताब में उनका वह लेख है–'क्रिटिसिज़्म एंड डागमैटिज़्म ऑफ लिटरेचर।' एक डागमैटिक आदमी बहुत सुसंगत हो सकता है, लेकिन वह बड़ा थिंकर भी हो, यह कोई जरूरी नहीं है।

[(जवाहरलाल नेहरू विश्वविद्यालय की कक्षाओं में अध्यापक के रूप में दिए गए व्याख्यानों का समेकित रूप 'वसुधा, के नामवर सिंह पर केन्द्रित अंक-54, अप्रैल-जून 2002 एवं पुस्तक 'आलोचना की दूसरी परम्परा', सं. कमला प्रसाद, वाणी प्रकाशन, नई दिल्ली, प्र. सं. 2002 में प्रकाशित।)

प्रस्तुति : सुधीर रंजन सिंह]

साहित्य का समाजशास्त्र : रेमंड विलियम्स

1

बीसवीं शताब्दी के चौथे दशक में तथाकथित इंग्लिश स्कूल या अंग्रेजी साहित्यिक समालोचना के अन्तर्गत साहित्यिक समाजशास्त्र-लिटरली सोसियोलॉजी की शुरुआत हुई। इसके केन्द्रबिन्दु डॉ. एफ.आर. लीविस थे और 'स्क्रूटनी' नामक पत्रिका उसका माध्यम थी। उस इंग्लिश स्कूल की लिटररी सोसियोलॉजी का दूसरा चरण, अपेक्षाकृत अधिक विकसित रूप रेमंड विलियम्स में मिलता है। आज हम लोग रेमंड विलियम्स के समाजशास्त्र और साहित्य के सम्बन्ध को लेकर उन्होंने जो विचार प्रस्तुत किये हैं, उनका आकलन करेंगे। रेमंड विलियम्स ने 'लिटरेचर एंड सोसियोलॉजी' नामक एक लेख 1971 में 'न्यू लेफ्ट रिव्यू' में प्रकाशित किया था। यह लेख प्रसिद्ध फ्रांसीसी समाजशास्त्री लूसिएँ गोल्डमान, जिन्होंने साहित्य के समाजशास्त्र पर बहुत ही व्यवस्थित कार्य किया है और उन कार्यों के लिए वे पश्चिमी दुनिया में प्रसिद्ध हैं, उनकी याद में लिखा गया था। लूसिएँ गोल्डमान कैम्ब्रिज आये थे, वहाँ भाषण दिया था और उसके कुछ ही दिनों बाद उनकी मृत्यु हो गई। यह लेख उस स्मृति को समर्पित है। विलियम्स का यह भाषण उनकी पुस्तक 'प्रॉब्लम्स इन मैटीरियलिज़्म एंड कल्चर' में है।

विलियम्स ने उस लेख में अपनी पूर्ववर्ती परम्परा से अपने कार्यों के सम्बन्धों को किस तरह जोड़ा है और अन्ततः वे किस प्रकार लीविस की ही परम्परा में आते हैं, यह उनके लेख से स्पष्ट हो जाता है। लिटरेचर एंड सोसियोलॉजी पर लीविस ने भी लेख लिखा है और रेमंड विलियम्स ने भी। यदि आप ध्यान देंगे कि दोनों के शीर्षक समान हैं और यही नहीं उन शीर्षकों में भी एक बात समान है, और वह यह है कि इन दोनों पदों में 'लिटरेचर' पहले है, 'सोसियोलॉजी' बाद में है। इसलिए वे साहित्य को अपने चिन्तन में भी प्रधानता देते हैं और अपने लेख में भी प्रधानता देते हैं। लीविस ने अपने जमाने के समाजशास्त्रियों का कोई जिक्र नहीं किया था, बल्कि समाजशास्त्र की ओर से लिखी हुई कुछ पुस्तकों की आलोचना की थी। उसके

लगभग बीस से भी अधिक वर्षों के बाद रेमंड विलियम्स ने इंग्लैंड में समाजशास्त्र की क्या स्थिति थी और साहित्य में उनकी दिलचस्पी थी या नहीं थी, थी तो कितनी थी, इसके बारे में उस लेख में संकेत किया है। दो घटनाओं का उन्होंने विशेष रूप से जिक्र किया है। इंग्लैंड में उस समय जो समाजशास्त्र था, जो समाजशास्त्र की पद्धति थी वह बहुत-कुछ पॉजिटिविज़्म से प्रभावित थी। उसका एक दूसरा नाम भी इस्तेमाल किया है, गोल्डमान से उन्होंने शब्द लिया है 'साइंटिज़्म'। पॉजिटिविज़्म और साइंटिज़्म। भौतिक विज्ञानों में शोध की या अनुसंधान की जो पद्धति अपनाई जाती है, उसी पद्धति को जब मानविकी में ज्यों का त्यों अपना लिया जाता हो तो वह एक तरह का साइंटिज़्म कहलाता है। भौतिक विज्ञानों की जो पद्धति अपनाई जाती है, वह बहुत-कुछ वस्तुनिष्ठ होती है। वहाँ पदार्थों का अध्ययन किया जाता है जिसमें मनुष्य के राग-विराग की प्रक्रिया, मनोभावों का कोई दखल नहीं होता। पेड़-पौधों या रासायनिक द्रव्यों या भौतिक पदार्थों अथवा कहिए कि ब्रह्मांड के ग्रह, नक्षत्र और ताराओं का अध्ययन करते समय कोई वैज्ञानिक उसमें अपने राग-विराग का दखल नहीं होने देता है। कविता की दुनिया में चन्द्रमा का या सूर्य का होगा कोई मतलब; लेकिन कोई खगोलशास्त्री यदि चन्द्रमा का अध्ययन करता है तो उसमें 'मिलन में वह अमृत बरसाता है' और 'विरह में वह आग बरसाता है', इसका कोई दखल नहीं होता। इसलिए चन्द्रमा और सूर्य पदार्थ रूप में ही हैं और वस्तुनिष्ठ रूप से देखे जाते हैं। इसमें राग-विराग का दखल नहीं होता है। इसलिए कि एक चीज तो उसकी वस्तुनिष्ठता होती है और उससे जुड़ी हुई एक दूसरी अवधारणा है जो विज्ञानों में आमतौर से सिद्ध है कि यह अध्ययन एक तरह का 'वैल्यू फ्री' होता है। मूल्य-निरपेक्ष होता है। इन पदार्थों का जो भौतिक गुण है, उसकी ही खोज की जाती है। ये भौतिक पदार्थ किसी मूल्य के प्रतीक हैं, किसी अर्थ के प्रतीक हैं, इन पर ध्यान नहीं दिया जाता है। इसलिए उन पदार्थों का जो सामाजिक मूल्य होता है। जैसे मान लीजिए कि गोल्ड या डायमंड का रासायनिक विश्लेषण करते हुए यह बिलकुल ध्यान नहीं दिया जाएगा कि वह सुन्दर होता है कि नहीं होता है, और उसका सौन्दर्य किसी पुरुष या किसी स्त्री के शरीर पर धारण करने से खिल उठता है या नहीं खिल उठता है या किस प्रकार खिलता है, इन चीजों का ध्यान नहीं रखा जाएगा। जबकि उसके मूल्य और उसके अर्थ आमतौर से सामाजिक होते हैं, मानवीय होते हैं। दूसरी तरफ वैज्ञानिक चीज के रूप में चाँदी का क्या मूल्य है, सोने का क्या मूल्य है बाजार में, कोई महत्व नहीं रखती है। विश्लेषण करते समय उसकी इकोनॉमिक वैल्यू क्या है, सोशल वैल्यू क्या है, स्थेटिक वैल्यू क्या है, उसकी मॉरल वैल्यू क्या है, नहीं देखा जाता है। किसी के रखने से समझा जाए कि सोना पवित्र होता है और कोई यह कहे कि उसे पैर में नहीं पहनना चाहिए या कमर के नीचे उसे धारण नहीं करना चाहिए।

सोने का स्थान ऊपर ही है। जैसा कि हमारे यहाँ माना जाता है। पुराने जमाने में विधान था कि केवल राजा और रानी ही सोने को पैर में धारण कर सकते हैं, दूसरा कोई धारण नहीं कर सकता है। अब यह इसकी वैल्यू 'सोशल वैल्यू' है। कोई चीज पवित्र है, कोई पवित्र नहीं है। मरते समय सोना-तुलसी डाला जाय, यह मॉरल वैल्यू उसकी है। उस वैल्यू पर ध्यान नहीं दिया जाता है। तो मैं जिक्र कर रहा हूँ कि समाजशास्त्र में आमतौर से विज्ञान की पद्धति अपनाई गई थी, वस्तुनिष्ठता की और मूल्य-निरपेक्षता की पद्धति इन अध्ययनों में इस्तेमाल की गई थी। उस वस्तुनिष्ठता का असर आरम्भिक दिनों में समाजशास्त्रियों में बहुत रहा है। यह दूसरी बात है कि स्वयं समाजशास्त्र के अन्दर भी आगे चल करके ऐसे विचारक हुए जिन्होंने साइंटिज़्म का विरोध किया। ऐसे समाजशास्त्रियों की एक लम्बी परम्परा है जिन्होंने समाजशास्त्र के अन्तर्गत इस साइंटिज़्म का विरोध किया है और उन्होंने दूसरी प्रणाली अपनाई है। लेकिन आप लोगों को मालूम होगा कि इंग्लैंड एक अरसे से, लगभग अठारहवीं शताब्दी से, अनुभववादी दर्शन प्रणाली का गढ़ रहा है। जॉन लॉक से यह परम्परा चली आ रही है। उस अनुभववाद का प्रभाव दर्शन पर, साहित्य पर, इतिहास पर, अनेक क्षेत्रों पर रहा है। इसलिए इंग्लैंड में सोसियोलॉजी बहुत दिनों तक साइंटिज़्म से मुक्त नहीं हो सकी। इसलिए रेमंड विलियम्स का पहला कथन है कि साहित्य के समाजशास्त्र के मार्ग में बहुत बड़ी बाधा समाजशास्त्र के अन्दर प्रचलित वह विज्ञानवाद था या वैज्ञानिकतावाद है। विज्ञानवाद से भ्रम होता है कभी-कभी अतिचैतन्यवादी धारणा का भी। रेमंड विलियम्स ने इस सिलसिले में यह भी कहा है कि यहाँ तक कि इस वैज्ञानिकतावाद का प्रभाव स्वयं मार्क्सवाद पर भी था और लीविस ने जब साहित्य के समाजशास्त्र की कड़ी आलोचना की थी तो उनके सामने उस समय मुख्य रूप से मार्क्सवाद ही था। और यह अलग सवाल है, उस पर विस्तार से विचार का समय अभी नहीं है, लेकिन जो लोग मार्क्सवाद के इतिहास से परिचित हैं, वे समझ सकते हैं। मार्क्स-एंगेल्स के बाद सेकेंड इंटरनेशनल का नाम शायद आप लोगों ने सुना हो। फर्स्ट इंटरनेशनल तो स्वयं मार्क्स ने स्थापित की थी। सेकंड इंटरनेशनल स्थापित किया था कार्ल काउत्स्की ने। सेकंड इंटरनेशनल और कार्ल काउत्स्की दोनों का नाम एक-दूसरे से जुड़ा हुआ है। आस्ट्रियन मार्क्सवाद जिसको कहा जाता है। यह सेकंड इंटरनेशनल था और आगे चलकर लेनिन ने थर्ड इंटरनेशनल स्थापित किया था। यह सेकंड इंटरनेशनल का जो मार्क्सवाद है, ऐसा समझा जाता है कि कार्ल काउत्स्की ही जिसमें मुख्य थे। उन दिनों की बहस थी 'विकास बनाम क्रान्ति', 'इवोल्यूशनिज़्म बनाम रिवोल्यूशनिज़्म'। सेकंड इंटरनेशनल के लोग लगभग यह मानते थे कि पूँजीवाद अपने अन्तर्विरोधों के कारण स्वयं समाजवाद में परिणत हो जाएगा। यानी पूँजीवाद से समाजवाद का जो संक्रमण है वह इवोल्यूशन के रूप में

होगा, विकास के रूप में अपने आप होगा। और इसलिए किसी रिवोल्यूशन की या क्रान्ति की अथवा क्रान्तिकारी हस्तक्षेप की आवश्यकता नहीं होगी। यह अति सरलीकरण था मार्क्सवाद का। इस सेकंड इंटरनेशनल ने क्रान्ति के स्थान पर विकास पर बल दिया था। उसके मूल में जो भावना थी वह डार्विन के विकासवाद की थी। और उन लोगों का यह भी खयाल था, उन्होंने अपनी समझ से कहा कि मार्क्स के विचारों को एंगेल्स ने वस्तुतः विकासवादी रूप दिया है। उन्होंने इसका स्रोत ढूँढ़ लिया था कि मार्क्स अपने 'कैपिटल' के खंड दो को डार्विन को समर्पित करना चाहते थे। इससे मालूम होता है कि मार्क्स खुद डार्विन के विकासवाद का बहुत सम्मान करते थे। सेकंड इंटरनेशनल का मार्क्सवाद साइंटिज़्म का शिकार था। यह डार्विन के विकासवाद को मूल मानता था और सामाजिक परिवर्तनों का वस्तुवादी ढंग से, मूल्य-निरपेक्ष ढंग से अध्ययन करने के पक्ष में था। इस सेकंड इंटरनेशनल के मार्क्सवाद का प्रभाव एक समय पश्चिमी देशों के अधिकांश मार्क्सवादियों पर पड़ा और चूँकि मार्क्स ने खुद अपने दर्शन को एक तरह का विज्ञान कहा था, कहा था कि साइंस है; फिलॉसफी नहीं कहा था। इसलिए साइंस के प्रति एक विशेष प्रकार का आग्रह भी मार्क्सवादियों में था। वह जीवन दृष्टि विज्ञान है, साइंटिफिक आउटलुक है। साइंस का उसमें ज़्यादा होल्ड रहा है। इसलिए रेमंड विलियम्स ने जब कहा कि साइंटिज़्म सोसियोलॉजी में था तो उसके साथ यह भी कहा कि इंग्लैंड में उस समय मार्क्सवाद में भी साइंटिज़्म था और इस साइंटिज़्म के कारण साहित्य की ठीक-ठीक व्याख्या नहीं हो सकती थी। तीसरी बात अपने जमाने की सोसियोलॉजी के बारे में रेमंड विलियम्स ने कहा कि स्वयं समाजशास्त्रियों का ध्यान साहित्य के अध्ययन की ओर बहुत कम था। उन्होंने अपना उदाहरण दिया है कि स्वयं मैंने बहुत गहन स्तर की नहीं बल्कि सरल स्तर की रचना की। और उसका कुछ हवाला उन्होंने दिया है। उन किताबों से आप परिचित होंगे। पहली किताब जिसके कारण वे प्रतिष्ठित हुए, वह है 'कल्चर एंड सोसाइटी'। उस पुस्तक के बाद उन्होंने दूसरी पुस्तक लिखी 'द लांग रिवोल्यूशन'। 'द लांग रिवोल्यूशन' नाम की किताब मुख्यतः 'कल्चर एंड सोसाइटी' की स्थापनाओं का ही अगला चरण है। 'द लांग रिवोल्यूशन' में उन्होंने लगभग लीविस के काल का जो साहित्यिक समाजशास्त्र है, जिस प्रकार का इसमें मूल्य है, उस प्रकार के कुछ अध्ययन उपस्थित किए थे। जिसमें से कुछ अध्यायों के नाम आप उदाहरण के लिए देख सकते हैं। जैसे 'द ग्रोथ ऑफ रीडिंग पब्लिक', 'द ग्रोथ ऑफ द पापुलर प्रेस', 'द सोशल हिस्ट्री ऑफ इंग्लिश राइटर्स', 'द सोशल हिस्ट्री ऑफ ड्रामेटिक फॉर्म्स।' यदि और चीजों को छोड़ दें तो 'लांग रिवोल्यूशन' नाम की किताब में जैसा रेमंड विलियम्स ने ही कहा कि हमने तीन तरह के काम तो खुद किए हैं। एक तो यह कि 'ग्रोथ ऑफ रीडिंग पब्लिक', दूसरा 'सोशल हिस्ट्री ऑफ राइटर्स'

और तीसरा 'सोशल हिस्ट्री ऑफ लिटरेरी फॉर्म्स', और मुझे इस क्षेत्र में स्वयं सहयोग की, कोलाबरेशन की जो आशा थी, वह न अब मिली न तब मिली। अब इन धारणाओं को आगे चलकर हम लोग देखेंगे कि इस तरह का भी एक समाजशास्त्र है। और इसे रेमंड विलियम्स ने खुद विकसित किया है। इसमें कम से कम एक कड़ी ऐसी है जो उन्हें लीविस और 'स्क्रुटनी' से जोड़ती है जिसको कहें 'ग्रोथ ऑफ द रीडिंग पब्लिक।' बहुत से लोगों को मालूम होगा कि स्वयं लीविस की पत्नी क्यू.डी. लीविस ने 'फिक्शन एंड' नाम की पुस्तक लिखी थी और वह भी एक थीसिस थी। इसलिए उस समय भी यह धारणा थी कि साहित्य का अध्ययन करने के लिए जरूरी है कि पाठक समुदाय का अध्ययन किया जाय।

कोई पुस्तक लिखी जाती है तो पढ़ी भी जाती है। पढ़ने वाले कौन लोग हैं, और पढ़ते हैं तो किस रूप में उसे पढ़ते हैं। 'हाऊ इट रीड?' इसका अध्ययन करने के लिए व्यक्ति के रूप में नहीं बल्कि समूह के रूप में पाठक समुदाय का अध्ययन करना चाहिए। और यह काम लीविस की पत्नी ने किया था और आगे चल करके रेमंड विलियम्स ने और भी सोफिस्टीकेशन के द्वारा इस काम को पूरा किया। जो वह तीसरा प्वाइंट है वह रेमंड विलियम्स कहना चाहते थे कि इंग्लैंड में समाजशास्त्र की ओर से और समाजशास्त्रियों की ओर से प्रयास नहीं हुए। साहित्य के अध्ययन की यदि गहन और जटिल समस्याओं में न भी जाते, तो कम से कम जो समाजशास्त्रीय रुचि की हो सकती थी, साइंटिज़्म ही सही, उसकी ओर भी इंग्लैंड में समाजशास्त्री प्रवृत्त नहीं थे। इसलिए साहित्य और समाजशास्त्र के या साहित्य अनुशीलन और समाजशास्त्रीय अनुशीलन के बीच सहयोग नहीं हो सका और जो विकास इंग्लैंड में होना चाहिए था, वह नहीं हो सका। यह सारी बातें उन्होंने जब कहीं तो उनके ध्यान में यह था कि लूसिएँ गोल्डमान को एक लम्बी परंपरा मिली थी। लूसिएँ गोल्डमान को जो परम्परा प्राप्त थी उस परम्परा में उतनी चीजें लिखी जा सकती हैं। एक तो यह कि यूरोप में सोसियोलॉजी ऑफ लिटरेचर की लम्बी परम्परा है। इसी किताब में आप देखेंगे। पहले जैसा हमने जिक्र किया था मादम लीविस थीं जो बड़ी प्रभाववाली, बड़ी प्रतापी महिला थीं, उस जमाने में बुद्धिजीवियों और लेखकों के बीच उनकी स्थिति लगभग केन्द्रीय थी। इंटेलेक्चुअल थीं। उन्होंने यह काम सबसे पहले किया था। और उसके बाद से कड़ी चली आ रही है।

यूरोप में भी समाजशास्त्र के कुछ स्कूल चले हैं। फ्रांस उसका बहुत बड़ा केन्द्र रहा है। आज भी सोसियोलॉजी ऑफ लिटरेचर के कई सेंटर फ्रांस में चलते हैं। इंग्लैंड में तो रहा ही है। तो एक तो साहित्य के समाजशास्त्र की एक लम्बी परम्परा यूरोप में रही है। दूसरी चीज यह कि इस परम्परा में स्वयं समाजशास्त्रियों ने पहल की थी। और तीसरी बात यह कि यूरोप में समाजशास्त्र के अन्तर्गत बहुत पहले ही साइंटिज़्म

का विरोध शुरू हो गया था। दुर्खाइम और मेक्स बेवर दो का तो नाम लिया ही जाता है। दुर्खाइम में साइंटिज़्म था, काफी था। मेक्स बेवर में उतनी दूर तक नहीं था। अंशतः था। लेकिन उसके बाद पूरा एक स्कूल फ्रैंकफर्ट स्कूल कहलाता है, जिसमें इसके दो-तीन आदमियों का नाम तो आप लोग शायद जानते ही हों। हार्वर्ड मारक्यूस का नाम सभी लोग जानते होंगे। छात्र आन्दोलनों के दौरान यह नाम बहुत प्रचारित-प्रसारित हुआ था। वाल्टर बेंजामिन भी थे। उनकी स्थिति थोड़ी भिन्न थी। मुख्यतः फ्रैंकफर्ट स्कूल जब कहते हैं तो दो आदमियों का नाम लिया जाता है। एक तो अडर्नो और दूसरे हारबाइम। ये लोग उस साइंटिज़्म के विरोधी थे। जर्मनी का एक अलग स्कूल था। यह लोग साइंटिज़्म के खिलाफ थे। इसलिए अच्छा-खासा समुदाय यूरोप में था, जो साइंटिज़्म के विरुद्ध था। और इसलिए लूसिएँ गोल्डमान को एक बनी-बनाई परम्परा मिली थी, एक तो पुरानी परम्परा थी, दूसरी यह भी परम्परा थी कि समाजशास्त्र के विद्वान स्वयं साहित्य का अध्ययन करते थे। तीसरी यह कि वैज्ञानिकतावाद से मुक्त होकर के साहित्य के अध्ययन की एक परम्परा वहाँ बनी हुई थी। और स्वयं जो मार्क्सवाद उनको मिला था। जॉर्ज लुकाच का वह मार्क्सवाद भी साइंटिज़्म का विरोधी था। हीगेलियन मार्क्सवाद जिसको कहें। इसलिए लूसिएँ गोल्डमान को एक सुदृढ़ पृष्ठभूमि मिली थी जिसके कारण यह सम्भव हो सका कि वे साहित्य के समाजशास्त्र का ऐसा अध्ययन कर सके जिसमें वे तथाकथित साइंटिज़्म से मुक्त होकर अधिक गहराई में जाकर के साहित्य का अध्ययन कर सकें। लूसिएँ गोल्डमान को यह सुलभ था। रेमंड विलियम्स को सुलभ नहीं था। आपको एक अंडर करेंट के रूप में, एक अन्तर्धारा के रूप में उस पूरे लेख में यह बात मिलेगी। उस लेख में इन चीजों को स्पष्ट करने के बाद और उसके साथ और उसी क्रम में रेमंड विलियम्स ने दूसरी बात कही है और वह यह कि कैसे उनका और लीविस का सम्बन्ध घनिष्ठ रूप से जुड़ा है। उन्होंने कहा कि पहली बात–जिस साइंटिज़्म का विरोध यूरोप में स्वयं लूसिएँ गोल्डमान को नहीं करना पड़ा, यह काम दूसरे लोगों ने ही कर दिया। यानी कहें कि खेत जोतने का, पटेला लगाने का काम दूसरे कर जाएँ तो फिर बीज डालना आसान हो जाता है, लेकिन यदि किसी आदमी को जमीन भी तोड़नी पड़े, और हमवार भी करना पड़े उसे, और उसके बाद उसको बोना पड़े, सारा काम एक ही आदमी को करना पड़े...। तो रेमंड विलियम्स कुछ उस हीरोइक मुद्रा में कह रहे थे कि यह सारा काम गोल्डमान को तो करना नहीं पड़ा। बना-बनाया उनको खेत मिला हुआ था, केवल बीजारोपण करना था। हमको यह सारा काम खुद करना पड़ा। इसलिए हमारा प्रयास ज़्यादा हीरोइक है। और अँधेरे में टटोलने जैसा है। इस सिलसिले में उन्होंने लीविस का जिक्र किया है कि इंग्लैंड में यह काम किसी समाजशास्त्री ने नहीं किया बल्कि साइंटिज़्म का विरोध एक साहित्यिक आलोचक लीविस ने किया है।

इसलिए लीविस का महत्व है और इस नाते साहित्यिक आलोचना का महत्व है। विज्ञानवाद का विरोध करने के कारण यह जो महत्वपूर्ण भूमिका अदा की, वह साहित्य की समालोचना ने की और वही सेंटर बन गई। इसलिए साहित्य के समाजशास्त्रीय अध्ययन की शुरुआत इंग्लैंड में समाजशास्त्र की ओर से नहीं हुई बल्कि स्वयं साहित्यिक आलोचना की ओर से हुई। यह तथ्य है। और लीविस की नियामक भूमिका है। उन्होंने बहुत स्पष्ट लिखा है कि 'इंग्लैंड इट हैज बीन लिटरेरी क्रिटिक्स एंड एबव ऑल लीविस हू हेव लेट द अपोजीशन टु साइंटिज़्म'। इस सिलसिले में बड़ी रोचक बात का उल्लेख किया है और फिर लीविस से उनकी समानता दिखाई पड़ती है। उन्होंने कहा कि गोल्डमान ने जब साइंटिज़्म पर अटैक किया तो उनके लिए सबसे बड़ा अस्त्र क्या था? क्रिटिकल सोसियोलॉजी थी। यह 'क्रिटिकल सोसियोलॉजी' टर्म है। समाजशास्त्र के लोग इसको जानते हैं। यह रूढ़ हो गया है। फ्रैंकफर्ट स्कूल में सोसियोलॉजी को क्रिटिकल सोसियोलॉजी कहते हैं। इसलिए उनको तो क्रिटिकल सोसियोलॉजी एक अस्त्र के रूप में सुलभ थी। रेमंड विलियम्स ने यह भी जिक्र किया है कि अगर इंग्लैंड में साहित्य के सन्दर्भ में कोई आदमी 'सोसियोलॉजी' शब्द का नाम ले ले तो लोग बिदकेंगे। कितने बिदकेंगे, इसके प्रमाण में उन्होंने डी.एच. लारेंस का एक कोटेशन कोट किया कि साहित्य या एक नॉवेल पढ़ने के लिए संवेदनशीलता पर्याप्त है और इसके अलावा किसी नॉवेल या किसी उपन्यास के बारे में जो भी बातें की जाती हैं उसका वर्गीकरण करना, वह सामाजिक उपन्यास है कि सामाजिक यथार्थवादी उपन्यास आदि कार्य करना, लारेंस ने कहा कि यह सब बकवास है। इसका उपन्यास से कोई सम्बन्ध नहीं है। इसलिए अगर आप रागात्मक दृष्टि से सम्पन्न हैं और संवेदनशील हैं तो उस कृति को ग्रहण कर सकते हैं और ग्रहण करते हैं तो यह काफी है। उसका वर्गीकरण करना, उसमें यथार्थवाद देखना और बाकी सब देखना, यह सब ऊपर की चीजें हैं। इसका उस उपन्यास के पढ़ने से कोई ताल्लुक नहीं है। उल्लेखनीय बात यह है कि डी.एच. लारेंस लीविस के बड़े ही प्रिय और आदर्श लेखक थे। डी.एच. लारेंस का हवाला सोसियोलॉजी के सिलसिले में रेमंड विलियम्स भी देते हैं। यह पृष्ठभूमि है जिस पर रेमंड विलियम्स ने साहित्य के समाजशास्त्र के बारे में अपनी धारणाएँ बनाईं। दोनों के बीच में जोड़ने वाली एक और कड़ी है, अन्तिम कड़ी। उनके सिद्धान्तों का जिक्र करते हुए हम लोग चर्चा करेंगे। विलियम्स का एक उद्धरण है उस लेख में "द एक्जिस्टेंस इन वर्क्स ऑफ लिटरेचर ऑफ मटीरियल सो लोडेड विथ वैल्यूज दैट इफ वी डू नॉट डील डायरेक्टली विथ देम वी हैव लिटरेली नथिंग टू डील विथ लीव्स टू एंड..."। इसमें जो ध्यान देने की बात है 'द वर्क्स ऑफ लिटरेचर ऑफ मेटीरियल सो लोडेड विथ वैल्यूज'। लीविस ने यही कहा था कि कोई सोसियोलॉजिस्ट साहित्य का ठीक-ठीक विश्लेषण इसलिए नहीं कर

सकता कि साहित्यिक कृतियाँ 'वैल्यू लोडेड' होती हैं। साहित्यिक कृतियाँ मूल्य-सापेक्ष होती हैं, मूल्य-निरपेक्ष नहीं होतीं, यह लीविस कह चुके हैं। यही बात रेमंड विलियम्स भी कह रहे हैं।

तुलसीदास ने, पहले भी मैंने कहा था, तुलसीदास ने 'रामचरितमानस' की रचना अपने समाज का वर्णन करने के लिए नहीं की थी। उनको कुछ कहना था और जो कहना था वह यह कि राम की भक्ति से बड़ी दुनिया की कोई चीज नहीं है। 'भक्ति' नाम का एक मूल्य था, सिद्धान्त था, आदर्श था जिसकी प्रतिष्ठा के लिए उन्होंने पूरी रामकथा कही है। उन्होंने उसमें कहा है कि राम पर बहुत से लोगों ने भी लिखा है, हमसे पहले भी लोग लिख चुके हैं, आगे भी लोग लिखते रहेंगे, लेकिन मुझे राम के बारे में जो कहना है वह मेरे राम और राम की जो भक्ति है, मैं जो कहना चाहता हूँ, मुझे मिला नहीं है। इसलिए मैं पूरी रामकथा गा रहा हूँ, वरना उनको गाने की क्या जरूरत थी! अगर उनको यही बताना होता कि दशरथ की चार रानियाँ थीं और उनके लड़के पैदा हुए, और अन्त में कैसे धनुषयज्ञ हुआ, सीता को ब्याह कर लाए और पूरा राम का जो चरित्र है, सिर्फ अगर वह चरित ही मुझे गाना होता तो मैं न गाता। जैसे गीता में कहा गया है कि "यदा यदा ही धर्मस्य ग्लानिर्भवति भारतः" जब धर्म का नाश होने लगता है, क्षय होता है तो मैं बार-बार जन्म लेता हूँ। तुलसी तो राम का जन्म इसलिए मानते भी नहीं हैं। सो केवल 'भगतन हित लागी'—भक्तों के लिए उन्होंने जन्म लिया था। उन्होंने कोई धर्म का उद्धार करने का ठेका नहीं लिया था। और इसलिए राम की भक्ति का फल जो है, वह भक्ति ही है। प्रेम का फल प्रेम है। मोक्ष नहीं है। और भक्त लोग आज भी इसीलिए मोक्ष नहीं चाहते। तो एक मूल्य की स्थापना, एक सन्देश देने के लिए उन्होंने लिखा। उसमें प्रसंगवश उस जमाने का भी वर्णन आ गया तो ठीक है। इसलिए हर साहित्यिक कृति 'वैल्यू लोडेड' इस अर्थ में होती है कि किसी न किसी मूल्य को, जिसे आप सन्देश कहते हैं, उसे वह पाठकों तक पहुँचाना चाहता है, उसके मन में कुछ है जो कहना चाहता है। अब आप सामाजिक यथार्थ देखें या उसमें न देखें, यह आपका अपना सिर दर्द होगा। यह बात प्रेमचन्द के लिए लागू होती है, प्रसाद के लिए लागू होती है, निराला के लिए, सबके लिए। इसलिए हर साहित्यकार किसी न किसी वैल्यू की स्थापना करना चाहता है। इसके लिए वह कविता लिखता है, उपन्यास लिखता है। बकौल विलियम्स, 'इफ वी डू नॉट डील डायरेक्टली विथ देम देन वी हैव लिटरली नथिंग टू डील इट'। इन वैल्यूज को आपको डायरेक्टली डील करना पड़ेगा। इसके लिए शास्त्र-वास्त्र की कोई जरूरत नहीं है। दूसरी बात है जो लीविस से विलियम्स को जोड़ती है कि साहित्यिक कृति को आधार मानते हैं और इसलिए एक ऐसे समाजशास्त्र की आवश्यकता पर बल देते हैं, जो समाजशास्त्र उस मूल्य-अधिष्ठित साहित्य का अध्ययन कर सके। इस सिलसिले

में जिस तरह लीविस ने लगभग अपने जमाने के मार्क्सवाद को अपर्याप्त पाया, विलियम्स ने भी मार्क्सवाद के उस रूप को अस्वीकार किया जो उनकी दृष्टि में साइंटिज़्म से प्रभावित था।

जे.एन.यू. में बहुत चलता है, 'बेस एंड सुपर स्ट्रक्चर'–आधार और अधिरचना। कोई भी साहित्यिक चर्चा जब शुरू होती है तो लोग बेस से सुपर स्ट्रक्चर पर चालू हो जाते हैं। साहित्य की जब भी कहीं कोई चर्चा चलती है तो कोई भी मार्क्सवादी हो, आधार और अधिरचना का जो मॉडल है, उसके बिना उसे ऐसा लगता है कि इन दो शब्दों के अलावा उस भाषा का विवरण उपस्थित नहीं किया जा सकता। विलियम्स ने लिखा–''आई हैव आलवेज अपोज्ड द फॉर्मूला ऑफ बेस एंड सुपर स्ट्रक्चर''। 'बेस एंड सुपर स्ट्रक्चर' के फॉर्मूला को मैंने बराबर अस्वीकार किया। क्यों? कारण भी लिखा है। दो कारणों से किया। एक तो कहा कि सिर्फ इसलिए नहीं कि उसमें पद्धति सम्बन्धी कमजोरी है बल्कि वह रिजिड है, एब्सट्रैक्ट है। जब आप साहित्य को और आर्थिक जीवन को एक इमारत के रूप में देखेंगे तो जाहिर है कि इमारत की जो उपमा है, यह स्थिर है। इमारत तो चलती नहीं है। एक जगह स्थिर है। बदकिस्मती से समाज तो इमारत है नहीं। वह तो चलता रहता है, बदलता रहता है। इसलिए आप जैसे ही इमारत की एनालॉजी लेंगे तो आपको समाज और साहित्य के सम्बन्ध स्थिर दिखाई पड़ेंगे। दूसरी चीज यह कि यह रिजिड है। स्वयं उपमा तो जड़ है ही, इसमें हम समाज और साहित्य दोनों को स्थिर मान लेते हैं। वह रिजिड है। रिजिड इस अर्थ में कि जिसको डिटर्मिनिज़्म कहते हैं, वह है। एक तरह की रिजिडिटी है यह। अर्थात् आर्थिक आधार साहित्य का नियमन करता ही है, आप बच नहीं सकते हैं उससे। इसमें उनको कट्टरता दिखाई पड़ी। और तीसरी चीज है जिसको एब्स्ट्रैक्शन कहते हैं। एब्स्ट्रैक्शन यह हुआ कि आधार और अधिरचना दोनों अमूर्त अवधारणाएँ हैं। 'देयर आर नो रिलेशन बिटवीन लिटरेचर एंड सोसाइटी।' साहित्य और समाज में कोई सम्बन्ध नहीं है। अमूर्त रूप में ही यदि आप साहित्य को लें और अमूर्त रूप में यदि आप समाज को लें, जैसे कि अमूर्त जीव और अमूर्त ब्रह्म। लगभग वैसा ही है जैसे कोई आदमी कहे कि स्त्री-पुरुष में सम्बन्ध होता है, तो होता है। यह तो अमूर्त है। लेकिन जो सम्बन्ध होता है, वह एक स्त्री विशेष एवं एक पुरुष विशेष के बीच होता है और वह सम्बन्ध वही 'ग' और 'घ' के बीच हो यह कोई जरूरी नहीं है। इसलिए एक निश्चित समाज और एक निश्चित साहित्य का सम्बन्ध होता है और वह निश्चित प्रकार का होता है। इसलिए एक निश्चित समाज और एक निश्चित साहित्य की बात तो की जा सकती है, लेकिन सामान्य समाज और सामान्य साहित्य के बारे में यदि सम्बन्ध की बात करें तो उस सम्बन्ध का होना न होना बराबर है। इसलिए अमूर्त रूप में, सामान्य रूप से कहें, समाज और साहित्य में अमूर्त सम्बन्ध नहीं होता। रेमंड

विलियम्स ने कहा, ठीक लीविस के समान,–'यद्यपि मैं मानता हूँ कि जीवन में आर्थिक कारणों की, आर्थिक परिस्थितियों की बड़ी नियामक भूमिका होती है और मैं इसे छोड़ना नहीं चाहता, लेकिन मैं एक ऐसी प्रकार की सामाजिक समग्रता की धारणा का विकास करना चाहता था जिसमें आधार और अधिरचना की तरह से विभाजन, वाटर कम्पार्टमेंट जिसे कहते हैं, वह न हो, बल्कि ये दोनों एक समग्रता के अंग के रूप में हों।' पुराने कवि जब कहा करते थे कि–

"नारी बीच सारी है कि सारी बीच नारी है
नारी की ही सारी है कि सारी की ही नारी है।"

किस प्रसंग में कहा गया है? इस कविता का संकेत किधर है? इस स्थिति में आप यही कह सकते हैं कि साहित्य हमारी जिन्दगी में इतना घुला हुआ है कि यह कहना कठिन है कि अलग-अलग क्या है? इसे दिनचर्या के अभिन्न अंग के रूप में देख सकते हैं आप किसी लोकजीवन के उदाहरण से देखिए। गाँव के किसान का उदाहरण लीजिए। चक्की चलाने, और भी बहुत से श्रम के कार्य हैं, वे सारे के सारे उन चीजों से कलात्मक चीजों से जुड़े हुए हैं और एक-दूसरे में इतने घुले-मिले हुए हैं कि सोशल टोटलिटी है, उस टोटलिटी के रूप में संगीत, साहित्य और कला सब चीजें जीवन के अभिन्न अंग के रूप में जुड़ी हुई हैं। इसलिए रेमंड विलियम्स कहते हैं कि 'बेस एंड सुपर स्ट्रक्चर' को इसलिए मैंने अस्वीकार किया कि रिजिड है, स्टैटिक है। और मेरी खोज जो थी, जिसे कहा कि 'कल्चर ऐज ए वे ऑफ लाइफ।' 'टोटल वे ऑफ लाइफ' के रूप में मैं देखना चाहता था। इस प्रतिज्ञा के अनुसार जो सब सुनने में बड़ी अच्छी लगती है, ऊपर से देखने में सामान्य है कुल मिलाकर उसकी फलश्रुति क्या होती है और रेमंड विलियम्स किस नतीजे पर पहुँचते हैं?

2

रेमंड विलियम्स ने इन कठिनाइयों का हल किस प्रकार ढूँढ़ा है? पहली बात यह है कि आधार और अधिरचना का जो मॉडल है उसमें साहित्य और समाज के बीच एक विभाजन स्वीकार कर लिया गया है। पहली समस्या है कि इस विभाजन को कैसे दूर किया जाए। पहले आप दोनों को अलग करें फिर दोनों में सम्बन्ध स्थापित करें। इसलिए पहली समस्या उसके सपरेशन की है। यानी क्या कहते हैं फिल्मी गीत में कि 'चलो एक बार फिर से अजनबी बन जाएँ हम दोनों।' तो पहले तो पहचान करें इसके बाद 'अजनबी बन जाएँ' । और फिर हम पहचान करें, तो शायद ज़्यादा मधुर हो। पहले तो आप आधार और अधिरचना के नमूने के अनुसार जिसमें साहित्य अधिरचना का अंग है और समाज मोटे तौर से आर्थिक आधार है, दोनों को अलग करें और फिर दोनों का सम्बन्ध जोड़ने

की कोशिश करें। इस विभाजन को हल करना है। कैसे हल किया जाए? बुनियादी समस्या है। रेमंड विलियम्स ने कहा कि इसलिए इन दोनों को, समग्र प्रक्रिया के रूप में देखा जाए। इस सिलसिले में दूसरा शब्द इस्तेमाल किया जाता है–'मोड ऑफ प्रोडक्शन' अर्थात् उत्पादन की प्रणाली। चूँकि साहित्य प्रोडक्शन (उत्पादन) नहीं है इसलिए उसे कैसे टोटल मोड ऑफ प्रोडक्शन का पार्ट मानें? लिटरेरी मोड ऑफ प्रोडक्शन। इसलिए एक तो हल ढूँढ़ने की कोशिश जो रेमंड विलियम्स ने की, वह यह कि समग्र उत्पादन प्रक्रिया को एक समग्रता में देखा जाए। टोटल सोशल प्रोसेस का एक अंग मान लिया जाए साहित्य को। इससे दो समस्याएँ हल होंगी। एक तो यह है कि जिन लोगों ने अलग माना है, वे भी साहित्य की सापेक्ष स्वायत्तता की बात करते हैं, रिलेटिव एटानॉमी। यह सही है कि साहित्य समाज से सर्वथा स्वायत्त नहीं होता। जो लोग यह मानते हैं कि साहित्य का समाज से सम्बध नहीं है, वे साहित्य को सर्वथा स्वायत्त मानते हैं, जो लोग सम्बन्ध मानते हैं, वे लोग कहते हैं कि सर्वथा स्वायत्त तो नहीं है लेकिन सापेक्ष स्वायत्तता है। अब ये 'सापेक्ष' शब्द जो है यह बड़ा विविध है, अस्पष्ट है। सापेक्ष माने कितना सापेक्ष? सापेक्षता स्वयं एक ऐसा शब्द है जो 'ऑपरेशनल' नहीं बन पाता। प्वाइंटीफाई जिसको नहीं कर सकते हैं, निश्चित रेखा नहीं खींच सकते हैं। आप कहेंगे कि सापेक्ष स्वायत्तता है। तो यह सापेक्ष कितना सापेक्ष? कैसे निर्धारित करेंगे? एक बहुत बड़ा सिर दर्द है। कह देना बड़ा आसान लगता है लेकिन जब निर्धारित करना पड़ेगा किसी समाज में तब उसकी सापेक्षता की सीमाएँ प्रकट होने लगती हैं। इसलिए इस सापेक्ष स्वायत्तता से एक दूसरा बड़ा खतरा है रिडक्शनिज़्म का। निःशेष करना, निःशेषीकरण जिसको कहेंगे। अध्ययन की प्रक्रिया में आमतौर से समाज और साहित्य के सम्बन्ध पर विचार करते हुए साहित्य को रिड्यूज कर दिया जाता है। 'लिटरेचर इज रिड्यूज्ड् टू ए सोशल फॉर्म।' और व्यवहार में अपनी स्वायत्तता वह लगभग समाप्त कर देता है, छोड़ देता है, खो देता है। इसलिए इसमें खतरा है 'रिडक्शनिज़्म' का, निःशेषीकरण करने का। आप लोगों ने गोपियों के और उद्धव के बीच जो विवाद हुआ था, उसे पढ़ा होगा भक्तिकाल में। रत्नाकर ने जिसे कहा है कि–"जैहै बनि बिगरि न बारिधिता बारिधि की, बूँदता बिलैहैं बूँद बिबस बिचारी की"। तो बूँद और समुद्र का सम्बन्ध तो ठीक है, लेकिन समुद्र का तो कुछ नहीं बिगड़ेगा, बूँद की बूँदता जो है, वह नष्ट हो जाएगी। साहित्य को यदि बूँद मान लें तो साहित्य और समाज के बीच जब बहुत प्रेम बढ़ने लगता है तो उसकी परिणति लगभग वही होती है जैसे पुरुष और स्त्री के बीच। पुरुष लोग बहुत अनुराग दिखाएँ कि तुम देवी हो और तुम प्राण हो वगैरह-वगैरह। अन्ततः कुल मिला करके होता है कि उसमें नारी की अपनी स्वाधीनता लुप्त होती है। आमतौर से उसमें बूँद की बूँदता के विनाश का लक्षण होता है। प्रायः साहित्य के समाजशास्त्रीय अध्ययन में ऐसा नहीं है कि समाज साहित्य में विलीन हो जाए। ऐसा

नहीं होता। तब तो शुद्ध साहित्य हो जाए। साहित्य ही समाज में विलीन होता है, रिड्यूज होता है। रिडक्शनिज़्म होता है वहाँ। इसलिए किस प्रकार इस रिडक्शनिज़्म से बचा जाए, जो बहुत बड़ा खतरा है। इसलिए कुछ तो करना पड़ेगा आधार और अधिरचना के बीच। मार्क्सवाद की ओर से तो साहित्य को अधिरचना का अंग माना गया। विलियम्स ने दिखाया कि दरअसल साहित्य अधिरचना नहीं है, साहित्य 'बेस' का अंग है, आधार का अंग है। उनका फॉर्मूला है–'कल्चर इज मटीरियल'। साहित्य उतना ही भौतिक है जितना कि कोई पदार्थ होता है। साहित्य और कलाएँ भौतिक हैं। अधिरचना का अंग नहीं हैं। इसलिए इससे बच निकलने का तरीका विलियम्स ने यही निकाला कि साहित्य को 'सुपर स्ट्रक्चर' का अंग न माना जाए, बल्कि साहित्य को 'बेस' का अंग माना जाए, और कहा जाए कि साहित्य जो है वह मटीरियल है। इसमें विलियम्स ने जिस चीज से सहायता ली वह एक दूसरी विद्या है। वह है सेमियोलॉजी। संकेत विद्या। विलियम्स के इस नए भौतिकवाद का प्रेरणास्रोत है सेमियोलॉजी, संकेत विद्या।

संकेत विद्या के अनुसार यह है कि मानव समाज में जितने पदार्थ हैं, जितनी वस्तुएँ हैं, सब संकेत हैं। संकेत हैं का मतलब यह है कि प्रत्येक वस्तु कोई न कोई अर्थ ग्रहण करती है, वह 'वाचक' है और उसका कुछ न कुछ 'वाच्य' होता है। जैसे रोलाँ बार्थ की एक किताब है 'माइथोलॉजी' नाम की। ये कपड़े-लत्ते, ये वस्त्राभूषण, ये सारे के सारे तो पदार्थ हैं, लेकिन ये पदार्थ एक तरह के संकेत हैं। इन वस्तुओं का भी अर्थ होता है। ये कुछ कन्वे करते हैं। इसलिए संकेत विद्या के अनुसार ऐसा नहीं है कि शब्द ही संकेत करते हैं। हर वस्तु संकेतों का समूह है। वस्तुएँ जो हैं वे संकेत हैं। उदाहरण के लिए किसी को आप कुछ न कहें, खुशी का मौका है, आप एक गुलदस्ता ले आकर दे दें, आप कुछ न बोलें। इसलिए फूल जो है वह संकेत बन जाता है आपके कुछ भावों का, कुछ विचारों का। ऐसा आदान-प्रदान बहुत होता है। अगर आप किसी के जन्मदिन पर जाएँ और मौखिक रूप में कहें कि 'मेनी हैप्पी रिटर्न्स', इसके कोई मायने नहीं। लेकिन हैपी रिटर्न्स के साथ टोकन रूप में कुछ देने से ही वह भावना कन्वे होगी। नये वर्ष की शुभकामना देते हुए कार्ड भेजते हैं। कार्ड इज ए मैटर। ठोस चीज है, पदार्थ है। उसमें शब्द भी लिखा रहता है, लेकिन यह पदार्थ है। इसलिए कुछ सुन्दर, कुछ प्रिय, कुछ ऐसी वस्तुएँ देते हैं। आदान-प्रदान बहुत सारा होता है, द होल सिस्टम ऑफ द करेंसी सिस्टम। इसलिए यह न समझें आप कि मनी एब्स्ट्रैक्शन में हुआ करती है। वह पदार्थ के रूप में है। आप वाणी से किसी को 'लाख दिया' कह दें और उसके पास लाख न पहुँचे तो उसका कोई मतलब नहीं होता। ठोस कुछ पहुँचना चाहिए। इसलिए 'होल लाइव इज सिस्टम ऑफ साइंस'।

इसलिए दूसरा प्वाइंट है सेमियोलॉजी। एक नया भौतिकवाद। इससे एक नई प्रेरणा मिली। इस सेमियोलॉजी के अनुसार भाषा एक पदार्थ है, मैटर है। भौतिक

संकेतों की प्रणाली में शब्द स्वयं एक संकेत प्रणाली है, इस नाते वह भौतिक है। इस शब्द से साहित्य का व्यापार होता है। इसलिए भाषा के बारे में एक नया सिद्धान्त सेमियोलॉजी के द्वारा आया। पुरानी धारणा यह थी कि शब्द जो हैं, उनका अर्थ उस शब्द से बाहर हुआ करता है। जब आपने 'पेड़' कहा तो 'पेड़' शब्द यहाँ है, 'पेड़' नाम की वस्तु उसके बाहर। शब्द वाचक है और उसका वाच्य उसके बाहर है। सेमियोलॉजी के अनुसार—जो वाच्य है, वह स्वयं वाचक में ही होता है। कैसे होता है? शब्दों के अन्तर में ऐन्द्रिय बोध होता है। मटीरियलिटी का लक्षण है कि आप इसको छू सकें, देख सकें, सुन सकें। यानी मैटर का बोध जो होता है वो विचारों के आधार पर तो नहीं होता है। अगर विचारों के आधार पर होता तो दुनिया में लोग खयालों ही खयालों में मिलकर तृप्त हो जाया करते। लेकिन आप किसी को छूना चाहते हैं, आप आँखों के सामने देखना चाहते हैं और तब समझते हैं कि वह है। कविता में यह होता है और व्यवहार में भी होता है। लेकिन केवल शब्दों से ही होता तो कोई लिखकर भेज देता। लिखने में भी उसकी लिखावट को देख करके यानी अमूर्त शब्द नहीं, बल्कि किसी के हाथ का लिखा हुआ, हैंडराइटिंग उसकी आ जाए तो लगता है कि हम जैसे उसे देख रहे हैं, उसे छू रहे हैं। गोपियों ने कहा कि "निरखत अंक स्यामसुन्दर के होइ गइ स्याम स्याम की पाती।" स्याम की पाती भी स्याम हो गई, क्योंकि वह देखा जा सकता है। आप किसी की आवाज सुन के...वह आवाज आपको उतनी ही हाड़-मांस की मालूम होती है, मांसल होती है और उससे एक तरह का रोम-हर्ष अथवा रोमांस आदि भी होता है, हो सकता है। उनमें किसी की आवाज आती है। यह है मटीरियलिटी। इसीलिए कविता में वह सारी चीजें उसके दृश्यगुण, उसका श्रव्यगुण, ऐन्द्रिय बोध अन्तर्निहित होता है। शब्द का अर्थ उसके बाहर नहीं होता है, उसी में होता है। इस सिद्धान्त के अनुसार शब्द जो है, एक कोर्स होता है। अगर ऐसा न होता तो हम कैसे किसी की आवाज सुनकर के अन्दाजा लगा लेते हैं? उसके स्वरों की कम्पन तक से पता लग जाता है : आई हेट यू, आई लव यू...। स्वर-कम्पन बताता है कि सचमुच वह लव करता है कि नहीं या खाली कह रहा है। कहाँ से निकल रहा है शब्द? होंठ से निकल रहा है कि नाभि से निकल रहा है? कहाँ से आ रहा है? इसलिए शब्द का अर्थ स्वयं उसमें होता है। और इसीलिए भाषा का सर्वाधिक सार्थक इस्तेमाल कवि में पाया जाता है, क्योंकि कविता में इन्हेरेंट होता है। उसकी शब्दता से, उसकी दृश्यता से। वाच्य वाचक के बाहर नहीं होता, जैसा समझा जाता है, बल्कि वाचक में होता है। इसलिए लैंग्वेज जो है एक मटीरियल कोर्स है और मटीरियल कोर्स होने के कारण उसमें प्रोडक्टिव पॉवर भी होता है, उत्पादन की क्षमता होती है। 'द वर्ड इटसेल्फ प्रोड्यूसेस द मीनिंग।' उसके लिए दूसरों पर निर्भर नहीं रहा जा सकता।

डॉ. केदारनाथ सिंह ने एक कविता लिखी है 'बैल'। उसका अर्थ कन्वे करने के लिए एक बैल खड़ा करना पड़ जाए तो कविता का सत्यानाश ही है। इसका मतलब कि उस कविता में वह बैल आ नहीं सका, इसलिए एक बैल खड़ा करने की जरूरत पड़ रही है। नाटक का वह निर्देशक बड़ा ही कमजोर होता है जो मान लीजिए रंगमंच पर 'गोदान' खेले और उसके लिए एक गाय ले आ करके सचमुच खड़ी कर दे। यहाँ एक दूसरी समस्या खड़ी हो जाएगी कि गाय नाना प्रकार के कर्म कर सकती है स्टेज पर। और वह एक बीभत्स रस की सृष्टि भी हो सकती है। इसलिए गोदान के लिए जरूरी यह है कि उस गोदान में गाय स्वयं नहीं आती है लेकिन यहाँ से वहाँ तक जो है होरी की गाय परिलक्षित होती है। मटीरियलिटी उसमें है। जैसे केदारनाथ सिंह की 'बैल' कविता सुन के आपको बैल का बाकायदा एहसास हो सकता है। उसकी सींग का, उसके पुट्ठे का, उसकी पुष्टता का एहसास हो सकता है। अगर वे कन्वे करते हैं। यह सफलता है उसकी।

रेमंड विलियम्स इस सेमियोलॉजी के आधार पर कहना चाहते हैं कि साहित्य एक मटीरियल ऑफ कोर्स है, इसलिए वह 'बेस' का अंग है। वह 'सुपर स्ट्रक्चर' खाली नहीं है। वह अमूर्त चीज नहीं है। यह सारा व्यायाम क्यों करना पड़ा? यह व्यायाम इसलिए करना पड़ा कि 'बेस एंड सुपर स्ट्रक्चर' के विभाजन में ही नहीं बल्कि समाज और साहित्य के विभाजन में भी साहित्य का अवमूल्यन होता है। जो लोग साहित्य का समाज के लिए इस्तेमाल करते हैं, समाजशास्त्री ही ज़्यादातर करते हैं, वह एक तरह से साहित्य का अवमूल्यन करते हैं। और आप जानते हैं कि नीतिशास्त्र में और दर्शन में खासतौर से नीतिशास्त्र में इन्स्ट्रमेंटलिज़्म खतरनाक माना जाता है। इसका मूल्य नहीं होता, इन्स्ट्रूमेंटलिज़्म माने कोई किसी का साधन हो। मैं व्यक्तिगत सम्बन्धों का इसलिए उदाहरण दे रहा हूँ कि उससे बात ज़्यादा आसान होती है। अगर कोई पुरुष किसी स्त्री को साधन समझता हो, साधन मान लीजिए अपनी तरक्की के लिए समझता हो, यदि शादी हुई हो, पति-पत्नी हों, अपनी तरक्की के लिए यदि उसे साधन के रूप में इस्तेमाल करता है तो मैं समझता हूँ कि इससे बड़ा अपमान दूसरा कोई नहीं होगा। उसी तरह जैसे कोई पुरुष किसी स्त्री को अपनी काम भावना के उत्तेजन का साधन समझता हो, इन्स्ट्रूमेंटल समझता हो तो वह उसका अपमान है। आपको लगे कि कोई आपका इस्तेमाल कर रहा है, पॉलिटिक्स में लोग एक-दूसरे का इस्तेमाल करते हैं। आमतौर से आप देखेंगे, यह इस्तेमाल करने वाली जो बात है, उसकी इन्स्ट्रूमेंट वैल्यू है। आप किसी चीज के निमित्त बने हुए हैं, आप तो कुछ नहीं हैं। ऐसे उपन्यास मिलेंगे आपको, कहानियाँ मिलेंगी, जहाँ एक पुरुष किसी दूसरी स्त्री को पहले प्यार करता है, शादी किसी और से की और इस स्त्री को इस्तेमाल करता है। ऐसी कहानियाँ मिलेंगी। वह जब समझती है, उसको एहसास होता है कि उसका

अपमान हो रहा है। इसलिए समाजशास्त्री अगर साहित्य को साधन समझता है समाज का ज्ञान प्राप्त करने के लिए तो इसका मतलब वह साहित्यकार का सम्मान नहीं कर रहा है, बल्कि वह अपमान कर रहा है...। रेमंड विलियम्स के इस व्यायाम में जो सच्चाई थी उसमें पहली चीज यह कि इस प्रकार के समाजशास्त्रीय अध्ययन में साहित्य का अवमूल्यन निहित है। इसलिए प्रश्न है साहित्य की मूल्यवत्ता का। लीविस और विलियम्स की स्थापनाओं में, पूरे इंग्लिश स्कूल में जो सामान्य चीज पाई जाती है वह है साहित्य का अतिमूल्यन। साहित्य के अतिमूल्यन से क्या मतलब है? यह धारणा उसमें निहित है कि समाजशास्त्र समाज को उतना नहीं जानता जितना कि साहित्य जानता है। जैसे कहा जाता है कि साहित्य का सत्य समाजशास्त्र के सत्य से बड़ा है। कई लोग अकसर दावा किया करते हैं और साहित्य का इतिहासकार कभी-कभी कह सकता है कि अपने युग को कबीर ने जितना जाना या तुलसी ने व्यक्त किया, कोई इतिहासकार उस जमाने का नहीं जान सकता है, न व्यक्त कर सकता है। 'वेरी हाई वैल्यू ऑफ लिटरेचर एंड लिटरेरी टूल्स'–लीविस मानते थे, और यही बात विलियम्स भी मानते हैं। साहित्य में किसी भी समाजशास्त्रीय ग्रन्थ से अथवा किसी समाजशास्त्री से अधिक अन्तर्दृष्टि होती है। हाई वैल्यू होता है उसमें। क्यों होता है उसका कारण भी दूसरा बताया है। साहित्य के सच में समाजशास्त्र के सच से ज़्यादा मूल्यवत्ता क्यों होती है? कुछ होना चाहिए साहित्य में। और उसका कारण है 'क्रिएटिव' शब्द। 'द कॉन्सेप्ट ऑफ क्रिएटिव राइटिंग एंड क्रिएटिव माइंड'। वह निहित है साहित्य की सृजनशीलता में और सर्जनात्मक लेखन में। रेमंड विलियम्स की किताब 'लांग रिवोल्यूशन' का पहला ही चैप्टर है 'क्रिएटिव माइंड'। यह क्रिएटिविटी कहाँ से आती है? अभी तो हम लोगों ने इसे भाषा में देखा–यह क्रिएटिविटी स्वयं भाषा में निहित होती है। साहित्य में भाषा का सर्जनात्मक प्रयोग किया गया है। इसलिए एक साहित्यकार भाषा का जैसा सर्जनात्मक उपयोग करता है, समाजशास्त्री नहीं करता है और चूँकि नहीं करता तो गहरे सच को जान नहीं सकता। कालिदास ने लिखा है कि पार्वती किशोरावस्था से युवावस्था में चली गईं...। कालिदास ने कहा कि किशोरावस्था से पार्वती युवती हुईं। फिर इसका वर्णन किया उन्होंने कि जैसे चित्र को तूलिका से छू दिया हो और वे उन्मीलित हो गईं...। एक कमल था सूर्य की किरण ने उसे छू दिया और वह खिल उठा। यौवन जैसे सूर्य की किरण हो और उसके छूने से उसका शरीर भरा-पूरा हो गया। पहले जो चीजें उसकी मालूम नहीं होती थीं, अब हर चीज अलग-अलग मालूम होने लगी है और शरीर सुडौल हो गया है। इसे एक समाजशास्त्री सिर्फ यही लिखेगा कि एडोलेसेंस से कैसे जवानी में संक्रमण होता है। लेकिन यह संक्रमण तो इस तरह से नहीं है जैसे आपने एक शहर से दूसरे शहर में प्रवेश कर लिया हो, एक देश की सीमा लाँघकर दूसरे देश में चले गए हों, एक स्टेशन

से दूसरे स्टेशन चले गए हों। बल्कि यह टोटल ट्रान्सफार्मेशन ह्यूमन बॉडी का हुआ। और उस शरीर का वर्णन कालिदास ने किया है–

उन्मीलितम् तूलिकैव चित्रम् सूर्यांशुभिरभिन्ननिवारविन्दम्
बहुवतस्याः चतुरस्यशोभी बहुर्विभक्तम्...नवयौवने।

अब इसमें जो गूँज है, ध्वनि है, केवल एक शरीर का चित्र नहीं है बल्कि इस ट्रान्सफार्मेशन को दिखाना चाहा है कि कुछ पहले से मौजूद था। ऐसा नहीं है कि शरीर में कोई नई चीज आ गई है; लेकिन जैसे तूली से छू दिया हो...। भाषा का यह क्रिएटिव यूज हुआ है। कोई भी समाजशास्त्रीय वर्णन इसको दोहरा नहीं सकता। यह क्रिएटिव माइंड है; क्रिएटिव राइटिंग है–इससे तीसरी चीज हुई कि 'लिटरेचर कैन नॉट बी एक्सरलेंड इन सोशलसाइंस'। इसके पहले एक स्टेप और है। दो शब्दों का प्रयोग किया जाता है–'लिटरेरी इमैजिनेशन एंड सोसियोलॉजिकल इमैजिनेशन'।

यह समाजशास्त्र भी केवल शास्त्र नहीं है बल्कि कल्पना की वस्तु है। सी. राइटविल्स की किताब है 'द सोसियोलॉजिकल इमैजिनेशन'। इसलिए दो चीजें हैं। एक तो लिटरेरी इमैजिनेशन है और दूसरा सोसियोलॉजिकल इमैजिनेशन है। सवाल यह है कि इन दोनों में सम्बन्ध हो सकता है कि नहीं। अगर समाजशास्त्र न भी हो और सोसियोलॉजिकल इमैजिनेशन हो तो किसी भी तरह से इन दोनों के बीच तालमेल नहीं बैठ सकता। रिचर्ड हार्वर्ट ने इस चीज को किया है। समाजशास्त्रीय कल्पना और साहित्यिक कल्पना के बीच क्या सम्बन्ध हो सकते हैं। और वे कहते हैं कि दोनों के बीच तालमेल नहीं हो सकता। जिस चीज का महत्व साहित्य में है, समाजशास्त्र में उसका महत्व नहीं है। लिटरेचर में रिच डिटेल्स होते हैं, जबकि समाजशास्त्र में उस समृद्ध-सम्पन्न यानी सिग्नीफिकेंट डिटेल्स की जगह–यानी सार्थक ब्योरे या विवरण के स्थान पर अमूर्त नियमों और सिद्धान्तों की चर्चा होती है। समाजशास्त्रीय कल्पना चाहे जितनी कल्पनाप्रवण हो लेकिन वह अन्ततः कुछ नियमों का, कुछ सूत्रों का, कुछ सिद्धान्तों का निर्माण करती है। जब तक नहीं करेगी वह समाजशास्त्री कल्पना भी नहीं होगी। जबकि लिटरेचर में हम देखते हैं सिग्नीफिकेंट डिटेल का महत्व होता है। ब्योरे का महत्व होता है। अगर ऐसा न होता तो 'गोदान' का सारांश पढ़कर भी आप संतुष्ट हो सकते हैं। 'रामचरितमानस' पूरा पढ़ने की क्या जरूरत है! एकश्लोकी रामायण भी होता है। 'आदौरामतपोवनादिगमनम् हत्वा मृग कांचनम्' पढ़ लीजिए आप नहाते समय। जब ठंडा-ठंडा पानी पड़ रहा हो तो उसमें आप बुदबुदाइए और पूरे रामायण के पाठ का पुण्य आपको मिल गया। फिर 'रामचरितमानस' पूरा क्यों पढ़ा जाए?

सिग्नीफिकेंट डिटेल लिटरेरी इमैजिनेशन का पार्ट है, और सोसियोलॉजिकल इमैजिनेशन में यह नहीं होता। इसलिए जो अगला निष्कर्ष है कि साहित्य की समाजशास्त्रीय व्याख्या सम्भव ही नहीं है। दो प्रकार से सम्भव नहीं है। एक तो

साहित्य का सत्य समाजशास्त्र का सत्य नहीं हो सकता और दूसरा यह है कि साहित्य में जो सार्थक है समाजशास्त्र के लिए उस सार्थकता का कोई उपयोग नहीं है। अब आप बताइए कि 'इंडिया इन कालिदास' नाम की कोई किताब लिख रहे हों, तो उसमें हिमालय का वर्णन और पार्वती का वर्णन, सौन्दर्य का वर्णन किया गया है, वह इतिहासकार के लिए क्या मूल्य रखता है? जो श्लोक मैंने अभी आपको उद्धृत किया जो अच्छा कहा जाएगा कालिदास का, इस सुन्दर श्लोक का 'इंडिया इन कालिदास' नाम की इतिहास की पुस्तक में कोई मूल्य नहीं होगा। क्योंकि इससे किसी भी ऐतिहासिक तथ्य पर या समाजशास्त्रीय तथ्य पर प्रकाश नहीं पड़ता।

इस प्रकार, निःशेषीकरण के विरोध से चल करके इंग्लिश स्कूल एक-दूसरे छोर पर पहुँचा जहाँ साहित्य का समाजशास्त्र सम्भव ही नहीं था। प्रतीत होते हैं, इम्प्रेशन देते हैं कि नहीं हो सकता। मुश्किल यह है कि एक ओर लगता है उनको कि साहित्य की समाजशास्त्रीय व्याख्या नहीं हो सकती फिर भी कुछ है जिसके कारण वे साहित्य की समाजशास्त्रीय व्याख्या करना भी चाहते हैं। मेरा खयाल है कि विवरण जिस तरह से मैंने किया है, उसमें इसकी समीक्षा भी निहित है। एक अतिवाद से दूसरे अतिवाद तक की व्याख्या है।

[(जवाहरलाल नेहरू विश्वविद्यालय की कक्षाओं में अध्यापक के रूप में क्रमशः दिए गए व्याख्यानों का समेकित रूप। 'वसुधा' के नामवर सिंह पर केन्द्रित अंक-54, अप्रैल-जून 2002 एवं पुस्तक 'आलोचना की दूसरी परम्परा', सं. कमला प्रसाद, वाणी प्रकाशन, नई दिल्ली, प्र. सं. 2002 में प्रकाशित।) प्रस्तुति : सुधीर रंजन सिंह]

शताब्दी का अवसान और उत्तर-आधुनिकता

'पूर्वग्रह' के पाठक जानते होंगे कि कुछ दिन पहले सुपरिचित लेखक, बौद्धिक निर्मलजी ने अपना एक लेख 'शताब्दी के ढलते वर्षों में' पूर्वग्रह-55 में प्रकाशित किया है। 'पूर्वग्रह' की ओर से इस पर तीन चिन्तकों प्रो. श्यामाचरण दुबे, यामिनी कृष्णमूर्ति और कुमार शाहनी की टिप्पणियाँ भी प्रकाशित की गई हैं। इससे थोड़ा-सा उकसावा मिला और मुझे लगा कि शताब्दी के अवसान पर उठने वाले विचारों की चर्चा की जानी चाहिए। मुझे यह अवसर यों भी उपयुक्त लगा कि 1984 का लाभ उठाकर कुछ पत्रिकाएँ ऑरवेल के एक प्रसिद्ध उपन्यास '1984' के बहाने चर्चा करने में लगी हैं। आप जानते हैं कि 1984 केवल एक संख्या नहीं है बल्कि एक साहित्यिक कृति है। उस साहित्यिक कृति की एक निश्चित विचारधारा है और उस विचारधारा से जुड़ी हुई एक निश्चित इतिहास-दृष्टि भी है। यह बात भी किसी से छिपी हुई नहीं है कि वह विचारधारा शीतयुद्ध की शुरुआत करने वाली विचारधारा है, जिससे शीतयुद्ध रह-रहकर भड़क उठता है।

इस पृष्ठभूमि में मुझे यह उपयुक्त और सही लगा कि 'पूर्वग्रह' और भारत भवन 1984 को केन्द्र न बनाकर बीसवीं शताब्दी के अवसान को केन्द्र बना रहा है, जिस पर एक बौद्धिक तटस्थता के साथ विचार किया जा सके और जहाँ पक्ष और विपक्ष पूर्व निर्धारित न हों, भले ही पूर्वग्रह अपनी जगह सक्रिय और जीवन्त हों। निर्मलजी ने अपने उस लेख का आरम्भ ही इससे किया है कि बीसवीं शताब्दी के ढलते वर्षों में मुझे उन्नीसवीं सदी के अन्तिम वर्षों की याद अचानक हो आती है। उस याद के बारे में अपनी सुपरिचित और संवेदनशील भाषा में उन्होंने जो कहना चाहा है वो यह है कि उन्नीसवीं सदी, जो यूरोप की समृद्धि का काल था, के अन्तिम समय में भी कुछ ऐसे विचारक थे जो उस समृद्धि के पीछे छिपे हुए विनाश के गर्त को देख सकते थे। संगति में घनघोर आस्था रखने वाले यूरोप में भी निहित उस निराशा की झाँईं को देखा जा सकता था और ऐसे कुछ विचारक-लेखक थे जिन्होंने यूरोप के उस संकट को देखा। उन्नीसवीं सदी का अन्त आज याद आता है तो इसलिए कि उन्नीसवीं सदी का अन्त भी एक बहुत बड़े अन्तर्विरोध का और उस अन्तर्विरोध में भी आशा की

चकाचौंध में छिपे हुए निराशा के अन्धकार को देखने के साहस का एहसास कराता है। कदाचित् यह पृष्ठभूमि आज के वातावरण में भी काम आए और कारगर हो सके। निर्मलजी ने इस ओर भी संकेत किया है कि जिन लोगों ने चौंधिया देने वाली आशा के पीछे छिपी हुई निराशा को देखा, वे वस्तुतः महान साहित्यकार, चिन्तक, दार्शनिक थे। उन्होंने टॉल्स्टाय का नाम लिया है, फ्लाबेर का नाम लिया है, नीत्शे का नाम लिया है। इस सन्दर्भ में उन्होंने हिन्दी पाठकों के पश्चिम-भय को ध्यान में रखते हुए यह भी तत्काल जोड़ा है कि इसके साथ ही मुझे अपने देश की उन्नीसवीं सदी के अन्तिम दशक याद आते हैं जो किसी भी मामले में यूरोप के संकट से कम गम्भीर नहीं थे, जब पश्चिम की एक विनाशकारी सभ्यता इतनी प्राचीन और समृद्ध संस्कृति वाले देश का दमन करके, उसके बहुमूल्य अतीत को नष्ट करके, अपनी समझ से एक नए युग की शुरुआत कर रही थी। और उस दौर में यूरोप के समान यहाँ भी कुछ ऐसे लोग थे जो इस परिवर्तन का, इस आधुनिकीकरण का बड़े उल्लास से स्वागत कर रहे थे। उन्होंने ऐसे तीन नाम विशेष रूप से याद किए हैं—रामकृष्ण परमहंस, बंकिम चटर्जी, विवेकानन्द। हिन्दी वाले कहीं हमेशा की तरह निर्मलजी पर न टूट पड़ें इसलिए उन्होंने दबे स्वरों में 'भारतेन्दु युग' के साहित्यकार और उत्तर भारत के दयानन्द सरस्वती का भी नाम ले लिया है। इस प्रक्रिया में यह याद दिलाना आवश्यक समझा गया है कि एक भारतीय लेखक के नाते वे यह अनुभव करते हैं कि उन्नीसवीं सदी के अन्त या उन्नीसवीं सदी के अन्त के इतिहास की जो नियति थी, वह जैसे अलग-अलग होते हुए भी सारी दुनिया में कहीं न कहीं एक दूसरे से जुड़ी हुई थी। उसी तरह से आज बींसवी सदी में भी कोई भारतीय लेखक, यदि वह सचमुच संवेदनशील और जागरूक है, तो केवल अपने देश की चिन्ता नहीं कर सकता। सम्पूर्ण विश्व और सार्वभौम पीठिका में ही भारत की नियति पर विचार किया जा सकता है।

मुझे यह देखकर खुशी हुई और इसका स्वागत किया जाना चाहिए कि इस ऐतिहासिक घड़ी में जब हिन्दी के अनेक लेखक बहुत ही टुच्ची और ओछी चीजों में उलझे हैं, निर्मलजी विवादों की विराट पृष्ठभूमि को केवल हिन्दी तक सीमित न करके भारत के संकट को समूचे विश्व के परिप्रेक्ष्य में समझने और देखने की कोशिश कर रहे हैं। यह इसलिए कहना आवश्यक है कि मुझे भय है कि शताब्दी के अवसान की इस चर्चा पर हिन्दी-जगत की जो सहज-स्वाभाविक प्रतिक्रिया होने वाली है वो नीयत पर शक करते हुए कुछ ऐसी ही होगी कि हमारी अनेक ज्वलन्त समस्याओं से ध्यान हटा करके अशोक वाजपेयी और उनके साथ कुछ और लोगों ने मिलकर एक शगूफा छोड़ा है कि लोग ऐसी कुछ अनावश्यक चीजों में उलझे रह जाएँ और देश की ज्वलन्त समस्याएँ, नितान्त वर्ग-संघर्ष आदि से जुड़ी हुई समस्याएँ जो हैं, उनसे ध्यान हट जाए। इसलिए मैं यह कहना चाहता हूँ कि कभी-कभी बौद्धिक और लेखक ऐसे तमाम

आरोपों और अपवादों का खतरा उठाकर भी उस अवाँगार्द की भूमिका अदा करता है (और करना चाहिए) क्योंकि यह एक नैतिक साहस का भी काम है, केवल समझ का ही काम नहीं है। इसलिए निर्मलजी की इस चिन्ता का और यदि यह चर्चा चल रही है तो इसका, मैं स्पष्ट शब्दों में स्वागत करना चाहता हूँ।

मित्रो, एक युग के अन्त में संकट का बोध, मुझे ऐसा लगता है कि उन्नीसवीं और बीसवीं सदी तक ही सीमित नहीं है। कदाचित् यह पहले भी रहा हो। भले ही कभी वो कालबोधक न रहा हो क्योंकि शताब्दियों का विभाजन हर संस्कृति का और हर धर्म का अपना-अपना रहा है। मैं नहीं जानता कि 2000 विक्रम संवत् की समाप्ति पर इसी प्रकार की कोई चिन्ता हुई थी कि नहीं। मैं उन दिनों विद्यार्थी था और काशी जैसी पुरानी नगरी में 2000 विक्रम संवत् की समाप्ति पर जो बहुत अधिक सक्रिय थे वो पंडित सीताराम चतुर्वेदी थे। हमारे मित्र ठाकुरप्रसादजी भी उसमें लगे हुए थे। विक्रम नाम से कुछ नाटक-वाटक लिखे गए थे, जो उत्सवधर्मी ज़्यादा थे, उनमें दो सौ वर्षों के मिलेनियम का एहसास और उससे कोई मानव नियति सम्बद्ध हो सकती है, इसकी चिन्ता नहीं थी। हमारे इस उत्सववादी देश में, जहाँ हम हर चीज को—मरना भी, जीना भी, पैदा होना भी, हर चीज को—गा-बजा करके मना लेते हैं, इसी उत्सवधर्मिता में संकट-बोध आदि चीजें भी मना ली जाती हैं। यह मत समझिए कि पं. सीताराम चतुर्वेदी इस मामले में अकेले हैं बल्कि नए कवि और साहित्यकार भी इस मामले में पीछे नहीं हैं। बहुत सारी चीजों को हम एक उत्सव के रूप में मनाकर समाप्त किया करते हैं। आकस्मिक नहीं है कि भारत भवन और मध्य प्रदेश कला परिषद का बड़ा प्रिय शब्द है 'उत्सव'। इसलिए दो हजार विक्रम संवत् पर कोई बहुत चिन्ता हमारे देश में दिखाई नहीं गई। ईसा के दो हजार वर्ष समाप्त होने पर भी ऐसा होगा, कहना मुश्किल है, क्योंकि अभी बहुत दिन हैं। लेकिन मैं निवेदन कर रहा था कि शताब्दियों के अन्त से न सही, यानी विक्रम संवत्, शक संवत् अलग-अलग संवतों को यदि छोड़ भी दें तो भी, महानतम घटनाएँ भी कभी-कभी उस संकट-बोध का एहसास कराने वाली रही हैं। स्वयं महाभारत एक युग की समाप्ति और ऐसे भयावह शून्य का चीत्कार है, हाहाकार है। व्यास का वह कथन कि मैं हाथ उठाकर कह रहा हूँ, कोई नहीं सुन रहा है। उनका समाधान क्या है इससे आप सहमत नहीं हों, असहमत हों; निर्मलजी स्वयं समाधान क्या देते हैं, उससे आप सहमत हों या असहमत हों लेकिन महत्वपूर्ण उस कवि का, उस लेखक का वो चीत्कार है, जो हाथ उठाकर कहता है कि देखो संकट की घड़ी है। यदि और कालों को छोड़ भी दें तो स्वयं अपनी, हिन्दी साहित्य की, दो महान कृतियों में मैं उस संकट-बोध का एहसास पाता हूँ जिसका सम्बन्ध पंचाग या कैलेंडर से नहीं है। वो हैं सोलहवीं सदी में मलिक मोहम्मद जायसी और गोस्वामी तुलसीदास की लिखी कृतियाँ। मलिक मोहम्मद

जायसी उस कयामत का आभास देते हैं, एहसास देते हैं। यह आभास 'पद्मावत' में तो है ही, आखिरी कलाम में है, उनकी अन्य कृतियों में है। जो लोग इतिहास से परिचित हैं उन्हें मालूम है कि उस दौर में इसलाम की अपनी गणना के अनुसार और अपनी भविष्यवाणी के अनुसार कयामत का दिन आ गया था। और नतीजा हुआ कि नया 'मेंहदी' प्रकट हुआ, जैसे हिन्दू माइथोलॉजी में समझा जाता है कि जब घोर कलियुग अपने अन्तिम चरण में होगा तब 'कल्कि' प्रकट होगा तलवार लेकर और समस्त बुराइयों का अन्त करके एक नए युग की स्थापना करेगा। इसलाम के मुताबिक उस मेंहदी की भविष्यवाणी की गई थी और सचमुच एक 'मेंहदी' प्रगट हुए थे। उनका 'मेंहदिया सम्प्रदाय' प्रगट हुआ। उस 'मेंहदी' के बारे में मध्य युग के तवारीख लिखने वाले लोगों ने विस्तार से वर्णन किया है। आखिर में दिल्ली की सल्तनत को आगे बढ़के उस 'मेंहदी' को खत्म करना पड़ा। मलिक मोहम्मद जायसी की दो गुरुओं की परम्परा में एक गुरु ऐसे थे जो उस 'मेंहदी' की परम्परा में आते थे। कदाचित् उस इसलामिक देवगाथा देवमाला के अनुसार एक कयामत का एहसास रहा होगा। यह मध्ययुग के विशेषज्ञ और इतिहासकार बता सकते हैं कि सोलहवीं सदी सचमुच ऐसी थी कि नहीं। सोलहवीं सदी का जो विशाल भक्ति साहित्य है, उसके सतही सामाजिक कारणों की बहुत विवेचना की गई है लेकिन वो कबीर हों, जायसी हों, तुलसी हों, सूर हों, इन सबके काव्य में निश्चित रूप से, गहरे नैतिक, सांस्कृतिक, धार्मिक उत्तर के रूप में भक्ति प्रगट हुई। अगर गहराई से उसका विवेचन किया जाए तब पता चलेगा कि सोलहवीं सदी के उस परिवर्तन, उस संक्रमण को इन महान कवियों ने किस रूप में देखा था। और यदि वो संकट-बोध न होता तो 'रामचरितमानस' और 'विनय पत्रिका' ही नहीं 'कवितावली' के उत्तरकांड की भी रचना नहीं हो सकती थी। स्वयं जायसी ने अपने 'पद्मावत' में जिस ट्रैजिडी का वर्णन किया है (जिस पर हमारे मित्र विजयदेवनारायण साही ने बहुत अच्छी पुस्तक लिखी है)। उस ऐतिहासिक संकट का एहसास एक ओर जायसी में कयामत और मेंहदी के रूप में प्रगट होता है और दूसरी ओर गोस्वामी तुलसीदास के 'रामचरितमानस' में 'कलियुग वर्णन' में। यह आकस्मिक नहीं है कि रामराज्य के विस्तृत वर्णन और स्थापना के ठीक पूर्व, 'उत्तरकांड' में विस्तार से कलियुग का वर्णन है। साहित्य के विचारक यह कह सकते हैं कि कलियुग-वर्णन एक समय है, कवि-समय है और पहले भी संस्कृत के कवि कलियुग का वर्णन करते रहे हैं। मुझे सबसे ज्वलन्त यथार्थवादी और चुनौती भरा कलियुग वर्णन श्री हर्ष के 'नैषध चरित' में मिला है। उसके पहले अन्य कवियों की रचनाओं में मुझे कलियुग का वर्णन नहीं मिला। 'नैषध चरित' तब लिखा गया जब संस्कृत काव्य समाप्त हो चला था, उसकी सृजनशीलता समाप्त हो चली थी, जब केवल धर्म के क्षेत्र में टीकाओं और निबन्ध ग्रन्थों का बोलबाला था

और साहित्य में अलंकारशास्त्र के ग्रन्थ लिखे जा रहे थे। 'नैषध चरित' के लेखक श्री हर्ष संस्कृत के अन्तिम कवि-प्रबन्धकार थे। यह बारहवीं शताब्दी का समय था। भक्ति आन्दोलन कहीं न कहीं जुड़ा हुआ है, इसलिए हम जिस समय की बात करते हैं वह समय, जो पहला मिलेनियम था, ठीक उसके बाद के संक्रमण कालों से जुड़ा हुआ है।

निर्मलजी ने उन्नीसवीं सदी के अन्तिम दशकों में हिन्दी के संकट-बोध की चर्चा की है। मुझे भारतेन्दु युग में ठीक-ठीक वह संकट-बोध नहीं मिलता। अगर सचमुच संकट-बोध होता और गहरा होता तो कायदे से हिन्दी के उन्नीसवीं सदी के सर्जनात्मक साहित्य को बहुत महत्वपूर्ण होना चाहिए था। संकट-बोध संवेदना के स्तर पर कहाँ है, कितना है, उसमें कितनी गहराई है, इसकी एक व्यावहारिक कसौटी है कि उस काल में लिखे हुए साहित्य का गुणात्मक मूल्य क्या है? कहने के लिए कह दिया जाए कि राजनीतिक चिन्ता भी थी, गुलामी का एहसास भी था, स्वदेशी की भावना भी थी; ये तमाम चीजें थीं, लेकिन एक विचित्र बात है कि उस संकट का मूर्त, ठोस और सर्जनात्मक रूप, जो पश्चिमी सभ्यता के आघात के कारण भारतीय मनीषा में पैदा हुआ था, मुझे बीसवीं सदी के तीसरे दशक में दिखाई पड़ता है। और उसके लेखक, उसके सर्जक दो कवि हैं : एक हैं—सुमित्रानन्दन पन्त और दूसरे हैं जयशंकर प्रसाद। सुमित्रानन्दन पन्त की 'परिवर्तन' कविता, जन्म और मृत्यु के दर्शन का व्याख्यान तो करती है लेकिन एक कवि के नितान्त वैयक्तिक अनुभव (कथात्मक कविता भी है वो) आत्मकथा के माध्यम से सामने आते हैं। समूचे देश की संस्कृति अतीत, 'कहाँ आज वह पूर्व पुरातन वह स्वर्ण-सा काल, ज्योतियों का दिगन्त छविजाल'—इस भूमिका से परिवर्तन शुरू होती है और समाप्ति पर उसी प्रकार का प्रलय, उस प्रकार की पंक्तियाँ हैं, जिनकी ध्वनि आपको 'चिन्ता सर्ग' के प्रलय-वर्णन में मिलती हैं। 'परिवर्तन' में पन्तजी ने अपनी ललित कोमल कल-कल भाषा के बावजूद 'लक्ष्य-अलक्ष्य चरण तुम्हारे' वाले वर्णन से परिवर्तन को एक विशाल नाग के रूप में—वासुकि के रूप में—देखा। उसकी 'फूत्कार भयंकर' देखी। 'परिवर्तन' कविता में मृत्यु का जो विस्तृत वर्णन किया गया है वह मृत्यु केवल उनकी माँ की मृत्यु नहीं है जो उनके जन्म के समय हुई थी, बल्कि वह मृत्यु अधिक व्यापक, एक सांस्कृतिक मृत्यु का प्रतीक बन जाती है, अन्यथा परिवर्तन कविता का कोई महत्व नहीं है।

'कामायनी' के बारे में मुझे विशेष कहने की आवश्यकता नहीं है। बीसवीं सदी में वह कौन-सी अनिवार्यता थी, आवश्यकता थी जिसके कारण जयशंकर प्रसाद को उस महाप्रलय की ही कथा सुनानी पड़ी, जहाँ देव-सभ्यता का ध्वंस होता है और उस सभ्यता के बीच से मनु (मानव) पैदा होता है और इड़ा और श्रद्धा के बीच द्वन्द्वों से अपना नया रास्ता निकालता हुआ दिखाई पड़ता है? बहुत-कुछ लिखा गया है इस

ग्रन्थ पर–मुझे ज़्यादा कहने की जरूरत नहीं है, लेकिन मुझे लगता है कि एक युग की समाप्ति का बोध हिन्दी साहित्य में उन्नीसवीं सदी के अन्तिम दशकों में व्यक्त नहीं हुआ बल्कि उसका अधिक संवेदनशील रूप और अधिक गहरे स्तर पर उस संवेदना की अभिव्यक्ति वस्तुतः बीसवीं सदी के दूसरे-तीसरे दशक में हुई। यदि निर्मलजी कैलेंडर और पंचांग के अनुवर्ती न होते और स्वयं पश्चिम की ओर भी झाँककर वे देखते तो पाते कि उन्नीसवीं सदी के अन्त पर ही सारी चिन्ताएँ नहीं हुई थीं। वस्तुतः जिसे आधुनिक कविता कहते हैं, आधुनिकता कहते हैं, उसकी शुरुआत तो बीसवीं सदी में हुई है और उसकी तिथि निर्धारित करने में वर्जीनिया वुल्फ ने 1910 कहा, डी. एच. लॉरेंस ने 1915 कहा। आगे खिसकते हुए आधुनिकतावाद के जो समर्थ रचनाकार माने जाते हैं और अंग्रेजी से जुड़े होने के कारण हिन्दी के लोग जिन इलियट-पाउंड का बार-बार नाम लेते हैं, या बाद में चलकर जिस काफ्का की खोज की या मार्शल प्रूस्त की बात करते हैं उनकी अधिकांश रचनाएँ और यह 'वेस्टलैंड' उन्नीसवीं सदी के अन्त की लिखी हुई कविता नहीं है। वेस्टलैंड बीसवीं सदी के दूसरे दशक की लिखी हुई कविता है। इसलिए जरूरी नहीं कि शताब्दी के अवसान पर ही घड़ी देखकर, कैलेंडर देखकर चिन्ता व्यक्त करें। यह सुबह का उठना नहीं है कि आप अलार्म से जागा करें। सुबह हो तभी, जब मुर्गा बाँग दे : कवियों की दुनिया में आमतौर से मुर्गा जब बाँग देता है तभी सुबह हुआ करती है। इसलिए आज के लिए भी मैं कहना चाहता हूँ कि जरूरी नहीं कि बीसवीं सदी के अवसान पर चर्चा चलाई जाए तो उसके साथ ही सर्जक कलाकार संवेदना के धरातल पर वैसी ही प्रतिक्रिया पैदा करें और फिर वैसी ही कृतियाँ पैदा करें। हो सकता है कि इस सदी के अवसान का गहरा एहसास शताब्दी की समाप्ति के बाद, कदाचित् इक्कीसवीं सदी के पहले या दूसरे दशक में हो। हो सकता है, न भी हो। इतिहास में ऐसे अनेक प्रमाण मिलते हैं जहाँ महान घटनाएँ घटी हैं, इसके साक्ष्य भी रहे हैं, लेकिन हर महान घटना को लिखने वाले व्यास और गणेश सदैव सुलभ नहीं रहे हैं। इसलिए वह अलक्षित अनगायी चली जा सकती है। किन्तु फिर भी यह बात यदि उठाई जाए और उठाई जा रही है तो इस पूरे एहसास के साथ कि मिलेनियम का, दशाब्दियों का, शताब्दियों का, दो हजार सदी के अन्त का सम्बन्ध, उसकी चिन्ता और उसका संकट, पंचांग और कैलेंडर्स का बना हुआ नहीं है, बल्कि मूल वस्तु इतिहास की वह धारा है जिस धारा में महत्वपूर्ण ऐतिहासिक परिवर्तन हुआ करते हैं।

इस प्रसंग में शताब्दी के अवसान का, युग के अन्त का बोध एक ऐसी अवधारणा है–बल्कि मैं अवधारणा की अपेक्षा कहना चाहूँगा कि ऐसी संवेदना है, ऐसी अनुभूति है, अनुभव है–जो साहित्य के लिए बड़ी ही सर्जनात्मक रही है और समय-समय पर इसने महान कृतियों का निर्माण किया है। इस प्रसंग में आधुनिकता

और उत्तर-आधुनिकता की जाँच की जानी चाहिए। जैसा अधिकांश लोगों ने कहा है कि उन्नीसवीं सदी का अन्त और बीसवीं सदी का आरम्भ जुड़ा हुआ है आधुनिकता के एक विशाल साहित्यिक और कलात्मक आन्दोलन से, जिसमें इस युग की महान साहित्यिक कृतियाँ और कलाकृतियाँ रची गई हैं। इसी क्रम में दूसरी स्थापना की जाती है कि इसीलिए बीसवीं सदी के अवसान का स्वभावतः आधुनिकता के अतिरिक्त किसी अन्य उत्थान से सम्बद्ध होना चाहिए। और वह दूसरा उत्थान कदाचित् पोस्ट-मॉडर्निज़्म है, जिसे हिन्दी में हम उत्तर-आधुनिकता कहते हैं। लेकिन जहाँ लोग पोस्ट-मॉडर्निज़्म कहते हैं, वहीं एक और शब्द भी चलाते हैं—काउंटर-मॉडर्निज़्म यानी प्रति-आधुनिकता। इसलिए उन्नीसवीं सदी का अन्त, यदि आधुनिकता अथवा आधुनिकतावाद के उदय से जुड़ा हुआ है तो बीसवीं सदी का अवसान क्या उत्तर-आधुनिकता और प्रति-आधुनिकता से जुड़ा हुआ माना जाए, और यदि माना जाए तो दोनों का स्वरूप क्या है और दोनों का अन्तर क्या है?

चिन्तन के क्षेत्र में कुछ भी अन्तिम नहीं होता। एक बार जिसे आप बन्द कर देते हैं उसे फिर से खोला जा सकता है। इस बीच आधुनिकता सम्बन्धी जितनी चर्चा हुई है मुझे लगता है कि उसकी ऐतिहासिक तथ्यात्मक मान्यताओं में तो परिवर्तन हो ही रहा है, स्वयं आधुनिकता के स्वरूप को भी चुनौती दी जा रही है। मैं उसके बहुत ब्योरे में न जा करके कुछ बातों की ओर संकेत करूँगा। मुझे ऐसा लग रहा है कि जो लेखक इस शताब्दी के अवसान से चिन्तित हैं, संकट से चिन्तित हैं, वे स्वयं आधुनिकता से असन्तुष्ट हैं। इसके कुछ प्रमाण भी मैं दे सकता हूँ। हम लोगों में से जो लोग नई कविता के दौर से, 1950 से लेकर अब तक साहित्यिक चर्चा से और साहित्य सृजन से जुड़े रहे हैं, वे भली-भाँति जानते हैं कि हिन्दी में आधुनिकता सम्बन्धी चर्चा 1960 के आसपास शुरू हुई और साठोत्तर काल में कुछ दिनों तक चलकर समाप्त हो गई। मुझे यह देखकर प्रीतिकर आश्चर्य हुआ कि जिस आधुनिकता की चर्चा को लगभग बहुत से लोगों ने अपनी ओर से दफना दिया था उसके प्रति उनका वह प्रेम पुनः जागा। वत्सल-निधि की ओर से कुछ साल पहले लखनऊ के समीप आलमबाग में, 'साक्षरता निकेतन' में, पुनः एक गोष्ठी हुई और आधुनिकता पर विस्तार से चर्चा की गई। इस पर किसी को आपत्ति नहीं होनी चाहिए। इतिहास में यह बराबर होता है कि गड़े मुर्दे उखाड़े जाते हैं और उनका सर्जनात्मक उपयोग भी होता है। इसीलिए किसी की नीयत पर शक नहीं होना चाहिए। मेरे लिए महत्वपूर्ण यह है कि जिन लोगों ने उन्नीस सौ साठ के आसपास आधुनिकता की चर्चा की थी, उनमें से कुछ लोगों ने इस गोष्ठी में भी भाग लिया और इस गोष्ठी में आधुनिकता के बारे में उनके दृष्टिकोण में कुछ परिवर्तन दिखाई पड़ा। आधुनिकता की इस चर्चा में मेरे मित्र रघुवीर सहाय ने भाग लिया। कुँवरनारायण ने भाग लिया, विजयदेवनारायण साही ने भाग लिया।

सबको इस पर प्रफुल्लित होना चाहिए कि यज्ञ विध्वंस करने के लिए वहाँ कोई आलोचक नहीं था, ये सभी रचनाकार ही थे। रघुवीर सहाय ने पहली बार इस चर्चा में हैरानी व्यक्त करते हुए कहा कि यह विचित्र बात है कि आधुनिकता का सम्बन्ध कुंठा, यातना आदि ऐसी चीजों से जोड़ दिया गया है, जबकि आधुनिकता का जन्म ही स्थापित मान्यताओं को चुनौती देने के लिए हुआ था। आप कहाँ थे उस समय जब दर्द और पीड़ा, 'नई कविता' का पर्याय बन गए थे और कुंठा और दर्द और पीड़ा पर कविता लिखना कोई शर्म की बात नहीं समझी जाती थी? कई महत्वपूर्ण कविताएँ लिखी गईं। स्वयं रघुवीर सहाय की अनेक कविताएँ हैं कि ये दर्द वो दर्द नहीं, ये वो नहीं है बल्कि वो है। बहुत-सी कविताएँ हैं। लेकिन यह एहसास! पर मैं समझता हूँ उचित है, ईमानदारी है कवि की कि उसने कहा कि आधुनिकता का सम्बन्ध तो कुंठा आदि से जोड़ दिया गया था।

एक कवि और विचारक की हैसियत से विजयदेवनारायण साही ने बार-बार कहा कि उन्हें कभी 'आधुनिकता' शब्द से सन्तोष नहीं हुआ, तृप्ति नहीं हुई। इसका इस्तेमाल ही वे नहीं करना चाहते थे। शुरू से उनके मन में हिचक थी इस आधुनिकतावाद और आधुनिकता के प्रति। उन्होंने जो कारण गिनाए हैं, वे बहुत ही दिलचस्प हैं। एक तो यह कि आधुनिकता का सम्बन्ध हम लोगों के लिए इलियट और पाउंड से था और समाज के बारे में इलियट और पाउंड के जो विचार थे, वे साही को बहुत ही गड़बड़ लगते थे। विचित्र बात है कि यह बात साही ने उन्नीस सौ अस्सी में कही! जब इलियट पाउंड नई कविता के आन्दोलन से जोड़े जा रहे थे तब उन्हें इलियट पाउंड की राजनीति नहीं दिखाई पड़ती थी। ये लोग फासिज़्म के समर्थक हैं, उनके विचार घोषित रूप में प्रतिक्रियावादी हैं—यह बात यूरोप में भी कही जाती थी, मानी जाती थी, लेकिन विचित्र बात है कि हिन्दी में चूँकि प्रगतिशील यह बात कहते थे इसलिए उस समय आपद्धर्म यही था कि इलियट और पाउंड की आलोचना न की जाए। यानी इलियट की आलोचना जैसे अज्ञेय की आलोचना। एक दूसरी महत्वपूर्ण बात साही ने कही और वह यह कि विक्टोरियाई युग के लेखकों-साहित्यकारों की अपेक्षा, अपनी भौगोलिक और सांस्कृतिक दृष्टि में इलियट की दृष्टि का दायरा उन्हें तंग नजर आता है, छोटा नजर आता है। विक्टोरियाई विचारक मैथ्यू आर्नाल्ड जब अपनी दुनिया या अपनी परम्परा की बात करते थे तो साम्राज्यवादी होते हुए भी उसमें सारी दुनिया दिखाई देती थी, जिसमें उपनिवेशों की दुनिया भी शामिल थी, किन्तु इलियट घोषित रूप में सम्पूर्ण यूरोप को अपनी हड्डियों और मज्जा में मिलाकर बात करना चाहता है। उसका दायरा मैथ्यू आर्नाल्ड से तो तंग है ही, उससे साही की बात भी नहीं हो सकती। उससे वे कहेंगे कि "तुम यूरोप को अपनी हड्डियों में लेकर बात करो, मैं भारत को अपनी हड्डियों में लेकर बात कर रहा हूँ।" यद्यपि कविता में

इलियट ने ऐसा नहीं किया था कम से कम संस्कृत के दो उपनिषदों के तीन सर्ग उद्धरित करके उसने स्थापित कर ही दिया था कि यह यूरोप को ही अपनी मज्जा में लेकर नहीं बोल रहा है, बल्कि भारत के उपनिषदों की ध्वनि भी कहीं न कहीं उसकी हड्डियों में बहती रहती है। इसीलिए आधुनिकतावाद में जो संकीर्णता थी, एकदेशीयता थी वह भौगोलिक दृष्टि से थी।

साही ने कहा कि जिस तरह 'आधुनिकता' उनके लिए अपने को परिभाषित करने के लिए अपर्याप्त है स्वयं 'संस्कृति' भी अपर्याप्त है। वे इसका उपयोग नहीं करना चाहते। उन्होंने उल्लेख भी किया है कि जब वात्स्यायनजी के सामने उन्होंने अपना सन्देह व्यक्त किया तो उन्होंने कहा कि ठीक है वैसे तो यह शब्द बहस के लिए उपयोगी है पर अगर आपको परहेज हो या कुछ कष्ट देता हो तो आप 'संस्कारिता' का प्रयोग कर सकते हैं। साही ने कहा कि इसी प्रकार 'परम्परा' शब्द भी हमारा नहीं है, यह यूरोप के ट्रेडिशन से आया हुआ है और ठीक-ठीक उन्हें परिभाषित नहीं करता। अन्ततः परम्परा, संस्कृति और आधुनिकता, यूरोपीय अवधारणा होने के कारण भारत जैसे उन देशों के लिए जो विकासशील हैं और जो आजकल तीसरी दुनिया के देश कहे जाते हैं—उपयोगी नहीं हैं। साही ने कहा कि हमें अपनी नियति को इन अवधारणाओं के द्वारा परिभाषित नहीं करना चाहिए। हम कर भी नहीं सकते हैं। इसीलिए हमें किसी अन्य अवधारणा के माध्यम से इसे परिभाषित करना चाहिए। और अन्ततः जो महत्वपूर्ण है, साही ने कहा कि तीसरी दुनिया में 'गुटनिरपेक्षता' उनके लिए राजनीतिक नारा नहीं है, बल्कि अस्मिता का प्रश्न है और इसी के माध्यम से वे अपनी चिन्ता परिभाषित कर सकते हैं, जिसका दूर-दूर का सम्बन्ध आधुनिकता और आधुनिकता-बोध से नहीं है।

इन सबसे अलग कुँवरनारायण ने आधुनिकता को तिरस्कृत नहीं किया बल्कि कहा कि वे उसको स्वीकार करते हैं। उनके अनुसार यह एक वैज्ञानिक दृष्टि है जिसमें निरन्तर प्रश्नाकुलता है, वहाँ कोई चीज सर्वथा मान्य या थिर नहीं है। इस वैज्ञानिक दृष्टि की अवधारणा होनी चाहिए—बौद्धिकता, भावावेश नहीं। यही नहीं, उन्होंने भी सार्वभौमिकता का नाम लिया है कि आधुनिकता बिना सार्वभौमिकता के सम्भव नहीं है। जो केवल भारत के बारे में सोचता है वह आधुनिक नहीं हो सकता। जनसंघ का मेम्बर भले ही हो, भारत-व्याकुल भले हो जाए, उसका देश-प्रेम अखंड रहे किसी के सुहाग के समान, लेकिन कहीं न कहीं एकदम एक देश से अपने को बाँध देने वाला ऐसा व्यक्ति—कुँवरनारायण की नजर में, क्योंकि वह सार्वभौमिक विश्वदृष्टि से अछूता है, रहित है—उस वैज्ञानिक-दृष्टि से रिक्त होगा जिसे वे अनिवार्य शर्त मानते हैं।

अब आप देखें कि ये तीन कवि हैं और इनका गहरा सम्बन्ध नई कविता से, उसके आन्दोलन से रहा है। जिस आधुनिक-बोध का स्वागत इन लोगों ने 1960 के

आसपास किया था, वे ही आज उस आधुनिकता के बारे में इस तरह की विवादास्पद बातें कर रहे हैं।

मित्रो, इस चर्चा के सन्दर्भ में मैं केवल यह कहना चाहता हूँ कि इस बीच आधुनिकता के बारे में जिस तरह के दो खेमे बन गए हैं, ये—स्वयं आप सभी लोग जानते हैं—वैसे ही हैं जैसे उस दौर में बन गए थे जब एक ओर 'आधुनिकतावाद' था और दूसरी ओर 'मार्क्सवाद'। जॉर्ज लुकाच की किताब उनकी बाइबिल थी। और किस तरह से जॉर्ज लूकाच ने टॉमस मान बनाम काफ्का रख करके टॉमस मान की तारीफ की और काफ्का को तिरस्कृत किया; मॉडर्निज़्म का पूरा एस्थेटिक्स और उसकी पूरी आइडियोलॉजी को जिस रूप में तिरस्कृत किया, वह सर्वविदित है। ऐसा समझा जाता है कि मार्क्सवाद की दृष्टि में और मार्क्सवादी आलोचकों की दृष्टि में आधुनिकतावाद एक नितान्त प्रतिक्रियावादी, पतनोन्मुख, ह्रासोन्मुख साहित्यिक प्रवृत्ति है। मैं इस सन्दर्भ में यह कहना चाहता हूँ कि स्वयं इस धारा में भी जैसी कि बहुत सी चीजें इतिहास का अंग हो जाती हैं—आधुनिकता के साथ आधुनिकता की मार्क्सवादी धारणा भी इतिहास का अंग बन गई। आप में से जो लोग भली-भाँति परिचित हैं, वे जानते हैं कि जेम्स ज्वायस, काफ्का, वर्जीनिया वुल्फ, टी.एस. इलियट, मार्शल प्रूस्त, इन तमाम लेखकों के बारे में—जो किसी समय अछूत, अस्पृश्य और प्रतिक्रियावादी समझे जाते थे—मार्क्सवादी चिन्तन के दायरे में बुनियादी परिवर्तन हुआ है। और बावजूद आलोचनात्मक रुख के इनकी सार्थकता, इनकी साहित्यिक महत्ता और इनके मूल्य को स्वीकार किया जा रहा है। इस स्वीकार के मूल में क्या धारणा है और उसका गहरा सम्बन्ध किस तरह हमारी इस उत्तर-आधुनिकता से है—इसके बारे में मैं दो शब्द निवेदन करना चाहूँगा।

हिन्दी में या भारत में आधुनिकता की चर्चा जिन दिनों शुरू हुई उसी के आसपास समाजशास्त्रियों और मानवशास्त्रियों की ओर से आधुनिकीकरण की भी चर्चा हुई। बहुत दिनों तक समाज विज्ञान का सबसे बड़ा आखेट-स्थल और खेल का मैदान आधुनिकीकरण ही था। 'ट्रेडिशन और मॉडर्निटी' जैसे बहुत से लेख और ग्रन्थ आपको दिखाई पड़ेंगे। काफी बौद्धिक व्यायाम समाजशास्त्रियों ने किया है और तरह-तरह के मॉडल दिए गए हैं। जापान का मॉडल है, भारत वाला है। ट्रेडिशन और मॉडर्निटी के बीच कैसे तालमेल बैठाया जाए—इस पर बातें की गई हैं। लेकिन रघुवीर सहाय के शब्दों में कहूँ तो 'हे प्रभु यह तुम्हारी दया नहीं तो और क्या है' कि इन दोनों में कोई सम्बन्ध नहीं। इसी देश में मॉडर्नाइजेशन की चर्चा होती रही है और उसी देश में मॉडर्निटी की चर्चा होती रही है। समाजशास्त्रियों के चिन्तन में और साहित्यकारों के आधुनिकता सम्बन्धी चिन्तन में कोई सम्बन्ध नहीं था, इसे भी प्रभु की ही दया कहनी चाहिए। यही नहीं, आधुनिकता और आधुनिकतावाद दोनों के समर्थकों ने अपने-अपने को परस्पर विरोधी रूप में स्थापित

किया। आधुनिकता वह है जो आधुनिकीकरण का प्रतिवाद करती हो! इलियट और पाउंड ने और क्या किया था! इस औद्योगिक और प्रौद्योगिक सभ्यता का तिरस्कार करके ही उन लोगों ने उस आधुनिकतायुक्त महान साहित्य का सृजन किया था। इसलिए निश्चित रूप से आधुनिकीकरण और आधुनिकता में आपस में कोई सम्बन्ध नहीं है। यदि है भी तो परस्पर विरोध का है और एक के तिरस्कार से ही दूसरे की स्थापना हो सकती है। आप देखेंगे कि हिन्दी में भी नई कविता के समर्थकों ने इसी रौ में आधुनिकीकरण से जुड़ी हुई आर्थिक, राजनीतिक, सांस्कृतिक—तमाम चीजों का विरोध किया है। बहुत पहले ही 1950-60 के दौरान धर्मवीर भारती ने तो उसको शास्त्र का रूप ही दे दिया, अन्धा युग जिसका विराट प्रदर्शन है, जिसमें उन तमाम चीजों को उन प्रतीकों के माध्यम से दिखाया गया है। 'साहित्य और मानव मूल्य' पुस्तक में उसका भाष्य किया गया है। चूँकि भारत के आधुनिकीकरण की प्रक्रिया के प्रतीक जवाहरलाल नेहरू थे इसलिए जवाहरलाल नेहरू की आर्थिक नीति हो, वैज्ञानिक नीति हो, तकनीकी विकास हो, इसके विरुद्ध इस आन्दोलन में कुछ लोगों ने जयप्रकाश और विनोबा भावे को अपना प्रतिमान माना था। आज भी देखेंगे आप, और जिसकी चर्चा मैं आखिर करना चाहूँगा कि उत्तर-आधुनिकता भी इसी आधुनिकीकरण के विरुद्ध प्रतिक्रिया है। केवल प्रसंगवश ही कहना चाहूँगा कि निर्मलजी उस लेख में बीसवीं सदी की ढलान की गहरी चिन्ता की ऊँचाई पर विचार करते हुए अन्ततः 'कान्हा-किसली' के जंगल में शेर वाले दृश्य और 'कुम्भ मेले' में पहुँचते हैं। बुद्ध को तो ऊर्ध्व-बोध एक पीपल के पेड़ के नीचे हुआ था। भला हो कि एक पेड़ नहीं था जहाँ निर्मलजी को पूर्ण बोध हुआ 'कान्हा-किसली' के जंगल में। एक जगह 'पवित्रता' के दर्शन हुए, दूसरी जगह 'समग्रता' के दर्शन हुए। दोनों बड़े सहज भाव से। युग की, शताब्दी की विशाल जटिलता का समाधान कौन कर गया? बोले गांधी कर गए। पश्चिम की दो समस्याएँ—प्रदूषण और अणुयुद्ध, इसमें कोई शक नहीं कि बड़ी जटिल समस्याएँ हैं। इनका सारा समाधान गांधी में पहले से ही मौजूद है! यह दुनिया मूरख है जो अपना नहीं रही है अहिंसा को, उस पवित्रता को! लेकिन दरअसल गांधी का लड़ाकूपन और जुझारूपन नहीं लिया; गांधी से ली नख-दन्तविहीन—उसकी समझ में—अहिंसा और पवित्रता-समग्रता आदि चीजें।

मैं कह रहा था कि आधुनिकता को आधुनिकीकरण के विरुद्ध रखा गया था और ऐसा समझा गया था कि चूँकि यह आधुनिकीकरण की विरोधी है, इसलिए एक ऐसी आइडियोलॉजी है जो इतिहास के चक्र को पीछे उलट देना चाहती है। इलियट ने जब घोषित किया था कि मैं धर्म में कैथोलिक, राजनीति में राइटिस्ट (राज्यव्यवस्था को मानने वाला हूँ यानी जनतन्त्र को मैं नहीं मानता) और कविता में क्लासीसिज़्म को मानता हूँ तो जाहिर है ये तीनों चीजें किसी भविष्य की नहीं थीं बल्कि उस सुदूर अतीत की थीं और उस सभ्यता की थीं, जिसे नष्ट करके औद्योगिक सभ्यता ने एक

पूँजीवादी व्यवस्था की स्थापना की थी, जिसकी समृद्धि में इलियट रह रहे थे। इसीलिए इस चक्र में मार्क्सवादी भी आए कि आधुनिकतावाद तो निश्चय ही आधुनिकीकरण के विरुद्ध है और ऐसी प्रतिक्रियावादी विचारधारा का साहित्य निश्चित रूप से प्रतिक्रियावादी होगा। कदाचित् आप लोगों ने मार्शल वर्गमेन की वह किताब देखी हो जो आधुनिकतावादी कला और साहित्य के बारे में है। उस किताब का शीर्षक ही मार्क्स के 'कम्युनिस्ट मैनीफेस्टो' का एक वाक्य है—'आल दैट इज सॉलिड, मिक्स्ड इन टू एयर।' मैनीफेस्टो में मार्क्स जब पूँजीवाद के उदय पर प्रकाश डालते हैं तो कहते हैं कि पूँजीवादी समाज व्यवस्था और अर्थव्यवस्था ने सामन्तीयुग की, जो कि एक आइडियलिस्टिक सोसाइटी थी, तमाम चीजों को नष्ट-भ्रष्ट करके एक नए युग का प्रवर्तन किया। विद्या जैसी चीज, जो पहले सहज ही दी जाने वाली थी, वह चीज बेचने-खरीदने की चीज, आने-पाई-कौड़ी में बदल गई और जो कुछ सॉलिड था, ठोस था, वो जैसे भाप बनकर हवा में उड़ गया। सारी ठोस चीजें पोली हो गईं। इस काव्यात्मक भाषा में आगे चलकर पूँजीवाद और पूँजीवाद के ऐतिहासिक योगदान की प्रशंसा की उतनी पंक्तियाँ किसी पूँजीवादी में नहीं मिलतीं, जितनी मार्क्स के यहाँ हैं। रिकार्डो ने भी नहीं लिखी थीं, एडम स्मिथ ने भी नहीं लिखी थीं। वर्गमेन ने यह दिखाने की कोशिश की है कि आधुनिकता की उत्पत्ति आधुनिकीकरण के बिना सम्भव ही नहीं थी। यह जो पूँजीवादी युग है, प्रौद्योगिकी के द्वारा जो औद्योगिकीकरण हुआ और उस पर एक नई अर्थव्यवस्था कायम हुई, जिसे हम पूँजीवाद के रूप में मानते हैं, इतने तीव्र वेग से यह परिवर्तन हो रहा था कि इस परिवर्तन के दौरान मनुष्य गति मिलाकर चल सके, यह अनुभव इसी युग में हो सकता था। उदाहरण के लिए बोद्लेयर की कविताएँ उस पेरिस में ही सम्भव हो सकती थीं जिसमें बोद्लेयर से कम से कम सत्तर-अस्सी साल पहले फ्रांस की राज्यक्रान्ति वहाँ की राजशाही और सामन्ती व्यवस्था को धक्का पहुँचा करके नए पूँजीवादी युग को जन्म दे सकी थी। इस पेरिस से बहुत गहरे बोद्लेयर की कविताएँ जुड़ी हुई हैं। 'फ्लावर्स ऑफ ईविल' की तुलना आप दांते की कविताओं से नहीं कर सकते हैं। यह जो पाप के फूल थे, ये जो ईविल की अवधारणा थी, उसका अनुभव उस आधुनिकीकरण की प्रक्रिया के बीच से गुजरने वाले मनुष्य के द्वारा ही सम्भव था। काफ्का के कासल और ग्रेगोर सामसा की कल्पना सामन्ती दौर में नहीं की जा सकती थी। यह आकस्मिक नहीं है कि मार्क्स और बोद्लेयर एक दूसरे से अलग अनजान रहते हुए भी उसी पेरिस में 'कम्युनिस्ट मेनीफेस्टो' लिख सकते थे और 'फ्लावर्स ऑफ ईविल' की रचना कर सकते थे।

इसलिए आधुनिकीकरण के बीच आधुनिकता वस्तुतः एक अनुभव है। ऐतिहासिक अनुभव है, जो मध्ययुग में सम्भव नहीं था। इसी दौर में, मानवीय सम्बन्धों को आना, पाई, कौड़ी में बदल देने वाली उस डिह्यूमनाइजेशन की प्रक्रिया के बीच ये अनुभव

सम्भव था। इसलिए आधुनिकीकरण का ही सत-सार आधुनिकता है। आचार्य शुक्ल कहते थे कि 'बैर क्रोध का अचार या मुरब्बा है' उसी प्रकार 'आधुनिकता आधुनिकीकरण का अचार या मुरब्बा है।' 'धर्म की रसात्मक अनुभूति का नाम भक्ति है।'–आचार्य शुक्ल की ही भाषा में मैं कहूँ तो 'आधुनिकता आधुनिकीकरण की रसात्मक अनुभूति है।' मध्ययुग की रसात्मक अनुभूति भक्ति थी, आधुनिक युग की रसात्मक अनुभूति आधुनिकता है। कहीं न कहीं इसीलिए सूर-तुलसी के बाद हिन्दी में छायावाद आया। हमारी आधुनिकता तो रोमैंटिक कविता के रूप में ही प्रगट हुई थी और नई कविता भी–तमाम उछलकूद के बावजूद, लगभग प्रमाणित हो रहा है कि–उसी रोमैंटिक कविता का ही तीसरा उत्थान है, क्योंकि दूसरी सीढ़ी पर आसन मार कर नरेन्द्र शर्मा और बच्चन बैठे हुए थे। इसीलिए यह आकस्मिक नहीं है और अनेक मित्रों ने यह दिखाया है कि अज्ञेय ने ही जब अपना साहित्य-जीवन शुरू किया तो जयशंकर प्रसाद की 'कामायनी' की 'चिन्ता' से ही उनकी चिन्ता शुरू हुई। अब तो इलियट के बारे में भी प्रमाणित हो गया है, पाउंड के बारे में भी प्रमाणित हो गया है कि वे शेली, यीट्स, वर्ड्सवर्थ का चाहे जितना विरोध करते रहें, लेकिन उनकी कविता प्रच्छन्न रोमैंटिक थी।

इस क्रम में मित्रो एक बात मैं और कहना चाहता हूँ जो मार्शल वैर्गमेन की किताब की आलोचना करते हुए दूसरे मार्क्सवादी 'न्यू लेफ्ट रिव्यू' के सम्पादक पेरी एंडरसन ने कही कि आधुनिकता के बारे में यह एक बहुत बड़ा भ्रम है कि वह औद्योगिक और पूँजीवादी सभ्यता की उपज है और ऐसे युग की उपज है जब यूरोप में पूँजीवाद अपने चरम रूप में मौजूद था। ध्यान दें कि पेरी एंडरसन इतिहासकार भी हैं और उन्होंने इतिहास सम्बन्धी जो तीन पुस्तकें लिखी हैं, उनमें–इंग्लैंड के पूँजीवाद का कैसा विकास हुआ–इस पर काफी काम किया है। ठोस तथ्यों के आधार पर बताने की कोशिश की है कि वस्तुतः आधुनिकता उस तथाकथित औद्योगिक आधुनिकीकरण की प्रक्रिया के प्रथम चरण की सृष्टि नहीं है। यदि यह 1914 के बाद की सृष्टि है तो पूरे यूरोप पर आप दृष्टि डालें 1914 में यूरोप क्या था। एंडरसन का कहना है कि ये झूठ है कि सारा यूरोप उस समय पूँजीवादी था और औद्योगिकीकरण हो चुका था। आज टेक्नोलॉजी और पूँजीवाद का जो रूप हम देख रहे हैं इसकी तुलना में वह दौर–पूँजीवाद के जो अनेक रूप हम देख रहे हैं इसकी तुलना में वह दौर–अनेक राजवंशों का इतिहास आप देखें तो ओलीगार्की कुलीन तन्त्र किसी न किसी रूप में मौजूद था। अधिकांश सेंट्रल यूरोप और फ्रांस में भी बहुत दिनों तक यही स्थिति थी। स्वयं इंग्लैंड में आज भी हम मानते हैं कि इंग्लैंड ठीक-ठीक बूर्ज्वा नहीं हो सका है, एरिस्ट्रोक्रेसी अब भी डामिनेंट है। संक्षेप में एंडरसन ने बताने की कोशिश की है और मुझे संगत प्रतीत होती है कि आधुनिकता बोध का उदय, वस्तुतः एक अर्धसामन्ती, अर्धपूँजीवादी,

अर्धजनतान्त्रिक सभ्यता और समाज व्यवस्था के बीच हुआ था। यही वजह है कि इस ऐतिहासिक कंजंक्शन में जो साहित्य पैदा हुआ वह तथाकथित तीसरी दुनिया के अन्तर्गत माने जाने वाले देशों में। आधुनिकता वहाँ ज़्यादा प्रासंगिक हुई, जबकि यूरोप में खत्म हो रही है। आधुनिकतावाद की ओर आकृष्ट हुआ स्वाधीन भारत, पराधीन भारत नहीं। भारत ही नहीं, अन्य देश भी, जिन्हें विकासशील देश कहते हैं। जैसे बीसवीं सदी के दूसरे और तीसरे दशक की अधिकांश महान साहित्यिक कृतियाँ उस तथाकथित आधुनिकतावाद से जुड़े हुए दूसरे तीसरे दशक की हैं, वैसे ही आज कोई आदमी शताब्दी के अवसान पर विश्व साहित्य का इतिहास लिखता है तो किसका नाम लेता है? जिन साहित्यकारों का नाम लेता है। वे या तो लैटिन अमेरिका के हैं, एशिया के हैं, या अफ्रीका के हैं। यह आकस्मिक नहीं है कि इस बीच सहसा बोर्खेज इतने महत्वपूर्ण हो गए। मार्ख्वेज को नोबेल पुरस्कार न भी मिलता तब भी उसके पहले यह माना जा रहा था कि वह इस दौर का सबसे महान कथाकार हैं। पाब्लो नेरूदा की सच्ची पहचान दूसरे महायुद्ध के बाद हुई है, पहले नहीं हुई थी। और कदाचित् यह प्रमाणित है कि स्वयं इस दौर के महत्वपूर्ण लेखकों में, जिस तरह लैटिन अमेरिकन लोगों का नाम लिया जा रहा है, आकस्मिक नहीं होगा कि शायद गोपीनाथ महन्ती, ताराशंकर बन्धोपाध्याय, माणिक बन्धोपाध्याय, तकषि शंकर पिल्लै, शिवराम कारन्त का नाम लिया जाए, राजा राव का और सच्चिदानन्द हीरानन्द वात्स्यायन अज्ञेय का नाम न लिया जाए। उन लोगों का नाम लिया जाए जो तीसरी दुनिया की नियति से ज़्यादा गहरे जुड़े हुए हैं। आधुनिकतावाद यदि तथाकथित तीसरी दुनिया के देशों में लोकप्रिय हुआ है, हो रहा है तो इसका ऐतिहासिक कारण है। ये देश बहुत-कुछ उसी प्रक्रिया से आज गुजर रहे हैं, जिससे पहले महायुद्ध के बाद और आसपास यूरोप गुजर रहा था। अब भी वही प्रिकैपिटलिस्ट सोशल फार्मेशन्स हमारे यहाँ हैं जिसे हम लोग अर्धसामन्ती, अर्धपूँजीवादी कहते हैं। पूँजीवादी औद्योगिक विकास की प्रक्रिया इन देशों में जहाँ हो रही है, अपेक्षाकृत बहुत तेज है। और साथ ही स्टेब्लाइज्ड नहीं हुई, कॉन्सालीडेट नहीं हुई है। इस स्थिति में गुजरने वाले मनुष्य के, संवेदनशील रचनाकार के, कलाकार के जो अनुभव हैं, वे ज़्यादा अहमियत रखते हैं। यही वजह है कि मार्ख्वेज के उपन्यासों में इस दौर का सच्चा संकट और चिन्ता व्यक्त हो रही है। यूरोप उस चिन्ता को व्यक्त नहीं कर रहा है।

समाप्त करने से पहले मैं यह कहना चाहता हूँ कि इसी तीसरी दुनिया की चर्चा से जुड़ी हुई उत्तर-आधुनिकता है। वस्तुतः आधुनिकता अवधारणा के रूप में तब बनी और प्रचलन में आई, जब आधुनिकतावादी साहित्य समाप्त हो चुका था। कॉन्सेप्ट के रूप में आधुनिकता दूसरे महायुद्ध के बाद की सृष्टि है। 1950 के आसपास की। प्रचलन में उसके बाद आई। उस समय चर्चा आधुनिकतावाद की नहीं हुआ करती थी,

उस समय चर्चा सिम्बॉलिज़्म, क्यूबिज़्म, एक्सप्रेसनिज़्म, सुर्रियलिज़्म आदि की हुआ करती थी। इन तमाम को एक कम्बल में बाँधकर एक मटकिया में अचार की तरह डालकर, हिलाकर एक मोटा-मोटी मॉडर्निज़्म की सृष्टि की गई, यह भूलकर कि ये सारे वाद कई बार परस्पर विरोधी थे। सिम्बॉलिज़्म और सुर्रियलिज़्म एक-दूसरे के घोर शत्रु थे, एक ही नहीं थे। इसलिए हमें न भूलना चाहिए कि आधुनिकतावादी साहित्य क्या आधुनिकता का सर्जनात्मक साहित्य है? आधुनिकतावाद नाम की अवधारणा, सिद्धान्त या आइडियोलॉजी के रूप में दूसरे महायुद्ध के बाद की सृष्टि है और इसीलिए इस पर शीतयुद्ध की गहरी छाप है। इसीलिए कुछ लोगों का कहना है कि अवधारणा के रूप में यह एम्पटी-कॉन्सेप्ट है। एम्पटी इसलिए है कि इसका जो रिफरेंट है, वह सुनिश्चित नहीं है। जिसका रिफरेंट सुनिश्चित नहीं हो, उसका चाहे जो अर्थ ले लीजिए, चाहे वह परस्पर विरोधी ही क्यों न हो।

मॉडर्निज़्म—गोथिक की तरह, रेनेसाँस या वाइजेंटाइन की तरह, बारोख या न्यू-क्लासिसिज़्म की तरह सुनिश्चित कॉन्सेप्ट नहीं है, बल्कि वह सुविधा के लिए तैयार किया गया एक भ्रामक नारा है और यही वजह है कि मॉडर्निज़्म अपनी इस विचारधारात्मकता के कारण बराबर अनेक विरोधों का शिकार हुआ है। और चूँकि इस मॉडर्निज़्म को अकसर क्रोनोलॉजिकल रूप में भी देखने की कोशिश की जाती रही है, इसीलिए यूरोप के पास दूसरा कोई चारा नहीं है सिवा इसके कि जब दूसरा कोई कॉन्सेप्ट वह बनाए तो मॉडर्निज़्म से निर्धारित हो। इसलिए पोस्ट-मॉडर्निज़्म, न्यू-मॉडर्निज़्म, काउंटर-मॉडर्निज़्म जैसी अवधारणाएँ बनीं। जब कोई कॉन्सेप्ट अपने से पूर्व की कॉन्सेप्ट या अवधारणा से इतनी बँधी हुई हो तो समझना चाहिए कि कहीं न कहीं बौद्धिक शिथिलता है या दोष है। जब गोथिक और बारोख नाम दिए गए थे तो एक को दूसरे की जरूरत नहीं थी। मॉडर्निज़्म की एक निरन्तर प्रक्रिया के रूप में, मान लीजिए पोस्ट-मॉडर्निज़्म भी आ गया तो इसके बाद क्या कहेंगे—पोस्ट-पोस्ट-मॉडर्निज़्म! इसीलिए बौद्धिक स्तर पर, चिन्तन के स्तर पर पोस्ट-मॉडर्निज़्म भी मॉडर्निज़्म के समान ही एम्पटी कॉन्सेप्ट है। इसीलिए पोस्ट-मॉडर्निज़्म में भी आपको मॉडर्निज़्म के समान कुछ परस्पर विरोधी प्रवृत्तियाँ दिखाई पड़ेंगी। उदाहरणार्थ इस काल के लेखकों में—बैकेट भी हैं ब्रेख्त भी हैं। एब्सर्ड थिएटर भी इसी काल का है और बीट्निक लोग भी इसी काल के हैं। न्यू रोमान इसी काल का है, स्ट्रक्चरलिज़्म इसी काल का है, डिकांस्ट्रक्शन इसी काल का है! फ्रांस के न्यू रोमान, संरचनावाद और डिकांस्ट्रक्शन इतनी परस्पर विरोधी चीजें हैं कि इनको एक पोस्ट-मॉडर्निज़्म नाम देने से हम ठीक-ठीक, सुनिश्चित किसी वस्तु या साहित्य प्रवृत्ति की ओर संकेत नहीं कर सकते। इसलिए मेरा निवेदन है कि मॉडर्निज़्म के समान पोस्ट-माडर्निज़्म भी एक एम्पटी कॉन्सेप्ट है। और यह उस मूल धारणा पर आधारित है जिसकी ओर मार्क्स ने संकेत

किया था कि पूँजीवाद निरन्तर परिवर्तनशील होता है। इसीलिए फैशनों की तरह सारी की सारी प्रवृत्तियाँ रिड्यूज कर दी गई हैं। अर्थात् इस काल का महत्वपूर्ण साहित्यिक सृजन एक ऐसे प्रवाह का अंग बन गया है जिसकी तरंगों के रूप में यह सृजन उठता-गिरता रहता है।

इस सन्दर्भ में तीसरी दुनिया के हम लोगों का, यह तथाकथित पोस्ट-मॉडर्निज़्म जिस रूप में आ रहा है, उससे क्या सम्बन्ध हो सकता है, इसका जिक्र करना उचित होगा। मैंने हाल ही में पीटर बर्गर का एक लेख 'थर्ड वर्ल्ड एज रिलीजन' पढ़ा। मेरे लिए यह लेख बहुत ही आँख खोलने वाला था। बल्कि इस लेख को यों ही, अनजाने ही पढ़ते हुए लगा कि समूचा का समूचा लेख निर्मलजी के लेख पर एक भयानक टिप्पणी है। 'तीसरी दुनिया' नाम का जो शब्द है इसके इतिहास में न जाएँ। निर्मलजी भी इसे बुरा समझते हैं। इस तीसरी दुनिया की परिकल्पना राजनीतिक या समाजशास्त्रीय चिन्तन में जो स्थान रखती है, साहित्यिक क्षेत्र में पोस्ट-मॉडर्निज़्म लगभग वही स्थिति रखता है। तीसरी दुनिया की धारणा–राजनीति में ठीक से स्थापित हुई–बांडुंग कॉन्फ्रेंस के बाद। 1955 के आसपास इसकी जरूरत महसूस हुई। वह एक तरह से एपोकैलिप्टिक विज़न के रूप में आई–मार्क्सवादियों के द्वारा भी और गैर-मार्क्सवादियों के द्वारा भी। चूँकि प्रथम दुनिया यानी पूँजीवादी देशों में, क्रान्ति की कोई सम्भावना नहीं रह गई है, क्योंकि क्रान्ति का, इतिहास का जो इन्स्ट्रूमेंट है–सर्वहारा, उसका बूर्ज्वाकरण हो चुका है और वह क्रान्ति नहीं कर रहा है–न फ्रांस में, न इटली में, न इंग्लैंड में, न अमेरिका में, इसलिए लगा कि जो यहाँ नहीं है उसे कहीं और पाया जाए। होता है न–इस लोक में सुख नहीं मिल रहा है तो उस लोक में मिले; इस जन्म में जो सुख नहीं मिल रहा है, वो उस जन्म में मिले! दूसरा जन्म और दूसरा लोक–दूसरे देश और दूसरे काल पर्याय बन जाते हैं। इसलिए पश्चिमी यूरोप के लिए और विकासशील देशों के लिए तीसरी दुनिया उस एपोकैलिप्टिक विज़न के रूप में सामने आया कि क्रान्ति वहाँ नहीं हो रही है तो कहीं तो हो रही है!

इसलिए आप देखेंगे कि क्यूबा के बारे में, चीन के बारे में फ्रांस के बुद्धिजीवियों में कितनी प्रबल उत्कंठा थी! स्वयं सार्त्र जैसे लोगों ने न जाने क्या-क्या किया, सिर्फ इस आकांक्षा में कि हम नहीं कर रहे हैं क्रान्ति तो वे लोग तो कर रहे हैं! सर्वहारा नहीं कर रहा, तो पीजेंट करेगा क्रान्ति! इसलिए कृषक-क्रान्ति के रूप में एक अद्भुत रोमेंटिक भावना का निर्माण हुआ और तीसरी दुनिया उस भविष्य के रूप में आई, जो भविष्य वस्तुतः हमारे लिए सन्तोषदायक होगा। तीसरी दुनिया के प्रति एक दूसरा आकर्षण उन्हीं पूँजीवादी देशों के गैर-राजनीतिज्ञों, कलाकारों, साहित्यकारों के मन में हुआ और काउंटर-कल्चरल प्रिमिटिविज़्म, काउंटर कल्चरल-ओरिएंटलिज़्म जैसी धारणाएँ पैदा हुईं। क्षमा किया जाऊँ, लेवीस्त्रॉस इस युग के कैसे मसीहा बन गए! तीसरी दुनिया

के इन आदिवासी और आदिमजातियों के बारे में किया हुआ उनका काम सहसा क्यों इतना महत्वपूर्ण हो गया! और उसका दर्शन उन्होंने स्थापित किया–सेवेज माइंड के रूप में! दैट नोबुल सेवेज! यह एक खास तरह का प्रिमिटिविज़्म है, जिसमें गहरी रुचि और दिलचस्पी उस 'सादा जीवन उच्च विचार' के प्रति है जहाँ इतिहास थम गया है, रुक गया है। यह आकस्मिक नहीं है कि संरचनावाद के प्रवर्तकों ने, एक नृविज्ञानशास्त्री लेवीस्त्रॉस ने सार्त्र से इतिहास पर लम्बी बहस करते हुए इतिहास की सत्ता को नकारा। उसका पूरा का पूरा आधार यह था कि जरूरी नहीं कि इतिहास मानव जीवन और समाज का अभिन्न अंग हो, यह इतिहास की एकरेखीय अवधारणा है।

संक्षेप में कारण न्यूनता होती है, न्यूनता के कारण अपशैलीकरण होता है, इसलिए कदाचित् मुझ पर यह आरोप लगाया जाए कि मैं लेवीस्त्रॉस के विचारों को सरलीकृत रूप में उपस्थित कर रहा हूँ लेकिन इसका मूल आधार आप देखेंगे तो पाएँगे कि ऑक्टेवियो पॉज ने अपनी किताब में मुझसे ज़्यादा सरलीकृत रूप में इसे उपस्थित किया है। यह गणित के पर्युटेशन्स कॉम्बीनेशंस की तरह का खेल है–जैसे कि पूरा सिद्धान्त पाज ने इस रूप में रखा है। इसलिए तीसरी दुनिया के लोग अपनी बनावटी मशीनी और यान्त्रिक सभ्यता से ऊबकर एक ऐसे स्वर्गलोक की खोज करना चाहते हैं जो स्वर्गलोक 'काशी के घाट' में है, 'बस्तर के जंगलों' में है, भोपाल के 'भारत भवन' में मौजूद है! और भी ऐसी तमाम जगहें हैं। निर्मलजी के लिए वह दिल्ली में या करोलबाग में नहीं, बल्कि कान्हा-किसली के जंगलों में है। एक खास तरह का काउंटर-कल्चरल-प्रिमिटिविज़्म जो पोस्ट-मॉडर्निज़्म का अनिवार्य अंग है, जो इन्हें उन हिप्पियों से जोड़ता है जो न्यूयॉर्क की चकाचौंध वाली सभ्यता से ऊबकर यहाँ आया करते थे सरल जीवन की खोज में। एक रूप उसका ये है और दूसरा रूप है–काउंटर-कल्चरल-ओरिएंटलिज़्म, जिस ओरिएंटलिज़्म पर विध्वंसक पुस्तक एक दूसरे फिलिस्तीनी लेखक एड्वर्ड सईद ने लिखी है। उन्होंने लिखा है कि ओरिएंटलिज़्म पश्चिम की निर्मिति है। ऐसी निर्मिति जो पूर्व के शोषण के लिए, दमन के लिए बनाई गई है। इस ओरिएंटलिज़्म का रूप है–योगी, साधु! मुझे आश्चर्य होता है कि आधुनिक सभ्यता में खड़े हुए निर्मलजी 'कुम्भ' के मेले में, साधु की चिलम से उठती हुई लपट पर जिस प्रकार काव्यात्मक दृष्टि से आत्मविभोर होते हैं, शायद हिन्दुस्तान में कभी साधु-सन्त भी बिजली की कौंध से उतने नहीं हुए होंगे। एक ओर साधु, दूसरी ओर शेर! एक ओर नोवेल-सेवेज दूसरी ओर योगी! खामखाह लोग कमिसारों की बात किया करते थे, कमिसार आज हैं कहाँ! नितान्त दयनीय प्राणी नम्बूदरीपाद भी हैं, ज्योति बसु भी हैं, राजेश्वर राव भी हैं। भारत में कोई कमिसार कभी प्रगट नहीं हुआ। लेकिन मैं देख रहा हूँ कि जहाँ कमिसार नहीं है, वहाँ एक 'योगी' और 'साधु' साहित्य में प्रतिष्ठित किया जा रहा है, तमाम मूल्यों के साथ और जंगल में रहने वाला

नितान्त सुरक्षित शेर जो दिया हुआ भोजन करता है, जो अपनी आदिम बर्बरता से शून्य, नितान्त पालतू है : पोस्ट-मॉडर्निज़्म! एक काउंटर कल्चरल के नाम पर नितान्त पालतू और जिसमें जादुई चमत्कार की क्षमता भी नहीं रह गई हो, जो मध्ययुग का 'मेंहदी' भी नहीं—ऐसा नितान्त पालतू साहित्य बन करके रह गया है। इसीलिए बीसवीं सदी के दूसरे और तीसरे दशक में जो महान साहित्य और कला की प्रतिभाएँ पैदा हुई थीं, उनकी तुलना में आज पश्चिमी देशों में पोस्ट-माडर्निज़्म के नाम पर नितान्त निम्न स्तर की घटिया साहित्यिक कृतियाँ ही नहीं पैदा हो रही हैं, बल्कि चिन्तन के क्षेत्र में भी बहुत ही सिनिकल और निहिलिस्टिक विचारधाराएँ पनप रही हैं, जिनके चलते न तो दर्शन सम्भव है, न आलोचना।

[11 जून, 1984 को भारत भवन भोपाल में दिया गया व्याख्यान*
*** पूर्वग्रह 70-71, सितम्बर-दिसम्बर, 1985]*

लोक और शास्त्र

प्रसिद्ध अंग्रेज इतिहासकार वेंसन स्मिथ ने 'भारत का इतिहास' लिखा था। हमारे समय में वेंसन स्मिथ का इतिहास स्कूलों में पढ़ाया जाता था और क्लासिक माना जाता था। इनकी मुख्य स्थापना यह थी कि भक्ति आन्दोलन मुसलमानों के प्रति हिन्दुओं की प्रतिक्रिया थी। भारतीय स्थापत्य और कला पर अनेक ग्रन्थ लिखने वाले अंग्रेज इतिहासकार हेवेल की भी यही स्थापना थी। आचार्य हजारी प्रसाद द्विवेदी ने 'हिन्दी साहित्य की भूमिका' में लिखा है, "प्रोफेसर हेवेल ने अपने 'हिस्ट्री ऑफ आर्यन रूल' में लिखा है कि मुसलमानी सत्ता के प्रतिष्ठित होते ही हिन्दू राजकाज से अलग कर दिए गए। इसलिए दुनिया के झंझटों से छुट्टी मिलते ही उनमें धर्म की ओर जो उनके लिए एकमात्र आश्रय स्थल रह गया था, स्वाभाविक आकर्षण पैदा हुआ। यह गलत व्याख्या है।" इसलिए भक्ति आन्दोलन को मुसलमानों के विरुद्ध प्रतिक्रिया बताने की जिम्मेदारी मूलतः साम्राज्यवादी इतिहासकारों पर है। इस विचारधारा का आभ्यन्तरीकरण हमारे यहाँ के विद्वानों ने कर लिया था। चाहे वे इतिहास के विद्वान हों या साहित्य के इतिहासकार हों, इस तर्कमूल धारणा को चुनौती देने वाले विद्वानों में हिन्दी साहित्य में सबसे पहले आचार्य हजारी प्रसाद द्विवेदी थे, जिन्होंने इतिहास के साँचे को बदला कि हिन्दी साहित्य का इतिहास हिन्दू-मुस्लिम संघर्ष के ढाँचे पर नहीं लिखा जाना चाहिए और न ही ऐसा लिखा जा सकता है। हिन्दी साहित्य पर विचार करने का साँचा और ढाँचा बिलकुल दूसरा होगा। जब कोई साँचा बदलता है तो ऐसे युगान्तकारी या क्रान्तिकारी परिवर्तन होते हैं।

इसलिए 'हिन्दी साहित्य की भूमिका' केवल आचार्य रामचन्द्र शुक्ल के इतिहास में यत्र-तत्र कुछ संशोधन ही नहीं करती बल्कि हिन्दी साहित्य के इतिहास के पूरे ढाँचे को पहली बार चुनौती देती है और उस ढाँचे से हटकर नए ढाँचे में सोचने की दिशा देती है। द्विवेदीजी ने कहा है कि यदि अगली शताब्दियों में भारतीय इतिहास की अत्यधिक महत्वपूर्ण घटना अर्थात् इसलाम का विस्तार न भी घटी होती तो भी वह इसी रास्ते आता। उसके भीतर की शक्ति उसे इसी स्वाभाविक विकास की ओर ठेले लिये जा रही थी। द्विवेदीजी की यह धारणा स्थापना मात्र भर नहीं है बल्कि उनके

चिन्तन का विकास भारतीय चिन्तनधारा का स्वाभाविक विकास है। वीरगाथाएँ पूर्ववर्ती अपभ्रंश-काव्यों की परम्परा में भक्ति की परम्परा का ही एक सुदृढ़ अध्याय है। यह परम्परा महाभारत काल से चली आ रही है। 'गीता' इसका उदाहरण है। 'श्रीमद्‌भगवद्‌ गीता' में पहले भी लिखा गया था। मुसलमानों के आने का इससे कोई सम्बन्ध नहीं है। इसलिए सगुण हो या निर्गुण भक्ति, वह सिर्फ वीरगाथा की परम्परा या प्रतिक्रिया भर नहीं है, बल्कि चिन्तनधारा का स्वाभाविक विकास है। इसलिए रीतिकाल या लक्षण ग्रन्थों के अलंकार शास्त्र की परम्परा के सन्दर्भ में द्विवेदीजी ने कहा कि 'गाथा सतसई' या 'अमरूक शतक' नया नहीं है। इसलिए भक्ति को इसलाम की प्रतिक्रिया के रूप में देखना और वीरगाथा के पात्रों को मुसलमान चढ़ाइयों से जोड़कर देखना, सतही चीज है। यह भी कि रीतिकाल तक काव्य रूप और उसकी सम्पूर्ण चिन्तनधारा भारतीय चिन्तनधारा का स्वाभाविक विकास है।

इन तथ्यों के आधार पर इन्होंने काव्य भाषा और हिन्दी साहित्य के तीन प्रमुख कालों की प्रवृत्तियों को दिखाने की कोशिश की। इसके साथ उन्होंने यह भी स्पष्ट किया कि यह भाषा काव्य स्वाभाविक चिन्तनधारा का स्वाभाविक विकास होते हुए भी एक विशेष प्रकार के द्वन्द्व का परिणाम है। इस द्वन्द्व में बौद्धों की भाषा में कहें तो विच्छिन्न प्रवाह है और यहाँ भाषा काव्य में युगान्तरकारी मोड़ का कारण दूसरा द्वन्द्व है। उन्होंने कहा कि यह शास्त्र और लोक का द्वन्द्व है। शास्त्र और लोक के द्वन्द्व से ही हम साहित्य के इतिहास को देख सकते हैं। राजनीति का इतिहास देखने के लिए दूसरे प्रकार के आर्थिक और सामाजिक द्वन्द्व पर विचार करना होगा। लेकिन संस्कृति और साहित्य के भीतर जो प्रमुख द्वन्द्व है, वह शास्त्र और लोक का द्वन्द्व है। शास्त्रकार या शास्त्र के निर्माता आचार्य, मुनि, ऋषि समाज के उस तबके के प्रतीक हैं जो अधिकारों की दृष्टि से ऊँचे हैं, मर्यादाएँ बाँधते हैं, धर्म नियन्ता हैं, अभिरुचि का निर्माण करते हैं। ये प्रायः ऊँची जाति के हैं। ऊँची जातियों में भी इससे विद्रोह करके लोक का पक्ष लेने वाले लोग पहले भी बराबर रहे हैं। यह ऊँचा तबका संस्कृति, दर्शन, चिन्तन, धर्म आदि के शास्त्र की मर्यादा बाँधकर यथास्थिति कायम रखना चाहता है। मूल अंग्रेजी से ग्रहण करते हुए द्विवेदीजी ने एक और शब्द लिया है—'कंजरवेटिव'। कंजरवेटिव का मतलब हमारे यहाँ अनुदार लगाते हैं, दकियानूस कहते हैं, दक्षिणपन्थी कहते हैं। द्विवेदीजी ने इसके लिए एक अच्छा शब्द दिया है—रक्षणशील। कंजरवेटिव का मतलब ही यही होता है। अनुदार आदि इसका अनुवाद नहीं है। जो रक्षणशील हैं, जो लोग अपनी विरासत की पूँजी को सुरक्षित रखना चाहते हैं, वे कंजरवेटिव हैं। यह अपने आपमें कोई बुरी चीज नहीं है। यदि यह प्रवृत्ति न रही होती तो वेद नष्ट हो गए होते। जब लिखने की परम्परा नहीं थी तो वेदों को वाचिक परम्परा से सुरक्षित रखा गया। यह कंजरवेटिव वर्क है। अपनी परम्परा को

सुरक्षित रखा गया, अनेक प्राचीन ग्रन्थ सुरक्षित रखे गए और उसके साथ अनेक नियम, आचार आदि भी सुरक्षित रखे गए। हर जाति कुछ चीजों को सुरक्षित रखती है, इस नाते उनके साथ कुछ बुरी चीजें भी चली जाती हैं लेकिन कुछ अच्छी चीजें भी सुरक्षित रहती हैं। आजकल जैसी परम्परा चल रही है कि यदि हमारे घर की औरतों ने लोकाचार की बहुत-सी चीजों को सुरक्षित न रखा होता तो शादी-ब्याह के समय अब लगभग ऐसी स्थिति आ रही है कि क्या करना होगा, पता नहीं रहता। ऐसे मौकों पर अब भी बुजुर्ग औरतें ही बुलाई जाती हैं। सदियों से इस लोकाचार को सुरक्षित रखा गया है। इसलिए शास्त्र का मतलब है जो पहले अच्छी-बुरी जैसी भी परम्परा चली आ रही है, बिना विचार किए हुए उसे सुरक्षित रखना। गलत-सही का भेद किए बिना ममता और दृढ़ता के साथ उसे बचाए रखना। इनमें अच्छा काम क्रमशः कानून बन जाता है, जिसके पालन को अनिवार्य बना दिया जाता है। कभी-कभी इनकी एक तरह की शृंखला बन जाती है। इसीलिए द्विवेदीजी ने कहा है कि शास्त्र का मूल अर्थ होता है—संगति लाना। जहाँ शास्त्र में दो चीजों का विरोध होता है, उस असंगति को भूलकर आचार्य लोग संगति लाते हैं। शास्त्र में जब असंगतियाँ दिखाई पड़ें तो उन असंगतियों को नए तर्कों से जोड़कर संगति लगाते हुए यह दिखाने की कोशिश करना कि जो कहा गया है, ठीक ही कहा गया है। इस पूरी प्रक्रिया में शास्त्र में लचीलापन नहीं होता, नई सृजनशीलता नहीं रह जाती। समाज बदल गया और शास्त्र रक्षणशीलता के कारण जहाँ का तहाँ है। चार हजार साल पहले जो मान्यताएँ बनीं, पिछली सदियों में वर्ण व्यवस्था छत्तीस जातियों में बदल गई। नई-नई बाहर से आने वाली जातियों व कबीले से जुड़कर अपनी आचार परम्परा के कारण कुछ और ले आए। सोचिए वेद में कितने देवता हैं। एक-एक करके अब तैंतीस करोड़ देवता हो गए। ये कहाँ से आए। नई जातियाँ अपने साथ अपने देवता भी ले आईं और उनको भी इनमें शामिल कर लिया गया। उस जाति को भी वर्ण व्यवस्था में स्थान दे दिया गया और उसका नाम भी आ गया, उसके आचार-विचार और संस्कार जुड़ गए। इस शास्त्रव्यापी रक्षणशीलता में इतना बड़ा परिवर्तन हुआ। शास्त्र लोक जीवन, लोक संस्कृति में निरन्तर परिवर्तन होते रहने के बावजूद उल्लेखनीय है कि इस सामाजिक ढाँचे में जिसे लोक कहते हैं, उन्हें शास्त्र से वंचित रखा गया, जैसे—स्त्रियाँ वेद नहीं पढ़ेंगी, शूद्र वेद नहीं पढ़ेंगे। धर्मशास्त्र का अधिकार इन लोगों का है, इनका नहीं। रक्षणशीलों ने स्वयं शास्त्र को एक ऐसी चीज बना दिया जो कुछ लोगों के लिए दुर्लभ हो गया। दुर्लभ होने के साथ ही उनके शास्त्र में आधुनिक जीवन-नियमन की भी कोशिश हुई। पूरी प्रक्रिया में शास्त्र सर्वजन सुलभ न होने के कारण और कुछ लोगों को शास्त्र वंचित बना देने के कारण भारतीय समाज के इन दोनों तबकों के बीच द्वन्द्व अनिवार्य था।

इस तनाव का नतीजा स्वभावतः यह हुआ कि लोक ने अपने आचार-विचार बनाए। लोक के बीच कुछ नए बुद्धिजीवी हुए, जिन्होंने अपने शास्त्र बना लिये। इस तरह लोक-चिन्ता और शास्त्र-चिन्ता के बीच टकराव हिन्दी साहित्य के आरम्भ से बहुत पहले से चला आ रहा है। इस टकराव के कारण अनेक नई चीजें सामने आई हैं। द्विवेदीजी ने कहा है कि शास्त्र और लोक के प्राचीन टकराव के बावजूद एक हजार ईसवी सन् के आसपास लोक चिन्ता की ओर समाज का झुकाव हुआ। 'गीता' से एक शताब्दी बाद भारतीय पांडित्य आचार-विचार और भाषा के क्षेत्र में स्वभावतः लोक की ओर झुक गया था। बार-बार लोक द्वारा ऐसे प्रयास किए गए और शास्त्र ने अपने ढाँचे को पुनर्गठित किया। उदाहरणार्थ–पाँचवीं शताब्दी में जब हम भागवत् धर्म का उदय मानते हैं, तब सम्पूर्ण शास्त्र नए ढंग से लिखे और कहे गए। ऐसा इतिहासकार बताते हैं। अनेक स्मृतियाँ इसी बीच पुनर्गठित की गईं। संचित की गईं। सातवीं शताब्दी के अन्त और आठवीं शताब्दी के आरम्भ में सबसे महत्वपूर्ण कार्य शंकराचार्य ने किया जबकि समस्त दर्शनों को वेदान्त द्वारा व्यवस्थित किया गया। इस बीच इतनी बड़ी धार्मिक सामाजिक क्रान्ति हुई कि उसने पूरा शास्त्र हजम कर लिया। जब ब्राह्मण धर्म को चुनौती देने वाला अवर्ण धर्म उभरा और उसने जाति व्यवस्था को चुनौती दी, उसे क्षरित करने या देशनिकाला देने की कोशिश की गई। बौद्ध धर्म के साथ यही हुआ। शंकराचार्य ने विजय पताका फहराई। दक्षिण और उत्तर में एकछत्र साम्राज्य घोषित हुआ। इसके बाद उत्तर-दक्षिण दोनों जगहों में एक उथल-पुथल दिखाई पड़ती है। द्विवेदीजी ने जो बात कही है, वह इतिहाससम्मत है। वह है, योगी और योग की धारा। तन्त्र और योग के बारे में विवाद की गुंजाइश नहीं है। यह धारा जनजातियों में बिखरी हुई है, जनजातियों में, वर्ण व्यवस्था में जिन्हें निकृष्ट कोटि का मानते हैं। योग और योगी की यह धारा बौद्धों से नाथों और शैवों में विद्यमान थी। बाहर से जो इसलाम को मानने वाले सूफी सन्त आए, और सूफियों से उस समय सबसे ज़्यादा मुठभेड़ जिससे होती है, वे कलन्दर हैं। इसका प्रभाव इतना था कि जायसी की 'पद्मावत' में योगी जब महादेव के यहाँ पहुँचते हैं तो योग की साधना का सूफियों से टकराव दिखता है। सम्पूर्ण सूफी साहित्य में कलन्दर, योगी की उपस्थिति इसका प्रमाण है कि एक हजार ईसवी सन् के आसपास जैसा द्विवेदीजी ने कहा कि शास्त्र लोक में छिप गया। तन्त्र या लोक की कोई उपेक्षा नहीं कर सकता था, योग पतंजलि योग भी था। यह वह योग नहीं था जिसके आदि में अथर्ववेद मिलते हैं, यह वह योग था जिसमें शास्त्र लिखे गए। यहाँ ध्यान दीजिए कि यह लोकगीतों के रूप में नहीं आ गया था, लोक कथाएँ नहीं थीं, बल्कि लोक के बीच से एक नया दर्शन तन्त्र के रूप में उदित हुआ था। यह अपेक्षाकृत साधनामूलक था। स्वतन्त्रता देता था। शूद्रों को स्वतन्त्रता और अनेक अधिकार देता था। इन नई

नैतिक मान्यताओं के आधार पर तन्त्र ने शास्त्र को चुनौती दी थी। किन्तु आगे चलकर तन्त्र भी एक शास्त्र बन गया।

सबसे महत्वपूर्ण बात यह हुई कि एक नई भाषा उदित हुई जो संस्कृत, पालि, प्राकृत तीनों से अलग थी। वैदिक संस्कृति और लौकिक संस्कृति की भाषा में बड़ा परिवर्तन हुआ। इसका सबसे बड़ा प्रमाण यह है कि बाल्मीकि रामायण पढ़ने वाले वेद नहीं समझ सकते। जैसे गायत्री मन्त्र का छन्द कुछ उदात्त और अनुदात्त ध्वनियों पर आधारित है। यह वर्णयुक्त नहीं, वर्णमुक्त है। अपभ्रंश प्राकृत का हलका-फुलका परिवर्तन नहीं है। अपभ्रंश गुणात्मक परिवर्तन का सूचक है, क्योंकि अपभ्रंश के साथ एक नया वृत्त आया जिसे दोहा कहा गया है और दोहा वार्णिक वर्णवृत्त नहीं है, बल्कि शूद्र मात्रिक छन्द है। इसके पहले मात्रिक छन्द न तो पालि में था और न ही प्राकृत में। अपभ्रंश के कारण प्रचुरता और प्रबलता के साथ काव्य रचना होने लगी। कालिदास की 'उर्वशी' (विक्रमोर्वशीयम्) में पुरूरवा का सारा प्रलाप अपभ्रंश में ही है। यानी कि अपभ्रंश पागल के प्रलाप की भाषा थी। अर्थात् अपभ्रंश वह भाषा थी, जिसे पुरूरवा होश में नहीं बोलता था बल्कि पागलपन या विरह उन्माद में ही अपभ्रंश का सहारा लेता था। जैसे अंग्रेजी में दीक्षित भोजपुरिया प्रदेश के लोग जब धारा प्रवाह अंग्रेजी बोलते हैं और दुर्भाग्य से भी ऐसा न हो, यदि उन्हें सन्निपात हो जाए तो वे भोजपुरिया बोलते पाए जाते हैं। इसलिए सन्निपात या सन्ताप में या अवचेतन में लोकभाषा ही फूटती है। इसलिए ग्यारहवीं शताब्दी के आसपास अपभ्रंश का एक चिन्तनधारा के रूप में परिवर्तन हुआ और शास्त्र बनाम लोक के द्वन्द्व में शास्त्र को झुकना पड़ा। नया छन्द, नई भाषा, नए काव्य रूप स्वीकार करने पड़े। इन नए काव्य रूपों में विस्तार से द्विवेदीजी ने शास्त्र बनाम लोक के द्वन्द्व को स्वीकार किया। इससे यह अर्थ न लगाया जाए कि द्विवेदीजी शास्त्र के बड़े दुश्मन थे या लोक के बड़े पक्षधर थे। इतिहासकार के नाते जो वास्तविकता देखी, उसे कहना जरूरी समझा। शास्त्र लोक के सामने झुका, इसलिए कहना जरूरी समझा। पक्षधरता उनकी क्या है, यह विवेचन से स्पष्ट होगा। द्विवेदीजी भी ब्राह्मण थे, शास्त्राचार्य पास किया था। शिक्षा-दीक्षा संस्कृत में हुई। फिर भी वे लोक के पक्षधर थे। दरअसल हिन्दी साहित्य में लोक निर्णायक भूमिका निभाता है। ऐसा नहीं है कि संस्कृत काव्य समाप्त हो गया था, लेकिन यह एक सीमित वर्ग, सीमित विचारधारा की मानसिकता तक सिमट गया था। जनजीवन में जो व्याप्त है, उसे यदि जानना है तो लोक को जानना होगा। पंडितराज जगन्नाथ को पढ़कर सोलहवीं सदी के भारत को नहीं जान सकते, तुलसीदास को पढ़ना ही होगा। एक हजार ईसवी सन् के बाद की भारतीय मनीषा को समझने के लिए आधुनिक भारतीय भाषाओं के साहित्य को जानना जरूरी होगा। केवल संस्कृत के आधार पर इसे समझा नहीं जा सकता। जिस प्रकार अंग्रेजी में लिखे

उपन्यासों व साहित्य के आधार पर आधुनिक भारत के इतिहास, साहित्य या समाज को नहीं समझा जा सकता बल्कि इसके लिए भारतीय भाषाओं में लिखे साहित्य को पढ़ना पड़ेगा। इसी प्रकार संस्कृत के आधार पर मध्यकाल के भारत को समझ नहीं सकते, हिन्दी पढ़ना ही पड़ेगा। इसलिए उस काल के भारत को आज के संस्कृत के पंडित नहीं जानते तो आश्चर्य नहीं होना चाहिए। इसी सन्दर्भ में हिन्दी के भक्तिकाल के सम्बन्ध में आचार्य रामचन्द्र शुक्ल ने 'सूरदास' नामक पुस्तक में भक्ति के विकास पर लम्बा अध्याय लिखा है और वेद-उपनिषद् से लेकर, गीता, लोक भक्ति का विकास जिस तरह से हुआ है, उसे विस्तार से दिखाया है। दूसरी ओर, संस्कृत के अनेक पंडित लिखते हैं कि हिन्दी के भक्ति काव्य में विशेषकर सगुण भक्ति में जो कुछ भी है, भागवत से लिया गया है। वे इससे संतुष्ट हो जाते हैं कि हमने यदि 'गीता' या 'भागवत' पढ़ लिया तो हम भक्ति काव्य नहीं भी पढ़ेंगे तो वंचित नहीं रहेंगे। द्विवेदीजी ने कहा है कि हिन्दी का भक्ति काव्य संस्कृत के भक्ति दर्शन से भिन्न है। यहाँ यह प्रश्न उठता है कि भक्ति सचमुच महत्वपूर्ण है कि नहीं। 'गीता' में बताया गया है कि पूरा ज्ञान मार्ग ही है। लेकिन भक्ति वह मार्ग है जिसमें ज्ञान और कर्म से ऊपर भक्ति को प्रतिष्ठा मिली। यह प्रतिष्ठा ऐसी हुई कि तुलसीदास जैसे व्यक्ति भी विचार करके ज्ञान कर्म से ऊपर भक्ति को स्थापित करते हैं और लिखते हैं, 'मुक्ति निरादर भगति लुभाने'। जो भक्त हैं, वे मुक्ति का निरादर करते हैं और भक्ति के प्रति आकर्षित होते हैं। पहले का सम्पूर्ण चिन्तन धर्म के बन्धन से मुक्त होता था, जिससे कि बाद में जन्म न लेना पड़े। लेकिन भक्तों ने नया पाठ शुरू किया, ''जनम जनम रघुपति भगति''—अर्थात् हम बार-बार जन्म लेना चाहते हैं और हर जन्म में रघुपति की भक्ति चाहते हैं। एक ओर सम्पूर्ण चिन्तन था कि दुबारा जन्म लेना न पड़े, दूसरी ओर भक्ति दर्शन में भक्त बार-बार जन्म लेना चाहता है। इसलिए पहले का साहित्य पुनर्जन्म से मुक्ति का साहित्य है तो बाद का साहित्य बार-बार जन्म लेकर रघुपति भक्ति है। यही लोक का मार्ग है। लोक के मनुष्य बहुत दुःखी रहते हुए भी इसी लोक में प्रेम चाहते हैं, लेकिन मुक्ति नहीं चाहते। पलायन नहीं चाहते।

[अंतर्दृष्टि-05]
[प्रस्तुति : सुधीर कुमार सिंह]

खंड-3

हिन्दी आलोचना की परम्परा

1

आज मैं अपने ही आलोचना कर्म के बारे में बोलूँगा। इसमें अहंकार का कोई भाव नहीं है और आप जानते हैं कि साहित्य के क्षेत्र में मेरा या अपना का अर्थ उतना मेरा या अपना नहीं होता है। मुझे याद आती है भारतेन्दु की एक कहानी—'कुछ आप-बीती, कुछ जग-बीती।' आत्मकथा भी है और उपन्यास भी है। यह अलग बात है कि हिन्दी उपन्यास का इतिहास लिखते हुए कोई 'देवरानी-जेठानी' को ढूँढ़ रहा है तो कोई 'परीक्षा गुरु' को लेकर बहस कर रहा है। लोग भूल जाते हैं कि हिन्दी उपन्यास का आरम्भ आत्मकथा से हुआ था। भारतेन्दु आधुनिक हिन्दी गद्य के ही जनक नहीं हैं, नाटकों के ही प्रवर्तक नहीं हैं, कथा साहित्य के भी प्रवर्तक हैं। 'कुछ आप-बीती, कुछ जग-बीती' अधूरी है तो क्या, यह ऐसी शुरुआत है, जिसका जिक्र किया जाना चाहिए। मैंने इसका जिक्र इसलिए किया कि आत्मकथा लिखने के कई तरीके होते हैं—कुछ लोग दूसरों के बहाने अपने बारे में लिखते हैं, कुछ लोग केवल अपने बारे में लिखते हैं। कुछ लोग अपने साथ-साथ दूसरों की खबर लेते चलते हैं और कुछ लोग अपने बहाने दूसरों के विषय में बात करना पसन्द करते हैं।

जहाँ तक मेरे अपने आलोचना-कर्म का ताल्लुक है, मैं ठीक-ठीक अपने विषय में बात करने नहीं जा रहा हूँ। मैं जहाँ पैदा हुआ, वहाँ के माहौल में मेरे आलोचना-कर्म का बीज निहित है—मेरे लेखन का दो-तिहाई हिस्सा काशी हिन्दू विश्वविद्यालय में अध्यापन करते हुए सम्पन्न हुआ। 'हिन्दी के विकास में अपभ्रंश का योग' एवं 'पृथ्वीराज रासो' जैसे शोध प्रबन्धों के अलावा, 'छायावाद', 'आधुनिक साहित्य की प्रवृत्तियाँ' तथा 'इतिहास और आलोचना' जैसी पुस्तकें मैंने यहीं रहते हुए लिखीं। उस समय तक 'कहानी नई कहानी' के भी अनेक निबन्ध मैं लिख चुका था, जो पुस्तक के रूप में बाद में प्रकाशित हुई। 'कविता के नए प्रतिमान', 'दूसरी परम्परा की खोज', 'वाद-विवाद-संवाद' और आलोचना (पत्रिका) के अनेक अंकों के सम्पादकीय मैंने यहीं रहते हुए लिखे। इस प्रकार दो तिहाई लेखन तो काशी हिन्दू विश्वविद्यालय में

रहते हुए ही हुआ। आलोचना के बहुत से संस्कार यहाँ विद्यार्थी रहते हुए ही प्राप्त हुए। मैं आज काशी हिन्दू विश्वविद्यालय में आलोचना का विकास कैसे हुआ, इस बारे में चर्चा करूँगा। इसके पीछे जो खास कारण है, वह यह कि कविता, कहानी अकेले रहकर लिखी जा सकती है, उसके लिए किसी संस्था का सदस्य होना जरूरी नहीं, लेकिन आलोचना एक शास्त्र है और शास्त्र आदमी नहीं बनाता है। वह एक दिन में नहीं बनता है, शास्त्र के लिए निरन्तरता बहुत जरूरी है, पीढ़ियाँ लगती हैं। पन्थ और सम्प्रदाय की तरह शास्त्र शताब्दियों में बनते हैं।

संस्कृत काव्यशास्त्र लगभग डेढ़ हजार वर्षों में बना है। संस्कृत काव्यशास्त्र के अपने संस्थान रहे हैं। हालाँकि इस दृष्टि से बहुत कम विचार किया गया है। संस्कृत काव्यशास्त्र का एक बड़ा हिस्सा कश्मीर में निर्मित हुआ और आचार्यों के नाम से विचारधाराओं के सम्प्रदाय बने–मम्मट, कुन्तक, आनन्दवर्धन, अभिनवगुप्त, कुल मिलाकर एक लम्बी परम्परा है। दूसरी परम्परा दक्षिण की है–जहाँ के दंडी थे। इसलिए एक परम्परा धुर उत्तर की है तो दूसरी धुर दक्षिण की है। एक मध्यभाग की भी है–राजशेखर अवन्ती का जिक्र बार-बार करते हैं। अवन्ती, जिस राज्य के बाणभट्ट थे। राजशेखर हैं, जो अलग सम्प्रदाय बनाते हैं। तो मैं कह रहा था कि शास्त्र एक चिन्तन है और चिन्तन किसी भी देश, भाषा, जाति की परम्परा में होता है। वह शताब्दियों में विकसित होता है, किसी एक व्यक्ति के साथ समाप्त नहीं हो जाता है। जब यूरोपियन दर्शन का इतिहास लिखा जाता है तो तीन नामों का ज़िक्र आता है। आपने अकसर सुना होगा–जर्मन आइडियालिज़्म, फ्रेंच रेशनलिज़्म और ब्रिटिश इपीरियलिज़्म। ब्रिटेन में भले ही बर्कले हुए हों लेकिन एटेन जॉन लॉक और हाब्स की बात ही अनोखी है। वहाँ अनुभववादी जीवन दर्शन पनपा और बढ़ा ही नहीं बल्कि आगे चलकर भी ब्रिटेन मूलतः इम्पीरिकल या अनुभववादी परम्परा का गढ़ रहा।

फ्रांस में एक रेशनल ट्रेडिशन या बुद्धिवादी परम्परा है। यहाँ कांट के पहले और कांट के बाद भी बुद्धिवाद की एक लम्बी परम्परा है। जर्मनी में आइडियालिज़्म है। आगे चलकर मार्क्सवाद में ब्रिटिश इम्पीरियलिज़्म, फ्रेंच रेशनलिज़्म एवं जर्मन आइडियालिज़्म तीनों का योगदान हुआ। इन दार्शनिक चिन्ताधाराओं के भी मूल में प्राचीन यूनान की, प्लेटो, अरस्तू की और अन्य बुद्धिवादी, सन्देहवादी वैचारिक परम्पराएँ काम कर रही थीं। कालान्तर में लगभग एक हजार वर्षों के अन्तराल के बाद यह चिन्तन यूरोप में अलग-अलग धाराओं में विकसित हुआ। इन बातों का उल्लेख मैं इसलिए कर रहा हूँ क्योंकि आलोचना का चिन्तन से गहरा सम्बन्ध होता है और चिन्तन संस्थानों में होता है क्योंकि संस्थानों में ही एक परम्परा बनती है। कहानी या उपन्यास लिखने के लिए संस्थान से जुड़ना आवश्यक नहीं है। जैसे श्री काशीनाथ सिंह के 'काशी का अस्सी' का सम्बन्ध किसी संस्थान से नहीं, किसी

संस्थान की चिन्तन-परम्परा से नहीं, उसका सम्बन्ध अस्सी वालों से है। लेकिन आलोचना के लिए 'काशी का अस्सी' की औघड़ी संस्कृति नहीं, बल्कि किसी संस्थान की चिन्तन परम्परा जरूरी है। संस्कृत काव्यशास्त्र और संस्कृत आलोचना का विकास जिन दो संस्थानों में हुआ, उनमें एक संस्थान विदग्ध गोष्ठियाँ हैं। भामह और दंडी ने इन विदग्ध गोष्ठियों का उल्लेख किया है। वात्स्यायन ने कामसूत्र में भी इन गोष्ठियों का उल्लेख किया है। जब वह नागरिक जीवनचर्या का वर्णन करते हैं तो बताते हैं कि किस तरह तीसरे पहर लोग नहा-धोकर पहले एकान्त में फिर समवेत विविध विद्याओं-कलाओं पर चर्चा किया करते थे। इन गोष्ठियों में अलग-अलग कलाओं और शास्त्रों में निपुण लोग शामिल हुआ करते थे, इन्हें सहृदय या रसिक समाज कहा जाता था। इन विदग्ध गोष्ठियों का गहरा प्रभाव भामह के 'काव्यालंकार' पर है। दूसरा संस्थान दूसरे प्रकार की विदग्ध गोष्ठियाँ हैं, जिनमें ग्रन्थ लिखा जाता था, जैसे—भामह का 'काव्यालंकार,' दंडी का 'काव्यादर्श'। ये ग्रन्थ लोगों को शिक्षित करने के लिए, कवि-शिक्षा के लिए लिखे जाते थे, जैसे विश्वविद्यालय शिक्षा के लिए होते हैं। लेकिन दोनों संस्थाओं के चरित्र में अन्तर है। 'काव्यादर्श' के लेखक दंडी स्वयं रचनाकार हैं। रचनाकार आलोचक भी होते रहे हैं। हिन्दी में कुछ अच्छे रचनाकार हैं, जो आगे चलकर अच्छे आलोचक हुए।

आलोचना की दुनिया विचारों की दुनिया है और विचार के लिए चाहे गुरु-शिष्य परम्परा हो या विदग्ध लोगों का समुदाय, उनके बीच बातचीत और शास्त्रार्थ जरूरी है। बहस के जरिए एक पीढ़ी में जो सवाल उठते हैं, उनके जवाब अगली पीढ़ी को देने होते हैं। आप देखें कि संस्कृत में भामह काव्य की जो परिभाषा देते हैं—'शब्दार्थौ सहितौ काव्यं', हजार वर्षों के अन्तराल के बाद पंडितराज जगन्नाथ उसी पर विचार करते हैं। यानी एक हजार साल तक बहस चल रही है। चिन्तन की परम्परा का निर्माण इस प्रकार होता है। संस्कृत काव्यशास्त्र ऐसे ही कालजयी नहीं बना, यहाँ बहस की एक लम्बी परम्परा रही है। आज हम हिन्दी में जब आलोचकों का इतिहास देखते हैं तो पाते हैं कि आलोचना के इतिहास के नाम पर लोगों ने आलोचकों का इतिहास लिखा है, प्रवृत्तियों का उल्लेख किया है। आलोचना के इतिहास के बारे में जितनी पुस्तकें लिखी गई हैं, वे अपूर्ण, अधूरी ही नहीं हैं बल्कि उनकी जो मूल दृष्टि है, वह अभावों का दुर्दान्त उदाहरण है। हिन्दी आलोचना का विकास कुछ आलोचकों के द्वारा नहीं हुआ है, संस्थाओं के द्वारा हुआ है, सभी किसी न किसी संस्था से जुड़े हुए थे। वह संस्था चाहे कोई पत्र/पत्रिका/प्रतिष्ठान के रूप में रही हो, चाहे शिक्षण संस्था के रूप में।

अब विज्ञान का इतिहास देखें। उसके केन्द्र में होती है—लेबोरेटरी। लेबोरेटरी से जुड़े हुए वैज्ञानिक चाहे भौतिक विज्ञानी हों या रसायन विज्ञानी या जीव विज्ञानी—

वे शोध परम्परा कायम करते हैं। लखनऊ के बीरबल साहनी बॉटनी के प्रोफेसर थे, उनके नाम पर अलग विश्वविद्यालय न होकर एक संस्थान ही बन गया, अब उसके आधार पर एक परम्परा चल रही है। विज्ञान वाले यह समझते हैं कि विज्ञान का विकास किसी न किसी संस्थान में होता है, प्रयोगशाला में होता है। इंग्लैंड में अनेक प्रयोगशालाएँ हैं और उसी में काम हो रहा है। इतिहास और समाजशास्त्र की चर्चा करते समय जब कोई आदमी इतिहास दर्शन की चर्चा करता है तो फ्रांस के एनल्स स्कूल की याद आती है। लगभग सौ साल से वह एनल्स स्कूल ही कहलाता है। उसमें चिन्तन की एक परम्परा है। विदेशों के विश्वविद्यालयों की एक परम्परा है। किसी की दो सौ साल की, किसी की छह सौ साल की, किसी की सात सौ साल की। ये बातें मैंने इसलिए कहीं कि विज्ञान, इतिहास और समाजशास्त्र आदि में जब इतिहास लिखा जाता है तो व्यक्तियों की खोजों के आधार पर नहीं बल्कि संस्थाओं की पृष्ठभूमि के साथ लिखा जाता है। साहित्य की ही एक ऐसी निराली दुनिया है, जिसमें हम वैयक्तिक प्रतिभा का विस्फोट माना करते हैं। अपने यहाँ कविता का इतिहास लिखने के लिए कवियों का अलग-अलग जिक्र कर दिया, कहानी का इतिहास लिखने के लिए कहानीकारों का अलग-अलग जिक्र कर दिया और उपन्यास का इतिहास लिखने के लिए उपन्यासकारों का उल्लेख कर दिया। आलोचना का इतिहास लिखते समय इस बात पर बहस हो रही है कि पहला आलोचक कौन हुआ—प्रेमघन या बालकृष्ण भट्ट। भारतेन्दु को आलोचक माना जाए या नहीं, उन्होंने नाटक पर एक निबन्ध भी लिखा है। इन बातों पर बहस करते हुए होड़ा-होड़ी लगती है कि कौन बड़ा आलोचक है, कौन छोटा। हम भूल जाते हैं कि हिन्दी आलोचना के विकास में संस्थानों की भूमिका है कि नहीं। हमारे यहाँ हिन्दी के इतिहास में अभी तक स्पष्ट शब्दों में यह बात नहीं कही गई है। मेरे मन में यह बात कौंधी जिसे पहली बार मैं काशी हिन्दू विश्वविद्यालय के इस परिसर में ही कहना चाहता हूँ। वस्तुतः हिन्दी आलोचना के इतिहास में काशी हिन्दू विश्वविद्यालय का वही स्थान है, जो अंग्रेजी आलोचना के इतिहास में कैम्ब्रिज का।

जब भी अंग्रेजी आलोचना का इतिहास लिखा जाता है, कैम्ब्रिज इंग्लिश की चर्चा आती है। 'कैम्ब्रिज इंगलिश' शब्द का पहली बार इस्तेमाल एफ.आर. लीविस (बीसवीं शताब्दी) ने किया और वह भी तब, जब वह कैम्ब्रिज से अवकाश प्राप्त कर चुके थे। कैम्ब्रिज में अन्तिम व्याख्यान देते समय उन्होंने इस शब्द का इस्तेमाल किया—इंग्लिश लिटरेरी क्रिटिसिज़्म के अर्थ में। वह कैम्ब्रिज में प्रोफेसर नहीं हो सके थे, अवकाश ग्रहण करने के एक वर्ष पूर्व ही रीडर हुए थे। अवकाश प्राप्त करने के पश्चात् उन्हें याक युनिवर्सिटी में विजटिंग प्रोफेसर के रूप में बुलाया गया। कैम्ब्रिज में रहते हुए लीविस 'स्क्रुटनी' पत्रिका निकालते थे। यह पत्रिका उन्हें इतना सम्मान तो नहीं दिला सकी कि कैम्ब्रिज में रहते हुए वह प्रोफेसर बन सकें, पर उन्होंने कैम्ब्रिज शहर में रहते

हुए अपने पैसे से यह पत्रिका निकाली। कैम्ब्रिज में उनके सम्मान में कहा गया कि कैम्ब्रिज की जो साहित्यिक आलोचना है, 'स्क्रुटनी' उसका आधार स्तम्भ है। मैं यहाँ का न सही, यहाँ से निकाला हुआ तो हूँ! यदि मैं यहाँ का विद्यार्थी या अध्यापक न होता तो मुझे यह बोध इतना गहरा न होता। यहाँ तो बहुत लोग रह चुके हैं, मेरी कमबख्ती कि मुझे जो एहसास होता रहा, वह उनको न हुआ, जो यहीं के थे और जिन्होंने यहीं रहते हुए अवकाश प्राप्त किया। मुझे यहाँ रहते हुए और यहाँ से जाने के बाद भी बराबर यह एहसास बना रहा कि हिन्दी आलोचना का उदय काशी हिन्दू विश्वविद्यालय में हुआ। यह हिन्दी आलोचना का कैम्ब्रिज है।

आचार्य रामचन्द्र शुक्ल सच्चे अर्थों में हिन्दी के पहले आलोचक थे। उनके पहले समीक्षक हुआ करते थे, जो पुस्तकों की समीक्षा या टिप्पणियाँ लिखा करते थे। सच्चे अर्थों में हिन्दी आलोचना 1920 के आसपास स्थापित हुई। इतिहास में इस वर्ष (1920) का बड़ा महत्व है—तिलक की मृत्यु, राजनीति में गांधी का प्रवेश, पहला बड़ा असहयोग आन्दोलन, अवध का किसान आन्दोलन जैसी महत्वपूर्ण घटनाएँ इसी वर्ष में घटित हुईं। भारतीय स्वाधीनता आन्दोलन की भाँति हिन्दी-जगत में भी 1920 अत्यन्त महत्वपूर्ण रहा, इसी वर्ष कविता सच्चे अर्थों में बदली है। साहित्य की धारा बदली है। इसी समय छायावाद की शुरुआत हुई; इसी समय प्रेमचन्द आए। प्रेमचन्द, छायावाद, रामचन्द्र शुक्ल और राजनीति में गांधी, ये बड़ी घटनाएँ 1920 में घटित होती हैं। काशी हिन्दू विश्वविद्यालय 1916 में स्थापित हुआ था, लेकिन हिन्दी विभाग पहली बार विभाग तब बना, जब शुक्लजी आए और यहाँ रहते हुए उन्होंने 'हिन्दी साहित्य का इतिहास' लिखा। तुलसी, सूर और जायसी पर तीन मानक आलोचनाएँ लिखीं, चिन्तामणि के निबन्ध लिखे। इस प्रकार उन्होंने अपना सम्पूर्ण लेखन यहाँ अध्यापक रहते हुए ही किया। अध्यापकीय आलोचना का जो मुहावरा चला है, छिछली आलोचना के अर्थ में, वह वस्तुतः अब हो रही है। अध्यापक रहते हुए सच्चे अर्थों में आलोचना कैसे लिखी जाती है, यह आचार्य रामचन्द्र शुक्ल के लेखन से सीखना चाहिए।

मैंने कहा कि काशी हिन्दू विश्वविद्यालय भारत का कैम्ब्रिज है। कैम्ब्रिज में चार बड़े आलोचक हुए—आई.ए. रिचर्ड्स, एफ.आर. लीविस, विलियम एम्पसन और रेमंड विलियम्स। अंग्रेजी साहित्य में 1920 से 1984 तक चार बड़े आलोचक हुए हैं। ये आलोचक राजनीतिक विचारधाराओं से जुड़े हुए थे—रिचर्ड्स अनुभववादी लिबरल थे। लीविस बिलकुल वामपन्थी नहीं थे, कुछ मामलों में उनके विचार काफी दकियानूसी थे। एम्पसन विद्रोही थे—रेडिकल! उसकी अलग कहानी है। अपने देश में उस भले आदमी को नौकरी ही नहीं मिली, चीन में अंग्रेजी पढ़ाते थे, बाद में ऑक्सफोर्ड आए। एक बार वे महिलाओं के कॉलेज में पढ़ाने गए और अपना बस्ता लेकर जब गेट पर पहुँचे, वहाँ उनकी तलाशी हुई तो उसमें कंडोम निकला और वहीं से उनकी छुट्टी कर

दी गई। एम्पसन को लोगों ने देर से पहचाना। कुछ लोगों के विचार से एम्पसन अपनी पुस्तक 'सेवन टाइम्स ऑफ एम्बीग्युटी' के कारण रिचड्र्स और लीविस से भी बड़े आलोचक हैं। उस आदमी ने मिल्टन पर 'स्ट्रक्चर ऑफ वर्डस' नाम की किताब लिखी। धर्म के मामले में वह घनघोर विद्रोही थे। इसी परम्परा में आगे चलकर समाजवादी विचारक रेमंड विलियम्स हुए, जो अपने पूर्ववर्ती तीनों आलोचकों के ऋण को बार-बार स्वीकार करते हैं कि यदि रिचड्र्स नहीं होते, लीविस नहीं होते, एम्पसन नहीं होते तो वह स्वयं भी नहीं होते। विलियम्स मार्क्सवादी हैं। एम्पसन मजदूर के बेटे हैं और स्वयं मजदूरों की जिन्दगी जीने वाले हैं। एम्पसन की आलोचना बिलकुल अलग तरीके की है, देखकर लगता नहीं कि ये उसी कैम्ब्रिज की उपज होंगे। तो अंग्रेजी के सबसे बड़े चार आलोचक कैम्ब्रिज के ही हैं।

काशी हिन्दू विश्वविद्यालय के तीन आलोचकों का नाम मैं ले सकता हूँ–रामचन्द्र शुक्ल, नन्द दुलारे वाजपेयी और हजारी प्रसाद द्विवेदी। हिन्दी के तीन ही आलोचक हैं। जिन लोगों के नाम छूट गए हैं, मेरे मन में उनके प्रति पूरा आदर भाव है। विश्वनाथ प्रसाद मिश्र एक अच्छे अध्यापक थे, आलोचक नहीं। चौथा आलोचक कौन होगा, यह निर्णय इतिहास करेगा, लेकिन मुझे इन तीनों आलोचकों की विरासत मिली है। यदि ये तीनों न होते तो मैं जो कुछ हूँ, वह न होता। इलाहाबाद विश्वविद्यालय ऑक्सफोर्ड है, जो आई.ए.एस. तैयार कर रहा है, रचनाकारों को तैयार करता रहा है। लेकिन इलाहाबाद की परम्परा में कुल मिलाकर क्या हुआ? उन्होंने साहित्य कोश तैयार किया। धीरेन्द्रजी बड़े व्यवस्थित ढंग से काम करने वाले आदमी थे। उनकी विरासत प्रबन्धन के मामले में है, जिसका लाभ डॉ. नगेन्द्र उठाते हैं, इसलिए उन्होंने 'हिन्दी साहित्य का इतिहास' एक नए ढंग से तैयार किया। उन्होंने 'भारतीय हिन्दी परिषद' की स्थापना की और लेखकों का एक अखिल भारतीय संगठन बनाया। ये बड़े काम हैं। धीरेन्द्रजी भाषाविज्ञान के आदमी थे। उन्होंने 'हिन्दी भाषा का इतिहास' नामक एक पुस्तक लिखी, जो बिलकुल नपी-तुली किताब है, उपयोगी पुस्तक है, लेकिन उन्होंने कोई ऐसा कार्य नहीं किया, जो क्रान्तिकारी हो। माता प्रसाद गुप्त ने पाठालोचन का विकास किया। यह सही है कि इलाहाबाद से धर्मवीर भारती जैसी प्रतिभा पैदा हुई और कुछ कवि, रचनाकार हुए, लेकिन इलाहाबाद से कोई ऐसा आलोचक नहीं हुआ, जिसने बड़ा काम किया हो। ऑक्सफोर्ड की भी स्थिति लगभग ऐसी ही है। ऑक्सफोर्ड से एक जर्नल निकलता है–'एसेज ऑन क्रिटिसिज़्म', एफ.डब्ल्यू. वीटसन ने शुरू किया था। उन्होंने एक शब्द का प्रयोग किया–स्कॉलर क्रिटिक, जिसका अर्थ है विद्वान आलोचक। कुछ लोग विद्वान आलोचक की श्रेणी में आते हैं, पाठालोचन करते हैं, ग्रन्थावलियाँ निकालते हैं, माता प्रसादजी स्कॉलर क्रिटिक हैं। रसालजी ने कविवर रत्नाकर के 'उद्धव शतक' की भूमिका लिखी। अंग्रेजी

आलोचना के इतिहास में ऑक्सफोर्ड की कोई भूमिका नहीं है, वहाँ स्कॉलर क्रिटिक हुए हैं, अच्छे विद्वान हुए हैं, लेकिन आलोचक में जो अन्तर्दृष्टि और सहृदयता होती है, वह वहाँ नहीं पाई गई। वहाँ परम्परा ही नहीं बनी। इधर रामस्वरूप चतुर्वेदी भी यह दिखाने की कोशिश कर रहे हैं कि वह भी आलोचक हैं। वह मेरे मित्र हैं, इसलिए मैं उन पर टिप्पणी नहीं करना चाहूँगा। वह न स्कॉलर हैं, न क्रिटिक हैं, उन्हें कोई परम्परा मिली ही नहीं।

काशी में आलोचना इसलिए सम्भव हो सकी क्योंकि काशी में काव्यशास्त्रीय चिन्तन की हजार-दो हजार वर्षों की परम्परा रही है। यहाँ एक संस्कृत कॉलेज हुआ करता था, जो अब विश्वविद्यालय है। बी.एच.यू. में संस्कृत महाविद्यालय था, जहाँ दामोदर लाल शास्त्री और महादेव शास्त्री जैसे काव्यशास्त्री हुआ करते थे। जहाँ कभी राम अवतार शर्मा और चन्द्रधर शर्मा गुलेरी रह चुके हैं, तो वह पुराना संस्कृत कॉलेज, जहाँ इंग्लिश प्रिंसिपल हुआ करते थे और दूसरा संस्कृत महाविद्यालय के बीच की जो परम्परा थी, उसके बीच जो हिन्दी आलोचना विकसित हुई, उसकी केवल अपनी परम्परा पचास साल पहले की ही नहीं है, बल्कि एक हजार वर्ष की परम्परा है। आलोचना का एक बहुत बड़ा काम है–परम्परा की रक्षा। 900 ईसवी के आसपास जब आनन्दवर्धन लिख रहे थे, तब तक संस्कृत के तमाम बड़े कवि हो चुके थे और इसका एहसास आनन्दवर्धन को था कि संस्कृत में जो कुछ होना था, वह हो चुका। 'रामायण' लिखा जा चुका था, 'महाभारत' लिखा जा चुका था, कालिदास हो चुके थे, भारवि, भवभूति, बाणभट्ट, दंडी हो चुके थे। इसलिए जो संस्कृत काव्य का सर्वश्रेष्ठ है, वह 900 ईसवी तक रचा जा चुका था। नाटक, प्रबन्धकाव्य, मुक्तक काव्य, कथा साहित्य लिखा जा चुका था। आनन्दवर्धन ने कहा कि जब इतना कुछ लिखा जा चुका है, तो सवाल यह है कि इसकी रक्षा कैसे की जाए? इसीलिए कहा जाता है आलोचना का एक काम है–इतिहास का, परम्परा का मर्म समझना-समझाना और उसे आगे की पीढ़ियों के बीच जीवित रखना। उस परम्परा में जो श्रेष्ठ है, उसे बचाया जाता है। बाढ़ आती है तो लोग कहते हैं कि आग बचा लो, नहीं तो जब बाढ़ उतर जाएगी तब चूल्हा कैसे जलेगा, तो अतीत की जो आग है, उसे बचाना आलोचना का काम होता है। संस्कृत में यह काम काव्यशास्त्र ने किया। यदि संस्कृत काव्य नष्ट हो गए होते, पांडुलिपियाँ न मिलतीं किन्तु सहृदयों के बीच केवल काव्यशास्त्र बचे रह जाते तो बहुत सारी एन्थोलॉजी तैयार हो सकती थी। उदाहरण के लिए मम्मट का 'काव्यप्रकाश' और विश्वनाथ का 'साहित्य दर्पण' ही बचा रह जाए तो संस्कृत का बहुत काव्य बचा रह जाएगा। आलोचना बहुत-कुछ वही कार्य करती है, जो रवीन्द्रनाथ टैगोर की कविता सोनारतरी में कहा गया है कि सोने की नाव बही जा रही थी। सबने कहा कि हमको भी ले लो, हमको भी ले लो तो रवीन्द्रनाथ कहते हैं कि ठाईं नाईं/ठाईं

नाईं/छोटी-सी तरी आमार/सोनारे धान/एई छे भरी। जगह नहीं है, जगह नहीं है। यह सोने के धान से लदी हुई है, अब इसमें घास-फूस भरने की जगह नहीं है। इसलिए आलोचना परम्परा की रक्षा करती है तो परम्परा के सोने या स्वर्ण की रक्षा करती है, यहीं से आलोचना शुरू होती है।

आचार्य रामचन्द्र शुक्ल जब हिन्दी साहित्य का इतिहास लिख रहे थे तो उनकी निगाह अपनी परम्परा के सर्वश्रेष्ठ पर थी। जैसे उन्होंने जायसी और तुलसी पर खुलकर लिखा। मिश्रबन्धु हिन्दी में नवरत्नों की तलाश कर रहे थे। इस सिलसिले में शुक्लजी ने कहा कि तीन ही काफी होते हैं, कहाँ नव रतन ढूँढ़ने जाएँ। इसलिए नवरत्नों को खोजने के बजाय शुक्लजी ने तीन को चुन लिया, मानो ब्रह्मा, विष्णु, महेश को चुन लिया। अगर तीन के बजाय चार चुनते तो अच्छा होता। लेकिन यदि शुक्लजी स्वयं कबीर पर लिख गए होते तो हजारी प्रसाद द्विवेदी की क्या आवश्यकता थी। इसलिए पहला जो बुनियादी महत्वपूर्ण कार्य है, वह आचार्य शुक्ल ने किया। तब जाकर हिन्दी आलोचना हिन्दी आलोचना हुई। ध्यान रहे कि इस देश में आलोचना की शुरुआत हिन्दी से ही तो नहीं हुई, इसके पूर्व डेढ़ हजार वर्षों के दौरान आलोचना का विकास हो चुका था, लेकिन वह संस्कृत में लिखा जा रहा था। शुक्लजी ने कहा कि हिन्दी आलोचना की अपनी धरोहर है, वह न तो संस्कृत का अनुकरण है और न ही संस्कृत की विरासत है। यह बहुत जरूरी काम था। संस्कृत की विरासत तो बंगला को मिली है, मराठी, मलयालम को भी मिली है, तमिल वाले दावा करें या न करें, यह अलग बात है, भारत की अन्य भाषाओं को भी मिली है। उसमें हिन्दी की अपनी आलोचना क्या है? अंग्रेजी वालों ने जब अंग्रेजी आलोचना का विकास किया तो उनके लिए भी अफलातून, अरस्तू थे। लोन्जाइनस थे। लेकिन उन्होंने कहा कि अंग्रेजी आलोचना ग्रीक आलोचना का विस्तार नहीं है। यदि आई.ए. रिचर्ड्स की आलोचना आप पढ़ें तो यह जानकर आश्चर्य होगा कि उसने अरस्तू-प्लेटो का कहीं नाम ही नहीं लिया है। एम्पसन ने भी अरस्तू, प्लेटो पर नहीं लिखा है; उन्हें कोई परवाह नहीं। ऑक्सफोर्ड वालों ने अरस्तू, प्लेटो पर अवश्य लिखा है और जो ऑक्सफोर्ड वालों से रह गया तो बाद में डॉ. नगेन्द्र ने ऑक्सफोर्ड बनने की कोशिश की। अरस्तू, प्लेटो और फिर उन्होंने पंडितों की सहायता से कुन्तक, मम्मट सबका अनुवाद जोड़-बटोरकर आलोचना का गढ़ तैयार करने की कोशिश की। एक किंवदन्ती है मुसलमान आक्रमणकारियों के बारे में कि उन्होंने इंडिया का पुस्तकालय देखकर कहा कि जला दो इसे। किसी ने पूछा कि इन्हें जलाने से क्या मिलेगा, तो कहा कि जो 'कुरान' में लिखा है, यदि वही इन पुस्तकों में लिखा है तो ये बेकार हैं और यदि उसके खिलाफ लिखा गया है, तो ये खतरनाक हैं, इसलिए यह पुस्तकालय या तो फालतू हैं या खतरनाक हैं।

यदि जो संस्कृत काव्यशास्त्र में लिखा गया है, वही हिन्दी आलोचना है तो मूल संस्कृत ही क्यों नहीं पढ़ेंगे। हिन्दी आलोचना क्यों पढ़ेंगे? यदि मम्मट को पढ़कर ही आप अच्छे आलोचक बन सकते हैं तो रामचन्द्र शुक्ल को पढ़ने की क्या आवश्यकता है। आचार्य शुक्ल जब 'कविता क्या है' निबन्ध लिख रहे थे तो उनके लिए यह बहुत आसान था कि वह भी 'शब्दार्थौ सहितौ' से बात शुरू करते, किन्तु वे ऐसा नहीं करते हैं। आचार्य शुक्ल ने 'काव्यप्रकाश' मूल ग्रन्थ कम पढ़ा था, गंगा नाथ झा का अंग्रेजी अनुवाद ज़्यादा पढ़ा था। अगर आप 'रस मीमांसा' की टिप्पणियाँ देखें तो अंग्रेजी में लिखी गई टिप्पणियाँ गंगानाथ झा के अंग्रेजी अनुवाद से ली गई हैं और दूसरा उन्होंने 'साहित्य दर्पण' पढ़ा था। तब तक आनन्दवर्धन, अभिनवगुप्त वगैरह सुलभ ही नहीं थे, न अंग्रेजी में, न हिन्दी में। यह सौभाग्य है कि शुक्लजी ने इन लोगों को नहीं पढ़ा था, नहीं तो मास्टर की तरह वही तोता रटन्त पद-परिभाषाएँ रखते। आज भी हिन्दी आलोचना के परचे में मम्मट, आनन्दवर्धन से सम्बन्धित सवाल पूछे जाते हैं। कोई कहे कि यह सब संस्कृत में पूछ लो भैया; हिन्दी के पेपर में तो हिन्दी पूछो! शुक्लजी ने 'कविता क्या है' निबन्ध में बड़ी दृढ़ता से कविता की परिभाषा लिखी है, यह उनका स्वतन्त्र चिन्तन है, संस्कृत या अंग्रेजी का उधार नहीं है। जब वह कविता को हृदय की मुक्तावस्था कहते हैं तो यह जान लेना चाहिए कि किसी आचार्य ने ऐसा पहले नहीं कहा। उन्होंने कहा कि ज्ञानयोग, कर्मयोग के समान यह भावयोग है। संस्कृत के किसी आचार्य ने कभी ऐसा नहीं कहा। इसे कहते हैं हिन्दी आलोचना का प्रस्थान बिन्दु। संस्कृत ठीक सर माथे पर होते हुए भी शुक्लजी हिन्दी के स्वाभिमान की रक्षा करते हैं। आचार्य शुक्ल को पढ़ते हुए कभी नहीं लगता कि वे संस्कृत से आतंकित हैं। दूसरी चीज, क्रोचे और आई.ए. रिचर्ड्स को पढ़ते हुए भी वे जगह-जगह वैचारिक टक्कर देते हैं। सोचिए कि 1924 में आइ.ए. रिचर्ड्स की पुस्तक 'प्रिंसपल्स ऑफ क्रिटिसिज़्म' छपी थी, 1930 में 'प्रैक्टिकल क्रिटिसिज़्म' पुस्तक छपी थी और शुक्लजी ने छपते ही पढ़ लिया। क्रोचे की 'एस्थिटिक्स' छप चुकी थी, उसका अंग्रेजी अनुवाद हो चुका था, में शुक्लजी ने उसकी समीक्षा लिखी। इस प्रकार उन्होंने बता दिया कि उन पर अंग्रेजी का भी रोब नहीं। उन पर न संस्कृत का आतंक है और न अंग्रेजी का और न ही हिन्दी के अपने काव्यशास्त्र का। वह आचार्य महावीर प्रसाद द्विवेदी की तरह बंगला और मराठी से आतंकित नहीं हैं, मिला होगा रवीन्द्रनाथ को नोबेल पुरस्कार, लेकिन उन पर रवीन्द्रनाथ का कोई आतंक नहीं। आतंक के न होने से ही हिन्दी आलोचना दृढ़ संकल्प के साथ कायम हुई और इसे कायम किया आचार्य शुक्ल ने।

नन्द दुलारे वाजपेयी इस परम्परा में विद्यार्थी थे और इस विद्यार्थी ने इतने बड़े आचार्य को चुनौती दी। 'हिन्दी साहित्य : बीसवीं शताब्दी' में शुक्लजी पर केन्द्रित तीन लेख हैं। पहले दो लेख छायावादी कविता को आधार बनाकर शुक्लजी पर सीधे

प्रहार हैं। शुक्लजी छायावादी कविता को पसन्द नहीं करते थे। ऐसा नहीं कि उससे उनका सैद्धान्तिक विरोध हो। शुक्लजी लोक प्रत्यक्ष को प्रधान मानते हैं और छायावाद लोक प्रत्यक्ष को प्रधान नहीं मानता है, बल्कि व्यक्ति वैचित्र्य को प्रधान मानता है। यह साधारण नहीं, बल्कि असाधारण अनुभूति का काव्य है। यह अनन्त की तरफ इशारा करता है। इसकी नजर धरती पर कम, आकाश पर ज़्यादा रहती है। आचार्य शुक्ल ने छायावादी कविता की भाषा की तारीफ की थी–'लाक्षणिक मूर्तिमत्ता' वगैरह कहा था लेकिन उन्होंने उसकी बुनियाद को ही गलत बताया। नन्द दुलारे वाजपेयी ने निराला और जयशंकर प्रसाद को आधार बनाकर शुक्लजी को चुनौती दी। कैम्ब्रिज में एम्पसन, रिचड्र्स के शिष्य थे और रिचड्र्स के विरुद्ध लिख रहे थे। एम्पसन का कैनन वही नहीं है, जो रिचड्र्स का कैनन है। रिचड्र्स ने किसी कवि लेखक पर नहीं लिखा, उदाहरण भी नहीं दिए एम्पसन ठीक इसके विपरीत चले। रिचड्र्स प्रैक्टिकल क्रिटिसिज़्म नहीं कर रहे थे, बल्कि बता रहे थे कि व्यावहारिक आलोचना में विद्यार्थियों से क्या-क्या गलतियाँ होती हैं। रिचड्र्स ने व्याख्यामूलक कोई सिद्धान्त नहीं बनाए, केवल आलोचना लिखी। एम्पसन की धारा रिचड्र्स से अलग थी। वैसे ही जैसे नन्ददुलारे वाजपेयी अपने आरम्भिक दौर में मैथिलीशरण गुप्त पर लिखते हैं। 'हिन्दी साहित्य : बीसवीं शताब्दी' में उनका बड़ा ही प्रखर स्वरूप प्रकट होता है। बुढ़ापे में वे जरूर रस वगैरह में फँस गए थे। यह होता है कि हर हिन्दू बुढ़ापे में गीता, उपनिषद् की तरफ लौट जाता है। ऐसे ही जब जीवन का रस सूखता है, तब जिह्वा पर रस आ जाता है। बुढ़ापे का मारा विद्वान रस सिद्धान्त की बात करने लगता है, ऐसा ही वाजपेयीजी ने किया। शुक्लजी ने कोई मानदंड नहीं बनाया और आज लोग नया मानदंड (पत्रिका) निकाल रहे हैं। यह आलोचना की दुर्गति है।

यहाँ के तीनों आलोचकों के साथ यह बात रही है। उन्होंने आलोचना में मानदंड नहीं बनाया। कैम्ब्रिज इंग्लिश की तरह काशी हिन्दू विश्वविद्यालय की भी परम्परा रही है कि हिन्दी आलोचना का कोई जड़ शास्त्र न बने। उन दिनों 'हिन्दी साहित्य : बीसवीं सदी' में वाजपेयीजी का बड़ा प्रखर और तेजस्वी रूप प्रकट हो रहा था, शुक्लजी रस मीमांसा पुस्तक लिखना चाह रहे थे, जो पूरी नहीं हुई, यह सौभाग्य की बात है। बाद में नगेन्द्र ने लिखा, जो किसी काम की नहीं है। रस के आधार पर कविता की जाँच जब पहले नहीं हुई तो आज क्या होगी।

2

आलोचना या समालोचना है क्या? संस्थान का महत्व शास्त्र के लिए है और शास्त्र को अंग्रेजी में थियरी कहते हैं; पुराना शब्द 'प्रिंसपुल्स' है। रिचड्र्स ने–'प्रिंसपुल्स

ऑफ लिटरेरी क्रिटिसिज़्म' पुस्तक लिखी। आजकल अंग्रेजी आलोचना में 'लिटरेरी थियरी' या 'थियरी' शब्द चलता है। लेकिन साहित्य की थियरी आलोचना नहीं है। शास्त्र बनाना एक प्रकार का काम है, आलोचना दूसरे प्रकार का काम है। जरूरी नहीं कि जो शास्त्र निर्माण करने में दक्ष हो, वह अच्छा आलोचक भी हो। हमारे यहाँ संस्कृत में आलोचना प्रसंगवश आई है। किन्तु मैं स्पष्ट कह दूँ कि संस्कृत में आलोचना है ही नहीं, थियरी है। संस्कृत में केवल सिद्धान्त बनते रहे हैं—ध्वनि, वक्रोक्ति, अलंकार, रीति, औचित्य आदि। इसलिए अलग-अलग आचार्यों ने सिद्धान्त बनाए और सिद्धान्त बनाने के क्रम में उनका ध्यान रहता था कि उस सिद्धान्त में कहीं कोई झोल, कोई असंगति, कोई अन्तर्विरोध न रह जाए। वहाँ रचनाशीलता केवल उदाहरण बनकर आती है, मूल रचना का विश्लेषण अपेक्षित नहीं होता है। जो केवल संस्कृत काव्यशास्त्र में ही जीते हैं, वे यह नहीं जानते कि कालिदास नाम का कोई बड़ा रचनाकार हो चुका है। वह यह नहीं जानते हैं कि भवभूति का वैशिष्ट्य क्या है। आपको संस्कृत में 'अभिज्ञान शाकुन्तलम्' की आलोचना पढ़ने को नहीं मिलेगी। पूरी कादम्बरी पर कोई आलोचना नहीं है। शान्त रस का उदाहरण देने के लिए महाभारत आता है और करुण रस का उदाहरण देने के लिए रामायण का श्लोक आता है। यह काव्यशास्त्र की सीमा है। वहाँ आलोचना नहीं है, आलोचना कर्म का कोई जिक्र नहीं करता।

शास्त्र में प्रसंगवश आलोचना होती है, जबकि आलोचना में सिद्धान्त चर्चा प्रसंगवश की जाती है। इस अन्तर को समझ लेना चाहिए। जब मैंने कहा कि समालोचना शास्त्र या सिद्धान्त नहीं है तो इससे दूसरी चीज निकलती है कि संस्थान समालोचना नहीं कर सकता है। समालोचना तो व्यक्ति करता है और व्यक्तियों के द्वारा की हुई आलोचना के क्रम में किसी कृति के अलग-अलग पहलू उजागर होते हैं और तब परम्परा के अन्तर्गत आलोचना का स्वरूप सामने आता है। यह भी हिन्दी आलोचना के कैम्ब्रिज यानी काशी हिन्दू विश्वविद्यालय में सम्भव हुआ। आचार्य द्विवेदी, जो यहाँ की आलोचना परम्परा में तीसरे बड़े आलोचक हुए, अपने आलोचना कर्म द्वारा वैयक्तिक प्रतिभा का महत्व उजागर करते हैं। इसीलिए बहुत से लोग द्विवेदीजी को आलोचक मानते ही नहीं। बच्चन सिंह ने अपने एक लेख में कहा कि द्विवेदीजी विद्वान थे, शोधकर्ता थे, आलोचक नहीं थे। हजारी प्रसाद द्विवेदी ने अपनी पुस्तक 'कबीर' में, जो कबीर के व्यक्तित्व का विश्लेषण किया है, जिसमें कबीर की काव्य-प्रतिभा खुलकर सामने आई है और जो इस पुस्तक का सर्वोत्तम अध्याय है, वह मानो द्विवेदीजी के सम्पूर्ण आलोचना कर्म पर एक छाप के रूप में अंकित हो गया। टी.एस. इलियट का एक मशहूर निबन्ध है—'ट्रेडिशन एंड इंडिविजुअल टैलेंट'। अज्ञेय ने इसका अनुवाद किया—'परम्परा एवं वैयक्तिक प्रतिभा'। संस्थान के भीतर जो

वैयक्तिक प्रज्ञा या प्रतिभा है, उसका क्या स्थान है, यह विचारणीय है। अपने आलोचना कर्म में जब आलोचक किसी कृति के सामने होता है, पाठक के रूप में या आलोचक के रूप में, तो वह एकदम अकेला होता है। ऐसे समय में वह शास्त्र की सहायता ले सकता है, लेता भी है, अपनी परम्परा की सहायता ले सकता है। आचार्य द्विवेदी की आलोचना-प्रतिभा को हम 'परम्परा एवं वैयक्तिक प्रतिभा' निबन्ध से समझ सकते हैं।

1960 के आसपास पश्चिम में–अमेरिका, इंग्लैंड, फ्रांस, जर्मनी में, जब से थियरी का बोलबाला हुआ, तब से लिटरेचर पर बहुत-सी किताबें लिखी गई हैं। आलोचना में एक शब्द बहुत चला है–रीडिंग। जिसका मतलब है–व्याख्या, अर्थमीमांसा। रीडिंग से जुड़े हुए कई विद्वान फ्रांसीसी और अमेरिकन हुए हैं–जॉक देरिदा, पॉल डिमोन आदि। इंटरप्रेटेशन में आलोचना का मुख्य तर्क यह हो गया है कि हम रचना को पढ़ते हैं, रचना का मूल्यांकन नहीं करते हैं। हम केवल व्याख्या करते हैं। एक ही पुस्तक को एक आलोचक ने एक ढंग से पढ़ा तो दूसरे आलोचक ने दूसरे ढंग से पढ़ा। इस प्रकार अर्थमीमांसा के भिन्न-भिन्न ढंग आलोचना कर्म का निर्माण करते हैं। हिन्दी में भी इसकी कुछ झलक मिली है। रामचन्द्र शुक्ल पर सुधीश पचौरी ने एक लेख लिखा था, जो 'बहुवचन' पत्रिका में प्रकाशित हुआ था। जिसमें सुधीश पचौरी ने बताया है कि रामचन्द्र शुक्ल के सम्पूर्ण लेखन में जो दिखाई पड़ता है, वह यह कि वे साहित्यिक पुस्तकों की व्याख्या तो कर रहे हैं, लेकिन प्रत्येक व्याख्या में उनका हिन्दुत्व व ब्राह्मणवाद बोलता है। चाहे वह लोकमंगल की चर्चा कर रहे हों, चाहे क्षात्र धर्म के सौन्दर्य की चर्चा कर रहे हों। रावण के विरुद्ध राम के युद्ध में वह लोकमंगल की साधनावस्था देखते हैं, पर उस संघर्ष को उन्होंने क्षात्र धर्म बना लिया, जिसमें एक विशेष प्रकार की जातिवादी मनोवृत्ति का दर्शन होता है। यह व्याख्या सही है या गलत, मैं इसकी बात नहीं कर रहा हूँ। मैं यह कह रहा हूँ कि साहित्यिक कृतियों को पढ़ने की नई-नई विधियाँ विकसित हो गई हैं। इन विधियों का लक्ष्य यह साबित करना नहीं होता है कि अमुक कृति श्रेष्ठ है या नहीं, यानी यह काम ऐसे ही हो गया है, जैसे पुलिस किसी को पकड़कर ले जाए और इंट्रोगेशन करके, जिरह करके, बिना किसी निष्कर्ष पर पहुँचे छोड़ दे।

आलोचना शास्त्र नहीं है, बल्कि आलोचना उसमें निहित है, जिसको मूल्य-निर्णय कहते हैं। शास्त्र लक्षण गिना सकता है, उदाहरण दे सकता है, यह बता सकता है कि कहाँ लक्षणा है, कहाँ व्यंजना है। व्यंजना तो कहीं भी हो सकती है, लेकिन जरूरी नहीं कि वह उत्तम काव्य भी हो। जरूरी यह भी नहीं है कि जिसे कभी उत्तम काव्य कहा गया, वह हर समय के लिए उत्तम काव्य हो। इसमें सिद्धान्त का आग्रह इतनी दूर तक होता है कि अच्छी और बुरी कविता का भेद मिट जाता है। शास्त्र की सीमाएँ वहाँ

होती हैं, जहाँ से आलोचना शुरू होती है। मम्मट का सन्दर्भ लें। कालिदास के 'कुमारसम्भवम्' में एक प्रसंग आता है कि जब सुन्दरी उमा शिव के निकट आती हैं और कामदेव अपनी पूरी शक्ति के साथ शिव पर आक्रमण करता है तो शिव का मन थोड़ा विचलित हो जाता है, बिम्बाफल के समान सुन्दर अधरों की तरफ देखकर शिव के नेत्र थोड़ी देर के लिए फैल जाते हैं–

हरस्तु किंचित् परिवृत्ति धैर्यैः चन्द्रोदयारम्भइवाम्बुराशिः ।
उमामुखे बिम्बफलाधरोष्ठे व्यापारयामास विलोचनेन ॥

मम्मट कहते हैं, यहाँ व्यंजना गूढ़ हो गई। शिव का मन थोड़ा-सा विचलित हुआ कि उन्होंने उमा के अधरों की तरफ अपने नेत्र तनिक फैला दिए। यहाँ ध्वनि नहीं उभर रही है, व्यंग्य गुणीभूत रह गया है, इसलिए यह प्रथम कोटि का काव्य नहीं है। किन्तु मम्मट आलोचक नहीं थे, काव्यशास्त्री थे। उनका सारा ध्यान शास्त्र-सिद्धान्त की रक्षापूर्ति पर है। वह देख रहे हैं कि ध्वनि खुलकर नहीं व्यक्त हो पा रही है, सिद्धान्त की पूर्ति नहीं हो रही है, इसलिए उनकी नजर में दूसरी श्रेणी की कविता हो गई। लेकिन प्रश्न उठता है कि किसके मन के विचलित होने की बात की जा रही है, शिव के; वह महादेव हैं। यहाँ कालिदास की काव्यदृष्टि देखिए! शिव की एक मर्यादा है, इसलिए उनके मन के क्षोभ को कालिदास किस प्रकार उपमित कर रहे हैं और उस क्षोभ का जो प्रभाव दिखा रहे हैं, उसमें निहित औचित्य को मम्मट नहीं देख पाते। मम्मट क्या अपेक्षा कर रहे हैं कि महादेव भी लफंगों की भाँति उमा के सौन्दर्य पर उमड़ पड़ते, विकल हो जाते, तब व्यंजना उत्तम कोटि की होती?

मुक्तिबोध की आलोचना करते हुए रामविलासजी ने जो अस्तित्ववाद ढूँढ़ा है, वह दूसरी दुनिया की चीज है। 'अँधेरे में' कविता का अस्तित्ववाद से दूर-दूर तक नाता नहीं है, किन्तु रामविलासजी शास्त्री होने के कारण वहाँ अस्तित्ववाद पैदा कर देते हैं। इसलिए आलोचना साहित्य शास्त्र नहीं है। काशी हिन्दू विश्वविद्यालय की परम्परा में हजारी प्रसाद द्विवेदी ने 'साहित्य-सहचर' लिखकर यह साबित कर दिया कि वह संस्कृत काव्यशास्त्र जानते थे, पंडित तो थे। बावजूद इसके कबीर की आलोचना करते समय वह अपने शास्त्र ज्ञान के बोझ से दबे नहीं हैं। कबीर के व्यक्तित्व के लिए उन्होंने अक्खड़ और फक्कड़ शब्दों का इस्तेमाल किया है। अक्खड़ तो योगी हुआ करते थे, कबीर ऐसे ही थे। उन्होंने जिस पर व्यंग्य किया तो लापरवाही के साथ। कबीर ऐसे अक्खड़ हैं कि बड़े सहज भाव से कहते चले गए–'दुइ जगदीश कहाँ से आया'। जैसे कुछ साधु लोग गाते हैं–'मेरा मन लागा फकीरी में' या 'कुछ लेना न देना, मगन रहना'। यह कबीर के अनहद की ऊँचाई है, जिसे आचार्य शुक्ल नहीं पहचानते हैं, आचार्य द्विवेदी पहचानते हैं। जब द्विवेदीजी इस बात को समझा रहे होते हैं, तब न कोई शास्त्र, न लक्षणा, न व्यंजना, न कोई सिद्धान्त, न ध्वनि, न औचित्य,

वहाँ कृति में डूबना होता है। कृति का साक्षात्कार करना होता है। इसीलिए आलोचना एक रचनात्मक कर्म है, यह दोयम दरजे का काम नहीं है। यदि आप में सर्जनात्मकता नहीं है तो आप आलोचना नहीं कर सकते।

आलोचना का कार्य अतीत की रक्षा के साथ-साथ यह भी है कि वह समकालीनता में हो, अर्थात् समकालीन रचनाओं को जाँचे-परखे, मूल्य-निर्णय दे। एक आम धारणा है कि समय इसका निर्णय करेगा। यह गलत धारणा है। यदि ऐसा ही है तो फिर आप किसलिए हैं? रचना करने वाला यह नहीं कहता कि समय रचना करेगा, वह स्वयं रचना करता है–आज, अभी। आलोचक की सार्थकता इस बात में है कि समकालीन साहित्य को उसने कितना जाँचा-परखा है। आलोचना की मुख्य चुनौती समकालीन रचनाएँ ही होती हैं। आलोचना सिद्धान्त से पैदा नहीं होती है, बल्कि अपने पर्यवेक्षण से, अपने देखने-दिखाने से पैदा होती है और यह सारा देखना-दिखाना साहित्य के अन्दर ही होता है। मेरी पक्की धारणा है कि आचार्य शुक्ल जिस समय कविता की परिभाषा कर रहे थे, उस समय उनकी दृष्टि में कोई शास्त्र नहीं था, कोई परम्परा नहीं थी, बल्कि बीसवीं सदी का लिखा हुआ साहित्य था। उस साहित्य से उन्हें जो काव्य-दृष्टि मिली, उसी के आधार पर उन्होंने परिभाषा गढ़ी। आचार्य शुक्ल रीतिकालीन काव्य में डूबकर ही घनानन्द को रसमूर्ति कह पाए हैं। घनानन्द, बिहारी, देव पर आचार्य शुक्ल ने जो कुछ भी लिखा है, वह इस बात का प्रमाण है कि शुक्लजी की आलोचना-दृष्टि का निर्माण उनके समय में रचे जा रहे साहित्य ने किया। घनानन्द में वह जो कुछ देख सके हैं, वह इसी कारण सम्भव हुआ कि उन्होंने श्रीधर पाठक, प्रसाद, पन्त आदि की कविताओं में अवगाहन करते हुए अपनी आलोचना-दृष्टि को धार दिया था।

आधुनिक कविता में जब प्रकृति स्वयं आलम्बन बनकर आई, तब शुक्लजी को ऐसा लगा कि कविता में प्रकृति स्वयं आलम्बन हो सकती है। तब उन्हें वाल्मीकि की भी कविता में प्रकृति का ऐसा रूप दिखाई पड़ने लगा और अपने सबसे प्रिय कवि तुलसीदास के विषय में वह कहते हैं कि और सब तो ठीक है, लेकिन बाबा को प्रकृति के विषय में दृष्टि नहीं मिली थी। शरद और वर्षा वर्णन में उपदेश-बयानी भर है–

बुँद अघात सहैं गिरि कैसे।
खल के वचन सन्तु सह जैसे॥

पहाड़ पर बूँदें गिर रही हैं लेकिन बाबा को अच्छा नहीं लग रहा है, उन्हें केवल खल के वचन याद आ रहे हैं। शुक्लजी महाकाव्य में जो चरित्र वैशिष्ट्य आदि देख रहे होते हैं, वह इस बात का प्रमाण है कि उनकी आलोचना-दृष्टि में उस उपन्यास प्रधान युग की संवेदना है। शुक्लजी ने ये चीजें लीं तो छायावाद से, लेकिन उसके एक अंश को वह नहीं समझ सके। छायावाद का एक अंश ऐसा भी था, जो उनके लिए रहस्य हो

गया। उन्होंने कहा भाई प्राकृतिक रहस्यवाद तक तो ठीक है। रहस्य के प्रति जिज्ञासा हो सकती है, लालसा नहीं। इसका इतनी दूर तक उन पर प्रभाव पड़ा कि कबीर तक को उन्होंने उसी में समेट लिया–जायसी का रहस्यवाद भावात्मक रहस्यवाद है, कबीर का साधनात्मक। वाल्मीकि की कविता से लेकर आधुनिक कविता तक में शुक्लजी बहुत गहराई तक डूबते हैं। क्या यह आश्चर्यजनक नहीं है कि जो आदमी उपन्यासों के दौर में पैदा हुआ है, वह पूरे 'रामचरितमानस' में शील निरूपण कर रहा है, जैसे मानस महाकाव्य नहीं उपन्यास हो। कहने का मतलब यह है कि आलोचक की जो दृष्टि बनती है, वह अपने समय के साहित्य से टकराकर बनती है। यही उसकी सृजनात्मकता है।

प्रेमचन्द के विषय में आचार्य शुक्ल की टिप्पणी देखिए और हजारी प्रसाद द्विवेदी की टिप्पणी देखिए, तब आपको मालूम होगा कि प्रेमचन्द की व्यापक समझ द्विवेदीजी के पास थी। लेकिन वही द्विवेदीजी कुछ अन्य कवियों और लेखकों का महत्व नहीं समझ पाए। इसलिए आलोचना कर्म संस्थागत होते हुए भी कहीं न कहीं वैयक्तिक होता है। दूसरे शब्दों में कहें तो किसी कृति में हमें इस प्रकार दिखाई पड़ता है या मुझे ऐसा लगता है, आपको कैसा लगता है? आलोचना ऐसा संवाद है कि पहल आपको करनी होगी। अपना चयन, अपना विवेक, अपनी संवेदना, अपना वैदग्ध्य दिखाकर कहें कि हमें ऐसा लगता है, लेकिन दूसरों को कैसा लगता है, यह भी महत्वपूर्ण बात है। दूसरे कहें कि हम इतनी दूर तक सहमत हैं और आगे हमें यह नया अर्थ, नया विमर्श सूझता है। आलोचना एक सहयोगी प्रयास है। वह पंचायत नहीं है और आप सरपंच नहीं हैं। आप ऐसे वकील हैं, जो बहस के लिए पहल कर सकते हैं। यह वैयक्तिकता भी है और सामाजिकता भी।

आलोचना के विषय में एक आखिरी बात मैं जोड़ना चाहूँगा। आजकल पाठ (Text) की बात हो रही है। अंग्रेजी में Text और Context के निश्चित अर्थ हैं। Text के बारे में यह प्रमाणित हुआ है कि जो सम्पूर्ण समाज का ताना-बाना है, उस ताने-बाने का एक अंग है–कृति (Text)। इस सन्दर्भ में शमशेरजी का एक शेर याद आ रहा है–

मैं तेरी बज़्म में यूँ ही वरह न पा गया था
खबर नहीं कि मेरे साथ एक जहाँ गया था।

मैं तुम्हारी बज़्म में नंगे पाँव चला गया था, मुझे क्या पता एक पूरी दुनिया मेरे साथ चली गई थी। जो सम्पूर्ण सृष्टि का ताना-बाना है, वह कृति है। कोई भी रचना इस सृष्टि का एक अंग है। कोई कहानी, कोई कविता या कोई उपन्यास लेखक के अन्दर से निकलकर किताब के रूप में छपकर जब समाज में आती है तो अपने साथ पूरी एक सामाजिक-सांस्कृतिक दुनिया लेकर आती है। उदाहरण के लिए दलित लेखक

ओमप्रकाश बाल्मीकि की 'जूठन' या अलका सरावगी का उपन्यास 'कलिकथा वाया बाईपास' जब हम पढ़ते हैं तो लगता है कि ये रचनाएँ हमारे समग्र सांस्कृतिक जीवन के ताने-बाने का अंग हैं। इसी रूप में महत्वपूर्ण कृतियाँ बड़ी होती हैं, अमर होती हैं, जिसे लोग अपने-अपने ढंग से इंटरप्रेट करते हैं। कहा जाता है कि कृति पूरे एक डिसकोर्स का हिस्सा होती है। इसीलिए आलोचना आजकल के जमाने में कल्चरल स्टडीज या सांस्कृतिक अध्ययन हो गई है, जिसे मुक्तिबोध सभ्यता समीक्षा कहते थे। हिन्दी आलोचना आगे बढ़ी है—वह गुण-दोष विवेचन से साहित्यिक आलोचना बनी, पर अब और आगे बढ़ गई है, जिसे सांस्कृतिक आलोचना कहना उचित होगा। यदि अब कोई 'रामचरितमानस' की आलोचना करना चाहे तो चरित्र-निरूपण और शील-निरूपण से काम नहीं चलेगा। वह केवल महाकाव्य नहीं कि प्रबन्ध-निरूपण और रस निरूपण करने से काम चल जाएगा। 'रामचरितमानस' पाँच सौ वर्षों में भारतीय जीवन की ऐसी सांस्कृतिक इकाई बन गई है कि उसे सभ्यता-विमर्श के रूप में देखा जाना चाहिए।

3

मैंने अपने व्याख्यान में विजयदेव नारायण साही का नाम नहीं लिया, केवल रामस्वरूप चतुर्वेदी का नाम लिया था।[1] साही बनारस के थे, पहले काशी विद्यापीठ में पढ़ाया, फिर इलाहाबाद विश्वविद्यालय गए। एक बात और, वह अंग्रेजी विभाग में थे। मैं हिन्दी विभाग की परम्परा की बात कर रहा हूँ। साही से मेरा संवाद अवश्य चलता रहा और उसका सम्बन्ध यदि है तो वह विश्वविद्यालय की दुनिया से बाहर की बात है। काशी में 'नव संस्कृति संघ' हुआ करता था, उसके मेम्बर वह भी थे और मैं भी था। परिमल ग्रुप में वही एक आलोचक थे, जो संवाद के योग्य थे। उन्होंने 'गोदान' और 'कामायनी' पर जो लिखा, वह अत्यन्त महत्वपूर्ण है। 'लघुमानव के बहाने हिन्दी कविता पर एक बहस' महत्वपूर्ण लेख है।

दूसरी बात घराना शब्द का प्रयोग मैंने नहीं किया, घराने संगीत में होते हैं, साहित्य में नहीं, जैसे—भोपाल घराना।[2] कभी-कभी चित्रकार, संगीतकार, कवियों को भी जोड़ लिया जाता है। मैंने संस्थान शब्द का प्रयोग किया, जो आधुनिक महत्व का है। मैं सम्प्रदाय भी कह सकता था। सम्प्रदाय मध्ययुगीन सन्तों के हुआ करते थे। खालसा सिक्खों का एक सम्प्रदाय है और वह सामन्ती नहीं है। वह खानदान से नहीं हुआ करता है, बल्कि गुरुओं की परम्परा है। यद्यपि उसमें कहीं-कहीं वंश परम्परा भी जुड़ गई है। आचार्य हजारी प्रसाद द्विवेदी ने कहा कि सम्प्रदाय और पन्थ दो शब्द हैं। महाभारत का एक कथन बड़ा प्रसिद्ध हो चला है—'महाजनो येन गतः सः पन्था'—वेद

भिन्न हैं, स्मृतियाँ भिन्न हैं, ऐसा कोई ऋषि नहीं है, जिसका मत भिन्न न हो, महाजन जिस रास्ते जाएँ, वह पन्थ है, धर्म नहीं। धर्म के लिए तो कहा गया है–'धर्मस्य तत्वं निहित गुहायाम्।' इसलिए यह जान लेना चाहिए कि हमारी परम्परा में धर्म, पन्थ, मत, दृष्टि, सम्प्रदाय इन शब्दों के निश्चित अर्थ हैं। बौद्ध धर्म में दृष्टि या दिट्ठि कहा गया है और दिट्ठि को हमेशा एकांगी माना गया है। बुद्ध ने दिट्ठि की आलोचना की है–भिक्खुओ, इन दिट्ठियों से बचो। मुझे आइडियोलॉजी के लिए सबसे अच्छा शब्द 'दिट्ठि' लगता है। दिट्ठि दर्शन नहीं, मत है और मत हमेशा एकांगी होता है। इसीलिए सिद्धान्त पक्ष में पूर्वपक्ष तथा उत्तरपक्ष पर सम्यक् विचार किया जाता है। इसलिए शब्दों पर जरा ध्यान से विचार करना चाहिए। मैंने कहा कि संस्थान बनता है और उस संस्थान में अनेक विचार हो सकते हैं। जैसे काशी हिन्दू विश्वविद्यालय में आलोचना परम्परा की चर्चा के दौरान मैंने आचार्य शुक्ल, वाजपेयीजी और द्विवेदीजी की चर्चा की। वाजपेयीजी आचार्य शुक्ल से पूरी तरह सहमत नहीं थे और आचार्य द्विवेदी भी परम्परा में एक प्रतिपक्ष रचते हैं। मैं आचार्य द्विवेदी का लिखा पूरा का पूरा नहीं मानता हूँ। संस्थान लोकतान्त्रिक होता है और लोकतन्त्र में व्यवस्थाओं के बदलने के साथ-साथ बहुत सी चीजें बदलती हैं। आज का लोकतन्त्र नेहरू के समय का लोकतन्त्र नहीं है। नेहरू के समय का लोकतन्त्र, इन्दिरा गांधी के समय का लोकतन्त्र नहीं है। इन्दिरा गांधी के समय का लोकतन्त्र राजीव गांधी के समय का नहीं है। फिर भी कुल मिलाकर कहा जाएगा कि भारतीय लोकतन्त्र है। जिसमें असहमति के लिए, भिन्न मतों के लिए, आपसी मतभेद के लिए स्वतन्त्रता रही है। संस्थान लोकतान्त्रिक होता है, घराने में लोकतन्त्र की गुंजाइश नहीं है।

रामविलास शर्मा अंग्रेजी के अध्यापक थे, शिक्षा लखनऊ में हुई; अधिकांश जीवन आगरा में बीता। वह प्रगतिशील लेखक संघ से जुड़े हुए थे। इसलिए जहाँ तक हिन्दी के प्रतिष्ठान हैं, उनमें से किसी से भी रामविलास शर्मा नहीं जुड़े थे।[3] जब उन्होंने आचार्य रामचन्द्र शुक्ल पर पुस्तक लिखी, तब यह लगा कि वह आचार्य शुक्ल की परम्परा से जुड़ने की कोशिश कर रहे हैं। इसके पहले उनका लेखन दूसरे प्रकार का है। ऐसा एक ही उदाहरण मिल सकता है–संस्कृत काव्यशास्त्र में, राजशेखर किसी सम्प्रदाय से नहीं जुड़े थे। कभी-कभी कोई व्यक्ति ही स्वयं संस्थान बन जाता है। बाद में उसके समर्थक-प्रशंसक उससे जुड़ करके उसका विकास करेंगे या ऐसी की तैसी करेंगे, यह महत्वपूर्ण बात है। रामविलासजी के प्रशंसकों या समर्थकों का एक दल खड़ा हो गया है, वही रामविलासजी की सबसे ज़्यादा क्षति करेगा। रामविलासजी ने अनेक मुद्दे उठाए हैं। उनके नवजागरण सम्बन्धी विचार, वेद सम्बन्धी विचार, भाषा विज्ञान सम्बन्धी विचार बड़े मुद्दे हैं। उनके विषय में अभी तक मैंने अन्तिम शब्द नहीं कहा है। अनेक समस्याएँ हैं, उलझनें हैं, अभी मैं पढ़ रहा हूँ और बोल रहा हूँ। इस

प्रश्न को पूछने वाले से मेरा भी सवाल है, इन्हीं विषयों पर कुछ और भी लिखा गया है, उनको भी पढ़ें। कितने ही लोग हैं, जिन्होंने रामविलासजी और मेरे अलावा किसी को पढ़ा ही नहीं, और पढ़िए तो पता चलेगा कि इन चीजों के बारे में कुछ और भी कहा गया है और रामविलासजी वही कह रहे हैं, जो दूसरे लोग लिख चुके हैं। वह अंग्रेजी में लिखा गया है, पढ़ेंगे तो पता चलेगा, सीमाएँ मालूम होंगी, असंगतियाँ मालूम होंगी। व्यक्ति-पूजा छोड़कर साहित्य-चिन्ता से जुड़िए।

नवजागरण पर वीरभारत तलवार की पुस्तक आई है–'रस्साकशी'। बंगला नवजागरण और मराठी नवजागरण पर भी कई पुस्तकें लिखी गई हैं। 'हंस' हर वर्ष की भाँति इस वर्ष भी प्रेमचन्द जयन्ती पर संगोष्ठी आयोजित कराने जा रहा है। यह गोष्ठी 3 जुलाई को है, इसमें दिन भर नवजागरण पर ही बहस चलनी है। उस बहस में देश भर के विद्वान–साहित्यकार, दार्शनिक, अर्थशास्त्री, शिक्षाशास्त्री, राजनीतिशास्त्री, इतिहासकार आदि शामिल होंगे, उसकी खबर 'हंस' में प्रकाशित होगी, उसे देखिएगा तो पता चलेगा। रामविलासजी ने उन्नीसवीं शताब्दी के हिन्दी नवजागरण की जो अत्यन्त चिकनी-चुपड़ी और गौरवशाली अवधारणा हमें दी है, वह उतनी सुहावनी नहीं है, उतनी क्रान्तिकारी नहीं है। उस दौर में कई कमजोरियाँ थीं। इधर जैसे-जैसे उन कमजोरियों से सम्बन्धित शोधपूर्ण अध्ययन सामने आ रहे हैं, वैसे-वैसे पता लग रहा है कि नवजागरण के जिस क्रान्तिकारी तेवर पर हम इतने मुग्ध हैं, वह किसी हद तक हमारे अल्पज्ञान का भी सूचक है।

हैवरमॉस जर्मनी के एक समाजशास्त्री हैं। मार्क्सवादी विचारकों द्वारा भी समादृत हैं। उन्होंने कहा कि आधुनिकता का जो एजेंडा है, वह अनफिनिश्ड एजेंडा है, अधूरा है। उन्नीसवीं शताब्दी में धर्म के सम्बन्ध में जितना विचार-विमर्श हुआ, वह बीसवीं शताब्दी में राजनीतिक विमर्श के कारण अधूरा रहा। इस प्रकार तमाम मोर्चों पर हम आगे तो बढ़े पर किन्हीं कारणों से उन्हें बीच में ही छोड़ते गए। अब यदि अगली पीढ़ी उसे ही पूरा मान बैठे तो यह उसकी नादानी है। बाबासाहब अम्बेडकर का पूरा का पूरा चिन्तन इतिहास का पूरक है। स्त्री समस्या के सम्बन्ध में अंग्रेजी में ज़्यादा लेखन हुआ, इधर भारत में भी खूब लिखा जा रहा है। यहाँ उन्नीसवीं शताब्दी में जो स्त्री-विमर्श शुरू हुआ था, बाद के 40-50 वर्षों तक उस पर कोई चर्चा नहीं हुई। जब फिर विमर्श शुरू हुआ तो मालूम हुआ कि हम लोगों ने इसे भी अधूरा छोड़ दिया था। उस समय हमारा जो सामाजिक एजेन्डा था, उसके अधूरे छूट जाने के कारण ही शायद हम उन्हीं समस्याओं के दौर से गुजर रहे हैं। लग रहा है कि समस्याएँ जो कभी हल हो जानी चाहिए थीं, पर हल नहीं हुईं। आज जाति-विमर्श, स्त्री विमर्श और सम्प्रदाय विमर्श चल रहे हैं। मुक्तिबोध ने बहुत पहले कहा था कि हम लोगों ने परिवार पर तो विचार किया ही नहीं, जो समाज का मूल आधार होता है। परिवार ही

हमारे धार्मिक, सामाजिक, राजनीतिक, सांस्कृतिक विचारों का निर्माण करता है। मुक्तिबोध ने सही कहा था कि घर के बाहर क्रान्तिकारी होना बड़ा आसान है। बड़े-बड़े क्रान्तिकारी जब घर के अन्दर आते हैं तो दुम दबाकर सारी क्रान्तिकारिता भूल जाते हैं। अगर आधुनिकता का एजेंडा इतना अधूरा था तो रामविलासजी ने जो लिखा है, मैं तो किसी गिनती में नहीं हूँ, तो हम लोगों ने जो लिखा है, वह कितना अधूरा है। आगे आने वाली पीढ़ी को विचार करना है। ब्रजेशजी की पीढ़ी को विचार करना है। मेरी और उनकी बात पर माथापच्ची करने के बजाय, समस्याओं की लीक पीटने के बजाय कुछ नए सत्य, नए तथ्य तलाशिए। आज की कहानियों और उपन्यासों को अच्छी तरह पढ़ने पर वे सत्य, वे तथ्य पाए जा सकते हैं।

आज की आलोचना के लिए सबसे बड़ी चुनौती आज की कहानियाँ, उपन्यास व कविताएँ हैं। रामविलासजी की सबसे बड़ी विडम्बना यह थी कि उन्होंने जीवन के अन्तिम चालीस वर्षों का साहित्य पढ़ा ही नहीं। उन्होंने ईमानदारी से स्वीकार किया है कि मैं दूसरों का लिखा नहीं पढ़ता। जो आदमी अपने जमाने के 40 वर्षों की रचनाओं को नहीं पढ़ रहा हो, उसका पूरा का पूरा चिन्तन एक गुफा में बैठे उस साधु के समान होगा, जिसका आज के यथार्थ से कुछ भी ताल्लुक नहीं। इस पर आपका ध्यान नहीं जाता और नामवर सिंह ने कह दिया तो सिर पर सोंटा लेकर खड़े हो गए।

मैं बने-बनाए सत्य की पुड़िया बाँटने नहीं आया हूँ। मैं आपको झकझोरने आया हूँ कि नए लोग सामने आएँ और हमारी अधूरी अपूर्ण बातों को पूरा करें। हमारे चिन्तन में जहाँ गलतियाँ दिखें, वहाँ बेहिचक दिखाएँ। इसमें हिन्दी की जीत होगी, लेखन की जीत होगी। हम लोगों ने हर किताब को, हर रचना को नाक बना रखा है। नाक नीची नहीं होगी, न हमारी न आपकी, लेकिन नाक कट जाएगी। यदि आप उसकी रक्षा के लिए इतने सन्नद्ध दिखाई पड़ेंगे और अपनी तरफ से कुछ नया नहीं जोड़ेंगे।

आगे का सवाल आप पूछें तो इस दृष्टि से पूछें कि आप खुद क्या करना चाहते हैं और पहले के लेखकों से कहाँ चूक हुई है।

4

आचार्य शुक्ल पर ब्राह्मणवादी होने का आरोप एक ब्राह्मण ने ही लगाया है, सुधीश पचौरीजी ब्राह्मण हैं। मैंने न तो ऐसा आरोप लगाया है और न मैं उनसे सहमत हूँ।[4] क्योंकि जाति नामक संस्था हमारे यहाँ चार हजार साल पुरानी हो चुकी, हमारे अवचेतन में कहीं अपने कुल या जाति के संस्कार पड़े रहना स्वाभाविक है। यह न होता तो हमारे यहाँ आज की राजनीति में खुलकर प्रकट न होता। ब्राह्मण कुल में पैदा

होते हुए, इस ग्रन्थि से राहुलजी ने कम संघर्ष नहीं किया था, जिसे मुक्तिबोध आत्मसंघर्ष कहते हैं। इसी काशी में, चालीस के दशक में बाबू सम्पूर्णानन्द ने 'ब्राह्मण सावधान' नामक पुस्तक लिखी और उसका जवाब किशोरीदास वाजपेयी ने दिया था, वह पुस्तक पढ़ डालिए। 'हिन्दुत्व' की तरह 'ब्राह्मणवाद' भी गढ़ा हुआ शब्द है, जो पश्चिम वालों की देन है। उसके कारण यह चेतना इतनी प्रबल हुई है या उसके पहले ही यह रोग मौजूद था, इस पर गम्भीरता से विचार होना चाहिए। दलित लेखकों के द्वारा इस पर बार-बार उँगली उठाई जा रही है। तो इस पर भूमिहार और राजपूत बहुत खुश न हों। सारा ब्राह्मणवाद राजकीय छाया में पला है, भूमिहार बाहर नहीं हैं, वे तो दोनों में हैं। यह बात बहुत पहले से चली आ रही है। यह ऐसी चीज है, कायस्थ भी इससे बाहर नहीं हैं। यानी ब्राह्मणवाद का अर्थ सवर्ण जातियों से है। गहराई से विचार होना चाहिए, हो सकता है कि यह संस्कार हममें–आपमें भी हो, बहुत से साहित्यकारों में रहा है। प्रश्न आरोप-प्रत्यारोप का नहीं है, प्रश्न है आत्मनिरीक्षण का। रूडयार्ड किपलिंग घनघोर कालोनियलिस्ट लेखक था, शेक्सपियर यहूदी विरोधी था, बावजूद इसके शेक्सपियर शेक्सपियर था, उसके बड़प्पन से आप इनकार नहीं कर सकते। कहने का मतलब है कि बड़े-बड़े लेखक हुए हैं, जिनमें धर्म एवं जाति के संस्कार इतने मजबूत रहे हैं कि उन पर आक्षेप होते रहे हैं। यह संस्कार ढूँढ़ने पर व्यास में मिलेगा, वाल्मीकि में मिलेगा, प्रेमचन्द में भी मिलेगा। यह कम बड़ी बात नहीं है कि प्रेमचन्द ने स्वयं मुंशी का कितना मजाक उड़ाया है। अपने उपन्यासों में उन्होंने ब्राह्मण ग्रन्थि पर जमकर प्रहार किया है।

सरदार जाफरी कहा करते थे, साहित्य सृजन ऐसी प्रक्रिया है कि गलत लिखने पर पहले अपना हाथ कटता है, दूसरे का हाथ बाद में कटता है, रचना की क्षति तो होती ही होती है। तुलसीदास के बारे में कुछ लोग कहते हैं कि वह वर्ण व्यवस्था के समर्थक थे, कुछ लोग कहते हैं कि वह दलितों का उत्थान करने वाले थे–राम, शबरी को अपना सर्वश्रेष्ठ भक्त बताते हैं, निषादराज को भाई बताते हैं, ये दोनों बातें हैं। लेकिन बहस करके तय करना होगा कि वास्तविक स्थिति क्या थी? बहुत-सी चीजें तुलसीदास ने नहीं दिखाईं–सीता निर्वासन, राम की मृत्यु आदि, वाल्मीकि ने दिखाया है। बावजूद इसके 'रामचरितमानस' यही तो नहीं है, वह बहुत बड़ी रचना है। उसकी जो ताकत है, वे दूसरी चीजें हैं। इसलिए आलोचना का एक धर्म यह भी होता है कि लेखक की जीवन-दृष्टि और लेखक द्वारा सृजित जो रचना संसार है, उन दोनों में यदि फाँक है, तो इन चीजों के बावजूद कोई लेखक क्यों बड़ा हो जाता है, इसे तलाशें। जिसे अंग्रेजी में कहा जाता है–पॉलिटिकली करेक्ट अर्थात् विचारधारा से सही होते हुए भी बहुत से लोग घटिया रचना देते हैं और गलत विचारों के बावजूद बहुत लोगों की रचना महान होती है, यह रहस्य है, जो आलोचना के सामने चुनौती है। मैंने देखा है

कि हजारी प्रसाद द्विवेदी किस प्रकार ब्राह्मणवाद की हँसी उड़ाते थे, उनके उपन्यासों में ऐसे कितने ही प्रसंग मिलते हैं। लेखक में यह क्षमता होनी चाहिए कि वह दूसरों की हँसी उड़ाने के पहले अपनी हँसी उड़ा सके। रामविलासजी अपनी कमजोरियों की ओर कितना संकेत करते हैं, यह देखने की बात है। उन्होंने जिस प्रकार दूसरों पर उँगली उठाई है, उसी प्रकार खुद पर भी उँगली उठाते तो वह ज़्यादा विश्वसनीय होते। कार्ल मार्क्स अपने ऊपर हँसता है, अपनी आलोचना करता है, मुक्तिबोध अपने को तार-तार करते हैं, अपने को कठघरे में खड़ा करते हैं। यह इन लोगों की ताकत है। पं. सूर्यकान्त त्रिपाठी निराला 'बिल्लेसुर बकरिहा' और 'कुल्ली भाट' में ब्राह्मणों के खिलाफ जो लिखते हैं, क्या लिखेगा कोई आदमी।

पं. विद्यानिवास मिश्रजी विद्वान हैं, उन्होंने बहुत अच्छे निबन्ध लिखे हैं।[5] मिश्रजी ने द्विवेदीजी की परम्परा का अनुसरण करने का प्रयास किया है, लेकिन इस परम्परा में वह नम्बर दो पर ही रहेंगे, यह बात वह खुद जानते हैं। पंडितजी आलोचक नहीं हैं, दावा भी नहीं करते हैं, वह संस्कृत के पंडित हैं। लेकिन पंडितजी ने हिन्दी के लेखकों पर नहीं लिखा। 'महाभारत का काव्यार्थ' अच्छी पुस्तक है। श्रीमद्भागवत पर लिखा है, हो सकता है वाल्मीकि पर लिखें, कालिदास पर लिखते तो बहुत अच्छा होता। मेरे मन में उनके प्रति बड़ा आदरभाव है। लेकिन जो वह नहीं हैं, वह मुझसे मत कहलवाइए। आप कहें तो कहें।

[काशी हिन्दू विश्वविद्यालय, वाराणसी के हिन्दी विभाग द्वारा आयोजित पुनश्चर्या पाठ्यक्रम के समापन के अवसर पर मई 2002 में दिए गए दो व्याख्यानों का समेकित रूप। पहला एवं दूसरे खंड दो स्वतंत्र परंतु क्रमबद्ध व्याख्यान हैं, तीसरे-चौथे खंड प्रश्नोत्तर सत्र में जवाबी वार्ता के रूप में सामने आये। सृजन संवाद, अंक-2 में प्रथम प्रकाशन]

सन्दर्भ

1. 'सृजन संवाद' के सम्पादक बृजेश ने प्रश्न सत्र में टिप्पणी की थी कि "आपकी आलोचना दृष्टि विकसित करने में रामस्वरूप चतुर्वेदी और परिमल ग्रुप के अन्य साहित्यकारों का विशेष योगदान रहा; आपने 'कविता के नए प्रतिमान' में अनेक स्थलों पर चतुर्वेदीजी का उल्लेख करते हुए एक आलोचनात्मक संवाद विकसित करने की चेष्टा की थी।"
2. बृजेश ने प्रश्न करते हुए याद दिलाया था कि डॉ. रामविलास शर्मा की बरसी पर केन्द्रित 'आलोचना' के अंक में आपने उनके सन्दर्भ में बड़े ही चुटीले अन्दाज में 'घराना' शब्द का उल्लेख किया है। इससे ऐसा लगता है कि डॉ. शर्मा घराना विकसित करना चाह रहे थे।

3. बृजेश ने प्रश्न किया था—डॉ. रामविलास शर्मा को आपने किसी संस्थान से नहीं जोड़ा। आलोचना की परम्परा में उन्हें आप कहाँ रखना चाहेंगे? साथ ही उन्होंने डॉ. रामविलास शर्मा के सम्बन्ध में प्रो. नामवर सिंह के मत पर सवाल उठाए थे।
4. डॉ. ऋषि कुमार मिश्र ने प्रश्न सत्र में रचनाकारों-चिन्तकों को ब्राह्मणवादी कहने वाली आलोचना पर सवाल उठाया था।
5. डॉ. ऋषि कुमार के इस सवाल के उत्तर में कि हिन्दी आलोचना में पं. विद्यानिवास मिश्र का स्थान क्या है?

आलोचना के औजारों के परीक्षण का समय

मेरी समझ में समकालीन आलोचना. जैसी कोई एक संगठित वस्तु नहीं है। आज लिखने वाले जितने आलोचक हैं, उन सबको किसी एक पक्ष का नहीं कहा जा सकता, उनमें तरह-तरह के पक्ष हैं। विचार अलग हैं, आलोचना-दृष्टि अलग है, आलोचना की पद्धति अलग है, पसन्द-नापसन्द अलग है और मूल्यांकन या निष्कर्ष भी उनके बहुत भिन्न-भिन्न हैं। इस समूचे समूह में से मैं किसी का प्रवक्ता नहीं बन सकता। हर आलोचक अपना पक्ष प्रस्तुत करने के लिए स्वतन्त्र है। मैं उसमें से किसी के प्रतिनिधित्व का दावा नहीं कर सकता। मैं खुद जिस प्रकार की आलोचना लिखता रहा हूँ और उस क्रम में इस समय आलोचना के बारे में जो सोच रहा हूँ आपके सामने संक्षेप में उन्हीं बातों की चर्चा करूँगा। इसमें यह निहित है कि जो आलोचना मैं लिखना चाहता हूँ, उसका जिक्र करूँगा। जो लिख चुका हूँ, उसका जिक्र नहीं करूँगा।

अपनी बात का आरम्भ अज्ञेय की 'नाच' शीर्षक एक कविता से करना चाहता हूँ। कविता छोटी है लेकिन कविता के साथ न्याय के लिए जरूरी है कि कविता पूरी पढ़ी जाए।

एक तनी रस्सी है जिस पर मैं नाचता हूँ,
जितनी तनी हुई रस्सी पर मैं नाचता हूँ
जिस तनी हुई रस्सी पर मैं नाचता हूँ,
वो दो खंडों के बीच है,
रस्सी पर मैं जो नाचता हूँ
वो एक खम्भे से दूसरे खम्भे तक का नाच है
दो खम्भों के बीच जिस तनी हुई रस्सी पर मैं नाचता हूँ
उस पर तीखी रोशनी पड़ती है
जिसमें लोग मेरा नाच देखते हैं,
न मुझे देखते हैं जो नाचता है
न रस्सी को जिस पर मैं नाचता हूँ
न खम्भों को जिस पर रस्सी तनी है

न रोशनी को ही जिसमें नाच दिखता है
लोग सिर्फ नाच देखते हैं
पर मैं जो नाचता हूँ
जो जिस रस्सी पर नाचता हूँ
जो जिन खम्भों के बीच है
जिस पर जो रोशनी पड़ती है
उस रोशनी में
उन खम्भों के बीच
उस रस्सी पर
असल में
मैं नाचता नहीं हूँ
मैं केवल उस खम्भे से इस खम्भे तक दौड़ता हूँ
कि इस पर उस खम्भे से रस्सी खोल दूँ
कि तनाव झुके
और ढील में मुझे छुट्टी हो जाए
पर तनाव ढीलता नहीं
और मैं इस खम्भे से उस खम्भे तक दौड़ता हूँ
तब तनाव वैसा बना ही रहता है
और वही मेरा नाच है जिसे सब देखते हैं
मुझे नहीं
रस्सी को नहीं
खम्भे को नहीं
रोशनी नहीं
तनाव भी नहीं
देखते हैं नाच।

कविता पढ़ते समय नाच, रस्सी, तनाव, खम्भे, रोशनी और कुछ वाक्यों की बार-बार आवृत्ति होती है। उन आवृत्तियों का अर्थ होगा जो आपके मन में होगा। ये कविता अभी कुछ दिन पहले मेरे मित्र और आप लोगों के सुपरिचित कवि आलोचक अशोक वाजपेयी ने सुनाई थी। उसकी व्याख्या तो उन्होंने अपनी तरह से की लेकिन आलोचना के सन्दर्भ में इस रचना को प्रस्तुत करते समय मेरे मन में जो पहली बात है और शायद आपका भी ध्यान गया हो कि लोग सिर्फ नाच देखते हैं। क्या कवि यह कहना चाहता है, उसका अभिप्राय है कि नाच देखते हैं तो ठीक ही करते हैं, उनको नाच से ही मतलब होना चाहिए। उस खम्भे से, रोशनी से, रस्सी से, मैं दौड़ता हूँ,

तनाव, तनी हुई रस्सी पर हूँ, छोड़ दूँ या ढील दूँ इन तमाम चीजों से लोगों को मतलब नहीं। लोगों को सिर्फ नाच देखना चाहिए जैसा कि वे करते हैं, कर रहे हैं। इस नाच के पीछे इतनी चीजें हैं जिसका पूरा ब्योरा नाचने वाला दे रहा है कि मैं तो नाचता भी नहीं, मैं तो दौड़ रहा हूँ। मैं दौड़ते रहना चाहता भी नहीं, मैं तो चाहता हूँ कि खम्भे से रस्सी खोल दूँ, रस्सी ढीली हो और छुट्टी हो मेरी। वो स्वयं दौड़ रहा है रस्सी पर, लोग समझ रहे हैं कि वह नाच रहा है और लोग सिर्फ नाच देख रहे हैं। सेल्फ कॉन्शस है जो नाचते हुए स्वयं अपनी पूरी क्रिया का एक-एक ब्योरा भी देख रहा है। एक अरसे से समकालीन साहित्य की ये विशेषता बन गई है या समकालीन कवियों में से कुछ या लेखकों में से कुछ जो इस आत्म-सजगता से ग्रस्त हैं और उस आत्म-सजगता के कारण ऐसी रचनाओं में चाहे वो कविताएँ हों या कहानियाँ हों, उनमें एक नया आयाम जुड़ता है।

क्या इसके समानान्तर आलोचना आत्म-सजग हुई है। मैं समझता हूँ कि एक आलोचक का आलोचना के बारे में बात करना, किसी आदमी का स्वयं अपनी देखती हुई आँख को देखना है। जिस आँख से मैं देख रहा हूँ, प्रश्न है कि उस आँख को भी देख सकता हूँ क्या? उसके बाद एक और सवाल उठेगा कि ऐसा मुझे करना चाहिए कि नहीं करना चाहिए? मुझे अपनी आँख को देखने की कोशिश क्यों करनी चाहिए? आज आधुनिक विज्ञान, आधुनिक समाज विज्ञान और मानव विज्ञान की शाखाएँ हैं। इन शाखाओं द्वारा सरल और मोटे शब्दों में कहा जाए तो जिन अवधारणाओं, जिन संकल्पनाओं, जिन प्रत्ययों का इस्तेमाल वो अब तक करते रहे हैं, अपनी वस्तु को या विवेच्य वस्तु को या इस दुनिया की प्रकृति को देखने-समझने के लिए, अचानक उनके मन में सवाल उठा है कि जिस संकल्पना से काम लेते थे समाज को समझने के लिए थोड़ी देर के लिए यदि पोस्ट बेवेरियन सोशियोलॉजी का उदाहरण मान लेते हैं मैक्स वेबर के बाद सोशियोलॉजी खुद समाजशास्त्र की संकल्पनाओं की ही परीक्षा कर रही थी जिसे हम इस्तेमाल कर रहे हैं। उदाहरण के लिए समाज नामक संस्था जिसे सोसाइटी कहते हैं। लोगों को लगेगा कि समाज को तो हम सब जानते हैं। इस समाज की परीक्षा करने की क्या जरूरत है लेकिन बहुत अच्छी तरह जानते हैं कि समाज नाम की संकल्पना के समानान्तर, साथ-साथ ही एक शब्द और है कम्युनिटी और कम्युनिटी वही अर्थ नहीं देती। मनुष्यों का समुदाय है कम्युनिटी लेकिन वही सोसाइटी नहीं है। इसलिए किसी समाज को समझने के लिए, जैसे भारतीय समाज का विश्लेषण करने के लिए जो सोसाइटी शब्द के साथ इंडियन सोसाइटी कहें तो क्या हम ठीक शब्द का प्रयोग कर रहे हैं। यह इंडियन सोसाइटी है या कम्युनिटी है। हम रिलीजियस कम्युनिटी कहें या रिलीजियस सोसाइटी कहें सोशल स्ट्रक्चर में दोनों एक ही हैं क्या? इसलिए मुझे लगा कि लगभग मोटे तौर से बीसवीं शताब्दी में पहले

महायुद्ध के आसपास जब से आधुनिक चिंतन, आधुनिक काव्य, आधुनिक कला और उसी के साथ जुड़ी हुई साहित्य की आलोचना भी है, जिसमें हम किसी साहित्यिक कृति की व्याख्या में उसके विश्लेषण में, उसके मूल्यांकन में जिन संकल्पनाओं, प्रत्ययों और अवधारणाओं की मदद लेते हैं उसकी वैधता क्या है? उसकी सार्थकता क्या है? उसकी क्षमता क्या है? वो ठीक है कि नहीं है। स्थिति लगभग वैसी ही है जैसे आप किसी शीशे वाली खिड़की से दुनिया को देखते रहे हों और अचानक आपका ध्यान एक दिन उस शीशे पर अटक जाए कि जिस दुनिया को हम देख रहे हैं उसमें इस शीशे की भूमिका है कि नहीं। फिर आप इतना उलझे कि दुनिया को देखना छोड़ करके उस शीशे की पहले जाँच करें कि अब तक हम जिसके जरिए देखते रहे थे उसने कितना प्रभावित किया है हमारे दृष्टिकोण को। ये वृत्ति हिन्दी आलोचना में आई है कि नहीं?

हम आलोचना के औजारों को जाँचने परखने की स्थिति में आ गए हैं। पहला महत्वपूर्ण काम हो गया है। कुछ लोग कहना चाहेंगे कि ये आप क्या करने जा रहे हैं? इस अभिशाप से ग्रस्त होकर समाज विज्ञान, दर्शन, खुद इनैलेटिकल फिलॉसफी के लोग भाषा-विश्लेषण में इतने मगन हुए, डूबे कि इस संसार को या नैतिक समस्याओं को देखने, समझने का काम स्थगित हो गया। पहले, भाषा के औजारों की जाँच जरूरी मान ली गई। लगभग वैसी ही स्थिति हुई, जैसे भारतीय दर्शन न्याय से आगे बढ़कर जब नव्य न्याय के युग में आया तो एक हजार साल तक वो दर्शन की संकल्पनाओं का ही विश्लेषण करने में लगा रहा। मेटा फिजिक्स दूर हो गया, ऐथिक दूर हो गया, आन्तलॉजी दूर हो गई, अब कुल मिलाकर भाषा चिन्तन भी स्थिर हो गया। इसके अभिशाप हैं, खतरे भी हैं—जब अपनी अवधारणाओं और औजारों की जाँच-परख साधन न हो करके साध्य बन जाए। इसमें खतरे तो हैं लेकिन यह भी सही है कि कोई बहादुर लड़ने से पहले अपने औजारों की जाँच-पड़ताल नहीं करता है तो उससे बड़ा बेवकूफ कौन होगा? इसलिए हिन्दी आलोचना में अब भी कभी-कभी ये जो परिदृश्य दिखाई पड़ता है जिसमें कुछ लोग कहते हैं कि कृति को देखो। रचना को देखना चाहिए। रचनाकार को नहीं देखना चाहिए कि उसकी अपनी आन्तरिक प्रक्रिया क्या है, उससे हमको कोई मतलब नहीं। नाच है देखो, रस लो और उसके सौन्दर्यानुभव और सौन्दर्यनुभूति में या रसास्वाद में आप डूबिए, गोते लगाइए, कूद-कूद करके निकलिए डुबिए और अन्त में आप तन्मय होकर पड़ जाइए। हो सके तो इसका लेखा-जोखा कुछ लोगों को उपस्थित कर दीजिए। ये काव्यानुभूति थी, रसानुभूति थी, आनन्दानुभूति थी, मुझे हुई और अपने विवरणों के द्वारा पाठकों को इसका अनुभव करा दें इतना ही पर्याप्त है। कभी-कभी लोग कहते हैं, यही आलोचना का, शुद्ध आलोचना का कार्य है। प्राचीन युग में भी रस के आधार पर विवेचन की यही परम्परा

थी इसलिए यह हमारी पुरानी परम्परा है इसलिए यह आज भी शुद्ध आलोचना है। यह रचनात्मक आलोचना भी है। पाठकों के लिए आनन्ददायक भी है। साहित्य में रस भी पैदा करती है। इसीलिए ये सिरदर्द वगैरह जो है, उसकी कोई जरूरत नहीं है। दुर्भाग्य से मुझे यह दंश लग गया है और मैं इन औजारों की जाँच करना चाहता हूँ। पूरी तरह ध्यान रखिए कि ये मेरा लक्ष्य नहीं है। यह साधन है और बहुत जरूरी है क्योंकि उससे कई समस्याएँ उलझी हुई हैं जिनका निराकरण नहीं हो सकता है। उन संकल्पनाओं में से पहली संकल्पना–जैसा कि हमने आप लोगों से कहा, जो अज्ञेय की कविता से व्यंजित होता है कि लोग नाच देखते हैं, लेकिन सचमुच वो नाच है भी कि नहीं? एक आदमी एक तनी हुई रस्सी पर दौड़ता है मुक्त होने के लिए और आप समझते हैं कि नाचता है। आग पर या टूटे हुए शीशे बिछे हों और किसी को ढकेल दिया गया हो वह निकलने के लिए इधर-उधर भागता हो और पाँव एक रिद्म में उठते हों और आप कहें कि क्या नाच है? भूल जाएँगे, जो है, जैसा है, जिस प्रक्रिया में ये है। इसका मतलब है कि देखना इतना आसान नहीं है।

मेरे मित्र अशोक वाजपेयी ठीक ही कहते हैं कि आलोचना लुच धातु से बनी है, इसका अर्थ है देखना। आलोचना यदि देखना है तो देखने-देखने में फर्क होता है और आज के जमाने में अगर कृति को देखना इतना आसान होता कि कृति और आपके बीच कोई दीवार नहीं है तो मामला बहुत आसान था। फिर अगर हर आदमी उसमें एक ही बात देखता है, एक ही अर्थ देखता है, एक ही सौन्दर्य देखता है, ऐसे में कोई कठिनाई ही नहीं है। गालिब का एक शेर है आपने सुना होगा–

या कर दिए हैं शौक ने बन्दे नकाब-ए-हुस्न
गैर अज़ निगाह अब कोई हाइल नहीं रहा।

मेरे शौक की गरमी ने खुद का नकाब अभी तक जो पड़ा हुआ था, उस नकाब को हुस्न से उठा दिया है, अब हुस्न है और मैं। नकाब की दीवार तो हट गई, लेकिन मुश्किल यह है कि जो निगाह है वही दीवार है। आँख भी एक दीवार है। गौतम बुद्ध ने इसको दृष्टि संयोजन कहा था। दृष्टि संयोजन भी दृष्टि का बन्धन है संयोजन यानी बन्धन। राहुलजी ने टिप्पणी लिखी है–दृष्टि का बन्धन सबसे बड़ा बन्धन होता है देखने के मामले में। मार्क्स इसी को आइडियोलॉजी कहते थे। ये दिट्ठि-संयोजन दिट्ठि-बन्धन यही आइडियोलॉजी है। देखने में ही आइडियोलॉजी होती है। एक ही चीज में कोई कुछ देखता है कोई कुछ देखता है। इसी दुनिया को आप माया देखते हैं, कोई इसी को सत्य देखता है। इसलिए कहीं न कहीं आइडियोलॉजी की दीवार हुआ करती है कि कैसे आलोचना में अपनी संकल्पनाओं की जाँच की जाए। कारण यही है कि सारी संकल्पनाएँ किसी न किसी विचारधारा के तहत निर्मित हुई हैं। यह शुद्ध साहित्यिक नहीं है। हम-आप अच्छी तरह जानते हैं कि भारत के विभिन्न दर्शनों के

अनुसार रस की अलग-अलग व्याख्या की गई है। अभिनवगुप्त पादाचार्य प्रत्यभिज्ञा दर्शन के अनुसार रस की अनुभूति का जो विवेचन करते हैं, उसके प्रकाश-विमर्श से आत्म की चित्त और भाव के आपसी सम्बन्ध दूसरे हैं, और पंडित राज जगन्नाथ जिनके बारे में ऐसा लगता है कि ये शंकर अद्वैत में विश्वास करते हैं, इसलिए वे दूसरी व्याख्या करते हैं। उसी को भट्टनायक अपने दर्शन के अनुसार अपने ढंग से देखते हैं। इसलिए हम देखें तो काव्यशास्त्र की जितनी संकल्पनाएँ हैं उन पर विचारधारा की गहरी छाप है। भरत के रससूत्र की जो चार व्याख्याएँ की जाती हैं विद्वानों का कहना है कि शंकुक अपने दर्शन के अनुसार कहते थे और भट्टनायक अपने ढंग से, अभिनवगुप्त अपने ढंग से और भट्ट उद्‌भट का अपना दर्शन और विचार था। मैं बहुत दूर नहीं जाना चाहता मैं ये कहना चाहता हूँ कि साहित्यशास्त्र की या साहित्य सिद्धान्त की कोई भी संकल्पना विचारधारा निरपेक्ष, दर्शन निरपेक्ष नहीं है। किसी न किसी दृष्टि संयोजन के अन्तर्गत है—दृष्टि बन्धन के अन्तर्गत है। इसलिए किसी संकल्पना का उपयोग करते समय साहित्य के मूल्यांकन, विश्लेषण में उसकी जाँच-परख करके देख लेना चाहिए, जिसको कहते हैं कि--'संग्रह त्याग न बिनु पहचाने' त्यागने से पहले भी और संग्रह से पहले भी जाँच के देख तो लें कि हम अनजाने ही एक संकल्पना को स्वीकार करने के साथ ही, एक पूरा का पूरा जीवन दर्शन तो स्वीकार नहीं कर लेते।

मुझे अन्यत्र इस तरह के प्रयास आज नहीं दिखाई पड़ रहे हैं। अन्य देशों में आलोचना की थियरी में जो काम हो रहा है, उन चीजों की गहराई से जाँच और परीक्षा की जा रही है और उसके अच्छे नतीजे निकल रहे हैं। आलोचना केवल सैद्धान्तिक परीक्षा में बँधी नहीं रह गई है। इस परीक्षा के कारण पश्चिम का फेमिनिस्ट क्रिटसिज़्म शेक्सपियर की नई व्याख्या प्रस्तुत कर रहा है। साहित्यिक कृतियों की व्याख्या में इसी परीक्षा के तहत मैं कहना चाहूँगा कि कुछ और उपन्यासकारों की व्याख्याएँ उन्होंने प्रस्तुत कीं। इस क्रम में जो मैं आपके सामने पहला सवाल उठाना चाहता हूँ और जो बुनियादी जिज्ञासा मेरे मन में है वो ये कि संस्कृत में स्वीकृत 'काव्य' शब्द स्वयं सन्दिग्ध हो उठा है। ये काव्य है कि नहीं है? इसी से निर्मित पूरा काव्य का शास्त्र है जिसमें निहित एक सामान्य धारणा है काव्य भाषा। अर्थात् कोई रचना यदि काव्य होने का दावा करती है अथवा हम उसे काव्य के रूप में स्वीकार करते हैं तो क्या ये काव्यात्मकता द्रव्य है, उसकी भाषा का कोई गुण है। 'काव्य भाषा' शब्द का प्रयोग करके हम कहना चाहते हैं कि काव्यात्मकता उस साहित्य में कम से कम भाषा में ही निहित होती है। भाषा का काव्यात्मक प्रयोग जहाँ होता हो अथवा वो गुण होता हो जिसके कारण जो ध्वनि वगैरह वाले लोग समझाते हैं। अंग्रेजी में काव्यात्मकता तो भाषा अथवा किसी रचना का एक्शन है पर उसकी अस्तित्व मूलक अंटलॉजिकल

विशेषता उसकी प्रकृति में है यानी उसके पदार्थ में ही निहित है या हम किसी चीज को काम के आधार पर कि वो साहित्य काव्य का काव्यात्मक काम करती है इसलिए वो रचना काव्य हो जाती है यदि नहीं करती तो नहीं होती। ये सवाल इसलिए पैदा होता है कि प्रायः देखा जाता है और इस पर बड़ा बल है। अभी एम. टी. वासुदेवन नायर को पुरस्कार दिया गया तो युक्ति दी गई थी कि उनकी औपन्यासिक कृतियों में काव्यात्मक गुण होता है। काव्यात्मकता होती है। आप अच्छी तरह जानते हैं, कहा जाता है–प्रेमचन्द में काव्यात्मकता की कमी है। काव्यात्मकता नामक चीज ऐसी इतनी सरल लगती है कि काव्य शब्द को इस तरह प्रस्तुत किया जाता है जैसे यह भाषा की या किसी कृति का कोई गद्यपरक तत्व है जो उसी में होता है, जबकि सच्चाई यह है कि इसका निर्णय और इसका मूल्यांकन काम के अनुसार किया जाता है अगर कोई कृति साहित्यिक या काव्यात्मक कार्य सम्पन्न करती है या सिद्ध करती है तो है, नहीं करती है तो नहीं है। उदाहरण के लिए–आचार्य शुक्ल ने हिन्दी में 'चन्द्रकान्ता सन्तति' की काफी प्रशंसा की और कहा कि उसने बड़े-बड़े पाठक पैदा किए, लेकिन साहित्य की कोटि में आने वाले उपन्यासों की शुरुआत तो किशोरीलाल गोस्वामी से ही हुई अर्थात् किशोरी लाल गोस्वामी के उपन्यास तो साहित्य की कोटि में आते हैं और साहित्यिक हैं लेकिन 'चन्द्रकान्ता' और 'चन्द्रकान्ता सन्तति' ने चाहे जैसे पाठक पैदा किये हों, साहित्य की कोटि में वे नहीं आते। मैं इस विवाद में नहीं जाना चाहता कि 'चन्द्रकान्ता सन्तति' साहित्य की कोटि में है कि नहीं है। मैं दोनों उदाहरणों के द्वारा कहना चाहता हूँ कि सुविधानुसार हम कई साहित्यकारों को जो आपके अनुकूल न पड़ते हों और उनका ऐसा मूल्यांकन करें और ऐसा बहुत हुआ है। कबीर की प्रतिभा बड़ी प्रखर थी, लेकिन वो कवि भी थे ये न बाबू श्यामसुन्दर दास मानते थे, न आचार्य रामचन्द्र शुक्ल मानते थे। प्रतिभा बड़ी प्रखर थी तो काहे की थी? छोटी जातियों में आत्म-सम्मान का भाव पैदा किया, सब कुछ किया। भाषा सधुक्कड़ी थी, बाकी चीजों का और कोई बोध नहीं था। इसलिए उन्होंने कविता नहीं लिखी। यानी काव्य की कोटि में वो नहीं आतीं। ये कहना कि 'चन्द्रकान्ता सन्तति' साहित्य की कोटि में आने वाला उपन्यास नहीं है और किशोरी लाल गोस्वामी जिसको न तब शुक्लजी ने पढ़ा होगा और न आज हम किसी को किशोरी लाल गोस्वामी को पढ़ते देखते हैं। एकाध को छोड़कर किशोरी लाल गोस्वामी तो पढ़े नहीं गए। ये तो नहीं कह सकते कि ये मूर्खों के लिए उपन्यास होगा, लेकिन शिष्ट जनों के लिए यह उपन्यास नहीं है। मैं जान-बूझकर इस शब्द का प्रयोग कर रहा हूँ। काव्य जिस रूप में प्राचीन साहित्य में परिभाषित किया गया था और आज किया जा रहा है वह काव्य शुद्ध काव्यात्मक संकल्पना नहीं है। भाषा के आधार पर नहीं है। वह एक सामाजिक सत्ता, धार्मिक सत्ता, आर्थिक सत्ता की ताकत है। जो अपने को सहृदय, शिष्ट, अभिजात, सुरुचि

सम्पन्न कहते हैं उनको जो प्रिय हो, पसन्द हो, अनुकूल हो वह काव्य है, जो उनके प्रतिकूल हो वह अकाव्य है।

दुनिया के हर देश में साहित्य क्या है? ये लिट्रेचर एक सोशल इन्स्टीट्यूशन है। वेस्ट में ये लिट्रेरी कॉन्सेप्ट खाली नहीं है। अनेक देशों में इसका इतिहास लिखा गया है। स्वयं हमारे ही पुराने संस्कृत काव्यशास्त्र को देखें तो एक लम्बी परम्परा हमको मिलती है। भामह ने और इसके बाद तो राजशेखर ने स्पष्ट भी कहा है। साहित्य की चर्चा करने में जिस सन्दर्भ का सबसे ज़्यादा प्रयोग किया जाता था वह है उक्ति। उक्ति में विशेषण लगा करके अलग-अलग भेद कर लिखे जाते थे। रसोक्ति का काव्य उच्च कोटि का काव्य माना जाता है। 'कर्पूर मंजरी' में राजशेखर ने कहा–'उक्ति विशेषो काव्योः'। औक्तिक काव्य और औक्तिकता पर इतना बल दिया गया है कि इसी परम्परा में स्वभावोक्ति और वक्रोक्ति विशेषण लगा करके उक्ति मात्र को काव्य कहा गया। ये एक परम्परा थी। मैं नहीं कहता कि यही परम्परा ठीक थी। मैं सिर्फ यही कह रहा हूँ कि यह एक ऐसी परम्परा थी जो काव्य के स्थान पर 'साहित्य' का प्रयोग बेहतर समझती थी। राजशेखर ने 'साहित्य' शब्द का सबसे पहले प्रयोग किया। बाद में और लोगों ने भी किया। इसलिए मैंने आपके सामने जो कहा कि एक ऐसे दौर से हम गुजर रहे हैं जिस दौर में कवि या रचनाकार यदि भाषा के प्रति सजग हो गए हैं, शब्द और अर्थ के सम्बन्ध पर विचार नए सिरे से दर्शन में किया जा रहा है, आधुनिक कविता विशेषतः नई कविता तो उनसे भरी हुई है। शब्द और अर्थ के सम्बन्ध के बारे में तो अज्ञेय ने न जाने कितनी कविताएँ लिखी हैं। यदि शब्द और अर्थ पर विचार इतना मूलगामी और बुनियादी हो गया है, तो क्या यह आवश्यक नहीं है कि शब्द और अर्थ के सम्बन्ध की जाँच-परख करने वाली, उसके आधार पर मूल्य निर्णय देने वाली आलोचना स्वयं अपने क्षेत्र में संकल्पनाओं पर पुनर्विचार करे। आखिर ये संकल्पनाएँ शब्द ही तो हैं या अधिक से अधिक सार्थक शब्द हैं–उनकी सार्थकता, निरर्थकता, अर्थवत्ता की जाँच होनी चाहिए। उनमें सबसे पहले मेरी जिससे मुठभेड़ हुई वो स्वयं काव्य और साहित्य शब्द हैं। काव्य शब्द के प्रयोग में कितना शुद्ध साहित्य या शुद्ध ऐस्थेटिक कटेगरी है, कितनी लिट्रेरी कटेगरी है या कितनी सोशल या कल्चरल कटेगरी है, मुझे व्यवहार में दिखाई पड़ता है। इसमें जो एक मूल्य-बोधकता निहित है, वह इशारा करती है कि यह एक तरह के सामाजिक संस्थान का प्रतीक है। इतिहास के लम्बे दौर में इसकी धुरी ये मूल्य थे, शब्द थे। जिसको पहले भरत मुनि 'सामाजिक' कहते थे, बाद में जिसको 'सहृदय' कहा गया। काव्य में काव्य कहलाने योग्य कौन सा अर्थ होता है, 'योथः सहृदय श्लाघ्यः'। जिस काव्य में ध्वनि है, वो ध्वनि क्या है? उससे क्या ध्वनित होता है? शाम होने पर कोई आदमी कहे कि सूर्य डूब गया या संध्या होने पर दीपक जला दो तो इससे जो ध्वनि निकलती है इस ध्वनि का जो अर्थ जानता है वो सहृदय है।

सहृदय की जितनी विशेषताएँ गिनाई गईं वो प्राकृत जनों से बहुत भिन्न हैं, साधारण गँवार आदमी और लोक जीवन वाले इसमें नहीं आ सकते। मैं फिर कहूँगा कि अच्छा है या बुरा है इस पर मैं कोई निर्णय नहीं ले रहा हूँ। ये भी नहीं कि मैं 'सहृदय' को सन्दिग्ध दृष्टि से देखता हूँ, उसको घनघोर प्रतिक्रियावादी मानता हूँ या उसको मैं बहुत ही दकियानूस मानता हूँ। नहीं, मैं ये कहना चाहता हूँ कि साहित्य की परिभाषा का जो अन्तिम जजमेंट देने वाला है, उसका स्थान क्या है? उसकी स्थिति क्या है? समाज में क्या दर्जा है? क्या ताकत है उसके पास जिसके द्वारा चीजें परिभाषित हैं। इसका बोध होना चाहिए कि उसके मूल्यों की जाँच इसी हिसाब से होती है और इसकी अभिव्यक्ति भी व्यवहार में कई रूपों में देखी जाती है। अगर ये चीज पुरानी होती तो मैं ऐतिहासिक दिलचस्पी मान करके कहता कि ये पुरानी बात है जिसमें प्राचीन इतिहास पर जो शोध करना चाहते हैं वो करें, लेकिन व्यावहारिक अनुप्रयोग में आज भी देखा जाता है कि किसी कृति को लोग कहते हैं ये तो कविता ही नहीं है। ऐसे लोग भी मिलेंगे जो रघुवीर सहाय की कविता को अखबारी सूचनाएँ, अखबारी भाषा में लिखी हुई, तात्कालिक घटनाओं की कविताएँ मानते हैं। कुछ लोग कहते हैं कि वो तो कविता ही नहीं होती। हमें नहीं भूलना चाहिए कि एक दौर में यही रसज्ञ, मर्मज्ञ लोग छायावाद की अनेक कविताओं को कविता मानने को तैयार नहीं थे। कई उपन्यासों को लोग कहते हैं कि उपन्यास ही नहीं है, नाटक को कहते हैं नाटक नहीं है। ये स्थितियाँ पैदा होती हैं। कुछ जड़ तो यहीं से शुरू होती है कि ये तो कविता नहीं है, अच्छी और बुरी का सवाल तो बाद में उठेगा। पहले तो कविता हो वो।

कोई बात रही होगी जिसके कारण महाभारतकार को बार-बार लिखते हुए कहना पड़ा होगा कि मैंने काव्य लिखा। यद्यपि वो कहते हैं कि इतिहास है, लेकिन आरम्भ में ही आग्रहपूर्वक महाभारतकार यही कहते हैं कि मैं एक काव्य लिखता हूँ। रामायण में भी कहा कि काव्य है। विचित्र बात है कि रामायण को काव्य माना गया है और महाभारत को इतिहास के रूप में देखते हैं। काव्य के रूप में उसको स्वीकार नहीं करते। नहीं करते इसका प्रमाण यह है कि शकुन्तला की कहानी शकुन्तलोपाख्यान महाभारत में भी है और कवि कुलगुरु कालिदास के अभिज्ञान शाकुन्तल में भी, जो विश्व-विश्रुत है, कालजयी काव्य है। कहते हैं कि काव्यात्मक नाटक तो 'अभिज्ञान शाकुन्तल' है। 'शकुन्तलोपाख्यान' ठीक है कहानी है। कालिदास का नाटक अच्छा इसलिए हुआ कि उन्होंने कहानी बदल दी। उसमें कई नई चीजें जोड़ीं। अब बीच में भूल जाते हैं कि जो नई चीज जोड़ी वो क्या है, मूल कहानी क्या है? आज शोध करने वाले कितने लोग हैं जो इसको जानते हैं। संस्कृत के पंडित जानते हैं कि उपाख्यान क्या है? बहुत से लोग यह भी मोटे तौर से जानते हैं कि 'शकुन्तलोपाख्यान' बड़ी

सपाट कहानी है। उसमें कोई नाटकीयता भी नहीं है, भाषा की अभिव्यक्ति नहीं है। कहानी इस रूप में इतनी सपाट है कि राजा दुष्यन्त सेना सहित वन में शिकार करने गए। देखा कि आश्रम में कण्व नहीं है, पूछा तो मालूम हुआ फल लाने गए हैं। शकुन्तला अकेली थी, मुग्ध हुए, कहा कि मेरा मन तुम पर रीझ गया है, अब मैं तुम्हारे साथ गन्धर्व विवाह करना चाहता हूँ। शकुन्तला ने कहा कि पिताजी को आ जाने दीजिए, सब्र कीजिए, तो उन्होंने कहा तुम समर्थ हो, कर सकती हो। गन्धर्व विवाह के लिए पिता से पूछना कोई जरूरी नहीं है। ठीक है, अगर ऐसी बात है मैं कर सकती हूँ तो यह मेरी शर्त है कि मेरा बेटा युवराज होगा जो आपके बाद गद्‌दी पर बैठेगा। मान लीजिए। बाकी सब ठीक है। उन्होंने कहा एवमस्तु, मुझे स्वीकार है। चले गए। उन्होंने वादा किया कि वहाँ जाकर चतुरंगिणी सेना भेजकर तुम्हें बुलाऊँगा। छह साल का बेटा हो गया। चतुरंगिणी सेना नहीं आई तो कण्व ने कहा—अब तुम जाओ बेटी! शादी के इतने दिन बाद और बेटा भी हो गया और तुम हमारे घर में पड़ी रहो, यह ठीक नहीं। वहाँ भेजा। 'शकुन्तलोपाख्यान' में यह कहा गया है कि शकुन्तला ने राजभवन जाकर कहा, मैं आ गई हूँ, ये आपका बेटा है। आपसे शर्त थी और आपने शर्त मानी थी। इसको स्वीकार कीजिए और युवराज बनाइए। महाभारतकार कहते हैं कि पूरी तरह जानते हुए और याद करते हुए भी उसने कहा कि मैं भूल गया हूँ। उसे पूरी बात याद थी फिर भी उसने कहा कि मुझे कुछ ऐसा याद अभी नहीं आ रहा है कि मैंने ऐसा कुछ काम किया था, तुम मेरी पत्नी हो, ये मेरा बेटा है, मैंने कोई शर्त स्वीकार की हो। शकुन्तला लताड़ती है और कहती है कि सत्य की विजय होनी चाहिए। मैं सत्य के लिए लड़ रही हूँ। तुमने ये शर्त मानी थी, ये बेटा तुम्हारा है, तुमको लेना पड़ेगा। हे राजन्! सत्य की जीत होनी चाहिए। सत्य से बड़ी कोई चीज नहीं है और तुम यदि नहीं स्वीकार करोगे तो तुम्हारे सिर के सौ टुकड़े हो जाएँगे। मुझे शौक नहीं तुम्हारी रानी बनके रहने का, ये तुम्हारा बेटा है इसे रखो चाहे फेंको, मैं जा रही हूँ। अशरीरी आकाशवाणी हुई, ये तुम्हारा ही बेटा है, तुम्हें स्वीकार करना चाहिए। तब चट से उन्होंने कहा कि मैं तो पहले ही चाहता था, लेकिन मुझे कोई प्रमाण चाहिए था। अब मिल गया। अशरीरी वाणी ने यह साबित कर दिया, मैं क्षमा माँगता हूँ तुम आओ, बेटा गद्‌दी पर बैठेगा, तुम रानी हो। ये सीधी, सरल, सपाट कहानी है। इसमें काव्य नहीं है क्योंकि इसमें राजा का चरित्र साफ मालूम होता है कि पैसे वाले लोग, राजा लोग कहीं चले जाएँ, किसी औरत के साथ बलात्कार करें या सम्भोग करें। असत्य कह दें कि सब कुछ तुम्हारा बना देंगे और भूल जाएँ और जब आए तो उसको गालियाँ दें, लताड़ें, उसे वेश्या वगैरह कहें और डाटें-फटकारें। अन्त में अशरीरी वाणी हो तो कहें कि ऊपर से प्रमाण आ गया। यानी ऊपर से टेलीफोन आ गया, अशरीरी वाणी ने कहा हाँ, यह तुम्हारा है। इसलिए मैं खाली परीक्षा ले रहा था। क्षमा कीजिए।

ये सीख है कि सत्य की विजय होनी चाहिए। महाभारत की कहानी उस राजा के चरित्र को साफ रखती है और कालिदास की पूरी कोशिश यही है कि दुष्यन्त के चरित्र को सँवारा जाए—और बड़ी खूबियाँ हैं उसमें—उसकी महानता में हमें कोई सन्देह नहीं है लेकिन मैं एक बात की ओर इशारा करना चाहता हूँ। कालिदास के सौन्दर्य, प्रेम और प्रकृति की क्या महिमा है? कालिदास ने इस धरती का सौन्दर्य और स्वर्ग की इतनी महिमा गाई और लोग उसमें इतने डूबे कि महाभारत को सपाट, साहित्यिकता से शून्य, काव्यात्मकता से रहित चीज मान के तिरस्कृत कर दिया गया। क्या 'अभिज्ञानशाकुन्तलम्' को अब काव्य माना जाए, मेरे मन में दुविधा यह है। मेरे लिए व्यास भी उतने पूज्य हैं जितने कालिदास। मैं क्यों व्यास को छोड़कर कालिदास को स्वीकार करूँ। 'शकुन्तलोपाख्यान' काव्य क्यों नहीं है, मैं ये जानना चाहता हूँ। वो कौन सी कसौटी है, जहाँ कालिदास का नाटक तनिक भी असुविधाजनक नहीं था। दुर्वासा के श्राप से पूरा जस्टीफिकेशन था उसमें। कर्म का फल है। कर्म फल के द्वारा चमार चमार हो गया, हम ब्राह्मण हो गए, हम राजा हो गए। कर्मफल नाम की एक ऐसी चीज है जिसके द्वारा कोई भी या श्राप के द्वारा कोई भी बात व्याख्यायित हो जाती है। महाभारत के 'शकुन्तलोपाख्यान' में कोई श्राप का सहारा नहीं लिया गया है—जिसकी आदत है जिसमें चारित्रिक दोष है, उसे दिखाया। अब थोड़ी देर के लिए मान लीजिए कि आजकल कोई स्त्रीवादी आलोचक, साहित्यिक आलोचना करे या न करे, एक साधारण जन की तरह से शकुन्तलोपाख्यान के बारे में जो कहे कि साहब ये सत्य कहानी है, बल्कि ज़्यादा क्रान्तिकारी कहानी है ये आइडियोलॉजिकल है। 'अभिज्ञान शाकुन्तलम्' राजा के डिफेन्स में लिखा हुआ एक बड़ा खूबसूरत नाटक है। हम केवल उसकी सुन्दरता की दाद दें कि उसका प्रकृति-चित्रण बहुत सुन्दर है, कन्या की विदाई में कण्व बहुत रोते हैं और नारी के प्रति बड़ी सहानुभूति और करुणा भी है। इसके कारण ऐसे रस की सृष्टि होती है। बड़ा सबल नाटक है। इसके कारण हम उसकी तारीफ करते हैं और जो मूल आइडियोलॉजी है, उसका क्या करें?

मैंने कहा कि समकालीन आलोचना का कोई एक पक्ष नहीं है। एक पक्ष ये है जिसमें मेरी रुचि है, मैं कर रहा हूँ और मैं समझता हूँ कि साहित्यिक संकल्पनाओं की नए सिरे से पुनर्परीक्षा होनी चाहिए। पुनर्मूल्यांकन होना चाहिए? मैं बुद्ध के उस वचन को प्रमाण मानता हूँ जो उन्होंने कालामो को दिया था कि—"हे कालामो किसी बात को केवल इसलिए मत मानो कि ये आप्तवचन है, वेदों में कहा गया है। ये परम्परा से चला आ रहा है। कहने वाले जो हैं वे बड़े-बूढ़े हैं या बड़ी-ऊँची जाति के हैं या बड़े विद्वान हैं, हे कालामो इसलिए मत मानो। अपनी बुद्धि से परीक्षा करके देखो।" उन्होंने यहाँ तक कहा कि "मेरे वचन को भी तुम इसलिए मत मानो कि बूढ़ा बुद्ध कह रहा है। अपने-अपने विवेक और बुद्धि की कसौटी पर कसकर मानो।" मैं

समझता हूँ कि आज आलोचकों को साहित्यिक कृतियों पर और दूसरे आलोचकों पर निर्णय लेते हुए खुल करके अपनी अवधारणाओं, अपने संकल्पों को कसौटी पर रखना चाहिए कि मैं इस अर्थ में ये शब्द इस्तेमाल करता हूँ और इसके निहितार्थ ये हैं। ये डीआइडियोलाइजेशन, जिसको कहना चाहिए या हम अपनी संकल्पनाओं का अनावरण करें जिनमें कहीं न कहीं विचारधाराएँ छिपी हुई हैं, इसलिए हम ये मानते हैं। ये है और मैं इस दृष्टि से देखता हूँ। अब इसके बाद जाँच लो कि मेरा किया ठीक है कि नहीं। ये आपको ठीक लगता है कि नहीं लगता है। बुद्धि-विवेक की माँग है कि आज हमारी आलोचना निर्णय करने से पहले व्याख्या करने से पहले उन तमाम औजारों की निर्ममता के साथ जाँच कर ले। मैं जाँच करने के लिए तैयार हूँ और हिन्दी में इस प्रयास में उस विवेक से मेरी प्रतिबद्धता है। सहयोगी प्रयास में शामिल होने वाले लोग जो भी आएँगे, जितने भी आएँगे सर-माथे पर। मैं उनसे संवाद करने के लिए तैयार हूँ जो नहीं मानते और आज भी लोग मधुर-मधुर रसास्वादन वाली और आस्वाद वाली आलोचना जो टेक्स्ट और रस वाली तमाम चीजों का नाम आज भी लेते जा रहे हैं, क्षमा किया जाए, मैं उन लोगों का कायल नहीं हो सकता और मैं उसे आलोचना मानने के लिए तैयार नहीं हूँ।

[('आलोचना का पक्ष' विषय पर इलाहाबाद संग्रहालय, इलाहाबाद में दिया गया व्याख्यान वसुधा-42, जुलाई-सितंबर 1998।)
लिप्यंतरण : अखिलेश तिवारी]

शताब्दी के आखिरी दौर में हिन्दी आलोचना

आज की बातचीत का आरम्भ मैं आचार्य शुक्ल के उस एक कथन से कर सकता हूँ कि 'सभ्यता के विकास के साथ-साथ कवि-कर्म कठिन होता जाता है।' मैंने इसमें आगे जोड़ा था कि आलोचना कर्म और भी कठिन होता जाता है। बीसवीं शताब्दी का अन्त जहाँ हो रहा है वहाँ सभ्यता से साफ अर्थ है पूँजीवादी सभ्यता। अर्थात् औद्योगिक विकास, यान्त्रिक विकास तथा इससे जुड़ी हुई समाज–व्यवस्था और अर्थतन्त्र–इसी का नाम सभ्यता का विकास है। लगभग सौ-डेढ़ सौ साल पहले का स्वयं हमारा जैसा जीवन था, या यह बनारस जैसा पचास साल पहले था, उसमें एक मन्थर गति थी, इतमीनान था, कोई हड़बड़ी नहीं थी, ठेलमठेल नहीं था। सभी लोग एक-दूसरे को नाम से जानते थे, चेहरे से पहचानते थे। आप कह सकते हैं कि एक पुराने ढंग का सामन्ती ग्रामीण समाज था, जो करीब पचास वर्षों में बदलकर बहुत सभ्य हो गया है। उस सभ्यता की छाप हम और आप अपने परिवार में, शिक्षा-संस्थाओं में, मैत्रिक सम्बन्धों में, कचहरियों तक में देख सकते हैं। यह सभ्यता का विकास है और इससे यह अन्दाजा लगाया जा सकता है कि यह सारा का सारा विकास जुड़ा हुआ है उससे, जिसे हम सुविधा के लिए पूँजीवादी समाज या पूँजीवादी सभ्यता कहते हैं। सच्चाई ये है कि बीसवीं सदी के अन्त में जहाँ हम खड़े हैं इससे पहले पूँजीवाद के संबंध में कल्पना कर रहे थे कि समाजवादी तन्त्र के सामने इसका तेज धूमिल पड़ेगा, मद्धिम पड़ेगा, यह कमजोर होगा, टूटेगा और विकल्प के रूप में एक अपेक्षाकृत अधिक मानवीय समाज बनेगा, जो भले ही बिलकुल ठीक-ठीक समाजवादी न हो, वरन् समाजवाद के लक्ष्य और व्यवहार में समाजवाद ने अब तक जैसी व्यवस्था कायम की है, उसकी बुराइयों को छोड़कर और लोकतान्त्रिक समाज की अच्छाइयों को लेकर एक विकल्प के रूप में उभरेगा। और यह विकल्प शायद तीसरी दुनिया के जो देश कहे जाते हैं, उन्हीं के बीच से निकलेगा और विश्व-मानवता के इतिहास के विकास में एक नया चरण होगा–पूँजीवाद और समाजवाद के टकराव से। ऐसा खयाल था, ऐसा सपना हम पालते थे।

बीसवीं शताब्दी के अन्त पर हम देख रहे हैं कि समाजवाद नष्ट हुआ या किया गया और पूँजीवाद जो डाँवाँडोल था, संकटों से घिरा था, वह अपेक्षाकृत संकटमुक्त

और स्थिर दिखाई पड़ रहा है। अब लोगों को लगता है कि पूँजीवाद का विकल्प नहीं है और यह इक्कीसवीं शताब्दी में भी रहेगा और इसी का परिवर्तित और विकसित रूप कुछ इसी में से निकलेगा क्योंकि समाजवाद में से तो कुछ निकलने वाला नहीं है। ऐसा दिखाई पड़ रहा है। मैं नहीं कहता कि ऐसा सचमुच होगा, लेकिन इसको बड़े पैमाने पर प्रचारित किया जा रहा है। यह बीसवीं शताब्दी के अन्त का जो पूँजीवाद है, जिस पर हम सब विचार कर रहे हैं, वह कंज्यूमर कल्चर विकसित कर रहा है। यह वह पूँजीवाद नहीं है जो मार्क्स के जमाने में था, जहाँ स्कूलों में सैमेल इस्माइल की किताबों का बड़ा महत्व था–सेल्फ हेल्प या थेफ्ट जैसी किताबें पढ़ी जाती थीं। उस समय जिस पूँजीपति ने विकास किया था–उदाहरण के तौर पर अपने बिरला वगैरह को ही लें तो ये जो बड़े सेठ रहे जिन्होंने उद्योगों का, धन्धों का, तकनीक का विकास करके अपने देश में पूँजीवाद का विकास किया। स्वयं उसका जीवन चरित पढ़ें कि वे कितने मितव्ययी, धर्मप्राण, शराब न छूने वाले थे। यानी भले ही सेठों की बड़ी ही शोषक, क्रूर, संचयी तस्वीर हमारे उपन्यासों में पेश की गई है, यह पूँजीवादी ही था। पर गौरतलब यह भी है कि उस पूँजीवाद ने अपनी एक विशेष सात्विक जीवन पद्धति द्वारा, त्याग द्वारा इतना विकास किया था और बहुत सारे सामन्ती मूल्यों को तोड़ा था। दूसरी ओर आज का पूँजीवाद भोगवादी है। अब वह उन्नीसवीं सदी का ओजस्वी-तेजस्वी पूँजीवाद नहीं है। बल्कि वह बीसवीं सदी का पूँजीवाद है–भोगवाद पर आधारित के एफ सी और पेप्सी-कोला की नस्ल का।

सभ्यता का विकास कवि कर्म को कठिन बना देता है। सभ्यता यानी पूँजीवाद का यह जो पुनर्जीवन है, जो भोगवादी है और वह भी उस हद तक कि शोषित वर्ग से लेकर निम्न वर्ग तक की आकांक्षाओं को अपने प्रचार तन्त्र द्वारा जगाने का भरपूर प्रयास करता है। स्पष्टतः बीसवीं सदी में सभ्यता के विकास के नाम पर सारे विश्व में एक ऐसी बुभुक्षा जगाने वाली भयानक भोगवादी सभ्यता का प्रचार-प्रसार किया जा रहा है, जो सिर्फ सामन्ती विकास ही नहीं है बल्कि इसकी नींव खून, रक्तपात और हिंसा पर हुआ करती है। यह वो भोगवाद नहीं है जिसे हम रईसों के साथ देखते हैं। यद्यपि भोग में खुद के द्वारा मारकर लाए गए शिकार का गोश्त खाने में जो मजा है, वह दूसरे के द्वारा मारकर लाए गए और सामने परोसे गए गोश्त में नहीं है। इसलिए बर्बरता और भोगवाद, नरसंहार और भोगवाद ये दोनों परस्पर भयंकर रूप से जुड़े हैं। फिल्म 'धारावी' जिसमें खून ही खून भरा है–एक संकेत है। वह यूँ कि जब सभ्यता अपने चरम पर पहुँचती है तो सभ्यताओं में एक महाभारत होता है और सारा का सारा अतीत नष्ट हो जाता है–एक नई सभ्यता बनती है। यह परिप्रेक्ष्य हमारे सामने होना चाहिए, रचना कर्म पर, आलोचना कर्म पर विचार करते समय। मैं यह नहीं कहता कि इसी पर आप लिखें, वैसे सुधीश पचौरी आपको इस पर लिखने का मौका भी नहीं

छोड़ेंगे। वैसे कुछ लोग इसका भी धन्धा कर रहे हैं। मैं यह भी कहूँगा कि बीसवीं सदी के सबसे बड़े संकट का धन्धा भी किया जा सकता है और किया भी जा रहा है। सुअन्ना–जो वामपन्थी है, एक कुशल रंगकर्मी, नाट्यकर्मी और नाटककार है–का नाटक 'आखिरी किताब' मैंने देखा जिसे एन.एस.डी. के तृतीय वर्ष के छात्रों ने प्रस्तुत किया था। सुअन्ना ने थियेटर में फिल्म को लाकर एक नया प्रयोग किया है और अपनी समझ से एक बड़ा तीर मारा है परन्तु लोगों का कहना है कि यदि यही वामपन्थी थिएटर है तो यह थिएटर का नाश है। नाटक–जो एक सस्ते क्रिमिनल टेस्ट से भरा हुआ है–शुरू होता है और दूसरे ही मिनट में गोली चलती है, खून होता है, कौतूहल जगाता है, पर अन्ततः होता क्या है?

बीसवीं सदी के संकट को कुछ लोगों ने बेचने-खाने का धन्धा बना लिया है और मैं कह दूँ कि ऐसी कविताएँ और कहानियाँ भी लिखी जा रही हैं। अभी 'इंडिया टुडे' में उदय प्रकाश की कहानी 'पालगोमरा का स्कूटर' आई–पढ़ी, परन्तु मैं टिप्पणी नहीं करूँगा। हाँ, इतना अवश्य कहूँगा कि यह एक महत्वपूर्ण कहानी है जिसकी शैली और फैंटेसी बहुत आकर्षक है। 1995 की दिल्ली के मीडिया में या उसके बाहर जो चालू फैशन के मुहावरे और शब्द हैं उसकी सारी जानकारी अकेले वह कहानी कह देती है और ऐसा लगता है कि लेखक यह कहना चाहता है कि ऐसा मैं जानता हूँ बेटा, तुम नहीं। जान लो तो अच्छा है। तभी तुम नए लेखक बनोगे। हाँ तो मैं कह रहा हूँ कि विकास के चरम पर पहुँची यह सभ्यता जहाँ है, उसका विरोध भी उसी सूचना तन्त्र और प्रचार तन्त्र का अंग बन सकता है। वह उस स्थिति में है कि विरोध, विद्रोह पचाकर भी वह सभ्यता कॉमर्शियलाइज कर सकती है और आपको भोगवादी सामान के रूप में बेच सकती है। आपको याद होगा कि एक जमाने में आदिवासियों के जीवन को लेकर, नक्सलवाद को लेकर कई सारी फिल्में बनीं। वे सारी फिल्में भुना रही थीं उस नक्सली क्रान्ति को और वह वर्ग जिसके खिलाफ ये फिल्में बनी थीं, मजे ले-लेकर देख रहा था। वे आर्ट फिल्में थीं। इलीट वर्ग को देखने के लिए और आज डी डी थ्री चैनल उन्हीं लोगों की खपत का माल प्रस्तुत कर रहा है। इसलिए मामला बड़ा कठिन है।

कवि कर्म कठिन हो गया है। यहाँ जो छल है उसको तोड़ना भी कहाँ छल बन जाएगा, इसकी पहचान भी कठिन हो गई है। मुक्तिबोध कहते थे कि रचना का कहाँ छद्म होता है यह पहचानना आज की सबसे बड़ी समस्या है। इसलिए आलोचना कर्म कठिन होता जा रहा है। शमशेर ने कहा था–

हकीकत को लाए तखय्युल के बाहर
मेरी मुश्किलों का जो हल कोई लाए।

आज तखय्युल के भीतर हकीकत तक पहुँचना और ठीक-ठीक देख सकना कठिन है। आज की राष्ट्रीय छवियाँ ऊपर से परस्पर विरोधी दिखाई देती हुई–'हाय! वे मयूर

व्याल पूँछ से जुड़े हुए' जैसी हैं। सेक्युलर और एंटी सेक्युलर कहीं एक बिन्दु पर मिले हुए दिखाई पड़ते हैं। पूँजीवाद के समर्थक और विरोधी मिले हुए दिखाई पड़ते हैं। आज की जो बुनियादी समस्या है जिसमें रचनाकार और आलोचक हमविरोधी, हमदुश्मन दिखाई पड़ते हैं, हैं नहीं। आज आवश्यकता है एक साथ मिलकर उस हकीकत तक पहुँचने की। कविता, कहानी, उपन्यास आदि किसी के द्वारा हकीकत को तखय्युल से बाहर लाएँ। इसमें आलोचना कर्म किस हद तक मदद कर सकता है यह बुनियादी समस्या है।

मार्क्स ने पूँजीवाद के बारे में शुरू के दिनों में कम्युनिस्ट घोषणा-पत्र में अद्भुत कवित्वपूर्ण वाक्य लिखे हैं–'पूँजीवाद के आते ही सारी पवित्र चीजें अपवित्र हो गईं। जो चीज मुफ्त में दे देने की थी, आज वह बेचने-खरीदने की हो गई। जैसे विद्या और प्रेम कुछ भी पवित्र नहीं रह गया।' उसने लिखा–"All that is solid melts in to air." उस नाते उसने कहा था कि जो भी मनुष्य के जीवन में पवित्र है, सुन्दर है, इस पूँजीवाद ने उसकी सुन्दरता नष्ट की है, पवित्रता कलुषित की है। धर्म जैसी पवित्र चीज भी बेची-खरीदी जाती है। यह चाकू, खंजर और बम बन गया है। जैसे गोगोल ने कहा था कि संस्कृति का नाम सुनता हूँ तो मेरा हाथ पिस्तौल पर चला जाता है। उसी तरह से मजहब का नाम कोई लेता है तो मेरे सामने बम और छुरे चमकने लगते हैं। और यह पूँजीवादी सभ्यता ने किया है। मार्क्स ने यह तब लिखा। अब आप सोचिए कि सैकड़ों वर्ष पूर्व का पूँजीवाद, जो अपेक्षाकृत अच्छा था, यह कर सकता था तो आज बीसवीं सदी का भोगवादी पूँजीवाद उन्हीं सुन्दर, पवित्र चीजों के साथ कैसा व्यवहार कर सकता है? उन्हें क्या बना सकता है? क्या आप इसका अन्दाजा लगा सकते हैं– यह जो दुर्गति हुई है उसकी? एक जमाने में प्रगतिशीलता की यह पहचान थी। पूँजीवाद पर हमला करने के लिए 'ताजमहल' प्रसिद्ध था। पन्तजी ने कविता लिखी थी–'हाय! मृत्यु का ऐसा अमर पार्थिव पूजन' और साहिर ने मशहूर नज़्म लिखी–

एक शहंशाह ने दौलत का सहारा लेकर
हम गरीबों की मुहब्बत का उड़ाया है मजाक
मेरे महबूब कहीं और मिला कर मुझसे।

तो फिराक साहब ने अपने खास अन्दाज में कहा कि यार साहिर ताजमहल पर तो तुमने बड़ी अच्छी नज़्म लिखी एक जामा मस्जिद पर भी तो कह दो। आखिर शाहजहाँ ने ताजमहल ही तो नहीं बनवाया जामा मस्जिद भी बनवाई और ले पहला मिसरा मैं कहे देता हूँ बाकी नज़्म तू लिखेगा–

एक शहंशाह ने दौलत का सहारा लेकर
हम गरीबों की इबादत का उड़ाया है मजाक
मेरे अल्लाह कहीं और मिला कर मुझसे

इसलिए ताजमहल पर लिखने में कोई खतरा नहीं था पर जामा मस्जिद पर आप लिखें–खतरा था। इसलिए आसान रास्ता–इश्क-ओ-मुहब्बत का जिसे जमाने से ग़ज़ल बताती आई–आपने अपनाया। शेखो-बरहमन और ईरान के सूफी से लेकर, हाफिज से हफीज जलंधरी तक लिखते आ रहे थे। वह एक पारम्परिक रूढ़ि मान ली गई थी जिसको कोई बुरा नहीं मानता था लेकिन आपको अगर मुल्लाओं के खिलाफ आवाज उठानी है तो कहिए–

एक शहंशाह ने दौलत का सहारा लेकर
हम गरीबों की इबादत का उड़ाया है मजाक
मेरे अल्लाह कहीं और मिला कर मुझसे।

मुद्दत हो गई फिराक को कहे और ताजमहल पर साहिर को लिखे। समय का लम्बा सफर प्रगतिशील लेखकों ने तय कर लिया। परन्तु आज भी अच्छे-खासे लोग धर्म, मजहब, वेद, कुरान आदि पर कुछ कहते हुए काँप जाते हैं। एक सलमान रुश्दी का जो हश्र हुआ उसके बाद क्या मजाल है कि कोई दूसरा लिखे। और ऐसे हालात में आप पूछते हैं कि आलोचक क्या करे, क्या लिखे? इसलिए मैंने कहा कि कवि कर्म के साथ आलोचना कर्म की भी कठिनाइयाँ बढ़ी हैं। मुश्किलें बढ़ी हैं। उन मुश्किलों में खास चीज है कि आज के जमाने में उत्तर आधुनिकता के बारे में बच्चन सिंहजी कह रहे थे कि वह निहिलिस्ट है। इसलिए उन्हें सन्देह होता है। वह निहिलिस्ट है कि नहीं, इसे अलग छोड़िए और बताइए कि आज ऐसी कौन-सी चीज है जो सन्देह के दायरे में नहीं आ गई है? हर चीज पर शक होने लगा है। हर चीज को देखकर लगता है–साकी ने कुछ मिला न दिया हो शराब में। अच्छा-खासा दोस्त भी जब प्याला हमारी तरफ बढ़ाता है शक कौंधता है ज़ेहन में। जिनकी तरफ से कभी खोज-खबर नहीं ली जाती और पैगाम हैं तो शक होने लगता है। शक, सन्देह प्रत्येक आइडियोलॉजी, मान्यता, पार्टी, संगठन यानी सब कुछ में मिला है। जिस सत्य को आँखों से देखते हैं उसे भी–यह सच है क्या? कहीं फैंटेसी तो नहीं!–मानना शुरू कर देते हैं। उत्तर आधुनिकतावादी, जो सन्देहवादी हैं, इसी यथास्थिति को थियरी बनाकर पेश कर रहे हैं, कह रहे हैं यह हकीकत है। मैं ऐसा देख रहा हूँ, पर आप वैसा नहीं देख रहे हैं तो मैं कहूँगा कि वैज्ञानिक दृष्टि से हीन हैं, शून्य हैं। हमारा रचनाकार उन स्थितियों को अपनी रचनाओं में झलका नहीं रहा है। मुश्किल हो गया है मगर मैं कहूँगा कि यही तो चुनौती है। उस हकीकत को देखना और उसे देखने वाली जो रचनाएँ आ रही हैं उन रचनाओं के द्वारा हम अपनी बात कह सकें, यह जरूरी है।

मैं कहना चाहता हूँ कि ऐसी हालत में, इस बीसवीं शताब्दी के अन्त में जहाँ सभ्यता का बहुत विकास हो गया है, उन देशों में रचनात्मक साहित्य की अपेक्षा आलोचनात्मक साहित्य ज़्यादा लिखा जा रहा है–जो मात्रा, गुण और ताकत की दृष्टि

से ज़्यादा विकसित है। अमेरिका में रचना की अपेक्षा आलोचना और आलोचकों का बोलबाला है। अमेरिका और इंग्लैंड की पत्रिकाओं को आप देखें तो उनमें नब्बे फीसदी साहित्य के सिद्धान्त को ही आप पाएँगे। और कुछ नहीं तो आप नोबेल पुरस्कार की सूची उठाकर ही देख लें तो आप पाएँगे कि जो तथाकथित अविकसित और पिछड़े हुए देश हैं उनके साहित्य और भाषा में बेहतर उपन्यासकार और रचनाकार पैदा हो रहे हैं। अभी नोबेल पुरस्कार जिस लेखक को मिला है, वह पिछड़े हुए आयरलैंड का रहने वाला है। यद्यपि वे अंग्रेजी में लिखते हैं परन्तु मूलतः आयरिश कवि हैं। और इंग्लैंड में रहते हुए आयरलैंड वैसा ही पिछड़ा है जैसे दिल्ली में स्लम। आयरलैंड ब्रिटिश एम्पायर का स्लम है। इस बीच आप देखें तो अफ्रीका, लैटिन अमेरिका और एशिया के देशों में रचनात्मक साहित्य लिखा जा रहा है। जबकि अमेरिका, फ्रांस (यहाँ तो अरसे से रचनात्मकता सुनी ही नहीं जाती और बुन्से के बाद कोई बड़ा कवि सुना ही नहीं जाता; केदारनाथ सिंहजी तो फ्रेंच कविताओं को काफी पढ़ते हैं, इनसे भी मैंने सुना।) जर्मनी में तो सिर्फ थियरी है। यानी तमाम विकसित देशों का साहित्य आलोचना प्रधान है और रचना गायब है। इसके पीछे कारण है फूको की वह बात जो हमारे यहाँ बहुत पहले से व्यवहार में है कि ताकत ज्ञान में होती है, डंडे, तलवार और तोप में नहीं। अमेरिका की ताकत केवल पेंटागन में ही नहीं है, उसकी इम्पीरियलिस्टिक आइडियोलॉजी में भी है। वहाँ आलोचना इसलिए ताकतवर है कि उन देशों को उनकी जरूरत है। जब बीसवीं सदी की ढलान और इक्कीसवीं सदी की शुरुआत पर पिछड़े देशों से रचनात्मक साहित्य रचनात्मक ऊर्जा के साथ निकल रहा है तो उसे अपने काबू में लाने के लिए उन्हें थ्योरी की जरूरत है। वहाँ उस कारखाने में आलोचना के जो सिद्धान्त तैयार किए जा रहे हैं, वे इन रचनात्मकता से ओतप्रोत पिछड़े देशों में निर्यात किए जा रहे हैं। वही सिद्धान्त हमारे रचनात्मक साहित्य को पालतू, गुलाम और बंधुआ बनाने की कोशिश में हैं और आप अच्छी तरह जानते हैं कि विचारों की ताकत हथियार की ताकत से बड़ी होती है। इसका सबूत है हमारी परम्परा कुंभिधान्यलोलुपथलोलो–ब्राह्मण ने धर्मशास्त्र के द्वारा हजारों साल तक बहुत बड़े तबके को गुलाम बनाकर रखा। लाखों का सिर काट लिया, न मारा, न खून किया। राजाओं ने गुलाम नहीं बनाया था, गुलाम शास्त्र ने बनाया था–वर्ण-व्यवस्था के द्वारा। जहाँ सबसे निचले स्तर के आदमी से आप कहें कि भाई जरा पानी पिला दो तो वह पूछेगा कि कहिए किस वर्ण या जाति के हैं आप। आपने अगर कह दिया–ब्राह्मण या क्षत्रिय तो वह कहेगा कि नहीं, साहब हमारा धरम चला जाएगा। उसको चिन्ता नहीं है कि आपके धर्म का क्या होगा बल्कि स्वयं शूद्र का धर्म चला जाएगा यदि उसने ब्राह्मण या क्षत्रिय को पानी पिलाया तो। ऐसी थी गुलामी।

इसलिए मैं कह रहा हूँ कि–Knowledge is power, language is power. इस समय अमेरिकी इम्पायर की सबसे बड़ी कोशिश है कि सारी दुनिया में अंग्रेजी भाषा का बोलबाला हो जाए। यूरोप के लोग जिनको अपनी भाषा पर गुमान रहा है, आज काँप रहे हैं–क्योंकि ज्ञान का गहरा सम्बन्ध होता है भाषा से। ज्ञान शब्दों में होता है। शब्दों के द्वारा या शब्देतर माध्यमों में होता है इसलिए यह कहा जाता है कि संचार व्यवस्था के द्वारा अमेरिका ने इराक युद्ध जीता और इस नए सूचना तन्त्र से अब आगे की लड़ाई होने वाली है। सोवियत यूनियन को ध्वस्त उन्होंने इसी हिकमत से किया था। इसलिए भाषा, सूचना तन्त्र, इलेक्ट्रॉनिक मीडिया (मशीन नहीं उसकी जो आइडियोलॉजिकल ताकत है) के बल पर वे अपनी बात कहते हैं। क्यों बी.बी.सी. या सी.एन.एन. भारतीय बाजार में अपने कार्यक्रमों को धड़ल्ले से दिखाए जाने का अधिकार माँगते हैं? क्योंकि उन्हें अभी उसका सहारा लेना है। वह उनकी ताकत है। इसी तरह वे अपनी थ्योरी के सहारे रचनात्मक साहित्य को खास दिशा देना चाहते हैं। उसका डंक और दंश निकाल लेना चाहते हैं। उसकी स्वाधीनता, स्वायत्तता कम करके उसे एक विशेष रूप देना चाहते हैं।

जब हम पचास के दशक में आजाद हुए थे, तब वे शीतयुद्ध के दौरान हमारी नई सर्जनात्मकता और ऊर्जा को इसी एंटीकम्युनिस्ट आइडियोलॉजी के द्वारा नियन्त्रित करना चाहते थे। नव स्वाधीन देश की सर्जनात्मक ऊर्जा को नख-दन्त विहीन करके एक ऐसा रूप देने की कोशिश की गई, जिसका शिकार सारी जागरूकता के बावजूद प्रगतिशील कवि भी हुआ। आज स्वयं नागार्जुन की पहले के दौर की कविताओं और आज के दौर की कविताओं को देखें। लोगों को बुरा लगा था जब मैंने कहा था कि युगधारा लिखने वाले कवि सतरंगे पंखों की बात करते हैं। केदारनाथ अग्रवाल की पहले की कविताओं को और फूल नहीं रंग बोलते हैं को देखिए। ऐसा नहीं कि मैं फूलों का दुश्मन हूँ या रंग मेरी आँखों में चुभते हैं। मैं यह कह रहा हूँ कि शीतयुद्ध की नई विचारधारा आने के बाद, वो अड़तालीस-उनचास के आसपास जो उसका तेवर था–भले ही अनगढ़ रहा हो, क्रूड रहा हो–वह स्वयं प्रगतिशीलों के बीच थोड़ा नरम पड़ा, मुलायम पड़ा। व्यंजना, लक्षणा, रंगीन फूलों आदि का सहारा लेने लगा और दूसरे शब्दों में सभ्य हो गया, शिष्ट हो गया, बुर्जुआ हो गया और भद्रजनोचित हो गया। और यह भद्रजनोचित बनने और बना देने का एक प्रकार का साहित्य पैदा हो गया बीसवीं सदी के उत्तरार्द्ध में। इसलिए सबक लेने की जरूरत है क्योंकि फिर कुछ वैसे खतरे हैं। इस आई हुई विचारधारा का मुकाबला उतनी ही मजबूत विचारधारा से करना पड़ेगा। आप तलवार का जवाब फूल की पंखड़ियों से नहीं दे सकते। निरालाजी ने एक जगह 'जूही की कली' में लिखा है कि–मसल दिए गोरे कपोल गोल। किसी ने कहा कि साहब यह तो बड़ा वीभत्स मालूम पड़ता है जैसे कपोल कपोल नहीं हुए, आटा हुआ, मसल दिया। निरालाजी

ने डाँटा–मूर्ख! कपोल कपोल से ही मसले जाते हैं। यदि कपोल कपोल से मसले जाते हैं, लोहा लोहे से कटता है, हीरा को हीरा ही काटता है तो मैं यह भी कहूँगा कि आइडियोलॉजी का जवाब आइडियोलॉजी ही हो सकती है।

इसलिए हिन्दी आलोचना के सामने कविता-कहानियों की व्याख्या का अर्थ तो बाद में आएगा पहले तो वे मजबूत साम्राज्यवादी साहित्यिक विचारधाराएँ, जो बन रही हैं, हथियार तैयार हो रहे हैं, उन विचारधाराओं, प्रवृत्तियों का उतनी ही मजबूती से जवाब देना है–एक सशक्त थियरी के द्वारा। यह चुनौती है आज की आलोचना के सामने और इसकी कमी है हमारी हिन्दी आलोचना में। धोखे में हैं हम। वे कहते हैं–एंड आफ आइडियोलॉजी, तो हम भी मान लेते हैं कि आइडियोलॉजी का अन्त हो गया। 'लोकामति के भोरा के अरे ईन दोऊ राह न पाई'–अब कैसे अपने देश के इन ज्ञानी-समझदार लोगों को मैं समझाऊँ कि वे जो कह रहे हैं कि आइडियोलॉजी का अन्त हो गया, वे खुद कितनी बड़ी विचारधारा अपने यहाँ पैदा कर तुम्हारे पास भेज रहे हैं। अब तुम स्वयं हथियार डालकर कह रहे हो कि विचारधारा की आवश्यकता साहित्य में नहीं रही। आज विचारधारा की ज़्यादा जरूरत है और जब भी उस विचारधारा को लेकर वे लड़ने आएँगे तो कोई विकल्प नहीं होगा, मार्क्स के अलावा। तब कोई भी विचारधारा काम नहीं आएगी। आप कम्युनिस्टों से घृणा करते रहे हों लेकिन अपने मेनिफेस्टो में कभी मार्क्स ने यूरोप को कहा था कि यूरोप को कम्युनिज़्म का भूत सता रहा है, हॉन्ट कर रहा है। उसी तरह समाजवाद मरने के बाद एक प्रेत के रूप में मँडरा रहा है। जॉक देरिदा जो पोस्ट स्ट्रक्चरलिस्ट विचारक हैं, उन्होंने 'इंस्पेक्टर ऑफ मार्क्स' नाम से एक किताब लिखी और इंग्लैंड में भाषण भी दिया। समाजवाद मरकर आज प्रेत के रूप में यूरोप पर मँडरा रहा है और बहुत जल्दी यूरोप के उन तमाम देशों में जहाँ समाजवाद को खत्म करके पूँजीवाद पैदा हुआ था, एक गृह-युद्ध की स्थिति आ रही है। कम्युनिस्ट पार्टियाँ, नए नाम, नए बैनर तले उसी पुरानी विचारधारा के साथ सुधरे-संवरे हुए रूप में आ रही हैं। इसलिए मैं कहना चाहता हूँ कि हिन्दी आलोचना के क्षेत्र में आपकी ये जो छोटी शिकायतें हैं अभी ठीक वैसी ही हैं जैसे कोई एम.एल.ए. या एम.पी. अपने चुनाव क्षेत्र में पहुँचे और लोग कहें कि हमारे यहाँ एक पम्प लगवा दीजिए, जरा नाली की सफाई हो जाती आदि। आपकी कहानियाँ, कविताओं में ताकत होगी और नामवर सिंह ने नहीं लिखा तो कोई और पैदा हो जाएगा लिखने वाला। आप आलोचना से माँग कीजिए कि इस बड़े मुकाबले का जवाब देने के लिए एक सिद्धान्त लेकर आओ कि जवाब दे सको वरना सुधीश पचौरी बनकर रह जाओगे। मुझ पर उन्होंने एक किताब लिखी कि नामवरजी और सब तो ठीक है परन्तु अभी तक आधुनिक नहीं बन सके। अरे भाई, जियनपुर गाँव में पैदा होने वाला मैं उत्तर-आधुनिक काहे को बनूँ, बनें सुधीश पचौरी।

आलोचना रचना को लेकर आखिरी बात कहना चाहता हूँ कि कवि, उपन्यासकार, कहानीकार जो नया कुछ रच रहा है, वह भाषा तोड़कर एक नई भाषा गढ़ रहा है। जब तक किसी विधा में भाषा को तोड़कर नई भाषा नहीं बनाई जाती, नया सृजन नहीं होता। आज भी आलोचना, आलोचना के प्रत्ययों, अवधारणाओं और पारम्परिक भाषा से इतनी जकड़ी हुई है कि वह नई बन ही नहीं सकती। कबीर के बारे में द्विवेदीजी ने लिखा कि इसी बनारस में पंडितों में बहस चल रही थी–ब्रह्म या ईश्वर के स्वरूप पर। कुछ चेलों के आग्रह पर कबीर ने उन्हें सभा में जाने की अनुमति दे दी। उनके लौटने पर उन्होंने पूछा–क्यों भाई, इन तीन दिनों में आप लोगों ने वहाँ क्या सुना? वे कहने लगे–वहाँ तो इसी बात पर विवाद था कि वह परब्रह्म एक है कि दो है या कि तीन है। कबीर ने टोका और कहा–यह तो सभी मानते थे न कि वह सबसे ताकतवर है, सर्वशक्तिमान है? वे बोले–हाँ। कबीर ने कहा कि जब वह सबसे ताकतवर है, तो क्या वह एक-दो-तीन का बन्धन नहीं तोड़ सकता? क्या वह इन संख्याओं में ही बँधा रहेगा? अतः नया सिद्धान्त गढ़ने के लिए जरूरी है कि अपनी भाषा का जाल, परिभाषाओं, प्रत्ययों और सारी शब्दावलियों को शक की नजर से देखकर, तोड़ना होगा। भाषा को जब तक हिन्दी आलोचना नहीं तोड़ेगी तब तक वह एक ही जगह पर कवायद करती रहेगी। इसलिए रचनाकारों से हाथ जोड़कर मैं निवेदन करूँगा कि मित्रो, तुम लोगों ने तो अपनी भाषा तोड़ी है, हम आलोचकों को भी बताओ कि भाषा कैसे तोड़ी जाती है। जिस दिन यह भाषा तोड़कर हम नई भाषा बनाएँगे, आलोचना पढ़ने लायक होगी अन्यथा यह चोरों की या उनके गिरोहों की एक कूट भाषा बनेगी, जिसमें खग बोलेगा और खग ही सुनेगा।

[29 नवम्बर, 1995 को समीक्षक बच्चन सिंह के सम्मान में वाराणसी में आयोजित प्रगतिशील लेखक संघ के 'समीक्षा-संवाद' के अवसर पर अध्यक्षीय भाषण। पहल-53 में प्रकाशित]

आलोचना का लोकतन्त्र

यह संगोष्ठी जो समालोचना के लोकतन्त्र पर हो रही है, उसके लिए पूरी संसद ही बुला ली गई है। इस संसद से ही प्रकट होगा कि सचमुच हमारी आलोचना में कितना लोकतन्त्र है। साथ ही यह आलोचना साहित्य के बाहर भी लोकतन्त्र के लिए संघर्ष कर सकती है कि नहीं। मैं समालोचना के लोकतन्त्र के दो अर्थ लेता हूँ। एक तो समालोचना के अन्दर लोकतन्त्र हो, दूसरा यह कि समालोचना किसी और बड़े लोकतन्त्र के लिए संघर्ष करे। यह दोनों चीजें जब तक नहीं होंगी, आलोचना के लोकतन्त्र का कोई मतलब नहीं।

अशोक (वाजपेयी) जी ने जिक्र किया कि 1984 में 'पूर्वग्रह' की ओर से ऐसा आयोजन हुआ था और 22 साल के बाद भी वह वैसा ही महसूस कर रहे हैं कि लोकतन्त्र सिमटा है और सिकुड़ा है। तब भी कहा था, आज भी दोहराया है। अपनी मूल स्थापना में परिवर्तन की गुंजाइश उन्हें नहीं दिखाई पड़ी है। उन्होंने यह भी इशारा किया कि आलोचना संस्थान होती है। संगठन होती है। संगठनों के द्वारा आलोचना के लोकतन्त्र पर अंकुश लगाने और उसके विरुद्ध प्रवृत्ति पाई जाती है, यह तब भी कहा था और आज भी कहा है। बल्कि शैलजी ने उनकी कुछ स्थापनाओं को, जो उस व्याख्यान में छूट गया है, आज दोहराया है। बहुवाचकता पर उन्होंने तब भी कहा था और उनका एक लेख भी था। जिस बहुवचन की बात अकसर अशोकजी कहा करते हैं, उस समय उन्होंने विकल्पों की बात कही थी। विकल्पों की सम्भावना आलोचना का मूलाधार है। शायद दूसरे शब्दों में यह बात उन्होंने दोहराई हो।

मैं इलाहाबाद में अपने स्वर्गीय मित्र विजयदेवनारायण साही को इस मौके पर याद करना चाहता हूँ। उनका एक चर्चित लेख है जो सम्भवतः 1964 में उन्होंने लिखा था—'हिन्दी साहित्य का छठा दशक' जिसमें उन्होंने लघु मानव पर लम्बा विचार किया था। उसके आरम्भ में एक बात उन्होंने लिखी थी जो आज के अवसर पर हमें याद आती है। 'साहित्य की समीक्षा को एक पश्चिमी आलोचक ने 'कॉमन परशूट' एक सहयोगी प्रयास कहा है।' वे अंग्रेजी के अध्यापक थे तथा यह वाक्य उन्होंने दो लोगों से लिया है। 'कॉमन परशूट' शब्द कैम्ब्रिज के अध्यापक एफ.आर. लेविस ने प्रयोग

किया था। एफ.आर. लेविस ने यह वाक्य इलियट के प्रसिद्ध लेख 'Functions of Criticism' से लिया था। साहीजी अंग्रेजी के अध्यापक थे और स्वभावतः यह मानकर कि उनका नाम लेने की जरूरत नहीं है हिन्दी वालों के सामने इशारा किया है। आलोचना को एक 'सहयोगी प्रयास' कहा है। साहित्य को समझने और उसे आत्मसात् करने में उत्पन्न बाधाओं को दूर करने का यह सहयोगी प्रयास बहुत-कुछ सुगम हो जाएँ, अगर चर्चा और विश्लेषण करने वाले कम से कम इस पर सहमत हो जाएँ कि जिन-जिन बातों पर आज से एक पीढ़ी पहले बहस हो चुकी है, उन्हें फिर से नहीं उठाएँगे। या उठाएँगे तो उन उत्तरों का ध्यान रखेंगे, जो पहले दिए जा चुके हैं। फिजूल की बकवास तो इससे बन्द ही हो जाएगी। यह साही ने कहा था। अकसर हिन्दी में इन विषयों पर बहुत सी बहस हुई है और उन बहसों के कुछ उत्तर भी दिए गए हैं। मैंने खुद उस गोष्ठी में जो कुछ कहा था–'वाद-विवाद-संवाद' में उसे लिखकर उत्तर दे चुका हूँ। लेकिन मैंने ही नहीं, इन सवालों के बारे में जवाब दिए जा चुके हैं और साहीजी ने कहा कि कम से कम ये तो होना चाहिए। क्योंकि चिन्तन की एक परम्परा चलती है। मैं इस गोष्ठी को उसी परम्परा की महत्वपूर्ण कड़ी मान रहा हूँ जो कि आज इलाहाबाद में सम्पन्न हो रही है। साहीजी के उस वक्तव्य को मैं बहुत ही मूल्यवान मानता हूँ। उसको दृष्टि में रखकर उन पुरानी बहसों के जो उत्तर दिए गए हैं मैं उन्हें स्वयं नहीं दोहराना चाहता।

आज महत्वपूर्ण यह है कि जिसे समालोचना कह रहे हैं वह क्या है? आज समालोचना के लोकतन्त्र से ज़्यादा संकट समालोचना के स्वरूप को लेकर है। अशोकजी ने एक शब्द की ओर इशारा किया जो ज़्यादा महत्वपूर्ण है। 'देखना' शब्द के बारे में। वेडगेंस्टाइन का एक सूत्र है–Don't think, Look और आज यहाँ नहीं बल्कि अंग्रेजी में भी और अमेरिकी अंग्रेजी में भी, दोनों साहित्यों में विमर्श बहुत हो रहा है, थियरी ज़्यादा हो रही है, सिद्धान्त ज़्यादा रचे जा रहे हैं, बल्कि थियरीज को एक मान दे दिया गया है–खासतौर से उत्तर-आधुनिकतावादी सारे विचारों के लिए एक शब्द यानी थियरी। स्त्री-विमर्श, दलित-विमर्श यानी विमर्श छाया हुआ है। वेडगेंस्टाइन ने कहा था कि Don't think, look. आपके सामने एक पेंटिंग है, कविता है, उसे देखो तो सही एक बार। क्योंकि आप कहाँ से, किस कोण से, किस जगह से देख रहे हैं और साथ ही देखने वाला अपनी आँख को भी तो एक बार देखे। लोग कहते हैं कि हम देखने वाले की नजर देख रहे हैं। किस नजर से आप देख रहे हैं। कुछ आँख में ही तो खोट नहीं है। इसलिए कविता को भी देखने का सवाल है। कहते हैं न कि 'ज्यो-ज्यों निहारिए नेरे होय नैनन, त्यों-त्यों खरी निकरनि सी निकाई'। एक ही कविता को एक बार हम पढ़ते हैं, तो कुछ चीजें छूट जाती हैं। बाद में वो सब ध्यान में आता है, अरे! ये तो छूट गया था इसे फिर देखो। 'शास्त्र सुचिंतित पुनि पुनि

देखिय'–बार-बार देखो। हालत ये हो गई कि सिद्धान्त बहुत बघारे जा रहे हैं। एक टेक्स्ट आप देर तक देखते रहें। अगर उसमें नया अर्थ किसी से छूट गया हो, आप ही से छूट गया हो, उसे ढूँढ़ें।

लोकतन्त्र से ज़्यादा बड़ा संकट यह है कि देखने का धैर्य हमारे पास नहीं रह गया है। 'समालोचना' शब्द के लिए स्वयं हमारे यहाँ 'लोचन' नाम धरा है। अंग्रेजी के क्रिटिक का चाहे जो अर्थ होता होगा, लैटिन ओरिएंट शब्द का जो अर्थ होता होगा–क्रिटिक और ओरिएंट में देखने का भाव नहीं है। अभिनवगुप्त ने अपनी टीका का नाम 'ध्वन्यालोक लोचन' रखा। संस्कृत में 'आलोचना' नाम का शब्द नहीं है। हिन्दी का शब्द है समालोचना, आलोचना। संस्कृत में परम्परा टीका, भाष्य, वृत्ति आदि की है। लेकिन अभिनवगुप्त ने परिभाषित कर दिया कि शास्त्र को भी देखने की जरूरत पड़ती है केवल कविता को ही नहीं। इसलिए कविता और शास्त्र दोनों को ही देखना चाहिए। आज ठीक-ठीक आलोचना क्या है? और 'क्या' को परिभाषित करने में देखना पड़ेगा कि आलोचना में स्वयं लोकतन्त्र है कि नहीं। यानी आलोचना का जो परम्परागत धर्म है, जो स्वधर्म है, क्या वह उससे च्युत हो रही है? आप देखें तो इस बीच बहुत अच्छी कविताएँ लिखी गई हैं, उपन्यास लिखे गए हैं। लेकिन अब टिककर किसी एक कविता पर विचार करने की परम्परा बन रही है या कम हो रही है या चीजों की अनदेखी की जा रही है? लोकतन्त्र की एक लम्बी परम्परा रही है, उसे देख लें फिर उसे बढ़ाना है, उसका निर्वाह करना है, यह तय करेंगे। यह संयोग ही है कि मैंने जिस पत्रिका का सम्पादन शुरू किया उसका नाम 'आलोचना' है तथा अशोकजी ने जिसका किया उसका नाम 'पूर्वग्रह' है।

आप देखेंगे कि संस्कृत की पूरी परम्परा में छह-सात सम्प्रदाय माने जाते हैं। थियरीज़ अलग-अलग हैं–अलंकार सम्प्रदाय, रीति सम्प्रदाय, वक्रोक्ति सम्प्रदाय, ध्वनि सम्प्रदाय, रस सम्प्रदाय आदि-आदि कहे जाते हैं। लेकिन आप देखें कि उसमें इन सारी चीजों के प्रति सब होते हुए जहाँ तक कविताओं का सवाल है, उन कविताओं के बारे में पाठ अलग-अलग करते हुए भी उसके अर्थ पर विचार किया करते थे। प्रसंगवश कह रहा हूँ कि काशी हिन्दू विश्वविद्यालय की दूसरी परम्परा रही है। हमारे गुरु प्रो. विश्वनाथ प्रसाद मिश्र बड़े विनोद से कहा करते थे कि हम लोग तो 'टीका सम्प्रदाय' के हैं। लम्बा टीका लगाते थे। समझा जाता था कि टीका लिखना कोई छोटी चीज है। लाला भगवानदीन के शिष्य थे। लेकिन बाद में मैंने देखा आचार्य रामचन्द्र शुक्ल 'आँसू' और 'लहर' की कविताएँ पढ़ाया करते थे और उन पर टिप्पणियाँ जिस ध्यान से उन्होंने लिखी हैं जो उनकी आलोचना वाली पुस्तकों में आई हैं। वे उतनी ही ध्यान से रामचरितमानस, छायावादी कविता, कामायनी तक की टीका लिखा करते थे। इलाहाबाद वालों के बारे में कहा जाता था कि ये टेक्स्ट पर

ध्यान कम रखते हैं, ये बड़ी लम्बी-चौड़ी आलोचनाएँ लिखते हैं। यह व्याख्या के नाम पर ऐसा करते हैं, देर तक टिककर नहीं लिखते। मैं नहीं कहता कि सचमुच ऐसा किया करते थे। यहाँ भी रसालजी जैसे लोग थे, जो पुरानी टीका पर ध्यान दिया करते थे। बल्कि बाद में माता प्रसाद गुप्त ने पाठालोचन ही नहीं किया, ग्रन्थों की बाकायदा टीकाएँ भी लिखी हैं। यहाँ भी वो परम्परा थी। उस परम्परा की सीमाएँ जो भी हों।

एफ.आर. लेविस ने एक सूत्र देते हुए कहा था कि हम सम्बोधित करते हैं, नियन्त्रित करते हैं अपने पाठकों को, यह कहने के लिए कि हम जो कह रहे हैं Yes, but...। कहाँ तक आपकी यानी पाठक समुदाय की सहमति चाहते हैं, लेकिन उसके बाद उसकी असहमति भी जानना चाहेंगे, कहीं कुछ आपके रिजर्वेशन हों, कुछ संशोधन, परिवर्तन चाहते हों, अतिरिक्त जोड़ना चाहते हों। उनका वाक्य है–चूँकि आलोचना केवल विश्लेषण, व्याख्या ही न करके मूल्यांकन भी करती है। कभी-कभी यह कहा जाता है कि निर्णयवादी आलोचना नहीं है। लेकिन गुण का, अच्छे-बुरे का विभेद आप नहीं करते हैं तो इसका मतलब है कि सब धान बाइस पसेरी है। कहीं न कहीं तो कौन बेहतर है–इसका भेद होना चाहिए। कौन अच्छी है और कौन कविता नहीं है, यह भी कहा जाना चाहिए। मूल्यांकन होना चाहिए और उस मूल्यांकन की पूरी की पूरी प्रक्रिया है, निर्णय की प्रक्रिया निश्चित रूप से सहयोगी होगी, सहकारी होगी। जहाँ से 'जजमेंट' नाम का शब्द आया है वह आमतौर से कोर्ट ने हम लोगों से लिया है। कोर्ट में एक वकील साहब कहा करते थे कि 'जज साहब' ने किसी वकील से कहा जब वो बहस किए जा रहे थे कि आप हमारी जगह होते तो क्या करते। वकील साहब ने कहा कि हम आपकी जगह होते तो भूखों मर जाते। आप जो फैसला कर रहे हैं हम उसमें सहयोग कर रहे हैं। अगर ये वकील न हो, गवाह न हो, तो ये प्रक्रिया पूरी न हो सकेगी, जो निर्णय तक पहुँचने में सहायक होती है। आप जज के रूप में निमित्त होते हैं। आलोचना में भी इस निर्णय की प्रक्रिया का बड़ा महत्व है। हमने किसी चीज का अर्थ समझा, उसे बताया, दूसरों के सामने यह जानने के लिए रखा कि इसमें कुछ छूट तो नहीं गया है, कोई संशोधन जरूरी तो नहीं है, कुछ अर्द्ध स्वीकृति है और आप कुछ और तो नहीं जोड़ना चाहते हैं, यह पूरी की पूरी लोकतान्त्रिक प्रक्रिया है जो कि निहित है आलोचना में। हर नई पीढ़ी एक ही कविता का अर्थ करते हुए कुछ नया जोड़ती है, जिससे अर्थ की पूरी परम्परा बनती है। लेविस का शब्द आया है–common persuit of true judgement. सही निर्णय में सहयोगी प्रयास। निर्णय करने में प्रयास सहयोगी होता है, प्रक्रिया लोकतान्त्रिक होती है। यह कोई फतवा नहीं होता किसी पाठक का, आलोचक का। उसने पूरी इस प्रक्रिया के लिए स्क्रुटिनी नाम रखा था अपने सम्प्रदाय का।

परम्परा का भी मूल्यांकन, पुनर्मूल्यांकन होता है, वर्तमान का भी होता है, एक लम्बी प्रक्रिया है, इसलिए हमने कहा कि इस प्रयास के लिए सच्चे अर्थों में लोकतन्त्र होना चाहिए। लोकतन्त्र के तीन आधार माने जाते हैं—स्वतन्त्रता, समानता और बन्धुत्व। आलोचना जिस चीज पर जोर देती है वह यह कि वह हर हालत में पर्सनल होती है, निरीह होती है, पंचायती नहीं होती। हर व्यक्ति किसी कृति को पढ़कर अपनी नजर से देखता है। दूसरों की नजर पर वह ध्यान देता है कि वह कैसे लिखता है। ईमानदारी से कहूँ तो किसी कविता को पढ़कर मुझे कैसा अनुभव हुआ है, क्या लगा उसे पढ़कर, ये मैं ही जानता हूँ। कवि सम्मेलनों में 20 आदमियों के बीच बैठकर वाह-वाह करना आलोचना नहीं है। कवि के साथ पढ़ा जाने वाला जो शब्द हमारे यहाँ था वह बहुत ही अच्छा था—'सहृदय।' साहीजी ने उसी लेख में एक बात और कही थी। वह लेख मुझे बहुत अच्छा इसलिए भी लगता है क्योंकि वह रास्ता दिखाने वाला है। साही ने कहा है कि 'मेरी समझ में आलोचना का काम साहित्यिक कृति की संवेदना को जबर्दस्ती खींचकर पाठक तक पहुँचाना नहीं हैं।' आलोचना सिर्फ इतना कर सकती है कि पाठक को जो धारणापरक पूर्वग्रह जाने या अनजाने उस ओर जाने से रोक रहे हैं, जो अपनी उपस्थिति के कारण, (ऐसा विचारधारा के अलगाव के कारण होता है। लेखक की विचारधारा कुछ है, पाठक की कुछ) वहाँ जाने से रोक रहे हैं जहाँ से काव्य का प्रभाव प्रवाहित हो रहा है, उन बाधाओं को नष्ट करके पाठक को एक उचित तत्परता की अवस्था में छोड़ दे। यन्त्र-जगत की एक स्थूल उपमा के द्वारा हम यूँ कह सकते हैं, पाठक को रेडियो की उचित वेव लेन्थ पर लगा भर देना आलोचना का काम है, स्टेशन तो रेडियो सेट स्वयं पकड़ेगा। अगर गायन नहीं आ रहा है या कोई विकृति हो तो आलोचक गाने वाले के स्वर के साथ स्वर मिलाकर गा नहीं सकता। उच्छ्वास वाली आलोचना कविता के स्वर में स्वर मिलाकर गाने लगती है। स्वर जो कविता है उसे आप तक पहुँचाने की कोशिश करने लगती है। इसलिए जो आलोचना का काम है, उसके लिए अभिनवगुप्त पादाचार्य ने 'सहृदय संवाद' पद का प्रयोग किया है। आलोचक वह है जो कविता की भावधारा तक आपको पहुँचा दे। पाठक इसके बाद अर्थ स्वयं ग्रहण करेगा। बाधाएँ जो संस्कार, विचारधारा, पूर्वग्रह आदि के कारण आती हैं उन्हें हटा दे। मान लीजिए कि क्रान्तिकारी विचारधारा की कोई कविता है और आप उस विचारधारा के विरोधी हैं तो निश्चय ही बाधा होगी। ये भी हो सकता है कि किसी फासिस्ट ने कोई कविता लिखी हो और यह कि आप उसके विरोधी हों तो आप उस कविता तक नहीं पहुँचेंगे। तो कोई पूर्वग्रह हो तो उसे हटाकर देख सकें तो देखें, नहीं तो खारिज करें। इसलिए हमारे यहाँ कुछ लोग कविता की आलोचना कविता की भाषा में किया करते हैं। यह अधम कोटि की आलोचना है। कवि जितना ही आँसू बहाकर आप अगर सोच रहे हैं

कि पाठक की आँखें गीली हो जाएँगी तो नहीं होने वाली। इसलिए आलोचना का जो स्वधर्म है, उस स्वधर्म में कविता की भावभूमि तक और वह संवेदना जो वहाँ से आ रही है, आप जिसे ग्रहण कर रहे हैं, अपनाकर एक लहरमान पर पहुँचाने का मुख्य कार्य है।

इसमें लोकतान्त्रिकता यह भी है कि प्रत्येक व्यक्ति को समान अधिकार है। वह स्वतन्त्र है कविता को समझने के लिए। सम्भव है वह गालिब के एक शेर से कोई दूसरा अर्थ निकाल रहा हो, आप कोई दूसरा। हर आदमी का अपना सच है जो कि उसे दिखाई देता है। यह छूट तो है ही कि किसी कविता से आप क्या ग्रहण करते हैं। इस मामले में हर आदमी का अधिकार समान है। इसको लेकर मतभेद जब हो तो बन्धुत्व का मतलब है आपसदारी का। आपसदारी सिर्फ मित्रता की ही नहीं होती है, लड़ाई की भी होती है। कभी-कभी तकलीफ होती है कि कोई हमसे लड़ता भी नहीं। इसलिए उसमें कड़वाहट भी हो सकती है। डाइलेक्टिक के दोनों अर्थ होते हैं। आलोचना की परम्परा में पहले भी आप देखें तो कटु विवाद हुए हैं। 'कालिदास की निरंकुशता' सम्बन्धी विवाद लम्बा चला। द्विवेदीजी ने लिखा, कई लोगों ने लिखा, गुलेरीजी को उसमें हस्तक्षेप करना पड़ा। कटुता के बावजूद अन्ततः यह जजमेंट निकला कि कई जगहों पर कालिदास के खिलाफ गलत टिप्पणियाँ द्विवेदीजी ने की हैं। उसका जवाब देते हुए द्विवेदीजी ने उन चीजों को दोहराया नहीं। समीक्षा देखें, तो स्वयं निराला ने छायावादी दौर में 'पल्लव' पर कड़ी टिप्पणी की है, जबकि बड़े गहरे और आत्मीय सम्बन्ध रहे हैं निराला के पन्त से। लेकिन समीक्षा की और पन्तजी को स्वीकार करना पड़ा। इसलिए 'Yes, but' का अर्थ but की बहुत सारी सीमाओं से पता चलता है। कई बार कड़वाहट भी आ जाती है और अन्त में यह पूरा का पूरा संवाद बनता है। संवाद वादी स्वरों के साथ भी बनता है। लोकतन्त्र में सब अच्छा-अच्छा कहना जरूरी नहीं है। मैं कहना चाहूँगा कि जो छद्म शिष्टाचार है, उसकी अपेक्षा खुले मन से शिष्टाचार का उल्लघंन करना ज़्यादा अच्छा है। हरबर्ट मारकूजे ने एक बड़ा अच्छा शब्द इस्तेमाल किया है–Repressive tolerance. सहिष्णुता रिप्रेसिव हुआ करती है। यह कला देखनी हो तो अंग्रेजों को देखिए। गांधीजी के साथ इन्होंने सबसे ज़्यादा इसी का उपयोग किया। सहिष्णुता हमेशा निरापद नहीं हुआ करती है। बल्कि मारक ही हुआ करती है। खुला हुआ विवाद आलोचना में जहाँ-जहाँ जब-जब हुआ है, रोचक रहा है। पंडितराज जगन्नाथ ने मम्मट की आलोचना करते हुए उन्हें ध्वस्त कर दिया है। मार्क्स की एक किताब का नाम है–A Critic of Critical Reason. इसलिए ही आलोचना निर्मम होती है कि वह मुँह देखी नहीं कहती। जब तक ये काम नहीं किया जाएगा, कोई भी पाठ, रचना खुलकर नहीं आ सकती। लेकिन सबके लिए छूट है। प्रगतिशील आन्दोलन के भीतर कितना

द्वन्द्व हुआ है? मैं नहीं समझता कि रामविलास शर्मा ने बाहर के लोगों के खिलाफ उतना कटु लिखा है जितना कि भीतर के लोगों के खिलाफ। ये बात उर्दू, हिन्दी, बंगला, मराठी सब जगह हुई है। वहाँ खुलकर विवाद हुए हैं। रहे होंगे कम्युनिस्ट पार्टी के बहुत बड़े लीडर पर डी.डी कौशाम्बी ने, उनकी पुस्तक 'Primitive Communism' पर जो आलोचना लिखी है। उसे पढ़िए। मार्क्सवाद बेहतर मिसाल है। दूसरों की आलोचना करने से पहले खुद अपनी आलोचना देखनी चाहिए। बावजूद इसके एक जगह है जहाँ समानता है, स्वतन्त्रता है, कॉमरेडशिप का सवाल तो है ही। इसलिए आलोचना के भीतर का लोकतन्त्र किस तरह का होना चाहिए, विचार के स्तर पर या निजी सम्बन्धों के आधार पर, इस पर विचार होना चाहिए।

लेकिन आजकल तो हालत यह हो गई है कि कटु आलोचनाएँ कम ही सुनाई देती हैं। उपेक्षा से बेहतर यही है कि कोई आलोचना करने लायक तो समझता है। हम लोग इतने सभ्य होते जा रहे हैं, ऐसे बुर्जुआ संस्कार मध्यवर्ग के लोगों से आ रहे हैं, इतने शिष्ट हो गए हैं कि हम कुछ लोगों को केवल उपेक्षा से मार देना चाहते हैं। कोई आलोचना के लिए न तरसता रहे, इसके लिए जरूरी है कि आलोचना की दुनिया में जागरूकता दिखाई दे, जिन्दगी दिखाई दे और यह 'मुर्दों का टीला' बनकर न रह जाए। मुझे लगता है कि हिन्दी आलोचना में विचारों की सहिष्णुता आदि की कमी नहीं है। जहाँ फर्क मालूम हो, वहाँ सम्बन्ध अच्छे हो सकते हैं। जहाँ फर्क ही न पता चले, वहाँ सम्बन्ध क्या बनेंगे। इसलिए ऐसे समय में वैचारिक मतभेद खुलकर सामने आने चाहिए। लगभग इसी तरीके की स्थिति पार्लियामेंट में हो गई है। रोज दल बदलने वाले इधर से उधर हो रहे हैं, बड़ी अच्छी मैत्री की स्थिति दोनों में है। कोई किसी के खिलाफ नहीं है। शाम को सब, एक-दूसरे के साथ बैठे रहेंगे। इसलिए जरूरी है कि छद्‌म शिष्टाचार तथा बुर्जुआ संस्कार तोड़कर विचारों की भिन्नता सामने आए। मैं समझता हूँ कि हिन्दी आलोचना के वैचारिक विकास के लिए यह बहुत जरूरी है। वरना तमाम साहित्यिक कृतियों के बारे में एक छद्‌म सहमति बहुत खतरनाक होगी। रचनाओं के बारे में आजकल मैं बहुत जल्दी आम सहमति देख रहा हूँ। ये क्या बनता चला जा रहा है। हम लोग कैनन के खिलाफ लड़ाई लड़ते रहे हैं। लेकिन बहुत जल्दी ही मॉर्डन कैनन बन गए हैं। पिछले कैनन की तो कोई परवाह ही नहीं करता। ये खतरे हैं जो इस बीच बौद्धिक आलस्य के कारण पैदा हुए हैं। बौद्धिक उग्रता, तीव्रता और निष्ठा के अभाव के कारण भी एक खतरा हिन्दी आलोचना में दिखाई दे रहा है।

आलोचना लेखन हिन्दी में तो क्रमशः आधुनिक दौर में, उन्नीसवीं शती में 1857 के बाद शुरू हुआ है। अन्यत्र भी। अंग्रेजी में आमतौर पर जिसे सबसे मान्य आलोचक माना जाता रहा है, रेमंड विलियम, वे अपने को लिटरेटी क्रिटिक न तो

कहते थे, न कहलाना पसन्द करते थे। उन्हें इस पर गर्व भी था। यद्यपि कि वो उच्चकोटि के लिटरेटी क्रिटिक भी थे। नाटक, नॉवेल पर खूब लिखा है। लेकिन वो यह कहते थे कि यह जमाना जो है वो छलांग लगाने का है। अनेक विधाओं में जाने का है जिसे इंटर डिसिप्लिनरी एप्रोच (अन्तः अनुशासनात्मक दृष्टिकोण) कहते हैं। उन्होंने कहा कि साहित्य तथा कलाओं में जो समाज की समस्याओं का चित्रण होता है, उसमें मीडिया द्वारा इतना परिवर्तन हुआ है कि कलाओं का, साहित्य का जिसे हम अन्तरावलम्बन कहते हैं, अनेक विधाओं का हुआ है। इस मासमीडिया के जमाने में मीडिया पर भी उन्होंने किताब लिखी। पहली किताब जो उनकी मशहूर हुई वह थी Culture and Society। ज़्यादा से ज़्यादा लोग अपने को 'कल्चरल क्रिटीक' कहलाना पसन्द करते हैं, लिटरेटी क्रिटिक के बजाय। 'कल्चर' शब्द ज़्यादा समावेशी हो गया है। इसे सिर्फ एन्थ्रोपोलॉजी या सोसियोलॉजी के खाते में नहीं रखा जा रहा है। बल्कि बेहतर यह है कि दूसरी चीजें भी सामने आनी चाहिए। पर्यावरण के विनाश को देखते हुए आपको साइन्स में भी दिलचस्पी लेनी पड़ेगी अगर आप नहीं लेते हैं तो आपका पूरा का पूरा चिन्तन अधूरा है। इसलिए इस बीच जो बौद्धिक विकास हुआ है–शिक्षा संस्थाओं, शोध संस्थानों में–इनके बीच आलोचना सिर्फ टेक्स्ट बेस नहीं रह गई है। हम अगर ध्यान दें तो पहले भी नहीं थीं। आप संस्कृत के काव्यशास्त्र को पढ़ें, आनन्दवर्धन या अभिनवगुप्त को पढ़ें तो उस दौर की सारी विधाओं में दर्शन (सारण्य) भी आता है। आनन्दवर्धन की व्याख्या के सन्दर्भ में, महाभारत-रामायण की समीक्षा के सम्दर्भ में एक पूरा का पूरा युग बोलता है। हम लोग अपनी आलोचना के बारे में देखें तो रामचन्द्र शुक्ल 1857 के बारे में भी कहते हैं, नवजागरण की, समाज की, राजनीति की चर्चा करते हैं, सारी चीजें घुली-मिली हैं, बल्कि उन्होंने तो यहाँ तक किया कि 'रिडल ऑफ द युनिवर्स' का (हैकेल की पुस्तक का) अनुवाद 'विश्व प्रपंच की भूमिका' नाम से किया। आचार्य हजारी प्रसाद द्विवेदी को उस दौर में देखा जाए तो हिन्दी साहित्य से आगे बढ़कर विश्वभारती की अपनी संस्कृति को उन्होंने ज़्यादा विवेचित किया, साहित्य के टेक्स्ट की अपेक्षा।

इसीलिए आलोचना के लोकतन्त्र का दूसरा पहलू है कि एक तो अपने स्वरूप को सीधे पाठ निर्मित-पाठ केन्द्रित करे किन्तु इसके अलावा टेक्स्ट के जो सामाजिक सन्दर्भ हैं, जो सांस्कृतिक सन्दर्भ हैं, माध्यमों के सन्दर्भ हैं, उस समूची संस्कृति को ध्यान में रखते हुए उसकी हिफाजत तथा उसके सही रूपों पर विचार करे। साहित्य समालोचना ही नहीं बल्कि 'संस्कृति समीक्षा', जिसे मुक्तिबोध हमेशा साहित्य के भीतर देखा करते थे, भी आलोचना का काम है। आज सार्थक आलोचना वही होगी। इसका मतलब यह होगा कि हम जो लड़ाई लड़ेंगे, वह लड़ाई आज के दौर में एक लोकतन्त्र के लिए लड़ेंगे क्योंकि लोकतन्त्र खतरे में है।

इस बीच लोकतन्त्र पर कई खतरे आए हैं। इमरजेन्सी में एक खतरा आया था और सम्भवतः राजनीतिज्ञों से ज़्यादा आगे बढ़कर के साहित्यकारों ने आवाज उठाई थी। यद्यपि अनेक राजनीतिज्ञ, घुली-मिली पार्टियाँ अलग-अलग मकसद से उसमें भाग ले रही थीं उसके बाद बड़ी खिचड़ी सरकारें बनी थीं। तब से लेकर इस दौर में लोकतन्त्र (संसदीय लोकतन्त्र) का आईना संसद में भयानक अराजकता के रूप में दिखाई दे रहा है। संसद बहस की जगह है लेकिन वह हुल्लड़बाजी तथा अखाड़ेबाजी की जगह बनकर सामने आ रही है। यह संसद स्वयं जब असंसदीय हो रही हो तब लगता है कि ऐसी ही कार्यवाहियाँ निमन्त्रित करती हैं तानाशाही को। ऐसी ही कार्यवाहियों के द्वारा वाइमार रिपब्लिक के बाद हिटलर आया था और इन्हीं कारणों से आया था। इसलिए ही पश्चिम वाले कहते हैं प्रजातन्त्र हिन्दुस्तान में अभी ठीक से आ ही नहीं सका। बड़ी मुश्किल से प्रयोग के लिए दिया गया था हमें। पश्चिम में राजशाही, सामन्तशाही के खिलाफ लोकतन्त्र की परम्परा बहुत ही ताकतवर रही है। फ्रांसीसी क्रान्ति के बाद से ही सामंत शाही को तोड़ने की कोशिश हुई है। हमारे यहाँ सामन्ती प्रवृत्तियों के खिलाफ जैसी लड़ाई लड़ी जानी चाहिए थी, नहीं लड़ी गई। चाहे वह नवाबों, राजाओं, जमींदारों की परम्परा रही हो, चाहे जातिवाद के रूप में फ्यूडर संस्कार बने हुए हों। लोकतन्त्र अगर कमजोर है तो इसलिए कि सामन्ती संस्कारों के विरुद्ध, व्यवस्था के विरुद्ध जैसी निर्णयात्मक लड़ाई हमारे यहाँ लड़ी जानी चाहिए थी, नहीं लड़ी जा सकी। यूरोप में वह निर्णयात्मक लड़ाई लड़ी गई हमारे यहाँ कभी लड़ी ही नहीं गई। हम लोग बड़े सरल समाधानों से उपचार चाहते रहे। आरक्षण एक सरल समाधान है। अम्बेडकर के जमाने में जो शुरू हुआ था, अगर सचमुच वैसी ही लड़ाई लड़ी गई होती, दक्षिण में वैसी लड़ी गई। हिन्दीभाषी प्रदेश में वैसी ही लड़ाई लड़ी गई होती तो आरक्षणों की बदौलत जो एक आसान हल खोजने की कोशिश हो रही है, उसकी जरूरत न पड़ती। संस्कार तो वही बने हुए हैं। इसलिए साहित्य में जितने सहज भाव से दलित-विमर्श, स्त्री-विमर्श को खुलकर स्वीकार किया है, खुलेपन से, बिना किसी किन्तु-परन्तु के, वह अगर हमारे सामाजिक जीवन में नहीं आया है तो हम दबाव डालकर समाज को लोकतान्त्रिक बनाने की दिशा में प्रेरित करें, यह आलोचना का बहुत बड़ा दायित्व है। अन्दर का लोकतन्त्र तो होगा ही, साथ ही आलोचना जीवित रहेगी, फलेगी, विकसित होगी, अगर वह सन्दर्भ और परिवेश–सामाजिक परिवेश, आर्थिक परिवेश, जो उसका है उसमें भी यह सम्भव हो सके। वरना आलोचक तो पब्लिक रिलेशन ऑफिसर का काम करेगा जैसे कॉरपोरेट सेक्टर में काम कर रहे हैं। मन्त्री, सचिव, एजेंट के रूप में आलोचक काम करेगा, या विज्ञापन बनाने वाले के रूप में काम करेगा जैसा कि मीडिया-रेडियो में हुआ करता है। यही भूमिका रहेगी। उसकी साख घटेगी, वह समालोचक नहीं है बल्कि किसी का

एजेंट है। खतरे बढ़ रहे हैं। इस बीच बहुत तेजी से, उन संस्थानों की ओर से जो फौज विश्वविद्यालयों में हम तैयार कर रहे हैं, वे बेचारे मुँह बाए शेर के मुँह में निगले जाने को तैयार बैठे हैं। ये पढ़े-लिखे लोग ही हमारे एजेंट के बतौर काम करेंगे इस लड़ाई में। हमें इनका उपयोग करना है। तस्वीर बहुत निराशाजनक नहीं है, बल्कि ऐसी है जो हमें चुनौती देती है। उस चुनौती को स्वीकार करने की ताकत अभी हमारे हिन्दी साहित्यकारों में है और साहित्यकारों की एक टुकड़ी आलोचकों के रूप में बड़ी दूर तक खड़ी दिखाई देती है।

*[* हिन्दी विभाग, इलाहाबाद विश्वविद्यालय में आयोजित राष्ट्रीय संगोष्ठी 'आलोचना का लोकतन्त्र' में 2 दिसम्बर, 2006 को दिया गया उद्घाटन भाषण।*
*** 'हिन्दी आलोचना : विविध आयाम, सम्पादक–रामकिशोर शर्मा, हिन्दी परिषद प्रकाशन, इलाहाबाद में संकलित]*

आलोचना, परम्परा और इतिहास

कुछ वर्ष पहले शिकायत थी कि हिन्दी आलोचना नितान्त समसामयिक हो गई है और समकालीन रचनाकारों और कृतियों तक ही सीमित रह गई है, यानी पुस्तक समीक्षा और समकालीन रचनाकारों की चर्चा पर ही हिन्दी आलोचना समाप्त हो जाती है। अब इधर यह दिखाई पड़ा है और देखा जा रहा है कि हिन्दी आलोचना और साथ ही रचना भी अपने इतिहास और परम्परा के प्रति अत्यधिक जागरूक हो उठी है। नए रचनाकार और नए आलोचकों ने इस बीच अपने इतिहास के बारे में जितना सोचा और लिखा है, अपनी परम्परा की जितनी चर्चा की है, वह एक या डेढ़ दशक पहले से भिन्न है। यह भी तथ्य हमारे सामने आता है कि यह स्थिति विश्वविद्यालयों से भिन्न है। विश्वविद्यालयों में ठीक इसके उलट हुआ है। आज से बीस-पच्चीस वर्ष पहले प्राचीन साहित्य पर बहुत काम किया जाता था, आज आप शोध-कार्यों को देखें तो किसी नए से नए कवि पर–विनोद कुमार शुक्ल पर–पी-एच.डी. के शोध प्रबन्ध लिखे जा रहे हैं। इन तथ्यों की ओर ध्यान जाना चाहिए। उसका एक बड़ा प्रमाण आज की गोष्ठी में व्यक्त किए गए विचार हैं। विषय तो रखा ही गया है, विचार भी इसे प्रमाणित करते हैं। अपनी परम्परा के अन्तर्गत अभिनवगुप्त से लेकर भारतेन्दु, रामचन्द्र शुक्ल, हजारी प्रसाद द्विवेदी आदि की चर्चा की जाती रही है। यह अवश्य है कि इतिहास और परम्परा की यह जो चर्चा हो रही है उसमें जैसा कि अशोक वाजपेयीजी ने अपने निबन्ध में जिक्र किया था–अधिग्रहण करने की (जिसे एप्रोप्रिएशन कहा गया है) एक प्रवृत्ति बराबर बनी हुई है। ऐसा होता रहा है कि अतीत में से किसी कवि और रचनाकार का आप अधिग्रहण करें। जर्मनी में एक ऐसी स्थिति आई थी जब वाल्टर बेंजामिन ने कहा था कि अब जो हमारे पुरखे हैं, वे भी दुश्मनों के हाथ में सुरक्षित नहीं हैं। ये नात्सियों के हमले के समय की बात है। ऐसी स्थिति हमारे देश में तो नहीं आई है किन्तु यह हुआ है कि हमारे यहाँ साम्प्रदायिक शक्तियों ने हमारे इतिहास और हमारी परम्परा की कुछ ऐसी व्याख्या की है, जिससे पुरखों को मुक्त करने की और उनके दूसरे रूप को प्रस्तुत करने की आवश्यकता महसूस की गई है। इसीलिए एक प्रवृत्ति तो यह है। दूसरी यह भी है कि आलोचना में अपने समूचे

इतिहास को भिन्न-भिन्न ढंग से प्रस्तुत किया गया है, उसमें से अपनी परम्परा भी चुनी गई है। मुझे ऐसा लगता है कि जैसे कवि को अधिकार है, अपनी परम्परा चुनने का अथवा परम्परा में से चुनने का उसी तरह आलोचक को भी अधिकार है और होना चाहिए। परम्परा प्रदत्त नहीं हुआ करती, परम्परा आविष्कृत होती है। इसलिए अपनी पूरी परम्परा में से यदि कोई एक आलोचक को चुनता है, अपने लिए प्रासंगिक मानता है तो जैसे रचना में यह उचित है वैसे ही आलोचना में भी।

वात्स्यायन (अज्ञेय) जी ने प्रातःकाल भाषा की ओर संकेत किया था। आलोचना कर्म में लगे रहने के अनुभव के आधार पर मैं देखता हूँ कि आखिर जो आलोचना की भाषा आपको मिली है उसी में तो आपको लिखना है। आप अभिनवगुप्त को, दरीदा को पढ़ लें लेकिन लिखेंगे आलोचना उसी दी हुई भाषा में जो आपको मिली है। जैसे कि एक रचनाकार को रचना की जो प्रदत्त भाषा मिली हुई है, कविता कहानी लिखते समय, वह बहुत हद तक नियन्त्रित करती है और जिसे तोड़कर वह नई रचना करता है। अशोकजी ने एक वाक्य लिखा है और मेरा खयाल है कि उन्होंने जान-बूझकर ही लिखा है कि हमारी आलोचना की अपनी नियति, अपनी परम्परा और चिन्तन के अनुरूप है। तो जो भली-बुरी आलोचना है, जिसको लेकर हम रो रहे हैं—हगें इसी आलोचना की दी हुई भाषा में लिखना है। जो भी आलोचना कर्म में प्रवृत्त होता है, वह जानता है कि रचनाकार से कम कठिन संघर्ष उसका नहीं है। किसी रचना का बखान करते समय, किसी कवि का मूल्यांकन करते समय, उस भाषा से जूझना पड़ता है। कितने आलोचक हैं जो इसके प्रति जागरूक हैं? मैं निवेदन करना चाहता हूँ कि हिन्दी की आज की आलोचना को देखते हुए कभी-कभी लगता है कि लेखक इस तरह लिख रहा है जैसे इसकी भाषा में रामचन्द्र शुक्ल कभी हुए ही नहीं। या ऐसे लिख रहा है जैसे इसकी भाषा में हजारी प्रसाद द्विवेदी, रामविलास शर्मा, अज्ञेय, मुक्तिबोध, निर्मल वर्मा ने आलोचना लिखी ही नहीं। बावजूद इसके जहाँ भी आलोचना की संवेदनशील भाषा और उसमें कुछ नया दिखाई पड़ता है तो प्रतीत होता है कि हिन्दी आलोचना बहुत आगे बढ़ गई है। कभी-कभी मुझे स्वयं किसी नए लेखक का लेख पढ़ के अनुभव होता है कि मुझसे अधिक समर्थ, संवेदनशील, सूक्ष्मता से भरी हुई भाषा का निर्माण हो रहा है।

एक जो कठिनाई है और जो बहुत बड़ी समस्या है वह इसलिए भी कि मैथिलीशरण गुप्त की शैली में कहें कि 'हम कौन थे'? (आलोचना में) महान थे, रामचन्द्र शुक्ल के वारिस हैं, 'क्या हो गए' पतित हो गए हैं, भगवान कृपा करेगा तो आलोचना में फिर महान हो जाएँगे। अगर इस रूप में न देखें तो आलोचना की कितने वर्षों की परम्परा है? सही है कि चौधरी बद्रीनारायण प्रेमघन ने उन्नीसवीं शताब्दी के उत्तरार्द्ध में लिखा, लेकिन आलोचना का कायदे से इतिहास महावीर प्रसाद द्विवेदी के

लेखों और रामचन्द्र शुक्ल से शुरू होता है। साठ वर्षों का इतिहास लेकर आप आलोचना लिख रहे हैं जबकि कवि के लिए छह सौ साल की परम्परा है। शायद आप कहें कि लिखने वाले को एहसास होना चाहिए कि भरत मुनि, भामह आदि का काम तो है, तो ये बात वैसी ही होगी जैसे कि कोई आदमी एफ.आर. लीविस से कहता है कि आप अरिस्टोटिल या प्लेटो के वारिस हैं। लेकिन ऐसा नहीं है। जिस अंग्रेजी में वे लिख रहे थे उस अंग्रेजी की परम्परा दो-तीन सौ साल की परम्परा थी। अन्य भाषाओं में परम्परा है, लेकिन जो आधुनिक भारतीय भाषाएँ हैं उनमें हिन्दी एक है जिसमें आलोचना की सौ साल से भी कम की परम्परा है। इस परम्परा में आपको काम करना है और विश्व स्तर की आलोचना के सम्मुख आना है। इस समस्या को हम जब तक ध्यान में नहीं रखेंगे तब तक हम वे सारी माँगें करेंगे जिसे देने में, चुकाने में आलोचक समर्थ नहीं है।

मैं निवेदन करूँ कि हिन्दी में इतिहास और परम्परा पर जो कुछ लिखा गया है उसमें बहुत संवेदनशील और मूल्यवान तत्वों के बावजूद जो बड़ी कमी मुझे दिखाई पड़ती है, वह है–सिद्धान्त का अभाव। यह एक विडम्बनापूर्ण बात है और कभी-कभी मैंने स्वयं इसके विपरीत लिखा-सोचा है। संस्कृत आलोचना में आनन्दवर्धन और कुन्तक के 'वक्रोक्ति जीवित' में जब हम छन्द का विश्लेषण पढ़ते हैं तो उसकी सूक्ष्मता देखकर चकित होते हैं, लेकिन यह भूल जाते हैं कि इतना समृद्ध काव्यशास्त्र और संवेदनशील आलोचना जब हुई तो उसके पीछे व्याकरणशास्त्र, दर्शन और भाषा चिन्तन की बड़ी पुष्ट परम्परा थी। काव्यशास्त्र को व्याकरण का पुच्छ कहा गया है। यदि भर्तृहरि न हुए होते तो निश्चित है आनन्दवर्द्धन न होते। कभी हम अभिनवगुप्त के पास जाते हैं और कभी पाश्चात्य साहित्य सिद्धान्तकारों के पास जाते हैं, तो इसीलिए कि स्वयं इन साठ वर्षों में भारत में दर्शन का कितना विकास हुआ है? भाषा चिन्तन का क्या विकास हुआ है? इसके बग़ैर आलोचना में विकास नहीं हो सकता। काव्य में संवेदना, अनुभवशीलता के आधार पर बहुत दूर तक कुछ नई उद्भावनाएँ होती हैं, हो सकती हैं, कथा साहित्य में हो सकती हैं किन्तु आलोचना चिन्तन का विषय है और चिन्तन के लिए उस भाषा के चिन्तन का सूक्ष्म विकास जब तक नहीं होगा, जैसे कि संस्कृत काव्यशास्त्र में हुआ था, तब तक हमें उन अभावों का सामना करना पड़ेगा। हम लोग स्ट्रक्चरलिज़्म और पोस्ट-स्ट्रक्चरलिज़्म और न जाने काहे-काहे की बात करते हैं, लेकिन ये भूल जाते हैं कि सस्यूर और उनकी एक लम्बी परम्परा न होती तो क्या ये काव्य सिद्धान्त आए होते? हम लोग आई.ए. रिचर्ड्स की थियरी की बात करते हैं लेकिन भूल जाते हैं कि उसके समानान्तर इंग्लैंड में एनालिटिकल फिलॉसफी का विकास हो रहा था जिसमें सूक्ष्म भाषा-विश्लेषण हो रहा था। इसलिए अब आप आलोचक से उम्मीद करें कि वो डॉ. देवराज का अथवा जिन के. सी.

भट्टाचार्य का नाम लिया गया था, उनका काम करे तो यह ज़्यादती है। यह नहीं है कि दर्शन और आलोचना में कोई सम्बन्ध नहीं है बल्कि स्थिति यह है कि बीसवीं शताब्दी का भारतीय दर्शन विपन्न है, परजीवी है, वह वेदान्त का अंग्रेजी में उलथा है अथवा पाश्चात्य दर्शनों से लिया हुआ है। किस दर्शन से लेकर हिन्दी आलोचना विकास करे, मैं ये जानना चाहता हूँ। मैं सीखना चाहता हूँ, कौन-सा भाषा चिन्तन हुआ है, जिसके आधार पर चलें। समाज चिन्तन की बात की जाती है। हिन्दी में ले-देकर दो-तीन पक्ष दिखाई पड़ते हैं—कुछ मार्क्सवादी आलोचक हैं, कुछ ग़ैर-मार्क्सवादी आलोचक हैं, कुछ मार्क्सवाद-विरोधी आलोचक हैं, लेकिन ग़ैर-मार्क्सवादी आलोचना का कोई निश्चित सिद्धान्त नहीं है। इसी तरह मार्क्सवाद विरोधी आलोचना का भी कोई निश्चित सिद्धान्त नहीं है और स्वयं मार्क्सवादी आलोचना परजीवी है। स्वयं भारत में मार्क्सवादी चिन्तन का विकास जिस हद तक हुआ होगा, उसी हद तक तो आखिर साहित्यिक मार्क्सवादी आलोचना का भी विकास होगा। जॉर्ज लुकाच हुए तो उनके पीछे मार्क्सवादी चिन्तन की एक लम्बी परम्परा थी।

यदि मैं भूल नहीं रहा हूँ तो डॉ. देवराज ने रामचन्द्र शुक्ल पर लगभग पैंतीस साल पहले 'आलोचना' में एक लेख लिखा था। उस निबन्ध में और अपने अन्य निबन्धों में, उन्होंने दोहराया है कि आचार्य रामचन्द्र शुक्ल की व्यावहारिक समीक्षा तो बहुत मूल्यवान है लेकिन किसी सिद्धान्त का निर्माण वे नहीं कर सके। बहुत लोग नाराज़ हुए थे, आज तक चर्चा की जा रही है। लेकिन आचार्य रामचन्द्र शुक्ल के वे कौन से सिद्धान्त हैं उनको ठीक-ठीक अभी तक निरूपित नहीं किया जा सका। मैं यह नहीं मानता कि उनके सिद्धान्त नहीं थे, लेकिन जिस रूप में उन्हें विवक्षित किया जाना चाहिए था, वे नहीं किए गए। जब विवक्षित करने का अवसर आया तो आचार्य शुक्ल ने उसे 'रस-मीमांसा' कहा, अर्थात् एक पुराने चले आते सिद्धान्त की एक पुनर्व्याख्या वाला ही नाम दिया उन्होंने। एक दूसरे बड़े आलोचक ने प्रश्न उठाया था कि अगर यह सिद्धान्त हो जावेगा तो क्या हिन्दी आलोचना समृद्ध हो जाएगी? आलोचकों का कहना है कि कभी-कभी सिद्धान्त या दर्शन या चिन्तन का पक्ष आलोचना के लिए साधक से अधिक बाधक सिद्ध होता है। अंग्रेजी के एक अच्छे आलोचक एफ.आर. लीविस की बहस रेनेवेलेक से इसी बात पर हुई थी और जिस निबन्ध में हुई थी उसका शीर्षक ही था 'फिलॉसफी एंड लिटरेरी क्रिटिसिज़्म।' रेनेवेलेक ने बड़ी चुनौती दी कि आप अपने सिद्धान्त बताइए, नहीं बताते हैं तो आपके सिद्धान्त मैं बताता हूँ। और लीविस ने कहा कि आपने मेरे सिद्धान्त ग़लत बताए हैं, न बताते तो अच्छा था। यह काम मैं कर सकता हूँ लेकिन करूँगा नहीं क्योंकि आलोचना कर्म दर्शन के कर्म से बिलकुल भिन्न है, यह सिस्टम या थियरी नहीं है बल्कि मूलतः आलोचना कर्म है; हम लोग तो जॉन लॉक के देश के हैं जहाँ आलोचना कर्म एक प्रशिक्षित संवेदनशीलता

से अधिक की माँग नहीं करता, इसी में उसका खुलापन है, इसी में वो कदाचित ठीक मूल्यांकन भी कर सकेगा और विश्लेषण भी कर सकेगा। इससे अधिक यदि आलोचना कर्म सिद्धान्तों की खोज में लगा तो उसकी क्षति होगी। शायद इस कथन में एक सच है। संस्कृत काव्यशास्त्र के इतिहास को देखते हुए यह मालूम होता है। आनन्दवर्धन के ध्वनि सिद्धान्त से असहमतियाँ बहुतों को हुईं। बड़ा अच्छा सिद्धान्त था–ध्वनि, अनुमिति और वक्रोक्ति जीवित की आलोचनाएँ स्थायी महत्व रखती हैं, किन्तु ठीक-ठीक उनका जो सिद्धान्त है, वह अनेक असहमतियों और अस्वीकृतियों के लिए चुनौती देता रहा है–जिन लोगों ने रस को तो माना ध्वनि को नहीं माना, अनुमिति को नहीं माना, वक्रोक्ति को नहीं माना और इसमें निहित है कि उस रस की स्वीकृति का अर्थ था, आलोचना धर्म में निहित प्रशिक्षित संवेदनशीलता, जो शायद एक स्थायी वृत्ति थी। आचार्य रामचन्द्र शुक्ल आज भी हमें बार-बार आकृष्ट करते हैं, हम लौट के जाते हैं, आप उनके लोक-मंगल की सीमा मानें, उनके इतिहास दर्शन को विधेयवादी कहें, साहित्य और समाज का जो सम्बन्ध वे निरूपित करते हैं, वह कहीं आपको बहुत संश्लिष्ट न लगे, इस पर बहस हो कि वो वस्तुवादी थे, प्रत्ययवादी थे, पर उनकी दृष्टि अचूक थी–काव्यत्व की उनकी पहचान में और जहाँ बड़े से बड़ा कवि स्खलित होता है। सभी मानते हैं कि उनकी रस-दृष्टि अचूक थी। शायद इसका आधार था आचार्य रामचन्द्र शुक्ल का भाषा विवेक। शायद ही कोई ऐसा लेखक हो जिस पर लिखते हुए रामचन्द्र शुक्ल ने यह न लिखा हो कि उसके भाषा-विवेक से ही वह काव्य-विवेक मिला था।

एक रचनाकार ही यह सवाल उठा सकता था, जो वात्स्यायन (अज्ञेय) जी ने उठाया था कि आलोचना है, आलोचक हैं पर आलोक नहीं है। वह आलोक शायद 'शब्द' से मिलता हो, 'शब्द' और 'अर्थ' के सम्बन्ध से मिलता हो, शब्द और अर्थ की उस गति और दिशा से मिलता हो, जो तीर की तरह सतह से बहुत दूर गहराई तक जाती है। आलोचक के नाते उत्तम पुरुष में बोलने की मेरी आदत नहीं है, लेकिन साधना मेरी यही है कि तीस-पैंतीस वर्ष तक लिखने के बाद भी मैं शायद वह नहीं पा सका हूँ–कृति का, काव्य का वह रहस्य, जहाँ शायद आलोक रहता होगा। लेकिन मैं अपनी परम्परा से–कहीं रामचन्द्र शुक्ल से, कहीं अभिनवगुप्त से–यही ढूँढ़ता हूँ और कभी किसी विदेशी आलोचक को पढ़ता हूँ तो यही ढूँढ़ता हूँ, जहाँ से वो आलोक मिल सके।

[11 जनवरी, 1987 को भारत भवन द्वारा आयोजित 'समवाय' के पहले सत्र में अध्यक्षीय वक्तव्य, जनवरी-अप्रैल 1987 में प्रकाशित]

विकल्प का अवकाश

1

आलोचना की 'स्वतन्त्रता' का भाष्य राममूर्ति त्रिपाठी ने 'स्वायत्तता' के रूप में किया। उनके संकल्प के अनुसार, मानना चाहिए कि उन्होंने यह शब्द अपनी परम्परा से ही प्राप्त किया है, किसी अन्य शब्द का अनुवाद नहीं है। मैं 'स्वतन्त्रता' शब्द को ही स्वीकार करके उसी पर बात कर रहा हूँ, जिससे कम से कम अनुवाद के अपराध से बच जाऊँ। जब यह विषय मुझे दिया गया था तो मैं नहीं जानता था कि उसका क्या प्रयोजन है। बहरहाल, मूल अभिप्राय क्या रहा है या जिसे लोग 'इंटेंशनल फैलेसी' कहते हैं, इसका पता लगाने का व्यर्थ प्रयास न करते हुए मैं स्वयं उस शब्द में निहित अभिप्राय के आधार पर 'आलोचना की स्वतन्त्रता' विषय को स्वीकार करता हूँ।

आचार्य शुक्ल के शब्दों में कविता यदि 'हृदय की मुक्तावस्था' है तो मेरे विचार से आलोचना 'बुद्धि की मुक्तावस्था' है। जैसी कि हृदय की मुक्तावस्था के लिए आचार्य शुक्ल ने विशेषताएँ बताई हैं, कविता को पढ़ते समय जिस तरह हृदय की मुक्तावस्था होती है, वही आलोचना लिखते समय और आलोचना पढ़ते समय बुद्धि की मुक्तावस्था होनी चाहिए। जिस प्रकार हृदय की मुक्तावस्था रचनाकार और पाठक दोनों के पक्ष में लागू होती है, उसी प्रकार बुद्धि की मुक्तावस्था आलोचना के कर्ता और आलोचना के पाठक के पक्ष में भी लागू होनी चाहिए। आलोचना वह है जो पाठक की बुद्धि को मुक्त करे लेकिन वही आलोचना पाठक की बुद्धि को मुक्त करेगी, जो स्वयं बुद्धि की मुक्तिसाधना द्वारा लिखी गई हो।

'स्वतन्त्रता' कब परिभाषित होती है? 'चन्द्रगुप्त' नाटक (जयशंकर प्रसाद) में एक विशेष सन्दर्भ है। जब चाणक्य से कहा गया कि तुम मेरे ही राज्य में रहकर और मेरे ही अन्न से पल कर इस तरह के विद्रोह की बातें कर रहे हो तो चाणक्य ने कहा कि 'ब्राह्मणत्व शाश्वत् बुद्धि-वैभव है, ब्राह्मण न किसी के राज्य में रहता है न किसी के अन्न से पलता है।' यह वाक्य ध्यान देने लायक है कि ब्राह्मण स्वराज्य में रहता है। यह स्वराज्य क्या है? मैं इसी बुद्धि-वैभव के रूप में आलोचना को देखता हूँ और

आलोचना करने वाले ब्राह्मण को यानी आलोचक को मैं उसी रूप में देखता हूँ कि वह स्वराज्य में रहता है और अमृत होकर जीता है। 'स्वराज्य' शब्द का प्रयोग करते हुए मेरे ध्यान में रमेशचन्द्र शाह और सुधीरचन्द्र के विचार हैं। कल उन्होंने 'विचारों के स्वराज' नामक निबन्ध का ज़िक्र किया था। मेरा खयाल है कि आलोचना के क्षेत्र में जब हम स्वतन्त्रता की बात करें तो बेहतर है विचारों के स्वराज की बात ध्यान में रखें और देखें कि हमारी हिन्दी आलोचना किस तरह विचारों के उस स्वराज का निर्वाह कर सकी है, उसकी रक्षा कर सकी है। प्रसाद ने 'स्वराज' नहीं, 'स्वराज्य' कहा था। स्वराज्य स्वराज का एक और ऊँचा स्तर है। विद्वानों के सामने इसकी अधिक व्याख्या करना उनकी बुद्धि का अपमान करना होगा, इसलिए मैं केवल संकेत में ही निवेदन करूँगा कि स्वराज और स्वराज्य–हिन्दी की परम्परा केवल विचारों के 'स्वराज' की ही नहीं, विचारों के 'स्वराज्य' की भी रही है।

जितने बड़े आलोचक हुए हैं उन्होंने और दूसरे लोगों ने भी 'बुद्धि की मुक्तावस्था' या बुद्धि के स्वराज्य के बारे में कहा है कि वो किसी भी राज्य-व्यवस्था, राजतन्त्र, संस्थान और प्रचलित विचारधारा–चाहे वो कितनी ही आतंककारी हो या कितनी भी प्रलोभनकारी हो–से मुक्त होकर अपने युग और समाज की आलोचनात्मक अन्तरात्मा की भूमिका अदा करता है। मैं एक उदाहरण दूँ आचार्य रामचन्द्र शुक्ल का–रामचन्द्र शुक्ल ने हिन्दी आलोचना की सुदृढ़ भूमिका प्रस्तावित कर किस प्रकार बुद्धि की मुक्तावस्था का परिचय दिया उसका एक रूप यह है : संस्कृत के महान काव्यशास्त्र से–चाहे वह आचार्य विश्वनाथ का 'साहित्य दर्पण' हो या बड़े भारी अलंकारशास्त्रियों के विचार हों–शुक्लजी उससे आतंकित नहीं हुए; स्थान-स्थान पर उनकी मान्यताओं से असहमति व्यक्त करते रहे। यह बात मैं इसलिए कह रहा हूँ कि शुक्लजी के बाद के संस्कृत के अनेक पंडित और हिन्दी आलोचना में कार्य करने वाले लोग, उनकी तुलना में संस्कृत के आचार्यों से अधिक अभिभूत और आतंकित दिखाई देते हैं। आचार्य शुक्ल संस्कृत काव्यशास्त्र की अवधारणाओं को जब लेते हैं तो वे आतंकित नहीं होते। लगता है कि एक मुक्त मनीषा बात कर रही है। यही बात पश्चिम के विद्वानों के साथ उनके सम्बन्ध के बारे में भी है। आई.ए. रिचर्ड्स का वे जब उल्लेख करते हैं तो अभिभूत भाव से नहीं। उल्लेख ही नहीं उनका उपयोग भी करते हैं वे कि आलोचना के क्षेत्र में बहुत सारा वागाडम्बर फैला हुआ है, उन्होंने उसकी सफाई करके साफ-सुथरा काम किया–तो जैसे एक समानधर्मा का उपयोग करते हैं। इसी तरह क्रोचे का खंडन करने में भी वे पश्चिम से अभिभूत और आतंकित नहीं होते। यह है बुद्धि की मुक्तावस्था जहाँ एक आलोचक न अपने महान अतीत से आतंकित होता है और न उस पश्चिम से जिसके द्वारा प्रसूत और प्रचारित औपनिवेशिक मानसिकता से उस समय भी और उसके बाद भी अधिकांश अभिभूत दिखाई पड़ते हैं।

इसका दूसरा स्वरूप भी है। हम सभी जानते हैं कि आचार्य शुक्ल स्वाधीनता संग्राम के दौरान अपना आलोचना कर्म कर रहे थे। गांधी द्वारा प्रवर्तित असहयोग का नारा और आन्दोलन एक निश्चित विचारधारा के रूप में प्रस्तुत हुआ था, जिसके सन्दर्भ में अपने आरम्भिक दिनों 1921-22 में आचार्य शुक्ल ने एक लेख लिखा था 'नॉन-कोऑपरेशन एंड नॉनमरकेंटाइल क्लासेज़'। गांधीजी की आलोचना करने वाले बाद में तो बहुत हुए लेकिन तब जब गांधी के उभार का युग था, जब गांधीजी सारे देश को आन्दोलित कर असहयोग की विचारधारा प्रसारित कर रहे थे—आचार्य शुक्ल उसी दृढ़ता के साथ गांधी का विरोध कर सके। उस पूरे लेख में उन्होंने उनके सारे निरूपण को चुनौती दी है। मैं पहले इसकी चर्चा कर चुका हूँ और अब उसे दोहराने की आवश्यकता नहीं। मैं कहना चाहता हूँ कि 1921-22 में राष्ट्रनायक गांधीजी के राजनीतिक विचार का प्रतिवाद करते समय वे एक लोकप्रिय, लोक प्रचलित प्रभावशाली विचारधारा से अपनी असहमति व्यक्त करते हैं। यह बुद्धि की मुक्तावस्था का दूसरा रूप है। चिन्तन के क्षेत्र में देशी या विदेशी शास्त्र और विचारधारा के क्षेत्र में अपने युग की सबसे प्रचलित विचारधारा को चुनौती देना, यह एक आलोचक की बुद्धि की मुक्तावस्था का सूचक है। स्वयं राजतन्त्र और राज्य शासन को चुनौती देना क्या होता है, इसके प्रमाण शुक्लजी में बारीकी से ढूँढ़ना ज़रूरी नहीं है—उन्होंने अंग्रेजी सत्ता का जिस दृढ़ता से विरोध किया, और यही नहीं, केवल राजनीतिक तन्त्र और राज्य-सत्ता ही नहीं, बल्कि जिसे हम अंग्रेजी में 'सिविल सोसाइटी' कहते हैं, सामाजिक, धार्मिक और सांस्कृतिक संस्थानों के विरुद्ध भी उसी दृढ़ता से उन्होंने उसका खंडन किया।

बुद्धि की मुक्ति साधना आलोचना का मूल धर्म है और हिन्दी में आचार्य शुक्ल ने उसकी प्रतिष्ठा की है, तो उस आधार पर हम आज के सन्दर्भ में भी आलोचना की स्वतन्त्रता का ज़िक्र कर सकते हैं। यहाँ ही नहीं बल्कि अन्यत्र भी जितने बड़े आलोचक हैं उन्हें सामान्यतः हम अपने युग और अपने समाज की स्वतन्त्र मनीषा के रूप में देखते हैं। कोई आलोचक उसी हद तक बड़ा है जिस हद तक वह अपने युग और समाज की अन्तरात्मा का काम करता है। सारा पांडित्य, सारा विश्लेषण करने के बावजूद अन्ततः यदि उसका आलोचना कर्म यथास्थिति का समर्थन करता है या उसके कार्य द्वारा उसमें हस्तक्षेप नहीं होता, उसको बदलने की कोशिश नहीं होती, वहाँ से चुनौती नहीं आती तो सारे वाग्वैभव के बावजूद वह आलोचना अपने धर्म से च्युत होती है, गिरती है। अंग्रेजी में इसकी चर्चा करते हुए लोग मैथ्यू ऑर्नोल्ड, टी.एस. इलियट, इधर के युगों में ट्रिलिंग, बाख्त, सोंटाग कई लोगों के नाम गिनाते हैं। हम उनकी सूची को छोड़ दें; महत्वपूर्ण बड़े आलोचकों को कहीं भी देखें, उन्होंने चुनौती दी है। उन्नीसवीं सदी के रूस में सभी आलोचकों—खासकर बेलेन्स्की जैसे आलोचक ने यह किया है। वह इसलिए बड़ा आलोचक है कि उसने युग और समाज

की अन्तरात्मा को अभिव्यक्ति दी थी और उस अन्तरात्मा के द्वारा आलोचना को प्रस्तुत किया था। इसीलिए वर्तमान आलोचना को देखते हुए आलोचना कर्म के बारे में एक बात कहना चाहूँगा कि आलोचना लगभग उस समय अपने स्वधर्म में, अपने स्वभाव में, अथवा आत्मभाव में स्थित होती है, यानी सच्चे अर्थों में वह आलोचना तब होती है जब वह यह आलोचनात्मक भूमिका अदा करती है।

इस बीच प्रायः आलोचना के बारे में कहा गया है कि उसे 'रचनात्मक' होना चाहिए। शब्द पर मुझे आपत्ति नहीं है। लेकिन एक ही शब्द विभिन्न सन्दर्भों में विभिन्न अर्थ ग्रहण कर सकता है। उदाहरण के लिए हम अपनी संसद में या उसके बाहर भी कभी-कभी सत्ताधारी लोगों से सुनते हैं–विरोधी पक्ष वालों से कहते हुए कि आपको रचनात्मक आलोचना करनी चाहिए, तो अर्थ स्पष्ट हो जाता है कि विरोधी दल से रचनात्मक आलोचना की माँग का क्या अर्थ है। इसलिए बहस के क्षेत्र में अकसर जब रचनाकारों के द्वारा यह बात कही जाती है कि आलोचना कीजिए, मगर रचनात्मक आलोचना कीजिए तो विशेष सन्दर्भ में उसका अर्थ स्पष्ट हो जाया करता है कि रचनाकार उनसे क्या चाहते हैं। मैं समझता हूँ कि आलोचना अपने स्वधर्म में, स्वभाव में निहित होती है। आलोचना में यह आत्मसजगता और आत्मचेता वृत्ति जिस हद तक होगी, उस हद तक वह साहित्य के प्रति, साहित्य से जुड़े हुए समाज के प्रति, आलोचना धर्म का निर्वाह दक्षता के साथ कर सकेगी, उतनी ही वस्तुनिष्ठता, ईमानदारी और समझदारी के साथ कर सकेगी। तभी कर सकेगी जब वह स्वयं अपनी अवधारणाओं, अपने प्रत्ययों, अपने विचारों की निर्ममता के साथ आलोचना करते हुए आगे बढ़े। इसीलिए आलोचना हमारे यहाँ सामान्यतः जो अर्थ ग्रहण कर चुकी है वह लगभग–यदि अंग्रेजी शब्दों का प्रयोग करते हुए कहें–उसका बहुत कुछ 'अपोजीशनल' रोल होता है, प्रतिपक्ष जैसा होता है। लेकिन इसी के साथ उसका एक दूसरा पक्ष भी होता है–'आयरॉनिकल' पक्ष। यदि उसकी सजगता उसे 'आयरॉनिकल' नहीं बनाती है, तो वह आलोचना नितान्त ठूँठे काठ की तरह या उस ठंडे लोहे के समान तलवार भाँजने के काम आएगी। आलोचना वह है जिसकी धार दोनों तरफ हो, जिसे हमारे मित्र विजयदेव नारायण साहीजी ने जायसी के सिलसिले में उद्धरित किया था कि 'करुतह जीभ खरग हिरवानी इक दिसि आग दुसर दिसि पानी'। जब मैं कहता हूँ तो हँसने की ज़रूरत नहीं कि ऐसी तलवार मैंने आज तक नहीं देखी कि जिससे आग और पानी साथ-साथ बरसता हो–कभी आग बरसने के बाद पानी बरसता है और कभी पानी बरसने के बाद आग।

वर्तमान व्यवस्था में आलोचना का कर्म व्याख्या विश्लेषण तक सीमित न रहकर बहुत-कुछ एक सामाजिक या सांस्कृतिक कर्म है। निर्मल वर्माजी ने एक अन्य गोष्ठी में आलोचना के कर्म पर एक लेख पढ़ा था जो उनके अन्तिम निबन्ध संग्रह (ढलान

से उतरते हुए) में प्रकाशित है और जहाँ आलोचना का मुख्य कर्म 'सामाजिक और सांस्कृतिक' बताया गया है। केवल यही उपयोगी कार्य है और मेरा खयाल है कि साहित्य में ऐसे आलोचकों की आवश्यकता है। वे दूसरी-तीसरी श्रेणी के आलोचक होते होंगे, जो केवल एक खास तरह का पाठालोचन करते रहते हैं। पाठालोचन, मैं माताप्रसाद गुप्त के काम के सन्दर्भ में ही नहीं कह रहा हूँ बल्कि पाठ-व्याख्या आदि को भी मैं पाठालोचन ही कहता हूँ। इससे ज़्यादा बड़ा काम आलोचना का सामाजिक और सांस्कृतिक है। आचार्य शुक्ल ने कहा था कि जैसे-जैसे सभ्यता का विकास होता जाएगा, कवि कर्म कठिन होता जाएगा—मैं निवेदन कर रहा हूँ कि जैसे-जैसे सभ्यता का विकास हो रहा है आलोचना कर्म कठिन, जटिल और विस्तृत होता चला जा रहा है। यानी आज आप केवल आनन्दवर्धन होकर नहीं रह सकते।

आज साहित्य, समाज, संस्कृति इस तरह एक-दूसरे में गुँथे और संश्लिष्ट रूप से बहते चले जा रहे हैं कि एक साहित्यिक कृति की आलोचना लगभग समूची संस्कृति और समूची सामाजिक व्यवस्था की चुनौती बन जाती है। इसलिए सभ्यता के विकास के साथ-साथ कवि कर्म यदि जटिल हो रहा है तो आलोचना कर्म भी उतना ही जटिल होता चला जा रहा है, क्योंकि सत्ता केवल कुछ राजनीतिक विचारधाराओं के रूप में ही अपने को व्यक्त नहीं कर रही है बल्कि अनेक सांस्कृतिक-मूल्यों, जीवन-मूल्यों, नैतिक-मूल्यों के द्वारा, साहित्य को और आलोचनात्मक कर्म को प्रभावित कर रही है। अगर केवल स्थूल उदाहरण देकर कहें—आज आलोचक केवल यह कह कर अपनी जान नहीं बचा सकता कि दिल्ली में संस्कृति के नाम से जो बहुत बड़ा उत्सव हुआ था उसकी व्याख्या करना हमारा काम नहीं है, उसकी व्याख्या करना तो पत्रकारों का काम है—हमारा काम तो साहित्य और कविता की व्याख्या करना है। मैं समझता हूँ कि यह आलोचना के धर्म से पलायन है। आज आलोचना का काम इस प्रकार के पलायन से नहीं चलेगा। उसका काम केवल साहित्यिक प्रवृत्तियों आदि की व्याख्या करना नहीं रह गया है बल्कि सांस्कृतिक कर्म की व्याख्या करना भी है—खासतौर से तब जब सत्ता इसमें एक अहम भूमिका अदा करने चल रही है। इसलिए टी.वी. की आलोचना, फिल्म की आलोचना अथवा इस देश में जो क्षेत्रीय सांस्कृतिक संस्थान कायम किए जा रहे हैं, उनकी आलोचना करना भी उतना ही आवश्यक है। राजनीतिक सत्ता यदि विदेशी है तो राष्ट्रीयता के आवेश में उपनिवेशवाद का विरोध करना आलोचना के क्षेत्र में कभी काफी क्रान्तिकारी काम माना जाता था। यानी राजनीतिक विरोध के नाम पर व्यवस्था विरोध करना ही पर्याप्त माना जाता था। आज इससे अधिक जटिल स्थिति है। आज सत्ता साहित्यिक सांस्कृतिक कार्यों के द्वारा ही साहित्य को प्रभावित कर रही है। 'खूनी दरवाजे' पर जाकर यदि कुछ कवि कविता पढ़ते हैं तो उन कविताओं की आलोचना गूढ़ रूप से जब जहाँ लिखी गई थी, वहीं पर्याप्त नहीं होगी,

बल्कि वह कविता इस निश्चित अवसर पर एक और अर्थ ग्रहण करके जनता के सामने आती है, एक नया सन्दर्भ लेकर आती है और उस सन्दर्भ में भी उसकी समीक्षा की जानी चाहिए।

इस सबके भीतर ही कहीं वह–रेमंड विलियम के शब्दों में–'विकल्प का अवकाश' है जिसमें आलोचना की स्वतन्त्रता है। इसलिए आलोचक का धर्म है कि उस 'विकल्प के अवकाश' को, जहाँ वह है, रेखांकित करे, जैसे भूगोल का आदमी किसी प्राचीन जमीन पर उस 'जगह' को बताता है कि वह यहाँ है। सत्ता के सांस्कृतिक सर्वग्राही विकास में आलोचक उस विकल्प के अवकाश की तलाश करता है, उसकी ओर ध्यान आकृष्ट करता है; स्वयं दृष्टिपात करता है, दूसरों की दृष्टि को सामने ले जाता है। यह विकल्प का अवकाश उस स्वतन्त्रता की खोज है, उस स्वतन्त्र लोक की खोज है जहाँ खड़े होकर वह स्वयं आलोचना कर्म में प्रवृत्त होता है और अगर ऐसा नहीं होता तो अनजाने ही वह कहीं न कहीं उस सर्वग्राही रूप की गिरफ्त में आता जाता है। आलोचना को अपनी स्वतन्त्रता पर पड़ने वाले इस खतरे का या उस विकल्प के अवकाश पर पड़ने वाले दबाव का बराबर एहसास होना चाहिए। स्वयं वह अपने को स्वतन्त्र समझता हो, लेकिन अगर उसे लगे कि उसके सारे लिखे हुए अथवा सोचे हुए का दूसरों के द्वारा इस्तेमाल हो रहा है, हो सकता है, तो इसके प्रति सावधान रहने का अर्थ है–जैसा मैंने कहा–उस विकल्प के अवकाश की तलाश और दूसरों को उसका एहसास कराना–विकल्प का अवकाश जहाँ से खड़े होकर हम साहित्य-सृजन की सम्भावनाओं का उद्घाटन कर सकें।

संक्षेप में और सूत्र रूप में मैं इतना कहना चाहता हूँ कि मेरी दृष्टि में आलोचना की स्वतन्त्रता बुद्धि की वही मुक्ति साधना है, जो अपने व्यापक और गहरे अर्थों में उस स्वधर्म की और स्वकर्म की निर्ममता के साथ पहचान कराती है।

2

मैं पाँच शब्दों को आधार बनाकर सूत्ररूप में कुछ टिप्पणियाँ कर रहा हूँ। वे शब्द हैं–साहित्य, परम्परा, भाषा, विचारधारा और समाज। सुविधा के लिए अजित कुमारजी का यह कथन स्वीकार किया जाता है कि स्वतंत्रता आलोचक की और स्वायत्तता आलोचना की। आलोचना की यह स्वायत्तता किससे? साहित्य से? कहा गया कि उसका एक अलग शास्त्र होना चाहिए। आचार्य शुक्ल ने अपने 'इन्दौर वाले भाषण' में 'आलोचना' को भी 'साहित्य' के अन्तर्गत ही शामिल किया है। यह बात इससे स्पष्ट हो जाएगी कि साहित्य पर समाजशास्त्री भी लिखते हैं, राजनीतिक भी लिखते हैं, इतिहासकार भी उसका उपयोग करते हैं लेकिन वह मात्र इसीलिए आलोचना नहीं

जो जाती कि उसका 'विषय' साहित्य है। प्रश्न यह है कि वह 'साहित्यिक' है कि नहीं। 'साहित्यिकता' इस बात में नहीं होती कि कविता पर एक दूसरी कविता लिख दी जाए—आलोचना के नाम पर! कहा गया है उसकी अपनी 'ज्ञान-मीमांसा' या 'पद्धति' होनी चाहिए। वह पद्धति क्या है, मैं नहीं जानता। पद्धतियाँ बहुत हैं लेकिन इस सिलसिले में एक कवि आलोचक की कही गई बात मुझे बहुत संगत लगती है— 'देयर इज़ नो मैथॅड एक्सेप्ट टू बी वैरी इंटेलीजेण्ट।' पद्धतियाँ तो बहुतों के पास होती हैं। सवाल यह है कि कैसे वह पद्धित अन्ततः समालोचक को 'इन्टेलीजेण्ट' बनाती है। जैसे रचनाकार की सर्जनशीलता को नहीं समझाया जा सकता, वैसे ही आलोचक की उस संवेदनशीलता या विवेक को भी परिभाषित करना कठिन है। यह कहके मैं उसे रहस्यमण्डित नहीं कर रहा हूँ और न यह कहना चाहता हूँ कि वह कोई 'ट्रेड सीक्रेट' है।

आलोचना एक सांस्कृतिक कर्म है लेकिन आलोचना की भी एक संस्कृति है और होनी चाहिए। समय होता, तो इस पर चर्चा होती कि आलोचना की अपनी वो संस्कृति क्या है। यह शब्द जब मैं कह रहा हूँ तो 'कांग्रेस कल्चर' या 'अमुक कल्चर' के अनुकरण पर नहीं कह रहा हूँ जो कि 'कल्चर' का 'वल्गराइजेशन' है बल्कि एक गहरे अर्थ में कह रहा हूँ, जिसके चलते किसी अनुशासन की या चिन्तन पद्धति की, संस्कृति की बात होती है।

सही बात है कि आलोचना की मुक्ति, परम्परा के अंतर्गत ही है। इस बीच कहा गया है कि हिन्दी में कुछ नया ढूँढ़ने की न इच्छा है, न साहस है। परम्परा के अन्तर्गत आलोचना की स्वतंत्रता का अर्थ यह होता है कि आप कुछ नये सवाल उठाते हैं कि नहीं। प्राचीन प्रश्नों के नये उत्तर देते हैं कि नहीं? बहुत से प्रचलित प्रश्न जो भूल गए हैं उनकी पुनः याद दिलाते हैं कि नहीं? इन कार्यों के द्वारा हम परम्परा के अन्तर्गत मुक्ति प्राप्त करते हैं और साथ ही उसमें नया कुछ जोड़ते हैं। मैं कहूँ कि यह स्वतंत्रता आलोचना का अपना ही धर्म नहीं है यह रचना का धर्म है। अन्य क्षेत्रों में स्वतंत्रता जिस गहरे अर्थ में होती है, आलोचना में भी है।

तीसरी बात भाषा। वात्स्यायनजी (अज्ञेय) ने कहा और जितना मैं समझ पाया— भाषा का प्रश्न केवल आलोचना की भाषा का नहीं है, या काव्यभाषा पर विचार करना ही आलोचना का कार्य नहीं है, बल्कि भाषा की जो सार्वभौम सत्ता है जिसके बड़े दायरे में हम सब लोग बँधे हुए हैं, जिससे प्रत्येक कर्म नियंत्रित निर्धारित होता है— उस भाषा पर विचार का भी प्रश्न है। बहुत दिनों तक हम लोग 'इकॉनॉमिक डिटर्मिनिज़्म' की बात करते थे लेकिन आज लगभग एक 'लिंग्युविस्टिक डिटर्मिनिज़्म' की बात हो रही है। क्यों कोई कृति तोड़ नहीं पाती है नयी दिशाओं को, क्यों समाज के विरुद्ध लड़ नहीं पाती है—कवि की इच्छा के रहते हुए भी? इन तमाम चीजों की

खोज करने पर, कदाचित् भाषा की उस प्रकृति की ओर ध्यान जाएगा। अभी तक हम लोग भाषा को सिर्फ 'माध्यम' मानते थे 'वाहन' मानते थे, जबकि वह हमारे चिन्तन और अनुभव का भी अस्त्र है।

चौथी बात 'विचारधारा', 'पूर्वग्रह', 'संस्कार'। मैं एक संस्कार ले कर आया हूँ। आलोचना, उस संस्कार से एक बहुत बड़ा संघर्ष है–आत्मसंघर्ष, जिसे संस्कार की समीक्षा कह सकते हैं–दूसरे शब्दों में 'संस्कार का संस्कार' कह सकते हैं। यह पहला संघर्ष है–साहित्य के क्षेत्र में–प्रत्येक आलोचक के लिए हम पूर्व पीढ़ी से प्रदत्त साहित्यिक संस्कार लेकर आते हैं, जैसे छायावादी संस्कार कविता में लाए गए हैं और नयी कविता पर विचार कर रहे हैं। ऐसी स्थिति में अकसर कठिनाइयाँ होती हैं उस आत्मसंघर्ष में। उसका एक दूसरा रूप है–'पूर्वग्रह'। कहा भी गया कि पूर्वग्रह उस समय पूर्वग्रह नहीं रहा जाता जब यह कहके उपस्थित किया जाता है कि यह मेरा पूर्वग्रह है। पूर्वग्रह उस समय घातक होता है जब शाश्वत् सिद्धांत या सत्य के रूप में उपस्थित किया जाता है और कहा जाता है कि पूर्वग्रह नहीं है। इसलिए कोई आलोचक यह कहके कि यह मेरा पूर्वग्रह है अपने को अनावृत्त करके वध्य बनाता है, आलोच्य बनाता है। निरन्तर अपने पूर्वग्रहों की समीक्षा आलोचना की मुक्ति का एक परम सूत्र है। निर्मल वर्माजी ने सही कहा कि विचारधारा आदर्शों का ही एक विकृत या जड़ीभूत रूप है। मैं स्पष्ट कहूँ कि मैं संस्कार कुछ और लेकर चला, अध्ययनक्रम में मैंने मार्क्सवादी को जीवन में अपनाया और मार्क्सवादी दायरे में मैं अपनी आलोचना लिखता हूँ। मार्क्सवाद एक जीवनदृष्टि है लेकिन विचारधारा भी वही है। यह उसकी विडम्बना है कि एक बड़े आदर्श को लेकर चलने वाली जीवनदृष्टि 'ऑइडियालॉजी' बन गई। मैं पारिभाषिक अर्थ में ही 'ऑइडियालॉजी' कह रहा हूँ। उस 'ऑइडियालॉजी' की सीमाओं की ओर ध्यान जाना, उसके प्रति आलोचनात्मक रुख रखना, आलोचना की मुक्ति का स्वरूप है। जॉर्ज लूकाच मार्क्सवाद को स्वीकार करते हुए कभी सफल हुए, कभी नहीं हुए। यह बात मार्क्सवाद के साथ ही नहीं है यह बात उस एलियट के साथ भी है जिसने 'एंग्लो कैथोलिसिज़्म' को आस्था के रूप में स्वीकार किया था। कुछ लोग वेदान्त को स्वीकार करके भी चल सकते हैं। इसलिए यह भ्रम नहीं होना चाहिए जैसा कि कहीं एक जगह कहा गया है कि एक ही मार्क्सवाद को लेकर दो या तीन आलोचक, एक ही कृति के बारे में तरह-तरह का मत रखते हैं। चिन्तित होने की जरूरत नहीं है–एक वेदान्त को लेकर चार या छः प्रकार के अद्वैत रखने वालों के प्रति हम चिन्तित नहीं होते हैं। बड़ी बात यह नहीं है, महत्वपूर्ण यह नहीं है। हम यह नहीं जानना चाहते कि आप मार्क्सवाद को लेकर चलते हैं या किसको लेकर चलते हैं, आप सतर्क हैं कि नहीं, उसके ऊपर संदेह का भाव पैदा होता है कि नहीं!

अंतिम बात 'समाज'। हमारे मराठी के बन्धु डॉ. पाध्ये ने कहा कि आलोचना की स्वायत्तता उसी समाज में हो सकती है कि जिस समाज में साहित्य स्वायत्त होता है और निर्मल वर्माजी ने कहा कि पराधीन समाज में क्या आलोचना सम्भव है? सबसे बड़ा यह सवाल है। फिलहाल यह विषय अपरान्ह वाली गोष्ठी 'आलोचना और राजनीति' के लिए सुरक्षित रखें। मैं एक संक्षिप्त टिप्पणी करूँगा और वह यह कि निर्मलजी का ऐसा विश्वास है कि पराधीन समाज में रचना तो सम्भव हो पाती है, लेकिन आलोचना के लिए कठिनाइयाँ हैं। मैं समझ सकता हूँ उस अन्तर को, वह है क्योंकि विचारसूत्रों के एक रूप में स्पष्टता के साथ आती हैं आलोचना। 'बिम्ब', 'प्रतीक' आदि कुछ ऐसी चीजें हैं जहाँ आप सेंसर को बुत्ता दे सकते हैं। लेकिन क्या प्रयत्न नहीं किया जा सकता है या लोगों ने नहीं किया है जहाँ 'फेबुल' की शैली में भी आलोचनाएँ लिखी गई हैं? बेंजामिन ने दूसरा क्या किया? उस स्तालिनवादी दौर में बहुत दूर तक लूकाच ने भी ऐसी ही लुका-छिपी खेलने की कोशिश की है। हम ऐसा समझते हैं कि योरोप का समाज अपेक्षाकृत अधिक स्वाधीन है जबकि हम भारत वाले अपेक्षाकृत अधिक पराधीन हैं। जिसे हम परम स्वाधीन समाज समझते हैं उन विकसित पूँजीवादी समाजों में सतह पर विचारों का लोकतंत्र बहुत अधिक हो सकता है, सेंसर नहीं भी हो सकता है, लेकिन 'ऑयडियॉलॉजिकल स्टेट अप्रेटस' वहाँ इतनी गहराई तक काम करते हैं कि वहाँ उनकी दूसरी बड़ी चुनौतियाँ हैं, कठिनाइयाँ हैं। विकासशील देशों में से वहाँ जहाँ सैनिक तानाशाही है, जहाँ स्पष्ट सेंसर है, वहाँ तो जाहिर है कि कठिन कार्य होगा लेकिन अपने देश भारत में मैंने कहा कि, वह 'विकल्प का अवकाश' या स्पेस अपेक्षाकृत सुरक्षित है और देखने की बात यह है कि वहाँ उसका कितना उपयोग हम करते हैं। मुझे ऐसा लगता है कि उस सुलभ अवकाश का जितना अधिक उपयोग होना चाहिए हम नहीं कर सके हैं। यह बात मैं आत्मसमीक्षा के रूप में कह रहा हूँ, दूसरे आलोचकों पर आरोप के अर्थ में नहीं।

[भारत भवन, भोपाल द्वारा आयोजित 'समवाय' के दूसरे सत्र 'आलोचना की स्वतंत्रता/स्वायत्तता' में 12 जनवरी 1987 को दिए गए वक्तव्य। पहला वक्तव्य आधार वक्तव्य है, जबकि दूसरा अन्य वक्ताओं के बोलने के बाद, चर्चा में उठे प्रश्नों पर एक त्वरित प्रतिक्रिया। 'पूर्वग्रह' के अंक 78-79, जनवरी-अप्रैल 1987 में प्रकाशित]

सहमति और संवाद का प्रश्न

गुरुदेव आचार्य हजारी प्रसाद द्विवेदी की एक बात याद आ गई...'मेघदूत' में यक्ष अपनी प्रिया के बारे में कहता है कि :

श्यामास्वङ्गं चकितहरिणी प्रेक्षणे दृष्टिपातं,
वक्तत्रच्छायां शशिनि शिखिनां बर्हभारेषु केशान।
उत्पश्यामि प्रतनुषु नदीवीचिषु भ्रू विलासान्,
हन्तैकस्मिन कचिदपि न ते चण्डि! सादृश्यमस्ति ॥

कालिदास की यह तड़प कि तमाम चीजों में अलग-अलग उसकी पहचान तो है लेकिन उसका समग्र रूप कहीं नहीं मिलता। यह हजारी प्रसाद द्विवेदी के उपन्यास 'पुनर्नवा' में भी बार-बार ध्वनित होता है। यानी वे यह कहते समय अपनी यह पीड़ा और व्यथा कहते थे कि विभिन्न राजनीतिक दल हैं, विभिन्न साहित्यिक संगठन हैं, अनेक विचारधाराएँ हैं, सब जगह जाता हूँ—कहीं कुछ मेरे मन का मिल जाता है कहीं कुछ, लेकिन मेरी जो 'मानसी प्रतिमा' है, जो मेरा 'विज़न' है, वह एकत्र नहीं मिलता। अपनी इस तड़प और पीड़ा के बारे में वे कहते थे कि इसे कहते रहने की छूट होनी चाहिए। हजारी प्रसाद द्विवेदीजी और वात्स्यायनजी (अज्ञेय) हिन्दी साहित्य में सम्मान्य हैं। सभी प्रकार की संस्थाओं में बुलाए जाने योग्य हैं, बुलाए जाते हैं। मैं जानना चाहता हूँ कि स्वाधीनता के पूर्व ही नहीं बल्कि स्वाधीनता के डेढ़-दो दशक तक यह जो स्थिति थी, आज है कि नहीं? आज सामाजिक संस्थान हों, सांस्कृतिक संस्थान हों, ये सभी संस्थानों, गिरोहों, गुटों में इस हद तक बँट गए हैं कि 'फ्री फ्लोटिंग इंटेलेक्चुअल्स' की गुंजाइश रह गई है कि नहीं रह गई है, और वह वांछनीय है कि नहीं है? अपनी साहित्यिक परम्परा में मैं देखता हूँ तो देखता हूँ कि भारतेन्दु मंडल होता था, द्विवेदी मंडल था, सरस्वती के इर्द-गिर्द कुछ लेखकों का समूह था। यह सही है कि साहित्य के विकास में ऐसे संस्थान, चाहे पत्रिका के अन्तर्गत हों, किसी संगठन के अन्तर्गत हों, कुछ मित्रों की मंडली हो, इनका योगदान रहा है। बावजूद इसके, उसमें एक ऐसा लचीलापन रहा है जिसके कारण हमारी सांस्कृतिक परम्परा में मुक्ति का वह अवकाश बना रहा, जिसका ज़िक्र 'आलोचना की स्वतन्त्रता' की बात करते हुए मैं कर रहा था। कदाचित् इसी कारण सर्जना और

चिन्तन का विकास होता रहा। संचार साधनों के द्वारा—जैसा कि कहा गया कि—यन्त्र ही नहीं तन्त्र भी क्या ऐसा कसता चला जा रहा है, उसका ऐसा विकास होता जा रहा है कि उसमें हमारी इस सांस्कृतिक परम्परा के अंश भी नहीं रह गए हैं? मैंने कहा था कि हैं। शायद इसलिए कि वह तन्त्र इतना इफिशिएंट नहीं है—उसमें सन्धि है, रन्ध्र हैं और उन रन्ध्रों के कारण बचाव है वरना तन्त्र का अपना तर्क तो उसको उसी रूप में शायद कसता ही जाएगा। वे रन्ध्र क्यों और कहाँ हैं? बन्धुवर पूरनचन्द्र जोशीजी ने उसकी ओर इशारा किया कि अनेक 'प्राइवेट फेस' और 'पब्लिक फेस' के अन्तर में दिखाई पड़ते हैं। तन्त्र के अन्दर व्यक्ति कुछ और कहता है तन्त्र से बाहर कुछ और कहता है। और भी कारण होंगे, फिलहाल उस ब्योरे में मैं नहीं जाता, लेकिन जो पहला प्रश्न मेरे मन में उठता है कि इस प्रकार के मुक्त बौद्धिकों की स्थिति क्या है, उनकी भूमिका क्या है और क्या हो सकती है?

इससे जुड़ी हुई दूसरी बात है कि इन संस्थानों में क्रमशः इस बीच संवादहीनता की प्रवृत्ति है, जिसका ज़िक्र किया गया है। उस असहमति और विरोध का क्या रूप साहित्य में है जिसके द्वारा कोई चिन्तन या कोई साहित्य पनपता है या बढ़ता है? मुझे ऐसा लगता है कि असहमति को हम लोगों ने ठीक-ठीक उसके अर्थ में भी ग्रहण नहीं किया है और आचार में भी। व्याकरण के अनुसार भी 'सहमति का अभावमात्र' असहमति नहीं है। वहाँ भी 'असहमति' वह है जहाँ असहमति का मुद्‌दा स्पष्ट हो, जहाँ अंशतः सहमति हो और यह स्पष्ट हो कि किस बात पर असहमति है। इसीलिए सहमति का नितान्त अभाव एक अराजक स्थिति की ओर ले जाता है, जहाँ एक-दूसरे को कोई समझता भी नहीं कि क्यों असहमत हैं। जहाँ एक प्रकार की अराजक स्थिति होती है और उस असहमति का कोई अर्थ नहीं होता। इसलिए वह विरोध भी सार्थक नहीं होता। ध्वंसक हुआ करता है। विरोध, विरोध के लिए हो जाता है और इस मामले में वह कलावाद का एक दूसरा रूप हुआ करता है।

व्यक्तिगत अनुभव से मैं इस असहमति को समझता हूँ वरना यहाँ मेरे होने की कोई स्थिति नहीं थी। बहुत स्पष्ट है, सभी लोग जानते हैं कि कुछ साहित्यिक संगठनों ने इस पूरे आयोजन का बहिष्कार किया है। उनमें से एक संगठन से मेरा भी सम्बन्ध है। मैं इस बहिष्कार को नहीं मानता। 'आलोचना' पत्रिका के माध्यम से मैंने संवाद का पूरा एक स्तम्भ ही स्थापित किया था और मैं वाद-विवाद-संवाद में विश्वास करता हूँ। क्यों ऐसी स्थितियाँ बनती हैं और इसको तोड़ने का क्या उपक्रम है? कभी-कभी मुझे लगता है कि इन संगठनों की अपनी बाध्यता के चलते ऐसी भी स्थिति आती है कि जिन संगठनों से आप जुड़े हों, उन संगठनों के अन्तर्गत उनके कठमुल्लेपन के विरुद्ध आप संघर्ष करें। लेकिन अन्यत्र दूसरे संस्थानों में भी यही स्थिति जब तक नहीं होगी तब तक कदाचित् अकबर इलाहाबादी वाली यह बात होगी, जो उन्होंने दिल्ली

दरबार के बारे में कही थी कि, ''महफिल उनकी साक़ी उनका, आँखें अपनी बाक़ी उनका''। ऐसी स्थिति में न असहमति का उत्साह रहता है, न विरोध का कोई अर्थ होता है और न संवाद की कोई सार्थकता रह जाती है। मेरा खयाल है कि अपनी परम्परा के मंडलों, संगठनों, पत्रिकाओं के क्रम में ही कदाचित् ये संचार के साधन भी आएँगे, जहाँ हमको यह ढूँढ़ना पड़ेगा कि उस मुक्त चिन्तन का अवकाश कहाँ है। पहली बात तो यह है कि जिस 'विज़न' को लेकर हम चल रहे हैं, अपनी उस 'मानसी प्रतिमा' को हम न खोएँ, नष्ट न होने दें और अपनी असहमति को जीवित-ज्वलन्त रखते हुए या उनसे संघर्ष करते हुए उस मानसी प्रतिमा के अनुरूप हम इन संगठनों-संस्थानों का अंशतः उपयोग, जिस रूप में हमारे साहित्य और संस्कृति के विकास में हो सकता है, करें।

अंतिम बात जो मैं इस सिलसिले में निवेदन करना चाहता हूँ अकसर राजतन्त्र की बात की गई है (और की जानी चाहिए)। लेकिन राजतन्त्र से इतर भी एक 'सिविल सोसायटी' है जिसमें परिवार भी है, शिक्षा भी है, अनेक ऐसे संस्थान हैं। उस राजतन्त्र के समानान्तर अनेक तन्त्र हैं। उन तन्त्रों का उपयोग विदेशी हुकूमत के ज़माने में विकल्प के रूप में किया गया था। जब शिक्षा संस्था कॉलोनियल थी तो उसके विरुद्ध सम्भव था कि गांधीजी विद्यापीठों की स्थापना कर सके। साहित्य ने और साहित्यिक संस्थाओं ने लगभग ये भूमिका अदा की थी। क्या स्वाधीनता के बाद ऐसे विकल्प वाले संगठनों की सम्भावनाएँ समाप्त हो गई हैं? मैं समझता हूँ कि राजतन्त्र हमारे देश में इतना सर्वग्राही नहीं हुआ है कि उससे इतर, राजनीतिक संस्थानों से इतर, समस्त संस्थान समाप्त हो गए हों या नष्ट हो गए हों। उस सिविल सोसायटी का हम किस हद तक उपयोग कर रहे हैं? उस सिविल सोसायटी के अन्तर्गत संचार के जो साधन हैं, उसके परिवर्तन, उसके संस्थानों से किस हद तक जुड़े हुए हों या उनका कहाँ तक प्रवेश हो चुका है? मेरा खयाल है कि यह एक बहुत बड़ा दायरा है, जो अस्पृश्य पड़ा हुआ है और जब तक वह दायरा है तब तक सम्भावनाएँ मौजूद हैं। इन सम्भावनाओं के तहत ही शायद उस राजतन्त्र के एकाधिकार को चुनौती देने की हम लोग बात कर रहे हैं। राजतन्त्र के एकाधिकार को चुनौती प्रायः सिविल सोसायटी के द्वारा दी गई है, उसके दायरे से दी गई है और दी जानी चाहिए। जब तक हम यह नहीं करेंगे तब तक सारे प्रश्नों के प्रति निर्णायक भूमिका अन्ततः—जिसकी ओर इशारा किया गया है—पावर के द्वारा होती है और होगी।

राजतन्त्र के पास जो सत्ता है, उसके विरुद्ध साहित्यकार 'शब्द' की सत्ता का उपयोग किस हद तक कर सकते हैं? कुछ लोग शब्द को कर्म मानते हैं, मैं नहीं मानता। सत्ता का परिवर्तन एक हद तक, कदाचित् निर्णायक रूप में, क्रांतियों में कर्म के द्वारा होता है, लेकिन उस कर्म का आधार और प्रेरक शक्ति शब्द की सत्ता हुआ

करती है। अगर शब्द में इतनी-बड़ी सत्ता होती तो आपका ये संचार यन्त्र और तन्त्र उसका अधिग्रहण करने और उसको नष्ट करने का प्रयत्न न करते। उस शब्द के साधन का उपयोग हम किस हद तक राजतन्त्र के प्रति कर सकते हैं, राजतन्त्र के एकाधिकार को कम करने और समाप्त करने में कर सकते हैं? इन सम्भावनाओं की खोज की जानी चाहिए। लेखकों की बहुत पुरानी वितृष्णा है राजनीतिज्ञों से, राजनीतिक पार्टियों से, राजनीतिक विचारधाराओं से, लेकिन अकसर पाया जाता है कि कभी जाने या अनजाने इन दोनों में सहयोग होता है। स्वाधीनता संग्राम के दिनों में साहित्यकारों और राजनीतिज्ञों के बीच बड़े अच्छे सम्बन्ध थे जिसकी चर्चा की गई है। उस राष्ट्रीय आन्दोलन में राजनीति और साहित्य दोनों साथ साथ मिलकर सहयोग कर सकते थे तो क्या स्वाधीनता के बाद आज के संघर्षों में साहित्यकार अपना समानधर्मा राजतन्त्र, राजनीतिक दलों और राजनीतिक संगठनों में नहीं पा सकता? यह मानना कि साहित्य एक अलग वैकल्पिक कर्म के लिए और शब्द के लिए, साधन है और समस्त राजनीतिक दलों के ऊपर है—मैं समझता हूँ कि मिथ्या अभिमान है। इसलिए जहाँ ऐसे समानधर्मा दिखाई पड़ें और दिखाई पड़ते हैं वहाँ सहयोग न केवल सम्भव है, बल्कि वांछनीय भी है। उस वांछनीय रूप में ऐसे राजनीतिक दलों के साथ जुड़े लेखक या उनके साथ सहयोग करने वाले या मैत्री भाव रखने वाले लेखकों के 'आधार' भी देखे जाने चाहिए।

यहाँ मैं व्यक्तिगत अनुभव से केवल एक ही बात कह सकता हूँ। ऐसा नहीं है कि सारे के सारे राजनीतिकर्मी साहित्यकारों के प्रति और साहित्य के बारे में वैसी ही अवज्ञा या अज्ञान रखते हैं। मैं जानता हूँ कि ऐसे अनेक राजनीतिकर्मी हैं, जो साहित्य के और साहित्यकारों के प्रति कहीं अधिक विनय भाव रखते हैं। बल्कि लेखक कहीं-कहीं ज़्यादा क्रूर पाए जाते हैं। एक मार्क्सवादी लेखक और एक मार्क्सवादी नेता इन दोनों के बीच अकसर मैंने यह भेद पाया है। मैंने राजनीति के क्षेत्र में लगे हुए वी.टी. रणदिवे और ई.एम.एस. नम्बूदरीपाद को साहित्य के प्रति अधिक विनीत पाया है, स्वयं उन्हीं की विचारधारा को मानने वाले लेखकों की अपेक्षा। और मेरा यह खयाल है यह परम्परा पहले भी रही होगी। स्वर्गीय पूरनचन्द्र जोशी शमशेर के प्रति या ऐसे ही दूसरे लेखकों के प्रति कैसा भाव रखते थे। शायद साहित्य के क्षेत्र में, आलोचना कर्म में प्रवृत्त रामविलासजी शमशेर के प्रति उतने सहिष्णु-सहनशील नहीं थे जितने कॉमरेड पी.सी. जोशी थे। इसलिए यह एक सिरे से समझ लेना कि सारे के सारे राजनीतिकर्मी साहित्य और साहित्यकारों के प्रति विनय का भाव नहीं रखते या अज्ञ होते हैं, उपेक्षा करते हैं और साहित्यकार को अनुचर बनाना चाहते हैं, ग़लत है। अनुभव से मैंने देखा है, उन लोगों में सम्मान और विनय का भाव कहीं अधिक है, उनकी अपेक्षा जो स्वयं साहित्यकर्म में प्रवृत्त हैं। यह विनय कर्म के दौरान, संघर्ष के

दौरान, राजनीति के दौरान पाया जाता है। यह आकस्मिक नहीं है, जैसा वात्स्यायनजी (अज्ञेय) ने कहा कि साहित्यिक क्षेत्र के बाहर श्री पूरनचन्द्र जोशी और श्री सुधीरचन्द्र में जो भाव पाया गया, वह लेखकों में नहीं है। कभी-कभी होता है कि एक कर्म में प्रवृत्त रहने वालों में ज़्यादा टकराहट पाई जाती है, अपेक्षया उसके जो बाहर के लोग होते हैं। मेहमान का व्यवहार कभी ज़्यादा विनयशील हुआ करता है और भाई-भाई, बच्चों और माँ-बाप में ज़्यादा लड़ाई हुआ करती है। मेरा खयाल है कि उसे कटुता के रूप में न देखें बल्कि एक परिवार के अन्तर्गत आपसी सम्बन्धों के माधुर्य और कटुता का एक स्तर है, और बाहर के अतिथियों के व्यवहार या विनयशीलता की वही 'क्वालिटी' नहीं रहती। इनमें अन्तर रखने की ज़रूरत है।

मैंने बहुत पहले 'भारत भवन' में कहा था कि राजनीतिक विचारधारा के आधार पर बने हुए संगठनों के अपने 'आधार' की जाँच के साथ स्वयं उन संगठनों को भी अपना आधार स्पष्ट करना चाहिए जो राजनीतिक नहीं हैं, जैसे–भारत भवन। और जब तक हम यह स्पष्ट नहीं करते तब तक केवल नैतिक ऊँचाई के बिन्दु से दूसरों की आलोचना का अधिकार हम नहीं रखते। प्रत्येक संस्थान को वही प्रश्न पूछना चाहिए जो मुक्तिबोध पूछा करते थे कि 'पार्टनर अपनी पॉलिटिक्स बताओ'। इसलिए प्रगतिशील लेखक संघ या जनवादी लेखक संघ या 'आलोचना' या 'पूर्वग्रह' से भी कायदे से पूछा जाना चाहिए–पार्टनर अपनी पॉलिटिक्स बताओ! तुम्हारे संस्थान का तर्क क्या है, जिस आधार पर तुम स्थिर हो! जहाँ यह स्पष्ट होता है वहाँ सम्वाद सम्भव होता है। जहाँ आधार स्पष्ट होता है, संवाद वहाँ सम्भव होता है। संवाद वहाँ नहीं होता जहाँ एक का आधार तो स्पष्ट हो और दूसरा अपना आधार स्पष्ट करने में आनाकानी करे। वहाँ संवाद नहीं होता बदगुमानियाँ होती हैं, ग़लतफ़हमियाँ होती हैं और फिर स्थितियाँ वे बनती हैं जिसे हम संवादहीनता की स्थिति कहते हैं।

[भारत भवन, भोपाल द्वारा आयोजित 'समवाय' के पाँचवे सत्र 'समकालीन संस्कृति, संचार और आलोचना' में भाग लेते हुए 13 जनवरी 1987 को व्यक्त विचार। पूर्वग्रह के अंक 78-79, जनवरी-अप्रैल 1987 में प्रकाशित प्रगतिशील लेखक संघ सहित अनेक वामपक्षी संगठन नीतियों और अंतर्निहित मंशाओं के कारण 'भारत भवन' का निरन्तर विरोध और बहिष्कार कर रहे थे। इसी क्रम में इस आयोजन का भी बहिष्कार किया गया था। नामवरजी के वक्तव्य में उसकी अनेक झलकें मौजूद हैं।]

खंड-4

इतिहास की शव-साधना

"मैं जब-जब अपने देश के प्राचीन आचार-विचार और क्रिया-कलाप अध्येताओं को देखता हूँ तब-तब मुझे तान्त्रिक शव-साधना की बात याद आती है।" पंडित हजारी प्रसाद द्विवेदी का यह वाक्य पढ़कर स्वयं उनकी याद न आना असम्भव है। मरे हुए ज़माने की पीठ पर बैठकर, जो पंडित ज्ञान की साधना कर रहे हैं, उनमें द्विवेदीजी अन्यतम हैं। लेकिन अकसर कितनी ग़लतफ़हमी का शिकार हुई है यह इतिहास की शव-साधना! मुझे 1955 का एक प्रसंग याद आता है। काशी हिन्दू विश्वविद्यालय में प्रगतिशील लेखकों की एक संगोष्ठी थी। अध्यक्ष थे डॉ. रामविलास शर्मा और पंडित हजारी प्रसाद द्विवेदी उद्घाटनकर्ता। पंडितजी ने अपने भाषण में उसी चिर परिचित शव-साधना के सादृश्य पर इतिहास की व्याख्या करते हुए विस्तार से बतलाया कि किस प्रकार साधना से शव का मुँह उलटकर साधक की ओर हो जाता है। एक तो पंडितजी की ओजस्वी वाणी दूसरे तान्त्रिक प्रतीक का चमत्कार। ख़ूब तालियाँ बजी थीं। अन्त में डॉ. शर्मा बोले : 'इस शव-साधना में ख़तरा यह है कि शव की जगह साधक का ही मुँह उलट जाता है।' यह वाक्य मुझे अब भी याद है। ज़ोर से तालियाँ बजीं। लगा कि सारी साधना उड़ गई। अब किस-किस को समझाइए कि स्वयं द्विवेदीजी ही इस ख़तरे से आगाह कर चुके हैं। लेकिन 'विचार और वितर्क' ढूँढ़कर 'शव-साधना' शीर्षक निबन्ध पढ़ने की जहमत कौन उठाए?

द्विवेदीजी ने बार-बार इस बात पर ज़ोर दिया है कि प्राचीन युग का अध्ययन साधन मात्र है, उसे साध्य समझना गलत है। यदि कोई पंडित समझता है कि पुराना ज़माना जी जाएगा, पुराने आचार-विचार फिर से प्रचलित हो जाएँगे, पुराना गौरव फिर पनप उठेगा, तो उसने अपनी साधना का रहस्य नहीं समझा। प्रसंगवश, उन्होंने ऐसे अधूरे साधकों की आलोचना की है, जो शव के ही होकर रह जाते हैं। जैसे, बैठे गुप्ता पीरियड में, तो बस वहीं बैठे रह गए। नावै नहीं खुलती। इसीलिए मध्ययुग को अपने अध्ययन के लिए चुनकर भी द्विवेदीजी मध्ययुग में ही बैठे नहीं रह गए। क्योंकि मध्ययुग उनकी मंज़िल नहीं है।

प्राचीन इतिहास की सामग्री के उद्धार में लगे हुए विद्वानों के लिए द्विवेदीजी के मन में आदर कम न था, किन्तु उस प्रयास से वे पूरी तरह सन्तुष्ट न थे। 'साहित्य का मर्म' में उन्होंने लिखा है कि 'विशेषज्ञों का एक दल, जिनमें विदेशी पंडितों का महत्वपूर्ण स्थान था, अपने देश की विद्या का अध्ययन करके लुप्त होती हुई सामग्री का उद्धार करने में लग गया। बहुत-कुछ बचाया जा सका, बहुत कुछ उबारा जा सका, परन्तु इन विषयों का उस प्रकार उपयोग नहीं किया जा सका जिस प्रकार जीवन-रस देने वाले साहित्य का होना चाहिए। प्रधान प्रेरणास्रोत विदेशी विचारक ही बने रहे और इसके शिक्षितों ने अपने पुराने साहित्य के प्रति एक ऐसा मनोभाव पैदा कर लिया जिसे अंग्रेजी में म्यूजियम इंट्रेस्ट कहते हैं। यह एक दृष्टि से बहुत बुरा हुआ।...सामाजिक पृष्ठ-भूमि से विच्छिन्न होकर प्राचीन ग्रन्थ केवल प्रदर्शनी की वस्तु रह गए।' (विचार-प्रवाह, पृ. 107)

भारत के प्रत्नविद्याविदों की दृष्टि सीमा समझने वालों में आचार्य द्विवेदीजी निश्चय ही हिन्दी के प्रथम विद्वान हैं। ऊपर-ऊपर से देखने पर ये भारतीय प्रत्नविद्याविद् अंग्रेजी शिक्षा प्राप्त आधुनिक विचारों वाले थे, किन्तु इनकी दृष्टि पश्चिम के उन विद्वानों से भिन्न न थी, जिन्हें ओरिएंटलिस्ट या प्राच्यविद्याविद् कहा जाता है। पश्चिम निर्मित ओरिएंटलिज़्म की सीमा यह थी कि इसका निर्माण पश्चिम की अपनी आवश्यकता के अनुसार हुआ था। इसलिए उसमें पूर्व का उपयोग भी पश्चिम की अपनी आवश्यकता के अनुरूप हो रहा था। स्वभावतः पूर्व के अतीत से पश्चिम के विद्वानों का वह लगाव न हो सकता था, जो क़ायदे से पूर्वी विद्वानों का होता, किन्तु पूर्वी विद्वान भी पश्चिम प्राच्यविद्याविदों के प्रभाव में अपनी विरासत के प्रति लगभग वैसे ही म्यूज़ियम इंट्रेस्ट के शिकार हो गए। इस स्थिति पर खेद प्रकट करते हुए आचार्य द्विवेदी उसी निबन्ध में कहते हैं, "विचारों की विकास-परम्परा की जानकारी के द्वारा जो ऐतिहासिक दृष्टि इस देश में प्रतिष्ठित हुई। वह यद्यपि नवीन युग की देन थी, परन्तु वह सम्पूर्ण रूप से विदेशी थी क्योंकि उसका प्रवाह पश्चिमी मनीषियों की विचार-शृंखला के भीतर से स्थिर किया गया था और इस देश के विचारकों का उसमें कोई स्थान न था।" इस प्रकार हमारी विचार-परम्परा का स्रोत पहले तो अज्ञान के कारण सूख गया और बाद में उपेक्षा के कारण भुला दिया गया। (वही, पृ. 106)

स्पष्ट है कि द्विवेदीजी को अतीत के इतिहास की सामग्री से ज़्यादा चिन्ता परम्परा की, विचार-परम्परा के विकास की थी। वे अपने अतीत को संग्रहालय में नहीं, बल्कि वास्तविक जीवन सन्दर्भ में देखना चाहते थे। उन्हें चिन्ता इस बात की थी कि परम्परा का वह स्रोत सूख गया और उसे भुला दिया गया। द्विवेदीजी की इतिहास-दृष्टि का मूलाधार यही चिन्ता है, यही पीड़ा है। चिन्ता परम्परा के सूखने की, पीड़ा-परम्परा भूलने की। भारत के प्रत्नविद्याविदों और पश्चिम के प्राच्यविद्याविदों को यह पीड़ा न

थी–शायद हो भी नहीं सकती थी। इसीलिए उस तथाकथित आधुनिक इतिहास-दृष्टि से द्विवेदीजी का मार्ग भिन्न था।

इस पीड़ा को रवीन्द्रनाथ ठाकुर ने एक जगह बड़े ही मार्मिक शब्दों में इस प्रकार व्यक्त किया है : हमारे देश के प्राचीन काल के साथ आधुनिक-काल का प्रथागत बन्धन है, लेकिन तो भी न जाने किस जगह पर हमारे मन में नाड़ियों का सम्बन्ध ऐसा कहीं टूट गया है कि उस काल से मानसिक प्राण रस अव्याहत रूप से प्रवाहित होता हुआ आज हमारे पास पहुँच नहीं रहा है।...हमारे बीच ऐसी कौन-सी महाप्रलय हुई थी जिससे प्राचीन काल का कार्य-कलाप वर्तमान काल के निकट एक पहेली बन गया है? हमारे जातीय जीवन-इतिहास के बीच के कई पन्ने कौन फाड़कर ले गया जिससे हम उस समय के समाज के साथ संगति नहीं बैठा पा रहे हैं? आज हमारे विधान रह गए हैं, लेकिन उनका वह विधाता नहीं है, शिल्पी नहीं है, लेकिन उसके शिल्प की निपुणता से देश ढका हुआ है। ऐसा लगता है कि जैसे हम लोग किसी परित्यक्त राजधानी के खंडहरों में रह रहे हैं, उस राजधानी की ईंटें जहाँ खिसक गई हैं वहाँ हमने बस कीचड़ और गोबर लीप दिया है। (बंगला जातीय साहित्य, रवीन्द्रनाथ के निबन्ध-2 सा.अ., पृ. 310) इस सम्बन्ध-विच्छेद से भी अधिक दुःख कवि को इस बात का है कि प्राचीन पूर्व पुरुषों से हमारा सम्बन्ध ऐसा टूट गया है कि हम यह समझने की क्षमता भी खो बैठे हैं कि उनके साथ हमारा पार्थक्य कहाँ है? (वही, पृ. 311) कहने की आवश्यकता नहीं कि परम्परा के टूटने और परम्परा से टूटन की यह पीड़ा उन्हें हो ही नहीं सकती, जिनका अतीत से सम्बन्ध प्रथागत बन्धन का है–वह बन्धन जो मरने के बाद भी बना रहता है। फिर कहाँ की टूटन और कहाँ की पीड़ा? वहाँ फिर इस सवाल की भी उम्मीद नहीं कि वह कौन-सी महाप्रलय थी? और जीवन इतिहास के वे पन्ने कौन फाड़कर ले गया?

जब अपने कहलाने वालों का यह हाल है तो पश्चिम के उन प्राच्यविद्याविशारदों से क्या उम्मीद, जिनके लिए यह परम्परा अपनी नहीं थी और जो कहीं न कहीं उस महाप्रलय के कर्ता से जुड़े थे अथवा उस विनाशलीला में सहभागी थे। फिर भी क्या विडम्बना है कि उसी पश्चिम के एक कोने में बैठा हुआ एक विचारक साफ़ नज़रों से भारत की इस महाप्रलय को देख रहा था और इस दृष्टि में रवीन्द्रनाथ की किसी क़दर कम पीड़ा न थी। वह कोई प्राच्यविद्याविद् नहीं, बल्कि एक इतिहासकार था–उभरते हुए पूँजीवाद और उपनिवेशवाद को खत्म करने की दिशा दिखाने वाला एक क्रान्तिकारी–कार्ल मार्क्स। सन् सत्तावन की राज-क्रान्ति के चार साल पहले–'भारत में ब्रिटिश राज' शीर्षक लेख में मार्क्स ने लिखा था : 'इंग्लैंड ने तो भारतीय समाज का सारा का सारा ढाँचा तोड़ डाला और उसके नवनिर्माण के कोई लक्षण अभी तक नज़र नहीं आते। इस भाँति एक तरफ भारतीय जनता की पुरानी दुनिया खो गई और दूसरी तरफ नई

दुनिया मिली नहीं, जिससे उसकी वर्तमान दुखपूर्ण दशा और भी करुण हो जाती है और ब्रिटिश शासन के नीचे भारत अपनी सभी प्राचीन परम्पराओं, अपने समूचे पिछले इतिहास से कट जाता है।' किन्तु इतिहास और द्वन्द्व-न्याय के मर्मज्ञ मार्क्स इस पीड़ा में ही डूब नहीं गए, वे पीड़ा का वह दूसरा पहलू भी देख सके जिसमें इंग्लैंड भारत में औद्योगिक क्रान्ति लाने में अनजाने ही इतिहास का अस्त्र बन गया। अन्त में मार्क्स कहते हैं–"तब एक प्राचीन संसार के लड़खड़ाकर गिरने का दृश्य हमारी निजी भावनाओं के लिए चाहे जितना भी कटु क्यों न हो, इतिहास की दृष्टि से 'गेटे' के शब्दों में हमें यह कहने का अधिकार है : 'तो क्या हम इस जुल्म से दुखी हों जबकि यह हमारे लिए नई खुशियाँ ला रहा है?'"

अब इस पृष्ठभूमि में यदि हम पं. हजारी प्रसाद द्विवेदी की इतिहास की शव-साधना को देखें तो अतीत के कृत्य पर विषाद और हर्ष का यही द्वन्द्व-न्याय दृष्टिगोचर होगा।

द्विवेदीजी के प्रसिद्ध निबन्ध 'अशोक के फूल' को ही लें। आरम्भ में पुष्पित अशोक को देखकर मन उदास हो जाता है। लेकिन अन्त इस वाक्य से होता है कि उदास होना बेकार है। उदासी का कारण यह है कि भारतीय साहित्य और संस्कृति में अशोक जिस वैभव के साथ आया था, वह वैभव बाद में न रहा–यहाँ तक कि आज लोग उसे पहचानते भी नहीं। सुन्दर के चले जाने पर उदास होना स्वाभाविक ही है। किन्तु इसी क्रम में आगे चलकर द्विवेदीजी को याद आता है कि अशोक का वृक्ष कितना भी मनोहर हो, कितना भी रहस्यमय हो, कितना भी अलंकारमय हो, परन्तु है वह उस विशाल सामन्ती सभ्यता की परिष्कृत रुचि का ही प्रतीक है, जो साधारण प्रजा के परिश्रमों पर पली थी, उसके रक्त के संचार कणों को खाकर बड़ी हुई थी और लाखों-करोड़ों की उपेक्षा से जो समृद्ध हुई थी। ऐसी सभ्यता के मिटने पर उदास क्या होना? यहीं द्विवेदीजी इतिहास के विकास के उस अगले चरण को लक्षित करते हैं जिसमें मशीन का रथ-घर्घर है और विज्ञान का सवेग धावन। इस व्यावसायिक संघर्ष में अशोक की संस्कृति का पिस जाना निश्चित था। इस प्रकार द्विवेदीजी की स्पष्ट दृष्टि से इतिहास की अनिवार्यता को भी देख रही है। फलतः दृष्टि बदलती है। मन उदासी से उबरता है। महसूस होता है कि पुराने चित्त से इसको देखने वाला उदास होता है। वह अपने को पंडित समझता है। पंडिताई भी एक बोझ है–जितनी ही भारी होती है उतनी ही तेजी से डुबोती है। तब वह बोझ नहीं रहती। वह उस अवस्था में उदास नहीं करती।

अतीत के विवेचन में आचार्य द्विवेदी के भाव-बोध का यही बुनियादी ढाँचा है। पहले अतीत के अत्यन्त गत होने का भाव। इस भाव की आँच में अतीत को जीवन्त करने की सर्जनात्मक कोशिश। फिर उस जीवन्त अतीत में अन्तर्विरोधों की पहचान

और म्रियमाण तत्वों का एहसास। अन्त में इतिहास की अनिवार्यता के आलोक में अतीत के जीवन्त तत्वों के विकास का विश्वास। इस भाव-बोध के कारण ही आचार्य द्विवेदी द्वारा प्रस्तुत अतीत के पुनर्निर्मित चित्र म्यूजियम इंट्रेस्ट वाले प्रत्नविद्याविदों के पांडित्यपूर्ण, तथ्यात्मक विवरणों से अधिक जीवन्त, मनोरम और प्रेरणाप्रद हो सके हैं। आचार्य द्विवेदी की इतिहास-दृष्टि इसी भाव-बोध की उपज है।

स्पष्ट है कि इतिहास के इस बोध के लिए आधुनिक युग की उस विध्वंस-लीला का एहसास आवश्यक है जिसमें अतीत के विनाश के साथ ही भविष्य के निर्माण का सन्देश निहित है। इस विध्वंस का एहसास कुछ इतना असामान्य है कि संवेदनशील मानस में इसकी अभिव्यक्ति प्रायः मिथकीय रूपों में हुई है। विचित्र संयोग है कि आचार्य द्विवेदी ने विध्वंस के जिस अनुभव का साक्षात्कार तान्त्रिक शव-साधना के मिथक के रूप में किया, वाल्टर बेंजामिन ने उसी को 'पॉल क्ली के नया फरिश्ता' नामक चित्र के सहारे एक अन्य मिथक के रूप में देखा। इतिहास-दर्शन की नवीं थीसिस में बेंजामिन ने इस अन्तर्दृष्टि का अंकन इस प्रकार किया है : 'क्ली के नया फरिश्ता' नामक चित्र में फरिश्ता इस प्रकार देखता है गोया जिस वस्तु पर एकाग्र भाव से दृष्टि गड़ाए हुए है, उससे हट जाना चाहता है। उसकी आँखें फटी हैं, मुँह खुला है, डैने फैले हैं। उसका रुख अतीत की ओर है। हम जहाँ घटनाओं की शृंखला देखते हैं, वह सिर्फ एक विध्वंस देखता है, जो उसके पैरों के पास मलबे का ढेर लगाता जा रहा है। फरिश्ता चाहता है कि वह ठहरे, मुर्दों को जगाए और टुकड़ों को जोड़कर मुकम्मल करे। लेकिन स्वर्ग से तूफ़ान आ रहा है और उसके पंख उस तूफ़ान में इतनी बुरी तरह फँस गए हैं कि फरिश्ता उन्हें बन्द भी नहीं कर सकता। यह तूफ़ान उसे उस भविष्य की ओर ठेल रहा है जिसकी ओर उसकी पीठ है। इधर उसके सामने मलबे का ढेर आकाश छू रहा है। यह तूफ़ान वही है, जिसे हम प्रगति कहते हैं।

बेंजामिन के इस इतिहास-फरिश्ते को अगर भारत में ब्रिटिश राज के विध्वंस के मार्क्सीय सन्दर्भ में रखकर देखें तो पूरा अर्थ मूर्तिमान हो उठता है। निश्चय ही द्विवेदीजी की साधना का शव बेंजामिन के फरिश्ते से बहुत-सी बातों में भिन्न है, फिर भी एक विध्वंस की छाया वहाँ की पृष्ठभूमि में है। साधना के लिए जो उपयुक्त शव है, वह युद्ध में लड़ते-लड़ते मरा, उल्लास के साथ। उसी निबन्ध में अतीत की एक मोहक चित्रावली पेश करते हुए द्विवेदीजी अन्त में कहते हैं—"बड़े-बड़े विशाल मन्दिर, जयस्तम्भ, राजप्रासाद और दुर्गप्रकार इस प्रकार खड़े हैं, मानो हँसते-खेलते उन्हें बिजली मार गई हो, मानो सम्मुख युद्ध में उन्हें किसी ने काट डाला हो।" अनुभव के ऐसे ही क्षण में अतीत की वह समग्र झलक मिलती है, जिसे स्टीफेन स्पेंडर ने 'स्ट्रगल ऑफ द मॉडर्न' में वर्तमान के साथ अतीत की मुठभेड़ से प्राप्त होने वाला विज़न कहा है, जो एक अखंड अनुभव के रूप में होता है।

पंडितों की पंचायत में एकादशी की निश्चित तिथि पर बहस सुनते-सुनते द्विवेदीजी में बिजली की कौंध के समान वह अन्तर्दृष्टि दिखती है। ननु-तथाच और उक्तंच की धुआँधार वर्षा से मध्ययुग का आकाश इतना आविल जान पड़ा कि बीसवीं शताब्दी का ज्ञानलोक अनेक चेष्टाओं के बाद भी निबन्धकारों की असली समस्या तक न पहुँच सका। मैंने फिर एक बार सोचा शास्त्रीय वचनों के इन विशाल पर्वतों को खोदकर यह चुहिया क्यों निकाली जा रही है। इस चिन्तन क्रम में चलते हुए वे इस बिन्दु पर पहुँचे हैं कि आज आलोचना चल रही है, वह उसी चेतना का भग्नावशेष है। उसमें कोई स्फूर्ति नहीं रह गई है। नीरस और प्रलम्बमान तर्कजाल से उकताकर मैं उद्विग्न हो रहा था। जी में आया, यहाँ से उठ चलूँ और इस विचार के आते ही मेरी कल्पना वहाँ से उठाकर मुझे अन्यत्र ले चली। मुझे ऐसा जान पड़ा, मैं सारे जगत के छोटे-मोटे व्यापार को देख सकता हूँ। मेरी दृष्टि समुद्र पार करके अद्‌भुत कर्म-लोक में पहुँची। कहने की आवश्यकता नहीं कि इस अद्‌भुत कर्म-लोक, वैज्ञानिक प्रगति और औद्योगिक उन्नति का अग्रदूत यूरोप है—आधुनिक दुनिया।

इतिहास की जिस विराट अन्तर्दृष्टि की एक झलक में भारत और यूरोप, अतीत और वर्तमान, विच्छेद और संघात की दशा में सक्रिय हैं, उसी से द्विवेदीजी ने भारत के मध्ययुग का सांस्कृतिक साहित्यिक इतिहास प्रस्तुत किया है। अपने यहाँ मध्य-युग के विशेषज्ञों और सन्त-साहित्य के पंडितों की कमी नहीं है। सम्भव है, इनमें से किसी ने द्विवेदीजी से कुछ अधिक जानकारी जमा कर ली हो। आचार्य द्विवेदी की विशेषता जानकारी देने में नहीं, बल्कि समग्र अन्तर्दृष्टि में है, इतिहास के उस क्षण के अनुभव में है, अनुभव की तीव्रता में है। 'हिन्दी साहित्य की भूमिका' और 'मध्यकालीन बोध का स्वरूप' इसी अनुभव के आलोचनात्मक आलेख हैं। मध्ययुग पर दृष्टि केन्द्रित करने का कारण यह है कि उसके पेट से यह हमारा आधुनिक युग उत्पन्न हुआ है। इस देश की जनता को, उसके विश्वासों को, धर्म परिवर्तन के कारणों को समझने की सामग्री इस काल के साहित्य में प्रचुर मात्रा में मौजूद है। इसे समझे बिना हम भारतवर्ष को ही ठीक-ठीक नहीं समझ सकेंगे। (विचार-प्रवाह, पृ. 90)

मध्ययुग की जिस बात ने द्विवेदीजी का ध्यान सबसे पहले खींचा, वह है उसकी स्तब्धता। सामूहिक रूप से परिवर्तन की इच्छा का अभाव, स्वतन्त्र चिन्तन की कमी, आत्मविश्वास का अभाव और आप्तवाक्यों का अनुसरण आदि इस स्तब्धता के ही विविध रूप हैं। द्विवेदीजी ने इसी आधार पर मध्य-युग को स्तब्ध मनोवृत्ति या जबदी हुई मनोवृत्ति का काल कहा है। इस मनोवृत्ति का मूल उत्स उन्हें काल की उस परिकल्पना में मिला जिसके अनुसार सारा इतिहास सतयुग, त्रेता, द्वापर और कलियुग नामक चार युगों की चक्राकार गति के रूप में निरूपित है। इस काल-परिकल्पना में निरन्तर पतन या ह्रास की धारणा निहित है। विद्वानों के साक्ष्य पर द्विवेदीजी इस तथ्य

का उल्लेख करते हैं कि चौथी शताब्दी तक युग के इस प्रकार के विश्वास ने जड़ जमा ली होगी, किन्तु छठी शताब्दी में वर्णाश्रम व्यवस्था को आशा की ज्योति दिखी थी और सतयुग के पुनः प्रवर्तन की आशा बँधी थी। पर यह आशा देर तक न टिकी। सातवीं शताब्दी के बाद देश खंडित होने लगा और निराशा का स्वर प्रबल होता गया। बाद की शताब्दियों में कलियुग के जमकर बैठ जाने के विश्वास ने बल पकड़ा और स्तब्ध मनोवृत्ति का काल जमकर लोकचित्त को अभिभूत करने में समर्थ हुआ। (मध्यकालीन बोध का स्वरूप, पृ. 16-17) इसलिए आचार्य द्विवेदी लगभग नवीं-दसवीं शताब्दी से इस स्तब्ध मनोवृत्ति के काल की शुरुआत मानते हैं, जिसका विस्तार अठारहवीं शताब्दी तक दिखाई पड़ता है। यह काल-सीमा विवादास्पद हो सकती है किन्तु कलियुग का मिथक अकाट्य है, जिसके अनुसार एक जाति स्वयं ही अपने पतन को स्वीकार कर लेती है। अब विचारणीय रह जाता है तो यह प्रश्न कि इस धारणा का प्रभाव कितना व्यापक है? द्विवेदीजी के विवेचन से ऐसा प्रतीत होता है कि स्तब्ध मनोवृत्ति का प्रभाव या कि आतंक मुख्यतः शास्त्र-शासित समाज पर था।

निश्चय ही मध्ययुग का चरित्र यदि इतना इकहरा होता तो दिलचस्प भी न होता। मध्ययुग के इस इकहरेपन को चुनौती देता है सन्तों और भक्तों का साहित्य। इसलिए द्विवेदीजी की 'हिन्दी साहित्य की भूमिका' 'मध्यकालीन बोध का स्वरूप' के लिए चुनौती है, जो एक तरह से शास्त्र को लोक की चुनौती भी है। इस प्रकार मध्ययुग का अन्तर्विरोध खुलकर सामने आता है। यदि एक ओर द्विवेदीजी को मध्ययुग में सर्वत्र स्तब्ध मनोवृत्ति दिखाई पड़ती है तो दूसरी ओर भूमिका में वे यह भी कहते हैं कि लोकमत की जैसी प्रधानता इस युग में दृष्टिगत हुई वैसी सम्पूर्ण भारतीय इतिहास में शायद कभी दिखी हो। (पृ. 72) इस काल में लोकशक्ति का इतना दबाव था कि पंडितों को भी लोकमत की ओर झुकने के लिए बाध्य होना पड़ा। (पृ. 26) साहित्य में लोक-भाषा का उत्कर्ष इसी शक्ति का प्रमाण था। द्विवेदीजी की भूमिका ने दलित-पीड़ित जातियों की उस जीवन्तता को उभारकर सामने रखा जिसके कारण कबीर, रैदास, दादू जैसे सन्त कवि पैदा हो सके। फिर उन्होंने इस ओर भी ध्यान आकर्षित किया कि शास्त्रों को चुनौती देने वाले सन्त-कवियों के पीछे नीच समझी जाने वाली छोटी जातियों के असन्तोष और विद्रोह का व्यापक जन-आधार था। साहित्य के इतिहास में ये बातें इतनी मान्य हो गई हैं कि अब इनकी ऐतिहासिक भूमिका की ओर ध्यान भी नहीं जाता। इस प्रसंग में उल्लेखनीय है कि आचार्य द्विवेदी भक्ति-साहित्य के लोकवादी महत्व को उद्घाटित करते हुए भी उसकी मध्ययुगीन सीमा से बेखबर नहीं रहे। हिन्दी के अध्येता भक्ति-साहित्य के बारे में द्विवेदीजी के महिमा-बखान से तो परिचित हैं लेकिन आलोचना से एकदम अपरिचित हैं।

समाज को सचेत रूप से बदलने की इच्छा को आधुनिक युग की विशेषता मानते हुए आचार्य द्विवेदी जब भक्ति-साहित्य को इस कसौटी पर कसते हैं कि उसमें यह व्याकुलता तो मिलती है, किन्तु वह आधुनिक इसलिए नहीं कही जाती कि उसका अनुध्यात आदर्श परलोक में मनुष्य को मुक्त करना है। इसी लोक में, इस मर्त्यजगत को सुन्दर और शोभन बनाने के उद्देश्य से वह नहीं लिखा गया। भक्ति-साहित्य संसार के बाह्य रूप को यथास्थित छोड़कर व्यक्ति मानव के चित्त में परिवर्तन लाने पर अधिक जोर देता है। फिर भी लौकिक रस के कवियों की रचनाओं की तुलना में अधिक मुक्त और कुंठाहीन है। (मध्यकालीन बोध का स्वरूप, पृ. 19)

इस प्रकार भक्ति-साहित्य मध्यकालीन स्तब्धता को अंशतः तोड़ते हुए भी अन्ततः मध्यकालीनता की सीमा से पूर्णतः मुक्त नहीं हो पाता। कारण यह कि भक्ति की मुक्ति सम्बन्धी परिकल्पना एक ओर परलोकवादी है और दूसरी ओर व्यक्तिवादी। इस प्रकार भक्ति-साहित्य के जिस मानवतावाद की इतनी दुन्दुभी बजाई जाती है, वह सीमित है। इस मानवतावाद की सीमा स्पष्ट करते हुए अन्यत्र द्विवेदीजी कहते हैं कि आधुनिक युग के मानवतावाद के साथ मध्ययुग के उस मानवतावाद को भुला ही देना चाहिए जिसमें किसी-न-किसी रूप में यह स्वीकार किया गया था कि मनुष्य जन्म दुर्लभ है और भगवान अपनी सर्वोत्तम लीलाओं का विस्तार नर रूप धारण करके ही करते हैं। नवीन मानवतावाद की सबसे बड़ी बात है, इसकी ऐहिक दृष्टि और मनुष्य के मूल्य और महत्व की मर्यादा का बोध। (विचार प्रवाह, पृ. 188) इस नव-मानवतावादी दृष्टि की यह विशेषता है कि वह एक ओर तो उन सब पुरानी वैरागी मनोभावनाओं का प्रत्याख्यान करती है जो शरीर को नाना कृच्छाचारों से तापित करके किसी दूसरे शाश्वत् सुख की ओर मनुष्य को प्रवृत्त करती है और दूसरी ओर इस जीवन का सम्पूर्ण रूप से उपभोग करने की प्रवृत्ति को प्रश्रय देती है। (वही, पृ. 186)

कितना विचित्र विरोधाभास है कि आचार्य द्विवेदी आधुनिक-बोध की प्रतिष्ठा मध्यकालीन-बोध के माध्यम से करते हैं। व्याख्या करते हैं वे मध्यकालीन-बोध की और प्रतिष्ठा होती है आधुनिक बोध की। ऊपर-ऊपर से देखने पर टी.एस. इलियट के प्रयास से इसकी समानता प्रतीत हो सकती है क्योंकि उसने भी हिमायत की परम्परा की और स्थापित हुई आधुनिकता। किन्तु जिस तरह द्विवेदीजी की परम्परा भिन्न है, उसी तरह आधुनिकता भी। इलियट की दृष्टि में परम्परा प्राक् औद्योगिक युग का वह समाज है जिसमें तथाकथित संवेदना का पृथक्करण नहीं हुआ था। जबकि द्विवेदीजी के सम्मुख स्तब्ध मनोवृत्ति से ग्रस्त एक स्थिर समाज है, जिसे आमूल बदलने की आकांक्षा है। स्पष्टतः इलियट की दृष्टि जहाँ पीछे देखू है, द्विवेदीजी की दृष्टि आगे देखू।

इस प्रसंग में आचार्य द्विवेदी ने इतिहास, परम्परा और सम्प्रदाय में जो अन्तर किया है, वह उल्लेखनीय है। एक व्याख्यान में उन्होंने कहा है कि परम्परा का शब्दार्थ है एक का दूसरे को, दूसरे का तीसरे को दिया जाने वाला क्रम। वह अतीत का समानार्थक नहीं है। परम्परा से हमें समूचा अतीत प्राप्त नहीं होता। उसका निरन्तर निखरता, छँटता, बदलता हुआ रूप प्राप्त होता है। सम्प्रदाय उसे कहा जाता है जब प्रयत्नपूर्वक किसी आचार या विचार को पीढ़ियों तक सुरक्षित रखने का प्रयत्न होता है। सम्प्रदाय स्थिति संरक्षक है, इसलिए वह परम्परा के विरुद्ध है और इतिहास के भी, साथ ही आधुनिकता के भी।

इस सन्दर्भ में मध्ययुग की परम्परा पर विचार करें तो उसमें बाधा उपस्थित करने वाले सम्प्रदायों की भूमिका स्पष्ट हो जाएगी। 'अशोक के फूल' निबन्ध संग्रह में 'घर जोड़ने की माया' शीर्षक निबन्ध में द्विवेदीजी ने बड़े रोचक ढंग से दिखाया है कि कबीर जैसे मठ सम्प्रदाय विरोधी सन्त के नाम पर भी आगे चलकर किस प्रकार अनेक सम्प्रदाय खड़े कर दिए गए। इन सम्प्रदायों के ही चलते मध्ययुग स्तब्ध मनोवृत्ति का शिकार हुआ था। यह प्रक्रिया आज भी समाप्त नहीं हुई है बल्कि परम्परा के नाम पर अनेक रूपों में चल रही है।

सम्प्रदाय-विचार के समान ही मध्ययुग के प्रसंग में द्विवेदीजी का रूढ़ि-विचार भी महत्वपूर्ण है। 'हिन्दी साहित्य की भूमिका' के अन्तर्गत परिशिष्ट में उन्होंने बड़े श्रम से समस्त काव्य-रूढ़ियों को एकत्र किया है, जिनकी प्रासंगिकता बहुतों के लिए अस्पष्ट है। आगे चलकर उनका ध्यान कथानक रूढ़ियों की ओर गया और उन्होंने हिन्दी साहित्य के आदिकाल, पृथ्वीराज रासो और प्रसंगवश जायसी के पद्मावत में प्रयुक्त कथानक रूढ़ियों का विस्तृत विवेचन किया। खेद है कि द्विवेदीजी के इस प्रयास का उपयोग साहित्य के इतिहास लेखन में अभी तक न हो सका।

ऐसा प्रतीत होता है कि किसी कृति की तथाकथित अन्तर्वस्तु को प्रस्तुत करने की अधीरता में सामान्यतः साहित्य के अध्येता इस महत्वपूर्ण विशेषता की उपेक्षा कर जाते हैं कि कवि प्रायः उपयुक्त रूढ़ियों का भी यथास्थान उपयोग करता है। विश्लेषण की प्रक्रिया में अकसर जिन बातों को हम किसी युग-विशेष का यथार्थ मान लेते हैं, वह अन्ततः एक रूढ़ि निकलती है, जिसका मूल स्रोत पहले के किसी युग में होता है। इस प्रकार साहित्य और समाज के सम्बन्ध पर विचार करते समय काव्य-रूढ़ियों और कथानक-रूढ़ियों का व्यवधान विशेष रूप से विचारणीय है। इन काव्य-रूढ़ियों का खयाल न रखने के कारण ही हिन्दी की रीतिकालीन कविता की जो स्थूल सामाजिक व्याख्याएँ की गई हैं, वे भयावह हैं। देखा जाए तो भक्तिकाव्य की समाजशास्त्रीय व्याख्या में भी व्यवधानस्वरूप आने वाली रूढ़ियों का विवेचन बहुत से अतिसरलीकरण से रक्षा कर सकता है। द्विवेदीजी के रूढ़ि-विचार से एक बात स्पष्ट होकर सामने

आती है कि साहित्य भी एक प्रकार का संस्थान अथवा प्रतिष्ठान है, जो अन्य सभी संस्थानों के समान अपनी अभिव्यक्तिपरक रूढ़ियों से वैयक्तिक सृजन को किसी-न-किसी हद तक नियन्त्रित करने की कोशिश करता है।

इस प्रकार आचार्य द्विवेदी ने अपनी परम्परा के अध्ययन के लिए इतिहास को एक दृष्टि ही नहीं दी, बल्कि एक इतिहास पद्धति भी दी है।

कहने की आवश्यकता नहीं कि आचार्य द्विवेदी ने यह दृष्टि और पद्धति अपनी जातीय परम्परा के भीतर से ही अर्जित की है। यह नहीं कि उसकी अभिव्यक्ति इसी जातीय परम्परा का विकास है, बल्कि वह भारतीय चिन्ताधारा का स्वाभाविक विकास भी है। यदि उन्होंने पश्चिम के प्राच्यविद्याविशारदों की ऐतिहासिक दृष्टि को तिरस्कृत किया तो केवल इसलिए नहीं कि वह अभारतीय है अथवा पश्चिम की है, बल्कि इसलिए कि उससे भारतीय चिन्ताधारा के स्वाभाविक विकास में बाधा पड़ती है और वह दिग्भ्रमित होता है। इस स्वकीयता में ही उसकी मौलिकता है—मौलिकता, जो आचार्य द्विवेदी की दृष्टि में समाज की मंगल दृष्टि से अनुप्राणित, परम्पराप्राप्त, शास्त्र दृष्टि से सुसंस्कृत और लोकचित्त में सहज ही सुचिन्तित तत्वों को सरस रूप में प्रतिफलित करने में समर्थ व्यक्तित्व की अभिव्यक्ति है।

साहित्य का नया छन्दशास्त्र

आचार्य हजारी प्रसाद द्विवेदी समालोचकों की उस महान परम्परा में अन्यतम हैं, जहाँ सर्जनात्मक और आलोचनात्मक दोनों प्रकार की प्रतिभाओं का दुर्लभ मणि-कांचन योग पाया जाता है। यह सही है कि उनका मन साहित्य सृजन में अधिक रमता था, किन्तु साहित्य समीक्षा को उन्होंने गौण-कर्म के रूप में ग्रहण नहीं किया है। साहित्य चिन्तन से जहाँ उनका सृजन समृद्ध हुआ है, वहीं सर्जनात्मक अनुभव ने उनके साहित्य चिन्तन को निरन्तर गतिशील और जीवन्त रखा। सृजन और समीक्षा के इस द्वन्द्वात्मक सम्बन्ध का परिणाम यह हुआ कि आचार्य द्विवेदी ने औसत आलोचक की तरह साहित्य को तैयार माल के रूप में ग्रहण करके स्थिर सिद्धान्तों के निर्माण के बौद्धिक व्यायाम में रुचि नहीं ली, बल्कि सृजन क्रिया के रूप में साहित्य की अन्तर्निहित सम्भावनाओं के उन्मोचन का प्रयास किया। यह सृजनशीलता ही समालोचक हजारी प्रसाद द्विवेदी की अपनी स्वकीयता, अपनी विशिष्टता है।

संयोग से इस विशिष्टता का स्पष्ट कथन उनकी एक सर्जनात्मक कृति 'पुनर्नवा' नामक उपन्यास में मिलता है : "तेरा बाप शास्त्र का बड़ा भारी पंडित है। काव्य का, संगीत का, चित्र का, मूर्ति का सहृदय पारखी है। मगर मैं उसकी कमजोरी जान गया हूँ। वह इन बातों को तैयार माल की तरह देखता है। सुनार जैसे अँगूठी बनाकर ले आता है तो ग्राहक जैसे देखता है, उसी प्रकार। मगर ज्ञान या रस तैयार माल की तरह नहीं होता। वे इतिहास में पलते हैं और इतिहास को बनाते हैं।"

"ज्ञान और रस तैयार माल की तरह नहीं होते, बल्कि वे इतिहास में पलते हैं और इतिहास को बनाते हैं।"—इतनी बड़ी बात, उल्लेखनीय है कि आचार्य द्विवेदी सुमेर काका नाम के एक सीधे-सादे किसान के मुँह से कहलाते हैं, जो अटूट गँवार है, जो पोथी की बातें नहीं जानता, लेकिन सीधी बात को सीधे देखता है और एकदम सीधे ढंग से कहता भी है। यह बात एक अबोध बालिका मृणाल मंजरी से कही गई है, जिसके पिता देवरात हैं—शास्त्र के बड़े भारी पंडित और कलाओं के

मर्मज्ञ सहृदय भी। सुमेर काका के कथन के अर्थगाम्भीर्य को पूरी तरह समझने के लिए सहृदय शास्त्राचार्य देवरात के उस विचार को भी जानना प्रासंगिक है, जिसकी कमजोरी सुमेर काका ने उजागर की है। यह बात कुछ ही समय पहले देवरात मृणाल मंजरी को समझा चुके थे। देवरात का कथन इस प्रकार है : ''कविता, भगवती महामाया की इच्छाशक्ति है, व्यवहार-जगत उनकी क्रिया-शक्ति का विलास है। इच्छाशक्ति कल्पलोक का निर्माण कर सकती है, क्रिया-शक्ति केवल सृष्ट पदार्थों तक सीमित है। मुझे ऐसा लगता है कि उपउपन्न कवि चाहे तो कविता के कल्पलोक में फूल-सी सुकुमार बालिका से वज्र-सा कठोर महिष का निर्दलन करवा सकता है, पर व्यवहार-जगत में यह सम्भव नहीं दिखता।''

देवरात, स्पष्ट ही, काव्य के कल्पलोक और व्यवहार-जगत के बीच एक दुर्लंघ्य खाई देख रहे हैं और इस खाई के सामने निरुपाय हैं, जबकि सुमेर काका उस विभेद की भावना से मुक्त हैं। एक शास्त्र से आबद्ध है तो दूसरा व्यवहार की क्रियाशीलता से सन्नद्ध। एक के लिए कविता तैयार माल है तो दूसरे के लिए इतिहास का अंग। कौन सही है, शास्त्र या लोक-व्यवहार? आचार्य द्विवेदी अपना झुकाव देवरात के शास्त्र ज्ञान की अपेक्षा सीधे-सादे किसान सुमेर काका की सहज बुद्धि की ओर व्यक्त करते हैं। इसीलिए वे अपनी आलोचनात्मक कृतियों में साहित्य के आस्वाद पक्ष से अधिक बल साहित्य की सृजन-प्रक्रिया पर देते हैं।

'मध्यकालीन बोध का स्वरूप' में उन्होंने इस बात पर खेद प्रकट किया है कि रचना-प्रक्रिया के आनन्द पर भारतीय रसशास्त्री जोर नहीं देते। (पृ. 64) उनका स्पष्ट मत है कि ''सहृदय रूप में काव्य के रसास्वाद को स्वीकार करना, कविता को स्थितिशील कलावस्तु (स्टेटिक ऑब्जेक्ट) मान लेने के समान है। इस प्रकार उसकी रचना-प्रक्रिया में गतिशीलता पक्ष (डाइनेमिक प्रोसेस) का आनन्द है, वह उपेक्षित हो जाता है।'' (पृ. 65) द्विवेदीजी का पक्ष इस बात से स्पष्ट हो जाता है कि वे उत्पादकता के आनन्द को भोक्ता के आनन्द के सामने नगण्य मान लेने की प्रवृत्ति को मध्यकालीन पतनशीलता का प्रभाव मानते हैं। (वही, पृ. 65) हिन्दी साहित्य के रीतिकाल पर विचार करते हुए वे कहते हैं, ''इस समय आर्थिक दृष्टि से समाज में, स्पष्ट रूप से दो श्रेणियाँ हो गईं–एक तो उत्पादक वर्ग, जिसमें प्रधान रूप से किसान और किसानी से सम्बन्ध रखने वाली जातियाँ–बढई, लोहार, कहार, जुलाहा इत्यादि थीं, और दूसरा दल भोक्ता (राजा, रईस, नवाब आदि) या भोक्तृत्व का मददगार था। मुगल शासन के अन्तिम दिनों में भारतीय समाज के ये ही दो आर्थिक वर्ग थे–राजा, सामंत, मनसबदार आदि भोक्ता वर्ग और कृषक और श्रमिकों का उत्पादक वर्ग।...इन दो वर्गों के मध्य कवियों, चित्रकारों, संगीतज्ञों आदि कलावन्तों का वर्ग था, जो प्रायः उत्पादक-वर्ग से उत्पन्न होता था किन्तु भोक्ता-वर्ग की स्तुति

और मनोविनोद करके जीविका निर्वाह करता था।'' (हिन्दी साहित्य : उद्भव और विकास, पृ. 181) इस कथन से स्पष्ट है कि उत्पादक-वर्ग में उत्पन्न होकर भी कवि और कलावन्त भोक्ता-वर्ग की अभिरुचि के शिकार होकर साहित्य और कला के स्वधर्म से च्युत हो जाते हैं। इसके विपरीत यदि भक्तिकाव्य में इस स्वधर्म की रक्षा हुई तो इसलिए कि उस काल में कवियों का सम्बन्ध उत्पादक-वर्ग से है। इस धारणा की पुष्टि के लिए जर्मन मार्क्सवादी विचारक वाल्टर बेंजामिन के सुप्रसिद्ध निबन्ध 'लेखक : उत्पादक के रूप में' उल्लेखनीय है, जिसमें बर्टोल्ट ब्रेख्ट के नाट्य-प्रयोग के उदाहरण द्वारा समाज की उत्पादन प्रक्रिया के अभिन्न अंग के रूप में सक्रिय साहित्य की सर्जनात्मक दृष्टि का विवेचन किया गया है।

साहित्य को उत्पादन-प्रक्रिया के अभिन्न अंग के रूप में देखने के कारण ही आचार्य द्विवेदी यह विश्वास करते हैं, ''काव्य सर्जक है, वह मनुष्य की दुनिया में नए भावों की सृष्टि करके विधाता के भाव-जगत में वृद्धि करता आ रहा है।'' इसलिए ''जीवन के सम्पूर्ण सार-रसों से जो काव्य पुष्ट हुआ है वह जीवन की भाँति ही क्रियाशील, सर्जक और निरन्तर विकासमान वस्तु हो, यही वांछनीय है।'' (विचार प्रवाह, पृ. 131-32)

साहित्य की सर्जनधर्मिता में विश्वास रखने के कारण ही आचार्य द्विवेदी साहित्य को किसी देश-काल निरपेक्ष स्थिर परिभाषा में बाँधने के प्रयत्न से बराबर बचते दिखाई भी पड़ते हैं। उनकी दृष्टि में साहित्य की एक सर्वमान्य परिभाषा करने से ज़्यादा आवश्यक है साहित्य की समय-समय पर की गई परिभाषाओं के इतिहास का आकलन। कहने की आवश्यकता नहीं कि जो साहित्य इतिहास में पलता है और इतिहास को बनाता है, वह स्वयं भी एक प्रत्यय के रूप में ऐतिहासिक वस्तु है। इस प्रकार साहित्य की प्रत्येक परिभाषा, चाहे वह जितनी सार्वभौम और शाश्वत् प्रतीत हो, वस्तुतः एक विशेष देश और काल की आवश्यकता की पूर्ति के लिए ही रची गई होती है, प्रत्येक परिभाषा का एक विशेष ऐतिहासिक सन्दर्भ होता है और यह सन्दर्भ ही प्रत्येक साहित्यिक मान्यता का वास्तविक अर्थ और सीमा स्पष्ट करता है।

आचार्य द्विवेदी इस ऐतिहासिक धारणा के लिए स्वयं संस्कृत काव्यशास्त्र से ही आधार प्रस्तुत करते हैं। काव्य की परिभाषा की व्याख्या करने के बाद टीकाकार लोग प्रायः एक ही प्रकार का तर्क उठाते हैं : ''यदि यह परिभाषा स्वीकार कर ली गई तो बहुत-सी प्राचीन कविताओं को हम कविता नहीं कह सकते हैं।'' उत्तर में कहलाया जाता है–''यह तो हम चाहते हैं–(इष्टापत्ति)।'' फिर इसके उत्तर में कहलाया जाता है–''नहीं आप ऐसा नहीं कह सकते क्योंकि आप जिस बात को मानना चाहते हैं उसके मानने से शिष्ट सम्प्रदाय का विरोध होगा (शिष्ट सम्प्रदाय विरोधात्)...इत्यादि।''

इससे इतना तो स्पष्ट ही है कि भारतीय सहृदय शिष्ट परम्परा के विरोध को बरदाश्त नहीं कर सकता। यही कारण है कि पुराने संस्कृत साहित्य का एक महत्वपूर्ण भाग आलोचना शास्त्र की बहुविधाषित मर्यादा से थोड़ा विच्छिन्न हो जाता है। (विचार प्रवाह, पृ. 109) इससे आचार्य द्विवेदी यह निष्कर्ष निकालते हैं कि "साहित्य के अध्ययन के लिए हमें अलंकार शास्त्र से बाहर आना चाहिए।" बाहर अर्थात् स्वयं रचे जाते साहित्य में और फिर साहित्य से समाज में। समाज में इसलिए कि, "शब्द और अर्थ के साहित्य को लेकर कारोबार करने वाली विधा निश्चित रूप से मनुष्य के सामाजिक रूप की व्याख्या करती है। इसलिए साहित्य के अध्ययन के लिए केवल पोथी में लिखे हुए लक्षण ही नहीं बल्कि वृहत्तर मानव समाज का भी परिचय आवश्यक है।" (वही)

साहित्य की परिभाषा की ऐतिहासिक सीमा का स्पष्ट अनुभव आचार्य द्विवेदी को 'हिन्दी साहित्य का आदिकाल' (1952) लिखते समय हुआ। हिन्दी साहित्य के इतिहास की आरम्भिक रचनाओं की जाँच करते हुए द्विवेदीजी ने अनुभव किया कि बहुत-सी धार्मिक पुस्तकें असाहित्यिक कहकर खारिज़ कर दी गई हैं। उन्होंने इस प्रवृत्ति का प्रतिवाद करते हुए लिखा, "इधर कुछ ऐसी मनोभावना दिखाई पड़ने लगी है कि धार्मिक रचनाएँ साहित्य में विवेच्य नहीं है। कभी-कभी शुक्लजी के मत को भी इस मत के समर्थन में उद्धृत किया जाता है। मुझे यह बात उचित नहीं मालूम होती। धार्मिक प्रेरणा या आध्यात्मिक उपदेश होना काव्यत्व में बाधक नहीं समझा जाना चाहिए। इधर जैन-अपभ्रंश-चरित काव्यों की जो विपुल सामग्री उपलब्ध हुई है, वह सिर्फ़ धार्मिक सम्प्रदाय के मुहर लगाने मात्र से अलग कर दी जाने योग्य नहीं है। स्वयम्भू, चतुर्मुख, पुष्पदन्त और धनपाल–जैसे कवि केवल जैन होने के कारण ही काव्य क्षेत्र से बाहर नहीं चले जाते। धार्मिक साहित्य होने मात्र से कोई रचना साहित्यिक कोटि से अलग नहीं की जा सकती। यदि ऐसा समझा जाने लगे तो तुलसीदास का 'रामचरितमानस' भी साहित्य क्षेत्र में अविवेच्य हो जाएगा और जायसी का 'पद्मावत' भी साहित्य-सीमा के भीतर नहीं घुस सकेगा।" (पृ. 11)

इस कथन से ऐसा लगता है कि द्विवेदीजी कुछ ऐसे लोगों के मत का प्रत्याख्यान कर रहे हैं जो प्रारम्भिक हिन्दी की धार्मिक रचनाओं को साहित्य की सीमा से बाहर करने की कोशिश कर रहे हैं और अपने इस कार्य के लिए आचार्य शुक्ल के मत का अवलम्ब ले रहे हैं जबकि सच्चाई यह है कि स्वयं आचार्य शुक्ल ने ही इस प्रवृत्ति का सूत्रपात किया। फर्क सिर्फ़ इतना है कि शुक्लजी ने जैन कवियों की जगह सिद्धों और योगियों की रचनाओं के बारे में इस प्रकार की बात कही है, जो इस प्रकार है–"सिद्धों और योगियों का इतना वर्णन करके इस बात की ओर ध्यान

दिलाना हम आवश्यक समझते हैं कि उनकी रचनाएँ तान्त्रिक विधान, योग साधना, आत्मनिग्रह, श्वास निरोध, भीतरी चक्रों और नाड़ियों की स्थिति, अन्तर्मुख साधना के महत्व इत्यादि की साम्प्रदायिक शिक्षा मात्र हैं, जीवन की स्वाभाविक अनुभूतियों और दशाओं से इनका कोई सम्बन्ध नहीं। अतः वे शुद्ध साहित्य के अन्तर्गत नहीं आतीं। उनको उसी रूप में ग्रहण करना चाहिए जिस रूप में ज्योतिष, आयुर्वेद आदि के ग्रन्थ।'' (हिन्दी साहित्य का इतिहास, सं. 2006, पृ. 19) इतना ही नहीं बल्कि इसी क्रम में आगे चलकर आचार्य शुक्ल ने ज्ञानाश्रयी शाखा की रचनाओं को साहित्य के दायरे से बाहर करते हुए लिखा कि, ''इस शाखा की रचनाएँ साहित्यिक नहीं हैं, फुटकर दोहों या पदों में हैं, जिनकी भाषा और शैली अधिकतर अव्यवस्थित और ऊटपटाँग है।'' (वही, पृ. 71) निःसन्देह यहाँ असाहित्यिक का निर्णय अव्यवथित भाषा और ऊटपटाँग शैली के आधार पर दिया गया है, किन्तु पूर्ववर्णित साम्प्रदायिक विचार भी इस प्रसंग के कारण हैं। कबीर का स्पष्ट नामोल्लेख यहाँ नहीं है और शुक्लजी का इतिहास प्रमाण है कि वे कबीर की प्रखर प्रतिभा के कायल हैं, फिर भी कबीर को स्पष्ट शब्दों में उन्होंने कवि कहीं नहीं कहा है। प्रशिक्षित और निम्न श्रेणी की जनता पर इन सन्त-महात्माओं का भारी उपकार स्वीकार करते हुए वे पाश्चात्यों के सुर में सुर मिलाकर इन्हें धर्म सुधारक की उपाधि से विभूषित करते हैं। (वही)

सिद्धों, योगियों और निर्गुणिया सन्तों की रचनाओं को शुक्लजी ने जिस आधार पर असाहित्यिक माना है, उसे यदि ध्यान से देखा जाए तो साहित्यिक कसौटी का आभास देते हुए भी वह केवल साहित्यिक नहीं है। जब वे कहते हैं कि, ''संस्कृत बुद्धि, संस्कृत हृदय और संस्कृत वाणी का वह विकास इस शाखा में नहीं पाया जाता जो शिक्षित समाज को अपनी ओर आकर्षित करता है।'' तो एक तरह से अपनी साहित्यिकता की कसौटी का और खुलासा करते हैं। अब यदि इस 'संस्कृत बुद्धि, संस्कृत हृदय और संस्कृत वाणी' के सूत्र से सिद्धों, योगियों आदि को नापने की कोशिश करें तो आचार्य शुक्ल का यह कथन सामने आएगा : ''यह बात ध्यान में रखना आवश्यक है कि चौरासी सिद्धों में बहुत से मछुए, चमार, धोबी, डोम, कहार, लकड़हारे, दरजी तथा और बहुत से शूद्र कहे जाने वाले लोग थे। नाथ सम्प्रदाय भी तब फैला जब उसमें भी जनता की नीची और अशिक्षित श्रेणियों के बहुत से लोग आए जो शास्त्र ज्ञान सम्पन्न न थे, जिनकी बुद्धि का विकास बहुत सामान्य कोटि का था। पर अपने को रहस्यदर्शी प्रदर्शित करने के लिए शास्त्रज्ञ पंडितों और विद्वानों को फटकारना भी वे जरूरी समझते थे।'' (वही) इस दृष्टि से जो डोम, चमार या ऐसी ही किसी शूद्र जाति में पैदा हुआ हो, फिर भी जो शास्त्रज्ञ पंडितों को फटकारता हो और अपने आपको रहस्यदर्शी प्रदर्शित करता हो, उसे भला 'संस्कृत बुद्धि, संस्कृत

हृदय और संस्कृत वाणी' से सम्पन्न कैसे माना जा सकता है? स्वभावतः ऐसे असंस्कृत व्यक्ति की वाणी साहित्यिक नहीं हो सकती। स्पष्ट है कि साहित्यिकता का प्रश्न अन्ततः सुसंस्कृति से जुड़ा हुआ है। जो सुसंस्कृत माना जाता है उसकी गाली भी साहित्यिक है, लेकिन जो असंस्कृत है उसका तेज़-तर्रार वचन असाहित्यिक है। तुलसीदास यदि अलख जगाने वालों को नीच कहें तो वह काव्य है, कबीर का वचन काव्य नहीं है यदि वे कहें कि–

पांड़े कौन कुमति तोहें लागी।
तू राम नाम न जपहिं अभागी।

इसी मान्यता के चलते कविता में एक के दार्शनिक कथन काव्य माने जाते हैं और दूसरे के साम्प्रदायिक, क्योंकि वह स्थापित संस्कृति के विरोध में बोलता है। कहने की आवश्यकता नहीं कि साहित्य की परिभाषा करने का अधिकार समाज के उस समुदाय के हाथ होता है जिसका प्रभुत्व होता है–साहित्य पर, संस्कृति पर, धर्म पर, राजनीतिक सत्ता पर और अर्थव्यवस्था पर। प्रतिरक्षा में रहने वाले अपनी समझ से चाहे जितना साहित्य की परिभाषा करें, संस्कृत बुद्धि उसे स्वीकार नहीं करती।

आचार्य द्विवेदी कबीर के कवित्व की प्रतिष्ठा करते हुए जैसे इसी स्थापित मान्यता को चुनौती देते हैं। कबीर नामक ग्रन्थ में वे कहते हैं, "यद्यपि कबीर ने कहीं काव्य लिखने की प्रतिज्ञा नहीं की तथापि उनकी आध्यात्मिक रस की गगरी से छलके हुए रस से काव्य की कटोरी में भी कम रस इकट्ठा नहीं हुआ।" (1976, पृ. 222) अन्यत्र इसी बात को कुछ और विस्तार से इस प्रकार कहा गया है, "असली बात यह होती है कि नया मनुष्य नया प्राण लेकर नवीन आवेगों को झंकृत करता है और उनसे अपने हृदयगत भावों को कहलवा लेता है। कबीरदास इसलिए नहीं रुके कि उन्हें छन्द और अलंकार पढ़ लेने चाहिए। उन्होंने उस महारस का पान कर लिया था, उनका अन्तर उससे परिपूर्ण हो गया था, उन्होंने समूचे काल को निचोड़कर उसकी छाक पी ली थी। वे कहने को व्याकुल थे और इसीलिए कह गए, जिस भाषा में कह गए, वह सब नई है। साहित्य का आलोचक मूड़ मारकर उसका हिसाब-किताब सम्हालता रहे, कहने वाले को उसकी परवाह नहीं।" (विचार प्रवाह, पृ. 214)

साहित्य के इतिहास में जब ऐसा नया स्वर प्रकट होता है तो स्वभावतः साहित्य के परम्परागत संस्कारों में पले पंडितों को थोड़ी असुविधा होती है और उनके सामने दो विकल्प होते हैं : या तो नए का तिरस्कार कर परम्परित मान्यताओं की चहारदीवारी को और मजबूत बना लें या फिर नए को अन्तर्भुक्त कर परम्परित दायरे का और विस्तार करें। आचार्य द्विवेदी ने असन्दिग्ध रूप से दूसरा विकल्प चुना और साहित्य

की सीमा का विस्तार किया। 'हिन्दी साहित्य का आदिकाल' में अपनी इसी व्यापक दृष्टि का परिचय देते हुए वे कहते हैं, "इस अन्धकार युग को प्रकाशित करने योग्य जो भी चिनगारी मिल जाए, उसे सावधानी से जिलाए रखना कर्तव्य है, क्योंकि वह बहुत बड़े आलोक की सम्भावना लेकर आई होती है, उसके पेट में केवल उस युग के रसिक हृदय की धड़कन का ही नहीं केवल सुशिक्षित चित्र के संयत और सुचिन्तित वाक्पाटव का ही नहीं, बल्कि उस युग के सम्पूर्ण मनुष्य को उद्भासित करने की क्षमता छिपी होती है।" (पृ. 27) इस उद्धरण से स्पष्ट है कि आचार्य द्विवेदी किसी कृति के मूल्य का निर्णय सम्पूर्ण मनुष्य को उद्भासित करने की क्षमता से करते हैं, न कि रसिक हृदय की धड़कन अथवा सुशिक्षित चित्त के वाक्पाटव से। रसिक और सुशिक्षित समालोचक इसे द्विवेदीजी की उदारता समझते हैं और इस उदारता का सम्मान करते हुए भी वे इस धारणा की साहित्यिकता के प्रति आश्वस्त नहीं हैं। एक ऐसे ही आलोचक के अनुसार, "द्विवेदीजी ने मनुष्यता को साहित्य और रस का पर्याय मान लिया है। इससे एक बड़ी बाधा यह उत्पन्न होती है कि साहित्य और असाहित्य के बीच कोई विभाजक रेखा नहीं खींची जा सकती। साहित्य पहले साहित्य है, इसके बाद वह कुछ और है। यद्यपि यह कुछ और उसके औदात्य-अनौदात्य के लिए बहुत-कुछ उत्तरदायी है फिर भी कुछ और उदात्तता किसी कृति को साहित्य बना पाने में असमर्थ है।" (डॉ. बच्चन सिंह, आलोचक और आलोचक, 1970., पृ. 181)

द्विवेदीजी ने मनुष्यता को रस का पर्याय माना है या नहीं, यह विवाद का विषय हो सकता है, किन्तु उस रस के इतिहास पर उन्होंने निश्चित रूप से विचार किया है, जिसे साहित्य का स्थिर और शाश्वत् धर्म समझकर साहित्य-असाहित्य का निर्णय किया जाता है।

भारतीय साहित्य में रस सिद्धान्त के इतिहास का विवरण, वैसे तो बहुत से विद्वानों ने दिया है और शास्त्रीय चर्चा भी कम नहीं हुई है, किन्तु इस बुनियादी बात की ओर किसी का ध्यान नहीं गया कि रस का आधार एक सहृदय सामाजिक माना जाता है। उस हाड़-मांस के जीते-जागते इन्सान को छोड़कर रस का इतिहास लिखना क्या सम्भव है? आचार्य द्विवेदी पहले पंडित हैं जिन्होंने भारतीय समाज में स्थिर सहृदय के इतिहास को केन्द्र बनाकर रस की अतिप्रचलित सैद्धान्तिक चर्चा से अलग रस का व्यावहारिक अर्थ बतलाना अधिक आवश्यक समझा। कहने की आवश्यकता नहीं कि रस के व्यावहारिक अर्थ की कुंजी सहृदय है क्योंकि सहृदय की अभिरुचि ही बहुत दूर तक काव्य के स्वरूप को निर्धारित करती रही है।

सामान्यतः रसशास्त्री अभिनवगुप्त के साक्ष्य पर कहते हैं कि काव्य और शास्त्र के निरन्तर अनुशीलन और अभ्यास से जिसका मन-मुकुर विमल हो चुका है और जो

कवि के भाव के साथ हृदय-संवाद की क्षमता रखता है, उसे सहृदय कहा जाता है। सदियों पहले भरत मुनि ने जिस प्रेक्षक की विशेषताएँ बताने के लिए नाट्यशास्त्र में पूरा एक अध्याय लिखा, उसी के वंशजों द्वारा सहृदय का जो विवरण सदियों बाद के 'सहृदय हृदयलीला' ग्रन्थ में मिलता है, उससे पता चलता है कि वह बहुत अधिक संवेदनशील तो था ही इसके साथ ही रूप, वर्ण, प्रभा, आभिजात्य, विलासिता, मात्य, वस्त्र, उपलेपन आदि का निपुण जानकार भी होता था और सबसे बड़ी बात कि वह युवक रसिक और श्रृंगार-प्रिय होता था। यदि परवर्ती संस्कृत काव्य के इस सहृदय को ध्यान से देखें तो वह वात्स्यायन के 'कामसूत्र' के नागरिक से बहुत मिलता-जुलता है। काव्य का सहृदय सामन्ती समाज का वह विशिष्ट अभिजन था, जो आभिजात्य के अनेक गुणों के साथ धन सम्पन्न भी था और जिसके पास काव्यशास्त्र विनोद के लिए पर्याप्त अवकाश था। कवि को इसी दुर्लभ अभिजन की खोज रहती थी। वह कवि के साथ हृदय-संवाद का भागी हो सकता था और इस प्रकार वही इसका अधिष्ठान भी था। यदि रस का अर्थ इसके लिए वस्तुतः श्रृंगार-रस ही हो तो कोई आश्चर्य नहीं।

'मध्यकालीन बोध के स्वरूप' में आचार्य द्विवेदी ने बड़े विस्तार से ठोस तथ्यों के आधार पर यह दिखलाया है कि व्यवहार में रस का अर्थ श्रृंगार ही था। यद्यपि भरत मुनि ने नाटकों में आठ रसों का विधान स्वीकार किया है, किन्तु राजशेखर के साक्ष्य पर रस के आदि आचार्य नन्दिकेश्वर हैं, जिन्होंने भरत मुनि से पहले श्रृंगार के रूप में ही रस की प्रतिष्ठा की थी और आगे चलकर भोज जैसे कवि आचार्यों ने श्रृंगार रस को ही रस के रूप में मान्यता दी। निष्कर्ष यह कि, "इस काल का सहृदय सरस काव्य का अर्थ श्रृंगारी काव्य ही मानता रहा और लोकचित्त में कवि का श्रृंगारी रूप ही प्रतिष्ठित रहा। दीर्घकाल से लोकचित्त में व्याप्त धारणा को शास्त्रीय ग्रन्थ बहुत अधिक शिथिल नहीं कर सके।" अपनी इस मान्यता पर पंडितों की प्रतिक्रिया का जिक्र करते हुए द्विवेदीजी लिखते हैं कि, "मैंने यह बात एक बार पंडितों की एक मंडली में कही थी। उस समय थोड़ी नाराज़गी प्रकट की गई थी। मुझे ऐसा लगा कि श्रृंगार रस को भारतीय काव्य का सर्वश्रेष्ठ प्रतिपाद्य मानने को कुछ विद्वान इसलिए उचित नहीं समझते थे कि उनकी दृष्टि में श्रृंगार रस निचली कोटि की स्त्रैण वृत्ति है।" क्या इस प्रसंग से हमारे पाखंड पर कुछ प्रकाश नहीं पड़ता? व्यवहार कुछ सिद्धान्त कुछ। लेकिन इस पार्थक्य को स्वीकार करने का साहस नहीं। रस की इसी खंड-चेतना से साहित्य-असाहित्य के निर्णय का दम्भ किया जाता है, इस आत्मछल के साथ कि आज का निर्णायक कहीं न कहीं उसी सहृदय का वंशज है। क्या रस की यह धारणा मनुष्य की परिकल्पना से सर्वथा मुक्त है? निश्चय ही यह मनुष्य का पर्याय नहीं है और सम्पूर्ण मनुष्य का तो और भी नहीं, किन्तु है यह अन्ततः मनुष्य की

परिकल्पना पर ही आधारित—यह दूसरी बात है कि मनुष्य की यह परिकल्पना काफी संकुचित है। शृंगार रस को ही रस मानने वाला सहृदय द्विवेदीजी का सम्पूर्ण मनुष्य नहीं बल्कि एक अपूर्ण मनुष्य है।

सम्पूर्ण मनुष्य वाले रस की परम्परा दूसरी है, जिस पर आचार्य द्विवेदी ने 'मध्यकालीन बोध का स्वरूप' नामक ग्रन्थ के अन्तर्गत 'रस-कवियों का साक्ष्य' शीर्षक के पाँचवें और अन्तिम व्याख्यान में विचार किया है। उल्लेखनीय है कि इस महान परम्परा के लिए सर्जक द्विवेदीजी को शास्त्र का आधार नहीं मिला, उन्हें काव्य का ही सहारा लेना पड़ा। रस की यह परम्परा वाल्मीकि की है, जिसे कालिदास ने पुष्ट किया, किन्तु इस परम्परा का पूरा परिचय देने से पहले आचार्य द्विवेदी ने एक बड़ी महत्वपूर्ण और मौलिक बात कही है। भारतीय संस्कृति के पश्चिमी व्याख्याकारों के मन में, ''धर्म, दर्शन और काव्य से अभिभूत और प्रभावित होने का संस्कार इतना बद्धमूल था कि भारतीय सन्दर्भ में काव्य से धर्म और दर्शन, कला तथा शिल्प का प्रादुर्भूत होना उनके गले के नीचे उतरने वाली बात नहीं थी।'' जबकि सच्चाई यह है कि भारतीय धर्म और दर्शन काव्यवेद से उत्पन्न हैं।

अपनी इस मान्यता को स्पष्ट करने के लिए आचार्य द्विवेदी पहले वैदिक साहित्य की विशेषता का वर्णन अपनी सहज उदात्त कल्पवाणी में इस प्रकार करते हैं, ''पूरा वैदिक साहित्य आनन्दोल्लास का गीत है। वैदिक ऋषि की दृष्टि में प्रकृति और मनुष्य, जड़ और चेतन, आनन्द की अभिव्यक्ति मात्र हैं। नर्तकी के समान चारुभूषणा प्रकृति, वृषभ के समान गरजता हुआ मेघमंडल, समस्त चराचर को अपनी महिमा से भर देने वाला आकाश, चर-अचर की सुप्त चेतना को प्रेरणा देने वाली सविता, सभी आनन्द का गान गाते हैं। यह जगत मनुष्य का प्रतिद्वन्द्वी नहीं, पूरक है। प्रकृति की नित्य शोभा मनुष्य को प्रेरणा देती है और प्रेरणा पाती है। इन दोनों में ऐसा कोई सम्बन्ध नहीं है, जिससे इस प्रकार के तत्वावधान को बढ़ावा मिल सके कि मनुष्य, जगत या प्रकृति से भिन्न है और एक दूसरे को जीतने या अभिभूत करने में निरन्तर क्रियाशील है। इस आनन्दोल्लास से मुखर काव्य के तत्वचिन्तन का जो क्रम उत्पन्न होता है वह निश्चित रूप से दोनों के पारस्परिक सम्बन्धों को मधुमय बनाने वाले तत्व की खोज से शुरू होता है।'' (पृ. 105) उपनिषदों में पहुँचकर यही मुधमय तत्व रस बनता है जो 'बन्धन विमुक्त होने की प्रेरणा देता है।' आदिकवि वाल्मीकि की रामायण में 'मा निषाद प्रतिष्ठां त्वमगमः' उद्गार के साथ शोक के श्लोक रूप में परिणत होने की प्रक्रिया प्रकट होती है, जिसकी गूँज कालिदास के रघुवंश में 'ष्लोत्वकमापद्यप यस्य शोकः' के रूप में सुनाई पड़ती है।

आचार्य द्विवेदी इस अतिपरिचित तथ्य का उल्लेख करने के बाद, जो भी बात कहते हैं, वह यह है कि यह मानकर भी कि इस घटना से प्रथम काव्य का आविर्भाव

हुआ, इसे उस प्रकार की रस व्याख्या का आधार नहीं बनाया गया जैसे भरत के प्रसिद्ध सूत्र को। अगर इसे आधार बनाया गया होता तो कदाचित् मध्ययुग के आलोचक अधिक स्पष्टता के साथ सौन्दर्य-बोध की रचनात्मक प्रक्रिया और सौन्दर्य की अभिव्यक्ति के उस स्वरूप को हृदयंगम कर सकते। चि. वि. वैद्य को इस घटना से अंग्रेज आलोचक हैजलिट की उस उक्ति का ध्यान आया था, जिसमें कहा गया है कि, "किसी मार्मिक वस्तु या घटना के प्रत्यक्षीकरण से सम्मूर्तन प्रक्रिया और सान्द्र भावानुभूति को गतिशील बनाने वाली संवेदना द्वारा विशेष प्रकार की स्वर-प्रक्रिया और ध्वनि-प्रवाह के रूप में फूट पड़ने वाली मानसिक प्रतिक्रिया ही कविता है। परन्तु मध्ययुग में उसे पूज्य वाणी मानकर ही सन्तोष कर लिया गया।" (पृ. 106-7) लेकिन द्विवेदीजी ने इतना ही कहकर सन्तोष नहीं कर लिया। उनकी दृष्टि में आदिकवि का वैशिष्ट्य यह है कि उन्होंने अपने भाव को मूर्त रूप देने के लिए रस की नहीं, नेता की खोज की। कैसे नेता की? "ऐसे नर चन्द्रमा की जिसमें मनुष्य की समग्र लक्ष्मी का निवास हो। उन्हें उन नेताओं के किसी ऐसे स्थायी भाव की खोज नहीं थी, जो विभावानुभाव संचारी भाव के संयोग से इस रूप में परिणित हो सके। वे मनुष्य और आदर्श रूप के जिज्ञासु थे।" (पृ. 107-8) यही सम्पूर्ण मनुष्य आचार्य द्विवेदी की दृष्टि में रस का आधार है और प्रकारान्तर से साहित्य का भी। साहित्य का, यह मूर्त आधार क्या नितान्त असाहित्यिक परिकल्पना है? क्या इससे साहित्य के वास्तविक धर्म का निरूपण सम्भव नहीं? क्या इस सम्पूर्ण को साहित्य के मूल्यांकन का आधार बनाना अनुचित है?

आचार्य द्विवेदी का यह सम्पूर्ण मनुष्य साहित्य का विषय ही नहीं, बल्कि साहित्य का विषयी भी है–विषयी अर्थात् कर्ता, सर्जक। सम्पूर्ण यह इसलिए नहीं कि इसमें समस्त सम्भाव्य गुणों और आदर्शों का समावेश है। सम्पूर्ण यह इसलिए है कि रवीन्द्रनाथ के शब्दों में, "बाह्य विश्व में निहित एक के साथ उसके अपने एक का सामंजस्य है।" अन्यत्र इस कल्पमानव की सम्पूर्णता को आचार्य द्विवेदी ने सत्वस्थ होने की संज्ञा दी है। कालिदास की सृजन-प्रक्रिया के विवेचन के प्रसंग में शिथिल समाधि के विपरीत सृजन क्षण का समाधिस्थ चित्त इसी सम्पूर्णता को अभिव्यक्त करता है। अन्य प्रसंगों में इसी को द्विवेदीजी समष्टि मानव भी कहते हैं। इस प्रकार आचार्य द्विवेदी की दृष्टि में साहित्य समष्टि मानव की सिस्टिक्षा–सर्जनेच्छा की परिणति है।

छन्द इस सिस्टिक्षा-सर्जनेच्छा का ही काव्यात्मक नाम है। छन्द का एक अर्थ इच्छा भी है। सहसा 'मा निषाद...' श्लोक के फूट पड़ने पर विस्मित आदिकवि को प्रबोधित करते हुए जब ब्रह्मा कहते हैं कि 'मत्छंदात् से ब्रह्मन् प्रवृत्तेयं सरस्वती', तो वहाँ मत्छंदात् का अर्थ मेरी इच्छा ही है। वैसे छन्द का एक अर्थ बन्धन भी है। आचार्य

द्विवेदी की दृष्टि में साहित्य सृजन के मूल में यह छन्द ही है और सच पूछिए तो छन्द की भूमिका साहित्य से भी आगे बढ़कर समस्त कलाओं तक फैली हुई है। छन्द वस्तुतः द्विवेदीजी के लालित्य का बीज भाव है। अपनी कृतियों में जिस प्रकार उन्होंने जगह-जगह छन्द की महिमा गाई है, उसे पढ़कर आधुनिक युग के पाश्चात्य साहित्य-चिन्तकों द्वारा लिखित मेटाफर की प्रशस्तियाँ अनायास याद हो आती हैं। आचार्य द्विवेदी ने छन्द को लेकर तत्ववाद का पूरा एक प्रासाद खड़ा कर डाला–जिसकी आधारशिला ज्ञान, इच्छा और क्रिया का त्रिक है, इस तत्ववाद का सबसे आकर्षक पक्ष छन्द प्रेरित लालित्य-दर्शन है। 'कालिदास की लालित्य योजना' के 'विश्व व्यापक छन्दोधारा और लालित्य' शीर्षक अध्याय से इस तत्ववाद और लालित्य-दर्शन का कुछ आभास मिल सकता है।

किन्तु इस तत्ववाद की सबसे महत्वपूर्ण उपलब्धि है कला सम्बन्धी एक समग्र लालित्य दृष्टि जिसके परिप्रेक्ष्य में आचार्य द्विवेदी साहित्य को रखकर देखते हैं। हिन्दी का शायद ही कोई ऐसा आलोचक हो, जिसने आचार्य द्विवेदी के समान साहित्य को समस्त कलाओं के व्यापक परिप्रेक्ष्य में रखकर देखने का प्रयास किया हो। इस व्यापक कला-दृष्टि ने द्विवेदीजी की साहित्य समीक्षा में सौन्दर्य-विश्लेषण का एक नया आयाम जोड़ा है, जो अन्यत्र दुर्लभ है। हिन्दी के अन्य आचार्यों का रस-विवेचन जहाँ केवल काव्य तक सीमित है, आचार्य द्विवेदी रस के स्वरूप का उद्घाटन चित्रकला, नृत्य और संगीत के सन्दर्भ में भी उतनी ही दक्षता के साथ करते हैं, जो निश्चय ही अभिनवगुप्त की परम्परा का वास्तविक विकास है। यही व्यापक दृष्टि के इतिहास लेखन में यथा-स्थान दिखाई पड़ती है। 'सूर साहित्य' के अन्तर्गत भक्ति काव्य की मूल प्रवृत्ति का निरूपण करते हुए वे कहते हैं, ''इस युग के धर्म और कला को अलग-अलग रखकर विचार नहीं किया जा सकता। क्या वास्तुशिल्प, क्या चित्रकला, क्या काव्य, क्या नृत्य और क्या संगीत–सर्वत्र एक ही बात दिखाई देती है और वह यह कि समस्त भारतीय अन्तरीप एक सिरे से दूसरे सिरे तक भक्ति, विशेषकर वैष्णव-भक्ति की शक्तिशाली तरंग से आक्रान्त हो उठा था।'' (पृ. 81) इसी प्रकार हिन्दी के रीतिकाव्य के सन्दर्भ में राजपूत कलम और कांगड़ा कलम की चित्रकला का ज़िक्र करते हुए वे काव्य की मुख्य प्रवृत्ति को स्पष्ट करने का प्रयत्न करते दिखाई पड़ते हैं। (हिन्दी साहित्य : उद्भव और विकास, पृ. 175) इन फुटकर संकेतों के अतिरिक्त 'कालिदास की लालित्य योजना' है, जिसमें नृत्य और चित्र कलाओं के बीच काव्य के लालित्य को उद्घाटित करने का व्यवस्थित स्वरूप प्रकट हुआ है। वस्तुतः इसका महत्व इतनी अधिक कलाओं की जानकारी तक ही सीमित नहीं है। जानकार तो और भी होंगे और शायद द्विवेदीजी से कहीं ज़्यादा। महत्व की बात है कला-दृष्टि की समग्रता। आकस्मिक नहीं है कि सम्पूर्ण मानव की परिकल्पना

करने वाले आचार्य द्विवेदी की दृष्टि बराबर उस मानव की सम्पूर्ण सृजनशीलता पर भी रही है। उनकी दृष्टि में मनुष्य की रचयित्री आनन्दिनी वृत्ति को चित्रकला, मूर्तिकला, वास्तुकला, धर्म विधान और साहित्य के माध्यम से समझा जा सकता है। मानव सिस्टिक्षा-सर्जनेच्छा की यह समग्रता ही आचार्य द्विवेदी की सम्पूर्ण लालित्य-दृष्टि और कला-दृष्टि की कुंजी है। अपने उपन्यासों में नृत्य, चित्र, स्थापत्य, मूर्ति और संगीत आदि विविध कला-प्रसंगों के सूक्ष्म विवरण के द्वारा आचार्य द्विवेदी इस सत्य को प्रमाणित कर देते हैं कि सर्जनात्मक दृष्टि की सम्पूर्णता ही आलोचनात्मक-दृष्टि की सम्पूर्णता का आधार है।

'फक्कड़पन' का दर्शन

आचार्य हजारी प्रसाद द्विवेदी के 'हिन्दी साहित्य : उद्भव और विकास' (1952) से गुजरते हुए बीसवीं सदी के चौथे दशक में पहुँचते ही कवियों और लेखकों की एक ऐसी पीढ़ी मिलती है, जो इतिहासकार की नज़रों में फक्कड़ और मस्त है। फक्कड़ों की यह जमात इतिहास में न तो इसके पहले कभी मिलती है और न इसके बाद ही। एक प्रकार की स्वच्छन्दतावादी प्रवृत्ति इस पीढ़ी के साहित्यकारों में भी मिलती है, किन्तु यह स्वच्छन्दता पूर्ववर्ती युग के छायावादी कवियों की स्वच्छन्दता से काफी भिन्न थी। इस फर्क के एहसास के साथ द्विवेदीजी ने बालकृष्ण शर्मा नवीन के बारे में लिखा है कि...छायावादी मूल भाव-धारा से पृथक किन्तु विश्वासों में सम्पूर्ण स्वच्छन्दतावादी फक्कड़ कवि बालकृष्ण शर्मा की उद्दाम आवेगों वाली कविताएँ इसी काल में लिखी गईं। सब कुछ को छोड़कर आगे बढ़ जाने की घर फूँक मस्ती से इनकी रचनाएँ आकंठ भरी हैं। (पृ. 294) नवीन के बाद भगवतीचरण वर्मा मिलते हैं, जिनमें मस्ती है, उल्लास है और अपने आपके प्रति दृढ़ विश्वास है।...वे अनासक्त भोक्ता की भाषा में सुन्दर के सौन्दर्य की महिमा और अपनी मस्ती के गान गाते हैं। उनकी इस असंकुचित और आत्मकेन्द्री मस्ती ने सहृदयों को आकृष्ट किया था। (पृ. 295) इसी क्रम में मस्ती और मौज के दूसरे कवि बच्चन हैं।...बच्चन की कविता में जिस क्षणिक उल्लास की मस्ती का प्रचार किया गया था उससे कुछ लोग अप्रसन्न भी थे। शायद उपहास के लिए ही शुरू-शुरू में इसे हालावाद नाम दे दिया गया था। वस्तुतः यह हाला तत्कालीन प्रचलित झूठी आध्यात्मिकता के प्रतिवाद का एक प्रतीक मात्र है।...(पृ. 295-96) अन्त में...मस्ती के तीसरे कवि रामधारी सिंह दिनकर हैं। कल्पना की ऊँची उड़ान विसदृश परिस्थितियों को अनुकूल बनाने की उमंग और सामाजिक चेतना की तीव्रता के कारण दिनकर प्रथम दो कवियों से एकदम भिन्न श्रेणी के कवि हैं। भगवती चरण वर्मा और बच्चन में वैयक्तिक चेतना का प्राधान्य है (जबकि) दिनकर की उमंग और मस्ती में सामाजिक मंगलाकांक्षा का प्राधान्य है...(पृ. 196)

इतिहास की इस सूची में स्वयं इतिहासकार अपने नाम से भले ही अनुपस्थित हो, किन्तु यह तथ्य है कि आचार्य हजारी प्रसाद द्विवेदी नवीन, दिनकर, बच्चन,

भगवतीचरण वर्मा आदि की ही पीढ़ी के हैं...उस पीढ़ी के जिसके बुनियादी भावबोध का निर्माण सन् 1930 के आसपास उत्तर-छायावाद काल में हुआ। इसमें आश्चर्य की कोई बात नहीं कि अपनी पीढ़ी की फक्कड़ता और मस्ती को द्विवेदीजी की अचूक दृष्टि ने सबसे पहले पहचाना। सबसे पहले पर ज़ोर देना इसलिए ज़रूरी है कि नितान्त समसामयिकता की सीमा से बँधे हुए अनेक नए लेखक इस पहचान का श्रेय विजयदेव नारायण साही को देते हैं, जिनका 'लघुमानव के बहाने हिन्दी कविता पर एक बहस' शीर्षक लेख 'नई कविता' (5-6) में 1961 में प्रकाशित हुआ था। वैसे, साहीजी ने इस लेख में इस तथ्य का उल्लेख किया है कि पंडित हजारी प्रसाद द्विवेदी इस तीसरे दशक के सबसे समर्थ आलोचक हैं,...किन्तु उन्हें इस फक्कड़ पीढ़ी के अभिन्न अंग के रूप में न देखकर इड़ा-पिंगला पर फुत्कारती हुई जिजीविषा नामक कुंडलिनी तन्त्रविज्ञान के पंडित के रूप में देखा गया है, जिसके हर दृष्टि-निक्षेप पर साधारण मानव अपने सबसे प्रिय रूप में उल्लसित होता और हिलकोरें खाता चलता है।...(नई कविता-5-6, पृ. 93)

बहरहाल, 1930 के आसपास जब हजारी प्रसाद द्विवेदी आचार्य नहीं हुए थे, अपने समकालीन अन्य कवियों के समान फक्कड़पन का बाना पहने उसी मुद्रा की कविताएँ लिख रहे थे। सर्वथा छन्द में लिखी इस काल की एक कविता के एक छन्द से उस मुद्रा का अनुमान लगाया जा सकता है–

रजनी दिन नित्य चला ही किया
मैं अनन्त की गोद में खेला हुआ,
चिरकाल न वास कहीं भी किया
किसी आँधी से नित्य धकेला हुआ,
न थका, न रुका, न हटा, न झुका,
किसी फक्कड़ बाबा का चेला हुआ,
मद चूता रहा, तन मस्त बना,
अलबेला मैं ऐसा अकेला हुआ।

इस कविता में एक ऐसे फक्कड़ का चित्र है, जो दिन-रात बिना विराम किए चलता जा रहा है जैसे किसी आँधी से धकेला जा रहा हो, जिसे सौन्दर्य के नाना प्रलोभन लुभाने की कोशिश कर रहे हैं, पर वह सबसे मुँह मोड़कर आगे बढ़ता जा रहा है और उसे उसी में मजा है। उसके पास न प्रेम-व्यापार के लिए अवकाश है, न विरह में आँसू बहाने की फुरसत। इस प्रकार अपनी समझ से वह बिलकुल अलबेला और एकदम अकेला है।

द्विवेदीजी की बाद की कृतियों को देखने से पता चलता है कि कविताएँ उन्होंने आगे चलकर भले ही न लिखी हों लेकिन फक्कड़पन का आरम्भिक नशा आजीवन

छाया रहा। उनके पहले उपन्यास 'बाणभट्ट की आत्मकथा' (1946) का चरित नायक बाणभट्ट अपने ही शब्दों में जन्म का आवारा, गप्पी, अस्थिरचित्त और घुमक्कड़ है। अपनी कल्पना के चमत्कार से द्विवेदीजी ने बाण को पूर्वी हिन्दी के बंड से उत्पन्न बतलाया, जिसका अर्थ है पूँछ-कटा बैल! बाण घटनाक्रम में अघोर भैरव जैसे फक्कड़ बाबा से जीवन के बारे में नई दृष्टि प्राप्त करता है। उसे मित्र के रूप में धावक नाम का एक कवि भी मिलता है, "जिसकी दुनिया निर्लिप्त मस्ती का खाद्य निकाल लेता है।" अपने इस सखा कवि के बारे में चकित होकर बाण सोचता है कि, "कितनी सहज आनन्दधारा इस कवि के सर्वांग को घेरकर उच्छ्वासित हो रही है। वह कौन-सा ऐसा निर्झर है जिससे इतनी उमंग, इतना उल्लास, इतनी निस्संगता झरती रहती है। न कहीं विरोधी पक्ष की सम्भावना से आशंका है, न किसी भले-बुरे प्रभाव से प्रयोजन। मानो वह इस दुनिया से उमंग का रस खींचने के लिए ही पैदा हुआ है। दूसरों को इससे सुख पहुँचे या दुख वह अपना रस उसी प्रकार निकाल लेगा जिस प्रकार दलित इक्षु-दंड से किसान निकाल लेता है।" (पृ. 351-52)

दूसरे उपन्यास 'चारुचन्द्र लेख' (1965) में सीदी मौला नामक विलक्षण फक्कड़ चरित्र है—धर्म-आचार के मामले में परम उदार, बल्कि सर्वथा रूढ़िमुक्त और जीवन-जगत के बारे में अनुभवसिद्ध ज्ञानी इन सबके ऊपर एकदम निडर और साहसी। इसी प्रकार 'पुनर्नवा' में संस्कृत नाटकों का चिर-परिचित विदूषक माढव्य पुनर्नवता प्राप्त करके द्विवेदीजी का अपना फक्कड़ बन जाता है जिसे यह पता है कि, "राजसभा में मूर्खता भी बिकती है और माढ़व्य ही उसे बेचता है।" और जो कवि चन्द्रमौलि को यह समझाने की समझ रखता है कि, "राजस्तुति एक ऐसा विषय है जिसका अर्थ कहीं नहीं रहता, वह मूर्खों द्वारा, मूर्खों का किया हुआ मूर्खतापूर्ण कथन-मात्र है।"...किन्तु असली फक्कड़ पुनर्नवा के सुमेर काका हैं, जो हैं तो अटूट गँवार, लेकिन किसानी मन में ऐसी प्रखर सहज बुद्धि है कि जटिल से जटिल बात को सीधे ढंग से पकड़ लेते हैं और बड़े से बड़े संकट की घड़ी में भी मस्त रहते हैं। अन्तिम उपन्यास 'अनामदास का पोथा' तो फक्कड़ ऋषिकुमार रैक्व का आख्यान ही है, जिसके लिए 'सब हवा है।'

ललिल निबन्धों की दुनिया में कदम रखें तो यहाँ द्विवेदीजी के सभी प्रिय फूल और पेड़ मस्ती के आलम में झूमते हुए मिलेंगे। अशोक की नियति को देखकर लेखक उदास हो जाता है, किन्तु अशोक है कि आज भी उसी मौज में है, जिसमें आज से दो हज़ार साल पहले था। और देवदारु? "पेड़ क्या है, किसी सुलझे हुए कवि के चित्र का मूर्तिमान छन्द है...धरती के आकर्षण को अभिभूत करके लहरदार वितानों की शृंखला को सावधानी से सँभालता हुआ, विपुल व्योम की ओर एकाग्रीभूत मनोहर छन्द"...कालिदास ने 'मुहुः कम्पितदेवदारु' कहकर सन्तोष कर लिया था, लेकिन

द्विवेदीजी की दृष्टि में "देवदारु के बार-बार कम्पित होते रहने में एक प्रकार की मस्ती है। युग-युगान्तर की संचित अनुभूति ने ही मानो यह मस्ती प्रदान की है।"...कुटज वैसे तो अदना-सा फूल है। साहित्य में इसका परिचय केवल इसलिए है कि विरही यक्ष ने और कुछ न पाकर सिर्फ कुटज के फूलों से मेघ को अर्घ्य दिया था, किन्तु द्विवेदीजी को यह तुच्छ फूल उजाड़ का साथी मालूम हुआ और साथी भी ऐसा-वैसा नहीं, बल्कि मनस्वी और मस्त जो "कठोर पाषाण को भेदकर, पाताल की छाती चीरकर और झंझा-तूफ़ान को रगड़कर जीने के लिए रस खींच लेता है।" इसी प्रकार कालिदास का ही दुलारा एक और वृक्ष है शिरीष।..."जब धरती और आसमान जलते रहते हैं, तब भी यह हज़रत न जाने कहाँ से अपना रस खींचते रहते हैं और मौज में आठों याम मस्त रहते हैं।"...शिरीष को देखकर कालिदास की याद आना स्वाभाविक ही है लेकिन द्विवेदीजी को इस क्षण ऐसा प्रतीत होता है कि, "कालिदास भी ज़रूर अनासक्त योगी रहे होंगे। शिरीष के फूल फक्कड़ाना मस्ती से ही उपज सकते हैं और 'मेघदूत' का काव्य उसी प्रकार के अनासक्त उन्मुक्त हृदय में उमड़ सकता है।"...(कल्पलता, पृ. 25) यही नहीं, जिस कबीर ने शिरीष का कहीं जिक्र तक नहीं किया, वे भी इस अवसर पर द्विवेदीजी को बरबस याद आ जाते हैं और वे बोल उठते हैं, "कबीर बहुत-कुछ इस शिरीष के समान ही थे, मस्त और बेपरवाह पर सरस और मादक।"...और यहीं वे एक सामान्य वक्तव्य देते हैं, "अवधूतों के मुँह से ही संसार की सबसे सरस रचनाएँ निकली हैं।" इस प्रकार द्विवेदीजी की फक्कड़ कल्पना में क्लासिकी संयम के लिए विख्यात कवि कालिदास भी फक्कड़ाना मस्ती से विभूषित हो जाते हैं और संतों के बीच ज्ञानीजी नाम से प्रसिद्ध सन्त कबीर भी अवधूत की तरह सामने आकर खड़े हो जाते हैं–'अवधूत ही नहीं, सरस और मादक भी।'

इस प्रकार द्विवेदीजी की कृतियों से फक्कड़पन के और बहुत से उदाहरण प्रस्तुत किए जा सकते हैं। किन्तु सच्चाई यह है कि इस मानसिकता का पहला विस्तृत-विवेचन 'कबीर' नामक ग्रन्थ (1942) में ही मिलता है, जब चौथे दशक की मस्ती का साहित्य अपनी जवानी के चरम शिखर पर था। एक तरह से आचार्य द्विवेदी का कबीर अपनी पीढ़ी के जीवन-दर्शन और काव्य-सिद्धान्त का आलोचनात्मक भाष्य है। इस ग्रन्थ की नवीनता का पूरा-पूरा एहसास करने के लिए एक बार यह स्मरण कर लेना आवश्यक है कि तब तक हिन्दी में कबीर की मूर्ति कैसी थी? बड़थ्वाल ने कबीर को एक निर्गुणिया योगी के रूप में पेश किया था और शुक्लजी ने खंडन-मंडन में तत्पर एक ज्ञानमार्गी समाजसुधारक के रूप में। रवीन्द्रनाथ ठाकुर के अंग्रेजी अनुवाद के कारण कबीर एक रहस्यवादी के रूप में ध्यान आकृष्ट करने लगे थे। ऊँची टोपी और छापा-तिलक लगाए कन्धे के पास बैठे हुए कबीर का चित्र किसी भी तरह के एक फक्कड़ या मस्तमौला का आभास नहीं देता। निस्सन्देह हिन्दुओं और मुसलमानों के

बाहरी आडम्बरों के खिलाफ़ आवाज़ बुलन्द करने वाले एक विद्रोही के रूप में कबीर की प्रसिद्धि पहले से ही थी, किन्तु द्विवेदीजी के कबीर विद्रोह की एक निराली सज-धज के साथ आए।

द्विवेदीजी के कबीर अक्खड़ ज़रूर है, किन्तु ''अक्खड़ता कबीरदास का प्रधान गुण नहीं है।'' (पृ. 163) दरअसल उन्होंने ''यह योगियों से विरासत में पाई थी।'' द्विवेदीजी के अनुसार–अक्खड़ वे आदत से थे, वरना स्वभाव से फक्कड़ ही थे। फक्कड़ इसलिए कि, ''अच्छा हो या बुरा, खरा हो या खोटा, जिससे एक बार चिपट गए उससे ज़िन्दगी भर चिपटे रहो, यह सिद्धान्त उन्हें मान्य नहीं था। वे सत्य के जिज्ञासु थे और कोई मोह-ममता उन्हें अपने मार्ग से विचलित नहीं कर सकती थी। वे अपना घर जलाकर हाथ में मुराड़ा लेकर निकल पड़े थे और उसी को साथी बनाने को तैयार थे जो उनके हाथों अपना घर भी जलवा सके।'' (पृ. 165) इसी मनोभाव का नाम घर-फूँक मस्ती है। इस मस्तमौला की विशेषता यह है कि वह, ''पुराने कृत्यों का हिसाब नहीं रखता, वर्तमान को सर्वस्व नहीं समझता और भविष्य में सब कुछ को झाड़-फटकार कर निकल जाता है।''...(पृ. 165)

अतीत-वर्तमान-भविष्य से एकदम निश्चिन्तता का भाव द्विवेदीजी को इतना आकर्षक लगता था कि उन्होंने प्रेमचन्द के 'गोदान' के मौजी चरित्र मेहता का यह कथन एकाधिक प्रसंगों में उद्धृत किया है–''मैं भूत की चिन्ता नहीं करता, भविष्य की परवाह नहीं करता। भविष्य की चिन्ता हमें कायर बना देती है। भूत का भार हमारी कमर तोड़ देता है। हममें जीवनी-शक्ति इतनी कम है कि भूत और भविष्य में फैला देने से वह क्षीण हो जाती है।''...विचित्र विडम्बना है कि मेहता का कथन उन आचार्य द्विवेदी को प्रिय था, जिन्हें अतीत की परम्परा की इतनी चिन्ता थी और जिनकी आँखों में हमेशा भविष्य का एक स्वप्न था। लेकिन शायद ज़माने की फक्कड़ता का नशा कहीं ज़्यादा प्रभावशाली था।

इस प्रसंग में सहजता की चर्चा आवश्यक है। सहज साधना के बिना इस मस्ती और फक्कड़पन को समझना असम्भव है। फक्कड़ वह जो सहज है। हर घर-फूँक फक्कड़ कहलाने का अधिकारी नहीं। जो माथे पर शिकन लाए बिना सहज भाव से घर फूँक कर रमता बना, वही सच्चा फक्कड़ है। यही नहीं, बल्कि कबीर के खंडन-मंडन में भी एक सहजता है। द्विवेदीजी के शब्दों में, ''उनकी प्रचंडता सरलता का परिणाम है। आक्रमण और व्यंग्य-बौछार के समय भी उनके अधरों पर मानो हँसी खेलती रहती है, यही लापरवाही कबीर के व्यंग्यों की जान है।'' क्योंकि, ''व्यंग्य वह है जहाँ कहने वाला अधरोष्ठों में हँस रहा हो और सुनने वाला तिलमिला उठा हो और फिर भी कहने वाले को जवाब देना, अपने को और भी उपहासास्पद बना लेना हो जाता हो।'' (पृ. 172) इस व्यंग्य की फक्कड़ता का मर्म समझने के लिए तुलसीदास

या आधुनिक आक्रोशवादी कवियों की व्यंग्य रचनाओं की तनी हुई भंगिमा को स्मरण कर लेना पर्याप्त होगा।

इस फक्कड़पन का सबसे प्रमुख उपादान है प्रेम, जो द्विवेदीजी को कबीर में भी मिल जाता है। मिल ही नहीं जाता बल्कि कबीर के व्यक्तित्व का केन्द्रीय भाव है। कबीर को जब वे इश्क का मतवाला कहते हैं तो साधारण पाठक की भौंहें एक बार उठ जाती हैं। लेकिन प्रेम के बिना मस्ती कहाँ और कैसा फक्कड़पन। यह अवश्य है कि, "इस प्रेम में मादकता नहीं है पर मस्ती है, असंयम नहीं है पर मौज है, उच्छृंखलता नहीं है पर स्वाधीनता है।" (पृ. 169) निस्सन्देह कबीर के सन्दर्भ में यह प्रेम भक्ति है और द्विवेदीजी की दृष्टि में कबीर मूलतः भक्त थे। (पृ. 224) जिन लोगों की यह धारणा है कि द्विवेदीजी ने कबीर के विद्रोही रूप को उजागर किया, उनके विश्वास को सम्भवतः यह जानकर ठेस लगेगी कि 'कबीर' नामक ग्रन्थ अन्ततः एक भाव-विह्वल भक्त की प्रतिमा प्रस्तुत करता है। ग्रन्थ के उपसंहार में उन्होंने स्पष्ट लिखा है कि, "वे कभी समाज सुधार करने के फेर में नहीं पड़े। कबीरदास का भक्त रूप ही उनका वास्तविक रूप है। इसी केन्द्र के इर्द-गिर्द उनके अन्य रूप स्वयंमेव प्रकाशित हो उठे हैं।" (पृ. 225) कबीर को भक्त कहने का अर्थ है उन्हें व्यष्टिवादी स्वीकार करना, क्योंकि भक्ति का आधार वस्तुतः व्यक्ति ही होता है। भक्ति-काव्य के मर्मज्ञ द्विवेदीजी से यह तथ्य अलक्षित नहीं रह सकता था। इसीलिए उन्होंने स्पष्ट शब्दों में लिखा है कि, "वस्तुतः वे व्यक्तिगत साधना के प्रचारक थे। समष्टि-वृत्ति उनके चित्त का स्वाभाविक धर्म नहीं था, वे व्यष्टिवादी थे।" (पृ. 223)

कबीर सचमुच व्यष्टिवादी थे या नहीं, फिलहाल बहस का विषय यह नहीं है। प्रसंग चौथे दशक के फक्कड़पन की प्रवृत्ति का है, जिसकी व्याख्या के माध्यम कबीर बने। और कहना न होगा कि आचार्य द्विवेदी ने कबीर के माध्यम से व्यक्तिवादी फक्कड़पन का स्वरूप स्पष्ट किया, जिसे प्रायः आचार्य द्विवेदी के अपने भाव-बोध का प्रतिरूप समझ लिया जाता है। जो एकदम ग़लत है। इस प्रसंग में स्मरण दिलाना आवश्यक है कि चौथे दशक के मस्ती के व्यक्तिवादी कवियों से भिन्न दिनकर की विशेषता बतलाते हुए द्विवेदीजी ने स्पष्ट कहा है कि, "उनकी मस्ती में सामाजिक मंगलाकांक्षा का प्राधान्य है।" आचार्य द्विवेदी की कृतियाँ प्रमाण हैं कि इस दृष्टि से उनकी मस्ती उस काल के अन्य कवियों की अपेक्षा दिनकर के अधिक निकट थी। इसलिए जो लोग 'कबीर' के लेखक आचार्य हजारी प्रसाद द्विवेदी को आधुनिक कबीर कहकर गौरव देते हैं, वे अनजाने ही उनके साथ अन्याय करते हैं।

इसी प्रकार आचार्य द्विवेदी ने कबीरदास के फक्कड़पन पर ज़ोर देकर उनके विद्रोही रूप और विरोधी स्वर को एक हद तक हलका करने की कोशिश की। इस प्रकार वे अनजाने ही कबीर को बहुत-कुछ अपनी प्रकृति के अनुरूप ढाल गये। इस

विषय पर उनकी पहली आलोचनात्मक कृति 'सूर साहित्य' (1930) से विशेष प्रकाश पड़ता है। आचार्य द्विवेदी के अनुसार, ''सूरदास आदि भक्त कवियों में कहीं विरोध की ध्वनि नहीं है, वे अगर किसी बात को अनुचित समझेंगे तो अत्यन्त मृदु भाषा में उसकी उपेक्षा पर जोर देंगे। कहेंगे कवि की भाषा में, लक्षणा और व्यंजना का आवरण डालकर। इनकी तुलना उपनिषद् के ऋषियों से की जा सकती है। जो यज्ञ-याग के विरोधी नहीं, उपेक्षक थे।'' (पृ. 61) निश्चय ही द्विवेदीजी ने सूरदास आदि के पद के द्वारा इस कथन को व्यापक कर दिया है, किन्तु जरूरी नहीं कि इस आदि में कबीर और यहाँ तक कि तुलसी भी सिमट आएँ। फिर भी यह सत्य है कि उन्होंने कबीर के विरोधी स्वर को अपेक्षया मृदु बना दिया है, जिससे स्वयं आचार्य द्विवेदी के विरोध की प्रकृति का आभास मिलता है। उनकी दृष्टि में उपेक्षा विरोध से ज़्यादा असरदार और मारक है। इसीलिए वे उपेक्षा को विरोध पर तरजीह देते हैं। कहने की आवश्यकता नहीं कि उपेक्षा फक्कड़ाना मस्ती और लापरवाही के अधिक अनुकूल है। उपेक्षा फक्कड़ ही कर सकता है।

विरोध की इस मृदुता के बीज सम्भवतः उस भक्ति में हैं। उल्लेखनीय है कि चौथे दशक के अधिकांश फक्कड़ कवि अन्त में भक्ति के भजन करते पाए गए। नवीन का 'क्वासि', बच्चन की 'जनगीता' और दिनकर की 'हारे को हरिनाम' स्मरणीय हैं। आचार्य द्विवेदी के सामने रवीन्द्रनाथ का आत्मदान 'दलित द्राक्षा के समान अपने आपको निचोड़कर विराट् के चरणों में अर्पित कर देने' का भाव शुरू से ही था। इसके अतिरिक्त उनके उपन्यासों का ऐतिहासिक परिवेश रूपी यह स्वाभाविक प्रतीत होने वाला कवच इस भक्ति-भाव के लिए भी सहज ही सुलभ था। फिर भी यह तथ्य है कि आचार्य द्विवेदी के सभी उपन्यासों में निरपवाद रूप से अन्तिम समाधान भक्ति में निदर्शित किया गया है। कभी-कभी उनके उपन्यासों में विस्तृत तन्त्र चर्चा देखकर द्विवेदीजी को तन्त्र-दर्शन का विश्वासी समझ लेने का भ्रम हो जाता है, जो सर्वथा निराधार है। 'बाणभट्ट की आत्मकथा' में भट्टिनी और निपुणिका तो महावराह की भक्ति-साधना करती ही हैं, अन्त में बाणभट्ट भी भट्टिनी के प्रीत्यर्थ महावराह की स्तुति पढ़ते दिखाई पड़ते हैं। यही नहीं, सुचरिता को मानसिक शान्ति दक्षिण के श्रीपर्वत से आए किन्हीं व्यंकटेश भट्ट के विलक्षण भागवत धर्म में ही मिलती है। 'चारुचन्द्र लेख' तो जैसे तान्त्रिक साधना पर श्रीकृष्ण की भक्ति की विजय की ही गाथा है। सिद्धियों के चक्कर में अपना आपा खोकर चन्द्रलेखा अन्ततः भगवती विष्णुप्रिया की शिष्या नाटी माता के शामक भक्ति-भाव में ही सत्वस्थ हो पाती है। 'पुनर्नवा' में भक्ति की यही भूमिका चन्द्रा और मृणाल मंजरी की अन्तर्व्यथा का शमन करती है और 'अनामदास का पोथा' के औपनिषदिक आख्यान में जहाँ भक्ति की गुंजाइश उतनी नहीं है, रैक्व जैसा फक्कड़ और अक्खड़ ऋषिकुमार भी

भगवती अरुंधती के चरणों में जाकर भीगी बिल्ली बन जाता है। शायद अपने आपको सम्पूर्ण भाव से किसी विराट् के चरणों में सौंप देना चौथे दशक के फक्कड़पन की अनिवार्य परिणति थी। शायद निर्वैयक्तिक होने के लिए व्यक्तिवाद के पास उस समय मध्ययुगीन भक्ति के इस ऐहिक रूप के अलावा कोई और रास्ता न था। हो सकता है, यह उस युग के आदर्शवाद की ही एक अभिव्यक्ति हो। निस्सन्देह यह भक्ति समर्पण का पर्याय न थी। यह आध्यात्मिक आत्म-समर्पण वस्तुतः सामाजिक प्रतिरोध के लिए आस्था का दृढ़ आधार प्रदान करता था।

ऐसा प्रतीत होता है कि फक्कड़पन छायावाद की तथाकथित गलदश्रु भावुकता की प्रतिक्रिया में तैयार किया हुआ एक मानसिक सुरक्षा कवच था। स्वच्छन्दतावादी प्रवृत्ति यह भी थी किन्तु भावुकता से रहित। उल्लेखनीय है कि कबीर के व्यक्तित्व की विशेषता बतलाते हुए आचार्य द्विवेदी बार-बार इस बात पर बल देते हैं कि उनमें "भावुकता और हिस्टीरिक प्रेमोन्माद का एकान्त अभाव था। उन्होंने राम को साग्रह पुकारा था, पर बालकोचित मचलन के साथ नहीं। वे भगवद्-विरह की आँच में तपे थे, पर आँखों में आँसू भरकर नहीं।" (पृ. 176) भावुकता में एक प्रकार की गम्भीरता होती है, जिसके विरुद्ध फक्कड़पन एक तरह से अगम्भीरता की मुद्रा थी। इसीलिए छायावादियों के विरुद्ध इस दौर के फक्कड़ कवियों में बहुत-सी चीज़ों के प्रति एक प्रकार का खिलवाड़ का भाव था, जिसे आचार्य द्विवेदी ने लीला-भाव के रूप में बड़े विस्तार से निरूपित किया है। इसलिए जिस विनोद वृत्ति और परिहास भाव का छायावादियों में नितान्त अभाव था, फक्कड़पन के हिमायती कवियों में वह समय-समय पर झलक मारता दिखता है—विशेषतः आत्मोपहास की स्थितियों में।

फक्कड़पन का सबसे स्पष्ट रूप नारी सम्बन्धी दृष्टिकोण में प्रकट होता है। इस विषय पर विचार करने की गुंजाइश 'कबीर' में कम थी, इसलिए नारी सम्बन्धी दृष्टि की अभिव्यक्ति के लिए आचार्य द्विवेदी ने कालिदास, सूरदास तथा रवीन्द्रनाथ जैसे कवियों के कृतित्व का सहारा लिया है। यहाँ नारी की महिमा छायावादी कवियों से किसी भी प्रकार कम नहीं है, बल्कि कुछ अधिक ही है। नारी सौन्दर्य इस विश्व की सबसे बड़ी विभूति है। यह सौन्दर्य पुरुष के चित्त को पावन करता है, उसे समृद्ध बनाता है और इस प्रकार मनुष्य को सच्चा मनुष्य बनाता है, किन्तु इस प्रसंग में बार-बार भोग का तिरस्कार करके तप और संयम पर बल दिया गया है। आचार्य द्विवेदी रवीन्द्रनाथ की दृष्टि से कालिदास की पार्वती और शकुन्तला को देखते हुए अनेकत्र इस प्रकार की बात दुहराते हैं—"...कालिदास ने मदन वैभव और अकाल वसन्त की समस्त आकर्षक मोहकता को वैराग्य के एक भ्रूभंग में धूलिसात् करा दिया और फिर तपस्या की आँच में तपाकर प्रेम के कुंदन को चमकाया। दुष्यन्त और शकुन्तला का प्रथम मिलन खंड सत्य था। कवि ने उस अभिशप्त प्रीति को विजयी

नहीं होने दिया है। विजयी हुआ है वह प्रेम जो जीवन-रस में पूरी तरह परिपक्व होकर निकला है।'' (विचार प्रवाह, पृ. 145-46)। निष्कर्ष यह कि, ''सीता, पार्वती, राधिका भारतीय कवि की आदर्श कल्पना हैं। सबको तपस्या की आँच में तपना पड़ा है, सब को दुख और वेदना के मरुकान्तर को पार करना पड़ा है, तब जाकर भारतवर्ष के सहृदय ने उन्हें देवता के आसन पर बिठाया है। संयम बड़ी वस्तु है, तपस्या बड़ी वस्तु है। क्षणिक आवेग, सामयिक उन्माद, अधीर विनिवेदन तब तक भारतीय कवि के चित्त को मुग्ध नहीं करते जब तक वे संयम, तप और भक्ति में स्नान करके पवित्र न हो गए हों।'' (विचार प्रवाह, पृ. 145-46) ध्यान देने की बात है कि आचार्य द्विवेदी ने जिस आदर्श को भारतीय परम्परा का क्लासिकी गौरव दिया है, वह स्वयं उनके अपने युग की खोज है–अपने युग की मानसिकता की उपज है, इसीलिए वह अतीत से अधिक इस युग-विशेष के भावबोध की द्योतक है।

थोड़ा और गहरे उतरने पर पता चलता है कि यह तप और संयम शुद्धतावादी कृच्छाचार तथा आत्मदमन से एकदम अलग है। द्विवेदीजी के उपन्यासों में इस तप की अभिव्यक्ति अधिक खुलकर हुई है।

'बाणभट्ट की आत्मकथा' में बाबा अघोर भैरव जब बाणभट्ट से पूछते हैं कि संकट की घड़ी में तू भट्टिनी को बचाएगा या उनके आराध्य महावराह की मूर्ति को, तो बाण दोनों को बचाने की बात कहता है। बाबा जब उसे मिथ्यावादी, पाखंडी आदि कहकर डाँटते हैं तो वह सच-सच बोल उठता है कि प्राण देकर मैं भट्टिनी को बचाऊँगा। इसके बाद बाबा उसे प्यार से समझाते हुए कहते हैं, ''पगला! देख रे तेरे शास्त्र तुझे धोखा देते हैं। जो तेरे भीतर सत्य है, उसे दबाने को कहते हैं; जो तेरे भीतर मोहन है, उसे भूलने को कहते हैं; जिसे तू पूजता है, उसे छोड़ने को कहते हैं।...बुरा क्या है रे, त्रिपुरसुन्दरी ने जिस रूप में तेरे मन को लुभाया है, उसे साहसपूर्वक स्वीकार क्यों नहीं करता?'' कहने की आवश्यकता नहीं कि पाखंड के विरुद्ध इस आन्तरिक सत्य की स्वीकृति ही 'बाणभट्ट की आत्मकथा' का मूल प्रतिपाद्य है। एक अन्य प्रसंग में इसी बात को सूत्रबद्ध करते हुए इस प्रकार कहा गया है कि प्रवृत्तियों को दबाना भी नहीं चाहिए और उनसे दबना भी नहीं चाहिए। प्रत्येक व्यक्ति का देवता अलग होता है। देवता का परिचय शायद प्रवृत्तियाँ ही कराती हैं। हम बहुत बार अपने देवता को मन-ही-मन पूजते तो रहते हैं; पर हमें पता भी नहीं होता। (पृ. 115) आचार्य द्विवेदी ने यह दिखलाने का प्रयत्न किया है कि बाबा अवधूत जिस सहज सत्य का साक्षात्कार कर सके हैं, बाणभट्ट मायावश, भयवश, संकोचवश उससे बचता आ रहा है। स्त्री-पुरुष का यह सहज सम्बन्ध तथा स्त्री के प्रति सहज दृष्टि ही चौथे दशक के फक्कड़पन का प्रमुख स्वर है, जो पूर्ववर्ती युग के आदर्शवादी दृष्टिकोण का स्पष्ट प्रत्याख्यान है।

ऐसा लगता है कि 'बाणभट्ट की आत्मकथा' तक आचार्य द्विवेदी के मन में स्त्री-विषयक दृष्टि को लेकर जो थोड़ा-बहुत आदर्शवादी संकोच था, वह 'पुनर्नवा' तक आते-आते काफी ढीला हो गया और उस उपन्यास ने स्वच्छन्द प्रेम की साहसिक गाथा का रूप धारण कर लिया। सम्भवतः लोरिक-चन्दा की लोक-प्रचलित लोककथा को औपन्यासिक रूप देने के पीछे यही दृष्टि थी। एक नपुसंक से ब्याही हुई चन्दा पति को छोड़कर पूर्व विवाहित गोपाल आर्यक अर्थात् लोरिक की ओर आकृष्ट होकर चली जाती है। इस घटना के औचित्य पर विचार करने के लिए धर्मशास्त्रियों की सभा जुड़ती है। आचार्य पुरगोमिल लोकजीवन में घटित होने वाले इस नए परिवर्तन को दृष्टि में रखते हुए प्राचीन धर्मशास्त्र को लचीला बनाने का सुझाव देते हुए कहते हैं, "सुन लिया धर्मावतार हर गाँव में, हर हाट में, हर गली में ये गाने सुनाई देंगे। आज आप इसे केवल भावलोक का विद्रोह कहकर टाल सकते हैं। पर लोक-मानस में शुष्क धर्माचार और रूढ़ मान्यताओं के प्रति यह भाव-लोक का विद्रोह किसी दिन वस्तुतः जगत के विद्रोह का रूप ले सकता है। जानते हैं धर्मावतार, आदि-मनु ने धर्म के लिए हृदय-पक्ष को ध्यान में रखने पर भी बल दिया था—हृदयेनाभ्यनुज्ञातः कहा था। पुराण-ऋषि जानते थे कि शुष्क आचार-मात्र धर्म नहीं है।" (पृ. 172) इसके बाद आचार्य जैसे चुनौती के स्वर में कहते हैं, "जिसे आज अधर्म समझा जा रहा है, वह किसी दिन लोक-मानस की कल्पना से उठकर व्यवहार की दुनिया में आ जाएगा। निरन्तर व्यवस्थाओं का संस्कार और परिमार्जन नहीं होता रहेगा, तो एक दिन व्यवस्थाएँ तो टूटेंगी ही, अपने साथ धर्म को भी तोड़ देंगी।" (पृ. 173) यह है धर्म को स्वच्छन्द प्रेम की चुनौती और शास्त्र को लोक की ललकार और कुल मिलाकर एक नई नैतिकता को स्वीकार करने का आमन्त्रण। मजे की बात यह है कि आचार्य द्विवेदी शास्त्र के अन्दर से ही शास्त्र के संशोधन का सूत्र निकालकर पेश कर देते हैं। 'मनुस्मृति' के कठोर नियमों की जैसी ख्याति है, उसमें भला हृदय की विवशता के लिए कहाँ अवकाश हो सकता है, लेकिन आचार्य द्विवेदी हैं कि वहाँ भी उन्हें 'हृदयेनाभ्यनुज्ञातः' का संकेत सूत्र मिल ही गया। इसी को कहते हैं पाषाण के हृदय को चीरकर रस निकालना। आचार्य द्विवेदी की यह विशिष्ट तत्वान्वेषी वृत्ति उन्हें आधुनिक बनाती है, भले ही उस आधुनिकता का ऐतिहासिक सन्दर्भ छायावादोत्तर काल की सीमा हो।

आश्चर्य की बात तो यह है कि उम्र ढलने के साथ-साथ दूसरे लोग जहाँ नैतिक बातों में कठोर होते जाते हैं, आचार्य द्विवेदी क्रमश : ऋजु और मुक्त होते दिखाई पड़ते हैं। कारण है सम्भवतः जीवन से गहरा लगाव और लोक-व्यवहार पर सतत् दृष्टि। उदाहरण के लिए 'अनामदास का पोथा' में भोले-भाले फक्कड़ ऋषिकुमार रैक्व का चरित्र। उपनिषद् ब्रह्म और आत्मा के तत्वदर्शन के लिए विख्यात हैं। उनसे लोग

आध्यात्म की उम्मीद करते हैं। लेकिन द्विवेदीजी को मिले रैक्व, जिन्होंने पहले तो राजा जानश्रुति को उपदेश देना अस्वीकार कर दिया और अन्न और सोने का उपहार भी लौटा दिया; लेकिन जब वह अपनी सुन्दर कन्या का मुख अपनी ओर उठाकर बोले कि हे शूद्र! इस सुन्दर मुख के कारण तुम मुझे बोलने को बाध्य कर रहे हो। वस्तुतः उपनिषद् तो ब्रह्म जिज्ञासा के लिए प्रसिद्ध हैं, किन्तु आचार्य द्विवेदी के अबोध किशोर रैक्व 'अच्छा तो यह स्त्री पदार्थ है।' कहते हुए जिस प्रकार स्त्री पदार्थ का संधान और अभिज्ञान करते हैं, उससे अथातो सौन्दर्य जिज्ञासा ही सबसे बुनियादी प्रश्न मालूम होने लगता है।

सौन्दर्य के प्रति अकुंठ वृत्ति और नारी के प्रति अपेक्षया मुक्त दृष्टि इस फक्कड़पन का सम्भवतः सबसे आकर्षक पक्ष है। द्विवेदीजी की विशेषता यह है कि जिस दौर में अन्य कवि और लेखक पुरानी नैतिकता की रूढ़ियों को तोड़ने के लिए या तो खुलेआम अनैतिकता का औचित्य सिद्ध कर रहे थे या नैतिकता-अनैतिकता की बहस से परे विनैतिकता की वकालत करने में लगे थे, द्विवेदीजी ने एक नई सन्तुलित नैतिकता का स्वरूप सामने रखा, जिसमें वैयक्तिक स्वच्छन्दता के लिए पर्याप्त अवकाश है, पर उसके साथ सामाजिक मर्यादा की चिन्ता भी है। इस फक्कड़ मनीषा को न गुरु का डर है, न वेद का, न शास्त्र का और न लोक का ही। किन्तु लोक से न डरने का अर्थ लोक की उपेक्षा तो नहीं है। आचार्य द्विवेदी के फक्कड़पन की यही विशेषता है। द्विवेदीजी का बाणभट्ट अकसर कहता है कि, "मैं अपनी सीमा को जानता हूँ, भगवान ने मुझे रुक सकने की शक्ति दी है।" अथवा "मैं सदा अपने को सम्हाल सकने में समर्थ रहा हूँ।" यह वही बाणभट्ट है जिसने अपनी बुनियादी दुर्बलता को पहचानते हुए यह कहा था कि, "इस सहानुभूतिमय हृदय ने ही तो मुझे आवारा बना दिया।" क्या यह सहानुभूतिमय हृदय केवल बाणभट्ट के आवारापन का कारण है या चौथे दशक के सारे फक्कड़पन का उद्गम है?

जो जन्म से नीच और अस्पृश्य हैं, स्थूल नैतिक दृष्टि से पतित हैं, किसी आततायी शक्ति के अत्याचार से पीड़ित हैं अथवा अपनी ही किसी भूल के कारण अन्तर्दाह से जल रहे हैं और समाज से उपेक्षित हैं, उनके साथ सहानुभूति और करुणा इस फक्कड़पन का मूल भाव है। यदि वह उपेक्षित और पतिता नारी हुई तो इस करुणा की धारा और भी प्रबल हो जाती है। आकस्मिक नहीं कि द्विवेदीजी के सभी उपन्यासों की नायिकाएँ अथवा प्रमुख नारियाँ प्रायः जन्म से अस्पृश्य और समाज की दृष्टि में पतिता तथा लांछिता हैं। द्विवेदीजी ने उन्हें सिर्फ़ करुणा ही नहीं दी, बल्कि उनके अन्दर निहित शोभन और महिमामय को उद्बुद्ध करके उन सुप्त गुणों के प्रति उन्हें आत्म सजग किया है। ऐसा लगता है कि लेखक उनके साथ तादात्म्य अनुभव कर रहा है और उनके माध्यम से कहीं अपने आपको भी इस तुच्छता के स्तर से ऊपर

उठाने का प्रयत्न कर रहा है। अपने समकालीन लेखकों से द्विवेदीजी की यही विशिष्टता है।

अब प्रश्न इस मस्ती और फक्कड़पन के सामाजिक आधार का उठता है। यदि यह केवल वैयक्तिक मुद्रा नहीं, बल्कि एक युग-बोध है तो उसका सम्बन्ध उस युग की वस्तुनिष्ठ सामाजिक परिस्थितियों में होना चाहिए। 'मेरी जन्मभूमि' शीर्षक लेख में अपने लोगों के स्वभाव का परिचय देते हुए द्विवेदीजी ने एक जगह लिखा है कि, "इस भू-भाग का इतिहास निरन्तर बनते और मिटते रहने का था। इसीलिए यहाँ के निवासियों में एक प्रकार का कुछ परवाह नहीं का भाव विकसित हो गया है। एक अजीब प्रकार की मस्ती और निर्भीकता इन लोगों के चेहरे पर दिखती है।" (अशोक के फूल, पृ. 35) हो सकता है स्वयं द्विवेदीजी की अपनी समझ से उनमें कुछ परवाह नहीं का भाव और निर्भीकता जन्मभूमि के इसी परिवेश से आई हो। यह भी हो सकता है कि इसके स्रोत स्वयं उनके आरम्भिक जीवन की अस्थिरता और विपन्नता में हों, जिसका संकेत कुछ तो बाणभट्ट की आत्मकथा में मिलता है और कुछ पं. बनारसीदास चतुर्वेदी को लिखे हुए एक विस्तृत आत्मकथात्मक पत्र में। किन्तु इन व्यक्तिगत स्थितियों का एक सामाजिक सन्दर्भ भी है। द्विवेदीजी के उक्त कथन को ध्यान से देखा जाए तो जीवन में अस्थिरता और असुरक्षा की भावना एक प्रकार की लापरवाही और निर्भीकता को जन्म देती है। आकस्मिक नहीं कि द्विवेदीजी के उपन्यासों के अधिकांश प्रमुख मानव-चरित्र–चाहे वे स्त्री हों या पुरुष निरन्तर अस्थिरता और असुरक्षा के शिकार एक तूलखंड के समान हवा में इधर से उधर उड़ते हुए दिखाई पड़ते हैं। इस अस्थिरता और असुरक्षा का कुछ सम्बन्ध चौथे दशक के भारत की राजनीतिक, आर्थिक और वैचारिक अस्थिरता से भी है। इतिहासकारों ने इस सामाजिक इतिहास के बारे में इतना लिखा है कि उसकी चर्चा न करके संकेत करना ही काफी होगा।

इस फक्कड़पन के सामाजिक आधार के स्वीकार के लिए इस तथ्य का उल्लेख करना पर्याप्त है कि प्रेमचन्द जैसे सामाजिक यथार्थवादी और आशावादी साहित्यकार की भी इस दौर की कृतियों में सामाजिक असुरक्षा से उत्पन्न एक प्रकार के फक्कड़पन का भाव मिलता है। 'पूस की रात' का ग़रीब किसान हल्कू रात में खेत चर जाने के बाद जब कहता है कि, "चलो अच्छा हुआ, अब जाड़े की रात में खेत पर सोना तो नहीं पड़ेगा" तो अपनी बरबादी पर इस तरह हँसना फक्कड़पन नहीं तो क्या है? और फिर 'क़फ़न' के घीसू माधव बहू के मरने पर क़फ़न के लिए चन्दे में मिले रुपयों से मधुशाला में शराब पीकर जो नाचने लगते हैं, वह फक्कड़पन नहीं तो और क्या है? मुझे ऐसा लगता है कि जो फक्कड़पन आख़िरी दिनों में प्रेमचन्द में दिखाई देता है, वही इस दौर के मस्ती के दूसरे लेखकों में भी है और इन सबका स्रोत कहीं न कहीं उस सामाजिक असुरक्षा की भावना में ही है।

इस दौर में मस्ती का आलम कुछ ऐसा था कि इसके बिना किसी के साहित्यकार होने की कल्पना भी नहीं की जा सकती थी। इस दौर के समर्थ समीक्षक आचार्य द्विवेदी ने, यही नहीं कि कबीर, कालिदास, रवीन्द्रनाथ जैसे समर्थ कवियों को उनकी मस्ती और फक्कड़ता के लिए सराहा, बल्कि साहित्यकार के लिए इसे आवश्यक धर्म के रूप में स्थापित किया। 'साहित्य सहचर' में वे कहते हैं–"जो साहित्यकार अपने जीवन में मानव सहानुभूति से परिपूर्ण नहीं है और जीवन के विभिन्न स्तरों को स्नेहार्द्र दृष्टि से नहीं देख सका है, वह बड़े साहित्य का सृजन नहीं कर सकता। परन्तु केवल इतना ही आवश्यक नहीं है। उसमें प्रेमपूर्ण हृदय के साथ अनासक्त बनाए रखने वाली मस्ती भी होनी चाहिए। मानव सहानुभूति से परिपूर्ण हृदय और अनासक्तिजन्य मस्ती साहित्यकार को बड़ी रचना करने की शक्ति देती है।" (पृ. 19)

आचार्य द्विवेदी की रचनाओं और साहित्यिक मान्यताओं में इस मस्ती और फक्कड़पन की अभिव्यक्ति अनेक रूपों में हुई है। मेरा कुछ ऐसा खयाल है कि द्विवेदीजी के चिन्तन और सृजन में सर्जनात्मक कल्पना की भूमिका नियामक है। जिस तरह वे नितान्त पृथक और परस्पर असम्बद्ध दिखाई पड़ने वाली वस्तुओं में सम्बन्ध-सूत्र ढूँढ़ लेते हैं, वह उनकी विलक्षण कल्पना शक्ति का प्रमाण है। कन्दर्प और गन्धर्व के बीच सम्बन्ध-सूत्र ढूँढ़ लेना इस सृजन-व्यापार का अतिपरिचित उदाहरण है। यदि यह अद्‌भुत कल्पनाशक्ति न होती तो जो ऐतिहासिक तथ्य कंकाल के रूप में सुलभ थे उनके आधार पर तो उनके एक भी उपन्यास का ढाँचा खड़ा न होता। इस कल्पना के स्रोत मुझे उनकी मस्ती और फक्कड़पन में ही दिखाई पड़ते हैं।

इसी प्रकार जीवन और साहित्य से लेकर अन्य सभी कलाओं के बीच जिस प्रकार वे छन्द का सन्धान करते हैं, वह छन्द सम्बन्धी औसत धारणा से बहुत ऊँची है। इच्छा और क्रिया से निस्सृत, गति और यति से निर्मित जिस छन्दोधारा का विराट् रूप द्विवेदीजी उपस्थित करते हैं, वह फक्कड़पन की ही कलात्मक अभिव्यक्ति है। आकस्मिक नहीं है कि द्विवेदीजी की सबसे प्रिय कला नृत्य है। उनका शायद ही कोई उपन्यास होगा जिसमें किसी न किसी बहाने नृत्य कला के प्रदर्शन का अवसर न निकाल लिया गया हो। रवीन्द्रनाथ की 'अमि चंचल हे' कविता उन्हें प्रिय ही नहीं थी, बल्कि उनके व्यक्तित्व की अवितथ संज्ञा थी। स्वयं द्विवेदीजी के गद्य की लय मानो उनकी धमनियों में दौड़ते हुए रक्त-प्रवाह के छन्द को ध्वनित करती है।

इस फक्कड़पन के कारण ही उनके सृजन की बुनियादी विधा निबन्ध है, जो अपने विन्यास में पर्याप्त निबन्ध है। निश्चय ही ये संस्कृत के अर्थ में निबन्ध नहीं हैं, बल्कि फ्रेंच-अंग्रेजी के 'एसे' के अर्थ में निबन्ध हैं। इतना ही नहीं, मेरी तो कुछ ऐसी धारणा है कि आचार्य द्विवेदी के उपन्यास भी मूलतः निबन्ध ही हैं–अपनी सृजनात्मक संरचना में। यह अकारण नहीं है कि द्विवेदीजी अपने उपन्यासों को

उपन्यास न कहकर गप्प कहते थे। अर्थात् निबन्ध भी गप्प, उपन्यास भी गप्प। अब द्विवेदीजी यदि कन्दर्प और गन्धर्व को एक सूत्र में जोड़कर उन्हें सहोदर और सजातीय बना सकते हैं तो क्या उन्हीं के चरण-चिह्नों पर चलते कल्प और गल्प को परस्पर संबद्ध, सजातीय और सहोदर नहीं कर सकते? आचार्य द्विवेदी की गल्प-सृष्टि उनकी कल्प-सृष्टि है, जो निबन्धों से लेकर उपन्यासों तक एकतान है और कहने की आवश्यकता नहीं कि उस कल्प-सृष्टि का बीज भाव फक्कड़पन है।

द्विवेदीजी की रचना को पढ़कर ऐसा लगता है कि वे किसी भी चीज़ के बारे में विचार पर विचार पैदा करते चले जा सकते हैं। विषय कुछ भी हो, चाहे जितना नगण्य, द्विवेदीजी उसमें एक नई बात पैदा कर लेते हैं। इसका सम्बन्ध केवल जानकारी से नहीं, बल्कि मस्तिष्क की सक्रियता और उसकी कल्प-क्षमता से है, निस्सन्देह वे ज्ञान के विशाल कोष हैं, किन्तु केवल कोष तो कादम्बरी नहीं लिखता। विषयान्तर की परवाह किए बिना वे जिस तरह बात में से बात की टुकड़ी निकालते चलते हैं, वह उनके फक्कड़पन का ही एक रूप है। जैसे तान अन्त में सम पर ही टूटती है।

इस कल्प-सृष्टि में मस्ती के अनुरूप विचारों की नाटकीयता भी मिलती है जैसे 'अशोक के फूल' सहसा इतिहास रंगमंच पर झम्म से आते हैं और खप्प से ओझल हो जाते हैं। प्रवेश भी नाटकीय, निष्क्रमण भी। जाने क्यों उनका ध्यान कभी नाटक लिखने की ओर नहीं गया वरना लगता तो ऐसा है जैसे उनकी कृतियाँ एक जीवित रंगमंच हैं।

इस फक्कड़पन का प्रभाव उनकी आलोचना पर भी पड़ा है। उनका मन किसी कृति के सूक्ष्म विश्लेषण में नहीं रमता था। वैसे, शब्द की अर्थच्छायाओं की पहचान उनमें किसी भी अर्थ-विश्लेषी समीक्षक से कहीं गहरी थी, जैसा कि किसी पद्य या काव्यखंड की चर्चा में यत्र-तत्र दिख जाता है। 'कालिदास की लालित्य योजना' और 'मेघदूत : एक पुरानी कहानी' में उन्होंने कहीं-कहीं ऐसा मौलिक अर्थोद्घाटन किया है कि चकित रह जाना पड़ता है। फिर भी तथ्य यही है कि वे काव्य के सूक्ष्म विश्लेषण में प्रवृत्त नहीं हुए। किसी कविता के अर्थ-सौन्दर्य के उद्घाटन का उनका अपना ढंग था। वे विवेच्य कृति से उपयुक्त एक विशेष प्रकार का सन्दर्भ रचते हैं और फिर उस सन्दर्भ की पृष्ठभूमि में वे उस कविता को इस तरह और इस कोण से रखते हैं कि उसका वास्तविक अर्थ अपने आप उद्भासित हो जाता है : 'सूर्यांशुभिर्भिन्नमिवारविन्दम्' की तरह। इसके बाद किसी भी प्रकार की टिप्पणी अनावश्यक हो जाती है। हो सकता है कि कुछ लोग इसे प्रभावाभिव्यंजक आलोचना का ही एक रूप कहें, किन्तु यदि काव्य विश्लेषण ही सच्ची आलोचना है तो अंग्रेजी की नई आलोचना के जनक टी. एस. इलियट ने ही कितना काव्य विश्लेषण किया है? क्या आलोचना के नाम पर

काव्य विश्लेषण भी आधुनिकतावाद का एक मिथक नहीं है? यदि सूक्ष्म विश्लेषण ही आलोचना की एकमात्र पद्धति है तो फिर सूजन सौटैग को व्याख्या के विरुद्ध विद्रोह का झंडा उठाने की ज़रूरत क्यों पड़ी? सूक्ष्म विश्लेषण के अभाव में जो लोग आचार्य द्विवेदी को आलोचक मानने से इनकार करते हैं, वे आलोचना की एक रूढ़ि के शिकार हैं और जैसे द्विवेदीजी की रचनाएँ अन्य रूढ़ियों को चुनौती देती हैं, उसी प्रकार उनकी आलोचनाएँ, आलोचना की इस रूढ़ समझ के लिए भी चुनौती हैं।

सच पूछिए तो द्विवेदीजी इस अर्थ में भी आलोचक नहीं थे कि वाद-विवाद और खंडन-मंडन में भी उन्होंने कभी रुचि नहीं ली। ऐसा नहीं है कि उन्हें अच्छे-बुरे साहित्य की पहचान न थी और यह भी नहीं कि उन्होंने कभी किसी ग़लत बात का विरोध नहीं किया। यथाअवसर और तथास्थान अपने ढंग से उन्होंने ग़लत का विरोध और सही का समर्थन किया है। किन्तु जैसा कहा गया है वे स्वभाव के फक्कड़ थे और फक्कड़ लड़ाकू नहीं होता। वस्तुतः वे सुन्दर, शोभन और शुभ के उत्सव-विधायक थे। साहित्य में जहाँ भी उन्हें कुछ महिमामय दिखता था, उसके स्वागत में वे उल्लसित हो उठते थे। अब इस वजह से उन्हें कोई आलोचक न मानना चाहे तो न माने—अपनी बला से। उन्होंने कभी इसकी परवाह नहीं की।

इस दृष्टि से वे अपनी साहित्यिक रुचियों में पूरी तरह आधुनिक भी न थे। मूलतः उनकी रुचि क्लासिकी थी, जिसमें अपने युग के अनुरूप रवीन्द्री स्वच्छन्दतावाद का पुट था। इस अभिरुचि का एक आयाम लोक-संस्कार भी था। इस प्रकार कुल मिलाकर उनकी साहित्य-रुचि वस्तुतः आधुनिक मालूम होती है। फिर भी यह आश्चर्यजनक है कि उनकी दृष्टि आधुनिक थी—चीज़ों को देखने का ढंग आधुनिक था। अनेक महान विचारकों की तरह उनके व्यक्तित्व में भी दृष्टि और रुचि के बीच यह असंगति थी। किन्तु फक्कड़पन के दर्शन ने इस असंगति को भी एक प्रकार का मोहन रूप दे डाला था, जिसे देखकर मन खीझता न था बल्कि रीझने को विवश था—असहमति के बावजूद।

हिन्दी के हित का अभिमान वह, दान वह

'आचार्य महावीर प्रसाद द्विवेदी और हिन्दी नवजागरण' नामक पुस्तक में डॉ. रामविलास शर्मा ने लिखा है–'वे सीमित अर्थों में साहित्यकार नहीं थे।' मैं कहना चाहूँगा कि आचार्य महावीर प्रसाद द्विवेदी, आचार्य रामचन्द्र शुक्ल और आचार्य हजारी प्रसाद द्विवेदी जैसे चिन्तक-आलोचक-साहित्यकारों की परम्परा में ही स्वयं डॉ. रामविलास शर्मा भी सीमित अर्थों में आलोचक नहीं हैं। आलोचकों की यह महान परम्परा, साहित्य और उसका माध्यम भाषा और इन दोनों के आधार समाज, उसकी संस्कृति आदि तमाम चिन्ताओं से युक्त एक समग्र और व्यापक दृष्टि रखने वाले चिन्तक, विचारक और समालोचकों की परम्परा है। शायद ही कोई क्षेत्र ऐसा बचा होगा जो उनके चिन्तन का विषय न रहा हो और जिसे उन्होंने अपना कार्यक्षेत्र न बनाया हो।

साहित्य चिन्तन के क्षेत्र में शायद ही हिन्दी में कोई दूसरा आलोचक हो जिसने भाषा पर इतनी गम्भीरता से विचार किया हो। सेठ गोविन्ददास से लेकर अनेक दासों की परम्परा है, जो हिन्दी का गौरवगान करती रही हैं। लेकिन अकेले डॉ. रामविलास शर्मा ने वैज्ञानिक आधार पर हिन्दी के स्वरूप और राष्ट्रीय जीवन में उसके स्थान पर विचार किया। उन्होंने राष्ट्रभाषा हिन्दी की समस्याओं पर 'भाषा और समाज' तो लिखी ही, उसके बाद 'भारत के प्राचीन भाषा परिवार और हिन्दी' जैसा लगभग दो हजार पृष्ठों का, तीन खंडों में विशाल कार्य भी किया है।

उन्नीसवीं सदी में जिन लोगों ने ऐतिहासिक भाषा विज्ञान की शुरुआत की थी, उनमें ज़्यादातर विदेशी थे, उनकी परम्परा में देखा जाए तो डॉ. रामविलास शर्मा का भाषा सम्बन्धी कार्य, विश्व कोटि की प्रकृति का कार्य होगा। दस वर्षों के अथक परिश्रम से तैयार हुआ 'भारत के प्राचीन भाषा परिवार और हिन्दी' नामक यह ग्रन्थ, केवल हिन्दी के बारे में नहीं है। डॉ. रामविलास शर्मा ने तथाकथित भारोपीय भाषा परिवार, द्रविड़ भाषा परिवार, नाग परिवार और चीनी-तिब्बती परिवार की भाषाओं के बीच हजारों वर्षों के आपसी सम्बन्धों को इस ग्रन्थ में विश्लेषित करने का कार्य किया। विडम्बना यह है कि इस विशाल ग्रन्थ के लिए हिन्दी में ऐसा कोई समीक्षक

सुलभ नहीं है, जो इसमें दिए गए तथ्यों की जाँच-पड़ताल कर सके और उसका मूल्यांकन कर सके। यह हिन्दी की वर्तमान भाषा वैज्ञानिक स्थिति पर तो टिप्पणी है ही, स्वयं इस ग्रन्थ के बारे में भी टिप्पणी है। विद्वानों का कहना है कि हिन्दी या किसी अन्य भारतीय भाषा में ही नहीं, बल्कि अंग्रेजी में भी ऐसा कोई अन्य ग्रन्थ नहीं है जिसमें भारोपीय भाषाओं के उद्‌गम से जुड़ी हुई भाषिक, सांस्कृतिक और ऐतिहासिक समस्याओं को लेकर भारत की भाषा समस्या पर विचार किया गया हो।

अनेक लोगों का खयाल है कि साहित्य के एक अच्छे-खासे समालोचक ने अपने जीवन में दस वर्ष ऐसे काम में खपा दिए, जिसकी वैसी उपयोगिता नहीं है। लेकिन जैसे कि डॉ. रामविलास शर्मा ने उस ग्रन्थ की भूमिका में लिखा है कि आज भाषा विज्ञान के क्षेत्र में किया जाने वाला कार्य भी राजनीतिक महत्व रखता है। इस देश में भाषा समस्या जिस तरह से जटिल रूप लेती जा रही है, वह भाषा विज्ञान की ही चिन्ता का विषय नहीं रह गई है, वह स्वयं साहित्यकारों, राजनेताओं और सांस्कृतिक कर्मियों के लिए भी उतनी ही ज्वलन्त समस्या है। इस बात को बहुत पहले से ताड़ते हुए डॉ. रामविलास शर्मा ने केवल राष्ट्रभाषा हिन्दी की समस्या पर ही नहीं, बल्कि भारत की जटिल पेचीदा भाषा समस्या पर भी वैज्ञानिक ढंग से विचार किया है।

इस गरीब हिन्दी में कुछ गहरे चिन्तक हैं, जो साहित्य के सम्बन्ध में बात करते समय निरन्तर भाषा-भाषा का जाप करते हैं। इनका खयाल है कि साहित्य के बारे में बात करते समय केवल समाज की ही चिन्ता नहीं करनी चाहिए, बल्कि साहित्य के माध्यम भाषा के औजार को अधिक सुधारने, सँवारने और उसे संस्कार देने के लिए, भाषा की चिन्ता की जानी चाहिए। एक रचनाकार और सर्जक के नाते इन लोगों की चिन्ता समझ में आने लायक और सराहनीय है। लेकिन ब्रह्म के समान भाषा-भाषा का आठो याम, पुनरुक्ति से बिना डरे जाप करने वाले इन लोगों ने स्वयं भाषा की प्रगति के लिए कोई विचार नहीं किया। यह विडम्बना ही है कि जो आदमी समाज की चिन्ता करने वाला कहा जाता है, उसे भाषा की इतनी चिन्ता है और जो लोग भाषा का नाम लिया करते हैं, उनके लिए भाषा कोई निर्गुण और अमूर्त वस्तु है। वे समझते हैं कि प्रगतिशील चिन्तक, जो समाज की चिन्ता से अधिक ग्रस्त होते हैं, भाषा पर कम विचार करते हैं। जरा देखें, अकेले हिन्दी साहित्य में किस दूसरे साहित्यकार ने भाषा और हिन्दी भाषा के प्रति इतना विचार किया है जितना डॉ. शर्मा ने किया। दशक लगेंगे, स्वयं इस ग्रन्थ के क्रान्तिकारी महत्व का आकलन करने में और तब पता चलेगा कि इसका मूल्य और महत्व हमारे राष्ट्रीय जीवन के लिए तो है ही, स्वयं साहित्यकारों के लिए भी है। इसलिए मैं कहता हूँ कि डॉ. रामविलास शर्मा व्यापक अर्थ में समालोचकों की उस परम्परा में हैं जिन्होंने भाषा पर भी काम

किया है। जिन लोगों का यह खयाल है कि प्रगतिशील आलोचक केवल विचारों की आलोचना करते हैं या साहित्य और समाज के सम्बन्धों पर ही विचार करते हैं, उन लोगों के लिए डॉ. शर्मा चुनौती की तरह खड़े हैं।

डॉ. रामविलास शर्मा का दूसरा और बड़ा कार्यक्षेत्र इतिहास है। इतिहास का भाषा और साहित्य, दोनों से ही गहरा सम्बन्ध है। भाषा और साहित्य, आसमान से टपकने वाली, अद्वैत ब्रह्म के समान विभूतियाँ नहीं हैं। वे निर्गुण, निराकार वस्तुएँ नहीं हैं बल्कि उनका जन्म किसी देश और किसी जाति के सम्पूर्ण सामाजिक जीवन से होता है। जरूरी नहीं कि साहित्य के क्षेत्र में काम करने वाला प्रत्येक शोधकर्ता और विद्वान स्वयं राजनीतिक और सामाजिक इतिहास के बारे में शोध करे। किन्तु हम अकसर द्वितीय और तृतीय श्रेणी के इतिहासकारों से मोटी-मोटी बातें लेकर काम चला रहे हैं। इसी आधार पर साहित्य की सामाजिक पृष्ठभूमि की चर्चा होती रही है। ऐसा करते हुए हम भूल जाते हैं कि सामाजिक पृष्ठभूमि की ऐसी गलत समझ साहित्य के बारे में हमारी समझ को भी दूर तक गुमराह करती है। साहित्य और समाज की सामान्य चर्चा सरल है, किन्तु जब भी आप एक विशिष्ट समाज की चर्चा करना चाहेंगे तो उसमें अनेक सामान्य सिद्धान्त अकसर सहायक नहीं होते।

डॉ. रामविलास शर्मा ने देखा कि स्वयं मार्क्सवादी इतिहासकार भी मार्क्स द्वारा बताए हुए इतिहास के नियम और परिवर्तन की मान्यताओं को लेकर जिस प्रकार अग्रसर हो रहे हैं, उन सामान्य सिद्धान्तों और मान्यताओं से भारत के इतिहास की विशिष्टता का निरूपण ठीक-ठीक नहीं हो पा रहा है। डॉ. शर्मा ने मार्क्स और लेनिन की मूल स्थापनाओं से प्रेरणा ग्रहण करते हुए कहा है कि ऐतिहासिक भौतिकवाद अपने आपमें मूल नियमों का एक मॉडल है। मार्क्स का पूँजीवाद किसी एक देश का पूँजीवाद न होकर एक मॉडल है। स्वयं इंग्लैंड का पूँजीवाद मार्क्स की कैपिटल के ढाँचे में नहीं आता। वह एक मॉडल या पैराडाइम है जिसकी सीमा में विचार करते हुए स्वयं मार्क्स ने कहा कि जिस कैपिटलिज़्म पर मैं विचार कर रहा हूँ, वह कैपिटलिज़्म कहीं नहीं है। कालिदास के युग का भारतीय सामन्तवाद, यूरोपीय सामन्तवाद से भिन्न है। यूरोप में भी स्वयं जर्मन सामन्तवाद फ्रांसीसी सामन्तवाद से भिन्न है। फ्रांसीसी सामन्तवाद ब्रिटिश सामन्तवाद से भिन्न है। इटैलियन सामन्तवाद इन सबसे भिन्न है।

भारत में पूँजीवाद का विकास एक ऐसी स्थिति है जिसके बारे में मार्क्स की सामान्य मान्यताएँ बहुत दूर तक नहीं जाती हैं। जब तक हम भारतीय समाज की विशिष्टता को नहीं समझेंगे, तब तक इसमें निर्मित साहित्य की व्याख्या भी नहीं कर सकते। यदि हमें वाल्मीकि, कालिदास, भवभूति, तुलसीदास, प्रेमचन्द, निराला के साहित्य की विशिष्टता को समझना है, तो जरूरी है कि हम समाज के उस विशिष्ट

रूप को समझें, जिसमें इनका निर्माण हुआ था। इसीलिए डॉ. रामविलास शर्मा इस भारतीय इतिहास, भारतीय संस्कृति और भारतीय समाज की अपनी ऐतिहासिक और जातीय विशिष्टता की खोज में प्रवृत्त हुए।

निश्चय ही दूसरे मार्क्सवादी इतिहासकार भी इस ओर प्रवृत्त हुए हैं। दामोदर धर्मानन्द कोसाम्बी ने प्राचीन भारतीय इतिहास के बारे में काम किया है। इरफान हबीब और नूरुल हसन जैसे लोगों ने मुगलकाल और मध्ययुगीन भारत के बारे में काम किया। आधुनिक काल के इतिहास के बारे में महान विचारक रजनी पामदत्त ने 'इंडिया टुडे' जैसा ग्रन्थ प्रकाशित किया। इसके बाद की परम्परा में दूसरे इतिहासकारों में साहित्य क्षेत्र का कोई आदमी नहीं है। जहाँ तक मेरी जानकारी है समूचे भारतीय इतिहास में ऐसा कोई साहित्य समालोचक नहीं है जो इन इतिहासकारों से संवाद की स्थिति में हो, जो इनकी खोज से प्राप्त तथ्यों को साहित्य की कसौटी पर जाँच सकता हो। किसी भी अन्य भारतीय भाषा में ऐसा कोई समालोचक मेरी नजर में नहीं आता।

यह हिन्दी के लिए गौरव की बात है कि हिन्दी के क्षेत्र में, अखिल भारतीय प्रगतिशील आन्दोलन में, एक साहित्यकार समालोचक ऐसा है जो भारतीय इतिहास और भारतीय समाज के विकास और परिवर्तनों के बारे में मौलिक चिन्तन कर रहा है। डॉ. रामविलास शर्मा का यह मौलिक चिन्तन किसी भी शोधकर्ता और मार्क्सवादी आधुनिक इतिहासकार के लिए चुनौती है। डॉ. रामविलास शर्मा का यह काम यदि अंग्रेजी में होता तो शायद उसका महत्व आँका जाता। क्योंकि मान्यता देने वाले लोग आज भी अपनी भाषा में नहीं उसी भाषा में लिखना-पढ़ना पसन्द करते हैं। डॉ. रामविलास शर्मा को यह भी श्रेय देना चाहिए और हिन्दी के ही लोगों ने उन्हें यह नहीं दिया।

डॉ. रामविलास शर्मा चाहें तो अंग्रेजी में लिख सकते हैं और अच्छी अंग्रेजी में लिख सकते हैं। वे अंग्रेजी के ही अध्यापक हैं। यदि वे यशलोलुप होते तो अपना सारा कृतित्व अंग्रेजी में ही लिखते। बहुत से मूल ग्रन्थ अंग्रेजी में ही उपलब्ध हैं। लेकिन उन्होंने अंग्रेजी के इन ग्रन्थों का हिन्दी में अनुवाद करना, उन पर हिन्दी में विचार करके हिन्दी में ही टिप्पणी करना, यह एक लम्बा, कष्टसाध्य रास्ता अपनाया। मानो उन्होंने हठ कर रखा हो कि मैं अपनी भाषा में ही लिखूँगा। आज यह जनता निरक्षर है, इन ग्रन्थों का महत्व नहीं समझ रही है। कल जब जनता पढ़ेगी-लिखेगी समाजवाद की ओर अग्रसर होगी, देश में समाजवाद कायम होगा, कदाचित् तब लोग समझेंगे कि हिन्दी का एक लेखक था, गरीब, हठी, दृढ़प्रतिज्ञ, जिसने अंग्रेजी का तिरस्कार करके अपना सारा का सारा बहुमूल्य साहित्य हिन्दी में लिखा। आज नहीं तो कल इसका महत्व समझा जाएगा। जो हिन्दी के त्रिपुंडधारी, टीकाधारी, धुरन्धर

हिन्दी प्रेमी, हिन्दी-हिन्दुत्व की चर्चा करने वाले लोग हैं, वे इस अकेले हिन्दी साधक के आगे नतमस्तक हो जाएँगे। इस लेखक की यह हिन्दी साधना, राहुल की परम्परा में है। राहुल ने भी अपना सारा काम चाहे वह पालि सम्बन्धी हो या प्राकृत, अपभ्रंश या संस्कृत सम्बन्धी अपने सारे ज्ञान को निचोड़कर हिन्दी को दिया था। निराला के शब्दों में कहें तो 'हिन्दी के हित का अभिमान वह, दान वह।' हिन्दी को जो यह दान इन मनीषियों ने दिया है, वह हिन्दी का अभिमान है।

डॉ. रामविलास शर्मा ने तीसरा बड़ा और महत्वपूर्ण काम किया, वह है समूचे भारतीय साहित्य की परम्परा और उसके इतिहास का लेखन। डॉ. शर्मा ने 'हिन्दी साहित्य का इतिहास' नाम का कोई ग्रन्थ नहीं लिखा। इस तरह के ग्रन्थ के लेखक हिन्दी में बहुत हैं। कहीं संक्षिप्त, कहीं सुबोध, कहीं आलोचनात्मक तो कहीं विवेचनात्मक। हिन्दी साहित्य का इतिहास लिखने वाले लोग गली-गली में पाए जाते हैं। इस विशाल परम्परा में डॉ. रामविलास शर्मा नहीं हैं। लेकिन उन्होंने क.मा. मुंशी हिन्दी विद्यापीठ से प्रकाशित होने वाले अनियतकालीन जरनल में डेढ़-डेढ़ सौ पेज के, रॉयल साइज में, भारतीय साहित्य का इतिहास नाम से दो अध्याय लिखे हैं। इन अध्यायों में ईसा पूर्व चार-पाँच सौ वर्ष से, जब से तमिल का उद्भव हुआ और जब यहाँ उत्तर वैदिक कालीन साहित्य का उदय हो रहा था, तब तक के भारतीय साहित्य के इतिहास का विवेचन उन्होंने किया है। मुझसे एक बातचीत के दौरान उन्होंने बताया था कि वे इन अध्यायों को लेकर भारतीय साहित्य का इतिहास लिखने वाले हैं। उस ग्रन्थ का नाम है 'भारतीय साहित्य का इतिहास और तुलसीदास'। आप उनके अनेक ग्रन्थों में देखेंगे कि इस 'और' के साथ वे जो जोड़ते हैं वह अधिक संकेतपूर्ण हुआ करता है। डॉ. रामविलास शर्मा द्वारा जो यह समूचे भारतीय इतिहास का पुनर्लेखन प्रस्तावित है। यह मद्यप के संकल्प के समान नहीं जो रात्रि में संकल्प करे और प्रातःकाल भूल जाए। यह एक सजग, सतर्क और सचेत व्यक्ति का संकल्प है, जो पूरा होता है।

हिन्दी साहित्य का इतिहास लिखने वाले पेशेवर लोगों के लिए हिन्दी साहित्य दसवीं शताब्दी के आसपास वीरगाथाकाल से शुरू होता है और आज तक, जहाँ तक उनकी जानकारी है, अकवितादि तक पहुँच जाते हैं। कुछ नामों की सूची उन्हें मिल जाती है। वे भूल जाते हैं कि इस महादेश में यह बेमिसाल हिन्दी भाषा-भाषी जाति दसवीं शताब्दी में ही अस्तित्व में नहीं आई। दसवीं शताब्दी में ही इसे ईश्वर ने बनाकर अवतरित नहीं किया कि चलो, अब तुम हिन्दी साहित्य लिखो। इसके पहले भी यहाँ समाज था, जाति थी, जहाँ वाल्मीकि ने रामायण लिखी, जहाँ नैमिषारण्य में सूत और शौनक ने वेद कथाएँ कहीं, जहाँ व्यास ने महाभारत लिखी। यह वही प्रदेश है, समूचे मध्य प्रदेश को भी इसके साथ लें, जहाँ कालिदास नाम का कवि था। इसी

प्रदेश में आगे चलकर तुलसी, कबीर, जायसी, भारतेन्दु आदि कवि हुए। हिन्दी संस्कृत से अलग नहीं है। संस्कृत, प्राकृत, अपभ्रंश की परम्परा हिन्दी की परम्परा है, हिन्दीभाषी जाति की अपनी विरासत है। आचार्य महावीर प्रसाद द्विवेदी, आचार्य रामचन्द्र शुक्ल और आचार्य हजारी प्रसाद द्विवेदी की परम्परा के इस दृष्टिकोण को ध्यान में रखते हुए बहुत पहले डॉ. रामविलास शर्मा ने 'आदिकाव्य' नाम से वाल्मीकि के रामायण पर लिखा। साहित्य के शाश्वत् और स्थायी मूल्यों की समस्या को लेकर कालिदास पर लिखा। नाटककार भवभूति पर उन्होंने एक लम्बा लेख लिखा और उसके बाद 'आचार्य रामचन्द्र शुक्ल और हिन्दी आलोचना' नाम की पुस्तक में आचार्य शुक्ल के इतिहास के बहाने समूचे हिन्दी साहित्य के इतिहास पर टिप्पणी करते हुए उसका पुनर्निर्माण किया। इसके बाद आधुनिक काल में भारतेन्दु हरिश्चन्द्र, महावीर प्रसाद द्विवेदी, प्रेमचन्द, निराला और नई कविता तथा अस्तित्ववाद के बहाने मुक्तिबोध पर चर्चा करते हुए लगभग समूचे हिन्दी साहित्य के इतिहास का विस्तृत विवरण उन्होंने प्रस्तुत किया है। यह है भाषा और साहित्य का इतिहासकार, जिसने इस प्रसंग में हिन्दी साहित्य को एक ओर संस्कृत से जोड़ा है, प्राकृत, अपभ्रंश से जोड़ा है और दूसरी ओर 'भारतीय साहित्य का इतिहास' लेख में तमिल, मराठी, कन्नड़, मलयालम, बंगला, गुजराती के साहित्य के साथ हिन्दी के अन्तरावलम्बन पर विचार किया है। भारतीय साहित्य के इस विशाल परिप्रेक्ष्य में हिन्दी के साहित्य को देखना, अपने आपमें एक महान विचारक होने की ओर संकेत करता है।

इतिहास लेखन के परिप्रेक्ष्य में, आप क्या देखते हैं, यह तो महत्वपूर्ण है ही, यह और भी महत्वपूर्ण है कि आप कहाँ से देखते हैं। कदाचित् स्टालिन ने लेनिन के बारे में यह कहा था कि वे माउंटेन ईगल के समान जिस ऊँचाई से और जितनी दूर तक देख सकते थे, जमीन पर रेंगने वाले लोग उतनी दूर तक नहीं देख सकते। जो व्यक्ति उस विशाल गरुड़ के समान ऊँचाई से, व्यापक परिप्रेक्ष्य में किसी साहित्य की या किसी समाज की समस्या को देखता है, वह इतिहास विधाता होता है। डॉ. रामविलास शर्मा की इस गरुड़धर्मा दृष्टि के सम्मुख बहुत से आलोचक तीर-तुक्का चलाने वाले बौने दिखाई देते हैं।

बहुत से लोगों को यह शिकायत हो सकती है कि डॉ. रामविलास शर्मा, जो भारी आलोचक हैं, प्रगतिशील आलोचक हैं, उन्होंने मार्क्सवादी सौन्दर्यशास्त्र और मार्क्सवादी आलोचना के मानदंड नाम से कोई ग्रन्थ नहीं लिखा। मानो यह बड़ा भारी अनर्थ हो गया। अब मार्क्स ने 'दास कैपिटल' नाम की किताब लिखी, 'थियरी ऑफ सरप्लस वैल्यू' वगैरह लिखी लेकिन उन्होंने 'मार्क्सवादी' नाम की कोई किताब नहीं लिखी, द्वन्द्वात्मक भौतिकवाद पर कोई किताब नहीं लिखी। अतः डॉ. रामविलास शर्मा का यह अपराध स्वयं मार्क्स की ही परम्परा है।

मित्रो, यह अभाव वस्तुतः अभाव नहीं बल्कि सही दिशा है। डॉ. रामविलास शर्मा ने 'परम्परा का मूल्यांकन' में ऐतिहासिक भौतिकवाद की व्याख्या करते हुए कहा है कि ऐतिहासिक भौतिकवाद अमूर्त सिद्धान्तों का पिटारा नहीं है बल्कि इतिहास का मूर्त ज्ञान ही ऐतिहासिक भौतिकवाद है। इसी तरह मार्क्सवादी आलोचना या प्रगतिशील आलोचना किन्हीं अमूर्त सिद्धान्तों और अमूर्त मान्यताओं का संचयन नहीं है बल्कि साहित्य की परम्परा का मूर्त ज्ञान ही वह मानदंड है, सिद्धान्त है। 'निराला की साहित्य साधना' के प्रथम और द्वितीय भाग दोनों में डॉ. रामविलास शर्मा ने एक कवि की व्यावहारिक आलोचना के माध्यम से जो मूल सिद्धान्त स्थापित किए हैं, वे मार्क्सवादी आलोचना के मानदंडों और मार्क्सवादी सौन्दर्यशास्त्र का सर्वोत्तम निरूपण भी हैं।

हिन्दी की प्रगतिशील आलोचना का सबसे दुर्बल पक्ष वह है जहाँ 'चाहिएवादी' शैली में आलोचना की जाती है। कवियों को जनता के लिए लिखना चाहिए। कवियों को जनता के पास जाना चाहिए। इस 'चाहिए शैली' में लोग सर्वहारा साहित्य का निर्माण कर रहे हैं। उसी के आधार पर 'जनवादी' साहित्य का आदर्श रखा जा रहा है। कुछ लोग इस आधार पर 'प्रगतिशील' साहित्य का आदर्श भी रख रहे हैं। यह बड़ा सरल काम है। कोई भी आदमी बैठे-बैठे 'चाहिएवादी' शैली में मार्क्स, एंगेल्स, लेनिन आदि के उद्धरण देते हुए मार्क्सवादी सौन्दर्यशास्त्र पर ग्रन्थ लिख सकता है। मार्क्सवादी आलोचना के मानदंड भी लिख सकता है। डॉ. रामविलास शर्मा पहले कभी-कभी ऐसा काम कर लिया करते थे। तब वे प्रगतिशील लेखक संघ के महासचिव थे। महासचिव की अपनी मजबूरियाँ होती हैं। मजबूरी के अधीन 'चाहिए शैली' में कभी-कभी उसको बोलना ही पड़ता है। कुछ दिनों तक उन्होंने ऐसा किया लेकिन भला हो कि ज़्यादा दिनों तक वे महासचिव नहीं रहे। 'चाहिए शैली' उन्होंने छोड़ दी और व्यावहारिक आलोचनाओं के द्वारा उन्होंने दिखाया कि मार्क्सवादी आलोचना दरअसल व्यवहार में निहित होती है, सूत्रों में नहीं। जीवन में आचार सम्मिलित विचार ही सर्जनात्मक होते हैं।

हिन्दी का सौभाग्य है कि उसमें प्रगतिशील व्यावहारिक आलोचना की सुदृढ़ परम्परा है। तथाकथित नई कवितावादी, प्रयोगवादी और दूसरे लोगों के सामने प्रगतिशील आलोचना गौरव के साथ खड़ी हो सकती है तो इसलिए कि उन तमाम लोगों ने अपने अमूर्त निर्गुण सिद्धान्तों का जाप चाहे जितना किया हो, हिन्दी साहित्य के समूचे काल की बात तो दूर आधुनिक काल के भी साहित्य की कोई व्यावहारिक आलोचना नहीं की। आलोचना इतिहास बदला करती है। अंग्रेजी में एफ.आर. लीविस ने किसी सिद्धान्त का निरूपण नहीं किया लेकिन ग्रेट ट्रेडिशंस, रिवोल्यूशन और न्यू वैल्यूज इन तीन किताबों के द्वारा अंग्रेजी साहित्य के इतिहास को देखने की

नई दृष्टि दी और पूरी परम्परा को बदल डाला। ठीक इसी तरह मार्क्सवादी आलोचना के सैकड़ों लेख जो काम नहीं कर सकते थे, अकेले डॉ. रामविलास शर्मा ने कर दिखाया।

डॉ. रामविलास शर्मा के सारे कार्य एक साधक के कार्य हैं। साधना और पूजा में अन्तर हुआ करता है। निराला की 'राम की शक्ति पूजा' के सिलसिले में उन्होंने कहा है कि जैसे राम ने चलते हुए रण को रोक कर शक्ति की आराधना की, उसी प्रकार कभी-कभी साहित्यकार को भी चलते हुए संघर्षों से अलग होकर साधना की आवश्यकता पड़ती है। विरत होकर बहुत से लोग संन्यास ले लेते हैं। डॉ. रामविलास शर्मा यदि प्रगतिशील आन्दोलन से विरत हुए तो साधना में रत हुए और जैसे ही वह साधना पूर्ण हुई तो जैसे वे स्वयं रणभूमि के एक भाग रूप में उसके बीच हैं। उनकी साधना का महत्वपूर्ण भाग है उनका संघर्ष और उनका साहित्य। साहित्य क्षेत्र में संघर्ष आमतौर से विचारों पर केन्द्रित हुआ करता है। डॉ. रामविलास शर्मा न केवल विवादास्पद आलोचक रहे हैं बल्कि विवादजनक आलोचक भी रहे हैं। साहित्य में अनेक विवादों को उन्होंने जन्म दिया है। 'जैहों उतरि जब रथ चढ़ि आवा। निज भुजबल मैं रार बढ़ावा।' को सार्थक करते हुए अपने भुजबल पर उन्होंने रार बढ़ाई। और जब उधर जवाब आया तो, उन्होंने 'रथ चढ़ि आवा' को 'जैहों उतरि' से उत्तर दिया। यह जो सारा का सारा संघर्ष है, वह हिन्दी साहित्य का विकास है।

जिस तरह समाज का विकास वर्ग संघर्ष से होता है उसी तरह साहित्य का विकास वैचारिक संघर्ष से होता है। इस देश में दो हजार वर्षों तक अलंकारशास्त्र को लेकर एक लम्बा विवाद चला और कोई आदमी किसी से झुका नहीं, किसी बात का समझौता नहीं किया। अभिनवगुप्त, मम्मट, दंडी, भामह, आनन्दवर्धन से भरत के नाट्यशास्त्र की यह परम्परा पंडितराज जगन्नाथ तक चलती हुई आती है। भारतीय साहित्यशास्त्र का पूरा का पूरा इतिहास वैचारिक संघर्ष का इतिहास है। अलंकारशास्त्र, मात्र बाल की खाल निकालने वाला ही शास्त्र नहीं है, बल्कि वह शास्त्र है जिस पर भारत को गर्व है। डॉ. रामविलास शर्मा ने इन संघर्षों के इतिहास के द्वारा हिन्दी आलोचना की अनेक समस्याओं पर विचार करने की ऐतिहासिक भूमिका निभाई है।

आचार्य महावीर प्रसाद द्विवेदी, पंडित रामचन्द्र शुक्ल और हजारी प्रसाद द्विवेदी की ही परम्परा में डॉ. रामविलास शर्मा ने जो वैचारिक संघर्ष किया है, वह निराशा और पलायन के साहित्य के विरुद्ध है। यह संघर्ष रीतिवाद, रीतिकाल, रहस्यवाद, प्राचीन रूढ़ितन्त्र के विरुद्ध संघर्ष है। वह साहित्य, जो शुद्ध सौन्दर्यवाद पर बल देता है, जो समाज-विमुख व्यक्तिवाद पर बल देता है, जो बाहरी जीवन को छोड़कर अन्तर्मुखी होना चाहता है, साहित्य में यह शुद्ध सौन्दर्य, कला, रूप का उपासक,

व्यक्तिवादी, अस्तित्ववादी, रूढ़िवादी घातक परम्परा साहित्य के विकास में आड़े आती है। डॉ. रामविलास शर्मा ने साहित्य की इन गतिरोधक शक्तियों के खिलाफ अनवरत संघर्ष किया। उन्होंने लिखा कि हिन्दी साहित्य का विकास संघर्षों के माध्यम से हुआ है।

जब संघर्ष होता है और आदमी लाठी चलाता है तो कभी-कभी वह अपनों पर भी पड़ जाती है। शत्रुओं पर प्रहार करते समय कभी-कभी एकाध हाथ मित्रों पर भी पड़ जाया करता है। कभी-कभी शत्रु-मित्र का भेद भी मिटने लगता है। स्वयं डॉ. रामविलास शर्मा ने स्वीकार किया है कि एक युग था, जब इस संघर्ष में उग्रता थी और अंशतः व्यक्तिवादिता भी थी। बड़ा समीक्षक वह है जो आत्मसमीक्षक भी होता है। डॉ. शर्मा अपनी आत्मसमीक्षा के द्वारा अपनी सीमाओं को स्वीकार कर सके, यह इस बात का सूचक है कि वे जड़ नहीं हुए, रुके नहीं, गतिरुद्ध नहीं हुए, बल्कि निरन्तर विकास करते रहे हैं। इस विकास में उन्होंने अपनी सीमाओं का परिष्कार भी किया।

हम लोग मुक्तिबोध के आत्मसंघर्ष की बड़ी बात करते हैं। आजकल इस शब्द से बेहद सतर्क रहने की आवश्यकता है। यह शब्द भी अब क्रमशः जड़, फूहड़ और सिनिसिज़्म होता जा रहा है। जो आदमी बड़ा बनना चाहता है, वह कहता है—यह मेरा आत्म-संघर्ष है। यह आत्मसंघर्ष करने वाले भूल जाते हैं कि बाहर से भी संघर्ष करना पड़ता है वरना अपना ही सीना फाड़कर रह जाओगे। इस आत्मसंघर्ष में आत्मसमीक्षा जरूरी है। आत्मसमीक्षा में ही आत्मसंघर्ष है। यदि आत्मसंघर्ष में आत्मसमीक्षा नहीं है तो वह मार्क्सवाद नहीं है। मार्क्सवाद के अधिकांश ग्रन्थों में अधिकांश क्रिटिक लिखे गए। दूसरों की आलोचना करने के साथ-साथ अपनी आलोचना भी करते चलना मार्क्सवादी आत्मसंघर्ष है। यह आत्मसंघर्ष मुक्तिबोध में दिखाई पड़ता है। एक रचनाकार विचारक के रूप में यही संघर्ष डॉ. रामविलास शर्मा में भी दिखाई पड़ता है।

जो रामविलास शर्मा 1955-56 तक साहित्य को आर्थिक समस्याओं का प्रतिबिम्बन मानते थे, वे ही बाद में साहित्य की सापेक्ष स्वतन्त्रता की बात करने लगे। जो आदमी आरम्भिक दिनों में साहित्य को विचारधारा का अभिन्न अंग मानता था (और कभी-कभी तो विचारधारा मात्र मानता था) वही आदमी आगे चलकर अपने दमखम के साथ कह सका कि साहित्य का विचार केवल विचारधारा नहीं है। डॉ. रामविलास शर्मा ने निर्मम आत्मसमीक्षा के क्रम में स्वयं अपनी मान्यताओं के विरोध के साथ ही साथ पूरी हिम्मत और ताकत से स्वयं मार्क्स और मार्क्सवाद की कई मान्यताओं को चुनौती दी। आगे चलकर 'आर्ट अगेंस्ट आइडियोलॉजी' लिखने वाले बहुत लोग हुए (यह किताब 1968-69 में लिखी गई)

लेकिन 1955 में डॉ. रामविलास शर्मा ने कहा कि कला और साहित्य को विचारधारा के रूपों में गिनना सही है। यह हिम्मत की बात थी। यह मान्यता विवादास्पद हो सकती है। लेकिन मार्क्सवादी डॉ. रामविलास शर्मा मार्क्सवाद की सारी मान्यताओं को अपनाते हुए मार्क्स और लेनिन को बाइबिल नहीं मानते बल्कि उन्हें चुनौती भी दे सकते हैं।

केवल साहित्य और कला सम्बन्धी मान्यताएँ ही नहीं, डॉ. रामविलास शर्मा ने जरूरत पड़ने पर कम्युनिस्ट पार्टियों की भी (चाहे वह भा.क.पा. हो या मा.क.पा.) आलोचना की है। उन्होंने इस बात की परवाह नहीं की कि लोग इसे कुफ्र समझेंगे। साहित्यकार के सचेत गौरव के साथ यह वही थे, जो लिख सके कि साहित्य पर बात करते समय कम्युनिस्ट पार्टी के नेताओं को अपनी हैसियत समझकर बात करनी चाहिए। यह वही साहित्यकार लिख सकता है जो साहित्य की अपनी महान गौरवशाली परम्परा के स्वरूप को पहचानता है। तुलसीदास न शंकराचार्य के गुलाम थे, न रामानुज और न रामानन्द के। निराला विवेकानन्द पर श्रद्धा रखते थे लेकिन उनके अनुचर नहीं थे। प्रेमचन्द के इस कथन को आजकल बहुत पीटा जाता है कि साहित्यकार राजनीति के आगे चलने वाली मशाल होता है। यही बातें कहने वाले लोग अकसर राजनीतिक नेताओं के पीछे ही नहीं, राजनीतिक कार्यकर्ताओं के झोले ढोते हुए दिखाई देते हैं। इसके विपरीत डॉ. रामविलास शर्मा में 'करेज ऑफ कनविक्शन' है, उन्होंने अपनी आलोचनाओं को कायम रखा। जो लोग विचार स्वातन्त्र्य का नारा लगाते हैं उन्हें देवी के चरण चिह्नों पर झुकते देखा जा सकता है और जिसे स्वतन्त्रता का विरोधी कहा जाता है वह अपनी उस कम्युनिस्ट पार्टी की खुलकर आलोचना करने की हिम्मत रखता है, जिसे उसने अपनी जवानी के सबसे महत्वपूर्ण क्षण दे डाले। कम्युनिस्ट पार्टी को छोड़कर कोई दूसरी पार्टी नहीं अपनाई। वह आदमी अपनी ही पार्टी के नेताओं को चुनौती दे सकता है और बराबरी से बात कर सकता है। यह आत्मसम्मान है। यह आत्मसम्मान डॉ. रामविलास शर्मा में साधना और आत्मसंघर्ष से आया है। यह आत्मसम्मान अपनी जनता से उपजा है।

जनता का नाम लेने वाले कई लोगों में जनता का कोई आचार-व्यवहार शायद ही दिखाई पड़े। डॉ. रामविलास शर्मा अनेक किसान संगठनों के नेताओं से कहीं अधिक किसान हैं, अनेक मजदूर संगठनों में काम करने वालों से कहीं अधिक मजदूर हैं। वे जनता के दुख-दर्द को उन सबसे कहीं अधिक समझते हैं इसलिए उनका मार्क्सवाद और मार्क्सवादी चिन्तन अमूर्त विचार नहीं है। यह भाव सम्पदा है। यह भाव सम्पदा इन्द्रिय-बोध और सौन्दर्य-बोध से पैदा हुई है। डॉ. रामविलास शर्मा के समूचे व्यक्तित्व से पैदा हुई है।

साहित्य के बारे में बात करते हुए मुक्तिबोध व्यक्तित्वांतरण की बात किया करते थे। जिस आदर्श का उदाहरण मुक्तिबोध ने रखा उस व्यक्तित्वांतरण का मूर्तमान रूप डॉ. रामविलास शर्मा ने हमारे समक्ष रख दिया है। ऐसे महान विचारक आलोचक साथी डॉ. रामविलास शर्मा के महत्व के सम्मान का यह आयोजन कोई पूजा नहीं बल्कि एक जीते-जागते, भरे-पूरे, तमाम कमजोरियों से युक्त, एक सजीव मनुष्य का सम्मान है, अभिनन्दन है और इसीलिए प्रेरणाप्रद भी है।

[मध्य प्रदेश प्रगतिशील लेखक संघ द्वारा 14, 15 मई, 1983 को भोपाल में आयोजित 'महत्व : डॉ. रामविलास शर्मा' कार्यक्रम के उद्घाटन सत्र में डॉ. नामवर सिंह द्वारा दिए गए व्याख्यान के सम्पादित अंश। मध्य प्रदेश प्रगतिशील लेखक संघ के तत्कालीन मुखपत्र 'इसलिए' में मार्च 1984 में पहली बार प्रकाशित। 'वसुधा' के रामविलास शर्मा पर केन्द्रित अंक-51, जुलाई-सितंबर 2001 एवं उसके पुस्तक संस्करण 'हिन्दी के प्रहरी', सं. विश्वनाथ त्रिपाठी, अरुण प्रकाश, वाणी प्रकाशन, नई दिल्ली, प्र. सं. 2001 में पुनः प्रकाशित]

राहुल : आज के सन्दर्भ में

राहुलजी तीस साल पहले, इस दुनिया को छोड़कर चले गए थे और जो लोग उपस्थित हैं उनमें से अधिकांश ने निश्चित है, उन्हें नहीं देखा होगा। इसलिए वे अन्दाजा भी नहीं लगा सकते कि वे कैसे थे। भव्य व्यक्तित्व, सुन्दर छवि। राहुलजी को एक बार देखकर असम्भव था कि किसी की आँख उन पर ठहर न जाए। उन राहुलजी को मैंने सन् 1945 में देखा था। उस समय उनकी उम्र 53-54 साल की रही होगी। तब मधुमेह का असर नहीं हुआ था। उस देवोपम शरीर को देखकर भारत की जो साक्षात् विभूति है, गरिमा है, वह हमारे सामने आती थी।

मुझे उनके पास बैठने का भी मौका मिला है। उनके कुछ पत्र प्राप्त करने का भी मौका मिला है। अन्तिम दिनों में परिवेण विद्यालंकार में, जहाँ के छात्र रह चुके थे और अब प्राध्यापक होकर गए थे श्रीलंका से, वहाँ से उन्होंने सन् 1960-63 में कुछ पत्र लिखे थे। उतनी खराब लिखावट या तो गांधीजी की थी, जिसे न स्वयं राहुलजी पढ़ सकते थे और न दूसरा कोई और। वे भाग्यशाली होंगे जिन्हें राहुल ने लम्बे पत्र लिखे होंगे। वे पोस्ट-कार्ड पर ही लिखते थे। अपनी बात संक्षेप में रख अन्त में 'राहुल' लिख वे पत्र प्रेषित कर देते थे।

अनेक स्मृतियाँ हैं। पर केवल तीन बातें उनके व्यक्तित्व के बारे में कहना चाहूँगा। आज के सन्दर्भ में उनका व्यक्तित्व ही बहुत प्रासंगिक है। जब भी मैं उनसे मिलने गया, उन्हें काम करते देखा। पूछने पर उन्होंने कहा, "पुनर्जन्म में तो विश्वास है नहीं। एक ही जन्म मिला है। इसलिए, इस जन्म में जो करना है, कर लो। किसी को हिसाब देना हो या न देना हो स्वयं अपने सामने तो देना है।" उन्होंने एक जगह कहा है–"मैं हर सेकंड का तो नहीं, लेकिन हर मिनट का हिसाब दे सकता हूँ।" हर मिनट का हिसाब देने वाले आदमी इस देश में एक तो गांधी थे और दूसरे जिस साहित्यकार को मैंने जाना, वह राहुल सांकृत्यायन थे। और सुना है मैंने अपने गुरुदेव आचार्य हजारी प्रसाद द्विवेदी से कि ऐसे ही रवीन्द्रनाथ ठाकुर थे, जो अपने जीवन के हर मिनट का हिसाब दे सकते थे। आप देखें कि पुनर्जन्म में विश्वास न करने के कई निष्कर्ष निकाले जाते हैं। एक तो यह कि दूसरा जन्म नहीं होगा, इसलिए इस जिन्दगी

को जितना लूटना हो लूटो। फिर मौका मिले न मिले। राहुलजी ने अपने लिए एक अलग निष्कर्ष निकाला था। हम-आप सोच लें कि हम अपने लिए क्या निष्कर्ष निकालते हैं। दूसरी बात मैंने राहुलजी से सीखी है—निरन्तर कर्म की। चूँकि वह हर समय काम करते रहते थे, फालतू बातचीत करने का उनके पास समय नहीं था। फालतू बातों में आमतौर पर एक रस होता है; यह निन्दा-रस है। बहुत बड़े-बड़े लोगों को मैंने निन्दा में रस लेते हुए पाया। वे दूसरों की निन्दा करते हैं और दूसरों की निन्दा सुनते हैं। अपने वास्तविक और काल्पनिक विरोधियों की निन्दा सुनते हैं। यह बड़ा भारी रस है। मैं विश्वास से कह सकता हूँ कि राहुलजी के बारे में इस सन्दर्भ में कोई आदमी प्रमाण नहीं दे सकता। अनेक लोगों ने राहुलजी के विरुद्ध बहुत लिखा है। बहुत विरोध किया है। हर बड़े आदमी की तरह, बुद्ध के समान, राहुलजी ने भी बहुत विरोध सहे हैं। लेकिन राहुलजी के मुख से अपने विरोधियों की निन्दा कभी आप सुन नहीं सकते हैं। यही नहीं, यदि उनके सामने निन्दा करने की कोशिश करें, तो तुरन्त वे बात टाल देते थे। किताब देखने लगते कि सामने वाला अपने आप चुप हो जाए। बहुत छोटी सी बात है, लेकिन कहीं गहरे उसका एक जीवन दर्शन था, जहाँ ऐसी बेकार की बातों के लिए उनके पास समय नहीं था। राहुलजी से तीसरी बात मैंने सीखी वह यह है कि कभी उनको उत्तेजित नहीं पाया। ऐसा शान्त, धीर और सहज व्यक्तित्व था उनका। राहुलजी के सामने कभी डर नहीं लगता था कि इतने बड़े महापंडित के सामने आप बैठे हैं। लगता था जैसे हमारी ही तरह के, एक साधारण किसान की तरह आदमी हैं। ये जो सहजता है! हमारे देश में सहजिया सम्प्रदाय हो चुका है, इसलिए हम लोग सही अन्दाजा लगा सकते हैं। ऐसा सहज सुभाव वाला आदमी! बच्चों जैसी सहजता-सरलता!

ये बातें अप्रासंगिक लग रही होंगी। आप सोचते होंगे कि जो तीन बातें मैंने कहीं राहुल के सन्दर्भ में वे कौन सी बड़ी बातें हैं? ऐसे तो तमाम लोग मिलते हैं। पर उनसे एक सन्देश मुझे मिला था, मैंने उनसे कहा था लिख दीजिए। तो उन्होंने वही वाक्य लिखा था जिसका अर्थ धीरे-धीरे मैं अपने जीवन में समय-समय पर देर तक समझता रहा हूँ। आज भी समझने की कोशिश कर रहा हूँ। 'मेरी जीवन यात्रा' के आरम्भ में उन्होंने बुद्ध का एक वचन पालि में उद्‌धृत किया है :

"कुल्लुपमं देसेस्यामि वो भिक्खवे धम्मं
तरणत्थाय नो गृहणत्थाय"

"हे भिक्षुओ! यह धर्म मैं छोटी सी नाव के समान दे रहा हूँ पार उतरने के लिए। पार उतर जाने के बाद, सिर पर रखकर ढोने के लिए नहीं।"

अपने विचारों के बारे में हम लोगों को कितना आग्रह-दुराग्रह होता है। बुद्ध सिर्फ इसलिए बड़े थे कि उन्होंने उतना बड़ा क्रान्तिकारी धर्म दिया। सद्-धर्म दिया बुद्ध ने।

यह 'सद्-धर्म' उस नाव के समान है जिस नाव के द्वारा, नदी पार की, उसे वहीं छोड़ दिया। यह नहीं कि पार गए, रेती पर आप चल रहे हैं फिर भी उसे, उस भारी नाव को सिर पर उठाए हुए, दबे हुए चले जा रहे हैं कि फिर हम इसका इस्तेमाल करेंगे। उन्होंने कहा छोड़ दो इसे। जब सब कुछ क्षणिक है तो यह धर्म ही कौन अमरत्व पीकर आया है। इसे भी छोड़ दो। जिस हद तक काम आए, इस्तेमाल करो। काम जब न आए, छोड़ दो उसको। जो बेहतर चीज हो, उसे ले लो। अपने विचारों के बारे में, मत के बारे में इतनी अनासक्ति। कोई बाहर नहीं! एक स्वयं बुद्ध से जो सीखा था-जाना था, यह बौद्ध दर्शन का जो मूल-तत्व है, वह राहुलजी ने लिया। बौद्धधर्म में दीक्षा ली। जब तक उससे काम लेना था, लिया और फिर एक दिन उन्होंने चीवर उतार दिया और मार्क्सवाद को अपनाकर आगे बढ़े। बौद्ध होने से पहले भी यही काम किया था। वे सनातनी ब्राह्मण थे, वेद पढ़ने बनारस गए थे। अचानक आर्यसमाज में पहुँचे। उस समय आर्यसमाज का डंका बज रहा था। वे आर्य-मुसाफिर विद्यालय पहुँचे और आर्यसमाज की दीक्षा ले ली। सनातन धर्म छोड़ा, आर्य-समाज की ओर गए। वह आर्यसमाज भी बहुत कुछ कठमुल्लापन से ग्रस्त हो रहा था तो उसे छोड़कर बौद्धधर्म अपना लिया। बौद्धधर्म भी जितनी दूर तक ठीक लगा, लिया। उसके बाद वह चीवर भी छोड़ कुछ दिनों तक कम्युनिस्ट पार्टी में आने के पहले, कांग्रेस-सोशलिस्ट पार्टी में भी थे। उल्लेख किया जाना चाहिए, खासकर बिहार के सन्दर्भ में। बहुत से कम्युनिस्ट कांग्रेसी हुए, कांग्रेस-सोशलिस्ट हुए और फिर कांग्रेस-सोशलिस्ट से कम्युनिस्ट हुए, जैसे—गोपालन, नम्बूदरीपाद, सुन्दरैय्या—बहुत से लोग ऐसे ही थे। राहुलजी कम्युनिज़्म की ओर गए थे। फिर एक दिन ऐसा भी आया जब जरूरत पड़ी तो कम्युनिज़्म को भी उन्होंने छोड़ दिया। अलग हुए। जब वे रूस से आए। मुझे अच्छी तरह याद है, वह रूस से लौट कर आए थे। सन् 1956 में स्टालिन का मूर्ति-भंजन हुआ था, उससे बहुत पहले की बात है। एक दिन, हजारी प्रसाद द्विवेदीजी के घर राहुलजी ने कहा था, "रूस का सबसे बड़ा नेता वह होगा, जो लोगों के मन से डर और परस्पर सन्देह निकाल देगा। वह बहुत बड़ा नेता होगा। बहुत अच्छा देश है रूस। लेकिन उस राज में पति के बारे में पत्नी को सन्देह है और पत्नी के बारे में पति को सन्देह रहता है। जहाँ इतना बड़ा सन्देह घर कर गया हो! और साथ ही सन्दिग्ध से डर पैदा होता हो! तब उस देश में सच्चा समाजवाद नहीं हो सकता।" बहुत पहले राहुलजी ने यह कहा था। वह उन सीमाओं को समझते थे, जानते थे। इसलिए उन्होंने बहुत बड़ा सन्देश मुझे अनायास ही सहज भाव से दे दिया कि कोई भी धर्म नाव के समान है। पार उतरने के लिए है, सिर पर लेकर ढोने के लिए नहीं है। आज हम लोग यही तो कर रहे हैं। वेद हों या राम हों या कोई भी हो, किसी समय पार करने के लिए दिया गया था। यह नहीं कि उसको तुम जिन्दगी भर ढोते चले जाओ। उसके नीचे दबते चले

जाओ। जीवन की, समाज की चुनौतियाँ हैं। 'चरैवेति-चरैवेति'—बराबर चलते रहना। इस देश को आगे चलना है। इस देश की जनता को आगे चलना है, उन तमाम चीजों को ढोकर हम लोग कितना चलेंगे। हजारों साल की सभ्यता-संस्कृति में न जाने कितनी मान्यताएँ, कितने मूल्य, कितने विचार, कितने ग्रन्थ आए। सब लेकर चलें तो हम अपने आपको खच्चर भी समझे, तब भी उस बोझ से दब जाएँगे। बहुत पहले रवीन्द्रनाथ ने कहा था :

"ठांई नांई, ठांई नांई, छोटो ये तरी
आमारि सोनार धाने गिये छे भरी।"

यह सोने की नौका जा रही है। लोगों ने कहा यह भी ले लो, वह भी ले लो। पर उन्होंने कहा—जगह नहीं है, जगह नहीं है। यह स्वर्ण तरी है, सोने के धान से भरी हुई है। सब कुछ लादकर ढोने के लिए नहीं बनी है। जो जब-जिस समय जरूरी है, उतना ही लेकर चलेंगे। क्या-क्या ढोकर ले जाएँगे? निरन्तर चरैवेति, निरन्तर गतिशीलता और खुलापन सिर्फ एक बुद्धिजीवी-विचारक-लेखक के लिए ही नहीं, साधारण जन के लिए भी जरूरी है। साधारण जन को राहुलजी ने यह सन्देश दिया था।

जहाँ तक उनके महत्व का सवाल है, उनकी आज की प्रासंगिकता पर कुछ बातें मैं आपके सामने रख सकता हूँ। हिन्दी भाषाभाषी समाज में एक बात जो बहुत दिनों से अनुभव की जाती रही है। महाराष्ट्र भाग्यशाली है कि वहाँ नई चेतना पैदा करने के लिए उन्नीसवीं-बीसवीं शताब्दी में अनेक प्रबुद्ध बुद्धिजीवी मिले। आप अन्यथा न लें, मैं उतना ही प्रणाम अनुशास्त्री चिपलूणकर को करता हूँ जितना महात्मा फुले, आगरकर, लोकमान्य तिलक, महर्षि शिन्दे और बाबासाहब आम्बेडकर को। महाराष्ट्र को ये विभूतियाँ मिलीं। अलग-अलग विचार होंगे इनके। लेकिन इन विभूतियों ने, विशेषकर महात्मा फूले, जिनका नाम सभी लोग आदर से लेते हैं, मराठी भाषा के माध्यम से सामाजिक बदलाव लाया। समाज के पुराने सोच को बदलकर, एक नए मानवीय लोकतान्त्रिक समाज को दिशा देने का प्रयास किया। और हमारा हिन्दीभाषी समुदाय? कुल मिलाकर, आप देखें, उस हिन्दीभाषी समुदाय को ले-देकर गुजरात से आने वाले महर्षि दयानन्द सरस्वती मिले। और महर्षि दयानन्दजी कैसे मिले? जितना कम कहा जाए इस बारे में उतना ही अच्छा। जिस क्षेत्र को महात्मा बुद्ध मिले, कबीर मिले उस बुद्ध और कबीर की परम्परा को आगे बढ़ाने वाला, समूचे हिन्दीभाषी क्षेत्र में जिसकी सबसे ज़्यादा जरूरत थी क्योंकि उसमें प्राचीन रूढ़ियाँ कहीं ज़्यादा थीं। (और यही वजह है कि अंग्रेजी वाले उसे 'काऊ बेल्ट', पिछड़ा हुआ कहते हैं और उनके कहने को जैसे हिन्दीभाषी प्रदेश सिद्ध कर रहा है अयोध्या की हाल की घटनाओं द्वारा) एक ही व्यक्ति मिला, एक ही पुरुष मिला और वह महापंडित राहुल सांकृत्यायन थे। उस महत्व का केवल एक ही व्यक्ति है। मैंने कहा कि महाराष्ट्र

भाग्यशाली है कि यहाँ एक से एक विभूतियाँ मिलीं लेकिन उस प्रदेश को, उस हिन्दीभाषी प्रदेश को हम अनुभव करते हैं कि एक ही व्यक्ति महापंडित राहुल मिले जिन्होंने अपनी कथनी-करनी दोनों द्वारा अकेले वह किया जो दूसरे किसी राजनेता ने उस क्षेत्र में नहीं किया।

राहुल सांकृत्यायन का यह कृतित्व क्या है? कैसा है? किन विचारों का है? कथनी और करनी दोनों में वह सव्यसाची थे। आजकल हम लोग (बुद्धिजीवी) अयोध्या में जो दुर्घटनाएँ हुई हैं, उनके बारे में क्या करते हैं? एक वक्तव्य देते हैं। उस पर सौ-पचास लोगों के हस्ताक्षर होते हैं। बहुत पढ़े-लिखे लोग अंग्रेजी में टिप-टिप करते हुए एक सेमिनार कर लेते हैं किसी शहर में। राहुलजी उन लोगों में से थे जो लिखते थे पर लिखकर-छपाकर सन्तोष कर लेने वाले नहीं थे। बल्कि स्वयं कर्मभूमि में, मैदान में कूदकर आगे बढ़कर हिस्सा लेने वाले थे। राहुलजी ने जब अनुभव किया तो किसानों के संघर्ष में स्वयं कूदे। सिर फूटा। जेल गए। असहयोग आन्दोलन के दिनों में, मेरी जानकारी के अनुसार, वे पहले लेखक थे, जो 1921 में जेल गए थे। जेल जाने वाले वह पहले हिन्दी लेखक थे। बहुत बाद में पिकेटिंग के दौरान प्रेमचंदजी की पत्नी शिवरानीजी गई थीं। बाद में चलकर, व्यक्तिगत सत्याग्रह जब हुआ, 1941 में मैथिलीशरण गुप्त भी गए थे। जैनेन्द्र भी गए थे। अन्य प्रदेशों में भी कुछ लेखक जेल गए होंगे। लेकिन सन् 1921 में, मुझे याद नहीं कि कोई और हिन्दी लेखक जेल गया था। इतिहास के द्वारा यह मालूम होना चाहिए। वह नौजवान राहुल स्वाधीनता संग्राम में जेल गए, लड़ाई के मैदान में कूदे। इसलिए, आज के दौर में राहुलजी होते तो केवल हस्ताक्षर अभियान चलाना, अपील जारी करना ही नहीं होता। राहुलजी में इतना दम-खम था कि वह सीधे जनता के बीच जाकर काम करते और जिस चीज को गलत समझते उसे रोकने का प्रयास करते। वह कथनी और करनी के रूप में अद्भुत रूप से योगदान करने वाले बुद्धिजीवियों में से थे। कुल मिलाकर राहुलजी एक बुद्धिजीवी और लेखक ही थे। वे कायदे से 'एक्टीविस्ट' जिसे कहते हैं, वह नहीं थे।

उन्होंने अनेक ग्रन्थ लिखे। उन ग्रन्थों के बारे में जैसा कहा गया : अनेक पांडित्यपूर्ण ग्रन्थ हैं। कुछ निश्चय ही जनता को जगाने के लिए हैं और कुछ फौरी कार्य करने के लिए भी हैं। उन्होंने छोटे-छोटे पैम्फलेट भी लिखे हैं। दोनों तरह के कार्य उन्होंने किए। इस मामले में जैसा मैंने कहा राहुलजी सत्यार्थी थे। कुछ विद्वान होते हैं, जो गम्भीर ग्रन्थ लिखते हैं और कुछ होते हैं जिन्दगी भर पैम्फलेट ही लिखते रहते हैं। राहुलजी में दोनों की सामर्थ्य थी। वह उन्होंने बुद्ध से सीखा था। बुद्ध के सारे वचन बोलचाल की पालि भाषा में हैं। सहज कहानियों-उपाख्यानों द्वारा बुद्ध ने वह गम्भीर दर्शन दिया जिस पर आगे चलकर नागार्जुन, धर्मकीर्ति, असंग, वसुबन्धु, रत्नकीर्ति ने 'प्रत्यय समुत्पाद' का वह गम्भीर दर्शन और तर्कशास्त्र प्रस्तुत किया, आगे चलकर जिसका शंकर को

ब्रह्म-सूत्र छन्द के भाष्यों द्वारा जवाब देना पड़ा। लोहे के चने चबाने पड़े लोगों को। उस 'प्रत्यय समुत्पाद' के कठिन दर्शन को, कितने सहज तरीके से आम लोगों के समझ में आने लायक इन कहानियों के माध्यम से बुद्ध ने कहा था। राहुलजी ने उस इतिहास दृष्टि को और उनके सारे पांडित्य को पढ़ा-समझा था। महापंडित की उपाधि यूँ ही, अनायास ही, पंडितों ने नहीं दे दी थी। हम-आप सभी जानते हैं कि काशी के पंडित कितने अहंकारी-अभिमानी होते हैं, जो बड़े-बड़े विद्वानों के सामने सिर नहीं झुकाते थे। उन पंडितों ने राहुल को 'महापंडित' की उपाधि दी थी तो कुछ सोचकर-देखकर कि वे सचमुच पंडित थे। उस महापंडित ने जो-जो गम्भीर कार्य किए हैं, आज तीस वर्ष बाद भी उस टक्कर का कोई और नहीं है।

आज से लगभग पचास वर्ष पूर्व राहुल ने एक अद्‌भुत ग्रन्थ लिखा था। उसकी टक्कर का ग्रन्थ आज अंग्रेजी में भी नहीं है, हिन्दी और अन्य भारतीय भाषाओं का तो सवाल ही नहीं उठता। शायद आप लोगों ने देखा हो–'मध्य एशिया का इतिहास', जो लगभग पाँच हजार पृष्ठों का विशाल ग्रन्थ है। भारत के सन्दर्भ में, मध्य एशिया ही नहीं, उसके माध्यम से समूचा चीन आता है, पश्चिमी एशिया आता है। मध्य एशिया का हजारों वर्षों का इतिहास राहुलजी ने अकेले लिखा। राहुलजी लगभग बीस वर्ष तक सामग्री एकत्रित करते रहे। उसके लिए अनेक भाषाएँ सीखीं और उन भाषाओं के द्वारा कालानुक्रम में भू-खंड में फैली घटनाओं को समझा और मध्य एशिया के इतिहास का विशाल ग्रन्थ दो जिल्दों में लिखा। अब मैंने सुना है, अंग्रेजी में उनका अनुवाद हो रहा है। उनके पांडित्य को देखना हो कि राहुल क्या जानते थे और इतिहास, दर्शन, धर्म तथा संस्कृति की कितनी बड़ी परम्पराओं से उनका परिचय था, तो 'मध्य एशिया का इतिहास' देखें। लेकिन उस पांडित्य की सहजता देखनी हो और उनके विचारों को समझना हो तो उसके लिए मैं आपसे निवेदन करूँगा कि केवल दो ही ग्रन्थ पढ़ें। जैसे हमारे यहाँ परम्परा रही है कि जब सब लोग पूरी रामायण न पढ़ सकें तो केवल एक श्लोकी रामायण पढ़कर के समझ लें कि क्या लिखा है। राहुल जानते थे कि सारा लिखा हुआ, 'दर्शन-दिग्दर्शन' कौन पढ़ने जाएगा। इसलिए उस दर्शन-दिग्दर्शन के जो भाव-विचार हैं, जो सत्य उन्होंने देखा था, 'वोल्गा से गंगा' में लिखा और बाद में दूसरा ग्रन्थ जो बहुत छोटा है और जिसे लोग नहीं पढ़ते या नहीं पढ़ना चाहेंगे 'कनैला की कथा' लिखा।

'वोल्गा से गंगा' की बीस कहानियों द्वारा उन्होंने लगभग आठ हजार साल के समूचे भारतीय इतिहास की एक झलक उपस्थित की है। कुल बीस कहानियाँ उन्होंने चुनीं–प्रागैतिहासिक काल से लेकर सन् 1942 के आन्दोलन तक। इनमें कल्पना का फैलाव (स्वीप ऑफ इमैजिनेशन) है–विस्तार है। इनके माध्यम से उन्होंने दिखाना चाहा कि इन वर्षों में भारत कहाँ से चलकर किधर जा रहा है। वह दिशा दिखानी चाही। यह

दिखाना चाहा कि किन-किन जंजीरों को तोड़ता हुआ यह भारतीय समाज अन्ततः उस दिशा की ओर जा रहा है, जिसे मोटे तौर से आजादी की लड़ाई के दौरान उभरे हुए समाजवाद की दिशा की संज्ञा दी जाती है। पर 'वोल्गा से गंगा' नहीं, मैं 'कनैला की कथा' के माध्यम से बताना चाहूँगा कि राहुलजी ने क्या दिखाना चाहा है।

'कनैला की कथा' लिखकर राहुल ने जो दिखाना चाहा, लगे हाथों जिन चीजों को जोड़ना चाहा, उनमें से एक मुद्दा आज भी महत्वपूर्ण है। हमारे जो हिन्दुत्व के हिमायती हैं, उन्होंने भारतीय इतिहास की पाठ्य-पुस्तकें चलाई हैं स्कूल में पढ़ने के लिए। उन पाठ्य-पुस्तकों में इस बात पर बहुत ज़्यादा बल है कि इस देश के मुख्य निवासी आर्य ही हैं। उनका कहना है कि आर्य कहीं बाहर से नहीं आए थे। वे यहाँ के मूल निवासी हैं। आदिवासी हैं। इस कथन के पीछे यह धारणा छिपी हुई है कि जो हिन्दू हैं वही आर्यों की सन्तान हैं और जो धर्म से हिन्दू नहीं हैं, वे बाहर से आने वाले लोग हैं और वे यहाँ की सन्तान नहीं हैं। यह एक बड़ा भारी मुद्दा है। वे जो यहाँ के नहीं हैं, उन लोगों को चाहिए कि यदि वे यहाँ रहना चाहते हैं तो आर्यों, जो यहाँ के मूल निवासी हैं, के अधीन होकर रहें। उनके विचारों, खानपान, पोशाक आदि में खुद को मिला दें और अगर ऐसा न कर सकें तो छोड़कर चले जाएँ। इस इतिहास दृष्टि में यह धारणा बनी-छिपी हुई है, यह हम-आप सब अच्छी तरह से जानते हैं। 'कनैला की कथा' इस सन्दर्भ में प्रासंगिक है।

राहुलजी ने अपना गाँव कनैला चुना, जहाँ के वे रहने वाले थे। इस कथा में कनैला का इतिहास, उन्होंने 'वोल्गा से गंगा' की तरह, प्रागैतिहासिक काल से लेकर आज तक का लिखा है। हमारे यहाँ माना जाता है कि आप बात क्या कहते हैं, जितनी महत्वपूर्ण है उससे ज़्यादा महत्वपूर्ण है कि बात कौन कह रहा है? वह अधिकारी है कि नहीं? हमारे यहाँ उस अधिकारी का बहुत महत्व है। राहुलजी जो कनैला के माध्यम से कथा कह रहे हैं, वे राहुल कौन हैं? यह वह राहुल हैं जिन्होंने पुरातत्व किताबों से नहीं पढ़ा था। पुरातत्व को राहुल ने व्यवहार से सीखा था। प्राचीन अवशेषों को जितना राहुल ने देखा था, उतना पुरातत्व के अनेक अध्यापकों ने नहीं देखा होगा। राहुल का मानना था कि हर गाँव को अगर ध्यान से देखें तो हजारों साल का इतिहास वहाँ मिल जाएगा। उन्होंने कनैला को ध्यान से देख हजारों साल का इतिहास पढ़ने की कोशिश की। कनैला में पुराने तालाब की खुदाई हो रही थी। वहाँ बहुत चौड़े-चौड़े आकार की ईंटें मिलीं। राहुलजी को लगा कि वे ईंटें मौर्यकालीन ईंटों के समान दिखाई पड़ती हैं। और फिर धीरे-धीरे इन सबके माध्यम से राहुल ने अपने गाँव के इतिहास को समझने की कोशिश की। फिर उसी इतिहास के माध्यम से 'कनैला की कथा' में दिखाया कि आज कहने को तो कनैला मुख्यतः सरयू पारिणी पंक्ति-पावन मलाव ब्राह्मणों—मलाव पांडे लोगों का गाँव है। लेकिन वहाँ कुछ और

लोग हैं जो अपने को 'भर' या 'राज-भर' कहते हैं। किसी जमाने में यहाँ उनका राज्य था। फिर देखा कि यह वह क्षेत्र है जहाँ के मूल निवासी कभी वस्तुतः किरात थे। उन किरातों को निषादों ने हराया और आगे चलकर उन्हें दुर्मिलों ने हराया। 'दुर्मिल' अर्थात् 'दीमल' वही जिन्हें 'तमिल' कहते हैं और जिनकी सभ्यता के स्रोत हड़प्पाकालीन संस्कृति में ब्राह्मी भाषा के रूप में मिलते हैं। यह सब उन्होंने 'त्रिवेणी' नामक कथा में लिखा है। हमारे यहाँ पता लगाने पर मालूम हो जाएगा। हमारे यहाँ पूर्वजों का कुर्सीनामा सुलभ है। उनसे तेरह सौ-चौदह सौ ईसवी के आसपास से लेकर अब तक का पूरा इतिहास मिलता है। राहुल ने कहा कि हमारे यहाँ के मलाव ब्राह्मण, आज कनैला जिनका गाँव हो गया है, वे सरयूपार गोरखपुर से यहाँ आए थे। इसके पहले यहाँ तन्तुत्वाय रहते थे, चुड़िहार रहते थे, भर रहते थे, दस्तकारी का काम करने वाले लोग रहते थे। काले रंग के लोग इस गाँव के पुराने वासी थे। ब्राह्मण लोग जमींदार बनकर बाद में आए। और स्थिति ये बनी कि आगे चलकर के यह ब्राह्मणों का ही गाँव हो गया। बेचारे भर आदि जो पहले के रहने वाले थे, वे अपने ही गाँव से बेदखल हो गए। लगभग हर जगह यही होता है। बाहर के लोग आते हैं। वे प्रतापी होते हैं। उनके पास धन होता है, वैभव होता है, विद्या होती है। वे आते हैं और दखल कर लेते हैं और वे उस जगह को अपनी कहने लगते हैं। और वहाँ के जो मूल निवासी आदिवासी थे, उन्हें वे 'वनवासी' कहने लगते हैं।

आप ध्यान देंगे कि जिन्हें हम अब तक एक लम्बे अरसे से, कई सौ साल से आदिवासी कहते रहे हैं, आज उनको ये लोग वनवासी कह रहे हैं। और इसी तरह ये गोंड जिनका गोंडवाणा था, संथाल, मुंडा इत्यादि जो मूल निवासी थे, वनवासी हो गए और इन्हें वनवासी कहने वाले लोग अपने को आदिवासी कह रहे हैं। मूल निवासी बन बैठे हैं। इस 'त्रिवेणी' नाम की छोटी-सी कहानी द्वारा राहुल ने समूचे भारतीय इतिहास के बारे में दिखाना चाहा है कि किस प्रकार सदियों पहले गोरखपुर से आने वाले मलाव ब्राह्मण इस गाँव में आए, जमींदार बनकर रहने लगे और इस गाँव को अपना बना लिया और वे लोग जो बहुत पहले से वहाँ रहते आए थे, बेदखल किए गए और उन्हें गाँव से निकाल दिया गया। राहुलजी ने दिखाया है कि इस देश में सचमुच में ही धन की सत्ता जिसके पास हो, लाठी की सत्ता जिसके पास हो, राज-सत्ता जिसके पास हो, धर्म की सत्ता जिसके पास हो, ऐसे लोग बाहर से आकर दखल कर लिया करते हैं। फिर, सत्ता निर्णय करती है कि इसके मूल निवासी कौन हैं? अनेक जमींदारों ने किसानों के खेत दखल कर लिये और स्वयं उसके मालिक बन बैठे। जो कल तक असली मालिक था, उन्हीं खेतों में मजदूर बना दिखाई पड़ता है। इस त्रिवेणी कहानी में इतिहास द्वारा राहुलजी ने यह भी दिखाना चाहा है कि किस प्रकार हमारे देश में अनेक नस्लों, जातियों का संगम हुआ था। एक त्रिवेणी बनी थी और एक अद्भुत

सभ्यता और संस्कृति उससे निकली थी। मान लीजिए, आर्य ही यहाँ के रहने वाले हों और जिन्हें हम वनवासी या आदिवासी कहते हैं, वही बाहर से आए। लेकिन मेल-जोल तो हुआ। आर्यों का जैसा रंग था वैसा रंग अब कहाँ दिखाई देता है। वैसा रंग तो कश्मीर या पंजाब में कुछ-कुछ दिखाई पड़ता है। हम लोगों का जैसा रंग है–काला-साँवला-गेहुँआ, यह आर्यों का रंग तो निश्चित नहीं है। जो वर्णन ऋग्वेद में मिलता है–वह आँखें नहीं हैं, वह बाल नहीं हैं, वह रंग नहीं है। थोड़ी देर के लिए मान लिया जाए कि आर्य यद्यपि ('आर्य' शब्द सांस्कृतिक अर्थ में प्रयुक्त है, जातीय अर्थ में नहीं) भारत के ही रहने वाले हैं, लेकिन उसके बाद कितना मिश्रण हुआ। राहुलजी ने 'कनैला की कथा' में स्पष्ट किया है कि कैसे स्वयं सवर्ण लोगों ने–ब्राह्मणों ने–अनुलोम पद्धति से शादी किसी दूसरे जाति वालों से की। राजन्य वर्ग के लोगों ने नीची जाति से शादी की।

राहुलजी ने कहा–संसार अनादि है। रक्त की शुद्धता का इतिहास अगर आप लिखने चलें तो सौ साल-दो सौ साल...हजार साल; लेकिन उसके पहले? हजारों साल की कहानी पूरी की पूरी कौन जानता है? कब मिश्रण हुआ कौन जानता है? और जबकि कुल के मूल में नारी हो। केवल नारी ही जानती है कि तुम कौन हो, किसकी सन्तान हो। और वह सच कह ही देगी कोई नहीं जानता। पहले तो 'पॉलीगैमी' थी। ऋग्वेद से पता चलता है। एक पुरुष-एक स्त्री, यह तो बहुत बाद में विकसित हुआ। यदि यह मान भी लिया जाए कि आर्य यहीं के थे, तो बीसवीं शताब्दी के हम हिन्दू क्या विश्वास के साथ कह सकते हैं कि हम एकमात्र आर्यों की सन्तान हैं? इन आर्यों का किसी और से कोई संयोग नहीं हुआ? बड़े कयास की चीज होगी। राहुलजी ने 'वोल्गा से गंगा' और 'कनैला की कथा' में यही दिखाने की कोशिश की है कि स्वयं जो पंक्तिबद्ध मलाव पांडे ब्राह्मण हैं, वही शुद्ध मलाव नहीं हैं। शुद्ध ब्राह्मण नहीं हैं। बहुत बड़ा कलेजा चाहिए इस बात के लिए कि स्वयं अपने खून के बारे में वह कहें कि रक्त की शुद्धता हमारे खानदान में नहीं है। इतिहासकार एस. गोपाल ने अपने पिता डॉ. राधाकृष्णन की जीवनी लिखी है। पढ़ा होगा आपने। गोपाल को हक मिलता है कि वह अयोध्या के बारे में राम के बारे में लिख सकें। उन्होंने पिता राधाकृष्णन के बारे में इस तथ्य का प्रमाण देकर उद्‌घाटन किया कि वे अपने पिता की सन्तान नहीं थे, जारज सन्तान थे। हिम्मत की बात है कि इस भारतभूमि में एक ब्राह्मण प्रोफेसर, भारत के राष्ट्रपति डॉ. राधाकृष्णन्, जिन्होंने सारा जीवन भारतीय दर्शन, हिन्दुत्व और ब्राह्मणत्व के बारे में लिखने में लगाया, उनके बारे में तथ्योद्‌घाटन करके जाहिर किया कि वे जारज सन्तान थे। इस देश के लोगों में हिम्मत है। यह लिखना हिम्मत की बात है। यह लिखने से राधाकृष्णन् की महिमा घट नहीं जाती। कम नहीं हो जाती। अरे, इस देश में तो कहा जाता है 'वाल्मीकि-नारद घट जोनी।' अगस्त्य

जिन्होंने दक्षिण में संस्कृति का प्रचार किया था 'घट-जोनी' थे। यानी घड़े से पैदा हुई सन्तान। यह सन्तान कैसी होती है हम-आप बहुत अच्छी तरह से जानते हैं। आज भी घड़े से सन्तानें पैदा होती हैं। शिशु को घड़े में डालकर बहा दिया जाता है। पर इससे अगस्त्य की महिमा घटी नहीं। लेकिन यह हिम्मत, यह साहस इसलिए है कि सत्यनिष्ठा है। सत्य कथन भले ही हमारे विरुद्ध जाए, लेकिन हम सच ही बोलेंगे। झूठ नहीं बोलेंगे। राहुलजी की यह सत्यनिष्ठा थी जिसने कनैला गाँव की कथा लिखते हुए सच बताया।

कनैला ग्राम की कथा लिखते हुए राहुलजी ने एक और घटना का उल्लेख किया है। बुद्ध में राहुल की आस्था अन्त तक अडिग रही। आरम्भ में कनिष्क के काल का वर्णन करते हुए, कहानी देते हुए उन्होंने बताया कि पहले कनैला गाँव में बौद्धधर्म का प्रचार हुआ था और लोग किस प्रकार बौद्ध हुए होंगे। उसके साथ ही राहुलजी लिखते हैं कि पाशुपत मत का प्रभाव आगे चलकर बहुत बढ़ा। ऐसी मूर्तियाँ मिलती हैं कनैला में और उनको दिखाकर राहुल ने कहा कि विचित्र बात दिखाई पड़ती है कि जहाँ बौद्ध प्रतिमाएँ हैं वहीं उन प्रतिमाओं के साथ हर-गौरी की प्रतिमाएँ हैं और उन देवी-देवताओं की मूर्तियाँ भी साथ मिलती हैं, जो अबौद्ध हैं। जो ब्राह्मण धर्म वाली मूर्तियाँ हैं तथाकथित, वे भी मिलती हैं। यहाँ तक कि कुछ जैन मूर्तियाँ भी मिलती हैं। राहुल ने यह लिखते हुए चुपके से बताना चाहा कि इस देश में धार्मिक स्तर पर, बड़े-बड़े धर्म और सम्प्रदायों के स्तर पर चाहे जो विवाद और मतवाद रहा हो लेकिन इस देश की एक ऐसी परम्परा रही है जिस परम्परा में लोक-जीवन में एक लोक-धर्म था। उस लोक-धर्म में बुध-जिन-हर-गौरी सबका सह-अस्तित्व था। जनता ने सबको सर-आँखों पर, देश की महान विभूतियों के रूप में स्वीकार किया था। उसमें कोई विवाद नहीं था। यह इसलिए था कि लोक-जीवन में एक मिली-जुली सहज संस्कृति का सहज विकास हो चला था। इस लोक-संस्कृति के सम्मिलित रूप को बड़े-बड़े पंडित, ऊपर के लोग, तोड़ने की कोशिश करते थे।

राहुलजी ने एक अन्य घटना का उल्लेख किया है जिसका जिक्र मैं आपके सामने करना चाहूँगा। उन्होंने लिखा है कि महाश्रेष्ठि ने तय किया था कि तथागत की जैसी मूर्ति मथुरा में बनी हुई है, लाल पत्थर की, वैसी ही एक मूर्ति बनवाएँगे। लेकिन श्रेष्ठि को माँ के प्रति बहुत अनुरक्ति थी अतः एक स्त्री ने सुझाव दिया कि उसके साथ दान देती हुई माँ की भी मूर्ति होनी चाहिए। जिस स्त्री ने यह कहा था उसका नाम था 'काली'। वह इस घर की दासी थी। स्थितियाँ कुछ ऐसी थीं कि उसने अपना दूध स्वामिनी के बेटे को पिलाया था और अपने बेटे की उपेक्षा की थी और दूध के अभाव में वह मर गया था। बेटा अन्त तक दासी को ही माँ समझता रहा और अन्त तक उसको आदर देता रहा। दासी ने कहा कि मूर्ति मेरे पैसे से बनेगी। यह प्रतिमा मैंने

जो अब तक कमाई की है दासी रहकर, वह पूँजी लगाकर बनेगी। अन्त में जब मूर्ति बनी तो दान देती माँ की प्रतिमा बुद्ध के चरण के पास बनाई गई। लेकिन साथ ही श्रेष्ठि ने मूर्ति के पीछे चुपके से दासी की भी प्रतिमा बनवा दी। कहानी छोटी-सी है। लेकिन इसके माध्यम से राहुल ने चुपके से कहना चाहा है कि अनेक कलाकृतियों के पीछे योगदान केवल ऊँची जाति और ऊँचे वर्ण के लोगों का ही नहीं रहा है। यह अजन्ता-एलोरा और कौन-कौन बड़ी-बड़ी चीजें जो दिखाई पड़ती हैं, हम समझते हैं कि बड़ी जाति के लोगों ने, ऊँची जाति के लोगों ने, बड़े पैसे वालों ने, या राजा-महाराजाओं ने बनवाई हैं। नहीं, राहुलजी ने यह बताना चाहा कि इस देश में जो सुन्दर है–जो कलापूर्ण है, उन सबके मूल में वस्तुतः वे हैं जिन्हें हम दास समझते हैं, दासी समझते हैं, शूद्र समझते हैं, हरिजन समझते हैं, अछूत समझते हैं। जो सबसे गरीब और निरीह रहे हैं, उन्होंने जड़ों को सींचकर इस संस्कृति का निर्माण किया है। राहुलजी ने इसलिए बड़े-बड़े सिद्धान्तों को बघारने के बजाय, इतिहास की इन कहानियों द्वारा सच्चाई जाहिर की है। इसी सच्चाई को अब हम लोग अपने साम्प्रदायिक आग्रहों अथवा राजनीतिक स्वार्थों के कारण विरूपित करते हैं; इतिहास को तोड़ते-मरोड़ते हैं, अपनी संस्कृति को तोड़ते-मरोड़ते हैं और दूसरी बहुत सारी अनावश्यक चीजों को जोड़कर हम अपना स्वार्थ निकालने की कोशिश करते हैं।

'कनैला की कथा' में एक और कहानी है–'सैयद बाबा'। पीर की मजार पर पूजा करने वाले हिन्दू-मुसलमानों में कोई भेद न मानने वाले सैयद बाबा। इस कहानी में राहुलजी की अन्तर्दृष्टि है, जिसे देखें। सैयद अकरम नाम के एक सज्जन थे, जो कनैला कभी आए थे जैसे कि तुर्क आए थे। काफी कत्लेआम किया, उन्होंने धर्म-परिवर्तन किया; काफी कहर ढाया उन्होंने। फिर कुछ दिनों बाद मर गए होंगे और उनकी एक कब्र बनी। कब्र बनी, यह कहानी लोग भूल गए। हम-आप बहुत जानते हैं कि कैसे हम कल के अत्याचारी को भूल जाते हैं। फिर सौ-पचास साल पहले के अत्याचारी को क्यों न भूल जाएँगे। भूल गए लोग कि कौन थे सैयद? अब आजकल उनको सैयद बाबा कहते हैं। अब सैयद बाबा के मजार पर हिन्दू-मुसलमान घी-मलीदा चढ़ाने जाने लगे। मुसलमान, चुड़िहार, बुनकर, जुलाहे सभी जाते थे। गरीब औरतें जाने लगीं। फिर बड़े घर की औरतें भी जाने लगीं। खूब घी-मलीदा चढ़ने लगा। राहुलजी ने कहानी का पता लगाया तो मालूम हुआ कि लोग तो उन्हें, सैयद बाबा को, भूल ही गए थे। एक थे राजेन्द्र पांडे जिन्होंने सैयद बाबा के मान को बीसवीं सदी में बढ़ाया। पांडे ने क्यों बढ़ाया? क्योंकि पांडेजी ओझा थे। दरअसल इसके साथ एक घटना और जुड़ी थी, ब्राह्मण दम्पति के आत्महत्या की। सैयद बाबा ही के खानदान के लोग थे, जिन्होंने एक नियम बना रखा था कि गौने जाने से पहले उस इलाके की हर औरत, सैयद साहब के किले में जाएगी। एक ब्राह्मण अपनी पत्नी

को लिवाए ले जा रहा था। बाहर का आदमी था, यहाँ के नियम को नहीं जानता था। छेंक ली गई उसकी औरत। और तब उसने मोहलत माँगी। कहा कि, ''बेचारी घबड़ा जाएगी। ठीक है, मैं उसे कह देता हूँ।'' तमाम सिपाही घेरे हुए थे। बच नहीं सकती थी। वह युवक गया और जाकर उसने कहा कि यह बात है। मैं तो बरदाश्त नहीं कर सकता। आत्महत्या कर लेता हूँ। तुमको जाना हो तो जाओ। पत्नी ने कहा कि इसके पहले मुझे मार दो। डोली में छिपे हुए, कपड़ों के अन्दर पहले युवक ने पत्नी की हत्या की और फिर आत्महत्या कर ली। लोगों ने देखा कि खून है। हमारे यहाँ एक ब्राह्मण मरता है तो ब्रह्मराक्षस होता है और ब्राह्मणी मरी थी तो ब्रह्मराक्षसी हुई। इन दोनों की वेदियाँ भी वहाँ पर बनी हुई थीं। वर्षों बाद राजेन्द्र पांडेजी को लाभ की आशा हुई। वैसे उन्हें सैयद बाबा से कोई लेना-देना नहीं। लेकिन इस अन्धविश्वास के चलते उनकी आमदनी बढ़ने वाली थी। इसलिए, पंडित होते हुए भी उन्होंने चाहा कि सैयद बाबा का चढ़ावा चलता रहे और साथ ही वह ब्रह्मराक्षस, वह भी उसके साथ चलें। दोनों को मिलाकर एक मृत-आत्मा के नाम पर पूजा के प्रचार का सिलसिला चला। राहुलजी ने दिखाने की कोशिश की है कि बहुत सारी श्रद्धा जो मूर्ति-पूजा, पीर-पूजा या किसी डीह-बाबा की पूजा या सत्ती-मइया के चौरे के नाम पर की जाती है, इसका इस्तेमाल एक विशेष उद्देश्य के लिए किया जाता है। राम स्वयं में महत्वपूर्ण नहीं हैं। कृष्ण स्वयं में महत्वपूर्ण हैं। उन्होंने बड़े काम किए हैं जिसके कारण लोकमानस में उनके प्रति श्रद्धा का भाव है। उस श्रद्धा का विशेष परिस्थिति, विशेष प्रयोजन और विशेष समय में कुछ शक्तियाँ इस्तेमाल करती हैं। कहाँ सैयद, जो जालिम था वह सैयद बाबा हो गए, पीर हो गए, और उसके प्रचार-प्रसार का श्रेय पंडित राजेन्द्र पांडे को मिला, जिसका धर्म से कोई लेना-देना नहीं था। श्रद्धा का इस्तेमाल करने वाली शक्तियाँ यह करती हैं। मित्रो, कल उन्हें राम नहीं कोई सैयद बाबा मिल जाएँगे और उपयोगी लगे तो ये शक्तियाँ उसका भी उपयोग करेंगी। राहुलजी ने यह सब दिखाना चाहा। यह समझ थी राहुल की अपने इतिहास की, अपनी परम्परा की।

राहुलजी का कहना था कि हर गाँव अपनी ही परम्परा देखे। कई लोग कहते हैं कि यह सारी लीला शहरों की है, गाँवों की नहीं। गाँवों में क्यों नहीं? यह भ्रम फैला हुआ है। हमारे-आपके लिए जो चीजें किताबों में बन्द हैं, गाँव वालों के लिए वह कहानी पीढ़ी-दर-पीढ़ी चलती है। हर गाँव का आदमी ज़्यादा नहीं तो सौ-दो सौ साल का इतिहास अपने बड़े-बूढ़े से सुनकर जानता ही है। चाहे वह जाति का भर हो, हरिजन हो, महार हो या जुलाहा हो। साथ-साथ रहते हुए हरेक के जीवन के सौ-दो सौ साल की जीवित कहानी हर आदमी जानता है। दुख-सुख जानता है। कट्टरता-धार्मिकता जानता है। वह सिर्फ यही नहीं जानता कि वह मुसलमान है बल्कि

मेरे सारे तप, श्रम, संयम, साधन का फल निकट हुआ।
उस नैसर्गिक दिव्यदूत ने ली वह मेरी जीभ निकाल
एक साँप की दुहरी-तीखी जिह्वा उसने दी बस डाल;
फिर उसने तलवार उठाकर मेरा सीना चाक किया
औ' मन्दस्पन्दित मेरा दिल दूर काटकर फेंक दिया;
हुई इस तरह से जो खाली मेरी छाती की कारा
बन्द कर दिया उसमें उसने एक दहकता अंगारा।

और कहा–

कहीं रुको मत, और जहाँ भी मानव का अन्तर पाओ
मेरे सन्देशों की ज्वाला उसके अन्दर धधकाओ!

यह दिव्य देवदूत जो जीभ काटकर मुँह में साँप की दुहरी जीभ रख देता है और तलवार से सीना चीरकर उसकी जगह एक दहकता हुआ अंगारा रख देता है और फिर कहता है कि जहाँ भी मनुष्य का हृदय पाओ, उसके अन्दर इस अंगारे को दहकाते जाओ, यही मेरा संदेश है। मुझे लगता है कि राहुलजी ने बीसवीं शताब्दी में इस देश में यही काम किया था। सवाल उठता है कि वह दिव्यदूत कौन था जिसने राहुल के हृदय को चीरकर उसमें दहकता अंगारा रख दिया था? वह दिव्यदूत राहुलजी के ही शब्दों में (उनकी आत्मकथा 'मेरी जीवन-यात्रा, भाग-1' में वर्णित) सिद्धार्थ गौतम बुद्ध थे। जब वे पहली बार श्रीलंका गए तो उस समय का वर्णन करते हुए राहुलजी ने लिखा है कि प्रव्रज्य लेने से पहले राख में छिपे अंगारों की तरह बीच-बीच में आते बुद्ध के चमत्कारिक वाक्य मेरे मन को बलात् अपनी ओर खींचते थे। जब मैंने कालामो को दिए बुद्ध के उपदेश : 'किसी ग्रन्थ, परम्परा, बुजुर्ग का खयाल कर उसे मत मानो, हमेशा खुद निश्चय करके उस पर आरूढ़ हो' को सुना, तो हठात् दिल ने कहा–यहाँ है एक आदमी जिसका सत्य पर अटल विश्वास है, जो मनुष्य की स्वतन्त्र बुद्धि के महत्व को समझता है। जब मैंने 'मज्झिम निकाय' में पढ़ा, 'बेड़े की भाँति मैंने तुम्हें धर्म का उपदेश दिया है, वह पार उतरने के लिए है, सिर पर ढोए-ढोए फिरने के लिए नहीं, तो मालूम हुआ कि जिस चीज को मैं इतने दिनों से ढूँढ़ता फिर रहा था, वह मिल गई।'

इस प्रकार क्रान्तिकारी परिवर्तन का संदेश देने वाले राहुलजी के पहले दिव्यदूत सिद्धार्थ गौतम बुद्ध थे। यहीं से राहुल मार्क्सवाद तक पहुँचे। मार्क्स के विचारों तक पहुँचे, कम्युनिस्ट हुए और जीवनपर्यन्त कम्युनिस्ट रहे। कम्युनिस्ट की तरह जिए, कम्युनिस्ट की तरह मरे। इस सन्दर्भ में मुझे बार-बार लगता है कि राहुलजी को बुद्ध से जो अंगार मिला था, उसने उनको जिन्दगी भर बेचैन रखा और इस बेचैनी, चरैवेति-चरैवेति ने राहुलजी को आजीवन एक यात्री ही नहीं, बल्कि महायात्री बनाए

रखा। यात्री के रूप में वे केवल धरती के टुकड़े, चप्पे और देश में ही नहीं दौड़ते रहे, बल्कि विचारों के क्षेत्र में भी वे आजीवन यात्री रहे। उन्हें कोई मंजिल ऐसी नहीं मिली, जिस पर वे टिकें और रुक सकें, बल्कि बराबर एक मंजिल को छोड़ते हुए दूसरी मंजिल की ओर दूसरी मंजिल से तीसरी मंजिल की ओर वे बढ़ते गए। इसलिए साधारण जनों के लिए राहुल के विचारों या उनकी किताबों से ज़्यादा महत्वपूर्ण है–राहुल का जीवन, जीवन-यात्रा, जीवन-संघर्ष।

एक पिछड़े हुए इलाके के पिछड़े ग्रामीण ब्राह्मण कुल में पैदा होकर उसकी सारी पुरानी परम्पराओं के बीच रहते हुए वह क्या बेचैनी थी, जो राहुल को उस सनातन धर्म से आर्यसमाज की ओर ले गई? उनकी जीवन-यात्रा उस द्वन्द्व और संघर्ष की कहानी है, जहाँ सनातनी संस्कारों से मुक्त होकर वे आर्यसमाज की ओर जाते हैं। आर्यसमाज के आन्दोलन में, वह एक लम्बा दौर था, जिसमें वे भूत की तरह लगे रहे, सिर्फ किताब ही नहीं पढ़ते रहे। फिर वह क्षण भी आया, जब आर्यसमाज उन्हें बाँध नहीं सका। वे उससे तृप्त नहीं हो सके। उससे आगे निकलकर वे स्वाधीनता आन्दोलन में कूद पड़े। जमींदारों के खिलाफ संघर्ष में उन्होंने किसानों का साथ दिया, कम्युनिस्ट पार्टी की स्थापना में योगदान दिया और फिर उसके बीच तमाम पुराने संस्कारों के साथ यात्रा की। इन्हीं जीवन-यात्राओं में उन्हें जो मूल्यवान मिला, उसे संचित किया। परिणामस्वरूप वे आर्यसमाजी बने, आर्यसमाज से बौद्ध और बौद्ध से कम्युनिस्ट हुए। इसलिए राहुलजी ने जो कुछ लिखा, वह प्रेरणाप्रद बन गया। किन्तु उस लेखन के पीछे स्वयं उनकी जीवन-यात्रा का जो संघर्ष है, यदि वह हमारे ध्यान में नहीं है तो उन ग्रन्थों का अर्थ नहीं खुलेगा। वह सन्दर्भ है उन शब्दों के लिए। इसलिए राहुलजी की यह जीवन-यात्रा कहीं अधिक प्रेरणादायी प्रतीत होती है और इस जीवन-यात्रा में जो विचित्र विरोधाभास दिखाई पड़ता है, वह यह कि कायदे से देखें तो उन्होंने गौतम बुद्ध से चिनगारी ही नहीं ली थी, एक और चीज ली थी। सिद्धार्थ ने घर छोड़ा था एक बड़े सत्य की प्राप्ति के लिए, और राहुल को भी घर छोड़ना पड़ा। तुलसीदास ने लिखा है :

घर कीन्हें घर जात है, घर छोड़े घर जात
तुलसी घर बन बीच ही रामप्रेम पुर छात।

यहाँ घर का जो श्लेष है, उसे विद्वानों को समझाने की जरूरत नहीं। लेकिन उसी जीवन-यात्रा को कायदे से देखा जाए, तो राहुलजी बहुत बड़े भगोड़े थे। घर से भागे थे और ऐसा ही आदमी समझ सकता था, इसीलिए उसने कहा–भागो नहीं, (दुनिया को) बदलो। क्यों भागे थे? कहाँ से भागे थे? किसलिए भागे थे? और भाग करके कहाँ गए? क्या किया उन्होंने? ये चीजें एक-दूसरे से जुड़ी हुई हैं। राहुलजी की जीवन-यात्रा का एक प्रकरण इस सन्दर्भ में महत्वपूर्ण है। राहुलजी ने घर से भागने,

उसे छोड़ने के सिलसिले में लिखा है। 1904 की गरमियों में जब राहुलजी की उम्र 11 वर्ष की थी, अचानक काफी बहसा-बहसी के बाद तिलक हुआ, शादी हुई। राहुलजी ने लिखा है, "उस वक्त 11 वर्ष की अवस्था में मेरे लिए यह तमाशा था।" और फिर उसके बाद पहली उड़ान उन्होंने भरी। उन्होंने जीवन-यात्रा में लिखा है कि 16 वर्ष की उम्र (1909) में पहली बार घर छोड़ा। लिखते हैं, "जब मैं सारे जीवन पर विचारता हूँ, तो मालूम होता है, समाज के प्रति विद्रोह का प्रथम अंकुर पैदा करने में इसने ही पहला काम किया।...1909 के बाद से तो मैं गृहत्याग का बाकायदा अभ्यास करने लगा।...1909 के बाद घर शायद ही कभी जाता था, 1913 के बाद तो वह भी खत्म-सा हो गया और 1917 की प्रतिज्ञा के बाद तो आजमगढ़ जिले की भूमि पर पैर तक नहीं रखा।" यह स्थिति लगभग 1943 तक थी। बार-बार घर छोड़कर कभी कलकत्ता गए, कभी हरिद्वार गए, लगातार घर से जो भागते रहे और इस भागने की प्रक्रिया में वह क्षण जब उन्होंने व्रत लिया, "ये कहना ही काफी नहीं है कि घर नहीं जाऊँगा। जिस आजमगढ़ जिले में घर है उसकी सीमा पार करने में भी खतरे हैं।" आप जानते हैं कि घर से लोग भागकर जाते हैं और खींच लिये जाते हैं। वह मार्मिक प्रसंग राहुलजी ने लिखा है। पिता के साथ अन्तिम घटना। आर्यसमाज के प्रचारक के नाते उस समय मिर्जापुर के पास अहिरौरा नाम की जगह में थे और वहाँ से आर्यसमाज के प्रचार-कार्य के लिए कहीं अन्यत्र जाने वाले थे। पिता पता लगाते हुए पहुँचे और जैसे ही पिता आए तो वे देख करके उसी समय वहाँ से भागे। स्टेशन पर देखा कि लगभग 9-10 मील तक गोवर्धन पंडित दौड़ते हुए स्टेशन पहुँचे और स्टेशन पर पहुँच करके जोर-जोर से विलाप करने लगे, क्यों मुझे मारने पर तुले हुए हो। स्वयं राहुलजी के शब्दों में उस घटना का एक चित्र आपके सामने, देना चाहता हूँ : "जिसका डर था, आखिर वही बात हुई। अभी टिकट बँटने न पाया था कि पिताजी प्लेटफॉर्म पर पहुँच गए। वह हाँफ रहे थे। उन्होंने 9-10 मील की यात्रा बिना साँस लिये दौड़ते या तेजी से चलते तय की थी, नहीं तो इतनी जल्दी कैसे पहुँच सकते थे?...वह मुझे देखते ही फूट-फूटकर रोने तथा उलाहना देने लगे। प्लेटफॉर्म पर लोग जमा हो गए। वह चिल्ला रहे थे—क्यों मुझे मार रहे हो? मुझे भी अपने साथ ले चलो आदि। उनकी बातों में पिछले साल की अर्धविक्षिप्तता का भी हल्का-सा असर था, नहीं तो रोने और चिल्लाने में अपनी स्वाभाविक गम्भीरता का परित्याग कर वह उतने अधीर और कातर न बनते। मैंने एक बार हिम्मत बाँधकर कहा—आखिर, कब तक आप मुझे इस प्रकार बाँधकर रखेंगे...। मैंने महेशपुरा की ओर की यात्रा स्थगित की और दो टिकट लेकर बनारस की ओर रवाना हुआ। ट्रेन में और उससे भी ज़्यादा बनारस स्टेशन पर मैंने ठंडे दिल से उन्हें समझाना शुरू किया—मैं आपके भावों को, आपकी बेकरारी को समझता हूँ; किन्तु साथ ही मेरा जीवन भी किसी भविष्य की लालसा रखता है,

जिसकी अस्फुट झाँकी मुझे मिल रही है, उसके कारण जबरदस्त से जबरदस्त खतरे, मृत्यु के साक्षात् दर्शन तक भी अब मुझको अपने पथ से विचलित नहीं कर सकते। मैं कनैला के अयोग्य हूँ, मैं आपके काम का नहीं रहा। यदि ऐसा ही करना था, तो मुझे गाय-भैंस की चरवाही में लगा दिए होते, मेरी दुनिया कनैला की सीमा से परिसीमित हो जाती। अब जोर देने का भयंकर परिणाम होगा, आपको मेरे जीवन से हाथ धोना होगा। मैंने इन बातों को धीरे-धीरे उन्हें बोलने का मौका देते हुए कहा। इसका उनके दिल पर असर हुआ। अन्तिम उत्तर जिस तरह उनके मुख से यकायक निकला, उसकी मुझे आशा नहीं हो सकती थी। उन्होंने कहा–अब मैं तुम्हारे रास्ते में बाधक नहीं होऊँगा, किन्तु साथ ही मैं भी कनैला न जाकर यहीं बनारस ही में अपने जीवन को बिता दूँगा। अपने वचन के पूर्वार्द्ध का उन्होंने ठीक से पालन किया। यही उनका अन्तिम दर्शन था। मैंने प्रतिज्ञा की–अब से पचास वर्ष की उम्र खत्म होने तक फिर आजमगढ़ जिले की सीमा के भीतर भी कदम न रखूँगा।''

इस भागने वाले आदमी के द्वारा यह संकल्प व दृढ़ता का व्रत लेना कि किसी बड़े उद्देश्य के लिए उसका जन्म हुआ है और उस बड़े उद्देश्य, जिसको सही-सही भाषा तब मिली, जब उन्हें लगा कि मुझे अपने को नहीं, दुनिया को बदलना है। जो है ज्यों का त्यों, वह नहीं रहेगा। उसे वे स्वीकार नहीं कर सकते थे, चाहे वह घर हो, परिवार हो या पुरानी परम्परा। इसलिए विवाह की घटना उनके लिए एक निजी वैयक्तिक घटना नहीं थी। अकसर जीवन का बड़ा सत्य जीवन की किसी बहुत छोटी-सी घटना में मिला करता है। राहुलजी को यह सत्य नितान्त पारिवारिक वैयक्तिक घटना से मिला और उस घटना के बाद उन्हें चैन नहीं। फिर वे बराबर उस रास्ते, उस दर्शन या विचार की तलाश करते रहे, जिसके द्वारा एक ऐसा समाज बनाया जा सके, जिसमें कोई अनाचार न हो और इससे जुड़ी हुई इस जटिल देश की वे सभी सामाजिक, आर्थिक, राजनीतिक समस्याएँ एक-एक कर उनके सामने आती गईं। उन्होंने अपने उस संकल्प को जीवन में कार्यान्वित करना चाहा। इस सिलसिले में अनेक प्रकार की आलोचनाएँ राहुलजी के बारे में की जाती हैं। उन्नीसवीं शताब्दी के नवजागरण में अनेक भारतीय भाषाओं में मनीषी हुए, जिन्होंने अपनी परम्परा का पुनर्मूल्यांकन किया, समीक्षा की। उनमें शायद सबसे बड़ी ताकत उन लोगों की आवाज की थी, जो 'क्रिटिकल इनसाइडर' थे। परम्परा में जिनकी जड़ें गहरी थीं, वही समर्थ थे विद्रोह करने के लिए। बल्कि सही मायने में वही अधिकारी थे। आजकल परम्परा बनाम आधुनिकता पर बहुत सारी बहस होती है और ज़्यादातर वे आधुनिकतावादी होते हैं, जिनका परम्परा से ठीक-ठीक परिचय तक नहीं है, फिर भी सबसे ज़्यादा परम्परा के विरुद्ध मुखर वे ही दिखाई पड़ते हैं। किन्तु हमारी एक परम्परा रही है जिसमें राहुलजी आते हैं।

राहुलजी उन लोगों में थे जिनकी जड़ें परम्परा में गहरी थीं, इसलिए उनके लिए सम्भव हो सका, जिसे हम विद्रोह कहते हैं। वह उस परम्परा के भीतर से पैदा हुआ। विद्रोह और विरोध के द्वारा ही उन्होंने परम्परा का पुनर्गठन किया, पूरे सम्मान के साथ, आदर के साथ, श्रद्धा के साथ। यही वजह है कि राहुल की वाणी में शक्ति थी। उन दिनों जब वे श्रीलंका में थे, उनके मन में ईश्वर को लेकर बहुत गहरा द्वन्द्व था और उन्हें लगा कि बुद्ध और ईश्वर इस सीने में एक साथ नहीं रह सकते, इनमें से एक को जाना होगा। बुद्ध ईश्वर को नहीं मानते थे। यह सामान्य निर्णय नहीं था। आधुनिक हिन्दी कविता में नीत्से की सुनी-सुनाई बातों के आधार पर बहुत से लोग इसकी चर्चा करते हैं कि ईश्वर मर गया। जिसने ईश्वर का जीना नहीं जाना, वह ईश्वर के मरने की पीड़ा भी नहीं समझ सकता। उसी तरह जिसने परम्परा को नहीं जाना, वह परम्परा के विरुद्ध एक खोखली आवाज उठाता है, तो उसका कोई अर्थ नहीं। इसलिए राहुलजी का विद्रोह उस परम्परा के भीतर से था और वे स्वतन्त्र बुद्धि प्राप्त करने की कोशिश कर रहे थे। उस स्वतन्त्र बुद्धि को प्राप्त करने में राहुल ने निर्ममता के साथ अपना मूर्तिभंजन भी किया है। 'मेरी जीवन-यात्रा' में एक प्रसंग है, जहाँ उन्होंने लिखा है, ''जीवन-यात्रा के कुछ ऐसे प्रसंग हैं, जो अपने स्नेही मित्रों के कारण मुझे छोड़ देना पड़ा, क्योंकि यदि उनका जिक्र करूँगा तो सम्भव है कि मेरी जो छवि बनी हुई है लोकमानस में, वह छवि धूमिल हो या खंडित हो।'' राहुलजी ने एक तरह से अपने भागने का रहस्य बताते हुए, जो जरूरी नहीं कि आज भी सबके लिए मान्य हो, लेकिन उस प्रसंग में एक विचित्र बात लिखी, ''जब कभी मैं अपने अतीत के जीवन पर नजर डालता हूँ तो एक बात साफ मालूम होती है–मेरी जीवन की सफलताएँ निर्भर थीं मेरे विवाह-बन्धन मुक्त, स्त्री-मोह से स्वतन्त्र रहने पर। जब तक उड़ान की चाह है, जब तक अपने आदर्श के सहायक साधनों को आदमी जमा नहीं कर सका है, तब तक उसका दोपाया रहना बहुत जरूरी चीज है। इस तत्व को मैं जरूर समझ गया था, किन्तु सिर्फ इतने के बल पर दोपाया रहने में सफल न होता। सबसे ज़्यादा जिस बात ने मुझे मुक्त रहने में मदद दी, वह थी लज्जा और संकोच। यदि लोगों की दृष्टि में गिरने का मुझे डर न होता, यदि स्त्रियों के सामने बोलने-चालने में–विशेषकर प्रेमालाप की दिशा में ले जाने वाले वार्तालाप में–संकोच न होता, तो सिर्फ आदर्श के लिए द्विपाद रहने की अनिवार्यता, या सिर्फ ज्ञान से मैं बच न सकता।''

इस आत्मस्वीकृति के बाद वह वाक्य है, वह कथन है, जिसकी तरफ मैं आपका ध्यान आकृष्ट करना चाहता हूँ, ''इस जीवनी में जीवन के अंश पर मैं और लिखता क्योंकि व्यक्ति-पूजा को तोड़ने के लिए मेरा दिल बाजवक्त वैसे ही चुलबुला उठता है, जैसे हाथ में पत्थर लिए छोटे लड़के को मिट्टी के बर्तनों को देखकर खन्-खन् चर-चर

करके टूटते बर्तन अच्छे मालूम होते हैं। समाज के ढोंग मुझे क्रोधान्ध बना देते हैं। मेरा विश्वास है या तो ढोंग ही रहेंगे या समाज का अस्तित्व ही। इसीलिए समाज के ढोंगों के साथ-साथ अपने व्यक्तित्व को भी चूर-चूर करने में मुझे प्रसन्नता होती। इसके लिए कितने ही लोग मेरे साथ अन्याय भी करते, किन्तु भविष्य के कद्रदानों के सामने यह नगण्य से होते तो भी इस विषय में कलम रोकने में मुझे अपने मित्रों और स्नेहियों के आग्रह का भी पालन करना पड़ता था।''

प्रायः जो समाज को बदलने चलते हैं, सुधारने चलते हैं, वे कभी न कभी, कहीं न कहीं, किसी न किसी प्रकार के छद्म ही सही, ढोंग और पाखंड के शिकार होते हैं। राहुल के मन में स्पष्ट था ये जो पारदर्शिता है उनके व्यक्तित्व में, जो जीवन-यात्रा पढ़ते हुई लगती है, वह विचारों की है। जब जो बात लगी और असंगत दिखाई पड़ी, उसे उन्होंने छोड़ा और बुद्ध के उस वचन को बराबर ध्यान में रखा कि धर्म को हमने बेड़े के समान स्वीकार किया है, सिर पर ढोए-ढोए फिरने के लिए नहीं, पार उतरने के लिए। मुख्य चीज है पार उतरना, ढोए-ढोए फिरना नहीं। इसलिए अनेक स्थलों पर राहुलजी जिस मान्यता को, जिस विचारधारा को मानते रहे निर्मम होकर उसे छोड़ने में तनिक भी कोताही नहीं की। राहुलजी ने घर छोड़ा और अन्त में घर बसाया भी। गृहस्थ भी हुए। इसकी भी आलोचनाएँ की गई हैं। लेकिन मैंने कहा कि इस लोकापवाद की परवाह किए बिना, वह निर्भीकता जो उन्हें बुद्ध से मिली थी, जिसे जीवन में उन्होंने उतारने की कोशिश की–शायद ये विरोध, विद्रोह, ये तल्खी, ऐसे लोगों के लिए ही उस 'दुर्मुख' कहानी में कहा गया है।

अपनी आलोचनाओं में प्राचीन रूढ़ियों को, राहुलजी ही कह सकते थे, 'तुम्हारी क्षय हो।' इतना ही नहीं, उन्होंने क्षय की पूरी सूची गिनाई, जिसमें धर्म मुख्य है और इस धर्मप्राण देश में राहुलजी जिस धर्म की आलोचना किया करते थे, उसे समझने की जरूरत है। राहुलजी ने स्पष्ट कहा है–जिस धर्म से आदमी का हृदय ऊपर नहीं उठता, जिस धर्म में आदमी का स्थान उसकी थैली या डंडे के अनुसार होता है, मैं उसे मनुष्य के लिए भारी कलंक समझता हूँ। इसलिए वे धर्म-विरोध में अन्धे नहीं थे। धर्म की वह धारणा एक और धारणा है, जहाँ हृदय ऊपर उठता है। बौद्ध धर्म में उन्हें यह मिला था। स्वयं अपनी धार्मिक परम्पराओं को, जहाँ भी उन्हें ऐसा मिला, सिर से उन्होंने लगाया। लेकिन धर्म जहाँ थैली और डंडे के जोर पर चलता हो, बल्कि धर्म का स्थान या मनुष्य का हृदय जहाँ थैली और डंडे के नीचे आ पड़ता हो, राहुल उसे भारी कलंक मानते थे और विरोध करते थे। इसलिए उन्होंने विरोध किया।

राहुलजी बार-बार कहा करते थे, ''भागो नहीं, (दुनिया को) बदलो।'' लेकिन बदलने का क्या मतलब है? परिवर्तन का क्या अर्थ है? क्या यह सिर्फ बदलने के लिए बदलना है? जैसे कुछ लोगों के लिए कला के लिए कला होती है, साहित्य के लिए

साहित्य होता है, उसी तरह परिवर्तन के लिए परिवर्तन। राहुलजी ने इस परिवर्तन के बारे में स्पष्ट लिखा है और इसीलिए वे उन पुनरुत्थानवादियों से अलग हैं, जो आज भी परिवर्तन के रूप में एक पुनरुत्थान पेश करते हैं, चाहे वह रामराज्य के रूप में पेश करते हों। राहुलजी ने लिखा है, ''हमें परिवर्तन चाहिए किन्तु आगे बढ़ने के लिए, पीछे लौटने के लिए नहीं। मैं समझता हूँ अतीत मुर्दा है।'' इतनी दृढ़ता से यह कहना महत्वपूर्ण है। परिवर्तन का अर्थ, जिसे मुक्तिबोध कहा करते थे कि 'जो है उससे बेहतर चाहिए इस दुनिया को, सारी दुनिया को साफ करने के लिए एक मेहतर चाहिए।' और वह बेहतर आगे बढ़ने पर मिलेगा। पीछे लौटने पर नहीं। इतिहास के गर्द, गुबार और धूल में लौटने से नहीं। इसलिए मनुष्य सभ्यता को जो कुछ लोग, लगभग इतिहास विरोधी दर्शनों के कारण, आजकल की परिकल्पना के आधार पर पुरानी मान लेते हैं। प्रगति के विरुद्ध इतिहास-विरोधी अनेक मान्यताएँ और विचार लिखे जा रहे हैं। मनुष्यता का इतिहास प्रगति का इतिहास है। एक इंच आगे बढ़ने का इतिहास है, पीछे लौटने का इतिहास नहीं है। राहुलजी की यही अटूट आस्था थी। अब इसे आज कोई विकासवाद कहकर पुराना समझते हुए खंडन करना चाहे या उन्नीसवीं सदी का दर्शन कहे या फिर कोई प्रगति के सिद्धान्त को पुराना समझकर राहुलजी के बारे में लिखे कि उनकी यह आस्था थी...। मनुष्य तमाम बाधा-विघ्नों को पार करता हुआ आगे बढ़ता है। सम्भव है कभी उसकी प्रगति अवरुद्ध भी हो, सम्भव है कभी उसे पीछे भी हटना पड़ेगा। कभी-कभी एक कदम आगे बढ़ने के लिए दो कदम पीछे भी हटना पड़ता है। इतिहास में मनुष्य ने ऐसे दिन भी देखे हैं। बावजूद इसके राहुलजी का विश्वास था कि परिवर्तन का अर्थ आगे जाना है।

आगे जाने के लिए, जब वे 'जय यौधेय' और 'भागो नहीं, (दुनिया को) बदलो' लिख रहे थे, तो उस सूत्र को वे कभी भूले नहीं, जिसका उल्लेख उसी 'जीवन-यात्रा' में किया है, ''हमें इस समाज को बदलकर ऐसे समाज की स्थापना करनी है जिसका आधार न्याय और मानव भ्रातृभाव है।'' किसी दर्शन से उन्होंने कलेश या कलीश या जार्गन शब्दजाल नहीं लिया। उन्होंने कहा—सामाजिक न्याय, राजनीतिक न्याय, आर्थिक न्याय, न्याय के अनेक रूप हैं। इसलिए ध्यान दें कि राहुलजी ने इसमें कहीं भी समानता का जिक्र नहीं किया है। न्याय और समानता को लेकर आजकल अच्छी-खासी बहस हो रही है। दोनों में कौन महत्वपूर्ण व सार्थक है। समानता या न्याय। समाज में सम्भव क्या है? न्याय सम्भव है या समानता का वह आदर्श, जिसकी परिकल्पना लोग करते हैं और दोनों में क्या सम्बन्ध है? उस पर अच्छी-खासी बहस मार्क्सवादियों व गैर-मार्क्सवादियों के बीच लगी हुई है। राहुलजी ने बेहतर बनाने का जो मूल आधार रखा था, उसमें एक है न्याय और दूसरा मानव भ्रातृभाव प्रवृत्ति। ऐसी बात वही कह सकता था, जो आदमी स्वतन्त्रचेता हो। स्वतन्त्रता ही इन तमाम

चीजों की नींव है–बुनियाद है। मोटे तौर से राहुलजी फ्रांसीसी क्रान्ति का जो मूल दर्शन था, विचार था, उस भाषा में बात करते थे, लोक-सामान्य, लोक-समझ, साम्यवादी भाषा में बात करते थे। मित्रो, इन विचारों के आधार पर जिन अनुसन्धानों का जिक्र किया गया है, राहुलजी का ज्ञान विकसित हुआ था।

इस क्रम में अन्तिम दिनों की उनकी कृतियों में बहुत ही महत्वपूर्ण कृति आत्मकथात्मक हैं क्योंकि धर्मकीर्ति के ग्रन्थों का उद्धार केवल एक शोधकार्य नहीं था, बल्कि धर्मकीर्ति में उन्हें अपना प्रतिबिम्ब, अपना आदर्श दिखाई पड़ता था। इसलिए धर्मकीर्ति के ग्रन्थों का उद्धार करना था। शोध करने के लिए और भी अनेक आचार्य थे, ज्ञानी लोग थे। लेकिन धर्मकीर्ति ही क्यों? उन्होंने महान तिब्बत की यात्राएँ कीं। उन यात्राओं के क्रम में राहुलजी एक और साधक से तादात्म्य अनुभव करते थे और वे थे सहजयान के प्रवर्तक और बौद्ध परम्परा के महान बौद्ध सरहपाद। यद्यपि सरहपाद के दोहे पहले भी किसी न किसी रूप में खोजे जा चुके थे और छपे थे। महामहोपाध्याय हरप्रसाद शास्त्री ने बागची प्रकाशन से प्रकाशित किए थे। लेकिन राहुलजी ने मूल तिब्बती से उन दोहों का अनुसन्धान करके, उस बोली में, यानी पुरानी मगही में लिखे गए दोहों को हिन्दी में पहली बार विद्वानों के समक्ष 'सरह दोहा कोश' नाम से प्रस्तुत किया, जिसे बिहार राष्ट्रभाषा परिषद ने प्रकाशित किया। सरह ही क्यों? जैसे प्रश्न कि क्यों धर्मकीर्ति? उसी तरह से सरहपाद ही क्यों?

सरहपाद नालन्दा के आचार्य थे, जिनका ज्ञानियों तथा तार्किकों में बहुत ऊँचा स्थान था। लेकिन साधना के दौरान सरह ने नालन्दा का त्याग किया और जैसी किंवदन्ति है, सच है या झूठ मैं नहीं जानता, उस सवर कन्या, जो सरकंडे से चीजें बनाया करती थी, उसको उत्तरसाधिका बना करके उन्होंने अपनी सहज साधना आरम्भ की। सरह संस्कृत के प्रकांड पंडित थे। संस्कृत में काव्य रचना भी करते थे। सरह ने नालन्दा छोड़ी। सरह ने संस्कृत छोड़ी और सरह ने उस जनता की बोली में गीत लिखे, जो उस समय भी वह मर्यादा प्राप्त न कर सकी थी। उस लोकबोली में सरह ने अपनी सच्ची रचनाएँ कीं। सरह की चर्चा करने के क्रम में अन्त में राहुलजी लिखते हैं–'सरह विद्रोही थे, सरह विक्षिप्त भी हो गए थे।' उस क्रम में, उन्होंने निरालाजी को स्मरण किया है कि सरह की विक्षिप्तता वैसी ही थी, जैसे हमारे समकालीन निरालाजी की विक्षिप्तता है। विद्रोह और विक्षिप्तता किस तरह जुड़ी हुई है, समाज पर यह बड़ी भारी टिप्पणी है। जहाँ विद्रोह एक ऐसा बिन्दु ग्रहण करता है, जहाँ समाज की नजरों में वो पागल करार दिया जाता है। पागल होता नहीं। समाज अनेक तरह से बहिष्कार करता है। उपेक्षा के द्वारा करता है, कैद करके करता है, पागल करार देता है और हमारे यहाँ तो गाँव में पागल आदमी को हल से बाँध देते हैं, और भी तरह-तरह की सजाएँ हैं। विद्रोही को अनेक रूपों में कैसे कैद किया जाता

है, तिरष्कृत किया जाता है। गनीमत है कि किसी ने राहुलजी को पागल करार नहीं दिया। राहुलजी ने सरह के क्रम में कहा है कि सरह की सबसे बड़ी देन विद्रोह नहीं है, विद्रोह का जो फल है वह है, ''करुणा फुल्ली-फलधारैः जो अद्वैचित तरुवर अद्वैलित''। अद्वैचित का जो तरुवर है उस पर करुणा का फल लगता है, फूल लगता है। यह करुणा महत्वपूर्ण है। राहुलजी के समस्त साहित्य में देखें, जो आदमी न्याय और मानव भ्रातृभाव के लिए संघर्ष कर रहा है, उस मनुष्य के हृदय में अगाध करुणा थी। लेकिन दुश्मनों के लिए नहीं थी। उसके लिए घृणा थी, क्रोध था। वह करुणा थी—साधारणजनों के लिए, उनके उद्धार के लिए, उनकी मुक्ति के लिए, उनके उत्थान के लिए। इसलिए 'भागो नहीं, (दुनिया को) बदलो' यह नारा अन्ततः उस मानवीय करुणा में परिणत होता है, जिस करुणा के बिना किसी भी प्रकार का विद्रोह, किसी भी प्रकार की क्रान्ति बंध्या होती है, बंजर होती है, शुष्क होती है, क्योंकि वह अमानवीय होती है, अमानुषिक होती है।

बुद्ध का करुणा का यह संदेश मैं समझता हूँ कि भारत के कम्युनिस्ट आन्दोलन को ही नहीं, अन्तर्राष्ट्रीय कम्युनिस्ट आन्दोलन को राहुल की देन है। बौद्ध दर्शन से श्रद्धा लेकर राहुल ने इसे क्रान्तिकारी दर्शन मार्क्सवाद को देने की कोशिश की है। किन्तु इस देन की चर्चा बहुत कम की जाती है। प्रायः उन चीजों की चर्चा ज़्यादा की जाती है जिसमें वर्ग संघर्ष और धार्मिक रूढ़ियों का विरोध आदि होता है। विद्रोही राहुल सरहपाद के द्वारा उस सहज साधना की ओर अग्रसर हो रहे थे जिसकी परिणति करुणा में होती है। उस मानवीय करुणा के बिना कोई भी परिवर्तनवादी दर्शन या सिद्धान्त या व्यवहार जैसा मैंने कहा कि बंध्या है। राहुल की यह देन आज भी उल्लेखनीय है, रेखांकित करने योग्य है। मेरा खयाल है कि उन्नीसवीं शताब्दी का भारतीय नवजागरण, जो राजा राममोहन राय से शुरू हुआ, जिसमें रामकृष्ण, विवेकानन्द, लोकमान्य तिलक जैसे मनीषी हुए, उनमें अकेले राहुल थे, जिन्होंने उन्नीसवीं शताब्दी के इस नवजागरण में बौद्ध आयाम को जोड़ा। इसके पहले वह उपनिषद् और गीता पर ही निर्भर था। बौद्ध दर्शन का इस दृष्टि से राहुल ने क्रान्तिकारी तेवर भी लिया। लेकिन फिलॉसफी के रूप में राहुल ने बौद्ध करुणा का योगदान दिया, जो हमारे चिन्तन की अमूल्य निधि है और मैं समझता हूँ कि इस निधि को आज भी अपने व्यवहार में यदि हम समय के अनुकूल बनाने की कोशिश करें तो इसका रचनात्मक उपयोग हो सकता है। यह करुणा केवल आँसू बहाने वाली नहीं है—न अपने पर, न पराए पर। बल्कि यह वह करुणा है जिसका गहरा सूत्र वाल्मीकि के उस श्लोक से जुड़ा हुआ है :

मा निषाद प्रतिष्ठाम् त्वमगमः शास्वती समाः
यत्क्रौंच मिथुनादेक अवधिः काम मोहितम् ।

उस आदिकवि के इस क्रोध और करुणा में हमारी परम्परा का जो मूल तत्व निहित रहा है, मुझे उसी रूप में अपनी रचनाओं में राहुल दिखाई पड़ते हैं।

इसलिए जिस अंगार की छवि, अन्धकार में अंगार फेंकने वाले राहुल की चर्चा मैंने आरम्भ में की थी, वह अंगार अन्ततः करुणा की वर्षा भी करता है, कर सकता है। गिरीश कर्नाड ने एक नाटक लिखा है 'अग्निवर्षा' नाम से। अग्नि ही से जल की वर्षा सम्भव हो सकती है। शायद मनीषी कलाकार लोग बड़े समर्थ हुआ करते हैं, वे एक साथ ही अग्नि और जल दोनों की वर्षा करते हैं।

मैं समापन करते हुए, हिन्दी के सूफी कवि मलिक मुहम्मद जायसी की दो पंक्तियाँ उद्धृत करना चाहता हूँ, जो राहुलजी पर वैसे ही घटित होती हैं। जायसी ने लिखा है :

कवि के जीभ खड़ग हिरवानी,
इक दिसि आग, दुसर दिसि पानी।

कवि की ही नहीं, ऋषि की भी, मनीषी की भी वाणी-जीभ दुधारी तलवार होती है। इक दिसि आग, दुसर दिसि पानी। सम्पूर्ण राहुल साहित्य लगभग इस 'इक दिसि आग और दुसर दिसि पानी', इन दोनों का समन्वय है। इन्हीं शब्दों के साथ मैं महामहिषी, हिन्दी के गौरव और भारत के कुलभूषण राहुल सांकृत्यायन को प्रणाम करता हूँ।

['साहित्य सम्पर्क' जुलाई-सितम्बर, 1987, सं. रामस्वरूप द्विवेदी]

●●●